Michael Putz

Richtig Reiten
– eine Herausforderung

Problembezogene
Ausbildung für
Pferd und Reiter

FNverlag
der Deutschen
Reiterlichen Vereinigung GmbH
Warendorf

Bibliografische Information
der Deutschen Nationalbibliothek
Die Deutsche Nationalbibliothek verzeichnet diese Publikation in der Deutschen Nationalbibliografie; detaillierte bibliografische Daten sind im Internet über http://dnb.d-nb.de abrufbar.

1. Auflage 2010

Wichtig:
Einzelne Reiter tragen auf den Fotos in diesem Buch keine Reitkappe. Der Verlag weist aber ausdrücklich darauf hin, dass beim Reiten zum eigenen Schutz und aus Versicherungsgründen stets ein bruch- und splittersicherer Reithelm mit Drei- bzw. Vierpunktbefestigung getragen werden soll. Empfohlen wird ein Schutzhelm gemäß Europäischer Norm „EN 1384"! Siehe hierzu auch § 68 der derzeit gültigen LPO – Ausgabe 2008.

Lektorat:
Dr. Carla Mattis, FN*verlag*, Warendorf

Korrektorat:
Korrekturbüro G. und W. Kirchhoff, Büren/Brenken

Titelbild:
Prämienhengst Denario und Nicole Casper, Gestüt Birkenhof
Foto: Maximilian Schreiner, Unterstall

Fotonachweis:
Seite 256

Illustrationen:
Seite 256

Gesamtgestaltung:
Ute Schmoll, Captain Pixel, Bad Schwalbach

Druck und Verarbeitung:
Druckhaus Cramer, Greven

ISBN 978-3-88542-749-0

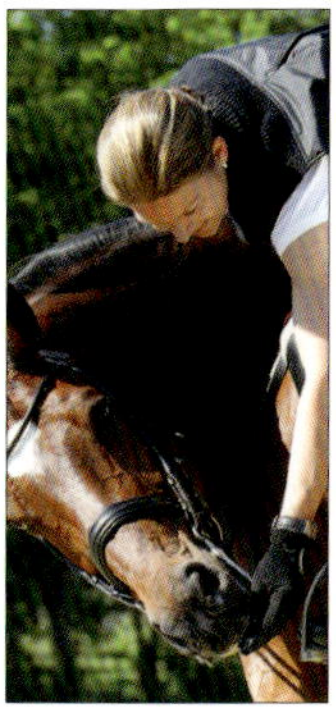

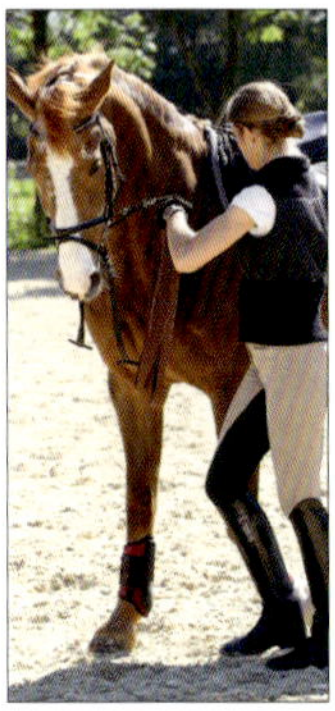

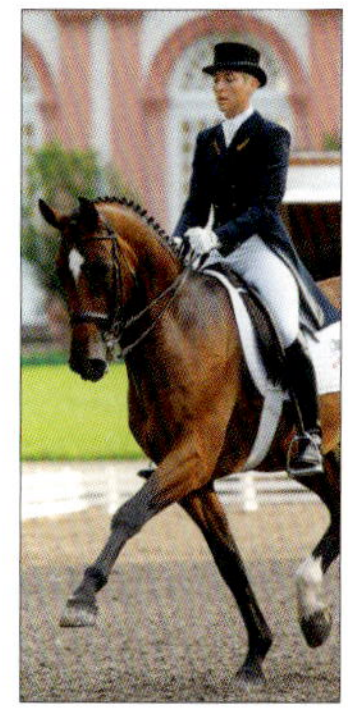

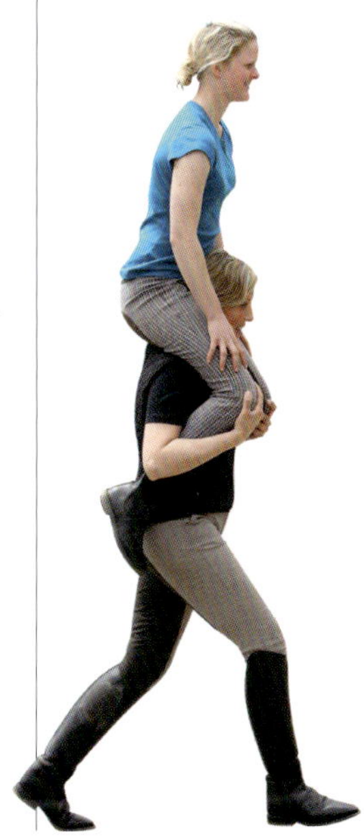

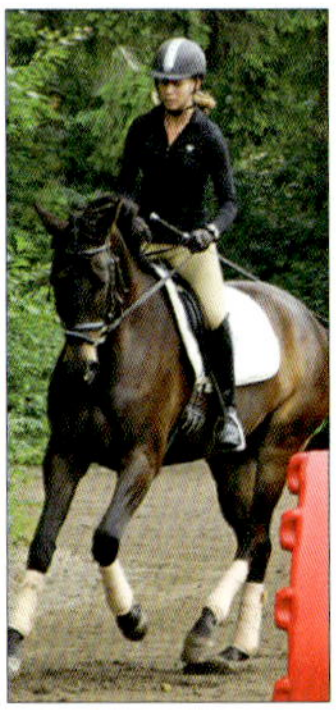

Richtig Reiten – eine Herausforderung

Dieses Buch ist eine Fortsetzung, man könnte auch sagen ein Ergänzungsband des Buches „Reiten mit Verstand und Gefühl", das seit seinem Erscheinen im Jahre 2004 bei Reitern und Ausbildern ein sehr erfreuliches Echo gefunden hat und inzwischen in vierter Auflage auf dem Markt ist.

Seit 2002 bin ich selbstständig und gebe seitdem eigentlich nur noch Einzelunterricht und Lehrgänge. Bei dieser Form des Unterrichts kann man natürlich optimal auf die einzelnen Reiter und Pferde und dementsprechend auch sehr detailliert auf Einzelheiten eingehen. In dieser Zeit habe ich viele zusätzliche Erfahrungen mit ganz unterschiedlichen Reitern und Pferden gemacht. Dabei ist es mir noch wichtiger geworden, an deren physischer und mentaler Losgelassenheit zu arbeiten. Da man im Umgang mit Pferden (und Reitern) beinahe täglich immer etwas Neues lernt, hat sich wieder eine Menge von Erfahrungen und Erkenntnissen angesammelt, an denen ich die Leser dieses Buches teilhaben lassen möchte. Manche „Fälle" waren und sind so typisch und exemplarisch, dass sich bestimmt etliche Reiter mit ihren Pferden wiedererkennen werden und von den geschilderten Problemlösungen profitieren können.

Bei Lehrgängen und Seminaren stelle ich immer wieder fest, wie viel leichter es Reitern fällt, im Unterricht meine Anweisungen und Korrekturen anzunehmen bzw. umzusetzen, wenn sie sich schon einmal mit der Theorie auseinandergesetzt haben, z.B. durch Lesen meines Buches „Reiten mit Verstand und Gefühl". Ähnliches konnte ich häufig auch bei Ausbildern und Richtern bezüglich ihrer Tätigkeiten beobachten. Das hat mir Mut gemacht, mit diesem Buch gewissermaßen eine Fortsetzung bzw. Ergänzung anzubieten.

Jeder, der versucht, gutes, richtiges Reiten zu lernen und mit seinem Pferd so zu harmonieren, dass die Ausübung, egal auf welchem Niveau, beiden Beteiligten Freude bereitet, stellt sehr

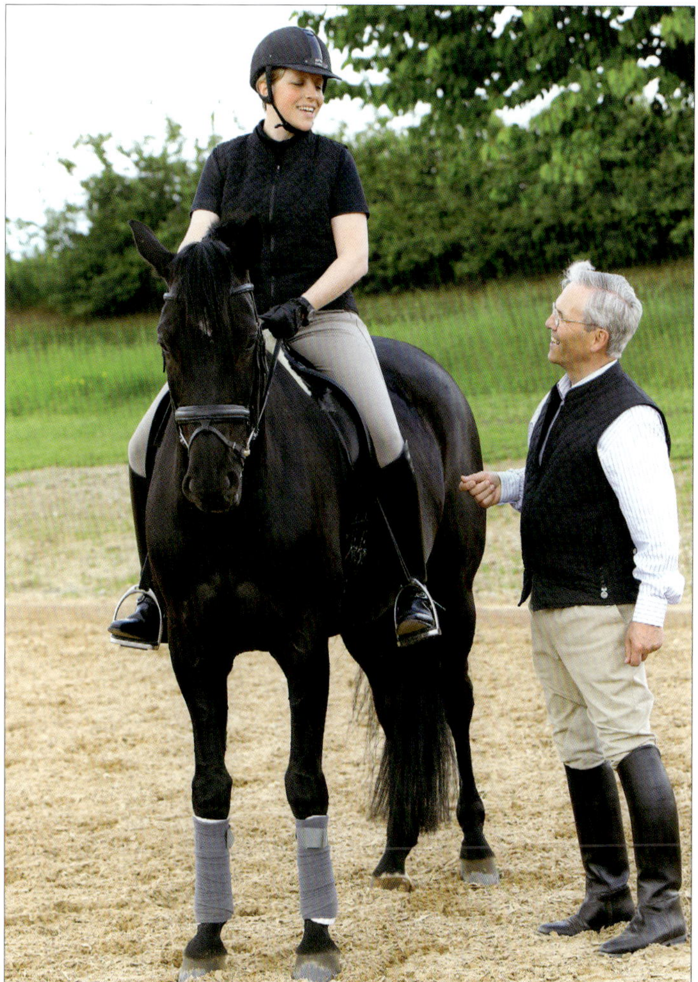

schnell fest, was für ein anspruchsvolles Vorhaben das ist. Bei Ausbilder-Lehrgängen habe ich deshalb stets den angehenden oder sich fortbildenden Reitlehrern empfohlen, ihren Schülern niemals weiszumachen, es sei leicht, gutes Reiten zu lernen. Wer aber die Schwierigkeiten, die ihm beim Reiten begegnen, als Herausforderung, so ähnlich wie bei einem 5000-Teile-Puzzle, ansieht, kann kaum mehr davon lassen und profitiert so auch für sein tägliches Leben. Dabei gibt es ganz viele interessante Parallelen, z.B. zur Erziehung von Kindern, aber auch zu mancher Situation im Berufsleben.

Die Zahl derer, die vor allem „richtig" reiten wollen, nimmt ständig zu. Ich begegne sehr vie-

Jeder, der versucht, gutes, richtiges Reiten zu lernen und mit seinem Pferd zu harmonieren, stellt sehr schnell fest, was für ein anspruchsvolles Vorhaben das ist.

!

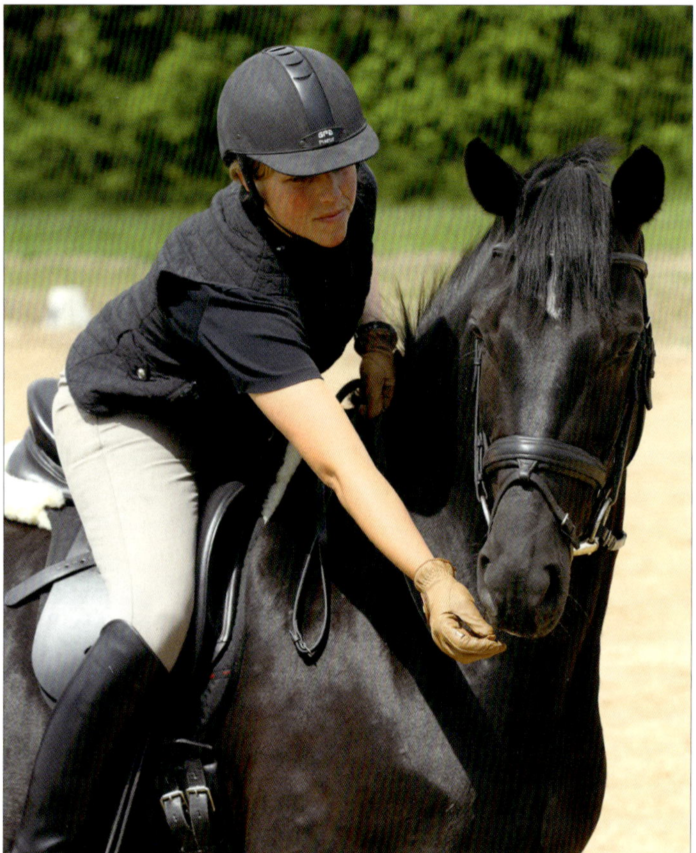

Paul Stecken hat den wundervollen Stabreim geprägt: Richtig Reiten reicht!

Und wir sind in unseren vielen Gesprächen noch zu einer Ergänzung dieser Aussage gekommen: Jedes Pferd geht am liebsten richtig!

!

len Reitern, die durchaus den Ehrgeiz haben, sich und ihr Pferd bis hin zu den Anforderungen der Klassen M und S auszubilden, mit Turnieren aber gar nichts im Sinn haben, weil die Kriterien richtigen, pferdegerechten Reitens leider nicht unbedingt identisch sind mit denen erfolgreicher Turnierstarts; oder andersherum ausgedrückt, weil zu oft auch Reiter gewinnen, deren Umgang mit ihren Pferden wenig beispielhaft ist.

Da mir pferdegerechtes, pferdefreundliches Reiten ein echtes Anliegen ist, weise ich immer wieder, am Ende des Buches auch in einem eigenen Kapitel, auf die aus meiner Sicht unübersehbaren Fehlentwicklungen und Defizite in unserem Sport hin, durch die in den letzten Jahren unser Sport zunehmend beeinträchtigt, ja infrage gestellt wurde und wird. Auf den ersten Blick scheinen sie mehr oder weniger „nur" den Turniersport zu betreffen; leider kann man aber fast in allen Ställen und Reitbetrieben Reiter und Ausbilder beobachten, bei deren Aktivitäten mit dem Pferd wenig von Horsemanship zu erkennen ist, deren Reiten man manchmal geradezu als pferdeverachtend einstufen muss; und das betrifft durchaus auch „Freizeitreiter".[1]

Wie phantastisch pferdegerecht unsere, ich nenne sie einmal klassische deutsche Reitlehre ist, kann man daran erkennen, dass eigentlich jedes Pferd, selbst wenn es weniger richtig ausgebildet und geritten wurde, dieses Reiten sofort gerne annimmt und darauf sehr positiv reagiert. Dies beweist, dass sich nicht irgendjemand diese Ausbildungsgrundsätze und Regeln ausgedacht hat, sondern dass sie der Natur abgelauscht sind, indem man die natürlichen Reaktionen des Pferdes beobachtet und daraus die entsprechenden Schlüsse gezogen hat.

Paul Stecken, der von 1950–1985 Leiter der Westfälischen Reit- und Fahrschule in Münster war und inzwischen als großartiger Pferdemann fast schon eine Legende ist, hat den wundervollen Stabreim geprägt: **Richtig Reiten reicht!** Und wir sind in unseren vielen Gesprächen noch zu einer Ergänzung dieser Aussage gekommen: **Jedes Pferd geht am liebsten richtig!** Diese Stichworte habe ich mit dem Titel dieses Buches aufnehmen wollen; sie sind mir aus dem Herzen gesprochen und ich habe sie im Text immer wieder benutzt.

Mir ist bewusst, dass manche anspruchsvolleren Sachverhalte und Zusammenhänge eigentlich nur mithilfe des wunderbaren Mediums Pferd, also unmittelbar beim Reiten optimal zu vermitteln, manchmal verbal nur schwer bzw. bedingt richtig herüberzubringen sind. Dennoch werde ich hier versuchen, solche in der Praxis auftretenden Probleme an konkreten Beispielen zu erklären.

An einem Kriterium kann jeder täglich sein eigenes Reiten oder auch das seiner Schüler zuverlässig messen:

Das Üben und das Trainieren waren richtig, wenn alles immer etwas leichter geht.

[1] Meyer, Heinz: Rollkur. Die Überzäumung des Pferdes. Wu Wei Verlag, Schondorf 2008

Zum Gebrauch dieses Buches

Die Gliederung von „Richtig Reiten – eine Herausforderung" ist etwas angelehnt an die von „Reiten mit Verstand und Gefühl", Warendorf. Teilweise wird direkt Bezug auf darin behandelte Inhalte genommen. Deshalb kann in diesem Buch der Übergang von einem Kapitel zum anderen nicht immer fließend sein. Verschiedene, durchaus wichtige Themen, wie z.B. Schwung oder das Reiten von Wendungen, die in RmVuG bereits umfassend erläutert und behandelt worden sind, werden hier nicht noch einmal komplett wiederholt, vielmehr werden ergänzende und vertiefende Aspekte thematisiert.

Um dem Leser gegebenenfalls das Nachschlagen zu erleichtern, werden Hinweise auf die entsprechenden Abschnitte in „Reiten mit Verstand und Gefühl" (RmVuG) gegeben.[FN]

Manche Inhalte werden auch als bekannt vorausgesetzt. So wird z.B. bei den Anmerkungen über den Sitz des Reiters dieser nicht noch einmal im Einzelnen beschrieben und erklärt. Ich habe einzelne, meiner Erfahrung nach für jeden Reiter und Ausbilder besonders interessante Themenbereiche aufgegriffen und versuche, sie noch genauer zu erklären und gegebenenfalls Lösungswege aufzuzeigen. Dabei gehe ich auch auf konkrete praktische Probleme, bezogen auf unterschiedliche Pferde, etwas detaillierter ein – z.B. beim Umgang mit der natürlichen Schiefe. Einzelne Übungen und Lektionen werden im Zusammenhang mit den Ausbildungsprinzipien angesprochen, weniger in eigenen lektionsbezogenen Kapiteln.

Einige für „richtiges" Reiten besonders wesentliche Punkte tauchen dabei mehrfach in verschiedenen Kapiteln auf, so z.B. "Dehnungsbereitschaft" oder „Ziehen".

Da der Umgang mit der Schiefe eines Pferdes in meinen Augen von ganz entscheidender Bedeutung ist, wird darauf in verschiedenen Kapiteln immer wieder konkret eingegangen. **Wenn ich dann von „unserem" Pferd spreche, beziehe ich mich durchgängig auf ein rechtsschiefes Pferd, welches sich also zur linken Seite nicht so gut stellen und auch biegen lässt, also rechts hohl und links fest ist. Hat ein Leser ein linksschiefes Pferd, muss er in Gedanken alle Anmerkungen spiegelbildlich umdrehen.**

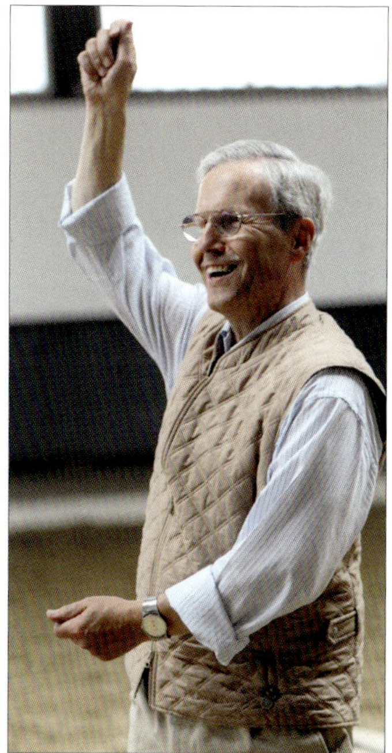

Wer schon einmal an einem Lehrgang für Ausbilder teilgenommen hat, weiß, dass die angehenden Trainer im Fach praktische Unterrichtserteilung immer wieder aufgefordert werden, die Wörter „bisschen" und „etwas" zu vermeiden. Deshalb werden Sie sich wundern, wie oft Sie diese in meinen Texten vorfinden. Im Übrigen benutze ich sie auch ständig in der Bahn beim Unterricht. So sage ich sehr häufig „Denken Sie an der nächsten langen Seite etwas an Schultervor!" Nun ist Schultervor ja schon eine Vorübung und für einen unerfahrenen Zuschauer kaum wahrzunehmen. Dennoch neigen die allermeisten Reiter dazu, es zu übertreiben und mit zu viel Abstellung zu reiten. Der Gebrauch dieser angeblich unpassenden Wörter dient also nur dazu, der Neigung der Reiter, alles zu übertreiben, vorzubeugen. Aus dem gleichen Grund gebrauche ich oft Redewendungen wie „Entwickeln Sie allmählich den Mitteltrab oder das Schulterherein!" Immer wieder einmal benutze ich Ausdrücke und Redewendungen, die vielleicht für den Leser etwas ungewohnt sind, mit denen ich aber bestimmte Bilder vermitteln möchte; sie stehen dann in Anführungs- und Schlusszeichen.

Obwohl ich mir bewusst bin, dass die Mehrzahl der Leser wie auch die meiner Schüler weiblichen Geschlechts sind, spreche ich der Einfachheit halber durchgängig immer von dem Reiter. Ich hoffe, man wird mir das nachsehen; wer mich kennt, weiß, dass ich gerne mit Reiterinnen zusammenarbeite und ihre im Durchschnitt meist größere Fähigkeit und Bereitschaft, gefühlvoll zu reiten, sehr schätze.

[FN] Putz, Michael: Reiten mit Verstand und Gefühl. FNverlag Warendorf, 4. Auflage 2009

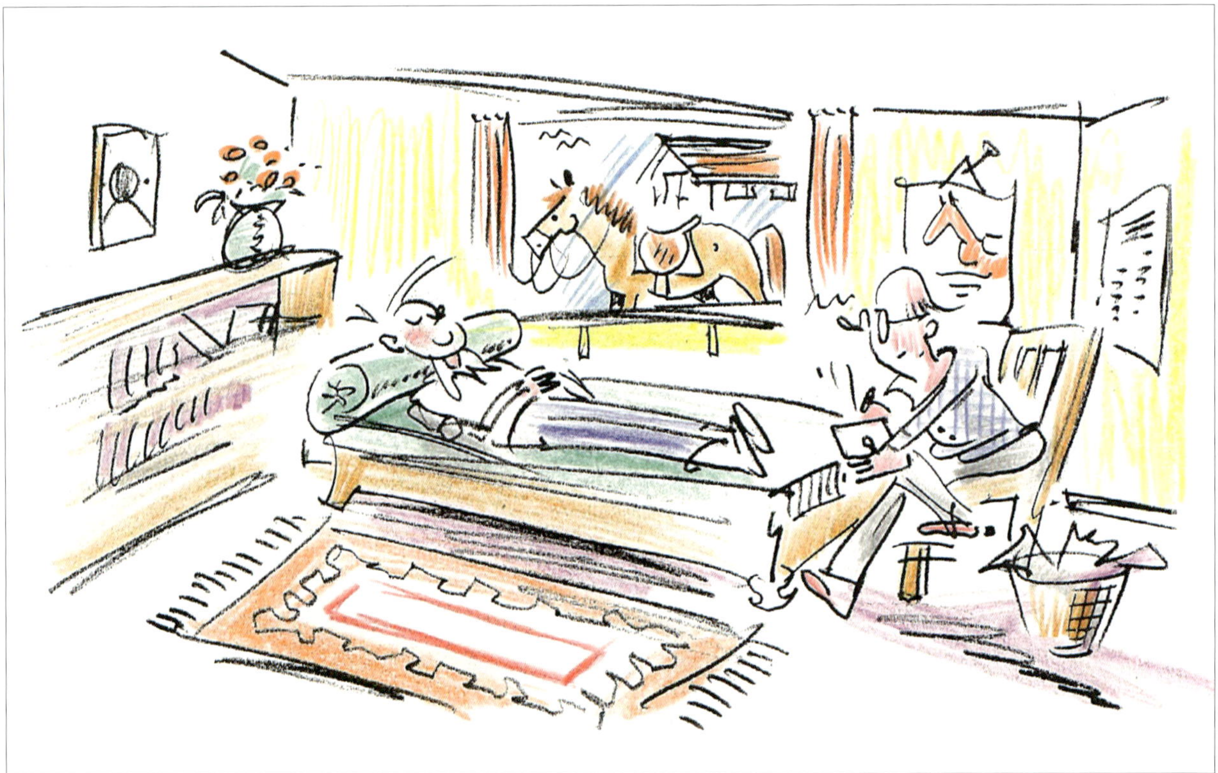

Einstimmung auf die Reitstunde

1. Alles fängt im Kopf an!

Der Mensch ist ein kopfgesteuertes Wesen – sowohl physisch als auch mental. So hat die Haltung des Kopfes ganz wesentlichen Einfluss auf die gesamte Körperhaltung und auf die Bewegungsabläufe. Das, was im Kopf vor sich geht, was man mit den Begriffen Vorstellungswelt, Einstellung, Attitüde oder Haltung umschreiben könnte, entscheidet eigentlich über alles im Leben, selbst über Gesundheit oder Krankheit.

1.1 Gelassenheit – Entschlossenheit

Bei Berichten über große Sportereignisse wie Weltmeisterschaften oder Olympische Spiele, egal ob im Fernsehen oder im Sportteil einer guten Zeitung, die sich nicht darauf beschränken, die Ergebnisse aufzulisten, wird immer wieder ein Punkt thematisiert – die Bedeutung der mentalen Situation der Sportler. Dabei geht es dann im Erfolgsfall um

- das Selbstvertrauen, „die breite Brust" aufgrund jüngster Erfolge,
- die mehr oder weniger große Erfahrung in Wettkämpfen, die sogenannte Wettkampfpraxis und die daraus resultierende „Coolness",
- Motivation,
- Erfolgshunger,
- Heimvorteil, Publikumsunterstützung und
- Siegeswillen etc.

Im Falle des Ausbleibens des Erfolgs werden selbstverständlich die entsprechenden negativen mentalen Zusammenhänge aufgeführt.

Fachleute sprechen davon, dass ein Wettkampf zu über 90 Prozent im Kopf entschieden wird, zu weniger als 10 Prozent aufgrund der körperlichen Verfassung und Technik.

Fachleute sprechen davon, dass ein Wettkampf zu über 90 Prozent im Kopf entschieden wird, zu weniger als 10 Prozent aufgrund der körperlichen Verfassung und Technik.

!

Nun soll es in diesem Buch nicht in erster Linie um das Reiten im Wettkampf, also auf Turnieren gehen. Allerdings kann die Bedeutung der mentalen Verfassung auch beim täglichen Reiten gar nicht hoch genug eingeschätzt werden. Unser Sport unterscheidet sich einfach in einem Punkt von allen anderen Sportarten:

Auch wenn wir alleine reiten, sind wir nie allein! – Unser Pferd ist immer bei und mit uns!

Und dieser, unser Partner beim Sport, belauscht uns ständig. Pferde haben eine überaus feine Antenne für die mentale Situation des Menschen. Sie können schon an der Körpersprache ganz genau erkennen, mit welcher Attitüde, mit welcher Entschlossenheit ein Mensch an sie herantritt, sich ihnen nähert, sei es auf der Weide, im Stall, beim Putzen oder beim Satteln.

(Diese Sensibilität für den Menschen machen sich Veranstalter zu Nutze, die in meist recht teuren Seminaren für Manager diesen u.a. zeigen, was ein Pferd von ihrer Körpersprache hält, selbst wenn sie es nur am Halfter führen.)

Insbesondere können sie dies natürlich ganz genau erkennen, wenn der Reiter auf ihrem Rücken sitzt und sie ihn direkt fühlen können. Pferde lassen sich da auch nicht von einem forschen Auftreten täuschen, wenn sich der Betreffende seiner selbst nicht sicher ist und nicht „daran glaubt", dass seine Hilfen vom Pferd verstanden und angenommen werden.

Selbstverständlich ist die Sensibilität der Pferde dafür individuell sehr unterschiedlich ausgeprägt. Außerdem spielt auch der Erfahrungsschatz des einzelnen Pferdes eine Rolle; so wird ein erfahrenes Schulpferd, das in seinem Leben vielen unterschiedlichen Menschen begegnet ist, vielleicht noch schneller erkennen, wen es vor sich oder gar auf seinem Rücken hat. Diesbezüglich kann man hochinteressante Beobachtungen machen.

Wichtig für den täglichen Umgang sind tatsächlich die Konsequenz und Entschlossenheit des Reiters. Je weniger man sich sicher ist, dass man vom Pferd genügend respektiert wird, desto weniger Zugeständnisse darf man dabei machen. Erst wenn das Verhältnis geklärt ist, das Pferd den Menschen gewissermaßen als Leittier, als Respektsperson anerkennt, ist es möglich, es großzügiger zu gestalten. Man könnte dies als das Prinzip „Von der kurzen zur langen Leine!" bezeichnen. Umgekehrt kann ein Reiter, der sich von seinem Pferd voll als Respektsperson akzeptiert weiß, diesem viel mehr Freiheiten im Umgang und unter dem Sattel gestatten.

Körpersprache

Unter Körpersprache versteht man die sogenannte „nonverbale Kommunikation", eine Verständigung ohne Worte, z.B. durch Gestik, Mimik, Augenkontakt. Wenn man auf dem Pferd sitzt, gibt man ständig, bewusst und fast noch mehr unbewusst dem Pferd Signale durch wechselnde Körperhaltung, An- und Abspannen der verschiedensten Muskelgruppen, die naturgemäß kopfgesteuert sind.

Das bedeutet aber, dass sie großenteils nicht willkürlich gesteuert werden können, sondern abhängig sind von der aktuellen mentalen Situation des Reiters, z.B. von seinem Selbstvertrauen, seiner Entschlossenheit, seiner positiven Motivation. Pferde haben für diese „Signale" eine überaus feine Antenne und reagieren entsprechend.

Dazu zwei Beispiele:

- **Wenn man zum Pferd in die Box geht, etwa um abzuäppeln, muss das Pferd an der Körpersprache erkennen, dass es zur Seite zu gehen und auszuweichen hat, es muss „Appell" haben. Ich gebrauche gerne diesen Begriff, der bei der Ausbildung von Hunden üblich ist.**
- **Besucht man sein Pferd auf der Koppel und ruft es, soll es zwar vertrauensvoll herbeikommen, eventuell sogar im Trabe, keinesfalls aber aufdringlich „auf den Pelz rücken", sich womöglich zu scheuern versuchen.**

Selbstverständlich ist in beiden Fällen Voraussetzung, dass man rein technisch gelernt hat, wie man sich im Umgang mit Pferden zu bewe-

Wichtig für den täglichen Umgang sind die Konsequenz und Entschlossenheit des Reiters.

!

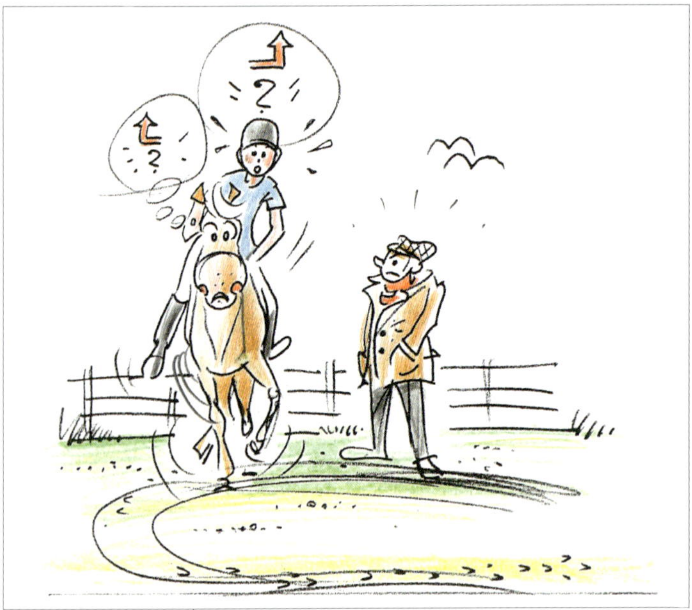

Wie soll das Pferd wissen, was es soll, wenn der Reiter es nicht weiß?

gen, wie man ihnen zu begegnen hat. Das, was dabei aber im Kopf des Menschen vorgeht und für das Pferd erkennbar ist, setzt einiges mehr voraus.

Wenn ich hier von Respekt rede, so heißt das im ursprünglichen Sinne des Wortes zunächst einmal, dass das Pferd auf den Menschen Rücksicht nimmt, ihm aber auch Achtung und Wertschätzung entgegenbringt. Mindestens ebenso wichtig für ein harmonisches Miteinander ist aber, dass das Verhältnis zwischen Mensch und Pferd von Vertrauen geprägt ist; das Pferd muss sich beim Menschen, ob an der Hand oder unter dem Sattel, sicher und geborgen fühlen wie ein Kind an der Hand seiner Eltern oder eben ein Pferd im Gefolge des Leittieres, hinter dessen Schweif. Je konsequenter man von Anfang an so auftritt, desto leichter wird es zu einem von vertrauensvollem Respekt geprägten Pferd-Reiter-Verhältnis kommen. Wenn das Pferd erst einmal verzogen oder richtiger gesagt verdorben ist, wird es sehr schwer sein, dieses Verhältnis wieder zu korrigieren; auf jeden Fall ist dann eine noch größere Bestimmtheit, ja sogar Härte notwendig. Eine solche Korrektur ist dann wahrscheinlich nur dem sehr erfahrenen Fachmann möglich, weil es dabei teilweise zu einer Gratwanderung zwischen notwendiger Bestimmtheit und übertriebener Grobheit kommt.

Je konsequenter man von Anfang an auftritt, desto leichter wird es zu einem von vertrauensvollem Respekt geprägten Pferd-Reiter-Verhältnis kommen.

!

Bezüglich der Hilfengebung beim Reiten kommt es ganz besonders auf die Entschlossenheit an. Auch hier kann man sehr schön eine Parallele zum Umgang mit Kindern, überhaupt mit anderen Menschen ziehen:

Bei jeder Hilfe muss das Pferd spüren, dass der Reiter tatsächlich meint, was er „sagt", dass er keine Fragezeichen im Kopf hat und ganz selbstverständlich davon ausgeht, dass das Pferd die Hilfe versteht und ihr auch Folge leistet. Es kommt gar nicht so sehr auf die physische Kraft an, mit der z.B. der innere Schenkel eine bessere Nachgiebigkeit in der Ganasche, eine bessere Stellung abfragt. Je mehr mit Selbstsicherheit und Entschlossenheit die Hilfe gegeben wird, desto weniger Kraftaufwand ist nötig. Hinzu kommt, dass in der Regel nur dann ein solcher Impuls auch unverzüglich, also rechtzeitig gegeben wird und auch das Timing stimmt, also der präzise auf den Bewegungsablauf abgestimmte richtige Sekundenbruchteil für diese Hilfe gefunden wird. **(→ Kap. 8. „Paraden…")**

Hierzu möchte ich noch ein weiteres Beispiel erwähnen:

Wenn zu Beginn einer Reitstunde in der ersten Trabarbeit das Pferd schon wie gewünscht Dehnungsbereitschaft zeigt, wird der Reiter dies zwar gerne annehmen, sollte aber dann auch unmittelbar beginnen, mit wechselndem Rahmen zu reiten. Das heißt, man fasst bei treibender Hilfe die Zügel etwas nach, schließt das Pferd schon etwas von hinten nach vorne, um es sich anschließend sofort wieder dehnen zu lassen. Bei dieser gesamten Hilfengebung hängt die Akzeptanz seitens des Pferdes entscheidend davon ab, ob der Reiter sich seiner Sache sicher ist, sodass er u.a. die Zügel zügig und ohne zu zögern verkürzt und mit seinen treibenden Schenkeln entschlossen Impulse gibt, die dem Pferd unmissverständlich das Heranschließen abverlangt.

Um den Reiter zu größerer Entschlossenheit zu motivieren, sage ich oft: „Bedenke, dass jede

Hilfe, die keine unmittelbare Reaktion seitens des Pferdes zeigt, nicht nur vertane Zeit ist, sondern dem Pferd das Gefühl vermittelt, so genau muss ich mich auf meinen Reiter gar nicht konzentrieren. – Jeder Fehlversuch, der keine Beachtung seitens des Pferdes findet, macht den nächsten Versuch schwieriger!" Deshalb ist eine eventuell etwas zu starke Hilfe oft weniger schädlich, auch wenn die darauf folgende Reaktion nicht ganz die gewünschte ist.

Pferde lieben es übrigens, ähnlich wie Kinder, wenn sie wissen, woran sie sind, wenn sie vom Reiter an die Hilfen, „an die Hand" genommen werden und er weiß, was er will. Pferden sollte man nicht das Gefühl vermitteln, sie seien sich selbst überlassen. Erst muss das Pferd den Reiter als den bestimmenden Teil der Partnerschaft anerkennen, bevor man ihm größere Freiheiten einräumen, z.B. ihm auch im Gelände einmal den Zügel hingeben, kann.

Reiter, die sich ihrer Position nicht sicher sind, müssen sich erst einmal mit Konzentration und Entschlossenheit diese Position erarbeiten. Sie sollten in ihrem Kopf haben „Ich will, ich kann, ich werde...". Wer weiß, dass er bezüglich mentaler Stärke gewisse Defizite hat, sollte sich nicht scheuen, entsprechende Literatur oder eben einen Mentaltrainer zu Rate zu ziehen. Man kann lernen, sich durch entsprechende Techniken einzustimmen und vorzubereiten.

Weil das Verstehen dieser Zusammenhänge für eine gut funktionierende Kommunikation zwischen Reiter und Pferd so essenziell wichtig ist, möchte ich noch ein anderes Bild erwähnen, das ich im Unterricht manchmal benutze, um zaghafte Gemüter zu motivieren, sich mehr zuzutrauen: „Stell dir vor, in deine Hilfe eine Entschlossenheit hineinzulegen wie eine Tennisspielerin in ihren Aufschlag, der dann von einer Art Urschrei begleitet ist." Das Schwierige dabei ist, diese positive Anspannung so zu gestalten, dass sie sich nicht in großen Körperbewegungen dokumentiert. Man kann dies am besten ohne Pferd oder auf dem Pferd einmal im Halten üben, indem man für den Bruchteil einer Sekunde die gesamte Muskulatur „zackig" und entschlossen an- und sofort wieder abspannt. So wenig wie das Anspannen zu starken Bewegungen führen darf und muss, so wenig darf es beim Abspannen z.B. zu durchhängenden Zügeln kommen. Wenn der Reiter gelernt hat, entschlossen und ohne etwas infrage zu stellen die Hilfen zu geben, bedarf es nachher nur noch eines ganz geringen physischen Kraftaufwandes. Das erfreuliche Ergebnis ist also, dass man mit weniger Aufwand mehr erreichen kann.

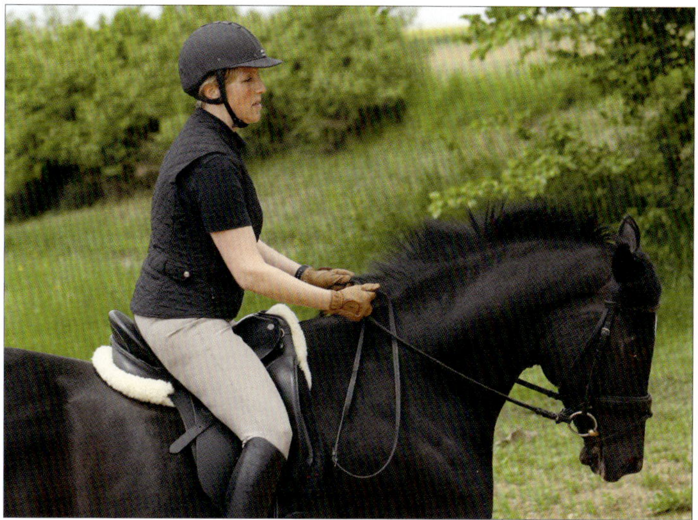

Fasst der Reiter leicht vorwärts sitzend nach, muss er aus der Hüfte heraus im Rücken gerade bleiben, darf also keinen runden Rücken machen.

Leider trifft man relativ häufig Pferde an, die wie unerzogene Kinder, wenig Grundgehorsam und Respekt, in unserem Fall gegenüber den Hilfen des Reiters, haben. Um sie zu korrigieren, kann es dann notwendig sein, sie auch einmal mit etwas herzhafteren Hilfen, unterstützt von Sporen oder Gerte, wieder zu sensibilisieren, sie davon zu überzeugen, dass man nun doch meint, was man ihnen mit den Hilfen sagt.

Wenn ich bei Lehrgängen in solchen Fällen die Reiter ermuntere, entsprechend entschlossen einmal das Pferd aufzufordern, sehe ich oft ganz erstaunte Gesichter, in denen ich die Frage lesen kann: „Soll ich denn mein Pferd so hart anfassen?" Meine ehrliche und deutliche Antwort lautet dann in der Regel: „Sie scheuen sich jetzt, die notwendige herzhafte Hilfe zur Korrektur zu geben, es hat Ihnen aber wochenlang nichts ausgemacht, mit Ihren Schenkeln, Absätzen oder

Pferde lieben es übrigens, wenn sie wissen, woran sie sind, wenn sie vom Reiter an die Hilfen, „an die Hand" genommen werden und er weiß, was er will.

!

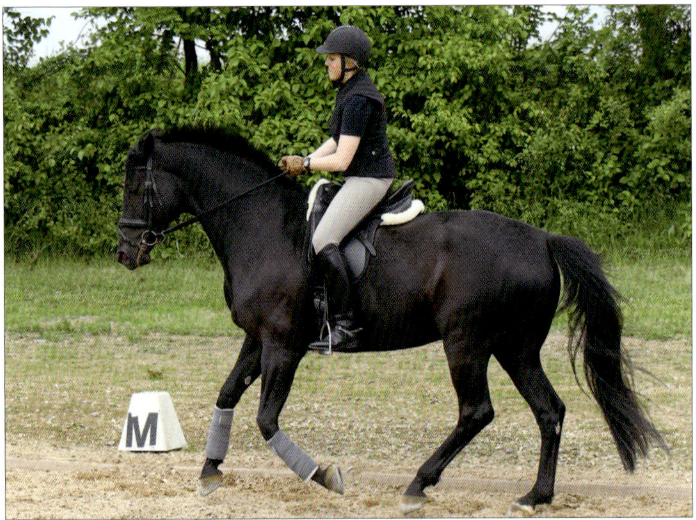

Sicheres Angaloppieren bei „freundlichem" Sitz

gar Sporen am Bauch Ihres Pferdes herumzuwühlen und es abzustumpfen." Selbstverständlich hätte diese harte Hilfe zur Korrektur eigentlich der Reiter verdient, aber das würde ja in diesem Fall auch nicht helfen. Voraussetzung für den Erfolg einer solchen herzhafteren Korrektur ist eine stets freundliche Attitüde (Einstellung) des Reiters, er muss auch dabei positiv gestimmt sein, vielleicht in Gedanken zu seinem Pferd sagen: „Aus Liebe, du verfluchter Hund!"

Erfolgt eine solche Korrektur konsequent und präzise, eventuell durch einen erfahrenen, geschickten Reiter, wird sie von fast jedem Pferd erstaunlich schnell angenommen. Entscheidend ist, dass das Pferd die positive Bestätigung bekommt, indem der Reiter ihm jede Reaktion nach vorne leicht macht, durch Sitzen in die Bewegung und nachgiebige Hände, aber auch durch sofortiges Loben. **(→ auch RmVuG S. 65 ff. „Umgang mit triebigen Pferden")**

Voraussetzung für den Erfolg einer herzhafteren Korrektur ist eine stets freundliche Attitüde des Reiters, er muss auch dabei positiv gestimmt sein, vielleicht in Gedanken zu seinem Pferd sagen: „Aus Liebe, du verfluchter Hund!"

!

Jeder, der mit großen Tieren wie Pferden oder auch entsprechenden Hunden umgeht, muss wissen, dass ein solches Tier aufgrund seiner Größe und Körpermasse nicht nur unbrauchbar wird, sondern sich sogar zu einer Gefahr entwickeln kann, wenn es ihm am notwendigen Grundgehorsam mangelt, man es nicht sicher handhaben kann.

1.2 Entschlossenheit – Souveränität

Aus eigener Erfahrung weiß ich, wie schwer es, teils auch durchaus erfahrenen Reitern fällt, wirklich entschlossen auf das Pferd einzuwirken, gerade wenn man möglichst pferdefreundlich reiten und nichts falsch machen möchte. Wenn man alleine reitet, kann es helfen, sich vor dem Aufsitzen einen möglichst genauen Plan zu machen, woran und wie man mit dem Pferd arbeiten möchte. Hilfreich ist es auch, sich über eventuell zu erwartende Probleme Gedanken zu machen und eine Strategie zurechtzulegen, wie man gegebenenfalls reagiert. Ein wichtiger Grundsatz dabei ist, dem Pferd immer möglichst ein oder zwei Sekunden voraus zu sein, sodass man, anstatt nur im Zweifelsfall zu reagieren, präventiv agieren kann. Allerdings muss man sich in diesem Zusammenhang der überaus großen Sensibilität der Pferde bewusst sein. Man darf dem Pferd auf keinen Fall über die Körpersprache signalisieren, dass man diese oder jene Schwierigkeit in Form von Spannung oder gar Widerstand erwartet. Das Pferd würde uns nicht enttäuschen; in der Fachsprache nennt man das „Sich selbst erfüllende Prophezeiung".

1.3 „Sich selbst erfüllende Prophezeiung"

Die sich selbst erfüllende Prophezeiung (engl.: Self-fulfilling prophecy) ist eine Vorhersage, die sich deshalb erfüllt, weil sich der Vorhersagende, meist unbewusst, so verhält, dass sie sich erfüllen muss[1]. Der Begriff geht zurück auf Robert K. Merton.

Dieses psychologische Phänomen hat beim Reiten für das Verhältnis zwischen Reiter und Pferd meiner Ansicht und Erfahrung nach eine, ich möchte schon sagen überragende Bedeutung – übrigens auch für das Verhältnis zwischen Ausbilder und Schüler.[1] Dies hängt mit der oben schon erwähnten überaus feinen Sensibilität der Pferde für alles, was im Kopf des Reiters vor sich geht, zusammen.

In diesem Zusammenhang ist die innere Einstellung, die man zum Reiten, speziell aber zu dem einzelnen Pferd hat, von ganz wesentlicher Bedeutung:

[1] Siehe Savoie, Jane: Positiv denken – erfolgreich reiten. Kosmos Verlag, Stuttgart 2009

Vermitteln Sie Ihrem Pferd stets das Gefühl, es sei ganz toll und für Sie etwas Einmaliges, dem Ihre volle Sympathie gilt. Das gilt natürlich auch für Ihre Sprache, besonders auch in negativer Hinsicht. Wenn Sie Ihr Pferd als Bock, Sautier oder etwas Ähnliches bezeichnen, wird dadurch auch Ihre Haltung ihm gegenüber negativ beeinflusst werden. Was Sie über Ihr Pferd sagen, wird sehr leicht zur sich selbst erfüllenden Prophezeiung.

Hier ein paar ganz einfache, aber typische Beispiele aus dem täglichen Reiten:

Angaloppieren

Damit das Angaloppieren, egal ob aus dem Trab oder aus dem Schritt, prompt, spannungsfrei und präzise, also optimal gelingen kann, muss der Reiter selbstverständlich gute Kenntnisse und Fähigkeiten bezüglich der Hilfengebung haben. Positive Erfahrungen tragen dazu bei, dass er auch mit dem nötigen Selbstvertrauen und entsprechender Entschlossenheit an diese Übergänge herangeht.

Sehr häufig kann man beobachten, wie das Pferd zögert, obwohl der Reiter scheinbar alles richtig macht. Wenn man dann aber genauer hinschaut, kann man mit etwas Erfahrung als Ausbilder und einem geschulten Blick die Skepsis im Gesicht des Reiters erkennen; er bezweifelt, dass das Angaloppieren gelingt. In der Regel ergeben sich aus dieser Skepsis geringfügige Fehler in der Ausführung der Hilfen, insbesondere was das präzise Timing und die genaue Dosierung anbelangt.

Auf jeden Fall kann der Reiter nicht erwarten, dass das Pferd Signale und Anweisungen prompt annimmt und umsetzt, die von seiner eigenen Unsicherheit zeugen. In solchen Fällen sage ich meinen Schülern „Wenn du selbst daran zweifelst, ob das Angaloppieren gut gelingt, wird dein Pferd dich in deiner Erwartung nicht enttäuschen!“

Ganze Parade

Beim Reiten einer ganzen Parade sind diese Zusammenhänge auch sehr häufig zu erkennen. Das zu geringe Selbstvertrauen in Verbindung mit der mangelnden Entschlossenheit führt u.a. zu einem verzögerten Abspannen (Nachgeben) und somit entweder zu einer auslaufenden Parade oder zu einem Zurücktreten des Pferdes.

Aufmerksamkeit – Scheuen

Wenn ein Reiter sich mit seinem Pferd einer Stelle nähert, sei es in einer Halle, auf einem Außenplatz oder auch im Gelände, an der er, vielleicht auch aufgrund früherer Erfahrungen, damit rechnet, dass es sich spannt, zur Seite drängt oder gar scheut und kehrt zu machen versucht, wird das Pferd die „Erwartung“ des Reiters wahrscheinlich „nicht enttäuschen“. Es merkt sofort über die Körpersprache des Reiters, dass da „etwas im Busch“ ist und sich bei ihm Skepsis aufbaut, ob ein problemloses Passieren gelingen kann.

Wenn sich aber die Erfahrung des Reiters insofern positiv auszahlt, dass er, wie oben beschrieben, dem Pferd im Kopf etwas voraus ist, die richtige Strategie hat und er von deren Erfolg vollkommen überzeugt ist, wird es keinerlei Schwierigkeit geben. Er wird rechtzeitig vermehrt die Konzentration des Pferdes auf sich lenken, indem er z.B. vor allem mit dem linken inneren Schenkel deutlicher Stellung abfragt und an den rechten Zügel herantreibt. Er sagt dadurch dem Pferd: „Hier spielt die Musik, der du zu lauschen hast“ und lenkt es von der in diesem Fall auf der rechten Wegseite liegenden „Schreckstelle“ ab.

Eine ähnliche, ganz typische Situation erlebte ich vor Kurzem:

Beim Unterricht mit einer Reiterin, die so alle paar Wochen einmal bei mir reitet, waren ausnahmsweise ein paar mehr Reiter mit in der Halle. Diese arbeiteten eigentlich ganz ruhig mit ihren Pferden, ritten aber immer wieder einmal auch etwas dichter an meiner Schülerin vorbei. Das führte jedes Mal dazu, dass diese sich umsah

„Wenn du selbst daran zweifelst, ob das Angaloppieren gut gelingt, wird dein Pferd dich in deiner Erwartung nicht enttäuschen!“

!

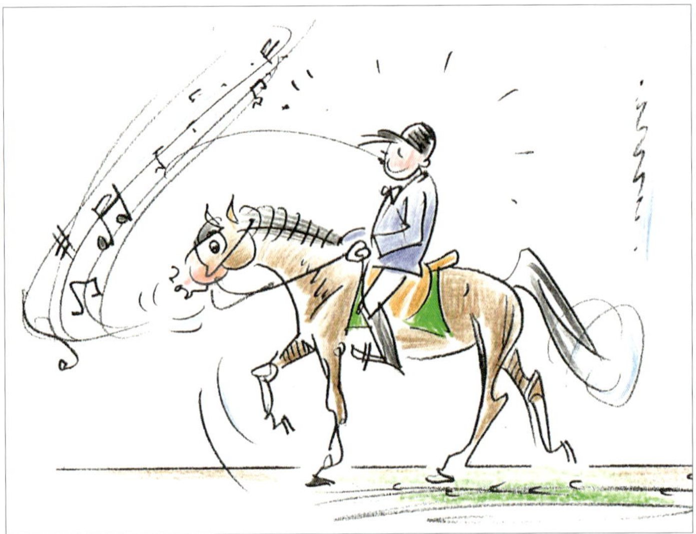

Ein Liedchen zu trällern entspannt Reiter und Pferd.

und passiv wurde, was wiederum ihr Pferd veranlasste, unkonzentriert zu werden und sich zu verhalten.

Als ich die Reiterin darauf ansprach, jammerte sie, ihr Pferd würde sich an den anderen Pferden stören, wenn diese an ihr vorbeiritten. Nun kenne ich das Pferd recht gut und konnte auch ganz genau sehen, dass es sich selbst überhaupt nicht von den anderen Pferden beeinträchtigt fühlte, sondern nur auf die gespannte Erwartungshaltung seiner Reiterin reagierte, sich einfach ihrer Erwartung entsprechend verhielt.

Wir besprachen dann diesen Zusammenhang und dank guten Vertrauens zu mir gelang es ihr, tatsächlich unbefangener zu reiten und ihr Pferd nicht mehr in dieser Form zu beeinflussen.

Gerade bei sehr leistungsbereiten und sensiblen Pferden besteht die Kunst des guten Reiters darin, umso „cooler" zu werden, je nerviger und fipsiger das Pferd sich gebärdet.

!

Springen

Beim Springen wirkt sich natürlich ein innerer Vorbehalt des Reiters besonders eklatant aus – das Pferd bleibt einfach stehen. In solchen Fällen sage ich dem Reiter: „Sie dürfen nicht erwarten, dass das Pferd Sie überredet, mit über den Sprung zu kommen, wenn es spürt, dass Sie eigentlich gar nicht unbedingt springen wollen."

Hat man das Glück, mithilfe und unter Aufsicht eines erfahrenen Ausbilders zu arbeiten, dem man voll vertraut, muss man sich vornehmen, eventuell muss man sich dazu richtiggehend zwingen, wirklich völlig offen für dessen Hinweise und Anweisungen zu sein und sie anzunehmen. Nur so kann man die eigene, evtl. vorhandene Skepsis und die eigenen Vorbehalte überwinden und dem Pferd gegenüber mit erhöhtem Selbstvertrauen und voller Entschlossenheit „auftreten". Dabei taucht immer wieder einmal ein weiteres Phänomen auf: Die Pferde gehen nämlich deutlich besser, wenn der Ausbilder in der Bahn steht. Das hängt sicherlich großenteils damit zusammen, dass das Pferd die durch die Unterstützung von unten verbesserte, entschlossenere Einwirkung spürt. Zum Teil, und so erlebe ich das ab und zu, haben sie direkten Respekt vor mir; das führt sogar dazu, dass sie auf Anweisungen von mir lauschen und den Hilfen des Reiters zuvorkommen. Dann muss ich mir andere Redewendungen ausdenken bzw. meine Kommunikation mit dem Reiter ändern, um ein Mithören seitens des Pferdes zu verhindern.

Ein Reiter, der selbst über genügend Erfahrung und Selbstvertrauen verfügt, hat bei den oben beschriebenen Situationen selbstverständlich weniger Probleme. Er kann seinem Pferd mit entsprechender Souveränität begegnen, die sich z.B. auch darin dokumentiert, dass er über kleinere Unregelmäßigkeiten einmal hinwegsieht und -reitet. Etwa wenn das Pferd im Schritt mangels Losgelassenheit und daraus resultierendem knappem Raumgriff immer wieder etwas anzackelt oder wenn es scheinbar erschreckend zur Seite springt. Allein schon dadurch, dass er selbst jegliche schreckhafte Reaktion vermeidet, stärkt er das Vertrauen seines Pferdes in ihn und senkt für die weitere gemeinsame Arbeit die „Schreckschwelle", d.h. das Pferd wird sich zunehmend weniger aus der Ruhe bringen lassen. Gerade bei sehr leistungsbereiten und sensiblen Pferden besteht die Kunst des guten Reiters darin, umso „cooler" zu werden, je nerviger und fipsiger das Pferd sich gebärdet. Er muss dem Pferd seine Gelassenheit über seinen Sitz, über seine Körpersprache geradezu einströmen. Genau gegenteilig würde ein Pferd zunehmend spanniger und damit auch schreckhafter werden, müsste es bei jeder solchen Gelegenheit Aufregung, Ärger oder gar Strafen seitens des Reiters erwarten.

Sehr vorteilhaft, oft entscheidend für die Lösung des Problems ist es, wenn der Reiter gezeigt bekommt, dass das Pferd durchaus in der Lage ist, richtiger, besser zu gehen. Oft hält er dies überhaupt nicht für möglich. So kann der Ausbilder selbst oder aber auch ein anderer Reiter unter seiner Anleitung das Pferd einmal vorreiten und zeigen, dass das jeweilige Problem tatsächlich lösbar ist. Ideal ist es, wenn das reiterliche Vorgehen mit Erklärungen begleitet wird, sodass er versteht, wo die Knackpunkte liegen. Die Alternative mit einem anderen Reiter kann den Vorteil haben, dass der Stammreiter den Leistungsabstand zu diesem als weniger groß einschätzt als zum Ausbilder.

An dieser Stelle möchte ich auch sehr nachdrücklich auf den großen Wert von Videoaufnahmen hinweisen. Ein Reiter kann zwar, z.B. wenn sie ihm mit seinem Pferd gezeigt werden, sehen und verstehen, wie es richtig ist. Oft meint er aber, dass er es ja genauso auch macht, er ist sich gar nicht bewusst, wie er tatsächlich selbst agiert. Um überhaupt gewahr zu werden, wie der Ist-Zustand seines eigenen Reitens ist, gibt es nichts Besseres als eine Videoaufnahme. Dass es dadurch manchmal auch zu einem schockartigen Erlebnis kommt, will ich nicht ausschließen. Wenn es sich aber als heilsamer Schock erweist, haben Pferd und Reiter wirklich davon profitiert.

Hierzu nur ein kleines Beispiel: Manche Reiter haben es sich angewöhnt, das Trensengebiss ständig im Pferdemaul hin- und herzubewegen und so das Maul abzustumpfen, ja „totzumachen". Wenn sie es nicht mit eigenen Augen gesehen haben, glauben sie es oft nicht und haben dann natürlich auch keine Chance, den Fehler abzustellen.

(Insbesondere Videoaufnahmen mit Ton können sehr gut dazu beizutragen, dass der Reiter von Trainerstunden oder Lehrgängen länger etwas hat. Er hat die Möglichkeit, sich immer wieder einmal das Video anzusehen und sich erneut Anregungen und Korrekturen zu vergegenwärtigen.)

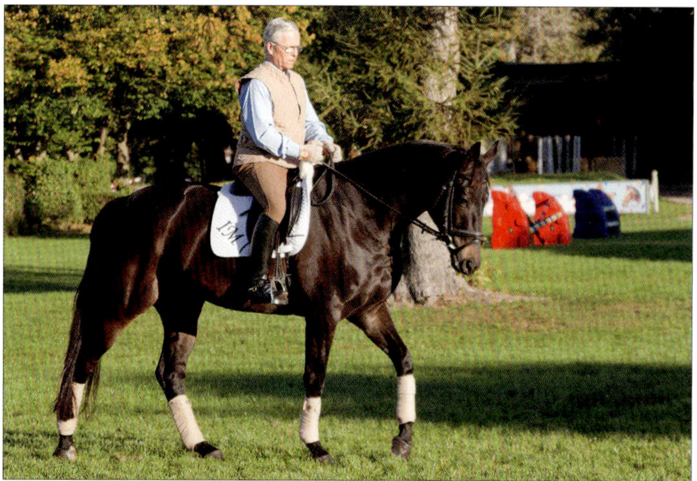

Manchmal ist es wichtig, dass der Ausbilder das Pferd des Schülers „fühlt".

1.4 Äußere Störungen als Herausforderung

In diesem Kapitel, in dem es um die mentalen Querverbindungen zwischen Reiter und Pferd geht, möchte ich das Bild des Buchtitels aufgreifen:

Reiter sollten im täglichen Umgang, besonders beim Reiten, vermeintliche Störungen von außen als Herausforderung ansehen, nicht als Beeinträchtigung und Ärgernis. Das Pferd wird sofort merken, wenn sich der Reiter anfängt zu ärgern, und es wird sich ihm gewissermaßen „solidarisch anschließen", sodass sich das beiderseitige Aufregen potenziert, auch wenn es von selbst an der „Störung" gar keinen Anstoß genommen hätte. Ist es aber tatsächlich ein Geräusch oder etwas Sichtbares, was das Pferd veranlasst, sich aufzuregen, sollte man das Ganze als Gelegenheit, ja als Chance ansehen, den Umgang mit solchen Situationen zu üben und zu erlernen, in Zukunft dabei Herr der Lage zu bleiben.

Reiter sollten im täglichen Umgang, besonders beim Reiten, vermeintliche Störungen von außen als Herausforderung ansehen, nicht als Beeinträchtigung und Ärgernis.

!

Dazu eine kleine Geschichte:

Im Stall Neckermann hatten wir einen großen, 80 m langen Dressurplatz, an einer langen Seite waren zur Hälfte Büsche direkt bis an die Vierecksbegrenzungen herangepflanzt. In manchen Wochen wimmelte es in diesem Strauchwerk nur so von Vögeln, die besonders in der Balzzeit für die Pferde, ich will es einmal vorsich-

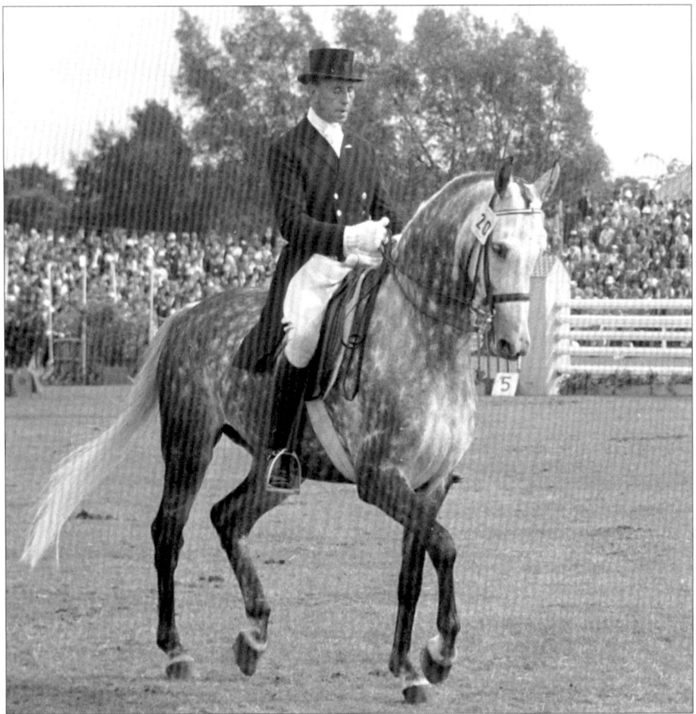

Josef Neckermann in „entspannter Konzentration" auf Antoinette, hier während einer „Hauptprüfung", so nannte man früher die Vorstellung der Sieger und Platzierten, bei der durchaus auch noch richtige Lektionen gezeigt wurden.

tig formulieren, sehr anregend waren. Hinzu kam, dass gelegentlich hinter den Büschen sich Dinge ereigneten, die die Pferde nicht sehen, aber hören konnten. Natürlich fragte ich dann irgendwann unseren Chef, warum man diese Büsche so nahe am Viereck haben müsse. Daraufhin erklärte er mir, dass es eine gute Gelegenheit sei, die Pferde daran zu gewöhnen, aber vor allem auch einzuüben, mit ihnen in einer solchen Situation zurechtzukommen. Deshalb habe man das bewusst so angelegt. Nun muss man dazu wissen, dass es damals sogar beim CHIO in Aachen, dem größten und besten Turnier der Welt, noch keinen 20 m breiten freien Streifen rings um das Prüfungsviereck gab, wie das heute auf jedem größeren Turnierplatz der Fall ist. Eine lange Seite grenzte in Aachen direkt an einen Zaun, hinter dem sich auch ab und zu etwas rührte.

Beim Gedanken an Josef Neckermann fällt mir noch eine andere mentale Fähigkeit ein, die er beispielhaft in bewundernswerter Weise zeigte:

Wenn er den Stall betrat, spätestens wenn er sich aufs Pferd setzte, begab er sich gewissermaßen in eine andere Welt. Selbst wenn er gerade aus anstrengenden Sitzungen mit sicherlich manchmal unerfreulichen Verhandlungen kam, hatte man den Eindruck, alles, was ihn eben noch erregt und belastet hatte, fiel von ihm ab. Er war dann voll konzentriert auf das Pferd und sein Reiten. Manches Mal musste man ihn an die Uhrzeit erinnern; Besucher, die ihn im Stall besuchten, mussten Geduld mitbringen. Sicherlich nicht zuletzt dank dieser Konzentrationsfähigkeit waren seine Pferde überaus fein geritten und reagierten auf leichteste Hilfen. Wer sie nachreiten wollte, musste sich deshalb auch um eine entsprechende Hilfengebung bemühen und konzentriert reiten.

Viele Pferdeleute lassen sich vom Pferd und vom Reiten in ähnlicher Weise gefangen nehmen; deshalb gibt es für sie nichts Schöneres, als sich regelmäßig zur mentalen, ich nenne das hier einmal „Befreiung" aufs Pferd zu setzen und sich dem Eustress des Reitens hinzugeben. (Eustress: positiver Stress/Kurzbelastung, Anregung körpereigener Endorphine (Glückshormone))

1.5 „Zwischenmenschliches" Verhältnis Reiter – Pferd

Je länger ein Reiter mit seinem Pferd zusammen ist, desto mehr ergeben sich Automatismen, deren man sich manchmal gar nicht mehr bewusst ist. Das hat manchmal große Ähnlichkeit mit dem Verhältnis, wie es sich zwischen Eltern und Kindern oder langjährigen (Ehe-)Partnern entwickelt. Besonders bei Reitern, die immer nur das eine Pferd reiten, besteht die Gefahr, dass sich manche Dinge verselbstständigen und nicht mehr vom Reiter sicher kontrolliert werden können.

So erkennen Pferde natürlich genau, wenn ihr Reiter müde wird, nicht mehr so konzentriert ist, eventuell an ein Päuschen denkt oder die Jacke ablegen möchte. Dann bleiben sie möglicherweise einfach am Eingang oder der „Schwätzstelle" stehen. Das sollte gar nicht erst geduldet werden. Der Reiter muss bestimmen, wann durchpariert, wann eine Pause gemacht wird, und zwar rechtzeitig, bevor das Pferd es merkt bzw. beschließt. Das Pferd darf nicht „den Eindruck" bekommen, dass es selbst den Zeitpunkt bestimmt. Der gute Reiter ist dem Pferd immer ein bis zwei Sekunden voraus! Manche Pferde entwickeln einen Trick und beherrschen ihn nachher perfekt, mit dem sie sich z.B. vor anstrengender, versammelnder Arbeit drücken. Jedes Mal wenn der Reiter versucht, das Pferd vermehrt zu schließen, es mit den Hinterbeinen von hinten heranzuholen, fangen sie an, sich abzuschnauben, weil sie die Erfahrung gemacht haben, dass der Reiter sofort wieder nachgibt, ihnen gestattet, sich zu dehnen, und letztendlich sein eigentliches Vorhaben aufgibt.

1.6 Mentale Eigenschaften

Zum Abschluss dieses in meinen Augen sehr wichtigen Kapitels bringe ich hier noch eine kleine Aufstellung einiger mentaler Eigenschaften, die das Reiten erleichtern; vielleicht regt sie zum Nachdenken und Analysieren des eigenen Ist-Zustandes an:

- **Ehrliche Achtung vor der Kreatur und Tierliebe**
- **Sensible(s) Einfühlungsvermögen und -bereitschaft**
- **Konzentrationsfähigkeit**
- **Angemessene Geduld und Ausdauer**
- **Absolute Ehrlichkeit sich selbst gegenüber und die Bereitschaft, eigene Fehler einzugestehen**
- **Neugier und ständige Lernbereitschaft**
- **Sichere Beobachtungsgabe, besonders für Bewegungsabläufe**
- **Disziplin und Selbstbeherrschung**

Jeder Reiter sollte sich bewusst sein, dass er sowohl körperlich als auch vor allem mental sehr gut und stark Einfluss auf sein Pferd nehmen kann. Um diesen zu optimieren und den Umgang mit ihm freudvoller zu gestalten, ist es sehr förderlich, sich immer wieder einmal während des Reitens in diesen, seinen Partner hineinzuversetzen.

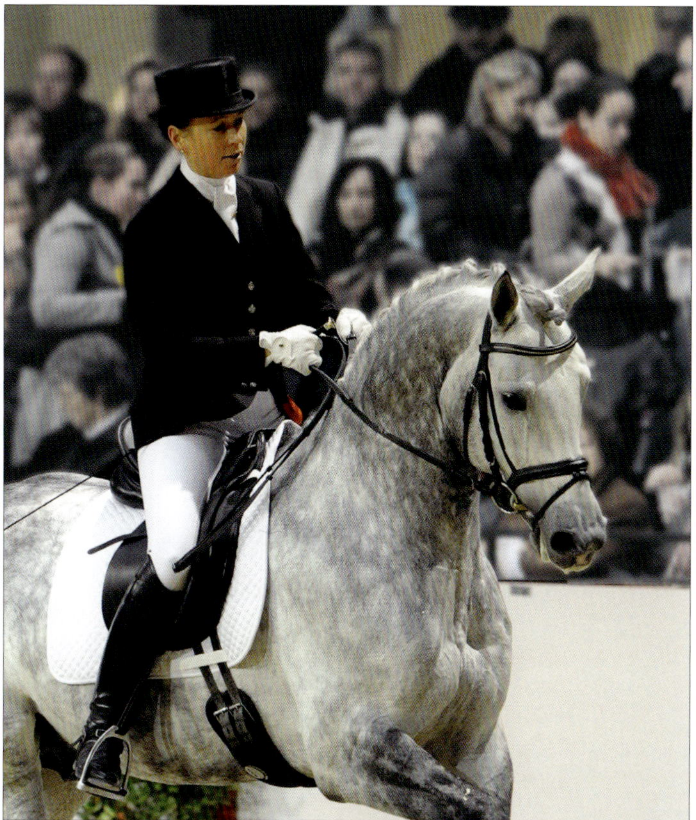

Der Gesichtsausdruck von Reiterin und Pferd zeugt von Zuversicht.

Je besser er an seiner eigenen Aus- und Fortbildung in motorischer, aber auch in psychischer Hinsicht arbeitet, desto besser kann er mit der Entwicklung seines Pferdes mithalten und ihm gerecht werden. Dabei sollte er stets bereit sein, seine Einstellung und Haltung gegenüber dem Pferd kritisch zu hinterfragen.

Ein nicht zu unterschätzender Aspekt in diesem Zusammenhang ist es, sich realistische Ziele zu setzen und diese ab und an von einer fachlich kompetenten und menschlich vertrauenswürdigen Persönlichkeit überprüfen zu lassen, und zwar im Hinblick auf Pferd und Reiter.

→ Kap. 18. „Schritt, die ungeliebte Gangart"
→ RmVuG S. 33

Jeder Reiter sollte sich bewusst sein, dass er sowohl körperlich als auch vor allem mental sehr gut und stark Einfluss auf sein Pferd nehmen kann.

!

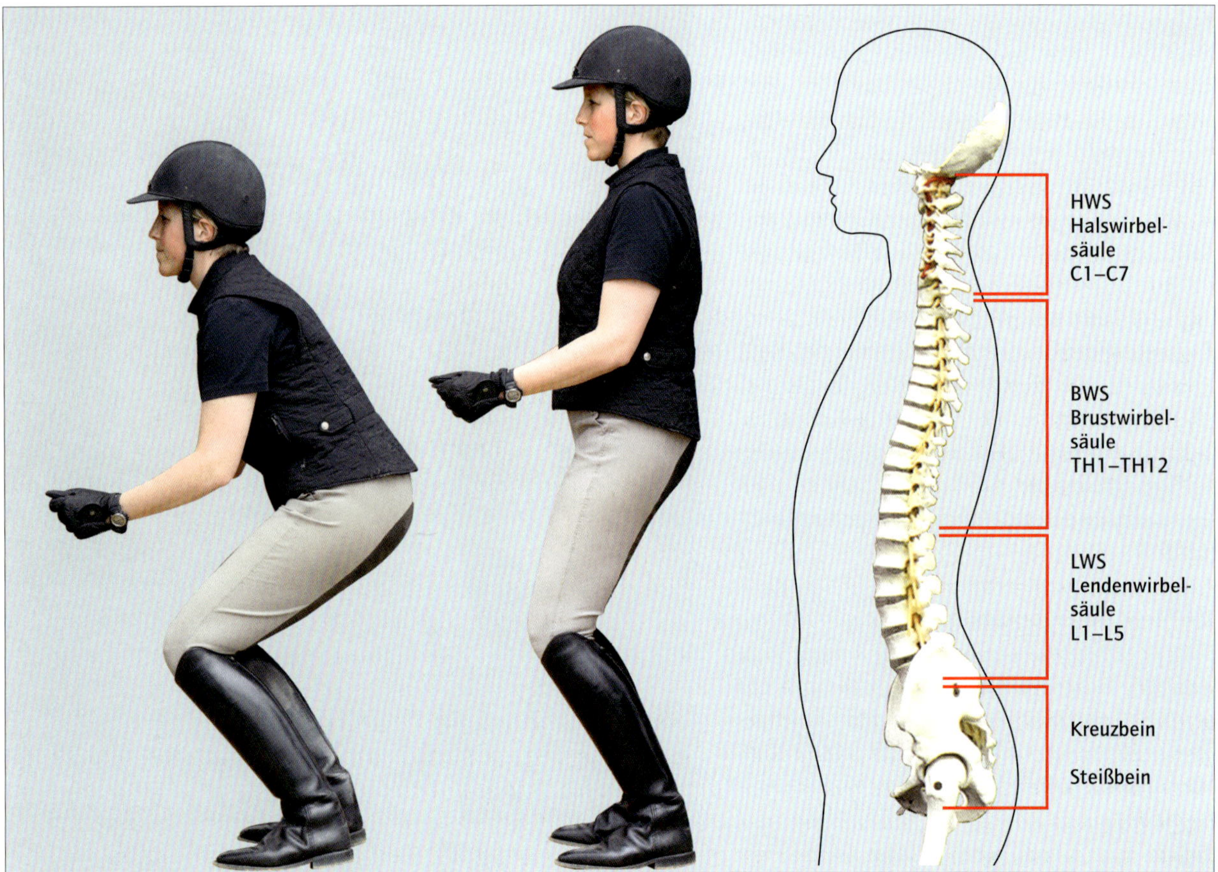

Die Idee, in einer Position sitzen zu wollen, die es einem ermöglicht, in der gleichen Haltung ausbalanciert zu stehen, wenn z.B. das Pferd unter einem plötzlich verschwinden würde, vermittelt schon eine ziemlich richtige Vorstellung.

!

2. Der richtige Sitz – Losgelassenheit und Gleichgewicht aus der Bewegung!

Die große Bedeutung des richtigen Reitersitzes als Voraussetzung für eine Hilfengebung, die vom Pferd verstanden und angenommen wird, ist seit vielen Generationen und in allen Reitweisen unbestritten. Nicht immer genügend Beachtung findet in der Sitzschulung die Notwendigkeit für den Reiter, sich zu bewegen, um überhaupt zur Losgelassenheit und ins Gleichgewicht kommen zu können.

2.1 Pferd und Reiter – ein System

Pferd und Reiter müssen immer als ein System betrachtet werden, weshalb bei jeder auftretenden Störung, egal ob beim Pferd oder beim Reiter, stets beide Beteiligten überprüft werden müssen.

Man kann es ruhig als eine Grundregel der Horsemanship und der reiterlichen Ethik bezeichnen, dass man bei auftretenden Problemen stets die Ursache bei sich selbst zu suchen hat. Ich sage oft meinen Schülern: „Das Problem sitzt immer oben im Sattel!"

Eigentlich müsste es dem Reiter und seinem Ausbilder ohnehin leichter fallen, die reiterbedingten Probleme zu analysieren und einer Lösung zuzuführen. Hinzu kommt noch, dass der Ausbilder ja auch kaum direkt auf das Pferd einwirken kann, außer er setzt sich selbst in den Sattel. Mit dem Reiter kann er hingegen auf vielerlei Weise kommunizieren. Deshalb wäre es an sich tatsächlich der einfachste Weg, den Reiter so zu beeinflussen, gegebenenfalls zu korrigieren, dass dank dessen besseren Reitens das Pferd auch besser geht. Leider wird dann aber doch, häufig aus einem Mangel an Ehrlichkeit sich selbst gegenüber, lieber der Fehler beim Pferd gesucht und irgendwie auch gefunden. Auch Ausbilder scheuen sich meist, mit Korrekturen am Reiter zu beginnen, häufig aus falsch verstandener Höflichkeit, oft aber weil ihr Auge für die Bewegungsabläufe des Reiters und seine Biomechanik wenig geschult ist oder sie die Bedeutung von Sitzmängeln und Fehlern in der Hilfengebung unterschätzen. Deshalb möchte ich mich auch in diesem Buch noch einmal ausführlich mit dem Sitz und der Hilfengebung befassen.

2.2 Der Sitz

Abgesehen von allen Vorschriften zur äußeren Form des korrekten Sitzes, geht es für jeden Reiter zunächst einmal darum, zu einem losgelassenen Gleichgewichtssitz zu kommen. Dies gilt für alle Sitzformen, die ja letztendlich nur nach dem Verwendungszweck gewählt werden. Die Idee, in einer Position sitzen zu wollen, die es einem ermöglichen würde, in der gleichen Haltung ausbalanciert zu stehen, wenn z.B. das Pferd unter einem plötzlich verschwinden würde, vermittelt schon eine ziemlich richtige Vorstellung. Da sich ja während des Reitens das Pferd ständig bewegt und dabei sein Tempo sowie die Richtung häufig verändert, ist dieses Gleichgewicht zwischen Reiter und Pferd auch etwas sehr Dynamisches. Deshalb kann ein Reiter nur dann für das Pferd eine angenehme, leicht auszubalancierende Last sein, wenn er dank guter Beweglichkeit in der Lage ist, sich all diesen bewegungsbedingten Veränderungen des Gleichgewichts gut anzupassen.

Für die Grundstruktur des Sitzes ist insbesondere die Haltung der Wirbelsäule entscheidend. Nur wenn sich die Wirbelsäule in ihrer natürlichen S-Form befindet, kann sie Bewegungsabläufe vom Kopf über den Rumpf mit dem Becken bis zum Fuß oder umgekehrt optimal zulassen. Verbessert der Reiter die Beweglichkeit seiner Gelenke und die Dehnfähigkeit seiner Muskulatur, fällt es ihm leichter, zur Losgelassenheit zu kommen. Gymnastische Übungen am Boden und auf dem Pferd verbessern diese Beweglichkeit und Dehnfähigkeit. (Literaturhinweis: Dietze, Susanne von; Meyners, Eckart)

Leider haben heute vielfach schon Kinder aufgrund mangelnder Bewegungs- und Übungsmöglichkeiten deutliche motorische Defizite; umso schlimmer ist es, dass im Allgemeinen, besonders auch im Training für Dressurprüfungen, teilweise sogar bei Kaderlehrgängen zu wenig an den Reitern, besonders an ihrem Sitz gearbeitet wird. Manche Ponykinder, Junioren und Junge Reiter wirken „künstlich hingesetzt“, steif und verkrampft. Dies wird zum Teil durch die Aufforderungen, still zu sitzen, gefördert, bevor sie überhaupt zu echter Losgelassenheit und zum Gleichgewicht gefunden haben.

2.3 Bewegung – Voraussetzung für Gleichgewicht

Selbstverständlich vermittelt der erfahrene, gut ausbalancierte Reiter dem Betrachter den Eindruck, er säße fast bewegungslos im Sattel. So sitzen zu können sollte für jeden das Ziel sein.

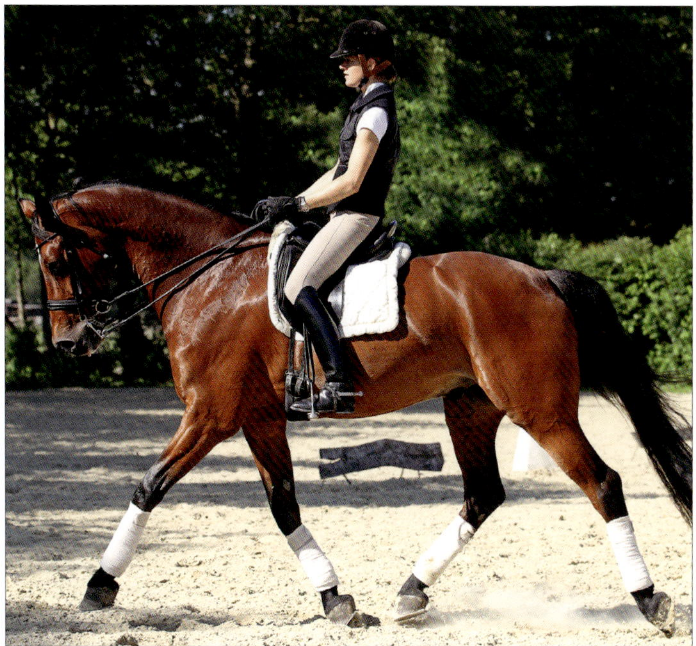

Hier versucht unsere „Demo"-Reiterin das so weitverbreitete Sitzen in Rücklage zu zeigen. Ihre Elastizität, besonders in der Mittelpositur, wird dadurch stark beeinträchtigt, ihre Hand bekommt eine Rückwärtstendenz und macht so das Pferd eng.

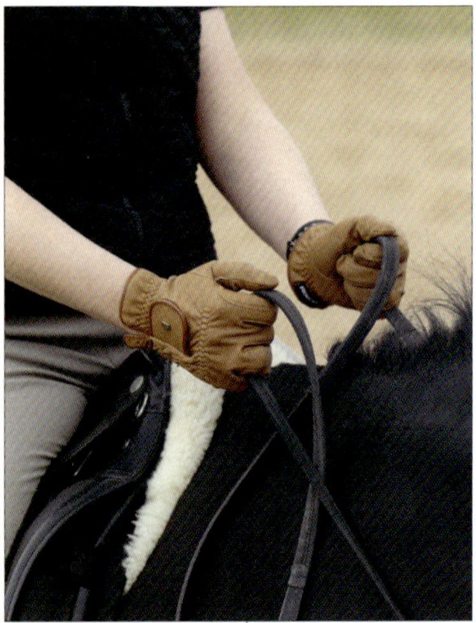

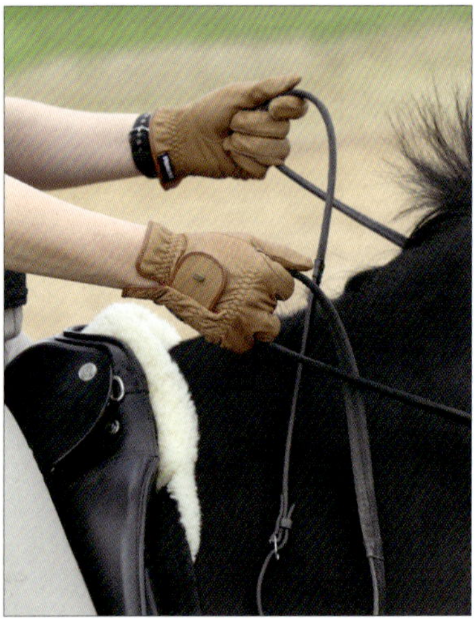

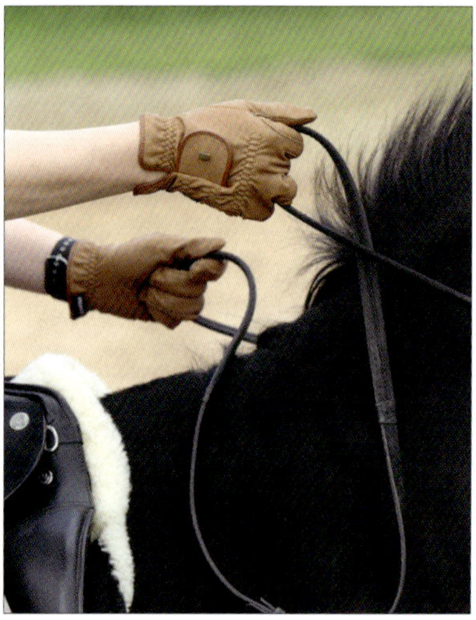

Die Hände aus der Normalposition wechselweise rechts und links gleichmäßig rauf und runter zu bewegen ist gar nicht so einfach. Der Reiter wird durch diese Bewegungen „gezwungen", abzuspannen, besonders, wenn er sich bemüht, seine Hände so zu bewegen, dass das Pferdemaul davon nicht beeinträchtigt wird. Die Unabhängigkeit der Hand vom Sitz wird sehr gefördert.

Wenn ich Unterricht gebe, wundern sich oft Reiter, aber auch Zuschauer/-hörer, wenn ich sie auffordere, sich im Sattel zu bewegen, ja auf dem Pferd ein paar gymnastische Übungen zu machen. Zunächst haben die Reiter meist eine gewisse Scheu, meine Anregung anzunehmen, entweder mangels Vertrauens zu ihrem Pferd oder weil sie sich einfach albern vorkommen. Wenn ich ihnen dann aber das eine oder andere vormache und sie meiner Aufforderung folgen, wundern sie sich oft zum zweiten Mal, weil sie spüren, wie ihr Pferd anfängt, sich losgelassener zu bewegen, den Hals fallen zu lassen und sogar abzuschnauben. Es bedankt sich damit richtiggehend bei seinem Reiter dafür, dass er seine Verkrampfung aufgibt und so angenehmer zu tragen ist.

Durch solche Übungen wird der Reiter meist automatisch auch wieder entspannter und tiefer durchatmen, wodurch wiederum einer vorzeitigen Ermüdung vorgebeugt wird. Deshalb ist es vorteilhaft, immer wieder während des Trainings, gerade auch in Phasen besonderer Konzentration, in sich hineinzulauschen, wie losgelassen man atmet. Gelegentliches Summen oder Pfeifen einer Melodie kann dafür sehr hilfreich sein.

Besonders Reiter, die versuchen, gleichsam einer Grafik entsprechend überbetont korrekt zu sitzen oder auch so „hingesetzt" sind, muss man oft aus diesen vorgegebenen, formalistischen Vorgaben lösen. Ob der Sitz richtig ist, ob er funktioniert, muss ganz individuell gesehen werden. Die jeweils ideale Form hängt vom Körperbau und seinen Proportionen der beiden beteiligten Lebewesen Pferd und Reiter ab.

Mit einem Vergleich kann man sich klarmachen, warum Bewegung auch Voraussetzung für Gleichgewicht ist:

Man stelle sich vor, einen Stock, z.B. einen Besenstiel, auf der Fingerspitze balancieren zu wollen. Wer mit so etwas keine Übung hat, wird anfangs nur mit recht deutlichen Bewegungen des ganzen Armes, ja teils sogar durch ein Vorwärts- oder Rückwärtstreten den Stock einigermaßen im Gleichgewicht halten können. Bei einem geübten Jongleur sind zwar immer noch Bewegungen nötig, um den zu balancierenden Gegenstand im Gleichgewicht zu halten. Er ist dabei jedoch so geschickt, dass der Bewegungsaufwand für den Beobachter kaum noch wahrzunehmen ist. Entsprechend kann man sich das für den Reiter vorstellen: Der angehende Reiter benötigt zunächst noch

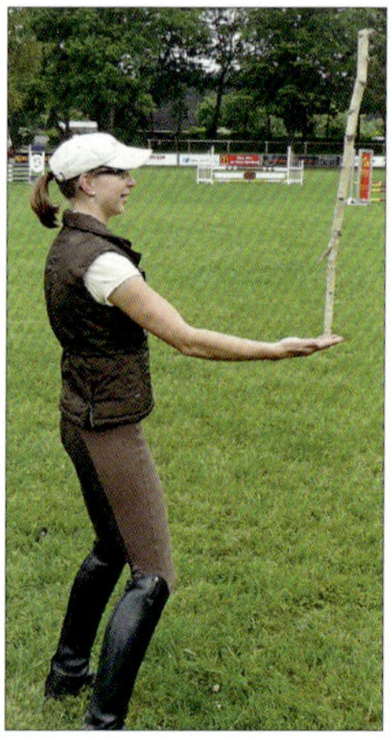

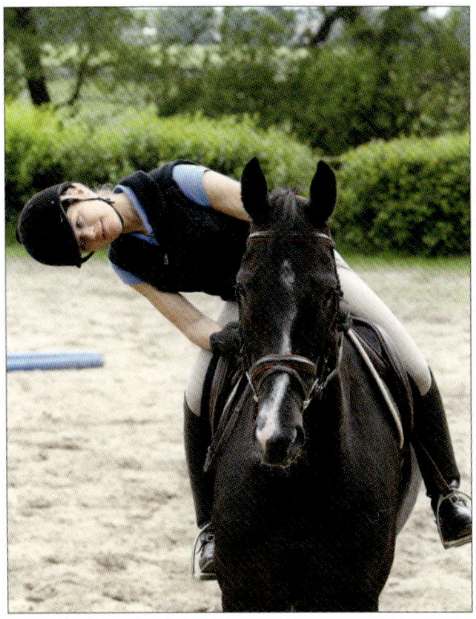

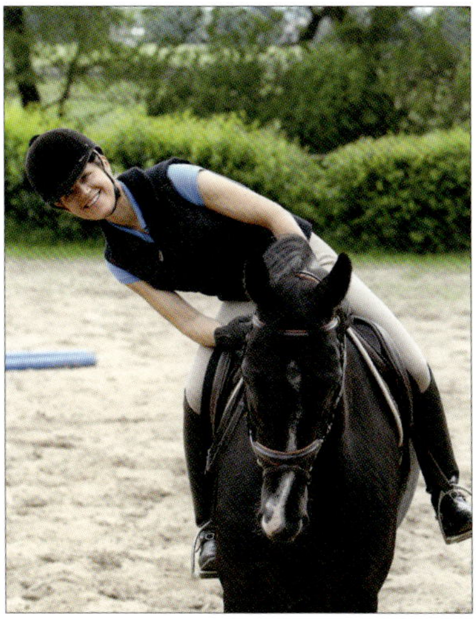

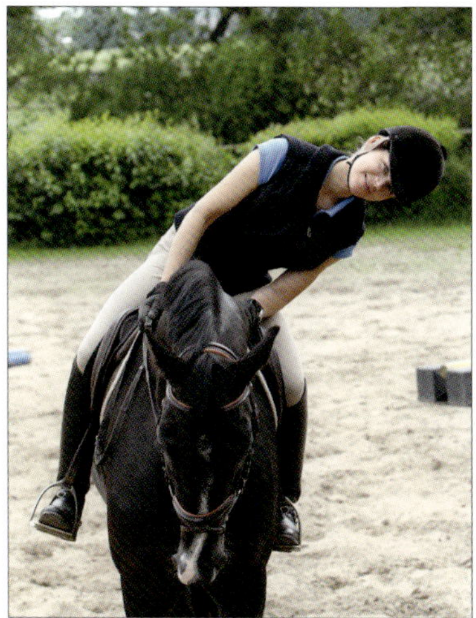

Nach solchen Übungen findet der Reiter wieder leichter eine zentrale Sitzposition.

einen deutlich sichtbaren Bewegungsumfang, um sich auszubalancieren, mit zunehmender Übung findet er dann, vor allem dank verfeinerter Koordination, das Gleichgewicht mit einem kaum mehr sichtbaren Bewegungsumfang.

Die falsche Vorstellung, ruhig zu Pferde zu sitzen bedeute, regungslos zu sitzen, ist vor allem unter Reitern verbreitet, die einseitig, womöglich von Anfang an nur „Dressur" reiten wollen und sich deshalb auch einen entsprechenden Sattel, eine „Sitzprothese", gekauft haben, der sie auf dem Pferd fixiert. **(→ Kap. 3. „Der richtige Sattel…")** Dazu habe ich einmal, etwas provokativ, gesagt: „Im Gelände oder im Parcours kann man ohne losgelassenen Balancesitz kaum erfolgreich sein, durchaus aber im Dressurviereck. Deshalb freue ich mich immer, wenn ein neuer Schüler mir beim ersten Vorstellen erzählt, dass er regelmäßig ins Gelände geht und auch hin und wieder etwas springt. Solche Reiter sind meist sehr viel beweglicher und elastischer. Ihnen fällt es nicht schwer, im richtigen Moment in die Bewegung zu sitzen und z.B. beim Zulegen mitzukommen.

2.4 Falsche Vorstellungen vom richtigen Sitz

Noch ein Wort zu unseren teilweise falsch sitzenden (jungen) Reitern. Besonders im Bereich des Dressurreitens ist das Sitzen in deutlicher Rück-

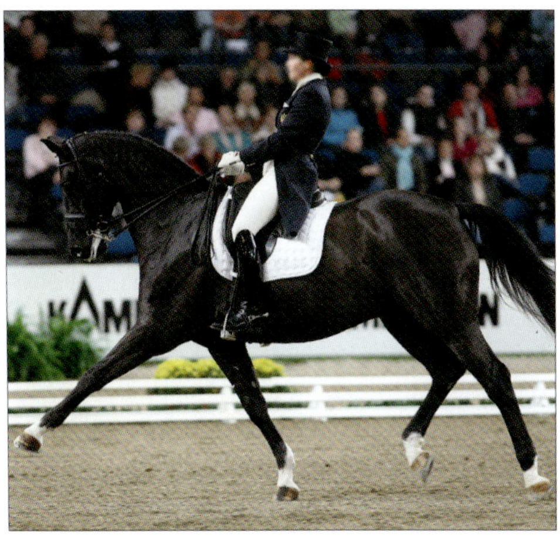

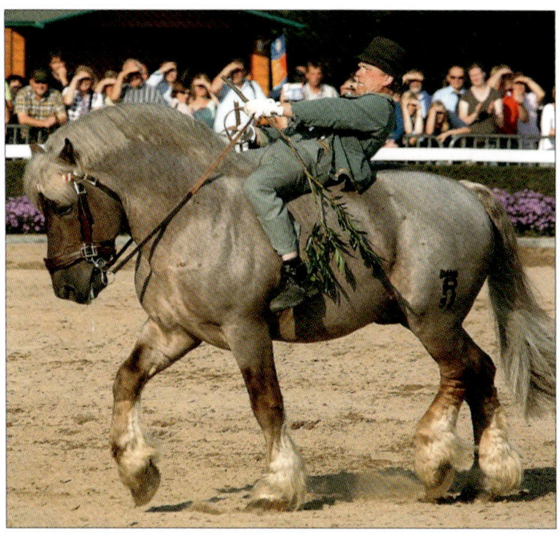

In Rücklage wird der Reiter in der Mittelpositur fest und vermittelt dem Pferd im Rücken ein unelastisches, unangenehmes Gefühl. (links)

Herrliche Persiflage auf den weitverbreiteten Schiebesitz bei Verstärkungen (rechts)

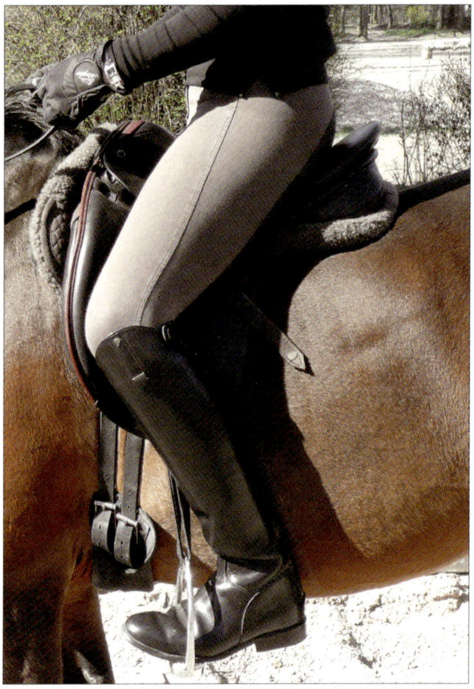

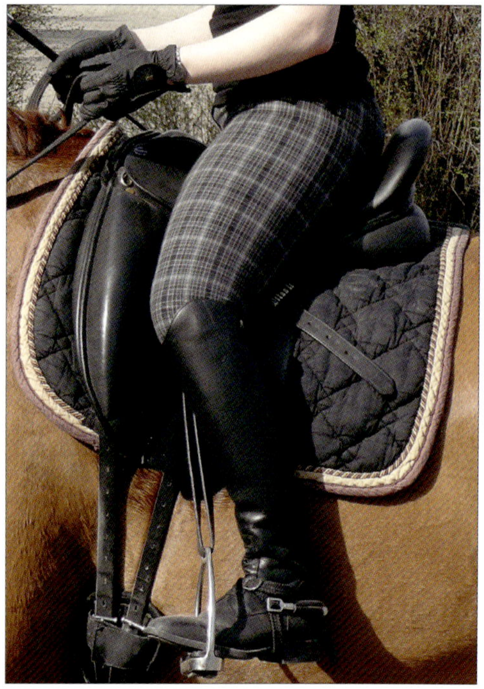

Die Länge der Bügel muss auf die Proportionen von Reiter und Pferd abgestimmt sein: Kürzere Beine können auch durch längere Bügel nicht länger „gemacht" werden; ein langbeiniger Reiter auf einem kleinen Pferd sollte mit etwas stärker gewinkelten Knien reiten, also die Bügel etwas kürzer schnallen. (Der Sattel auf dem Fuchs hat zu dicke Kniepauschen, was in diesem Fall nicht so schlimm ist, weil der Sattel für die Reiterin sogar etwas groß ist.)

lage weit verbreitet, ohne dass es immer genügend angesprochen, korrigiert oder seitens der Richter bestraft wird. Verleitet werden die Reiter dazu zum einen einfach durch schlechte Vorbilder, wie wir sie auch im „großen Sport" zahlreich, zum Teil dennoch erfolgreich, beobachten können. Zum anderen liegt es aber auch an falschen Vorstellungen bezüglich der Wirkung von Gewichtshilfen, einmal beim Aufnehmen, beim Parieren, besonders aber beim Treiben. Teilweise werden diese sogar noch vermittelt durch Aufforderungen wie „Setz dich schwer hin!" oder „Schieb ihn an!".

Begibt sich der Reiter in Rücklage, kippt sein Becken nach hinten (in der Fachsprache nennt man das Beckenaufrichtung), dadurch wird seine Elastizität in der Mittelpositur stark eingeschränkt, sodass er nicht mehr mit dem Pferd optimal mitschwingen, ihm im Rücken ein gutes Gefühl vermitteln kann. Hinzu kommt, dass er sein Gleichgewicht verliert bzw. sich über die Zügel ausbalancieren muss. Die so entscheidende Unabhängigkeit der Hand vom Sitz geht verloren. Anstatt von hinten an die feine, getragene Hand heranreiten zu können, wirkt die Hand mehr oder weniger rückwärts. Dass wir heute so viele Pferde haben, die sich im Rücken festhalten, deren Bewegungen nicht durch den ganzen Körper gehen (man nennt sie in der Fachsprache „Schenkelgänger", weil sie sich nur mit den Beinen bewegen), liegt nicht zuletzt an dieser von falschen Vorstellungen geprägten Art des Reitens. **(→ Kap. 7. „Mehr treiben…")**

Wer erst einmal längere Zeit in einer Fehlhaltung geritten hat, wird sich an diese Position gewöhnen. Das Gehirn speichert sie als Normalposition.

!

2.5 Korrektur eingeschliffener Fehler

Wer erst einmal längere Zeit in einer Fehlhaltung geritten hat, wird sich an diese Position gewöhnen. Das Gehirn speichert sie als Normalposition ab. Zur Korrektur müssen auch diese Reiter richtiggehend aus „ihrem" Gleichgewicht mit den „eingeschliffenen Sitzfehlern" gebracht werden. Meist ist es auch vorteilhaft, vielleicht auch notwendig, dazu einen anderen Sattel, eventuell mit größerer Sitzfläche zu benutzen oder die „Sitzprothese" in die Ecke zu hängen. Stattdessen kann man besser einen Vielseitigkeitssattel benutzen, der mehr Bewegungsfreiheit bietet und es z.B. erlaubt, auch mit kürzeren, ja sogar

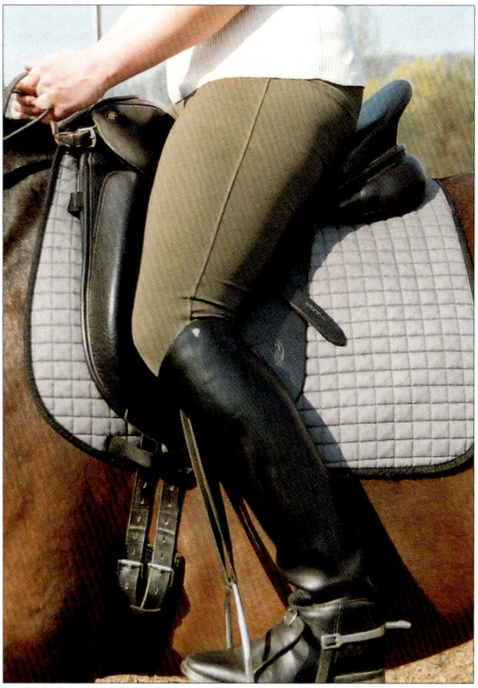

Wer längere Zeit in solch einer „Sitzprothese" fixiert gesessen hat, fühlt sich in einem „normalen" Sattel sogar unsicher, „wie das Stück Butter auf der heißen Kartoffel". Durch die Pauschen wird der Oberschenkel in eine überstreckte Position gebracht und der Unterschenkel zu weit zurückgeschoben.

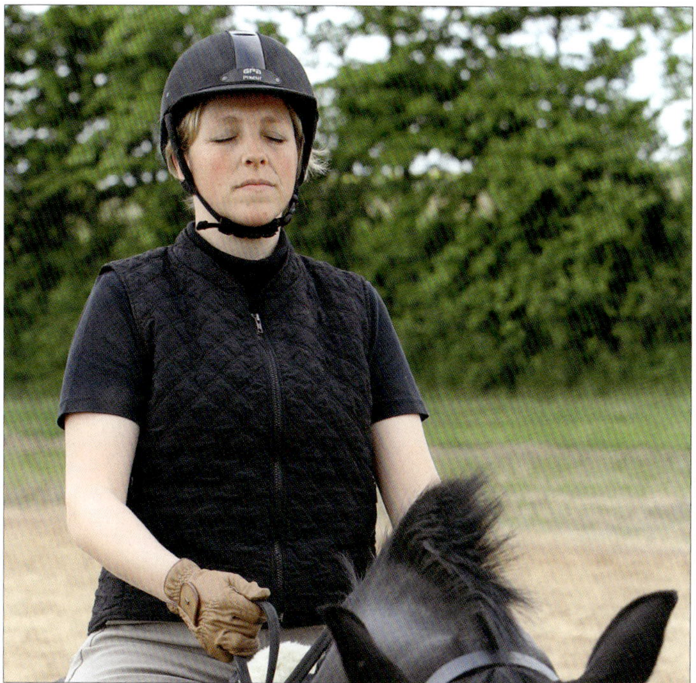

Vorübergehendes Reiten mit geschlossenen Augen

ganz kurzen Bügeln zu reiten, fast den Rennsitz einzunehmen. Es muss den Reitern ermöglicht werden, ein neues korrigiertes Gleichgewicht zu erfühlen und zu automatisieren. Ein solcher Korrektur-Prozess bedarf viel Zeit und Geduld. Die veränderte Sitzposition ist für die Reiter zunächst ungewohnt. Sie ist für den Reiter anfangs unangenehm und vermittelt ihm sogar ein Gefühl der Unsicherheit.

Nach einer kurzen Zeit der Umstellung wird der Reiter aber durch ein gutes Gefühl belohnt.

2.6 Richtige Position gefunden – erhalten – wiederfinden

Hat der Reiter sich losgelassen und besser ausbalanciert „seine" Position auf seinem Pferd gefunden, spürt er das sofort und erhält darüber hinaus noch eine Bestätigung dadurch, dass sich das Pferd ebenfalls losgelassener bewegt, häufig sogar abschnaubt. Auf keinen Fall darf der Reiter dann denken: „Oh, jetzt schnell diese Position beibehalten, bloß nichts mehr verändern!" – Leider neigen dazu viele Reiter instinktiv und fangen wieder an sich zu verkrampfen. Stattdessen sollten sie sich mit Zufriedenheit und Selbstvertrauen sagen: „Wenn ich das jetzt einmal so gut hinbekommen habe, werde ich es auch wiederholt zustande bringen!" Vorübergehendes Reiten mit geschlossenen Augen macht es leichter, sich auf das Erfühlen der Bewegungen zu konzentrieren und dieses Gefühl „abzuspeichern".

Wie oben schon bei den gymnastischen Übungen auf dem Pferd angesprochen, ich spreche da gerne von „Herumturnen", muss der Reiter gerade bei solchen Gelegenheiten gewisse Vorbehalte abbauen. Nur wenn er sicher darauf vertraut, dass der Ausbilder die gesamte Situation richtig einschätzt und ihm keine Aufgabe stellt, die ihn, aus welchem Grund auch immer, vor größere Probleme stellen wird, kann er vertrauensvoll und dementsprechend unverkrampft an die

Je mehr der Reiter sich auf sein Pferd konzentriert, desto leichter „vergisst" er sich.

!

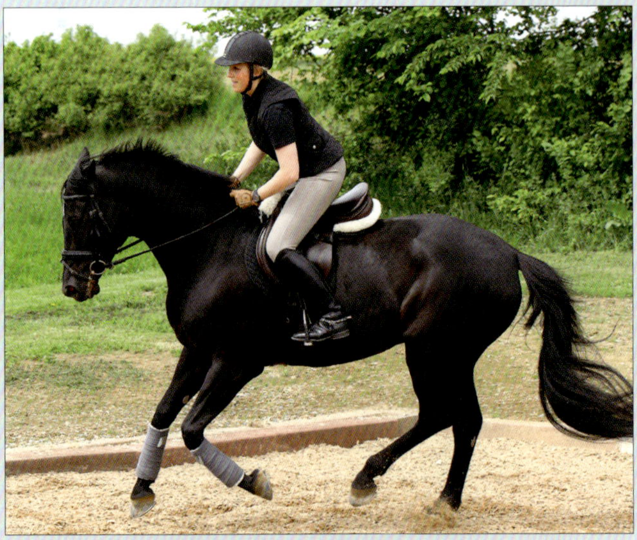

Zum richtigen Rennsitz müsste die Reiterin die Bügel noch etwas kürzer schnallen und ihren Oberkörper in eine zur Oberlinie des Pferdes fast parallele Position bringen; das wird ihr mit zunehmendem Tempo leichter fallen.

Rennsitz

Die Gelenke befinden sich normalerweise beim Reiten in Mittelstellung. Dennoch sollte der Reiter zwischen Extremen beweglich sein, damit er jederzeit flexibel reagieren kann. Er nimmt dazu Körperhaltungen, z.B. wie hier im angedeuteten Rennsitz, ein, die eine besonders starke Gelenkbeugung erfordern. Solche Übungen können sowohl am Boden als auch auf dem Pferd gemacht werden.

Sache herangehen. Hat der Reiter erst einmal ein solches Aha-Erlebnis gehabt, wird es immer leichter und kann dann selbstverständlich auch alleine geübt werden.

Je mehr der Reiter sich auf sein Pferd konzentriert, desto leichter „vergisst" er sich. Deshalb sollte er es sich zur Gewohnheit machen, alle paar Minuten in sich hineinzuhorchen, um rechtzeitig wahrzunehmen, wenn aus der notwendigen positiven Körperspannung wieder Verspannung wird. Ein im richtigen Moment eingeschaltetes „Abspannintervall" von wenigen Minuten kann Wunder wirken.

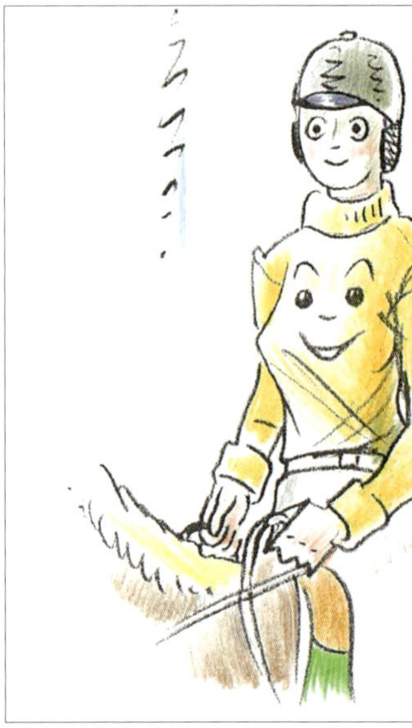

Mit „beiden Gesichtern" sollte der Reiter sein Ziel im Auge halten.

2.7 Der „Drehsitz"

Nachdem ich in RmVuG S. 46/47 doch recht kritisch auf diesen Begriff eingegangen bin, möchte ich hier das Thema nochmals aufgreifen, weil ich in den letzten Jahren mit einzelnen Schülern im Einzelunterricht weitere Erfahrungen gesammelt habe.

Nach wie vor bin ich der Meinung, dass es in diesem Zusammenhang wenig förderlich ist, wenn der Reiter auf dem Pferd bewusst versucht, seine Hüften und Schultern parallel zu den Hüften und Schultern des Pferdes zu platzieren. Eine geringfügige Verdrehung um die Körperlängsachse kommt automatisch zustande, wenn der Reiter die gewünschte Längsbiegung des Pferdes primär mit dem inneren, dicht am Gurt liegenden Schenkel abfragt und dabei den äußeren aus der Hüfte heraus etwas zurücklegt. Dadurch kommt sein Becken schon in die richtige Position. Wird der verwahrende äußere Schenkel tatsächlich aus der Hüfte heraus umgelegt, der Oberschenkel also etwas steiler positioniert, wird die gleichseitige, äußere Gesäßhälfte etwas entlastet. Indirekt wird dadurch die innere Gesäßhälfte etwas stärker belastet; somit ergibt sich die gewünschte einseitig belastende Gewichtshilfe, die die Biegung unterstützt, und zwar ohne sichtbare Beteiligung des Oberkörpers.

Wie der Reiter dann mit seinem Oberkörper sitzt, hängt davon ab, in welcher Übung oder Lektion er sein Pferd mit Längsbiegung reiten möchte: Will er tatsächlich eine Wendung, eine Ecke, Schlangenlinie, Volte, Kurzkehrtwendung oder Ähnliches reiten, wendet er seinen Oberkörper geringfügig in die Richtung, in die sich sein Pferd bewegen soll. Er kann sich dabei vorstellen, er hätte auf seiner Brust Augen und wollte mit diesen in die Wendung sehen. Beim Reiten von Travers und Traversalen gilt dasselbe.

Etwas anders muss man beim Schulterherein sitzen: Man reitet im Schulterherein zwar so, als ob man eine Volte beginnen möchte, muss dann aber dem Pferd zeigen, dass es auf der geraden Linie bleiben soll. In diesem Zusammenhang kommt es dann immer wieder zu der Diskussion, ob der Reiter in die gedachte Volte hinein – oder in die zu reitende Richtung, also geradeaus blicken soll. In praxi verfährt man am besten so, dass man erst wie für die Wendung in einem leicht gedrehten Sitz reitet; meist wird das Schulterherein ja aus einer Ecke oder Volte heraus entwickelt. Dann aber wird der Blick, auch mit den Augen auf der Brust, sofort in die zu reitende Richtung gewendet, um das Pferd auf der Linie zu halten. Natürlich muss man auch hierbei wieder differenzieren, ob man auf der Zwang- oder der hohlen Seite des Pferdes arbeitet. Auf der Zwangseite wird es von sich aus versuchen, schneller bzw. vermehrt mit der Schulter in die gedachte Wendung hinein-, vom Hufschlag wegzudrängen, auf der hohlen Seite wird es sich schwerer mit der Schulter herum-, von der Grundlinie wegführen lassen.

→ Kap. 16. „Geraderichten – eine lebenslängliche Aufgabe"!

Der Vollständigkeit halber will ich auch noch auf den Sitz beim Schenkelweichen einschließlich des Viereckverkleinerns und -vergrößerns eingehen: Normalerweise wird beim Schenkelweichen noch keine Längsbiegung verlangt, um vor allem kein Ausweichen des Pferdes über die Schulter zu provozieren; trotzdem liegt der verwahrende äußere Schenkel etwas weiter zurück als der vorwärts-seitwärts treibende innere Schenkel (Der vorwärts-seitwärts treibende Schenkel bleibt, insbesondere wenn das Pferd auf seiner festeren Seite dem Schenkel weichen soll, fast unverändert in vortreibender Position dicht am Gurt. Die meisten Reiter übertreiben das Umlegen.) Ein „gedrehter" Sitz ist dabei höchstens ansatzweise notwendig. Wird jedoch in der etwas fortgeschritteneren Ausbildung, z.B. beim Viereckverkleinern und -vergrößern, schon mit leichter Längsbiegung geritten, gilt dasselbe wie beim Schulterherein. Manche Ausbilder sprechen dann auch von Schulterherein entlang einer diagonalen Linie. **(→ S. 209/210 Viereck verkleinern – Traversale!)**

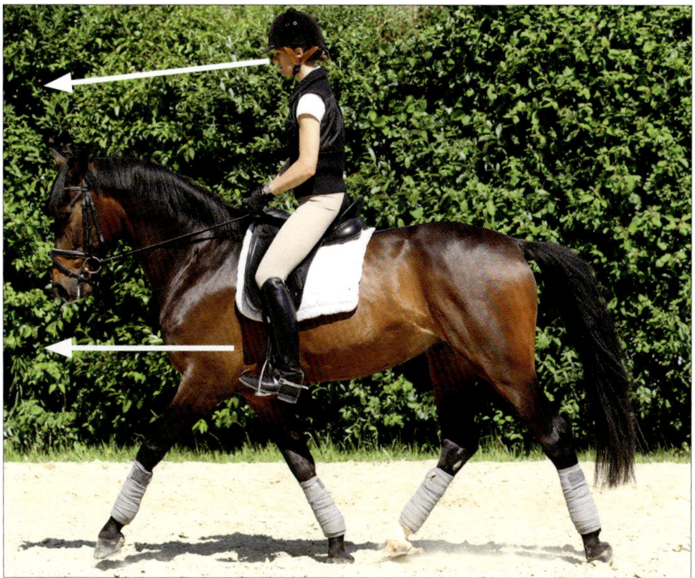

In diesem Fall muss das Gesicht zum Ende der langen Seite blicken!

Nun noch einmal zurück zum sogenannten „Drehsitz":

Einer der Gründe, warum ich Reiter ungern, vor allem nicht in einem zu frühen Stadium ihrer Ausbildung, mit dem Drehsitz konfrontiere, ist die Neigung der meisten, zu übertreiben. So kann man in diesem Zusammenhang häufig beobachten, dass sich die Reiter verdrehen, dabei in der inneren Hüfte einknicken und die innere Schulter samt Unterarm und Hand hängen lassen. Zur Vermeidung dieses Fehlers ist es

Es ist hilfreich sich vorzustellen, die Längsachse würde durch einen Mast gebildet, der durch Kopf, Hals und Rumpf bis zum Steißbein geht und der bei leichtem Drehen nicht verbogen werden darf.

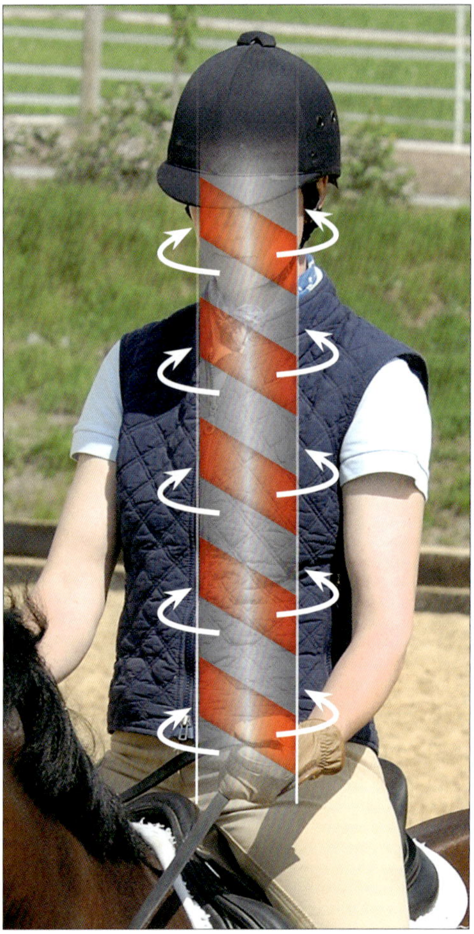

hilfreich sich vorzustellen, die Längsachse würde durch einen Mast gebildet, der durch Kopf, Hals und Rumpf bis zum Steißbein geht und der bei diesem leichten Drehen nicht verbogen werden darf.

Vielen Reitern fällt es schon im „Geradeaus-Sitz" schwer, sich zu öffnen, d.h. in aufrechter, neutraler Sitzposition mit unverkrampftem Brustkorb und Schultergürtel so zu sitzen, dass sich beim Ein- und Ausatmen die gesamten Rippen heben können, der Brustkorb sich weiten kann. (Besonders Menschen, die viel in sitzender Position arbeiten, neigen hier zu Verspannungen und hochgezogenen Schultern, teilweise ist ihre Pectoral-(Brust-)Muskulatur wenig dehnungsfähig, ja sogar richtiggehend verkürzt.) Am besten übt man dieses „Sich-öffnen" zunächst im Halten oder bei Sitzübungen. Entsprechende Bewegungen der Unterarme einschließlich der Hände helfen dabei und erleichtern ein vom Sitz unabhängiges Agieren mit den (später auch zügelführenden) Händen. **(→ Kap. 4. „Die gute Hand…")** Da der Mensch sowohl physisch als auch psychisch ein „kopfgesteuertes" Wesen ist, kommt bei diesen Übungen der Bewegung der Augen bzw. des Kopfes eine wesentliche Bedeutung zu: Lassen Sie den Blick schweifen, um abzuspannen! Wer ständig auf den Mähnenkamm

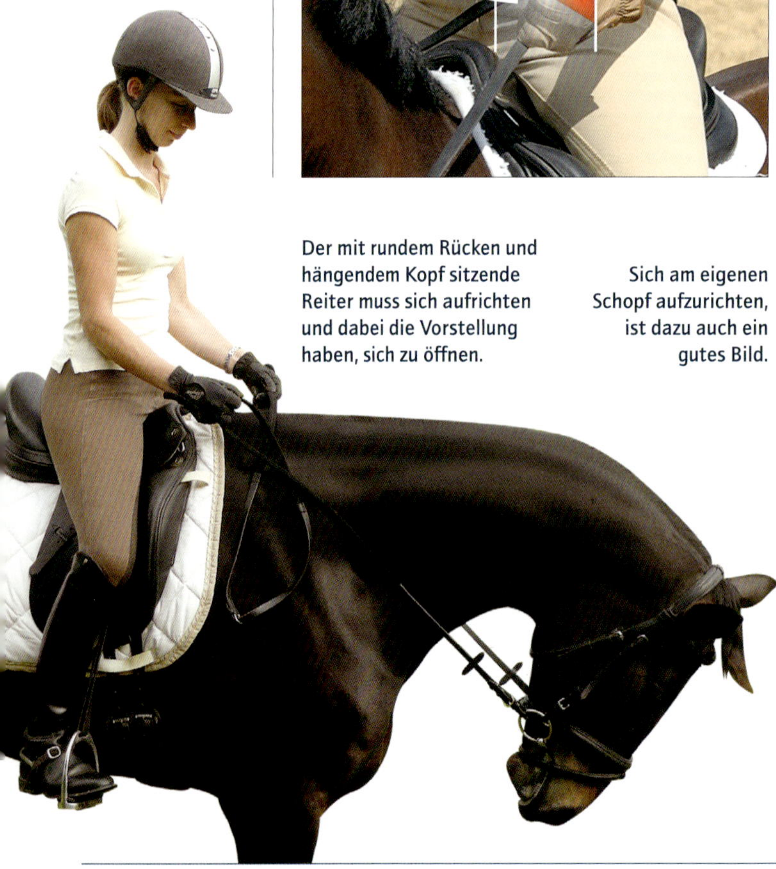

Der mit rundem Rücken und hängendem Kopf sitzende Reiter muss sich aufrichten und dabei die Vorstellung haben, sich zu öffnen.

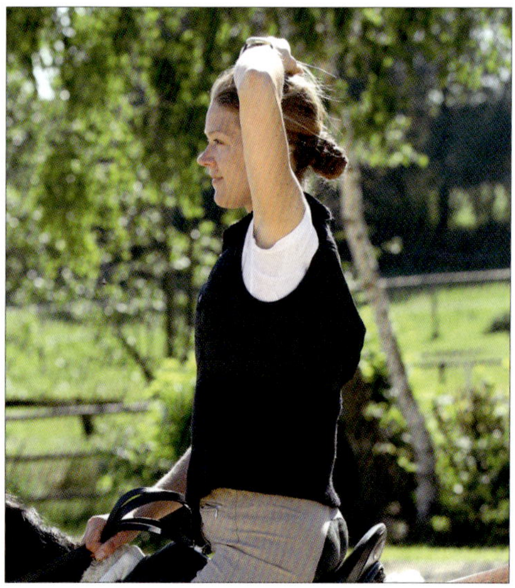

Sich am eigenen Schopf aufzurichten, ist dazu auch ein gutes Bild.

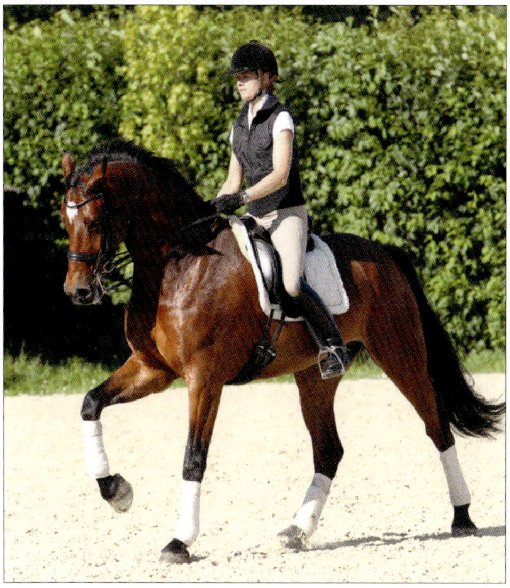

Wenn die Reiterin aus der Hüfte heraus etwas in die Bewegung sitzt, vermittelt sie dem Pferd ein besonders elastisches, angenehmes Gefühl im Rücken. Das animiert im Zweifelsfall das Pferd mehr zu besserer Aktivität aus der Hinterhand als ein „schwereres" Hinsetzen, bei dem die Elastizität in der Mittelpositur reduziert wäre. Auf diese Art „freundlich" zu sitzen ist in jeder Verstärkung, aber auch bei manchen versammelnden Übungen, z.B. beim Pirouettengalopp förderlich. Der Rücken bleibt dabei in sich gerade, um die volle Beweglichkeit im Becken zu erhalten.

oder gar seine Hände starrt, hat alleine schon wegen der Kopfhaltung Defizite, was die Beweglichkeit, insbesondere im Beckenbereich anbelangt. Er wird aber auch mental zu Verspannungen neigen.

Beim gedrehten Sitzen macht sich der Mangel an Entspannung vor allem in einer verkrampften inneren Schulter bemerkbar. Um dem vorzubeugen, kann der Reiter beim Üben die Zügel in eine, die äußere, Hand nehmen und den inneren Arm entspannt hinter dem Oberschenkel hängen lassen, eventuell sogar dabei mit dem Unterarm eine leichte Drehbewegung, Elle-um-die-Speiche, vornehmen.

2.8 Der freundliche Sitz

Zum Abschluss dieses Kapitels möchte ich noch auf einige kleine Details eingehen, deren Beachtung und gegebenenfalls Korrektur dem Reiter manches erleichtern können:

Die Bügel müssen mit dem Fußballen aufgenommen und gehalten werden. Nur so kann der Reiter mit losgelassenen Fußgelenken aus dem Oberschenkel heraus mit Knie und Absatz durchfedern. Wer nur mit den Zehen, also den Fußspitzen den Bügel aufnimmt, wird dazu neigen, sich besonders im Unterschenkel zu verkrampfen. Man kann diesen Zusammenhang sehr gut beim Fahrradfahren erfühlen: Nur wenn man mit den Fußballen auf die Pedale tritt, kann man mit dem Bein durchfedern.

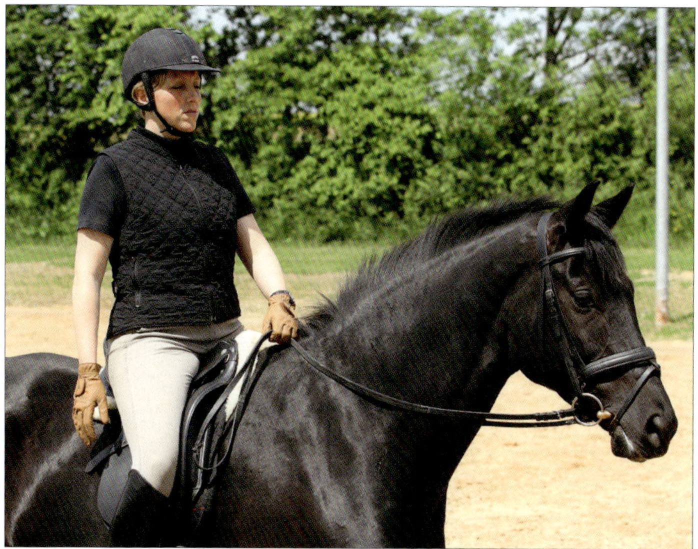

Am besten übt man das „Sich-öffnen" zunächst im Halten oder bei Sitzübungen.

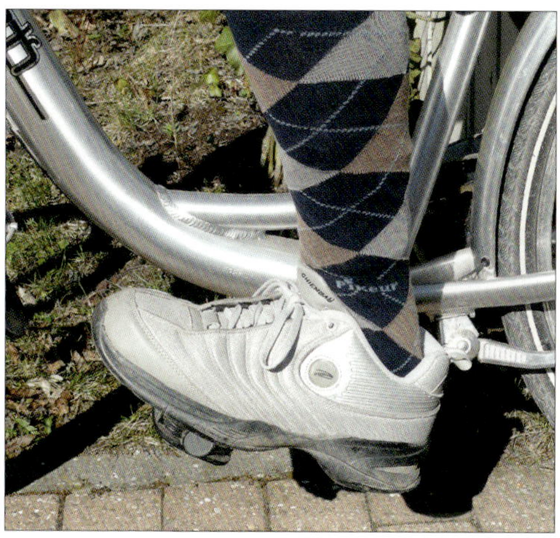

Nur wenn man mit den Fußballen auf die Pedale tritt, kann man mit dem Bein durchfedern.

Impuls mit dem vortreibenden Schenkel

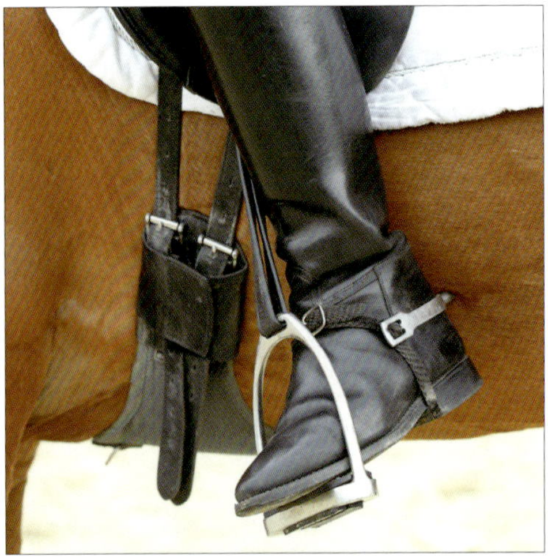

Impuls mit dem verwahrenden Schenkel

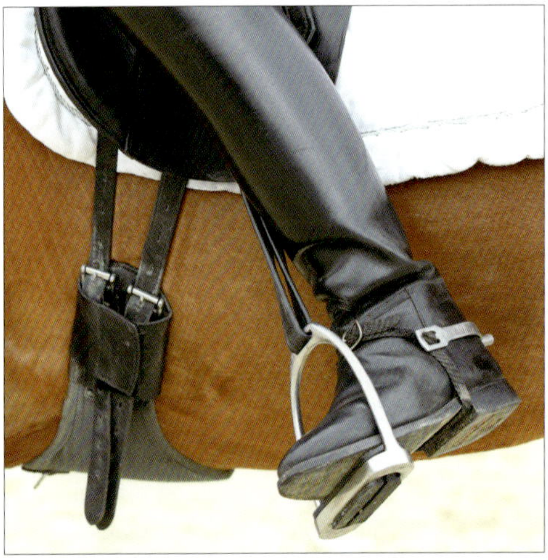

Position des vortreibenden Schenkels

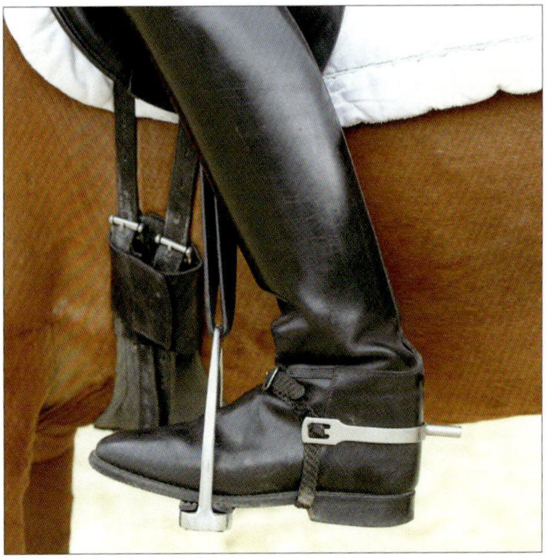

Nur mit aufrechten Zügelfäusten kann der Reiter unverkrampft mit seinen Händen ein gutes Gegenüber zu seinen treibenden Hilfen bieten.

!

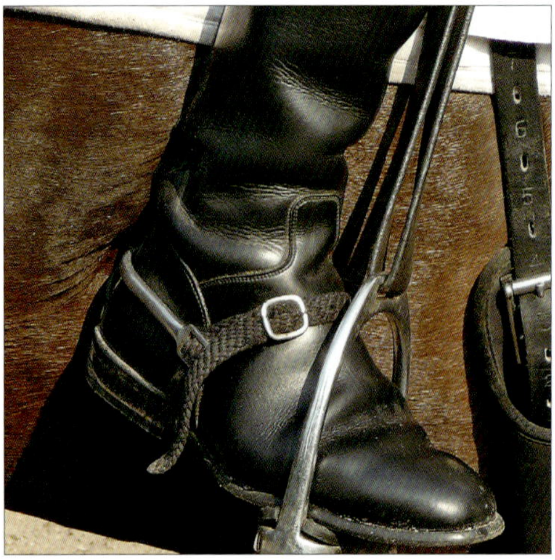

Besser einmal einen Impuls als so zu „wühlen"!

Beim Nachfassen, Verkürzen der Zügel muss der Reiter seine Unterarme tragen, d.h., er muss die Ellbogen etwas stärker winkeln, damit die Linie Ellbogen – Hand – Pferdemaul eine Gerade bleibt; viele Reiter neigen dazu, mit zu tiefer, drückender Hand zu reiten, sodass das Pferd provoziert wird, gegenanzugehen.

Nur mit aufrechten Zügelfäusten kann der Reiter unverkrampft mit seinen Händen ein gutes Gegenüber zu seinen treibenden Hilfen bieten, sodass das Pferd sich vom Gebiss abstößt und im Genick leicht wird. Reitet er mit verdeckten Fäusten, spreizt er die Ellbogen seitwärts ab und zieht den Leib ein, sodass er (mangels Kraft) anfängt mit den Zügeln rückwärtszuziehen.

Der vortreibende Schenkel muss in natürlicher Haltung knapp hinter dem Gurt liegen; d.h. der Reiter darf nicht versuchen, seine Füße unbedingt parallel zum Pferdeleib auszurichten. Ist es einmal notwendig, mit dem Schenkel einen stärkeren Impuls zu setzen, etwa weil das Pferd nur zögerlich oder gar nicht auf die Schenkelhilfe reagiert hat, muss der Reiter sogar seine Fußspitze für diesen Impuls etwas nach außen drehen, um präzise und an der richtigen Stelle einwirken zu können.

→ Kap. 7. „Mehr treiben…"

Gleichgewicht

Der Gleichgewichtssinn ist schon für das tägliche Leben etwas ganz Essenzielles. Sportliche Betätigungen wie Reiten sind ohne ein gutes Gleichgewicht gar nicht möglich, eventuell sogar gefährlich. (Auch bei der Beurteilung von Reitpferden spielt das Gleichgewicht eine wichtige Rolle. Viele Reiter und Trainer antworten auf die Frage, was für sie bei der Auswahl eines Pferdes das Wichtigste ist: Es muss gut ausbalanciert sein.)

Hinzu kommt, dass das Gleichgewicht eine Fähigkeit des Menschen ist, die eine direkte Beziehung zu allen Sinnen hat. Ein Reiter kann nur dann seine anderen Sinne optimal zum Üben und Lernen einsetzen, wenn er gut ausbalanciert ist. Andernfalls wird ein Großteil seiner Konzentration durch die Notwendigkeit beansprucht, sich auszubalancieren.

Es lohnt sich für jeden Reiter und Ausbilder, sich mit dieser Thematik einmal vermehrt zu beschäftigen. Bei Eckart Meyners[1] kann man abgestimmt auf den Reitsport dazu sehr gut nachlesen. Einen meiner Meinung nach entscheidenden Punkt möchte ich hier herausheben: Voraussetzung für eine hohe Sensibilität der Gleichgewichtssysteme sind möglichst vielgestaltige und genügend umfangreiche Bewegungen des Menschen. Der Gleichgewichtssinn will ständig gefordert und trainiert sein, um sich zum einen optimal zu entwickeln und dann auch seine Leistungsfähigkeit zu behalten.

Für den Sportler Pferd gelten diese Überlegungen ganz genauso. Das ist u.a. ein Grund dafür, warum jedes Training von vielen unterschiedlichen Bewegungen in verschiedenen Körperhaltungen (z.B.

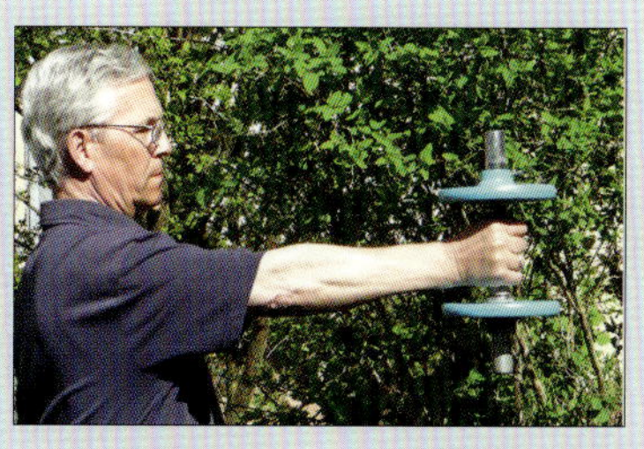

häufiger Wechsel zwischen Dehnungs- und aufgerichteterer Haltung) geprägt sein sollte und warum vielseitige Ausbildung u.a. über Cavaletti, Sprünge und im Gelände so wertvoll ist.

Das Gleichgewicht zu schulen und lebenslang zu trainieren ist nicht nur Voraussetzung, um „richtig" reiten zu können, vielmehr wird für jeden dadurch die Lebensqualität erhöht, besonders auch für den älter werdenden Menschen.

[1] (siehe u.a. in Meyners, E.: Übungsprogramm im Sattel. Kosmos Verlag, Stuttgart 2009)

Am Ende der Darstellung dieser Zusammenhänge und Details über den Sitz des Reiters möchte ich nochmals betonen, dass trotz der funktionell begründeten Bedeutung all der formellen Regeln zum Sitz eine Beurteilung immer sehr individuell vorgenommen werden muss. Keinesfalls darf man sich dabei zu sehr an formell störenden Einzelheiten festhalten. Die entscheidende Frage muss stets lauten: Wie funktioniert es mit und zwischen Reiter und Pferd, fühlen sich beide wohl und harmonieren sie miteinander? – Wenn diese Frage mit einem Ja beantwortet werden kann, ist das schon eine große Auszeichnung für jeden Pferdefreund.

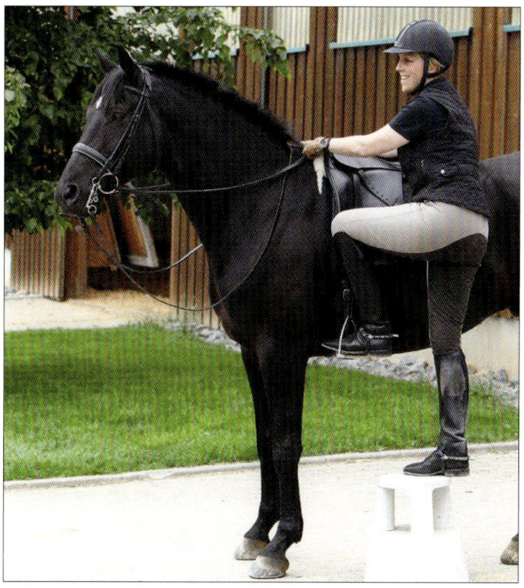

Beim Aufsitzen einen Hocker, wie hier, oder etwas Ähnliches zu benutzen ist nicht nur für ältere Menschen höchst empfehlenswert. Es schont den Rücken des Pferdes, beim Reiter besonders auch die Kniegelenke. Zugleich wird dadurch einem Verziehen des Sattels vorgebeugt.

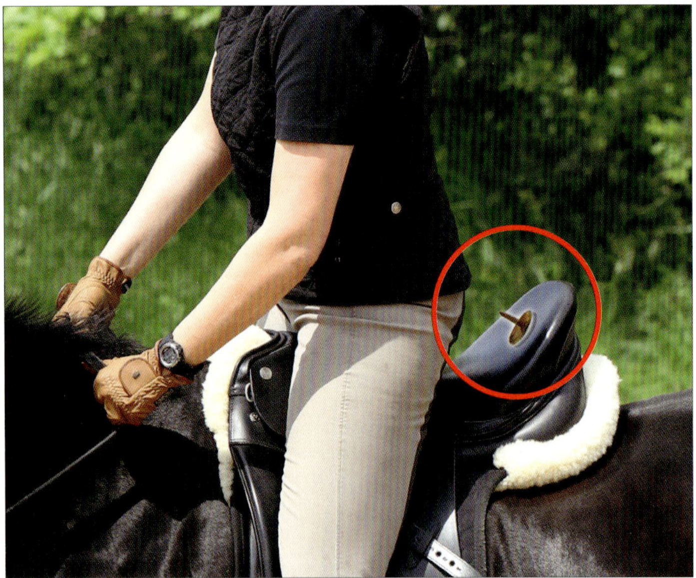

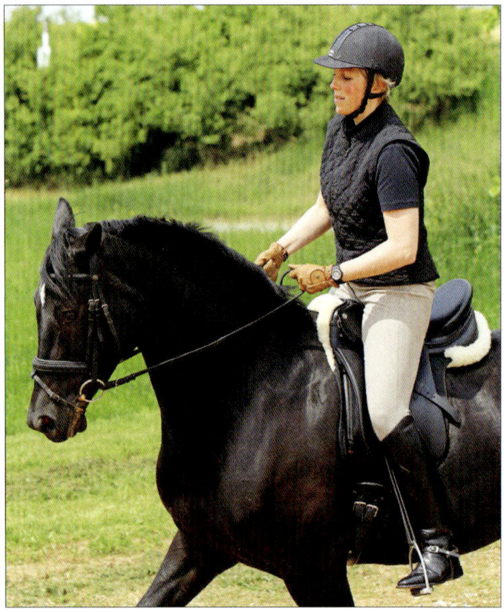

Setze dich so zart in den Sattel, als ob im hinteren Bereich der Sitzfläche zwei Reißzwecken mit der Spitze nach oben angebracht sind, die nicht durch die Reithose durchstechen sollen. (links)

Beim Leichttraben soll der Reiter mit aufrechtem Oberkörper sitzen und beim Einsitzen in der Mitte des Sattels Platz nehmen. (rechts)

2.9 Aussitzen oder Leichttraben?

2.9.1 Leichttraben

Obwohl ich in RmVuG schon recht ausführlich zum Leichttraben geschrieben habe, möchte ich hier nochmals darauf zurückkommen.

Provozierend sage ich oft: „In Deutschland wird viel zu viel ausgesessen". Damit möchte ich unterstreichen, dass es nur dann sinnvoll ist, im Trab auszusitzen, wenn Pferd und Reiter zur Losgelassenheit gekommen sind.

Leider werden häufig aber die Reiter gerade dann aufgefordert auszusitzen, wenn das Pferd noch nicht im Genick nachgibt, den Hals noch nicht fallen lässt und deshalb auch noch im Rücken verspannt ist. Es kann durchaus sein, dass es dann gelingt, mit entsprechendem Kraftaufwand und meist riegelnden Händen das Pferd in eine scheinbar richtige Reitpferdehaltung zu bringen, besser müsste man sagen „zu zwingen". Auf keinen Fall kann man aber mit dieser Reitweise das Pferd zu vertrauensvoller Mitarbeit bewegen und es davon überzeugen, dass es ihm mit nachgiebigem Genick, fallengelassenem Hals und hergegebenem Rücken leichter fällt, den Reiter zu tragen. Spätestens wenn man zur Überprüfung dem Pferd mit Zügel-aus-der-Hand-kauen-Lassen die Dehnungshaltung anbietet, wird sich zeigen, dass es keine echte Dehnungsbereitschaft hat. Stattdessen wird es zwar den Hals lang machen, sich dabei aber herausheben und aus dieser Zwangshaltung befreien.

Leichttraben ist nur dann richtig und verdient auch diese Bezeichnung, wenn der Reiter sich in guter Losgelassenheit und vor allem in sicherem Gleichgewicht mit dem Pferd bewegt. Gerade beim Reiten von Remonten in den ersten Wochen kommt es sehr darauf an, dass der Reiter in der Lage ist, auch bei kurzen, eventuell abrupten Veränderungen des Tempos oder der Richtung gut ausbalanciert zu bleiben und das Pferd nicht zu stören oder gar zu erschrecken. Das Einsitzen sollte auf jeden Fall geschmeidig und weich erfolgen, damit das Pferd im Rücken ein gutes Gefühl bekommt.

Im Folgenden ein paar konkrete Hinweise zu richtigem Leichttraben:

- Beim Aufstehen sollte sich der Reiter mit seiner Mittelpositur nur so weit vom Sattel entfernen, wie es sich aus dem Bewegungsablauf des Pferdes ergibt. Er sollte sich nur so weit erheben, dass seine Kniegelenke noch leicht gewinkelt bleiben.

- Er muss versuchen, das Aufstehen und Wieder-Einsitzen als eine fließende Bewegung, nicht als zwei voneinander getrennte zu gestalten.
- Das jeweilige Einsitzen muss gefühlvoll und geschmeidig erfolgen. Gerade bei sehr eifrigen, gehfreudigen Pferden, bei denen der Reiter noch nicht so gut zum Treiben kommt, muss er besonders fein leichttraben. Um dies zu verbessern, empfehle ich meinen Schülern manchmal, sich folgendes Bild vorzustellen: Setze dich so zart in den Sattel, als ob im hinteren Bereich der Sitzfläche zwei Reißzwecken mit der Spitze nach oben angebracht sind, die nicht durch deine Reithose durchstechen sollen.
- Nur wenn der Fuß im Bügel sicher in der Position genau unter dem Schwerpunkt des Reiters bleibt, wird ihm dies ausbalanciert möglich sein.
- Dazu muss das Kniegelenk stets gut gewinkelt sein. Deshalb dürfen die Bügel nicht zu lang sein. Nur dann kann der Reiter im Knie- und Fußgelenk elastisch ab- und durchfedern und mit tiefem Absatz reiten. Andernfalls würde er im ganzen Bein verkrampfen, was präzise und feine Schenkelhilfen unmöglich macht.
- Da an diesem elastischen Durchfedern auch das Knie des Reiters beteiligt ist, wäre ein starker Knieschluss eher hinderlich.
  (Früher musste man teilweise sogar ohne Bügel leichttraben, womöglich mit dem berühmten Fünfmarkstück zwischen Knie und Sattel. Solche Übungen sind für richtiges Leichttraben kontraproduktiv, weil der Reiter mit zunehmend klemmenden Oberschenkeln sitzt und seine Losgelassenheit dadurch eingeschränkt wird.)
- Liegt der Unterschenkel mangels Balance unsicher, sodass der Fuß ständig vor- und zurückgeht, wird der Reiter zum Aufstehen die Zügel zu Hilfe nehmen müssen, um sich daran hochzuziehen, und beim Platznehmen mehr oder weniger der Schwerkraft folgend in den Sattel plumpsen.
- Auch beim Leichttraben soll der Reiter an sich mit aufrechtem Oberkörper sitzen und beim Einsitzen in der Mitte des Sattels Platz nehmen. Bei Pferden, die im Rücken noch wenig losgelassen und stabilisiert sind, kann mit leicht vornübergeneigtem Oberkörper leichtgetrabt werden. Dies kann, besonders wenn mit kürzeren Bügeln geritten wird, für einen geschmeidigen, harmonischen Bewegungsablauf von Vorteil sein. Dabei darf dann aber der Reiter nicht vornüberfallen und das Gesäß hinten herausschieben. Er muss stets in die Mitte des Sattels einsitzen und das Pferd vor sich behalten.
  (Vielen Reitern fällt es aufgrund mangelnder Übung schwer, diesen „Vorwärtssitz" einzunehmen. Wenn man sie dazu auffordert, runden sie fälschlicherweise ihren Rücken oder beugen auch nur den Kopf etwas nach vorne. Beides beeinträchtigt jedoch stark ihre Elastizität in der Mittelpositur und ihre Balance.)
- Gerade auch beim Leichttraben ist ein auch nur geringfügig zu langes Zügelmaß störend, weil dadurch die Balance beeinträchtigt und das vom Sitz und Bewegungsablauf unabhängige Tragen der Hände stark erschwert wird. Auch hier gilt: „Langer Zügel zieht."
- Reiter und Ausbilder müssen darauf achten, dass die Hände sicher unabhängig getragen

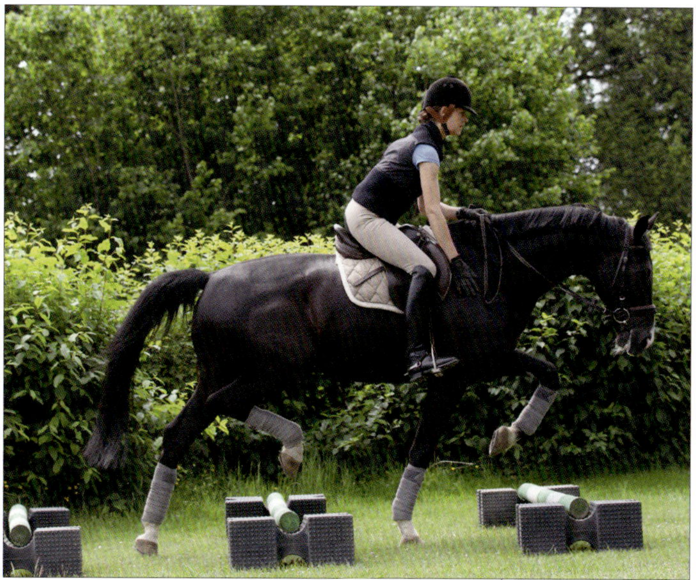

Auch bei der Cavalettiarbeit fördert das Loben die Entspannung von Pferd und Reiter; dabei wird über die Cavaletti etwas entlastend ausgesessen.

Leichttraben ist nur dann richtig und verdient auch diese Bezeichnung, wenn der Reiter sich in guter Losgelassenheit und vor allem in sicherem Gleichgewicht mit dem Pferd bewegt.

!

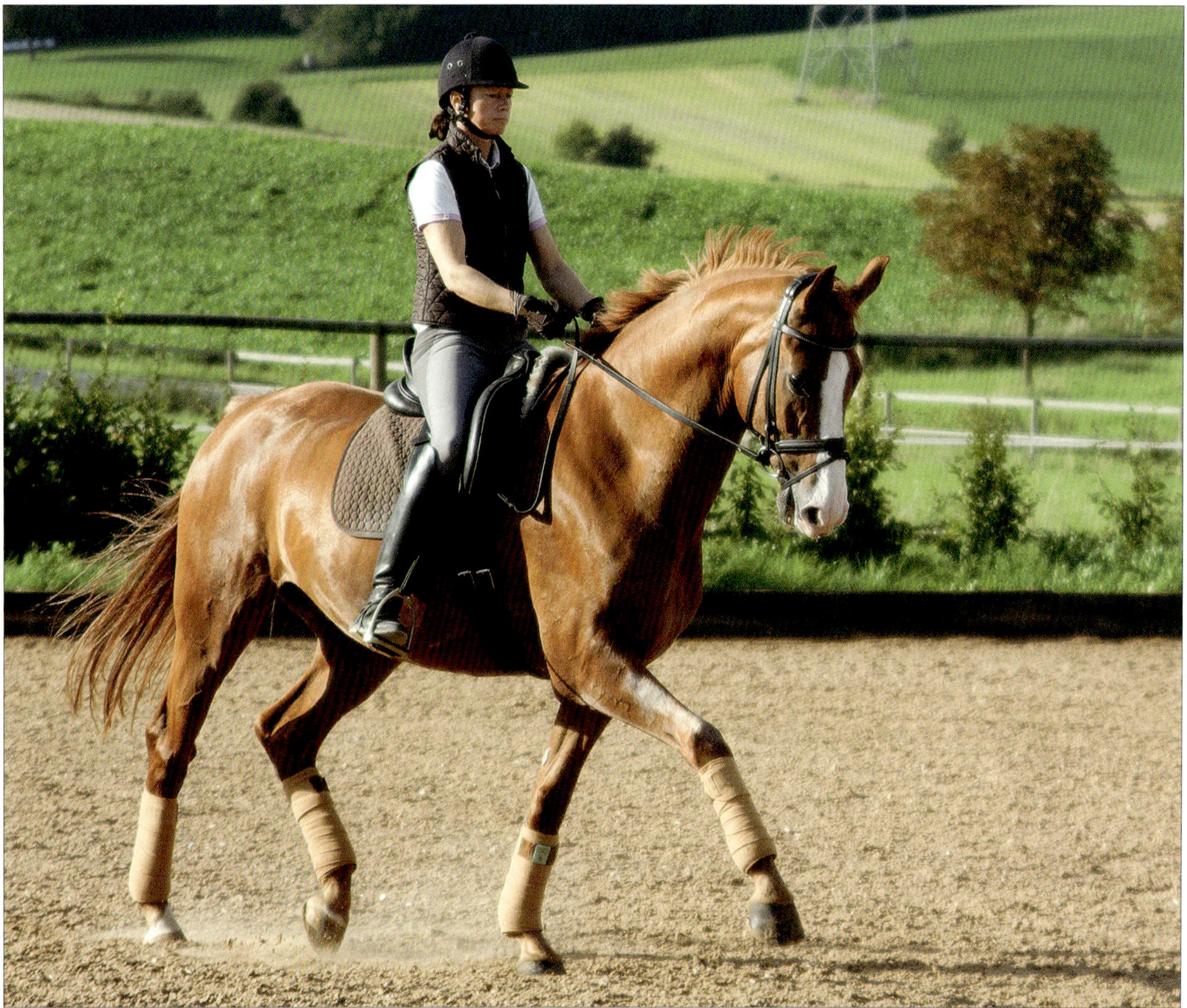

Über längere Strecken aussitzen sollte man nur, wenn das Pferd den Rücken hergibt und auch der Reiter zur Losgelassenheit gekommen ist.

werden und sich eben nicht ständig mit dem Körper auf- und abbewegen.

Übungen

Wie im Kapitel über den Sitz beschrieben, sind Bewegung und Beweglichkeit eine wichtige Voraussetzung für Losgelassenheit und Balance.

Ein paar einfache Übungen sind im Zusammenhang mit dem Leichttraben sehr förderlich:

- Um das Finden des Gleichgewichts zu verbessern, aber auch zum Überprüfen der Balance ist es sehr förderlich, die Zügel z.B. in die äußere Hand zu nehmen und mit der inneren auf beiden Seiten des Pferdehalses zu klopfen. Der Reiter sollte dabei in der Lage sein oder es lernen, die zügelführende Hand so unabhängig und ruhig zu tragen, dass eine gleichmäßige, elastische Verbindung erhalten bleibt. Ist das Pferd gestellt oder gebogen, muss der innere Zügel etwas kürzer genommen werden.
- Der Wechsel zwischen Leichttraben und Aussitzen nach jeweils vier bis sechs Trabtritten fordert den Reiter im Hinblick auf seine Balance und hilft ihm, sich loszulassen. Hierbei ist es

nicht wichtig, auf den richtigen Fuß zu achten.
- Der Reiter bewegt seine Schultern und Arme leicht kreisend, etwas auf und ab oder auch vor und zurück, ohne die Hände an diesen Bewegungen zu beteiligen.
- Reitern, denen es schwerfällt, im Leichttraben ihre Hände unabhängig vom Sitz zu tragen und feinen Kontakt zum Pferdemaul zu halten, gebe ich gerne folgende Übung auf:
  Aus der Normalposition der Hand heraus werden die Hände bzw. Unterarme im Rhythmus des Bewegungsablaufes des Pferdes wechselseitig jeweils ca. 5–10 Zentimeter auf und ab bewegt. Dabei sollte so wenig Bewegung wie möglich ans Pferdemaul weitergegeben werden (→ **Fotos S. 22**). Deshalb müssen sich die Hände auf einem Kreisbogen bewegen, dessen Mittelpunkt das Gebiss ist.

Im Leichttraben fällt es häufig schwerer, das Tempo richtig einzuschätzen. Um zu überprüfen, ob der Reiter das individuell für das Pferd passende Grundtempo gefunden hat, sollte er im Zweifelsfall einfach ein paar Tritte aussitzen; er wird es dann leichter erfühlen.

2.9.2 Aussitzen

Wenn ich oben davon sprach, dass bei uns zu viel ausgesessen wird, denke ich zunächst einmal an viele Reiter, die „dressurmäßig" reiten wollen, um ihr Pferd zu gymnastizieren und ihm etwas Gutes zu tun. Sie glauben oft und werden manchmal sogar noch von dem einen oder anderen Ausbilder darin bestärkt, dass seriöse Dressurarbeit gewissermaßen erst dann anfängt, wenn ausgesessen wird. So nach dem Motto: „Nur was schwer fällt und vielleicht sogar etwas weh tut, ist sportlich wertvoll!" Das ist natürlich absoluter Unfug!

Selbstverständlich beweist sich gute Losgelassenheit von Pferd und Reiter dadurch, dass man im Aussitzen zum besseren Sitzen kommt. Erst recht gilt das bezüglich des „Ziehens" (→ **Kap. 7. „Mehr treiben...")**. Nun gibt es zum einen aber Pferde, die aufgrund ihres Bewegungsablaufes eine große Amplitude in der Rückenbewegung aufweisen, und zum anderen solche, denen es, eventuell aus Temperamentsgründen schwerfällt, sich loszulassen. Gar nicht so selten treffen beide Schwierigkeiten auch zusammen. Keinem der Beteiligten wäre damit gedient, ein solches Pferd zu früh auszusitzen.

Da Reiten, wie man so schön auf Neudeutsch sagt, „Lifetime Sport" ist, also bis ins höhere Alter betrieben werden kann, findet man in allen Ställen relativ viele ältere Pferdefreunde, teilweise auch schon mit altersbedingten Elastizitätsdefiziten. All diesen Reitern kann ich nur raten, beschränken Sie das Aussitzen auf wenige Tritte, etwa bei Übergängen. Ich selbst sitze nur noch ganz selten aus und reite auch versammelte Übungen, wie z.B. Seitengänge im Leichttraben – meine Gesundheit und meine Pferde danken es mir.

In diesem Zusammenhang möchte ich auch Vielseitigkeitsprüfungen ansprechen, wo oft Pferde, aber vor allem auch Reiter unterwegs sind, denen das Aussitzen (noch) sehr schwer fällt. Ich wünschte mir, dass dabei in den Dressuraufgaben in der Trabarbeit, besonders auch in den Verstärkungen viel weniger Aussitzen verlangt würde. Selbst bei den Bundeschampionaten, wo ja nur vorselektierte Pferde zugelassen sind, sieht man teilweise Starter, bei denen einem schon beim Zusehen die Trabreprisen Unbehagen bereiten.

Abschließend möchte ich alle Reiter ermuntern, ihr Leichttraben zu überprüfen und gegebenenfalls zu optimieren. Wer das richtig gut beherrscht, kann fast alles auch im Leichttraben reiten und findet möglicherweise so den Weg zu einer verbesserten Losgelassenheit, sodass allmählich auch das Aussitzen (besser) gelingt.

Bitte sitzen Sie über längere Strecken nur aus, wenn Ihr Pferd den Rücken hergibt und auch Sie zur Losgelassenheit gekommen sind.

→ **Kap. 13. „Warum ist eine gute Anlehnung für das Reitpferd vorteilhaft? Warum soll es ziehen?"** ■

Wer es richtig gut beherrscht, kann fast alles auch im Leichttraben reiten und findet möglicherweise so den Weg zu einer verbesserten Losgelassenheit, sodass allmählich auch das Aussitzen (besser) gelingt.

!

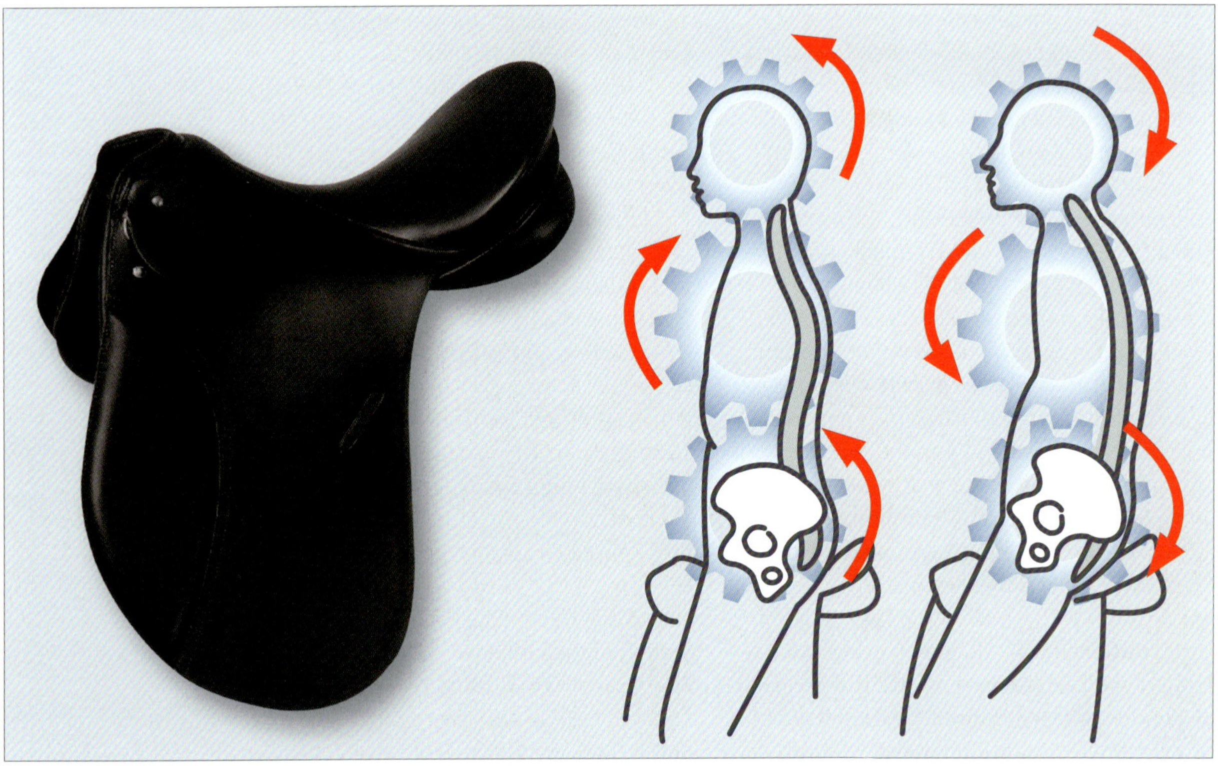

Grafik links: Aufrechter Sitz mit neutraler Beckenposition; Rechts: Der in sich zusammengefallene Reiter mit „nach hinten gekipptem" Becken

Der Sattel ist der Adapter zwischen Reiter und Pferd. Er soll eine möglichst optimale Verbindung aufbauen, die so innig ist, dass eine ganz feine Kommunikation ermöglicht wird.

!

3. Der richtige Sattel für Reiter und Pferd – ein unlösbares Problem?

Der Sattel ist das Verbindungsstück zwischen Reiter und Pferd. In der Technik nennt man so etwas Adapter; das könnte man mit anpassendes Verbindungsstück übersetzen. Er soll also eine möglichst optimale Verbindung aufbauen, die so innig ist, dass nicht nur jeglicher Störung zwischen den beiden Beteiligten vorgebeugt wird, sondern sogar eine ganz feine Kommunikation ermöglicht wird.

3.1 Dressursattel – das einzig Wahre?

(→ RmVuG S. 70 ff.) Leider werden viele Reiter von ihren Ausbildern animiert, mindestens zwei Sättel zu haben. Selbst Reiter, die sich auf E- und A-Niveau, teilweise sogar noch darunter bewegen, benutzen deshalb, manchmal auch aus Prestigegründen, beim normalen täglichen Reiten „auf der Flachen" einen Spezial-Dressur-, wenn es über ein paar Cavaletti oder kleine Trabhopser gehen soll, einen Spezial-Springsattel. Während Letzteres, abgesehen vom Aufwand, nicht unbedingt nachteilig sein muss, ist das Reiten auf einem „modernen Dressursattel" für einen Großteil, wenn nicht für die allermeisten Reiter nicht nur nicht vorteilhaft, sondern sogar hinderlich.

Wenn ich hier von „modernem Dressursattel" rede, meine ich Sättel, die den Reiter durch sehr gerade geschnittene Sattelblätter mit dicken Pauschen überstreckt hinsetzen (→ Kap. 3.2 „Der reiterfreundliche Sattel"). Selbstverständlich kann man, zumindest auf Nachfrage, Sättel bekommen, die dem Reiter genügend Bewegungsmöglichkeiten geben, anstatt ihn zu fixieren. Wenn Ausbilder ihren Schülern solche

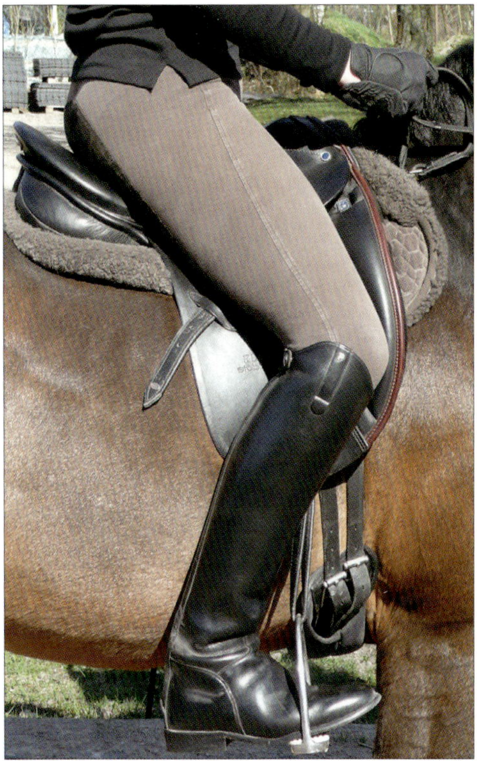

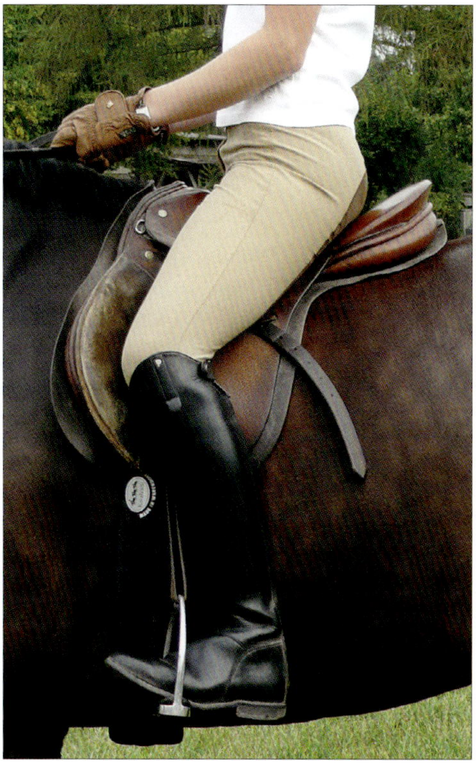

Das Knie des Reiters muss Platz haben. Wenn der Sattel, so wie dieser Jugendsattel, für die Reiterin etwas klein ist, darf die Pausche ein Vorschieben des Knies nicht verhindern. (links)

In solch einem Sattel kann gegebenenfalls auch ein Reiter mit längeren Beinen mit entsprechend verkürzten Bügeln gut sitzen. (rechts)

„modernen Dressursättel" empfehlen, versuchen sie vielleicht, mangelnde Losgelassenheit bei Reiter und Pferd dadurch zu kompensieren – für einen Großteil, wenn nicht für die allermeisten Reiter nicht nur nicht vorteilhaft, sondern sogar hinderlich.

Fragt man die Reiter, warum sie sich einen solchen, meist auch recht teuren Dressursattel und nicht einen Vielseitigkeitssattel angeschafft haben, bekommt man sehr häufig zur Antwort, dass schon in Reiterprüfungen, spätestens aber bei Dressurprüfungen, selbst der Einstiegsklassen, von Richtern immer wieder ein solcher Sattel empfohlen wird bzw. die Benutzung z.B. eines Vielseitigkeitssattels moniert wird. Inzwischen hat man mangels Nachfrage schon Schwierigkeiten, in Reitsportgeschäften überhaupt einen Vielseitigkeitssattel zu finden.

Spätestens wenn man sich etwas mit der Bewegungslehre und der Biomechanik des Reiters befasst, erfährt man, dass Losgelassenheit und Gleichgewicht absolute Voraussetzungen sind, um in einem Sitz reiten zu können, der „funktioniert" und der überhaupt richtige, bewusste und fein abgestimmte Hilfengebung ermöglicht. In diesem Zusammenhang haben viele Reiter (Ausbilder und Richter) eine falsche Vorstellung davon, was es heißt, „ruhig zu sitzen, ruhige Hände zu haben". Um zum losgelassenen Gleichgewichtssitz kommen zu können, muss der Reiter

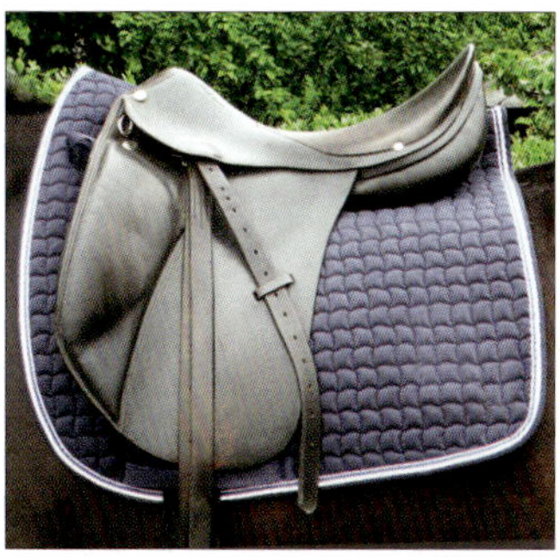

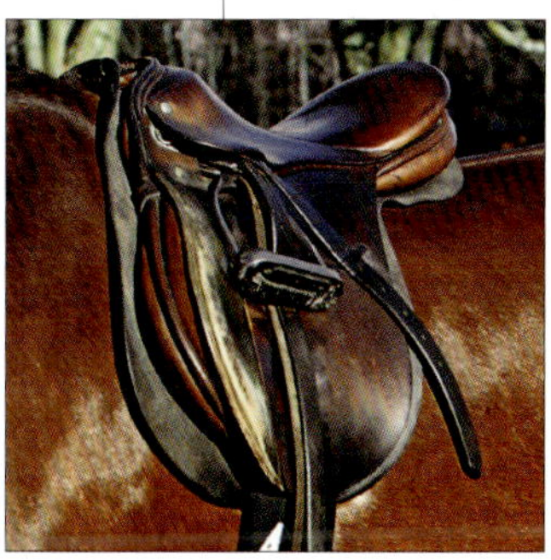

Sattel mit normaler Sitztiefe (links)

Ein alter VS-Sattel, mit dem man fast alles reiten kann. (rechts)

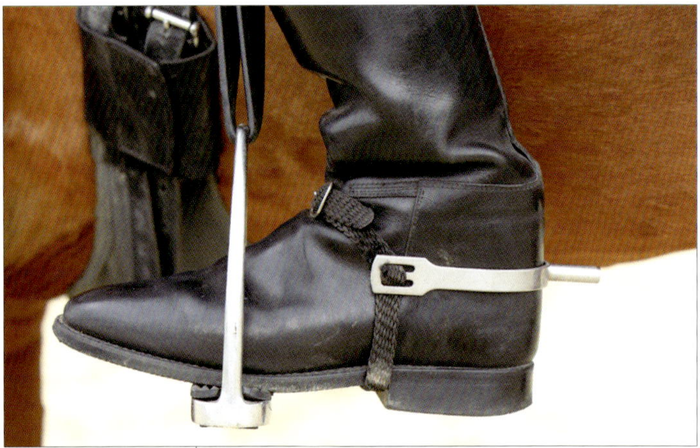

Unbewegliche Bügel ohne Gelenk und gerade Bügeleinlagen bieten die beste Voraussetzung für eine natürliche, losgelassene Schenkel- und Fußhaltung. (oben)

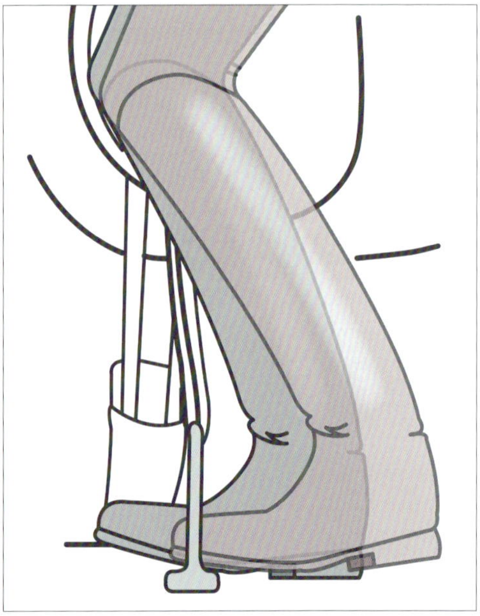

Der Bügel wird unter den Fußballen genommen, nicht unter die Zehenspitze. (rechts)

Die Form des Sattelblattes und die Pauschen am Oberschenkel und Knie müssen so geschnitten und geformt sein, dass der Oberschenkel aus der Hüfte heraus in einer natürlichen Haltung anliegen kann.

!

die Möglichkeit haben, sich im Sattel zu bewegen. Er muss sich bewusst in ganz unterschiedliche Positionen begeben, um sein Gleichgewicht und seine Motorik zu schulen. Durch häufige Veränderung der Position im Sattel wird der Reiter in seiner Wahrnehmung sensibilisiert, sodass sich sein Bewegungsgefühl verfeinert. (→ Kap. 2. „Der richtige Sitz…")

Stattdessen verlangen viele nach „Sitzprothesen", wodurch sie in eine Position gezwungen werden und sehr statisch sitzen! Dadurch werden viele Sitzprobleme, wie z.B. unruhige Kopfhaltung, wenig vom Sitz unabhängige, deshalb unruhige Schenkel und Hände, geradezu provoziert.

3.2 Der „reiterfreundliche" Sattel

Im Folgenden sollen die wichtigsten Kriterien aufgeführt werden, denen ein Sattel entsprechen muss, um dem Reiter einen solchen Sitz zu ermöglichen.

Der tiefste Punkt der Sitzfläche muss im mittleren Drittel liegen, um dem Reiter eine sogenannte „neutrale", mittlere Position des Beckens zu ermöglichen (→ Grafiken S. 36), die wiederum Voraussetzung für ein elastisches Mitschwingen in der Mittelpositur ist. Bei „modernen Dressursätteln", besonders solchen mit Vorgurtstrupfe liegt der tiefste Punkt meist zu weit vorne und provoziert so ein Nachvornekippen des Beckens (Hohlkreuz). Zusätzlich hat der Reiter, besonders auch beim Leichttraben, ständig das Gefühl, durch den hinteren Teil der Sitzfläche am Gesäß einen Schubs nach vorne zu bekommen, was er instinktiv zu kompensieren versucht, indem er sich mit dem Oberkörper etwas zurücklegt. Dadurch wird die Tendenz zum Hohlkreuz noch verstärkt.

Die Form des Sattelblattes und die Pauschen am Oberschenkel und Knie müssen so geschnitten und geformt sein, dass der Oberschenkel aus der Hüfte heraus in einer natürlichen Haltung anliegen kann und dass der Reiter, besonders auch wenn er lange Gliedmaßen, lange Oberschenkel hat, nach vorne genügend Platz für seine Knie findet. Die ständige Aufforderung, gestreckter zu sitzen, ist deshalb sehr kritisch zu sehen, zumal sehr viele Menschen heute verkürzte Adduktoren und Hüftbeuger haben, sodass ein stärker gestrecktes Bein (von der Hüfte bis zum Fuß) nur auf Kosten eines nach vorne gekippten Beckens möglich wäre.

Bei „modernen Dressursätteln" sind die Satteblätter meist sehr gerade, manchmal sogar zurückgeschnitten, mit dicken Pauschen ausgestattet, wodurch viel Druck auf Oberschenkel und Knie kommt. Dadurch wird das Becken in eine Hohlkreuzposition gezogen, die Unterschenkel in eine Position sehr weit nach hinten

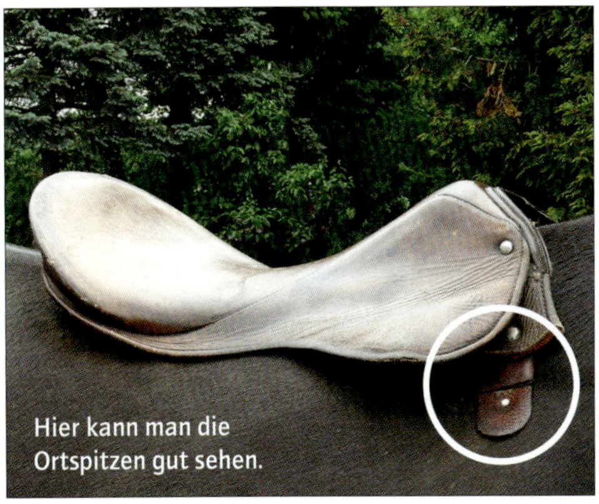

Hier kann man die Ortspitzen gut sehen.

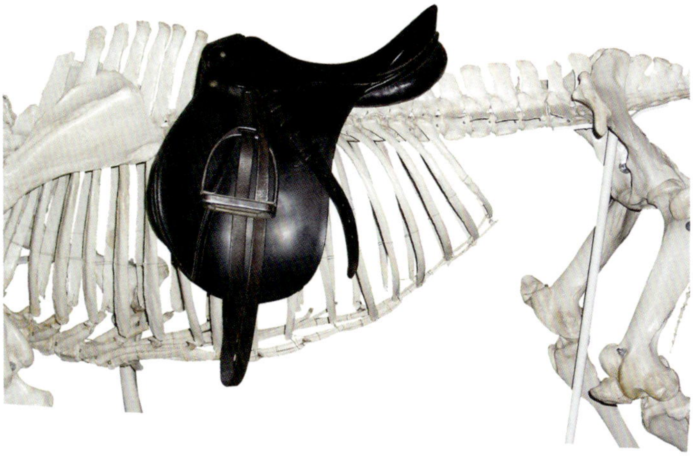

Hier liegt der Sattel etwas zu weit hinten und kommt dadurch schon in den sensiblen Bereich des Rückens (der tiefste Punkt liegt so auch zu weit vorne).

gelegt, der Reiter insgesamt vermehrt fixiert. Ergebnis: Gestörte Losgelassenheit, Gleichgewichtsprobleme. Ein richtiges Einwirken, besonders mit dem inneren Schenkel am Gurt ist unmöglich!

Voraussetzung für das Spüren der Pferdebewegung und das daraus resultierende richtig abgestimmte Einwirken des Reiters ist aber die Bewegungsmöglichkeit des Reiters in alle Richtungen (Dreidimensionalität). Es muss möglich sein, auch einmal mit zwei Loch kürzeren Bügeln zu reiten. Dies dient der reiterlichen Ausbildung (wechselnde Positionen verfeinern das Bewegungsgefühl, → S. 24 f.) und ermöglicht auch bei einem Pferd mit geringerer Gurtentiefe den Schenkel elastisch, aber konstant an das Pferd zu legen.

Für jüngere Pferde, die noch vermehrt in etwas entlastendem Sitz (Remontesitz) geritten werden sollten, vielleicht auch noch nicht so gut an den langen Schenkel gewöhnt sind, sollte das Reiten mit verkürzten Bügeln Routine (auch in Reitpferdeprüfungen!) sein.

Eine etwas geringere Sitztiefe gestattet dem Reiter eine bessere Beweglichkeit. Die größere Sitztiefe der meisten modernen Dressursättel schränkt den Reiter in seiner Beweglichkeit ein und besonders in Verbindung mit dicken Pauschen fixiert sie ihn. Wer längere Zeit auf solch einem Sattel reitet, wird Losgelassenheit und Gleichgewicht betreffend geradezu zu einem Reha-Fall. Er ist völlig auf eine solche Fixierung angewiesen!

Sättel mit großer Sitztiefe haben oft auch Keilkissen. Diese nach hinten sehr starken Kissen sind nur in Einzelfällen, z.B. bei einem Pferd mit übermäßig eingetieftem Rücken, und dann eventuell auch nur vorübergehend, sinnvoll. Besonders bei Pferden mit etwas kürzerem oder empfindlichem Rücken können sie jedoch sehr leicht zu Irritationen im Rücken führen.

Je dichter der Reiter am Pferd sitzt und je weniger aufwendig Polsterung zwischen ihm und dem Pferderücken liegt, desto unmittelbarer sind seine Verbindung zum Pferd und sein Gefühl für dessen Bewegungen. Deshalb kann er

Eine solche Form von Keilkissen kann sehr leicht zu einer Brückenbildung führen, wodurch es im vorderen und hinteren Teil der Kissen zu Druckspitzen kommt.

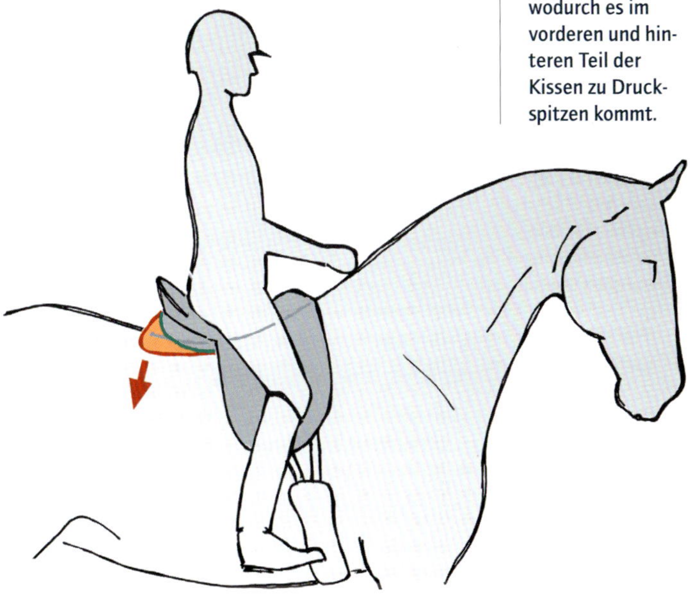

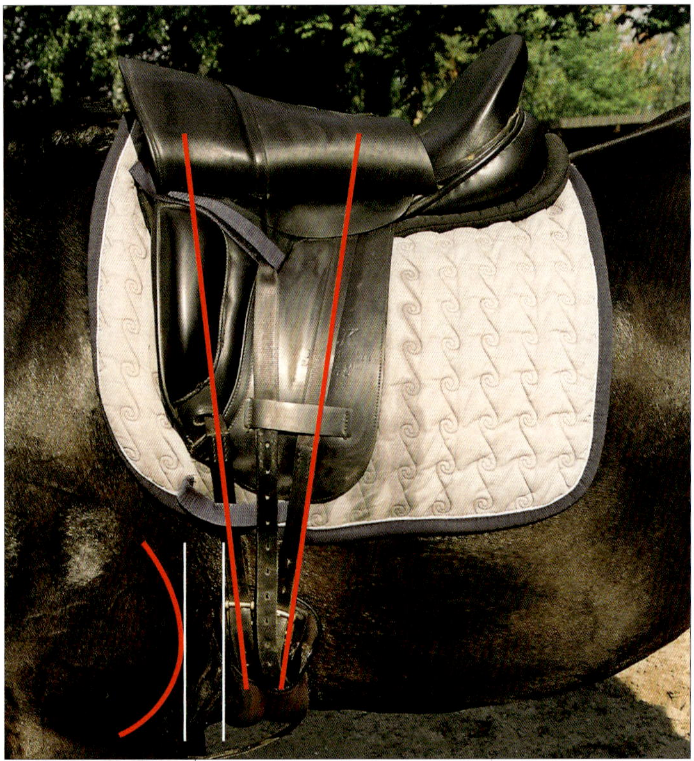

Bei gleicher Position des Sattels liegt der Kurzgurt dichter am Ellbogen oder umgekehrt: Bei gleicher Position des Gurts liegt der Sattel mit herkömmlichem Langgurt nicht so weit zurück. Eine solche Art von Gurtung ist nur bei sehr wenigen Pferden notwendig. Die Vorgurtstrupfe darf auf keinen Fall zu eng gegurtet werden.

auch so besser zum Sitzen kommen, vorausgesetzt, das Pferd schwingt losgelassen und nimmt ihn mit in die Bewegung.

Dicke Unterlagen und dicke Polster verhindern ein direktes Gefühl für die Bewegungen des Pferdes; sie vermitteln dem Reiter ein schwammiges Gefühl und potenzieren das Geworfenwerden.

Auf jeden Fall muss die Größe der Sitzfläche gut, eher reichlich bemessen sein. Für kleinere Reiter mit weniger langen Beinen darf die Länge des Sattelblattes, besonders beim Dressursattel, nicht zu lang bemessen sein! (Wenn der Sattler wegen der notwendigen Sitzgröße um Angaben bittet, welche Reithosengröße für den Reiter passt, kann falsche Eitelkeit Ursache für den Erwerb eines zu kleinen Sattels sein.)

Unbewegliche Bügel (ohne Gelenk) und gerade Bügeleinlagen bieten die beste Voraussetzung für eine natürliche, losgelassene Schenkel- und Fußhaltung! Bewegliche Bügel und schiefe Bügeleinlagen behindern das losgelassene Durchschwingen des Beines über Knie und Schenkel bis in das Fußgelenk, gerade auch beim Leichttraben, und führen zu einer unnatürlichen Fußhaltung.

Inzwischen hat man auch Sättel entwickelt, die speziell auf geschlechtsspezifische Sitzmerkmale, also auf Reiterinnen und Reiter abgestimmt sind. Leider kann ich mangels Erfahrung, auch bei meinen Schülerinnen, dazu nichts Verlässliches sagen.

Nun der Appell an alle Verantwortlichen, an alle Ausbilder, Eltern, besonders auch an alle Richterkollegen:
Beachten Sie diese Punkte, wenn Sie einen Sattel erwerben wollen. Suchen Sie sich einen Sattelfachmann, der Sie, evtl. in Zusammenarbeit mit Ihrem Ausbilder, diesbezüglich seriös berät. Vermeiden Sie, besonders jungen, unverdorbenen Reitern durch solche Sättel ein falsches Sitzgefühl zu vermitteln! Einen Sattel im Internet, noch dazu ohne Rückgabemöglichkeit, zu erstehen ist sicherlich keine gute Alternative.

Man sollte sich freuen und es sogar lobend ansprechen, wenn ein Reiter mit einem herkömmlichen Dressursattel oder Vielseitigkeitssattel und entsprechend richtig liegenden Schenkeln in einer Dressurprüfung, Reiterprüfung, erst recht aber in einer Reitpferdeprüfung antritt. Gerade in solchen Jungpferdeprüfungen ist ein Springsattel durchaus nicht ungeeignet, wenn er nicht zu starke Pauschen, besonders aber keine Wadenbremsen (Pauschen hinter der Wade) hat.

3.3 Der „pferdefreundliche" Sattel

Natürlich bin ich kein Sattler, habe mir aber über Jahrzehnte einen guten Blick und vor allem ein gutes Gefühl für das Wohlbefinden eines Pferdes unter dem Reiter und damit unter dem Sattel angeeignet. Deshalb möchte ich hier auch noch ein paar Beobachtungen und Gedanken aufführen, zu den Kriterien, die meines Erachtens nach aus der „Sicht des Pferdes" darüber entscheiden, ob der Sattel den Reiter zu einer eher angenehmen oder unerträglichen Last macht. Diese Aufzählung erhebt selbstverständlich keinerlei Anspruch auf Vollständigkeit der vom Sattelbauer zu beachtenden Kriterien. Ansprechen möchte ich aber einige Punkte, die meiner Erfahrung nach häufig, aber auch von Ausbildern zu wenig beachtet, teilweise sogar, ich sage es einmal vorsichtig, falsch interpretiert werden:

Generell ist natürlich alles, was dem Reiter einen richtigen losgelassenen Balancesitz ermöglicht oder besser noch erleichtert, auch für das Pferd von großem Vorteil.

Die Form des Sattelbaums muss möglichst ideal mit der Oberlinie des Pferdes übereinstimmen. (Man nennt diese gebogene Form den „Schwung".) Wenn überhaupt, kann nur ganz bedingt eine mangelnde Übereinstimmung durch entsprechende Polsterung korrigiert werden.

Das Kopfeisen muss so geformt sein, dass sowohl im oberen Widerristbereich als auch bei den Ortspitzen hinter dem Schulterblatt genügend Raum für Bewegung und Biegung besteht. Die Ortspitzen des Sattelbaumes müssen senkrecht nach unten zeigen. (Diesen Punkt zu beurteilen ist für den Nichtfachmann etwas schwierig.)

Die angemessene Größe des Sattels ist nicht nur für den Reitersitz von Bedeutung. Für kleinere bzw. kompaktere Pferde, die einen entsprechend kürzeren Rücken haben, spielt die Größe der Sitzfläche durchaus auch eine wichtige Rolle. Der Sattel darf nicht zu weit in den Rücken hineinreichen, sonst kann er das Pferd in seiner Losgelassenheit deutlich behindern.

Die Konsistenz der Kissen muss möglichst homogen (gleichmäßig) und dabei nicht zu hart sein. Bei Dressursätteln findet man immer noch häufig Keilkissen, die besonders lang geschnitten sind. Sie vermitteln zwar auf den ersten Blick den Eindruck, durch eine größere Auflagefläche den Druck besser zu verteilen, erhöhen aber die Gefahr der Brückenbildung. Von Brückenbildung spricht man, wenn sich im vorderen Bereich am Widerrist und im hinteren Bereich der Sattelkissen Druckspitzen bilden, sich der Druck also nicht ganz gleichmäßig auf die gesamte Fläche verteilt. Besonders die Druckspitzen im hinteren Teil der Auflagefläche irritieren das Pferd im Rücken, führen zu entsprechender Verspannung und behindern das Durchschwingen der Hinterbeine. Da eine solche Druckerhöhung und die daraus resultierende Verspannung im Rücken aber auch eine stärkere Aktion der Vorderbeine fördern, wird sie leider von manchen „Verkaufsreitern" nicht nur hingenommen, sondern sogar angestrebt.

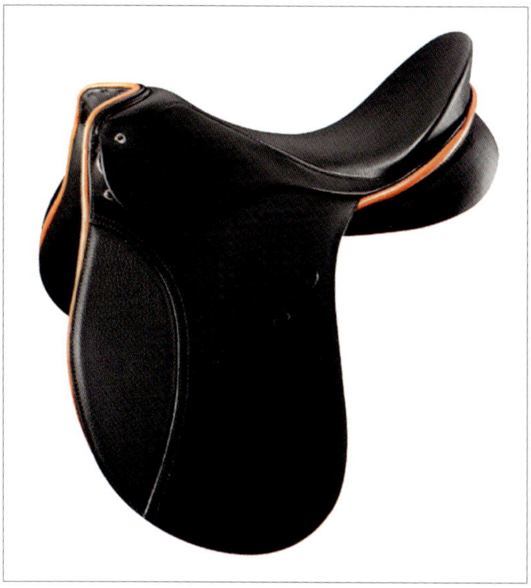

Gut brauchbarer Vielseitigkeitssattel

Sättel mit Vorgurtstrupfen sind meiner Erfahrung nach nur für ganz wenige Pferde notwendig. Sie werden häufig empfohlen, um einem Vorrutschen des Sattels vorzubeugen. Diese Tendenz dürfte eigentlich nur bei Pferden mit einer Art „Kugelbauch" wirklich problematisch sein. Ansonsten sollte es möglich sein, durch entsprechende Polsterung und eine geeignete Form des Sattelbaumes das Problem in den Griff zu bekommen. Durch Vorgurtstrupfen entsteht sehr leicht ein verstärkter Druck im Bereich des Widerristes. Darüber hinaus werden die Pferde hinter der Schulter richtiggehend eingeschnürt, was man am Hervorquellen einer Art Muskelwulst unmittelbar vor der Vorderkante des Sattelblattes erkennen kann. Mehrfach schon habe ich Pferde erlebt, meist waren es sensible Stuten, die sich sofort deutlich besser losließen, wenn man die Vorgurtstrupfe löste oder, besser noch, einen herkömmlichen Sattel mit Langgurt auflegte. Wenn der Reiter bezüglich der Position des Sattels auf dem Pferd die Regel befolgt, zwischen Ellbogen und Gurt eine Handbreit Platz zu lassen, liegt ein Sattel mit Vorgurtstrupfe deutlich weiter zurück als ein Sattel mit herkömmlichem Langgurt.

Generell ist natürlich alles, was dem Reiter einen richtigen losgelassenen Balancesitz ermöglicht oder besser noch erleichtert, auch für das Pferd von großem Vorteil.

!

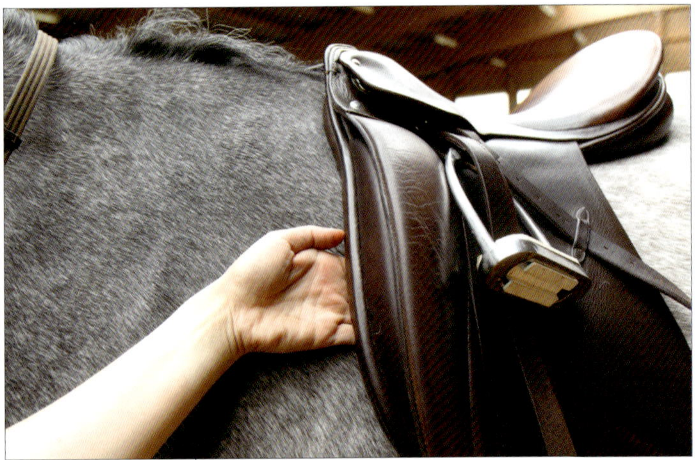

Es muss möglich sein, zwischen Schulter und Vorderkante Sattelblatt mit der Hand leicht durchzufahren.

Ein Grund, warum bei so vielen Pferden Probleme mit einem auf den Widerrist vorrutschenden Sattel auftreten, ist sicherlich darin zu sehen, dass viele Reiter heute in Rücklage sitzen. Sie reiten mit der irrigen Vorstellung, das Pferd anschieben zu wollen, hängen am Zügel und schieben dadurch den Sattel mehr und mehr nach vorn. Hier sitzt also das eigentliche Problem im Sattel.

Als Letztes möchte ich hier noch etwas auf die angeblich so wichtige Breite des Kissenkanals eingehen, also auf den Abstand der Sattelkissen von unten gesehen. Meiner Meinung nach ist bei einem normal bis gut bemuskelten Pferd eine große Breite, wie sie heute vielfach propagiert wird, überhaupt nicht nötig, weil die Dornfortsätze dank der rechts und links der Wirbelsäule verlaufenden Muskelstränge, außer im Bereich des Widerristes, gar nicht hervorstehen. Bei älteren Sätteln ist dieser Kissenkanal im Durchschnitt deutlich enger und die Pferde fühlen sich darunter sehr wohl – wenn der Reiter nicht stört.

Der ausbalancierte Reiter könnte sogar ohne Gurt reiten, vorausgesetzt er hat den richtig passenden Sattel.

!

Nebenbei bemerkt ist ein Sattel mit Langgurt und kurzen Strupfen auch für Dressur hervorragend geeignet und eine Wohltat für Reiter und Pferd; man kann leicht nach- oder lockergurten – auch ohne Bodenpersonal – und der Druck verteilt sich optimal auf die gesamte Länge des Gurtes.

Wenn man einen Kurzgurt aussucht, muss dessen Länge exakt passen; ein zu kurzer stört das Pferd am Ellbogen, ein zu langer stört den Reiter und kann an der Unterkante des Sattelblattes kneifen. Entsprechend geschweifte Kurzgurte sind dann am geeignetsten.

Da es ja gar nicht so einfach ist, solche Sättel zu bekommen, ist es durchaus möglich, nach gebrauchten, älteren Sätteln zu fragen oder Ausschau zu halten. Auch bei Dressursätteln waren früher „Tiefsitzer", aufwendige Keilkissen, dicke Kniepauschen und Kurzgurte, noch dazu mit Vorgurtstrupfen, völlig unüblich. Auf Nachfrage kann man auch heute bei den meisten Sattelherstellern Dressursättel mit den hier aufgezählten Eigenschaften, z.B. bezüglich Form des Sattelblattes sowie mit Langgurten, bekommen.

3.3.1 Wie fest gurten?

Bevor ich mit neuen Schülern den Unterricht beginne, kontrolliere ich in jedem Fall Zaum- und Sattelzeug. Bei der Trense bzw. Kandare werden die Lage der Gebisse, also die Länge der Backenstücke sowie das Passen des Nasenriemens überprüft; letzterer darf vor allem nicht zu fest zugeschnallt sein.

Selbstverständlich begutachte ich auch den Sattel bezüglich der hier angesprochenen Punkte. Außerdem fasse ich regelmäßig auch in den Sattelgurt hinein, um sicherzustellen, dass auch nicht zu fest angegurtet ist. Ein „festgeknallter" Gurt beeinträchtigt das Wohlgefühl des Pferdes und somit auch seine Leistungsfähigkeit, besonders aber seine Leistungsbereitschaft. In diesem Zusammenhang sage ich oft meinen Schülern: Der Sattel soll nicht dank des Gurtes sicher liegen, sondern dank des ausbalancierten Reitersitzes. Der ausbalancierte Reiter könnte also sogar ohne Gurt reiten, vorausgesetzt er hat den richtig passenden Sattel.

Gerade auch bei elastischen Gurten ist die Gefahr groß, zu fest zu gurten, ohne es zu bemerken. – Also aufgepasst und gefühlt!

Regelmäßig muss auch nachgesehen werden, ob die Lochung an der vorderen und der hinteren Strupfe zueinander passt und ein gleichmäßiges Angurten möglich macht.

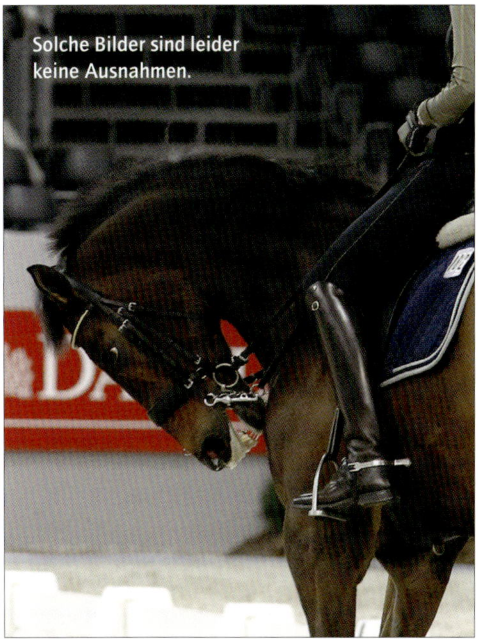

Solche Bilder sind leider keine Ausnahmen.

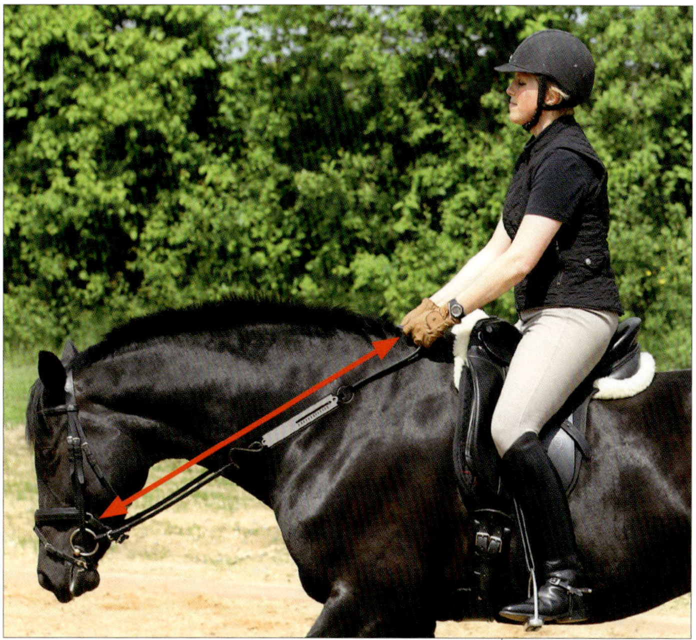

Die „gute Hand" kann die Verbindung zum Maul so elastisch und konstant gestalten, dass sich die Länge einer imaginären Federwaage nicht verändert. (rechts)

4. Die gute Hand – das Kapital des (älteren) Reiters

Diese Überschrift ist bewusst etwas provozierend formuliert. Selbstverständlich kommt es, wie im Kapitel über den Sitz schon angesprochen, auf die Gesamtheit der Einwirkungen des Reiters an, die mit dem Sitz und der dadurch für das Pferd spürbaren Körpersprache beginnt. Außerdem ist der losgelassene Balancesitz unabdingbare Voraussetzung für eine gute Hand. Allerdings hat noch nicht jeder Reiter, der losgelassen und ausbalanciert sitzt, automatisch auch eine gute Hand. Dazu bedarf es vor allem eines diesbezüglich geschärften Bewusstseins – und genau dazu soll dieses Kapitel beitragen.

Wer bei gutem Unterricht zuschaut und zuhört, wird immer wieder die Aufforderung des Ausbilders vernehmen, die Hand zu verbessern, nicht so stark über die Zügel einzuwirken. So habe ich auch in RmVuG sehr stark betont, dass man ein Reiterleben lang ständig bemüht sein muss, die Hände zu verbessern, mit feineren Zügelhilfen zu reiten. Diese hohen, man könnte schon fast sagen hehren Forderungen sind sicherlich den meisten Ausbildern und auch Reitern durchaus geläufig. Wie jedoch in praxi geritten wird, ist leider ein ganz anderes Thema.

Was man jedes Wochenende auf Abreiteplätzen, also durchaus in der Öffentlichkeit, sehen kann und erst recht, was manche Reiter zu Hause, wenn sie sich weniger beobachtet fühlen, mit ihren Händen, Zügeln und dem Gebiss aufführen, lässt einem häufig die Haare zu Berge stehen. Dabei ist das Reiten mit feiner Hand ein ganz entscheidender Punkt, will man gerade unseren modernen Warmblutpferden gerecht werden; sie zeichnen sich durch wunderbare Hälse mit feinen Genickformationen und sensible Mäuler aus. Während es noch vor 50 Jahren häufig Probleme bereitete, die Pferde zum Nachgeben im Genick zu bringen, fällt es sehr vielen Reitern heute schwer, sie zum vertrauensvollen Herantreten an das Gebiss und an die Hand zu bewegen.

Warum bezeichne ich hier die „gute Hand" als Kapital des Reiters und wodurch zeichnet sie sich aus?

Voraussetzung für einen harmonischen, freudvollen Umgang mit dem Pferd ist der Aufbau eines

Der losgelassene Balancesitz ist unabdingbare Voraussetzung für eine gute Hand.

!

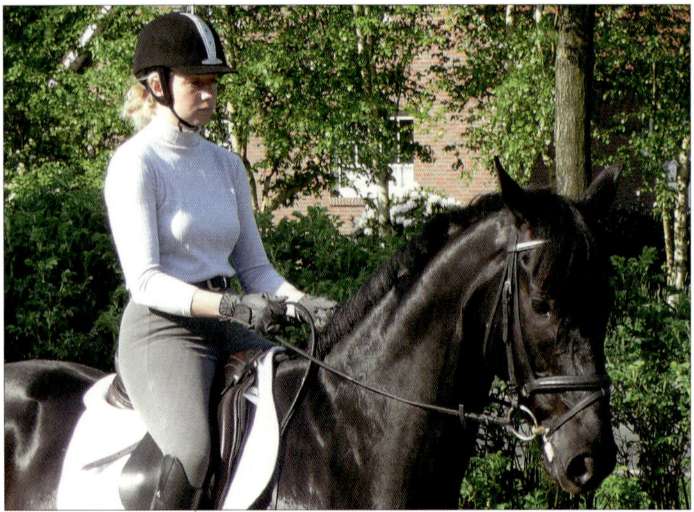

Ellbogen – Hand – Pferdemaul sollen immer eine gerade Linie bilden.

Wenn man davon ausgeht, dass das Pferdemaul einer der sensibelsten Körperteile ist, muss einem bewusst sein, dass die Art und Weise, wie ich mich ans Maul heranfühle, wie elastisch und dennoch konstant ich die Verbindung zu halten im Stande bin, für das Pferd ein ganz entscheidendes Kriterium ist, wie es den Reiter einzuschätzen hat.

!

Vertrauensverhältnisses. Das gilt ganz besonders bezüglich der Beziehung zu einem fremden, neuen Pferd. Ich erlebe so eine Situation häufig, wenn ich Unterricht gebe und das Pferd meines Schülers einmal selbst reiten möchte, entweder, um etwas genauer erfühlen zu können, oder auch, um dem Reiter etwas zu zeigen und zu erklären. Bei einer solchen Erstbegegnung muss ich dem Pferd möglichst schnell vermitteln, dass es mir vertrauen kann und mich natürlich auch respektieren soll. Da Pferde, wie schon mehrfach angesprochen, ein überaus feines Gefühl dafür haben, mit wem sie es zu tun haben, gewinnt es einen ersten Eindruck schon aufgrund meiner Körpersprache, an der Art, wie ich mich ihm nähere, Sattel und Zaumzeug überprüfe bzw. richte, aufsitze und mich dabei hoffentlich geschmeidig in den Sattel gleiten lasse.

Jedenfalls werde ich dann die Zügel, zumindest bis zum langen Zügel aufnehmen (→ Kap. 4.3 „Wechselrahmen (Zügelmaß)"), beim erfahreneren Pferd auch schon vor dem Anreiten im Halten einmal etwas kürzer, sodass es dabei eine erste Bekanntschaft mit meiner Hand macht. Schon beim Aufsitzen und Platz nehmen, spätestens beim Anreiten im Schritt merkt es, wie entspannt, losgelassen und ausbalanciert ich im Sattel sitze.

Wenn man davon ausgeht, dass beim Pferd das Maul einer der sensibelsten Körperteile ist, muss einem bewusst sein, dass die Art und Weise, wie ich die Zügel aufnehme, wie ich mich ans Maul heranfühle, wie elastisch und dennoch konstant ich die Verbindung zu halten im Stande bin, für das Pferd ein ganz entscheidendes Kriterium ist, wie es den Reiter einzuschätzen hat. Im Schritt aus den losgelassenen Schulter- und Ellbogengelenken heraus die natürliche Nickbewegung des losgelassen schreitenden Pferdes zu begleiten, ist noch relativ einfach. Im Trab und im Galopp dem Pferd aber über die Hand ein gutes Gefühl zu vermitteln, ist schon etwas anspruchsvoller. Voraussetzung dafür ist die Fähigkeit, die Hände unabhängig vom Sitz zunächst einmal nur zu tragen, dann aber auch unabhängig mit ihnen zu agieren. Selbstverständlich ist dies alles am leichtesten möglich, wenn man gut losgelassen und ausbalanciert zu Pferde sitzt.

Dies allein reicht jedoch nicht aus. Man muss gelernt haben oder lernen bei aller Losgelassenheit, den ganzen Körper, vor allem aber die Extremitäten (Beine und Arme) genau zu kontrollieren, um alle Hilfen richtig kontrollieren und aufeinander abstimmen zu können. Wer dies einmal richtig gelernt und auch automatisiert hat, kann dann auch in fortgeschrittenem Alter, wenn die Elastizität, besonders in der Mittelpositur, nicht mehr so vollkommen gegeben ist, dennoch mit seinen Händen, unabhängig von den Bewegungen des Körpers, die Verbindung zum Pferdemaul halten und richtig einwirken – ich spreche da aus Erfahrung.

4.1 Die getragene Hand

Selbst schon recht sicher und im Gleichgewicht sitzenden Reitern fällt es häufig schwer, ihre Hände oder eigentlich richtiger gesagt, ihre Unterarme korrekt zu tragen. Die Hand soll eine solche Position einnehmen, dass Ellbogen – Hand – Pferdemaul eine gerade Linie bilden. Da der Unterarm und die Hand durchaus ein gewisses Gewicht haben, muss der Reiter mit einer gewissen Muskelkraft aktiv für diese Haltung sorgen.

Verstärkt wird diese Problematik noch dadurch, dass vielerorts leider den Reitern beigebracht wird, die tiefste Hand sei immer die beste. Das ist ein großer Irrtum. Der Reiter muss stets bemüht sein, die Position seiner Hand genau auf die Position des Pferdemaules abzustimmen. (Der junge Reiter, der noch nicht sicher zum losgelassenen Gleichgewichtssitz gefunden hat, reitet mit tiefen, knapp über dem Widerrist getragenen Händen. Gegebenenfalls wird sein Pferd ausgebunden, damit er zum Sitzen kommen kann.) Nur mit einer solchen, vom Sitz und den Bewegungen des Körpers unabhängigen Hand ist der Reiter in der Lage, das ideale Gegenüber zu seinen treibenden Hilfen zu bieten und dem Grundsatz gerecht zu werden: „Hoher Zügel zäumt, tiefer Zügel bäumt". (→ **RmVuG S. 15 ff. und 48 f.**)

Wenn ich mit neuen Schülern arbeite, die noch nie bei mir geritten oder wenigstens ausführlich meinem Unterricht zugehört haben, ist meist ein ganz wichtiger Punkt die Position der Hand. Das verwundert manchen. Wenn man aber überlegt und vor allem beobachtet, wie unmittelbar und stark die Haltung des Pferdes dadurch beeinflusst werden kann, und zwar sowohl in positiver wie auch in negativer Hinsicht, muss man doch zugeben, dass es eine vertane Chance wäre, bei Fehlern nicht sofort eine Korrektur vorzunehmen. Reiter, die schon genügend losgelassen und ausbalanciert sitzen, können unglaublich schnell zu Aha-Erlebnissen kommen, wenn sie ihre Hände in entsprechender Position tragen. Leider wird mir deshalb manchmal nachgesagt, ich lehrte mit hoher Hand zu reiten; das stimmt natürlich so nicht. Richtiger ist vielmehr, dass ich eine drückende Hand verhindern möchte, dass ich den Reitern beibringe, stets ihre Handposition der Haltung des Pferdes anzupassen. In Abwandlung des oben genannten alten Lehrsatzes könnte man sagen:

Der zu tiefe, drückende Zügel provoziert das Pferd gegenzugehen, er trainiert die unerwünschte Unterhalsmuskulatur und fördert bei ihm falsche Automatismen. Der im falschen Moment hohe Zügel macht das Pferd eng und hindert es daran, vertrauensvoll an die Hand heranzutreten. Er veranlasst das Pferd, sich hinter dem Zügel zu verkriechen.

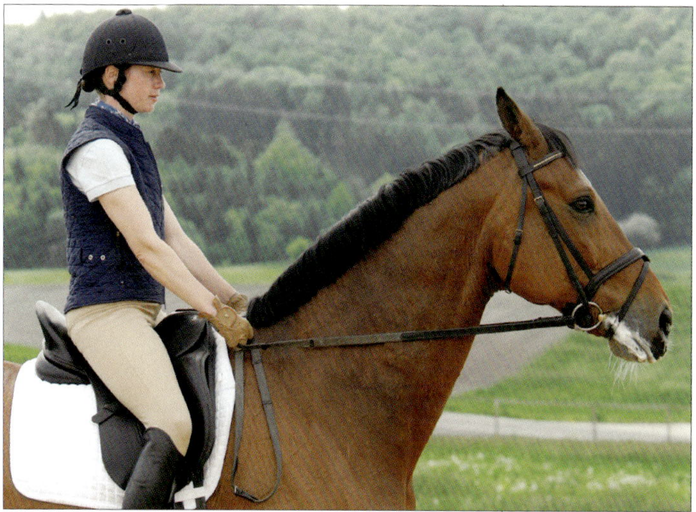

Die drückende Hand provoziert das Pferd, dagegen anzugehen und sich noch mehr herauszuheben.

Eine andere, häufig zu hörende Aufforderung führt viele Reiter in die Irre, verleitet sie zu einer falschen Vorstellung und letztendlich zu einer das Pferd störenden Handeinwirkung: Sitz ruhiger, sitz still! (→ **Kap. 2.2 „Der Sitz"**)

4.1.1 Beweglichkeit ist Voraussetzung

Was die Hand betrifft, führt die Unbeweglichkeit dazu, dass viele Reiter sich instinktiv fest machen und besonders aus einer verkrampften Schulter die Ober- und Unterarme sowie ihre Hände fixieren. Erst vor Kurzem habe ich eine erfolgreiche Turnierreiterin im Zusammenhang mit Gymnastik und Ausgleichssport klagen hören, es täte ihr gut, ihre verkrampften Schultern zu lockern.

Es ist für mich immer wieder geradezu frappierend, wie schnell Pferde positiv reagieren und eine verbesserte Losgelassenheit zeigen, wenn die Reiter meiner Aufforderung folgen, sich auf dem Pferd zu bewegen, etwas „herumzuturnen" und wieder tief ein- und auszuatmen. Oft kann man nach wenigen Augenblicken ein geradezu erlöstes Abschnauben vernehmen. Die Pferde

Was die Hand betrifft, führt die Unbeweglichkeit dazu, dass viele Reiter sich instinktiv fest machen

!

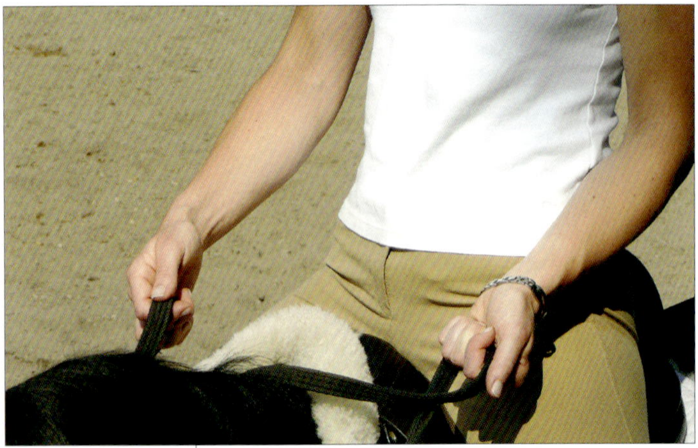

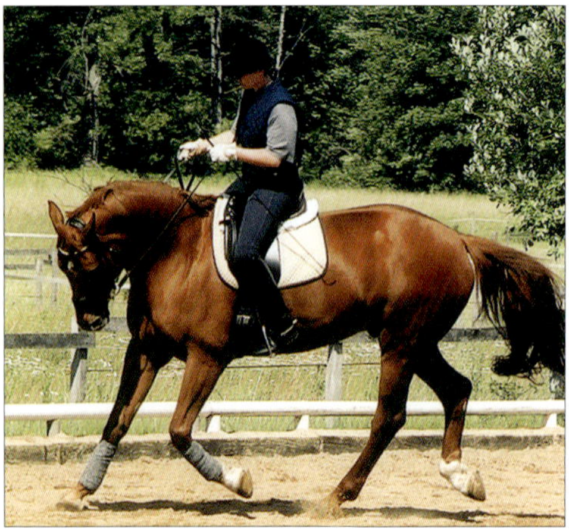

Durch leichte Drehungen der Unterarme, hier etwas übertrieben gezeigt, kann die Losgelassenheit in den Armen überprüft bzw. einer Verkrampfung vorgebeugt werden. Dabei kommt der Daumen etwas nach außen.

Die „hebende" Hand macht das Pferd eng. (rechts)

signalisieren dem Reiter, wie froh sie sind, dass dieser wieder abspannt und „Lebenszeichen von sich gibt".

Bezüglich der unabhängig getragenen Hand und der Verbindung zum Maul hat es sich sehr bewährt, wenn die Reiter immer wieder einmal Schultern kreisen lassen, die ganzen Arme bewegen und dabei versuchen, möglichst wenig dieser Bewegungen ans Maul weiterzugeben. Im weiteren Verlauf reicht es dann, wiederholt ganz leicht die Unterarme um ihre eigene Achse, mit der Elle um die Speiche zu drehen, um einer erneuten Verkrampfung vorzubeugen.

Es gibt noch eine weitere Übung, die meist zu einer sofortigen Verbesserung der Anlehnung, besonders zum Nachgeben des Pferdes im Genick und einem verbesserten Fallenlassen seines Halses führen. Die Reiter sind im ersten Moment meist nur mit großer Skepsis bereit, diese auszuführen. Der Reiter nimmt dabei seine Hände aus den Ellbogen heraus wechselweise links – rechts um ca. ein bis zwei Handbreit höher und tiefer. Er bewegt sich dabei so, dass die Verbindung zum Maul möglichst konstant und leicht bleibt. Dazu muss er sich vorstellen, seine Hände auf einem Kreisbogen zu bewegen, dessen Mittelpunkt am Gebiss liegt (→ S. 47). Zunächst übt man den Bewegungsablauf im Schritt, trabt dann aber an und bewegt die Hände möglichst genau im Rhythmus des Auf und Ab des Leichttrabens. Der Reiter wird dadurch besonders gefordert, sich gut auszubalancieren, ohne sich an den Zügeln festzuhalten. Da die meisten Pferde sofort die gewünschte Reaktion zeigen, schwindet die Skepsis der Reiter, sodass sie von selbst wieder auf diese Übung zurückgreifen, wenn das Pferd sich im Genick wieder fester macht.

4.1.2 Messung des Zügeldrucks

In den letzten Jahren hat es immer wieder Versuche gegeben, die Kraft, mit der der Reiter auf das Maul einwirkt, zu messen. In Neuseeland hat man sogar Zügel vertrieben, die durch entsprechende Lichtsignale anzeigten, mit wie viel Druck der Reiter auf das Trensengebiss einwirkt, ob er sich noch im „grünen" oder schon im „roten" Bereich befindet. Leider haben alle diese Messungen einen gravierenden Fehler, dass man mit ihnen nämlich nicht unterscheiden kann, ob der Druck vornehmlich durch eine rückwärtswirkende Hand entsteht oder ob das Pferd so stark an die aushaltende Hand herantritt. Ist der Druck sehr hoch, muss selbstverständlich etwas korrigiert bzw. verbessert werden. Allerdings ist es viel einfacher, ein Pferd, das zu stark an die Hand herantritt, eventuell sich auch zu stützen versucht, zu korrigieren, als ein Pferd, das dem Gebiss ausweicht und zu „leicht" an der Hand ist.

Gerade bei unseren modernen Warmblutpferden, die, wie oben schon angesprochen, meist mit einem sehr leichten Genick ausgestattet und auch sehr sensibel im Maul sind, haben viele Reiter mit diesem „schwierigeren" Problem zu kämpfen. Diese Pferde treten häufig nicht genügend an das Gebiss heran, sie geben dem Reiter nicht ausreichend Druck in die Hand hinein, gehen sogar hinter dem Zügel. Eine reelle Einwirkung bis zum Hinterbein ist dadurch fast unmöglich.

In diesem Zusammenhang muss sich der Reiter eines ganz wichtigen Zusammenhangs bewusst werden: Es kommt in erster Linie darauf an, die Zügel so zu führen, dass sich der Verbindungsdruck zum Maul nicht ständig verändert. Wenn die Verbindung einmal etwas zu stabil, zu stark wird, beeinträchtigt das die vertrauensvolle Verständigung zwischen Pferd und Reiter viel weniger, als wenn das Pferd z.B. mangels Vertrauen zu einer etwas unruhigen Hand nicht bereit ist, an die Hand heranzutreten. Der Instinkt sagt dann leider dem Reiter: „Sei vorsichtig, sei ganz leicht mit deiner Hand!" Als Folge macht er sich in Schulter und Arm fest, sodass es meist zu einer sehr unbeständigen, springenden Zügelverbindung kommt, die das Problem noch verstärkt. Näheres zum Thema Anlehnung finden Sie im Kapitel 13.

Trotzdem hier schon ein Lösungsvorschlag: Versuchen Sie bei einem Pferd mit diesem Anlehnungsproblem, mit hoch elastischen Armen, also aus der Schulter und dem Ellbogengelenk heraus eine ganz konstante Verbindung zum Maul aufzunehmen; schließen Sie dazu sogar die Augen und stellen Sie sich vor, „ganz zart mit Ihren Händen ‚im Mäulchen' Ihres Pferdes zu hängen" und es so zu veranlassen, Sie mit sich mitzunehmen. Keinesfalls sollten Sie dabei hinter der Senkrechten sitzen und hintenrüberzuhängen.

Im Zusammenhang mit Zügeldruck-Messungen möchte ich noch einen anderen Aspekt ansprechen: Was wirklich einmal des Messens wert wäre, ist der Vergleich des Zügeldrucks am linken und rechten Zügel. Hier haben ganz viele Reiter in Abhängigkeit von der Schiefe ihres Pferdes ernsthafte Probleme, die sich zunehmend verstärken, wenn sie es nicht bemerken und sie auch niemand darauf aufmerksam macht. Auch diesbezüglich besteht die Gefahr, sich so da-

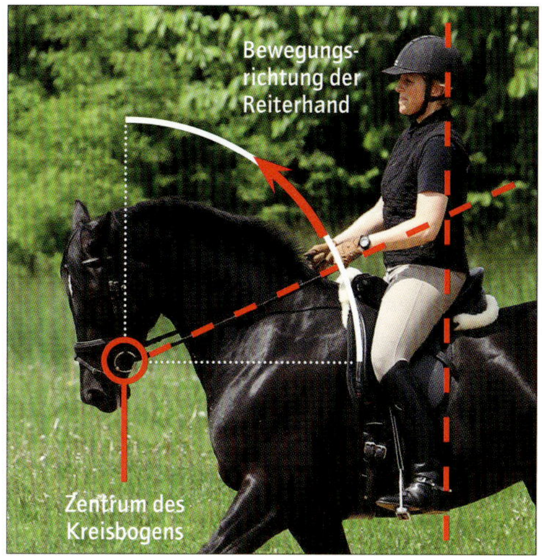

ran zu gewöhnen, dass man es tatsächlich nicht mehr fühlt. Das Gehirn speichert mit der Zeit diesen unterschiedlichen Druck als gleichmäßig ab. So einer negativen Automatisierung vorzubeugen ist einer der Hauptgründe, warum auch relativ fortgeschrittene Reiter sich immer wieder einmal von einem guten, ehrlichen Ausbilder beobachten und korrigieren lassen sollten. Notfalls können auch Videoaufnahmen zur Kontrolle dienen. Was dieses Anlehnungsproblem anbelangt, kann man es meistens an der Lage des Gebisses im Maul schon erkennen.

Wird eine solche Ungleichmäßigkeit rechtzeitig entdeckt, kann diese fehlerhafte Automatisierung und „Abspeicherung" vermieden werden. Andernfalls ist es ein recht aufwendiger, zeitraubender Prozess, sich zunächst der Tatsache auch gefühlsmäßig wieder bewusst zu werden und sich dann „umzuprogrammieren". **(Genaueres zum Umgang mit der Schiefe → Kap. 16. „Geraderichten...")**

Auf die Gesamtheit der Hilfengebung wird in diesem Buch sehr detailliert und ausführlich an mehreren Stellen eingegangen, so u.a. in den

- → **Kap. 4.3 „Wechselrahmen..."**
- → **Kap. 7. „Mehr treiben..."**
- → **Kap. 8. „Paraden..."**
- → **Kap. 12. „Nachgiebigkeit im Genick..."**
- → **Kap. 13. „Warum ist eine gute Anlehnung..."**

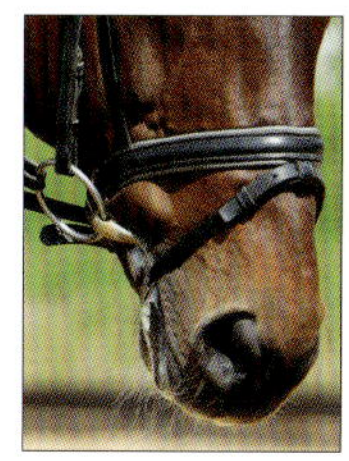

Hier ist der rechte Zügel zu stramm und der linke zu lose.

Es kommt in erster Linie darauf an, die Zügel so zu führen, dass sich der Verbindungsdruck zum Maul nicht ständig verändert.

!

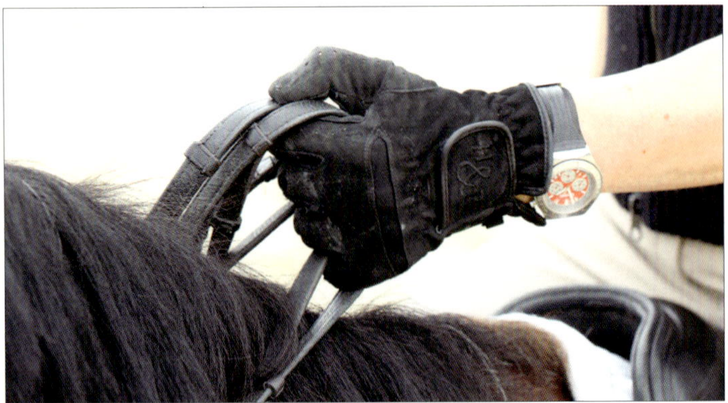

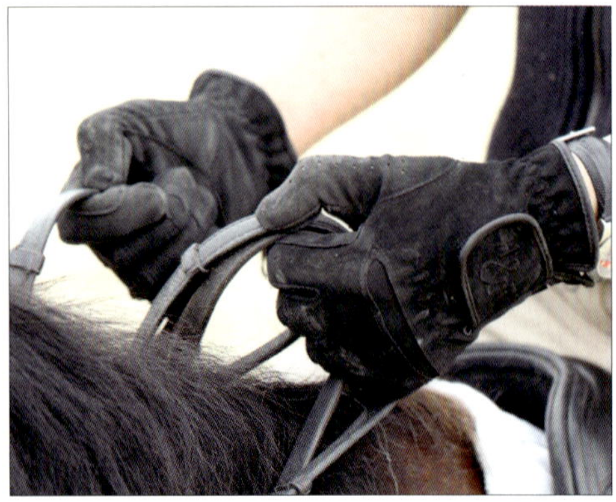

Zügel in einer Hand, bei beiden Formen der Zügelführung steht die linke Hand mittig über dem Mähnenkamm

Zügelführung 3:1 – früher nannte man das „mit angefasster Trense"

4.1.3 Geeignete Zügel

Das Reiten mit feiner Hand und mit optimal abgestimmtem Zügelmaß wird sehr erleichtert, wenn der Reiter geeignete Zügel benutzt, die

- zu seiner Hand passen, also nicht zu breit sind,
- trotzdem nicht zu dünn sind, damit man sie gut anfassen kann,
- eine griffige Oberfläche haben, ohne aber, wie manche Gummizügel, gewissermaßen an den Händen zu „kleben" und so beim Zügel-aus-der-Hand-kauen-Lassen hinderlich zu sein,
- die vor allem keine aufgenähten Lederstege oder ähnliche „Griffe" haben, durch die das zentimeterweise Anpassen, gegebenenfalls auch Verlängern des Zügelmaßes sehr erschwert würde.

All das gilt natürlich ganz besonders beim Reiten auf Kandare.

Ich persönlich reite am liebsten entweder mit einfachen Lederzügeln oder mit Zügeln, die mit einem Mikrofasermaterial überzogen sind und teilweise unter der Bezeichnung „Antislip-Zügel" im Handel erhältlich sind.

Manche Reiter und Ausbilder glauben, durch Stege auf den Zügeln wäre es leichter, dem Reiten mit ungewollt ungleich langen Zügeln vorzubeugen. Das halte ich für einen Irrtum und ich habe da auch andere Erfahrungen gemacht. Teilweise wird dann sogar unbemerkt der eine Zügel einen „Griff" kürzer gefasst. Dann würde ich eher Zügel empfehlen, die farbliche Markierungen, vielleicht an zwei Stellen, haben, an denen sich der Reiter optisch orientieren kann.

4.2 Zügelführung in einer Hand

Turniersportlich wird die Zügelführung in einer Hand derzeit, außer beim Grüßen, überhaupt nicht gefordert. Gelegentlich wird sie von einigen Reitern in Kürprüfungen praktiziert, wodurch sich dann gegebenenfalls der Schwierigkeitsgrad erhöht und dieses in der Bewertung auch seinen positiven Niederschlag findet.

„Zügel in eine Hand!" bedeutet nach unserer Reitlehre, die Zügel dann mit der linken Hand zu führen und diese dabei mittig vor dem Leib, also genau über dem Widerrist zu tragen. Der rechte Arm soll zwanglos und entspannt herabhängen, sodass die Hand hinter dem Oberschenkel liegt. Diese Bevorzugung der linken Hand ist historisch zu sehen: Die rechte Hand wurde benötigt zum Grüßen, zum Führen eines Handpferdes und für den Gebrauch der Waffe. Da der Säbel auch auf der linken Seite getragen wurde, wurde und wird stets von der linken Seite auf- und abgesessen und dabei werden die Zügel selbstverständlich mit der linken Hand aufgenommen. (Laut LPO bzw. Aufgabenheft ist es jetzt dem Reiter freigestellt, ob er die Zügel beim Grüßen mit der linken oder mit der rechten Hand führt.)

Um auch beim Reiten mit Kandarenzäumung möglichst schnell und einfach die rechte Hand freizubekommen, wurde hier üblicherweise mit angefasster Trense (3:1) geritten. Zusätzlich hatte und hat auch noch immer diese Art der Zügelführung den großen Vorteil, dass beide Kandarenzügel in einer, der linken Hand geführt werden, sodass die Stange angemessen ruhig im Maul des Pferdes liegt.

Wenn in einer Aufgabe verlangt wird, mit Zügel in einer Hand zu reiten, schließt das nicht aus, dass der Reiter auch in dieser Reprise einmal die rechte Hand kurzfristig zum Korrigieren des Zügelmaßes benutzt.

Auch für die tägliche Arbeit kann jedem Reiter nur empfohlen werden, immer wieder einmal die Zügel in eine Hand zu nehmen, wobei dies dann wechselweise und je nach Situation mit der linken oder rechten Hand erfolgen sollte. Ganz allgemein wird dadurch der losgelassene Balancesitz hervorragend gefördert, was wiederum die Fähigkeit verbessert, mit vom Sitz unabhängigen Händen zu reiten.

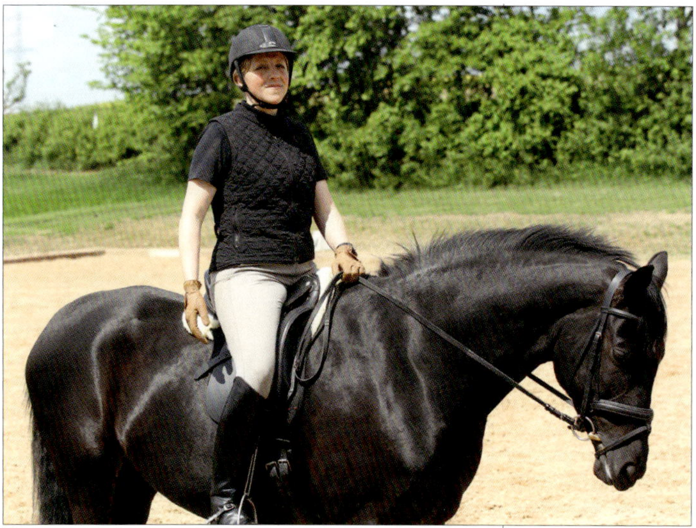

Pferd und Reiter sind ganz entspannt

Hier nun ein paar Beispiele, wie das Reiten mit Zügeln in einer Hand zur Problemlösung beitragen kann:

Wenn ein Pferd sehr leicht im Genick und sensibel im Maul ist, hat der Reiter häufig schon bei der lösenden Arbeit Schwierigkeiten, das Pferd vorne zu behalten; es tritt nicht genügend an das Gebiss heran, kommt hinter die Senkrechte und meist auch hinter den Zügel. Wenn der Ausbilder den Reiter in dieser Situation die Zügel in eine Hand nehmen lässt (zunächst am besten erst einmal in die jeweils äußere), ist meist spontan eine deutliche Verbesserung zu bemerken: Das Pferd öffnet den Hals (die S-förmige Halswirbelsäule) und tritt besser an das Gebiss heran. Warum das so funktioniert, ist ganz einfach zu beantworten: Mit einer Hand hat der Reiter weniger Kraft, kann aber vor allem das Gebiss nicht mehr im Maul hin- und herbewegen; dieses liegt dann ganz ruhig im Maul. Besonders positiv wirkt sich dieser Vorteil beim Reiten auf Kandare aus. Durch diese Erfahrung kann der Reiter lernen, wie vorteilhaft und wichtig es ist, das Gebiss möglichst ruhig im Pferdemaul liegen zu lassen. – Je ruhiger das Gebiss im Maul liegt, desto zufriedener kaut das Pferd, was wiederum eine ganz wichtige Voraussetzung für die Nachgiebigkeit im Genick ist. Außerdem wird durch dieses Reiten mit einer Hand die Losgelassenheit des Reiters sofort verbessert, besonders wenn dieser mit der freien Hand vor der Schulter des Pferdes wechselweise rechts und links am Mähnenkamm in ruhigem Rhythmus klopft.

Auch im gehoben Bereich der Ausbildung, auch bei der versammelten Arbeit kann Ähnliches beobachtet werden, z.B. beim Reiten von Serienwechseln.

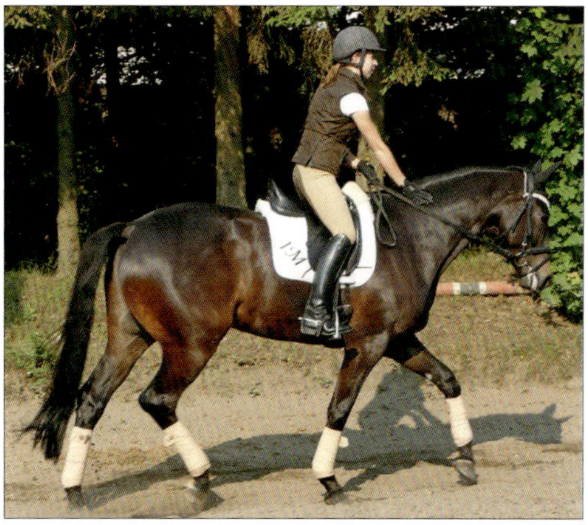

„Zügel in eine Hand und klopfen!" – diese Aufforderung wiederhole ich häufig.

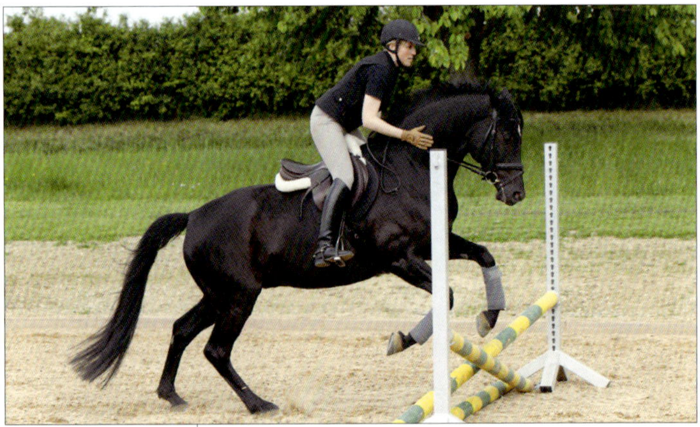

Beim spielerischen Lösen über kleine Sprünge fördert das Führen mit einer Hand die beiderseitige Gelassenheit

Vielen Reitern fällt es schwer, besonders auf der Hand, auf der sich das Pferd hohl macht, sprich scheinbar leichter biegt, präzise in eine Wendung hineinzureiten. In Erwartung, dass das Pferd über die äußere Schulter auszuweichen versucht, reitet der Reiter instinktiv zu sehr mit dem inneren Zügel und fängt an, an diesem zu ziehen. Das Ergebnis ist, dass das Pferd erst recht über die äußere Schulter ausfällt und die Hilfen zur Wendung nicht korrekt annimmt. Wenn der Reiter in solcher Situation die Zügel in eine Hand nimmt, in der Regel in die äußere, gelingt die Wendung verblüffenderweise sofort besser. Der Reiter hat das Aha-Erlebnis, wie vorteilhaft es ist, nicht am inneren Zügel zu ziehen.

Durch das kurzfristige Reiten mit Zügeln in einer Hand kann insgesamt die Anlehnung sehr gut überprüft werden. Dies gilt nicht nur für die lösende Arbeit. Es muss in jeder Phase einer Trainingseinheit möglich sein, die Zügel in eine Hand zu nehmen, ohne dass sich das Pferd im Genick fest macht oder gar heraushebt. Besonders beachtenswert ist dies auch in Momenten, in denen dem Pferd Gelegenheit zur Dehnung gegeben wird; das Pferd sollte sich sofort willig vorwärts-abwärts, ohne zu stoßen, an die Hand herandehnen, im Genick nachgiebig bleiben und sich nach wie vor selbst tragen, also auch nicht versuchen, in der Hand eine Stütze zu suchen. Gelingt dies nicht, ist es ein Zeichen dafür, dass das Pferd mit den Händen (der „Pfote") beigezäumt, meist heruntergeriegelt oder heruntergespielt wurde, eine reelle Anlehnung aber nicht gegeben ist.

Durch das kurzfristige Reiten mit Zügeln in einer Hand kann insgesamt die Anlehnung sehr gut überprüft werden. Dies gilt nicht nur für die lösende Arbeit.

!

Auch beim Reiten im leichten Sitz und in der Springausbildung kann es durch das Reiten mit Zügel in einer Hand zu dem einen oder anderen Aha-Erlebnis kommen, ganz abgesehen davon, dass dadurch die Balance des Reiters verbessert wird. Gerade bei sogenannten „heißen" Pferden liegt häufig das Problem beim Reiter, der in der Anreitphase, oft unbewusst, mit rückwärtswirkenden Zügelhilfen das Pferd bei sich zu behalten versucht, anstatt vornehmlich mit den an die ruhig aushaltende Hand herantreibenden Hilfen das Tempo und den Rhythmus des Pferdes zu bestimmen. Wenn er nun, am besten aus einer Wendung kommend, die letzten 3–5 Pferdelängen geradeaus zum Sprung mit Zügel in einer Hand und lobender anderer Hand reitet, kann er dem Pferd Gelassenheit vermitteln, er wird es aber vor allem nicht zum Stürmen oder Pullen provozieren. Am besten beginnt man diese „Überzeugungsarbeit" beim Anreiten von Cavaletti und ganz kleinen Trabsprüngen, um sie allmählich auch bei etwas anspruchsvolleren Sprüngen bis hin zu Sprungfolgen mit Erfolg fortzusetzen.

4.3 „Wechselrahmen" (Zügelmaß)

Leider bleiben auch Reiter ihr Leben lang insofern ganz normale Menschen und dementsprechend Handarbeiter (→ Kap. 9. „Die Skala der Ausbildung"). Das bedeutet, dass sie auch auf dem Pferd sitzend instinktiv immer wieder versuchen, aufkommende Probleme mit den Händen zu lösen. Da aber unsere Hände beim Reiten über die Zügel auf einen der empfindlichsten Teile des Pferdes, auf das Maul einwirken, sollte jeder echte Pferdemann, jede echte Pferdefrau es als Herausforderung ansehen, diesen Instinkt zu bekämpfen, um mit möglichst feinen Zügelhilfen zu reiten. Wer bei diesem Bemühen nicht genügend nachdenkt oder einfach nicht zu Ende denkt, wird wahrscheinlich, wiederum instinktiv, den nächsten Fehler begehen, indem er mit zu langen, teilweise losen Zügeln einwirkt. („Langer Zügel zieht" ist ein alter, immer noch gültiger Spruch.

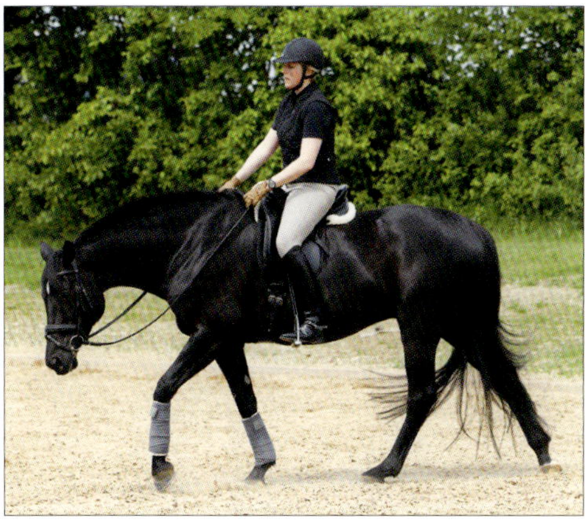

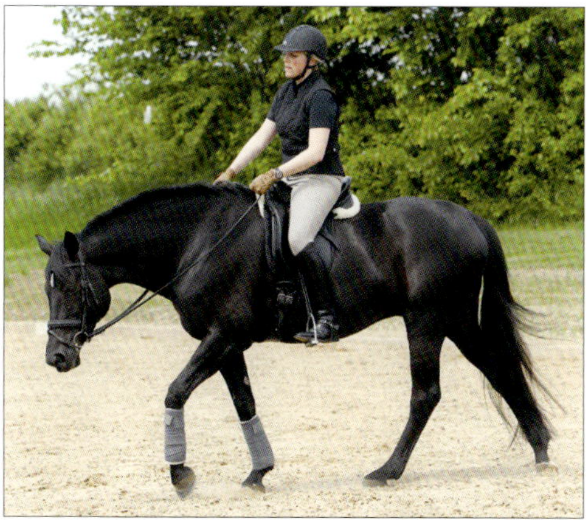

Schritt mit hingegebenem Zügel (links)

Schritt am langen Zügel, die Reiterin könnte das Genick etwas besser kontrollieren. (rechts)

Wer mit zu langen Zügeln reitet, verhindert, gerade bei sehr sensiblen Pferden das vertrauensvolle Herantreten an das Gebiss und die elastisch getragene Hand. Eine Rückwärtstendenz der Hand ist vorprogrammiert.) Wie bei vielen reiterlichen Herausforderungen ist es auch in diesem Zusammenhang sehr hilfreich, wenn ein kompetenter Ausbilder von unten hilft, es vielleicht auch einmal vormacht.

Im Folgenden wollen wir uns einmal überlegen, was es bezüglich des Zügelmaßes zu bedenken und zu berücksichtigen gibt, will man dem Pferd eine gute Anlehnung bieten, die sich durch eine weiche, elastische und stete Verbindung zum Pferdemaul auszeichnet und an die das Pferd vertrauensvoll heranzutreten bereit ist. (→ **Kap. 13. „Warum ist eine gute Anlehnung...")**

4.3.1 Welche Zügelmaße kennen wir in unserer Reitlehre?

Beim Reiten **mit hingegebenem Zügel** werden die Zügel ganz am Ende, an der Schnalle angefasst und hängen durch, sodass keine Verbindung zum Pferdemaul mehr besteht. (Deshalb muss es auch heißen „mit" und nicht „am" hingegebenen Zügel.) Mit diesem Zügelmaß kann man zu Beginn, am Ende und auch in Zwischenpausen reiten. Sinnvoll ist dies jedoch nur, wenn das Pferd auch dabei mit konvexer, runder Oberlinie und losgelassenem Rücken geht. Vielfach sieht man jedoch, dass sich die Pferde beim Hingeben der Zügel, statt sich vorwärts-abwärts zu dehnen, herausheben und unter die Decke gucken (den Kopf vorwärts-aufwärts nehmen). Dies ist in der Regel ein Zeichen dafür, dass das Pferd vorher wenig losgelassen, wahrscheinlich sogar in einer erzwungenen Haltung ging. Es hat noch zu wenig durch richtiges Training erfahren, dass das Sich-vorwärts-abwärts-Dehnen eine wunderbare Entspannungsübung und die Dehnungshaltung eine Erholungshaltung ist, und dass es in dieser Haltung mit aufgewölbtem Rücken auch viel leichter ist, den Reiter auf dem Rücken zu tragen.

Ob man bei einem Ausritt im Gelände bei Schrittreprisen mit hingegebenem Zügel reiten kann und soll, hängt sehr von den äußeren Bedingungen, dem Temperament des Pferdes sowie vom Ausbildungsstand von Pferd und Reiter ab. Im Zweifelsfall sollte dabei besser am langen Zügel geritten werden (s.u.).

Sicherlich kann ein erfahrenes, gut ausbalanciertes Reitpferd auch mit hingegebenem Zügel traben oder galoppieren; auf keinen Fall ist dies aber für das Pferd eine Erleichterung, außer der Reiter hat eine sehr schlechte, grobe Hand – dann wäre es noch das kleinere Übel. Wer gelernt hat, mit einer guten, vom Sitz unabhängig getragenen Hand zu reiten, kann durch die richtige Anlehnung, und das gehört zur Philosophie unserer Reitlehre, dem Pferd seinen Einsatz unter dem Sattel erleichtern.

Beim Reiten **am langen Zügel** wird die Zügellänge so gewählt, dass eine leichte, stete und

Solche Zügel liegen gut in der Hand.

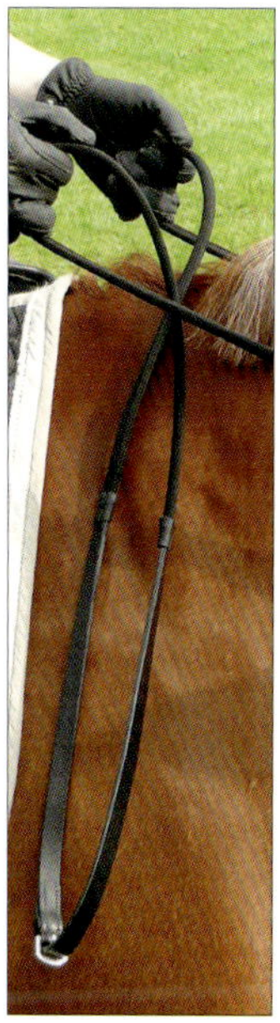

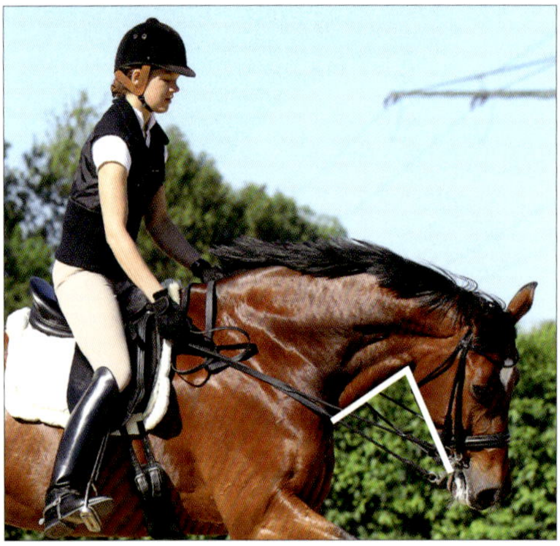

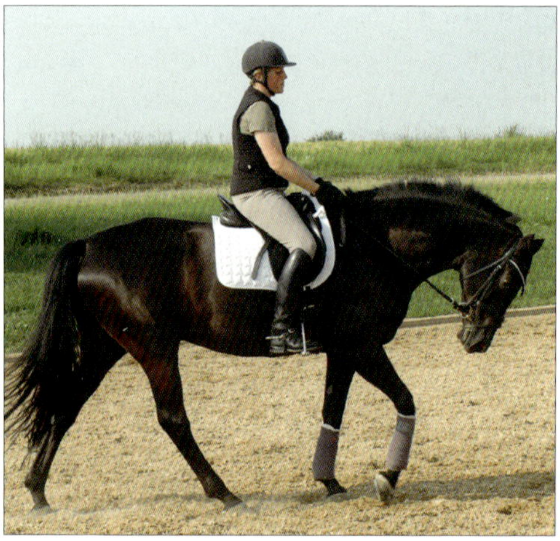

Sichtlich gute Dehnungsbereitschaft im Galopp (links)

Dieses Pferd ist abgekippt und geht hinter dem Zügel. (rechts)

elastische Verbindung zum Pferdemaul besteht. Das gerittene Pferd wird schon nach kurzer Ausbildungszeit auch bei diesem Zügelmaß vertrauensvoll an die Hand herantreten und im Genick nachgeben. Besonders in der Schrittarbeit ist das Reiten am langen Zügel großenteils das Zügelmaß der Wahl. Da ein Pferd, welches losgelassen schreitet, sich im Schritt mit einer deutlichen vorwärts-abwärts-gerichteten Nickbewegung bewegt, muss der Reiter aus losgelassenem Schulter- und Ellbogengelenk heraus diese Nickbewegung zulassen, er sollte dabei die Vorstellung haben, das Pferdemaul mit einer ganz gleichmäßigen leichten Verbindung zu begleiten. Pferde, die Vertrauen zu der Hand des Reiters und erfahren haben, dass eine gute Anlehnung ihnen ihren Job als Reitpferd sogar erleichtert, zeigen am langen Zügel einen aktiveren und raumgreifenderen Schritt als mit hingegebenem Zügel. Ein ganz guter Test bezüglich dieses Vertrauens ist der Wechsel des Zügelmaßes vom hingegebenen zum langen Zügel: Das positiv konditionierte Pferd wird dabei willig im Genick nachgeben und Takt und Fleiß beibehalten, also sich weder verhalten noch eilig werden.

Im Trab und im Galopp kann man ebenfalls gut am langen Zügel reiten; insbesondere mit ganz jungen Remonten ist dies sogar die Regel. Auch beim Reiten mit diesem Zügelmaß muss es das Ziel sein, das Pferd vor sich, an den treibenden Hilfen zu behalten und ihm kein „Lümmeln" auf dem Zügel zu gestatten – es soll sich vielmehr möglichst gut selbst tragen. Schon im Rahmen dieses Zügelmaßes ist es wertvoll, die Länge der Zügel immer wieder geringfügig zu variieren, sie also einige Zentimeter nachzufassen und wieder zu verlängern. Der erfahrene Reiter, besonders wenn er nicht gerade sehr kurze Arme hat, kann dieses Variieren auch aus dem Arm heraus vornehmen, ohne die Zügellänge zu verändern.

Wenn zur Überprüfung der Losgelassenheit Zügel-aus-der-Hand-Kauen geritten wird, soll dies bis zum langen Zügel erfolgen, d.h. Verbindung und leichte Genickkontrolle müssen erhalten bleiben. Hierbei kommt es nicht so sehr darauf an, dass das Pferd über eine längere Strecke in Dehnungshaltung geht. Wertvoller wird diese Übung, wenn der Zügel immer wieder nachgefasst, der Rahmen verkürzt und erneut das Dehnen abgefragt wird. Dieser Wechsel von An- und Abspannen der Muskulatur löst diese und fördert ihren Aufbau.

Wenn oben davon gesprochen wurde, dass das ganz junge Pferd überwiegend am langen Zügel geritten wird, so muss bedacht werden, dass bei manchen Pferden in den ersten Wochen der Ausbildung unter dem Sattel eine zwanglose Genickkontrolle, d.h. ein williges Nachgeben im Genick, noch nicht erwartet und verlangt werden kann. Dafür gab es früher die heute nur noch wenig gebräuchliche Bezeichnung „Reiten mit Verbin-

Ein guter Test hinsichtlich des Vertrauens in die Reiterhand ist der Wechsel des Zügelmaßes vom hingegebenen zum langen Zügel: Das positiv konditionierte Pferd wird dabei willig im Genick nachgeben und Takt und Fleiß beibehalten, also sich weder verhalten noch eilig werden.

!

dung zum Pferdemaul". Dabei werden die Zügel tatsächlich nur so weit aufgenommen, dass sie eben nicht durchhängen, man fühlt sich fein an das Maul heran. Dass wir heute auf diese genaue Differenzierung zum Reiten am langen Zügel verzichten, kann nur damit begründet werden, dass unsere modernen, edlen Warmblutpferde in der Regel so wundervolle Hälse und Genickformationen aufweisen, dass sie nahezu von Anfang an Nachgiebigkeit im Genick zeigen. (Für viele Reiter, die keine ganz gute Hand haben, sind sie meistens sogar zu leicht im Genick und neigen dann zum Hinter-dem-Zügel-Gehen.)

Als drittes offizielles Zügelmaß haben wir das Reiten **am Zügel**. In unserer Reitlehre spricht man nicht mehr so gerne davon, ein Pferd an den Zügel zu stellen, sondern lieber davon, es an die Hilfen zu stellen. Damit soll von vornherein klargemacht werden, dass der Reiter niemals versuchen sollte, primär mit den Zügelhilfen das Pferd zu formen, vielmehr soll er das Pferd von hinten nach vorne, also mit den treibenden Hilfen an die Zügel heranreiten. Besonders wichtig ist es, diesen Grundsatz auch zu beachten, wenn Schwung (Schub) und Versammlung verbessert bzw. erreicht werden sollen. Wer mit dieser Vorstellung und auf diese Weise arbeitet, wird den heute leider sehr weitverbreiteten Fehler vermeiden können, sein Pferd eng zu machen, ihm den Hals zusammenzuziehen. Er wird die Stirn-Nasen-Linie leicht vor-, mindestens an der Senkrechten, und das Genick als höchsten Punkt behalten. Dadurch bleibt dem Pferd seine „Balancierstange" (Hals) erhalten, sodass es mit den Hinterbeinen über den losgelassenen Rücken gut nach vorne durchschwingen kann. Nur so wird es auch optimal gehfreudig und leistungsbereit bleiben.

Ziel dieser Arbeit muss es sein, dass das Pferd mit zunehmender Versammlung in der Anlehnung immer leichter wird, bis schließlich der Druck im Maul fast nur noch dem Eigengewicht der Zügel entspricht. Selbstverständlich wird es nicht jedem Reiter mit jedem Pferd möglich sein, sich in der Ausbildung so zu vervollkommnen, dass dieser Grad der Anlehnung, das Am-ganz-leichten-Zügel-Stehen, erreicht wird. Bei unseren modernen Warmblutpferden mit ihrem leichten Genick ist die Gefahr sogar sehr groß, dass sie zu leicht werden und hinter den Zügel kommen. Deshalb sollte es für den Reiter das Wichtigste sein, immer noch etwas positiven Zug auf der Hand zu behalten und dem Pferd das Gefühl zu vermitteln, dass es die Hand des Reiters etwas mitnehmen darf.

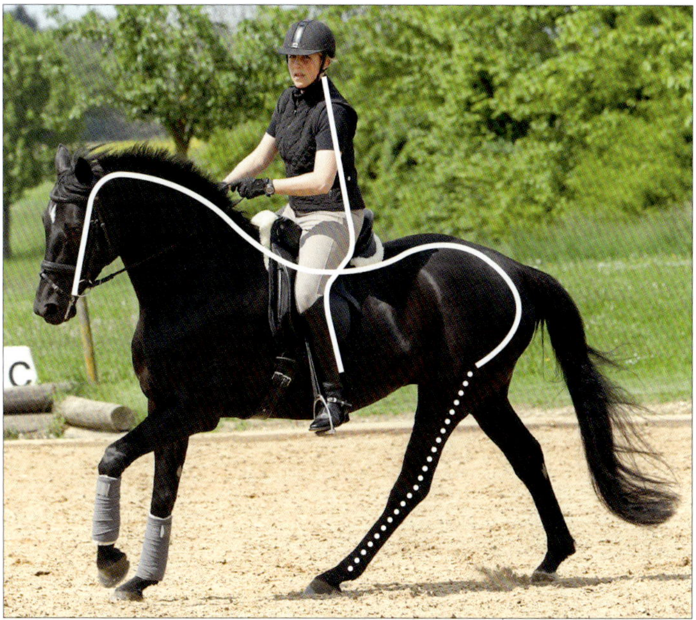

Der Bogen „vor der Hand" (vor dem Reiter) darf auf keinen Fall enger sein als der Bogen „hinter der Hand".

Bei der Beurteilung eines am Zügel gehenden Pferdes nach dem äußeren Erscheinungsbild ist der Vergleich des Bogens vor der Hand und des Bogens hinter der Hand (→ Foto) ein sehr gutes Kriterium. Er bietet eine gute Kontrolle für die Richtigkeit des Zügelmaßes und der gesamten Hilfengebung.

Entscheidend ist, dass der Reiter sich über Folgendes im Klaren ist:

Diese ganze Ausbildung kann nur dann erfolgreich sein, wenn die Hand stets nur das Gegenüber für die treibenden Hilfen bleibt und

- wenn ein eventuell vorübergehend notwendig stärkerer Druck sich von hinten

Der Reiter sollte niemals versuchen, primär mit den Zügelhilfen das Pferd zu formen, vielmehr soll er das Pferd von hinten nach vorne, also mit den treibenden Hilfen an die Zügel heranreiten.

!

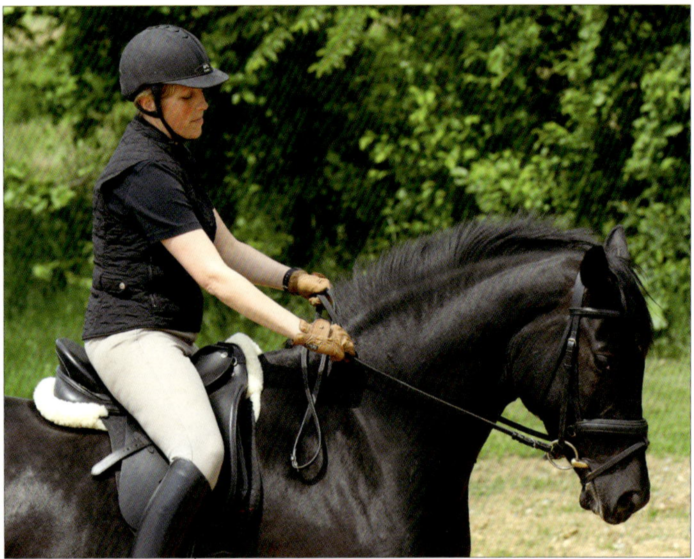

Zum Nachfassen muss der Reiter beide Hände gebrauchen.

nach vorn entwickelt, nämlich dadurch, dass das Pferd verstärkt an die Hand herantritt, niemals aber durch ein Rückwärtswirken mit der Hand entsteht.

- **Auch in solchen Momenten, in denen etwas stärker durchgehalten werden muss, bleibt eine gewisse Elastizität der Verbindung erhalten, keinesfalls darf der Reiter dabei verkrampfen.**
- **Ein vorübergehend stärkeres Durchhalten ist nur die Voraussetzung, um anschließend mit nachgiebiger Hand die positive Bestätigung geben zu können.**

Um sicherzustellen, dass die Hand möglichst niemals rückwärtswirkt, muss der Reiter stets nach vorne denken und die Vorstellung haben, zur Hand hin zu reiten, gegebenenfalls auch durch die elastische Verbindung hindurchzureiten.

4.3.2 Der angemessene Rahmen

In welchem Rahmen das am Zügel gehende Pferd sich genau bewegt, hängt von seinem Ausbildungsstand ab und von dem Grad der Versammlung, in dem jeweils geritten wird.

Auch während der Arbeitsphase einer Unterrichtseinheit ist es wichtig, immer wieder einmal den Rahmen etwas zu verändern, gegebenenfalls auch die Zügellänge etwas zu variieren, um Verspannungen vorzubeugen. Selbst innerhalb einer Trab- oder Galoppreprise dürfen die Verbindung und die Haltung des Pferdes nie statisch werden. Allerdings können die Veränderungen so geringfügig sein, dass sie selbst ein sehr aufmerksamer Beobachter kaum wahrnehmen könnte. (Leider wird in diesem Zusammenhang gelegentlich empfohlen, mit den Händen zu vibrieren. In der Regel beeinträchtigt das aber das zufriedene Herantreten des Pferdes an die Hand und somit die sichere Verbindung zwischen Hinterhand und Maul.)

Auch während der Arbeitsphase einer Unterrichtseinheit ist es wichtig, immer wieder einmal den Rahmen etwas zu verändern, gegebenenfalls auch die Zügellänge etwas zu variieren, um Verspannungen vorzubeugen.

!

4.3.3 Dehnungsbereitschaft

Die beste Kontrolle bezüglich der Losgelassenheit eines Pferdes ist es, immer wieder einmal kurz die Dehnungsbereitschaft abzufragen, also zu überprüfen, ob das Pferd, z.B. auch unmittelbar nach einer Reprise stärkerer Versammlung, sofort bereit ist, sich an die nachgebende Hand vorwärts-abwärts heranzudehnen. Gut erkennbar wird dies auch, wenn man nach einer Reprise versammelten Trabs oder Galopps zum Schritt durchpariert; das Pferd sollte sich sofort im Hals, besonders im Ganaschenwinkel öffnen.

Ein Pferd in Dehnungshaltung zu reiten, ist nur dann wirklich wertvoll, wenn es auch in dieser Haltung ans Gebiss herantritt, sich selber trägt und der Reiter es vor sich behalten kann.

Ein korrekt ausgebildetes und gut gerittenes Pferd wird in jeder Phase einer Trainingseinheit Dehnungsbereitschaft zeigen.

Leider gibt es häufig Pferde, denen durch falsche Ausbildung, etwa mit Schlaufzügeln, die Bereitschaft, sich zu dehnen, verleidet bzw. abgewöhnt wurde, die sich gar nicht mehr trauen, den Hals und den Ganaschenwinkel zu öffnen. Sie bedürfen einer sehr sorgfältigen und fachkundigen Korrektur. Dazu mehr im Kapitel über Anlehnung.

Rein technisch ist noch zu beachten, dass es durchaus richtig und notwendig sein kann, wenn zwei unterschiedliche Reiter bei ein und demselben Pferd beim Reiten am Zügel unterschiedlich lange Zügel benutzen. Dies kann z.B. erforderlich sein, weil der eine Reiter deutlich kürzere Arme hat und deshalb mit etwas längeren Zügeln zu reiten gezwungen ist. Würde er versuchen, mit der gleichen Zügellänge zu reiten wie der langarmige Reiter, müsste er entweder deutlich vornübersitzen oder mit nahezu gestreckten Armen reiten, wodurch die Elastizität der Verbindung verloren ginge. Generell muss ein Reiter mit etwas kürzeren Armen einfach bereit sein, das Zügelmaß öfter zu verändern und an die Situation anzupassen. Nur mit einem im Ellbogen gewinkelten Arm kann man die notwendige Elastizität der Verbindung sicherstellen.

Ein Reiter mit längeren Armen muss nicht ganz so oft die Zügel nachfassen oder verlängern; er kann manch notwendige Anpassung der Zügellänge aus dem Arm, aus Schulter und Ellbogengelenk vornehmen.

Während das Verlängern der Zügel einfach durch leichtes Öffnen der Hände erfolgt, muss beim Nachfassen jeweils die eine Hand die andere unterstützen. Das heißt, wenn der Reiter z.B. den linken Zügel verkürzen möchte, hält die rechte Hand diesen kurz mit fest, während die linke Hand nachfasst und umgekehrt. Leider haben manche Reiter diesen kleinen Handgriff nicht gelernt und „krabbeln" oder „grapschen" mit den Händen nach vorne. Auf diese Art ist es fast unmöglich, präzise genau so viel wie erforderlich nachzufassen; außerdem wird es dabei immer für einen kurzen Augenblick zu einem losen, sogar leicht springenden Zügel kommen. Für ein sensibles, in feiner Anlehnung gehendes Pferd ist das unangenehm, ja es wird sich erschrecken und wahrscheinlich dadurch veranlasst, sich etwas herauszuheben.

4.3.4 Flexibilität

Für die unterschiedlichen Zügelmaße gilt Ähnliches wie für die unterschiedlichen Sitzformen: Nur wer in der Lage ist, sich flexibel den Notwendigkeiten der jeweiligen Situation anzupassen, kann optimal einwirken. Je besser der Reiter auf die momentanen Möglichkeiten und Befindlichkeiten des Pferdes sowie auf die Erfordernisse der zu reitenden Übung oder Lektion einzugehen versteht, desto harmonischer und erfolgreicher kann sein Reiten sein. Gerade beim Ausbilden eines Pferdes, wenn es z.B. bezüglich verbesserter Schwungentfaltung oder höherer Versammlung gefördert werden soll, aber auch immer wieder beim Auftauchen von Losgelassenheitsproblemen, muss der Reiter bestrebt sein, den Rahmen des Pferdes wieder zu erweitern und das Zügelmaß entsprechend zu verändern und anzupassen.

Auch für das Pferd gilt, dass nur dort echte Losgelassenheit möglich ist, wo Bewegung und Beweglichkeit sind. Deshalb sollte der Reiter, wie oben schon angesprochen, vermeiden, das Pferd zu lang an einem Stück, fast statisch unverändert in einer Haltung zu arbeiten. Dies ist einer der Gründe dafür, dass in jeder Unterrichtseinheit genau wie in Dressuraufgaben ständig ein Wechsel zwischen versammelnden Übungen und frischem Vorwärts mit entsprechender Rahmenerweiterung erfolgen soll.

Abschließend möchte ich noch einmal betonen, dass nur der Reiter in der Lage ist, mit guter Hand zu reiten und die unterschiedlichen Zügelmaße wertvoll zu nutzen, der

- **ausbalanciert und losgelassen sitzen kann,**
- **seine Hände aus losgelassenen Schulter- und Ellbogengelenken heraus unabhängig vom Sitz und stets in der passenden Position trägt (diese Fähigkeit sicherzustellen wird mit zunehmendem Alter und damit nachlassender Elastizität immer wichtiger),**
- **sich bei seiner Hilfengebung von der Vorstellung leiten lässt, dass die Hände nur das Gegenüber für die anderen Hilfen sein, nicht aber den primär aktiven Part übernehmen sollen, und**
- **insgesamt in der Lage ist, alle Hilfen bewusst und gefühlvoll aufeinander abgestimmt zu geben.** ■

Mit guter Hand zu reiten ist nur der Reiter fähig, der insgesamt in der Lage ist, alle Hilfen bewusst und gefühlvoll aufeinander abgestimmt zu geben.

!

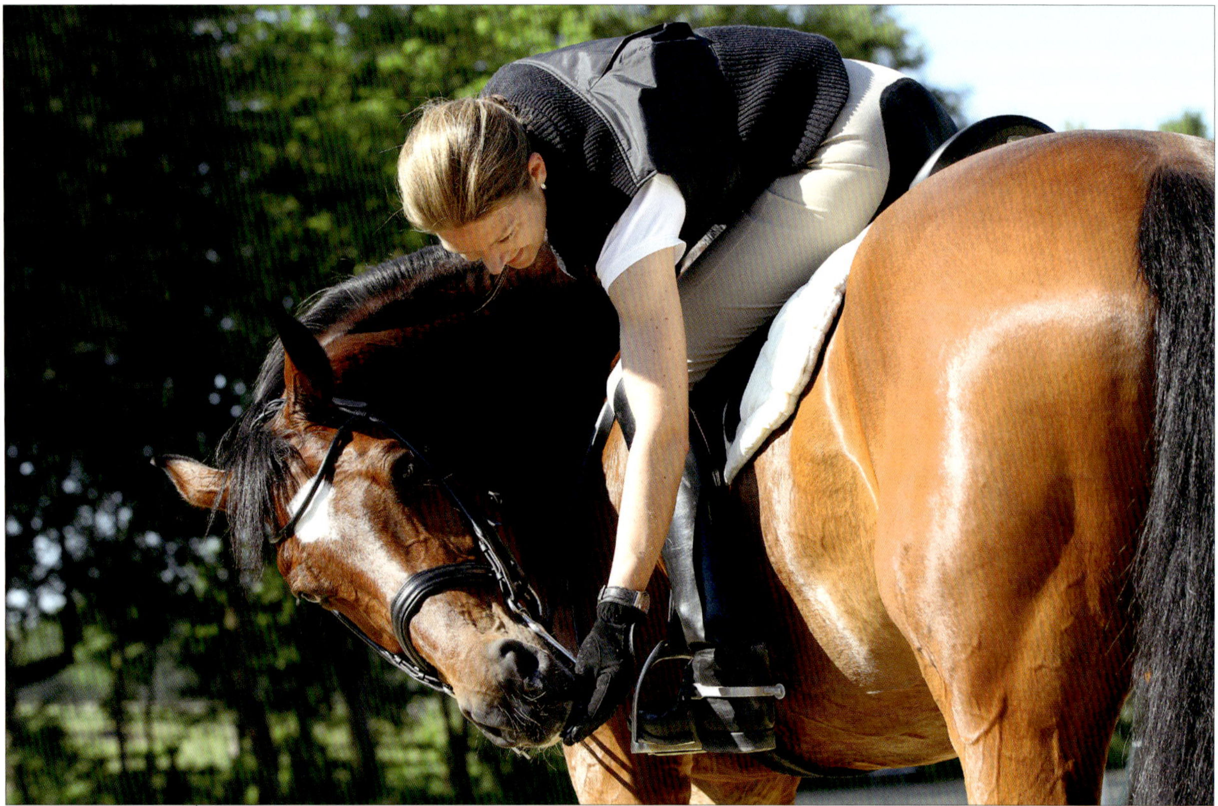

So kann man das Geben eines Leckerchens mit Gymnastik verbinden.

5. Loben

Lob ist für Pferd und Reiter sicherlich ein wichtiger positiver Verstärker und trägt bei richtiger Anwendung ganz entscheidend zum Lernerfolg bei. Lob kann aber auch in einer Prüfung sehr gut zum Abbau von Spannung und zur Stärkung des Selbstvertrauens beitragen.

Im Folgenden will ich mich auf das Loben des Pferdes durch den Reiter konzentrieren.

5.1 Grundsätze für das Loben beim Reiten

Ein Lob kann dann am wirkungsvollsten sein, wenn es im richtigen Moment, also unmittelbar nach der zu bestätigenden Leistung oder des gewünschten Verhaltens, angewandt wird. Es muss für das Pferd als solches eindeutig erkennbar sein.

Es sollte dem Verhalten des Pferdes angemessen sein. So kann z.B. das Lob für den ersten, richtig auf die Hilfe gesprungenen Wechsel, gar nicht groß genug sein und in der Form gegeben werden, dass das Training sofort beendet und ins Gelände geritten wird; vorausgesetzt das betreffende Pferd genießt es, spazieren zu gehen. Umgekehrt ist es ziemlich unsinnig, ein Pferd zu loben, wenn es gerade scheut. Wobei da natürlich manchmal Loben und Beruhigen nicht eindeutig unterschieden werden.

5.2 Wie kann der Reiter loben?

Zum Loben steht dem Reiter eine ganze Palette von Möglichkeiten zur Auswahl: Mit der Stimme kann über bestimmte Worte, vor allem aber durch einen entsprechenden Tonfall (mit ruhiger, eher tieferer bzw. sich senkender Stimme) gelobt werden. Da Pferde ein sehr feines Gehör haben und dann meist auch ihre Ohren dem Reiter zuwenden, kann es so auch in einer Prüfung für Außenstehende unhörbar erfolgen.

Unter Vorfühlen versteht man das kurzfristige Leichtwerden mit beiden oder einer Hand, meist begleitet von einem Abspannen im Sitz, also einem leichten Entspannen, besonders der Bauch-, Gesäß- und unteren Rückenmuskulatur in Verbindung mit einem etwas tieferen Ausatmen.

Dieses Abspannen kann in ein Herauskauenlassen münden. Ob dabei das Zügelmaß um nur zwei, drei Zentimeter oder ein bis zwei Handbreit reicht, hängt von der Situation ab. Nur wenn das Pferd dabei tatsächlich seinen Hals einschließlich Ganaschenwinkel öffnet und sich an die Hand herandehnt, antwortet es ebenfalls mit Entspannung.

Das Klopfen am Hals unmittelbar vor dem Widerrist oder an der Schulter lernen Pferde ganz schnell, meist ja schon in frühester Jugend und an der Hand kennen. Wer die Körpersprache von Pferden zu lesen versteht, kann erkennen, dass es von ihnen auch als Lob verstanden wird. Ob sie es tatsächlich direkt als eine angenehme Berührung empfinden oder ob sie es nur am damit verbundenen Abspannen des Reiters als etwas Positives verstehen, ist letztlich einerlei.

Auf jeden Fall kommt es sehr darauf an, wie es gemacht wird. Von einem gelassenen Klopfen mit entspanntem Arm und unverkrampfter Hand, am besten wechselweise auf beiden Seiten des Halses, geht tatsächlich eine positive Wirkung aus. Meine Schüler lernen dabei, zunächst immer die Zügel in eine Hand zu nehmen und die Verbindung zu erhalten, damit während dieses Lobens das Gebiss ruhig liegt und das Pferd im Maul ein gutes Gefühl hat.

Selbstverständlich kann man, z.B. in einer Aufgabe, auch einmal schnell mit einer zügelführenden Hand loben, vorausgesetzt die Anlehnung ist in Ordnung und von genügend Vertrauen zur Hand geprägt.

Ein hektisches, schnelles Klopf, Klopf, mit dem der Reiter nur schnell einer entsprechenden Anweisung des Ausbilders nachkommt, bringt dagegen gar nichts; im Gegenteil, es verrät dem Pferd noch deutlicher die mangelnde Gelassenheit oder gar Spannung seines Reiters.

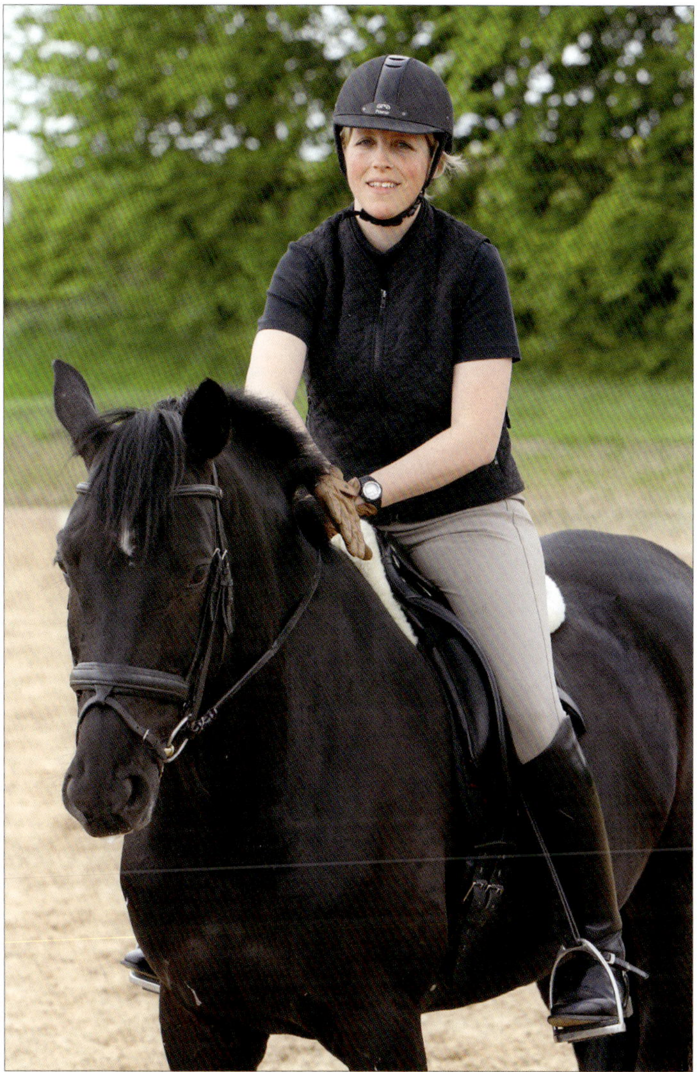

Das Klopfen am Hals lernen Pferde ganz schnell, meist ja schon in frühester Jugend, als Belohnung zu verstehen.

Auch wenn manche Reiter das Klopfen für keine pferdegemäße Art zu loben halten, wird es von den Pferden sehr gut verstanden und angenommen.

Manche Reiter bevorzugen es, das Pferd am Halsansatz zu kraulen, vielfach sprechen sie dann von Scratchen; das ist das englische Wort dafür. Sie sagen, dies sei eine natürliche Art von Kommunikation unter Pferden, die man auf der Weide beobachten kann, wenn Pferde sich gegenseitig mit den Zähnen bevorzugt am Widerrist kraulen, ja teilweise recht robust knei-

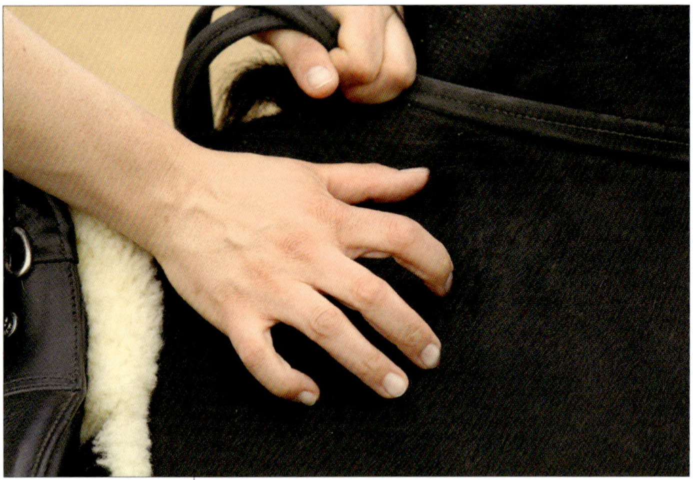

Kraulen/
Scratchen

fen. Klopfen dagegen käme unter Pferden in der Herde gar nicht vor. Das ist schon richtig, aber erstens haben Pferde nicht die dafür notwendigen Hände und zweitens gibt es in der Herde oder in der freien Wildbahn auch keine Reiter auf ihrem Rücken. Ich habe mit dem Klopfen immer sehr gute Erfahrungen gemacht, schon lange bevor ich etwas von Scratchen gehört habe. Ein kräftiges, hörbares Klopfen wird in manchen englisch-sprachigen Ländern übrigens als „German Pad" bezeichnet.

Wie oben schon angesprochen, können das Beenden der Arbeitsphase und das anschließende Bummeln im Gelände wunderbar als Lob und Belohnung eingesetzt werden. Je vertrauter es dem Pferd ist, spazieren zu gehen, desto positiver kommt es sicherlich bei ihm an.

Als Letztes möchte ich noch das einfache Geben eines Leckerchens erwähnen. Man kann es sehr gut dem Pferd auch aus dem Sattel reichen und dabei überprüfen, wie gut es seinen Hals nach rechts und links biegen kann.

In der Regel werden mehrere dieser Möglichkeiten miteinander verbunden. So ist eigentlich immer mit dem Klopfen oder Scratchen auch ein entspannterer Sitz verbunden.

Jeder Reiter wird das Loben unterschiedlich gestalten und das Pferd wird dank seiner Sensibilität für die mentale Situation und die Körpersprache des Reiters jede Art von Lob dankbar annehmen und positiv quittieren.

Nach dem Reiten ist es für viele Pferde eine sehr begehrte Belohnung, sich gleich abgesattelt hinwerfen und wälzen zu dürfen. Das verschwitzte Fell im Sand oder auf der Wiese zu schubbern ist ganz offensichtlich eine Wohltat. Wir hatten früher bei uns im Betrieb auf der Weide am Haus in der Mitte auf einem großen runden Stück die Grasnarbe ausgestochen und mit Sand aufgefüllt. – Wenn man die Pferde nach der Arbeit dort laufen ließ, trabten sie spornstreichs zu diesem Wälzplatz und nahmen ein Sandbad. ■

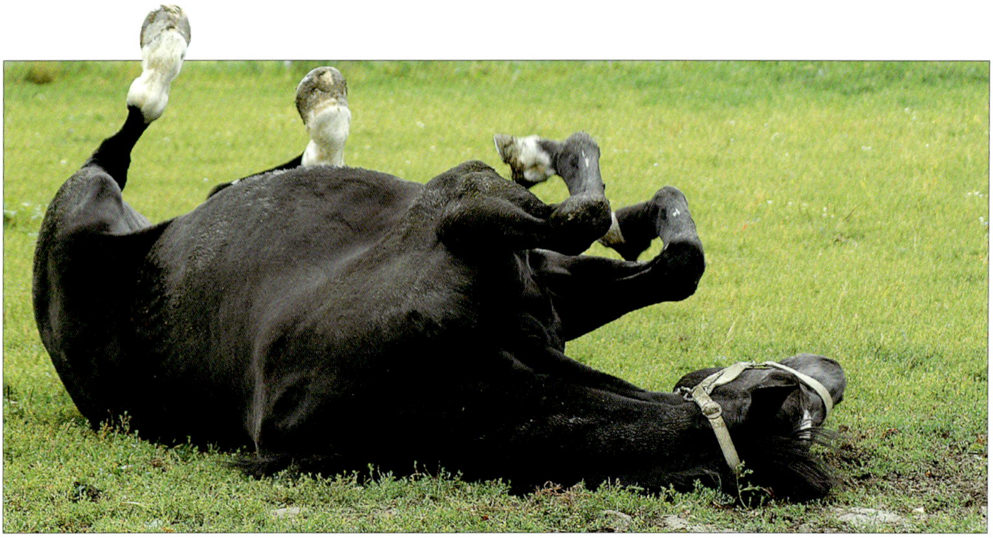

Genüssliches
Wälzen nach
der Arbeit

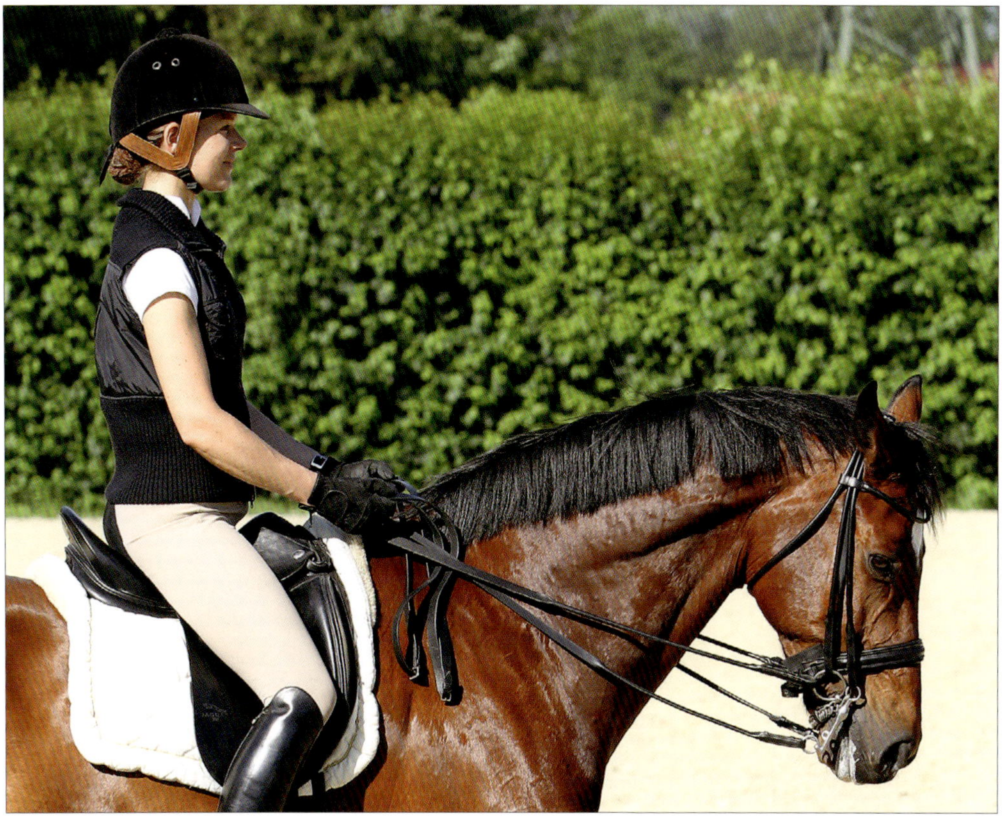

Korrekte Position der Hand bei Kandarenzäumung, die Kandarenzügel könnten etwas besser anstehen

6. Reiten mit Verstand und Instinkt?!

Obwohl der heutige Mensch durchaus kein instinktbetontes Wesen mehr ist, gibt es beim Reiten immer wieder Gelegenheiten, bei denen der Reiter durch den Instinkt zu falschen Reaktionen verleitet wird. Nur wenn es ihm gelingt, gegebenenfalls sein Tun mit dem Verstand zu kontrollieren, wird er auch in solchen Situationen in der Lage sein, richtig auf sein Pferd einzuwirken.

6.1 „Hoher Zügel zäumt, tiefer Zügel bäumt!"

Es ist für mich immer wieder erstaunlich, wie wenige, durchaus auch erfahrene Reiter, diese Regel verinnerlicht haben und entsprechend agieren. Spätestens bei der Vorbereitung auf eine Reitabzeichen-Prüfung lernt jeder die Abbildung kennen, auf der die beiden für den Grund- bzw. Dressursitz signifikanten geraden Linien eingezeichnet sind, nämlich Kopf – Schulter – Hüfte – Absatz und Ellbogen – Hand – Pferdemaul. Besonders die zweite gerade Linie gilt es ja nicht nur beim Dressurreiten, sondern in nahezu allen reiterlichen Situationen zu beachten.

Meinen Schülern empfehle ich zur Beachtung dieser Regel, sich vorzustellen, dass die Hand stets dem Pferdemaul zu folgen hat, wenn es also tiefer kommt, die Hand zu senken, wenn es sich anhebt oder gar heraushebt, eben auch die Hand höher zu tragen.

Besonders häufig taucht bei unseren modernen Reitpferden, gerade wegen ihrer meist wunderbaren Hälse, ihrer in der Regel guten Genickformationen und auch sehr sensiblen Mäuler, die Schwierigkeit auf, sie nicht zu tief kommen und eng werden zu lassen. Wie oft hört man dann beim Unterricht die Aufforderung des Ausbilders: „Halte ihn oben!" Wurde dem Reiter aber

Man muss sich vorstellen, dass die Hand stets dem Pferdemaul zu folgen hat, wenn es also tiefer kommt, die Hand zu senken, wenn es sich anhebt oder gar heraushebt, eben auch die Hand höher zu tragen.

!

Wenn das Pferd in der Annäherungsphase zum Sprung den Kopf etwas hebt, um zu taxieren, muss die Hand dem Maul folgen. Ließe die Reiterin dabei die Hand unten am Widerrist, würde das Pferd veranlasst werden, den Kopf unnötig noch höher zu nehmen, wodurch wieder seine Rückentätigkeit beeinträchtigt werden würde.

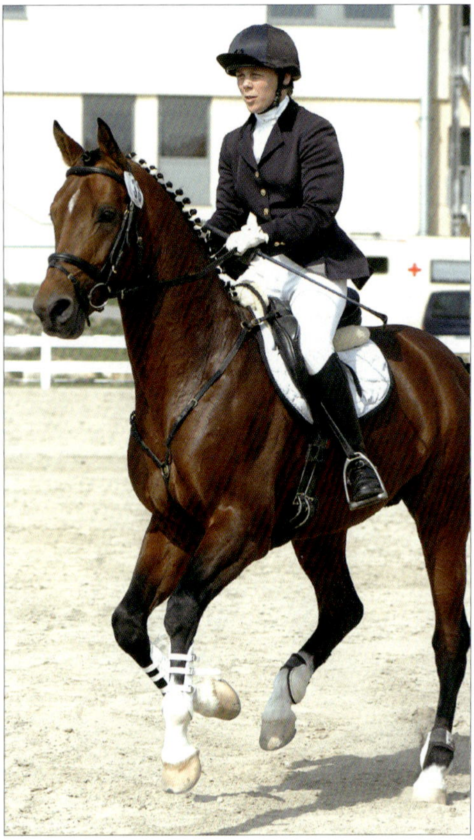

nicht erklärt, wie er dies zu bewerkstelligen hat, wird er meistens, ohne weiter darüber nachzudenken, dem Instinkt folgend genau falsch reagieren; er wird versuchen mit aufwärtswirkender, zum Teil auch höher getragener Hand, der Anweisung Folge zu leisten. Dies ist aber genau falsch und bewirkt eher das Gegenteil. Da die aufwärtswirkende und höher getragene Hand noch stärker beizäumend wirkt, wird das Pferd noch weniger vertrauensvoll an das Gebiss herantreten und folglich meist auch mit den Hinterbeinen weniger durchschwingen.

Um das „Ziehen" aufzubauen, muss der Reiter, immer wenn das Pferd sich verhält, konsequent und entschlossen weitertreiben.

!

Was ist also anders zu machen?

Der Reiter muss das zu tief kommende Pferd, möglichst schon im Ansatz, mit seinen Gewichts- und Schenkelhilfen impulsartig an die tiefe Hand herantreiben und mit gleichzeitigem entschlossenem, aber kurzem Annehmen und Leichtwerden eine verbesserte Selbsthaltung des Pferdes anmahnen und bewirken. Wenn zu dem Zutiefkommen auch noch ein mangelhaftes Herantreten an das Gebiss oder gar „Verkriechen" hinzukommt, werden diese Korrekturen an den Symptomen sicherlich nicht ausreichen, sondern es muss längerfristig das Vertrauen zur Reiterhand wieder verbessert werden.

Beim Reiten mit Kandarenzäumung wirkt sich die steigende oder hohe Hand erst recht kontraproduktiv aus, weil durch die höhere Position der Hand das Kandarengebiss aufgrund seiner Hebelwirkung automatisch stärker zum Einsatz kommt und dadurch noch mehr beizäumend wirkt. Um dies zu vermeiden, muss in solchen Momenten der Kandarenzügel etwas verlängert werden.

Beim gegenteiligen Problem, wenn das Pferd sich anhebt, gegen die Hand geht oder sich auch nur im Genick versteift, wird häufig, wiederum dem Instinkt folgend, ebenfalls genau falsch reagiert. Mit der Idee, das Pferd unten halten zu wollen, wird mit tiefer, geradezu herunterdrückender Hand versucht, das Pferd wieder besser einzustellen. Auf die nach unten drückende Einwirkung dieser Handhaltung wird das Pferd aber genau gegenteilig reagieren, es wird dadurch geradezu provoziert, gegenanzugehen und sich noch mehr herauszuheben. Auch diesem Problem kann der Reiter nur dann erfolgreich begegnen, wenn er ganz konsequent mit seiner Hand insofern dem Maul des Pferdes folgt, als dass er diese sorgfältig so positioniert, dass Ellbogen, Hand und Pferdemaul wieder eine gerade Linie bilden. In solchen Momenten, in denen das Pferd nach oben drückt, im Genick nicht nachgibt oder sogar gegen die Hand geht, muss bei sicherem Treiben durchgehalten werden und jedes, auch nur ansatzweise Nachgeben des Pferdes durch Leichtwerden oder entsprechendes Senken der Hand positiv quittiert werden. Dabei ist die Hand zunächst tatsächlich ein wenig höher zu tragen. Dabei neigt der Reiter aber leider unwillkürlich dazu, den Arm fester anzuspannen, eventuell zu verkrampfen; dies muss unbedingt vermieden werden. In dieser höheren

Position kann die Hand nur dann etwas Positives bewirken, wenn die Verbindung aus dem Schulter- und Ellbogengelenk heraus besonders leicht und elastisch ist. Die dafür notwendige Losgelassenheit des Arms kann man überprüfen und auch fördern, indem man immer wieder einmal die Unterarme etwas mit der Elle um die Speiche dreht, sodass die Ellbogen wieder besser an den Leib herankommen und die Daumen kurz nach außen zeigen.

Wie oben schon angesprochen, gilt diese Regel für die Position der Hand im leichten Sitz ganz genauso. Beim Reiten von Springpferden kann sie sogar besonders wichtig sein. Wenn z.B. ein Pferd, und das gibt es vor allem bei „Blütern" häufiger, gerne mit etwas höherer Nase galoppiert, muss die Hand in einer Position getragen werden, die die beschriebene gerade Linie erhält. Leider wird dem im Springsport, manchmal auch von recht erfolgreichen Reitern, häufig wenig Rechnung getragen. Irgendwie haben sie im Kopf, dass die tiefe, in der Nähe des Widerristes positionierte Hand, immer die beste ist. Als Resultat gehen diese Pferde dann mit noch höherer Nase, wodurch sie wiederum in ihrer Losgelassenheit und Rückentätigkeit beeinträchtigt werden.

Deshalb hier nochmals dieses alte Merkwort, welches in jeder Situation Beachtung finden sollte:

„Hoher Zügel zäumt, tiefer Zügel bäumt!"

Selbstverständlich können weniger routinierte Reiter sich erst dann mit dieser Regel vertraut machen und entsprechend reiten, wenn sie so losgelassen und ausbalanciert sitzen, dass sie ihre Hände stets kontrolliert und unabhängig vom Sitz benutzen können. Erst dann werden sie auch in der Lage sein, Pferden mit Anlehnungsproblemen gerecht zu werden oder sie sogar zu korrigieren.

6.2 Ein gut gerittenes Pferd soll „ziehen"!

Diese Forderung hört sich zunächst paradox an, ist es aber durchaus nicht. Vielmehr bedeutet es, dass ein entsprechend ausgebildetes und gerittenes Pferd dauerhaft gehfreudig bleibt und auch nicht ständig vom Reiter aktiv und aufwendig getrieben werden muss.

Dies zu erreichen ist schon während der Grundausbildung des ganz jungen Pferdes ein sehr wichtiges Lernziel. Frühestmöglich muss das Pferd dahingehend konditioniert werden, vertrauensvoll und bereitwillig an die Hand heranzuschreiten, -zutreten und -zuspringen. Es muss lernen, dass ihm das Gehen in guter Anlehnung seinen „Job" als Reitpferd erleichtert, dass es keinen Vorteil bringt, der Hand auszuweichen oder sich darauf zu stützen. Nur wenn es so „programmiert" ist, wird es immer beim Aufnehmen mit der Hinterhand heranschließen, sich später also versammeln lassen, sich aber auch z.B. beim Reiten im Gelände an ihm unheimlich oder gefährlich erscheinender Stelle fester an die Hilfen nehmen lassen und gehorsam weitergehen.

Um dieses „Ziehen" aufzubauen, muss der Reiter, immer wenn das Pferd sich verhält, konse-

Bergauf lernt auch das junge Pferd ganz leicht, an die Hand heranzutreten und „zu ziehen".

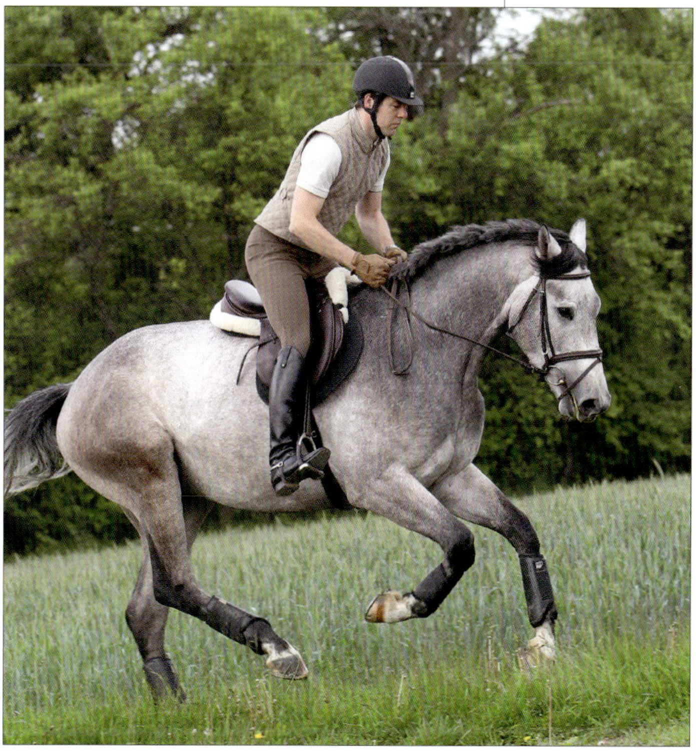

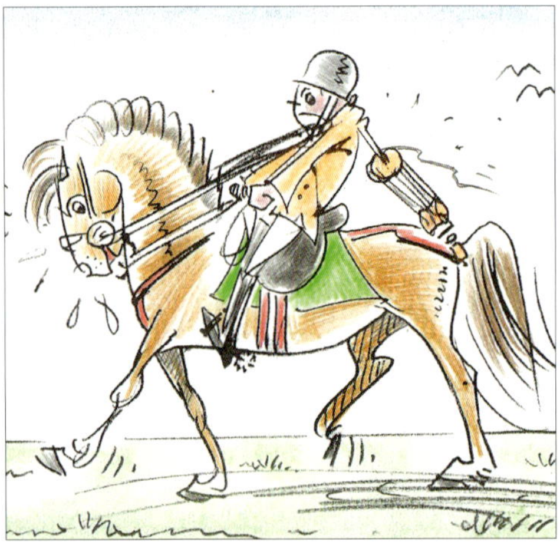

Die instinktgesteuerte, häufig anzutreffende Vorstellung, ein Pferd im Rücklagesitz anschieben zu wollen, führt zu einer unelastischen Mittelpositur und rückwärtswirkenden Händen beim Reiter sowie einem engen Hals und festen Rücken beim Pferd. Für Letzteres ist das aber gar nicht lustig!

quent und entschlossen weitertreiben. Vor allem muss er auch die Verbindung zum Pferdemaul erhalten, ja diese sogar eher etwas straffer gestalten, um sofort wieder mit der Hand leichter zu werden, wenn das Pferd besser vorangeht, eben zieht. Dieses zeitweise Straffergestalten der Verbindung ist einfach die Voraussetzung für die positive Bestätigung durch Leichterwerden bzw. Nachgeben.

Leider lassen sich weniger erfahrene Reiter in solchen Situationen von ihrem Instinkt leiten und geben nach. Es bedarf nur wenige Male dieser falschen Reaktion und schon hat das schlaue Pferd gelernt, dass es einer etwas stärker durchhaltenden Hand ganz leicht ausweichen bzw. entgehen kann, wenn es sich verhält. Es wird in der Folge sehr schwer werden, ein so (v)erzogenes Pferd auch nur einigermaßen an die Hilfen und durchs Genick zu reiten. (In der Fachsprache nennt man das „durch den kurzen Zügel reiten".)

Durch konsequente Beachtung dieses Prinzips kann jedes gesunde Pferd besser zum „Ziehen" gebracht werden.

Analog dazu muss mit übereifrigen, oder wie man heute sagt „heißen" Pferden umgegangen werden. Bei solchen Pferden muss auf jeden Fall vermieden werden, dass sie sich eingezwängt oder festgehalten fühlen. Auch dies erfordert vom Reiter ein hohes Maß an Disziplin und die Fähigkeit, seinen Instinkt zu kontrollieren. Nur wenn der Reiter im richtigen Moment nachzugeben versteht, werden solche Pferde gelassener und ruhiger. Selbstverständlich sind dabei auch richtige, mit allen Hilfen gegebene Paraden notwendig. Bezüglich der gesamten Hilfengebung, besonders aber die Zügelhilfen betreffend, muss sich der Reiter mit seinem Verstand richtiggehend zwingen, diese lieber etwas entschlossener, eventuell auch etwas stärker einzusetzen, um möglichst schnell wieder zum Nachgeben kommen zu können. Keinesfalls darf er das Pferd festhalten und ziehen. Bezüglich der treibenden Hilfen, besonders mit den Schenkeln, muss er sich bei solchen Pferden vorstellen, nicht weniger, sondern nur in ruhigerem Rhythmus zu treiben, ihnen mit der ruhigen treibenden Hilfe den ruhigeren Bewegungsablauf vorzugeben.

Gerade auch in der Springausbildung gilt dies ganz genauso. Wer bis kurz vor dem Sprung mit den Zügeln rückwärtswirkt und das eifrige Pferd festzuhalten versucht, wird dieses erst recht „heiß" machen und zum Pullen erziehen. Umgekehrt wird ein beim Springen triebiges Pferd kaum lernen, fleißiger zum Sprung zu galoppieren und zu ziehen, wenn der Reiter seinen treibenden Hilfen nicht das Gegenüber einer elastischen, vor allem aber sicheren, eher sogar strafferen Anlehnung bietet. Auch hierbei müssen die treibenden Hilfen entschlossen und lieber impulsartig gegeben werden. Dauerdruck sowie ständiger Einsatz von Gerte und Sporen stumpfen das Pferd nur ab, sodass es sich eventuell sogar gegen die treibenden Hilfen streckt. (Das fühlt sich für den Reiter so an, als ob er auf einer hoch rossigen Stute sitzt, die sich bei jeder Einwirkung mit den Schenkeln dicker macht und immer weniger vorwärts geht.)

Diese grundlegenden und eigentlich logischen Prinzipien richtig anzuwenden, setzt einen losgelassenen und ausbalancierten Sitz voraus, der es dem Reiter ermöglicht, mit gefühlvoll abgestimmten Hilfen einzuwirken, sodass das Pferd sich unter ihm wohlfühlen kann. Wer dazu in der Lage ist, darf ganz unabhängig von der Klasse, in der er reitet, als guter Reiter bezeichnet werden.

6.3 Der Instinkt führt den Reiter manchmal in die Irre

Wenn das Pferd z.B. im Galopp in seinem Fleiß nachlässt, muss der Reiter die besonders im Galopp notwendige positive Spannung wieder etwas erhöhen, von hinten das Pferd wieder etwas besser schließen. Er darf sich nicht von seinem Instinkt dazu verleiten lassen, mit der Hand leichter zu werden, nachzugeben, gewissermaßen die Idee haben, die Bremse zu lösen! (Dieses Bild, die Zügelhilfen stellten die Bremse dar, lehne ich sowieso ab!) Erst wenn das Pferd wieder verbesserte Aktivität im Galopp zeigt, werde ich leichter! ■

Im Folgenden habe ich Beispiele von Fällen aufgelistet, in denen uns der Instinkt einen Streich spielt. In den angegebenen Kapiteln kann darüber nachgelesen werden:

- Wie bekomme ich ein Pferd zum „Ziehen"? → Kap. 7. „Mehr treiben – das Allheilmittel?" und 13. „Warum ist eine gute Anlehnung für das Reitpferd vorteilhaft?"
- Probleme beim Reiten von Wendungen auf der hohlen Seite, z.B. auf dem Zirkel → Kap. 16. „Geraderichten – eine lebenslängliche Aufgabe".
- Wenn das Pferd sich herauszuheben versucht → Kap. 4. „Die gute Hand – das Kapital des (älteren) Reiters".
- Wenn das Pferd etwas unstet, nickelig in der Anlehnung ist → Kap. 13. „Warum ist eine gute Anlehnung für das Reitpferd vorteilhaft?"
- Wenn das Pferd immer wieder testet, ob es gegen die Verbindung angehen kann → Kap. 13. „Warum ist eine gute Anlehnung für das Reitpferd vorteilhaft?" und Kap. 1. „Alles fängt im Kopf an!".
- Warum muss das Herüberdrücken mit der Hand über den Mähnenkamm, beim Stellen mit der inneren oder beim Abwenden mit der äußeren, vermieden werden? → Kap. 14. „Stellen und Biegen" sowie Kap. 25. „Reiten von Wendungen".
- Probleme beim Hineinreiten in den Zirkel bzw. beim Zirkelverkleinern, wenn das Pferd sich nicht gut wenden lässt → Kap. 25. „Reiten von Wendungen".
- Warum ist es so wichtig, bei der ganzen Parade rechtzeitig nachzugeben/leicht zu werden, nicht erst, wenn das Pferd steht → Kap. 8. „Paraden – nicht nur Zügelhilfen!".
- Wenn das Pferd beim Halten von selbst zurücktritt, darf die Hand nicht nachgeben → Kap. 8. „Paraden…".
- Warum gilt es, beim Antraben mit Schenkelimpulsen zu treiben, nicht aber zu drücken, bis das Pferd sich in Bewegung setzt → Kap. 7. „Mehr treiben – das Allheilmittel?".
- Warum ist es falsch zu versuchen, die Hinterhand herumzudrücken, wenn das Pferd beim Halten schief wird? → Kap. 8. „Paraden – nicht nur Zügelhilfen!".
- Beim Anreiten, bei Übergängen muss die Hand dranbleiben und einen kleinen Augenblick später, wenn das Pferd im Genick nachgiebig geblieben ist, erst leicht werden. → Kap. 20. „Übergänge – immer noch die Momente der Wahrheit".
- Bei Spannungen beim Angaloppieren, darf der Reiter nicht versuchen, mit der Hand das Herausheben zu verhindern → Kap. 19. „Galopparbeit" und Kap. 1. „Alles fängt im Kopf an!".
- Bei der einseitig belastenden Gewichtshilfe darf der Reiter nicht den Oberkörper herüberlehnen und in der Hüfte einknicken → Kap. 2. „Der richtige Sitz – Losgelassenheit und Gleichgewicht aus der Bewegung!".
- Wenn das Pferd an die Bande drängelt, darf nicht am inneren Zügel korrigiert, stattdessen muss kontergestellt werden → Kap. 16. „Geraderichten – eine lebenslängliche Aufgabe".
- Wenn das Pferd beim vermehrten Vorwärts im Schritt anzackelt, darf nicht die Verbindung aufgegeben und weniger getrieben werden! → Kap. 18. „Schritt, die ungeliebte Gangart".

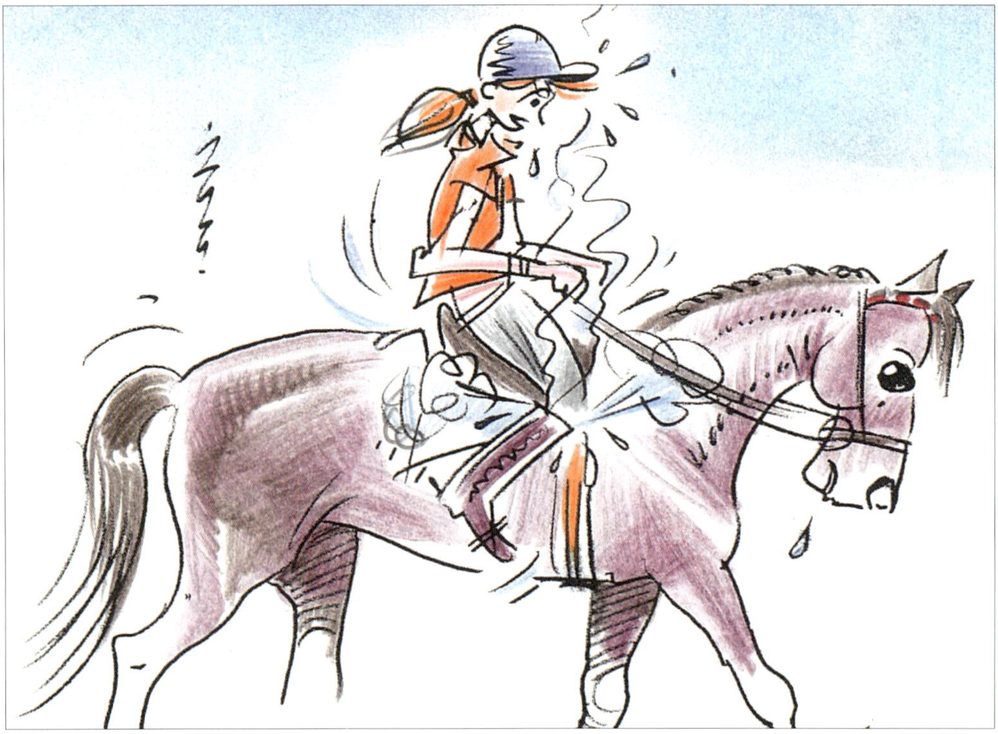

Treiben „bis der Schweiß im Stiefel kocht!", – nur funktionieren kann es so nicht.

7. „Mehr treiben" – das Allheilmittel?

Neben der Hunderte von Malen wiederholten Anweisung, gerade zu sitzen, ist im üblichen Reitunterricht wohl am häufigsten die Aufforderung zu hören: „Mehr treiben, mehr treiben!"

Wer solchem Unterricht zuhört, bekommt fälschlicherweise sehr leicht den Eindruck, Pferde seien überaus faule Geschöpfe und hätten überhaupt keine Lust, sich unter dem Reiter zu bewegen. Allerdings – und das erscheint den Reitern manchmal paradox – wird er auch aufgefordert, mehr zu treiben, wenn das Pferd zu eilig geht oder versucht wegzulaufen.

„Vorne halten – hinten stechen", wie soll das Pferd reagieren?

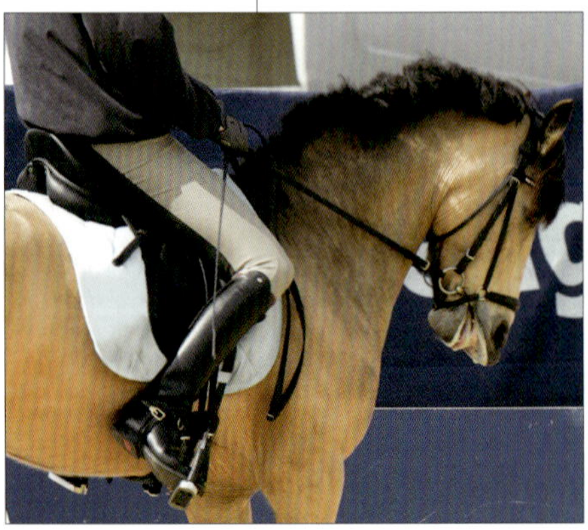

Im Folgenden wollen wir uns einmal überlegen, was es mit dem Treiben auf sich hat und warum es diesbezüglich offensichtlich so viele Defizite gibt.

Zunächst einmal sollte jeder Reiter wissen, dass Pferde Bewegungstiere, also normalerweise gehfreudig sind und einen ausgeprägten Bewegungsdrang haben. Wenn sich dies bei jungen Pferden in der ersten Ausbildungsphase während des Anreitens ändert, hängt das in der Regel mit Gleichgewichtsproblemen und einem Mangel an Kraft zusammen. Je geschickter und fachgerechter in dieser Phase vorgegangen wird, desto schneller wird das junge Pferd seine Gehfreude zurückgewinnen und Spaß bekommen, sich auch mit dem Reiter zu bewegen. Diese erste Zeit der Ausbildung unter dem Sattel stellt eine Prägungsphase dar, in der zunächst einmal festgelegt wird, ob das Pferd in der Zukunft unter dem Reiter mehr oder weniger gehfreudig und leistungsbereit sein wird. Ein Pferd, das in diesem Abschnitt durch einen für diese Arbeit nicht so gut geeigneten Reiter wenig positiv geprägt wurde, dem sogar gewissermaßen eine Abneigung gegenüber der Arbeit unter dem Sattel anerzogen wurde, muss als Korrekturfall angesehen werden. Es wird sehr schwierig sein, ein solches umzukonditionieren und ihm eine positive Einstellung gegenüber der Arbeit mit dem Reiter zu vermitteln. Nur einem äußerst geschickten und einfühlsamen Reiter, der sich dafür auch genügend Zeit nimmt, wird diese „Umprägung" gelingen.

7.1 Worauf kommt es aber beim Treiben an?

Zuallererst müssen wir dabei an den Sitz des Reiters denken: Je losgelassener und ausbalancierter der Reiter auf dem Pferd sitzt, desto wohler wird sich das Pferd fühlen. Der elastisch aus der Mittelpositur heraus mitschwingende Reiter vermittelt dem Pferd besonders im Rücken ein gutes Gefühl, er sitzt dabei so ausbalanciert, dass er auch in allen Übergängen, beim Zulegen (Verlängern der Schritte, Tritte und Sprünge) und Aufnehmen (Verkürzen) niemals hinter oder vor der Bewegung sitzt und das Pferd dadurch in seinem Gleichgewicht stört. Die Fähigkeit, so zu sitzen, ist die erste und wahrscheinlich auch wichtigste Voraussetzung dafür, ein Pferd gehfreudig und leistungsbereit zu behalten.

Als aktiv treibende Hilfen haben wir die Gewichts- und die Schenkelhilfen.

Die Gewichtshilfe wirkt dann treibend, wenn der Reiter das für das Mitschwingen notwendige An- und Abspannen der Bauch- und unteren Rückenmuskeln so ausführt, dass er jeweils unmittelbar vor dem Abfußen eines Hinterbeines etwas deutlicher an- und wieder abspannt. Es würde hier zu weit führen, diese Bewegungsabläufe im Einzelnen genau darzustellen. Während des Reitens ist es auch gar nicht notwendig, darüber nachzudenken, vielmehr muss der Reiter versuchen, genau ins Pferd hineinzufühlen (eventuell mit geschlossenen Augen) und das Timing dieser Hilfen gefühlsmäßig abzustimmen. Bei aller eventuell notwendigen Anspannung muss er losgelassen bleiben und seinen Atemrhythmus halten. Immer wieder tief auszuatmen beugt besonders sicher Verspannungen vor. Auf keinen Fall darf es dazu kommen, dass der Reiter mehr oder weniger seinem Instinkt folgend in Rücklage sitzt mit der Idee, so sein Pferd anschieben zu wollen. Dies wäre total kontraproduktiv,

Das Pferd muss sich wohlfühlen

Dieses Wohlfühlen unter dem Reiter muss vor allem auch für den Rücken des Pferdes gelten und beachtet werden; dazu ein Satz aus meinen Merksätzen:
Der Effekt jeglicher „Kreuzeinwirkung" ist davon abhängig, wie das einzelne Pferd damit vertraut gemacht wurde, wie es diesbezüglich konditioniert wurde. Deshalb ist es bei vielen (Korrektur-) Pferden zunächst einmal wieder notwendig, die beidseitig belastende Gewichtshilfe nur sehr begrenzt einzusetzen, teilweise sogar ansatzweise im „Vorwärtssitz" zu reiten und die treibenden Hilfen vornehmlich mit den Schenkeln zu geben.
Pferde, die „oben hingestellt" sind, haben meist übergroßen Respekt vor den Gewichtshilfen und sind mittel- und langfristig gar nicht mehr in der Lage, reelle Dehnungshaltung einzunehmen, weil es bei ihnen im Bereich der Rumpfstrecker zu Verkürzungen gekommen ist. Solche Pferde reagieren auf vermehrte „Kreuzeinwirkung" ausgesprochen negativ, ja fast schon „allergisch".

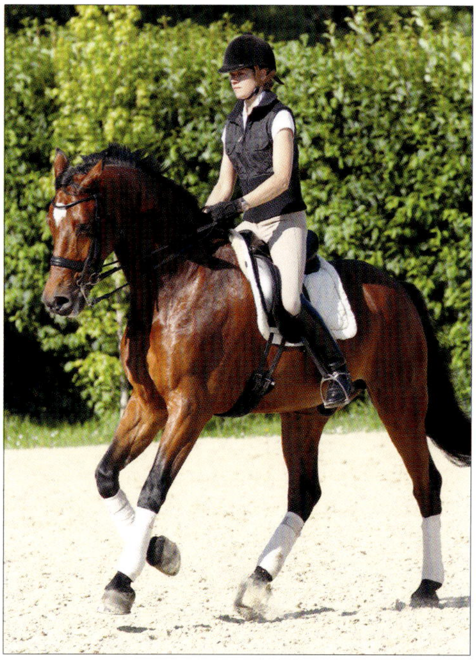

Die Reiterin sitzt zu Beginn einer Galoppverstärkung fein in die Bewegung.

Der elastisch aus der Mittelpositur heraus mitschwingende Reiter vermittelt dem Pferd besonders im Rücken ein gutes Gefühl.

!

Herzhafter Impuls am treibenden Schenkel, die Reiterin sitzt gut in die Bewegung, könnte die Hand dabei etwas tiefer führen

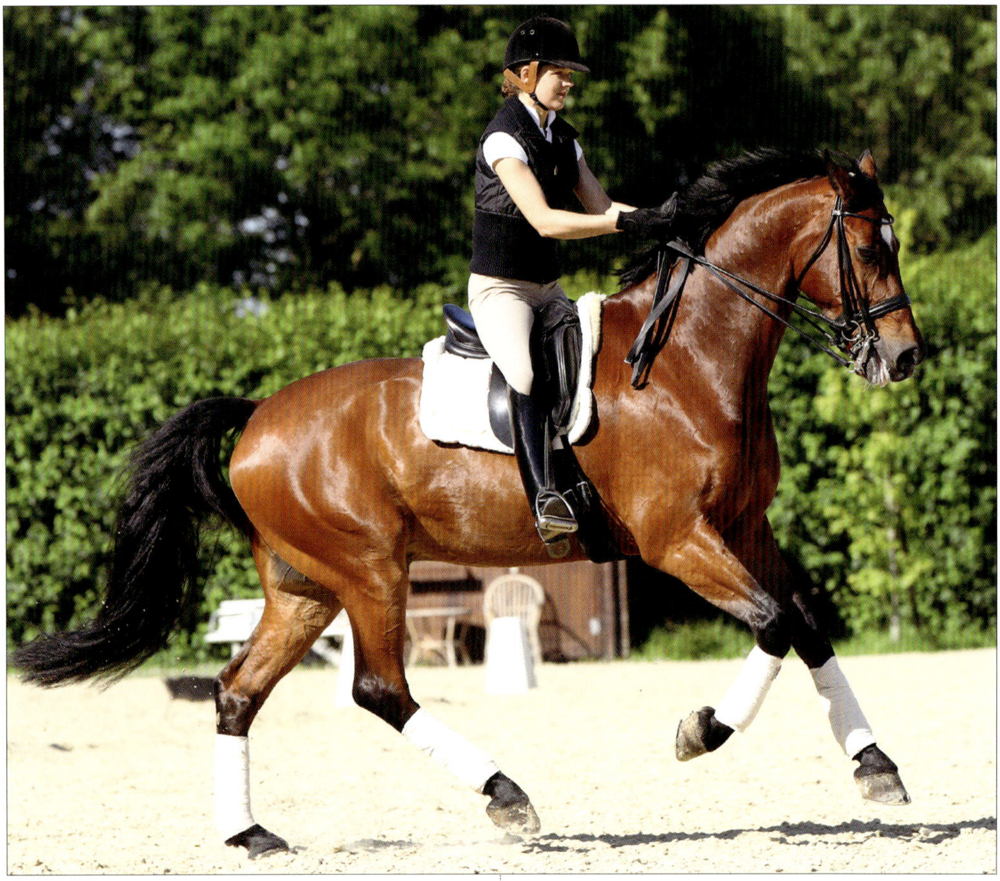

Bewegt sich das Pferd losgelassen und mit schwingendem Rücken unter dem Reiter, werden über den Sitz durch das An- und Abspannen der Bauch-, der unteren Rücken- und der Gesäßmuskulatur die treibenden Hilfen unwillkürlich unterstützt.

!

weil dadurch das Becken nach hinten gekippt und die Elastizität in der Mittelpositur deutlich eingeschränkt würde. Hinzu kommt, dass fast alle Reiter beim Sitzen in Rücklage mangels Gleichgewicht kaum noch in der Lage sind, die Verbindung zum Maul elastisch zu halten. Meist wirken sie sogar mit den Händen noch rückwärts.

Bewegt sich das Pferd losgelassen und mit schwingendem Rücken unter dem Reiter, werden über den Sitz durch das An- und Abspannen der Bauch-, der unteren Rücken- und der Gesäßmuskulatur die treibenden Hilfen unwillkürlich unterstützt. Der Reiter gibt dem Pferd so den gewünschten Rhythmus und die gewünschte Intensität der Bewegung vor (früher sprach man diesbezüglich vom „An- und Abspannen des Kreuzes"). → **„Ziehen" im Kap. 13. „Warum ist eine gute Anlehnung…"**

Das gut ausgebildete und fein gerittene Pferd hat gelernt, besonders in Übergängen dem Gewicht des Reiters willig zu folgen, z.B. wenn dieser zu Beginn einer Verstärkung geringfügig entlastend nach vorn sitzt. Das Pferd versteht dies als Signal zum Zulegen. Genauso wie es dem in eine Wendung hineinsitzenden Reiter folgt, ohne dass aktive Zügelhilfen dies fordern.

7.2 Bedeutung der Schenkel

Mit den Schenkelhilfen, die ihrer Natur nach zu den Vortreibenden gehören, sollen die Hinterbeine zum aktiveren und weiteren Durchschwingen nach vorne veranlasst werden. Dies ist wiederum Voraussetzung dafür, dass sie Schub entwickeln können. Wenn wir nun davon ausgehen, dass das Pferd sich unter dem Reiter wohlfühlt und Freude daran hat, sich mit ihm zu bewegen, ist es nicht notwendig, jeden Schritt, Tritt oder Sprung aktiv herauszutreiben. Es reicht, wenn aus dem losgelassenen Sitz heraus der Schenkel mit der Wade leicht anliegt und die Bewegungen des Pferdes im Bereich der Rippen begleitet, aber sofort einen aktiv treibenden Impuls gibt, wenn das Pferd in seinem Fleiß und seiner Aktivität nachlässt. Ein ständig aktives Treiben, womöglich sogar mit einem pressenden Schenkel oder mit im Pferd „wühlendem" Absatz oder einer ständig klopfenden Ferse oder gar Sporen, würde das Pferd nur abstumpfen und somit das Gegenteil bewirken. Da ein Pferd sich diesen Hilfen ja nicht durch Weglaufen entziehen kann und auch nicht die Möglichkeit hat, mit „gefletschten Zähnen hinter sich zu greifen" und zu wehren, bleibt ihm nur der Ausweg, die Ohren gewissermaßen „zuzuklappen" und zu resignieren.

7.3 Wie wird das Pferd aktiviert?

Selbstverständlich kann es gelegentlich auch einmal notwendig sein, einen Schenkelimpuls wirklich deutlich und herzhaft zu geben. Dabei muss der Reiter darauf achten, dass er mit seinem Schenkel direkt am Gurt einwirkt und nicht zu weit nach hinten rutscht, er kann dazu ruhig auch einmal die Fußspitzen etwas nach außen drehen. (Bei diesem treibenden Schenkelimpuls kommen die „Kniebeuger", also die hinteren Oberschenkelmuskeln zum Einsatz.) Damit eine solche Hilfe aber auch richtig wirkungsvoll sein kann, ist es ebenso wichtig, dem Pferd gleichzeitig eine entsprechende Reaktion nach vorne zu ermöglichen, d.h. etwas entlastend nach vorne zu sitzen und mit der Hand auch vor zu gehen. Andernfalls, und das kommt leider sehr häufig vor, wird er, anstatt das Pferd für diese an sich gewünschte Reaktion nach vorne zu „belohnen", es dafür „bestrafen", indem er ihm im Maul hängt und in den Rücken fällt. Wie demotivierend das für das Pferd ist, kann sich jeder gut vorstellen.

Ob ein Pferd fleißig und willig vorwärtsgeht, hängt also nur zum Teil von der Qualität der treibenden Hilfen ab. In diesem Zusammenhang sei noch einmal betont, dass mit Qualität weniger die Stärke der treibenden Einwirkungen, sondern vielmehr die sorgfältig und gefühlvoll abgestimmte Dosierung und das Timing dieser Hilfen entscheidend sind. (Das Pferd sollte sich nicht vorwärtsgezwungen fühlen.) Ein zusätzliches wesentliches Moment, von dem die Effektivität aller, nicht nur der treibenden Hilfen abhängt, ist die Entschlossenheit des Reiters, mit der er mit seinem Pferd kommuniziert. Bei aller Entschlossen- und Bestimmtheit ist es wichtig, dass der Reiter mit einer positiven Attitüde (Einstellung) treibt, dass seine Hilfengebung von freundlichem Aufforderungscharakter, keinesfalls von Aggressivität geprägt ist. **(→ Kap. 1. „Alles fängt im Kopf an!")**

Alles Treiben ist aber vergebliche Liebesmühe, wenn es dem Reiter nicht gelingt, dem Pferd zu vermitteln, das es angenehm ist, diesen treibenden Hilfen zu folgen, und dass es Spaß macht, mit dem Reiter zu arbeiten und sich unter ihm fleißig zu bewegen. Dazu bedarf es, wie oben schon angesprochen, eines elastischen, gut ausbalancierten Sitzes und einer guten, vom Sitz unabhängigen Hand, an die das Pferd vertrauensvoll herantritt. Je konstanter und elastischer der Reiter die Anlehnung zu gestalten versteht, desto williger wird das Pferd vorangehen und bereit sein zu „ziehen". **(→ Kap. 13. „Warum ist eine gute Anlehnung…")**

7.4 Wie lernt ein Pferd zu „ziehen"?

Was versteht man in der Fachsprache unter „Ziehen" und wie lernt ein Pferd zu „ziehen"?

Dieses „Kapitel" ist schon bei der Grundausbildung der Remonte ein wichtiger Lernabschnitt. Frühestmöglich muss das Reitpferd dahingehend konditioniert **(→ RmVuG S. 32)** werden, vertrauensvoll und bereitwillig an die Hand heranzuschreiten, zu treten und zu springen. Nur dann wird es jeweils beim Aufnehmen mit der Hinterhand heranschließen, sich also versammeln lassen, sich aber auch z.B. beim Reiten im Gelände an ihm gefährlich erscheinender Stelle fester an die Hilfen nehmen lassen und gehorsam weitergehen. Deshalb muss der Reiter, immer wenn das Pferd sich verhält, konsequent und entschlossen, eventuell auch mit einer Gerte, weitertreiben. Er muss vor allem auch die Verbindung zum Pferdemaul erhalten, diese eher sogar etwas straffer gestalten, um sofort mit der Hand leichter zu werden, wenn das Pferd wieder vorangeht, eben „zieht". Vielfach reagieren hierbei weniger erfahrene Reiter fälschlicherweise, indem sie dem sich verhaltenden Pferd mit der Hand nachgeben. Es bedarf nur wenige Male dieser falschen Reaktion, und schon hat das schlaue Pferd gelernt, dass es einer etwas stärker durchhaltenden Hand ganz leicht ausweichen bzw. entgehen kann, wenn es sich verhält. Es wird in der Folge sehr schwer werden, ein so (v)erzogenes Pferd auch nur einigermaßen sicher an die Hilfen und durchs Genick zu reiten.

Wer dieses Prinzip beim Reiten beachtet, kann nicht nur Pferde besser zum „Ziehen" bringen, sondern er wird auch bei übereifrigen, oder wie man heute sagt „heißen" Pferden richtig zu reagieren verstehen. Hierbei kommt es nämlich darauf an, dass diese Pferde sich keinesfalls eingezwängt oder festgehalten fühlen. Wenn der Reiter im richtigen Moment nachzugeben versteht, werden sie am ehesten gelassener und ruhiger. Selbstverständlich sind dabei auch richtige, also mit allen Hilfen gegebene Paraden notwendig. Bezüglich der Zügelhilfen muss sich der Reiter aber mit seinem Verstand richtiggehend zwingen, diese lieber etwas entschlossener, eventuell auch etwas stärker einzusetzen, um möglichst schnell wieder zum Nachgeben zu kommen. Keinesfalls darf er festhalten und ziehen.

Dies gilt ganz genauso bei der Springausbildung: Wer bis kurz vor dem Sprung mit den Zügeln rückwärts wirkt und das Pferd festzuhalten versucht, wird dieses immer „heißer" machen, es vermehrt zum „Pullen" erziehen. Umgekehrt wird ein beim Springen eher triebiges Pferd kaum lernen, fleißiger zum Sprung zu galoppieren und zu ziehen, wenn der Reiter seinen treibenden Hilfen nicht das Gegenüber einer elastischen, aber vor allem sicheren, eher sogar strafferen Anlehnung bietet. Auch hierbei müssen die treibenden Hilfen entschlossen und lieber impulsartig gegeben werden. Dauerdruck und ständiger Einsatz von Gerte und Sporen stumpfen das Pferd nur ab, sodass es sich eventuell sogar gegen die treibenden Hilfen streckt.

Für gutes Reiten ist es besonders wichtig, feine treibende und verhaltende Hilfen teilweise nahezu gleichzeitig und gut aufeinander abgestimmt einzusetzen.

!

7.5 Die treibende Hilfe bestimmt das Tempo

Viele Ausbilder benutzen heute im Bestreben, sich leichter verständlich auszudrücken, beim Reitunterricht die Begriffe „Gas" und „Bremse". Dies führt aber meiner Erfahrung nach großenteils zu falschen Vorstellungen und damit zu falscher Umsetzung. Der normale Autofahrer, der nicht gerade im Autorennsport zu Hause ist, wird Gas und Bremse in der Regel alternativ, niemals aber gleichzeitig betätigen. Für gutes Reiten ist es aber gerade besonders wichtig, feine treibende und verhaltende Hilfen teilweise nahezu gleichzeitig und gut aufeinander abgestimmt einzusetzen.

Dazu ein typisches Beispiel: Wenn es darum geht, ein sehr eifriges und gehfreudiges Pferd, etwa in der Trab- oder Galopparbeit etwas aufzunehmen und zu einer ruhigeren Tritt- bzw. Sprungfolge zu bewegen, wäre es geradezu fehlerhaft, nur zu „bremsen" und dies vornehmlich mit den Zügelhilfen zu versuchen. Vielmehr muss mit ruhigen treibenden Hilfen dem Pferd eine gelassenere Bewegungsfolge vorgegeben werden. Man muss dabei die Vorstellung haben, mit der treibenden Hilfe das Pferd von hinten vermehrt an die Hand heranzutreiben und zu schließen, mit der treibenden Hilfe dem Pferd den Rhythmus und das Tempo des Bewegungsablaufes vorzugeben. Nur dann wird es möglich sein, das Pferd auch in der Rückführung, z.B. nach einem Mittel- oder starken Galopp, vor sich und an den treibenden Hilfen zu behalten und es in eine echte Versammlung zu bringen. Je besser es sich loslässt, desto weniger wird es hektisch, eilig oder gar „auf der Flucht" sein.

Sicherer, korrekter und gefühlvoller Einsatz der treibenden Hilfen ist also mit Sicherheit eines der wichtigsten Kriterien guten Reitens. Ein korrekt ausgebildetes und gut gerittenes Pferd hat Freude daran, sich unter dem Reiter zu bewegen und mit ihm zu arbeiten, es ist stets vorwärts-orientiert und hat einen gesunden Vorwärtsdrang. Es braucht deshalb nicht ständig mit aktiv treibenden Hilfen aufgefordert und aktiviert zu werden. Es reagiert sensibel und willig auf jeden treibenden Impuls und hat gelernt zu „ziehen". Dennoch lässt es sich jederzeit kontrollieren und aufnehmen, weil es weiß, dass der Reiter es nie hindert, sondern ihm Gelegenheit gibt, sich zu entfalten. Bei einem solchen Verhältnis zwischen Reiter und Pferd sind aktive treibende Hilfen eigentlich nur noch notwendig, um das jeweils gewünschte Tempo, vor allem aber den Rhythmus vorzugeben. Man könnte es mit dem Taktstock eines Dirigenten vergleichen, der mit seinem Orchester sehr vertraut ist. Dieses Bild passt besonders gut auch auf die Funktion der Gewichts-(„Kreuz"-) bzw. Sitzhilfen.

7.6 Anwendung bei verdorbenen Pferden

Bei den schwierigen, meist verdorbenen Pferden ist das Hauptproblem, dass sie die Hilfen, vor allem die treibenden nicht mehr richtig annehmen. Ein ganz entscheidendes Ziel auf dem Weg zu ihrer Rehabilitation ist es, ihnen mit vertrauensbildenden Maßnahmen die Gehfreude wiederzugeben. Dafür ist die Beachtung der oben beschriebenen Hinweise zum Treiben besonders wertvoll.

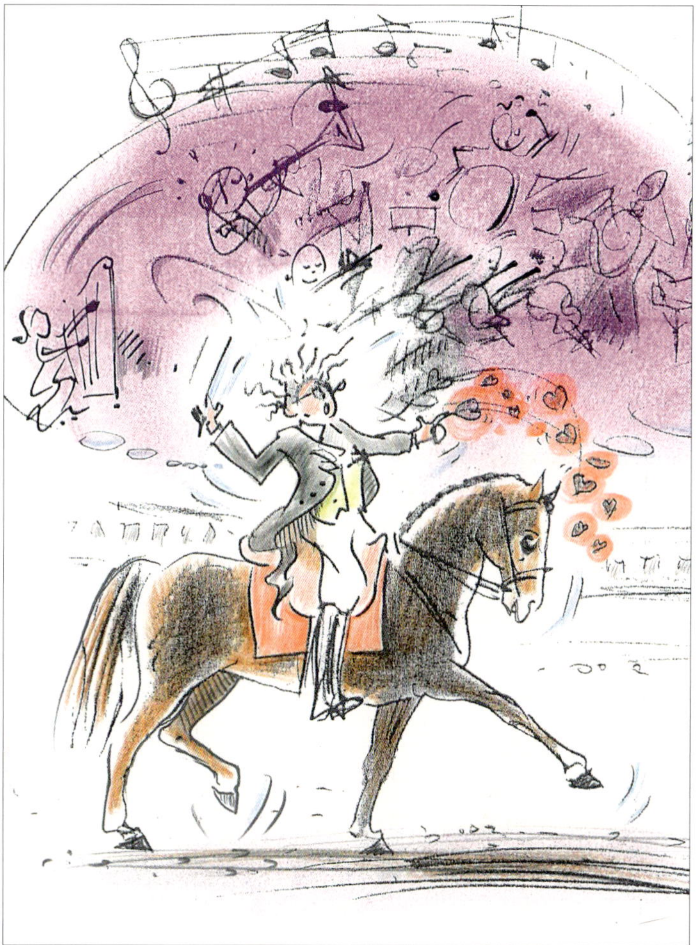

So fein kann dann die Verständigung zwischen Reiter und Pferd sein.

Der andere Knackpunkt ist fast immer das mangelnde Vertrauen zur Hand aufgrund einer erzwungenen Beizäumung. Wie bei fast allen Problemen beim Reiten ist eine Lösung nur möglich, wenn man ganzheitlich herangeht, d.h. vom Umgang im Stall, der Fütterung angefangen über das Sattel- und Zaumzeug bis hin zum gesamten Verhältnis Reiter – Pferd muss alles auf den Kopf gestellt und neu, hoffentlich richtig, entwickelt werden.

Dazu finden Sie Genaueres in Kapitel 28. „Verdorbene Pferde…".

(→ RmVuG Teil 1, Kap. 4.9 „Reiterlicher Umgang mit triebigen Pferden")

Sicherer, korrekter und gefühlvoller Einsatz der treibenden Hilfen ist also mit Sicherheit eines der wichtigsten Kriterien guten Reitens.

!

Dressiertes Halten, ich nenne das „Anker werfen"

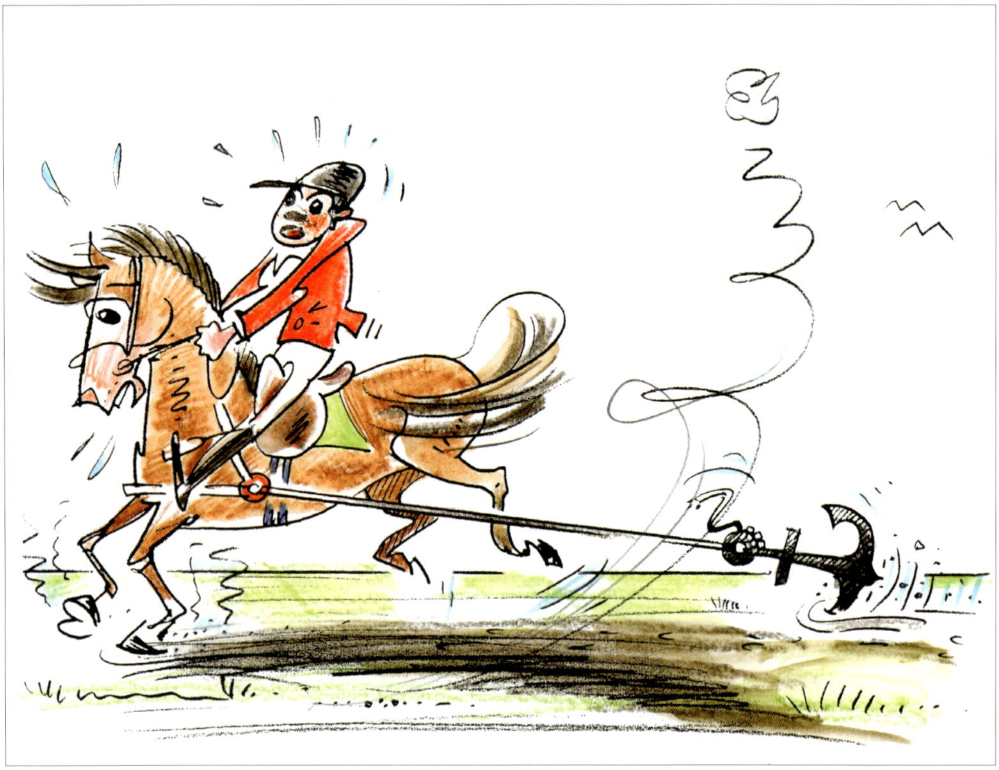

8. Paraden – nicht nur Zügelhilfen!

Zum Thema Paraden findet man schon in RmVuG recht umfangreiche Ausführungen. Die Fähigkeit, Paraden gut reiten zu können, ist eine ganz entscheidende Voraussetzung für richtiges Reiten, man könnte auch sagen:

Wer gelernt hat, Paraden, besonders auch halbe, „richtig" zu reiten und dabei mit immer feineren Hilfen auszukommen, ist ein guter Reiter.

Wer gelernt hat, Paraden, besonders auch halbe, „richtig" zu reiten und dabei mit immer feineren Hilfen auszukommen, ist ein guter Reiter.

!

8.1 Was sind Paraden?

Paraden werden nach ihrer Funktion in halbe und ganze unterschieden: Jede Parade, die zum Halten führt, ist eine ganze Parade. Alle anderen Paraden werden als halbe Paraden bezeichnet.

Nur wer die richtige Vorstellung von Paraden hat, kann diese gut reiten. Schon der junge Reiter muss lernen, beim Begriff „Parade" und erst recht beim Reiten einer solchen an die Gesamtheit der Hilfen zu denken. Mit zunehmender Ausbildung sollte er sogar lernen, halbe und ganze Paraden so geschickt reiten zu können, dass hauptsächlich die treibenden Gewichts- und Schenkelhilfen dabei zum Einsatz kommen und er mit immer feineren verhaltenden Zügelhilfen auskommt. Sind Pferd und Reiter optimal aufeinander abgestimmt und eingespielt, reicht oft schon der Gedanke daran, sodass man schon aufpassen muss, dass das Pferd nicht antizipiert und dem Reiter zuvorkommt. Um dabei dem überwiegenden Einsatz der Zügelhilfen vorzubeugen, sollte man vermeiden, das Wort „Parade" als Synonym für Zügelhilfen zu verstehen.

8.2 Wozu dienen halbe Paraden?

Halbe Paraden werden gegeben, um

- **Übergänge von einer Gangart in die andere zu reiten,**
- **Übergänge innerhalb einer Gangart von einem Tempo zum anderen zu reiten,**

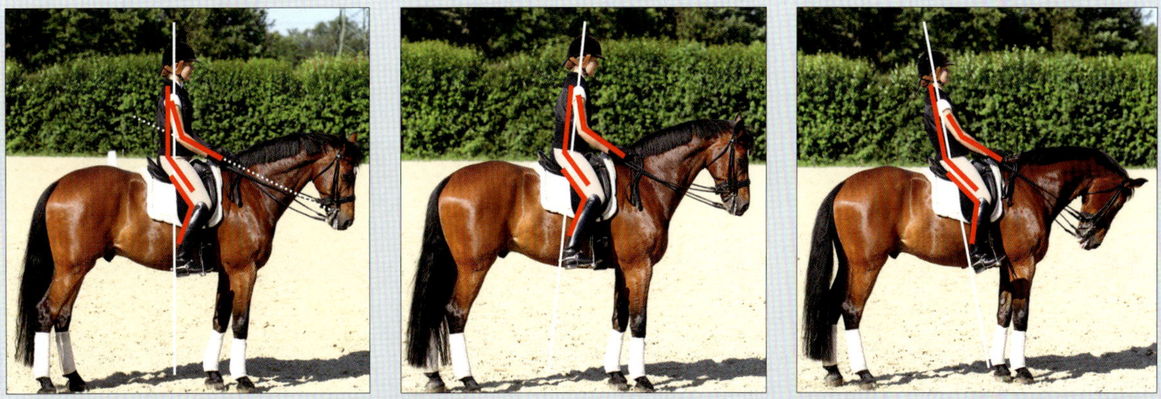

Aus der Normalposition heraus schließt die Reiterin für die Parade ganz kurzfristig die besagten drei Winkel (hier etwas überdeutlich dargestellt). Auf dem rechten Bild zeigt sie eine leider häufig zu beobachtende, fehlerhafte Variante – durch das vermehrte Hintenübersitzen wird die Mittelpositur und der Arm fest, sodass eine Rückwärtstendenz entsteht.

Drei Winkel etwas schließen

Leider neigen viele Reiter beim Paradengeben dazu, sich mit dem Oberkörper zumindest etwas zurückzulehnen Die Unterschenkel werden dann entweder nach vorne weggestreckt oder sie rutschen aus dem klammernden Knie heraus zurück. All dies ist kontraproduktiv: Durch das Zurücklehnen macht sich der Reiter in der Mittelpositur fest, was das Pferd wiederum veranlasst, im Rücken zu blockieren. Außerdem fängt er fast unwillkürlich an, mit den Händen rückwärtszuwirken und an den Zügeln zu ziehen.

Der vorgestreckte Unterschenkel, genau wie der aus dem klammernden Knie heraus zurückrutschende Schenkel, macht eine begleitende Schenkelhilfe unmöglich.

Um dies zu vermeiden, sollte sich der Reiter vorstellen, an drei Stellen seines Körpers die Gelenkwinkel etwas zu schließen, und zwar

- den Hüftwinkel,
- den Kniewinkel (beidseits) und
- den Ellbogenwinkel.

Dieses Schließen der Winkel darf wirklich nur ganz geringfügig erfolgen; für einen Beobachter sollte es kaum wahrnehmbar sein. Entscheidend dabei ist wieder einmal die für das Pferd spürbare Entschlossenheit **(→ Kap. 1. „Alles fängt im Kopf an!")** und das präzise Timing **(→ Kap. 8.4)**. Der Rumpf muss dabei in sich gerade bleiben, Hals und Rückenwirbelsäule dürfen dabei nicht gerundet werden.

Bei Pferden, die noch wenig muskulär gekräftigt sind, auch motorisch nicht genügend geschult sind, sich zu dehnen und den Rücken herzugeben, und sich dementsprechend scheuen, mit den Hinterbeinen durchzuschwingen und heranzuschließen, kann es sehr vorteilhaft sein, in der Parade zwar gut am Pferd zu sitzen, aber durch leichtes Vornübersitzen aus der beweglichen Hüfte heraus den Druck im Pferderücken zu reduzieren. – Ich nenne das dann etwas „freundlich sitzen".

- das Pferd innerhalb eines Tempos zu regulieren,
- das Pferd vor einer neuen Übung aufmerksam zu machen,
- Versammlung und Selbsthaltung (während der Bewegung) zu verbessern bzw. zu erhalten.

8.3 Wie werden halbe Paraden gegeben?

Das Pferd bekommt durch eine treibende Einwirkung einen Impuls nach vorne. Dadurch tritt es vermehrt an die Hand heran. Das gut gerittene Pferd (Wenn ich von einem gut gerittenen Pferd spreche, denke ich dabei nicht erst an Pferde ab Kl. L aufwärts.) holt sich dabei gewissermaßen die Zügelhilfe selbst ab und wird mit

Parade als Signal

Am besten gelingt einem dieses kurzfristige An- und Abspannen, wenn man sich die Parade als ein Signal an das Pferd vorstellt. Nur wenn der Reiter dabei unverkrampft in die Bewegungen des Pferdes einsitzt und diesem über die Körpersprache (**→ Kap. 1. „Alles fängt im Kopf an!"**) gutes (Selbst-)Vertrauen und Entschlossenheit vermittelt, wird es wie gewünscht reagieren.

So muss das Pferd z.B. beim Üben des doch recht anspruchsvollen Übergangs vom Galopp zum Schritt spüren, dass sein Reiter

- **zum einen seinen eigenen Fähigkeiten und Fertigkeiten bezüglich der Hilfengebung sicher vertraut,**
- **zum anderen davon überzeugt ist, dass seine Signale vom Pferd auch sicher verstanden und befolgt werden (können).**

Der Reiter muss selbst an das gemeinsame Gelingen der Übung „glauben".

Das wiederum ist die Voraussetzung dafür, die Hilfen entschlossen und „schnell" genug zu geben. So erfordert das oben von mir angesprochene unverzügliche Abspannen eine gewisse Schnelligkeit – zunächst im Kopf und dann auch muskulär.

Ein verzögertes Abspannen zeigt dem Pferd geradezu den Mangel an (Selbst-)Vertrauen und Entschlossenheit, es zeigt ihm, dass man schon mit Mängeln bei der Ausführung der Übung rechnet. Im Falle des Galopp-Schritt-Überganges würde das unweigerlich zu zwischengeschalteten Trabtritten führen. (**→ Kap. 19. „Galopparbeit"**)

Wer dabei auch nur etwas zu langsam ist, neigt außerdem meist umso mehr dazu, gewissermaßen ersatzweise mehr und damit zu viel nachzugeben, anstatt nur leicht abzuspannen.

Um einem Missverständnis vorzubeugen, sei hier nochmals betont, dass entschlosseneres Geben von Hilfen nicht notwendigerweise mit größerer physischer Kraft einhergeht. Im Gegenteil: Die größere mentale Kraft führt ganz schnell dazu, dass der Reiter mit zunehmend feineren Hilfen auskommt.

zunehmender Ausbildung und Durchlässigkeit mit den Hinterbeinen vermehrt in Richtung unter den Schwerpunkt treten. Eine aktive Zügelhilfe ist dabei kaum nötig.

In Verbindung mit einer belastenden Gewichtshilfe durch Anspannen der Bauch- und unteren Rückenmuskulatur und einer treibenden

Gutes, geschlossenes Halten. Die Nase sollte noch etwas weiter vorgelassen werden!

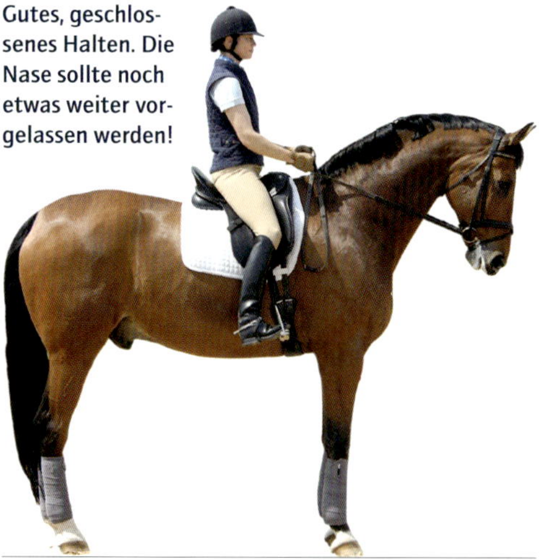

Schenkelhilfe gibt der Reiter eine wohlbemessene aushaltende (bei Bedarf annehmende) Zügelhilfe, jeweils gefolgt von einem sofortigen Nachgeben (ohne die Verbindung aufzugeben). Der Reiter spannt dazu alle seine Muskeln (Bauch, Beine, Arme) kurz an und wieder ab. Besonders was die Zügelhilfe anbelangt, ist diese Vorstellung hilfreich, um einem zu starken Annehmen und Nachgeben vorzubeugen.

Bei der Parade wird das Pferd durch kurzfristiges vermehrtes Anspannen der entsprechenden Muskelgruppen etwas stärker zwischen den Gewichts-, Schenkel- und Zügelhilfen eingerahmt; das Abspannen muss in der Regel sofort, ja schnell erfolgen. Erst durch das unverzügliche Abspannen bekommt das Pferd optimale Gelegenheit, mit den Hinterbeinen heranzuschließen und so, z.B. nach einem Mittelgalopp, den Schwung aus der Verstärkung mit in die Versammlung zu nehmen. (Nur in Ausnahmefällen kann es sinnvoll sein, wenn der erfahrene Reiter für einen Augenblick länger die verstärkte Anspannung hält. Ein verzögertes Abspannen oder gar ein längerfristiges Reiten mit solcher Anspannung provoziert meist Verspannung seitens des Pferdes, möglicherweise sogar Widerstand.)

8.4 Die Abstimmung der Hilfen

Eine weitere entscheidende Voraussetzung für das gute Gelingen jeder Parade ist das richtige

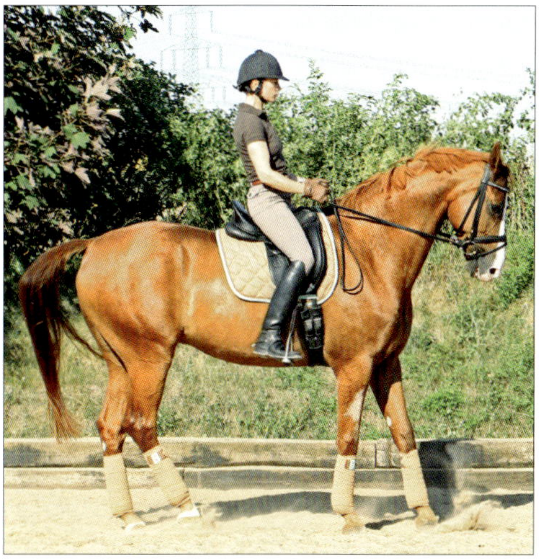

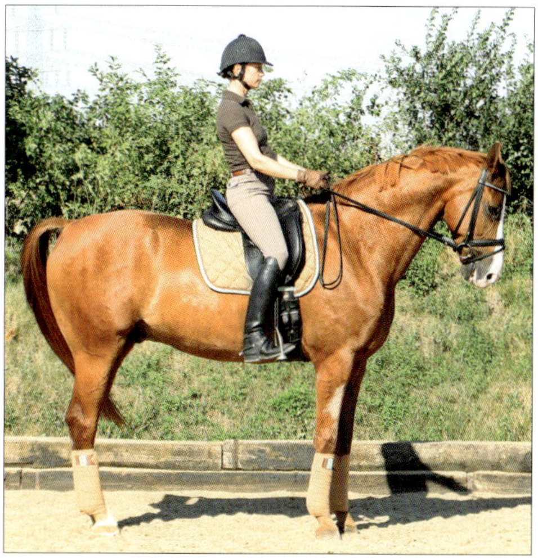

Ganze Parade: Das Pferd schließt in der Parade hinten heran und… (links)

…kommt sicher zum geschlossenen Halten; die Reiterin könnte mit der Hand noch etwas leichter werden. (rechts)

„Timing": Der Reiter muss Gefühl dafür entwickeln, die Hilfen präzise auf den Bewegungsablauf des Pferdes abzustimmen. Das heißt, er muss, z.B. im Trab, die Parade zu einem Zeitpunkt geben, in dem ein diagonales Beinpaar gerade abfußt. Nur dann kann er erreichen, dass das jeweilige Hinterbein vermehrt heranschließt. Gibt er die Hilfen im falschen Moment, kann das Pferd eben nicht heranschließen und vermittelt so dem Reiter das Gefühl, dass er mit seiner Parade nicht „durchkommt". Leider neigen dann die meisten dazu, einfach die Hilfen, besonders die Zügelhilfen stärker einzusetzen und eventuell auch noch verstärkt hintenüberzusitzen. Durch Erstes wird das Pferd im Hals enger gemacht, durch das Zweite wird es im Rücken beeinträchtigt und durch beides zusammen wird es geradezu provoziert, mit den Hinterbeinen hintenheraus zu arbeiten.

Das Abspannen der Muskeln, besonders das Leichtwerden mit den Armen und Händen, muss sofort erfolgen, nicht erst wenn das Pferd reagiert hat. Wenn erforderlich, muss der Reiter alle diese Hilfen mehrmals hintereinander geben, bis das Pferd reagiert. Besonders bei Übergängen von einer Gangart in die nächsttiefere, also z.B. vom Trab in den Schritt, oder in einer Rückführung nach einer Verstärkung muss er sich richtiggehend zwingen, nicht instinktiv so lange in der Anspannung zu verharren, bis „der Gang gewechselt ist", das Pferd würde sonst nur auf die Hand und auf die Vorhand kommen.

Der gute Reiter begleitet das Pferd eigentlich mehr oder weniger ständig mit teilweise kaum wahrnehmbaren halben Paraden und kommuniziert so mit ihm. **(→ Kap. 8.2 „Wozu dienen halbe Paraden?")** – Nur noch einmal zur Erinnerung: Je weniger der Reiter mit den Händen aktiv wird und je ruhiger das Gebiss im Maul liegt, desto besser wird sich diese Kommunikation entwickeln.

Die Zügelhilfen bedürfen besonderer Beachtung, sie dürfen keinesfalls so stark gegeben werden, dass sie rückwärtswirken und die Hinterbeine blockieren. Halbe Paraden sind nur wertvoll, wenn das Pferd dabei im Hals nicht eng gemacht wird und so die Gelegenheit bekommt, mit den Hinterbeinen nach vorne durchzuschwingen.

Nur wenn treibende und verhaltende Hilfen gut aufeinander abgestimmt zusammenwirken, entsteht eine richtige und wertvolle halbe Parade. Um dabei die Hinterbeine vermehrt zu aktivieren, sie heranzuholen, wird bewusst für einen kurzen Moment auf geraden Linien an beide und auf gebogenen Linien an den äußeren Zügel herangetrieben. So können halbe Paraden den oben beschriebenen Zweck erfüllen.

Wie schon angesprochen, dienen ja halbe Paraden u.a. dazu, ein Pferd aufzunehmen, das Tempo zu verkürzen. Viele Reiter neigen dabei

Nur wenn treibende und verhaltende Hilfen gut aufeinander abgestimmt zusammenwirken, entsteht eine richtige und wertvolle halbe Parade.

!

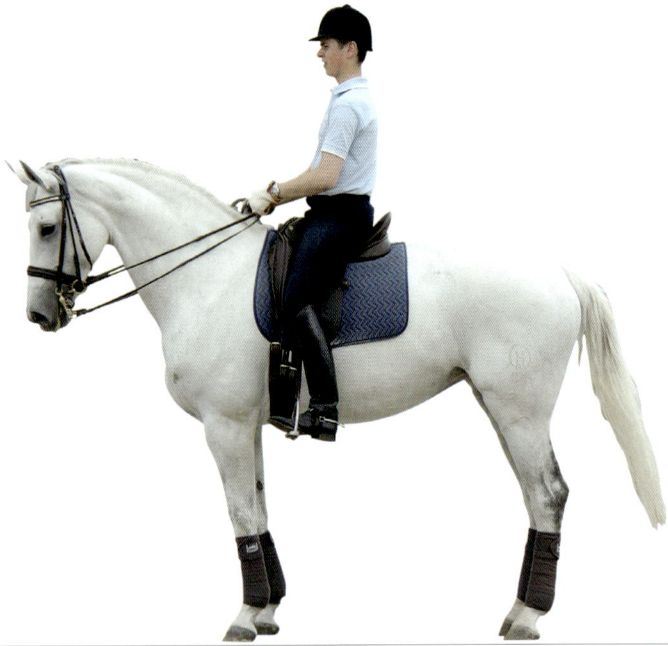

Feine ganze Parade eines zufrieden schauenden Pferdes

instinktiv dazu, vorwiegend rückwärtszudenken, anstatt ihr Hauptaugenmerk darauf zu richten, mit der treibenden Hilfe den Fleiß des Bewegungsablaufes zu erhalten. Deshalb sage ich meinen Schülern oft: „Denkt bitte daran, Aufnehmen, das Tempo verkürzen, bedeutet auf keinen Fall, das Pferd in seinem Bewegungsablauf langsamer zu machen."

Da in der Regel die meiste Zeit mit gestelltem oder sogar gebogenem Pferd geritten wird, müssen die halben Paraden in erster Linie mit der einseitig belastenden Gewichtshilfe und dem inneren treibenden Schenkel an den äußeren Zügel herangegeben werden. Wenn dabei einmal der äußere Zügel etwas stärker ausgehalten oder angenommen werden muss, hält die innere Hand ruhig aus und sorgt dafür, dass das Gebiss in seiner Position bleibt und nicht durch das Maul gezogen wird. **(→ Kap. 14. „Stellen und Biegen")**

8.5 Wie werden ganze Paraden gegeben?

Die ganze Parade kann aus allen Gangarten erfolgen und wird zunächst nur auf geraden Linien gegeben. Sie wird generell von einer oder mehreren halben Paraden vorbereitet und führt immer zum Halten. Sind Pferd und Reiter gut aufeinander abgestimmt, kann selbstverständlich auch auf gebogener Linie, ja sogar direkt aus dem Schenkelweichen oder aus einer Traversale heraus gehalten werden; würde man das Pferd länger im Halten stehen lassen, würde es sich dabei von selbst geradeaus richten.

Die Lektion „Halten" wird auf gerader Linie geritten.

Die Hilfengebung erfolgt wie bei den halben Paraden, nur dass zum eigentlichen Halten das Pferd eventuell mit einem etwas entschlosseneren Impuls aus Gewichts- und Schenkelhilfen an die anstehende Hand getrieben wird. Wie stark die Hilfen dabei gegeben werden, hängt von dem Ausbildungsstand und der Abstimmung zwischen Reiter und Pferd ab. Die ganze Parade kann, wenn sie gut vorbereitet ist, mit allerfeinsten Hilfen geritten werden. Eigentlich liegt der entscheidende Unterschied in der Hilfengebung im Kopf des Reiters und ist, was die aufzuwendenden Körperkräfte anbelangt, gar nicht quantifizierbar. Hat man z.B. ein paarmal ganze Paraden richtig geübt, kann, ja muss die letzte, zum Halten führende halbe Parade sogar feiner gegeben werden als die vorbereitenden. Dies gilt besonders, wenn es dem Reiter mit seinen halben Paraden gelungen ist, in den letzten Schritten, Tritten oder Sprüngen vor der ganzen Parade das Pferd noch besser zu kontrollieren, es zu schließen, eben zu versammeln. Je gefühlvoller – dabei aber trotzdem entschlossen – der Reiter die Hilfen abstimmt, desto williger wird das Pferd sie annehmen. Gefühlvoll bedeutet in diesem Zusammenhang vor allem auch, nicht mehr an Schließen und Versammeln zu verlangen, als es dem Pferd momentan möglich ist.

Wenn ich eben vom Kopf des Reiters gesprochen habe, bedeutet das, dass dort beim Reiten von Paraden, besonders von ganzen, großes (Selbst-)Vertrauen herrschen muss bezüglich der eigenen Fähigkeit, alles richtig zu machen, und der Bereitschaft des Pferdes, der Anweisung zu folgen. Bestehen Zweifel, wird es im Körper des Reiters zu Spannungen kommen und das so wichtige Abspannen wird mit Sicherheit erst verzögert erfolgen.

Da das Pferd im Halten geschlossen auf allen vier Beinen und mit möglichst guter Selbsthaltung stehen soll, ist es genau wie bei den halben Paraden wichtig, dass das Abspannen aller Muskeln, besonders das Leichtwerden mit der Hand, sofort erfolgt und nicht erst, wenn das Pferd zum Stillstand gekommen ist. Andernfalls schließt es nicht genügend heran oder tritt zurück. Wenn ich hier wieder von „Abspannen" und nicht von Nachgeben spreche, will ich damit betonen, dass es auf keinen Fall übertrieben werden darf, weil sonst das hoffentlich immer noch vorwärtsorientierte Pferd noch einen (halben) Schritt nach vorne macht.

Das Pferd muss konsequent beim Reiten von ganzen Paraden erfahren, dass es sich im Halten noch auskorrigieren, seine vier Beine „sortieren" darf. Da das losgelassene und einigermaßen geradegerichtete Pferd sich am liebsten geschlossen und im Rechteck aufstellt, muss bei regelmäßig unsicherer Aufstellung an diesen grundsätzlichen Punkten gearbeitet werden. In der weiteren Ausbildung ist es für die Fortentwicklung des reiterlichen Gefühls sehr förderlich, im Halten zu versuchen, gefühlsmäßig zu analysieren, wie das Pferd genau steht, und gegebenenfalls die Position eines Beines noch fein zu korrigieren. Ideal ist es, wenn ein Ausbilder das Ganze begleitet und dem Reiter ein entsprechendes Feedback gibt. Ein Spiegel kann nur dann helfen, wenn der Reiter nicht seinen Sitz verändern muss, um hineinzuschauen.

Im Halten muss die Einwirkung des Reiters in entsprechend geringerem Maße erhalten bleiben. So bleibt das Pferd aufmerksam und lässt sich jederzeit mühelos in der gewünschten Gangart wieder anreiten.

Auch im Halten muss der Reiter das Gefühl haben, dass er das Pferd vor sich hat, er behält es an seinen treibenden Hilfen. So bleibt es vorwärtsorientiert, nachgiebig im Genick und ist jederzeit bereit, wieder ohne Verzögerung anzutreten. Ist dieses Vorwärtsorientiert-Sein nicht sichergestellt, ist es eine sehr gute Übung, – gewissermaßen durch die stete, elastische Zügelverbindung hindurch –, ein oder zwei „halbe" Schritte nach vorne abzufragen. So kann dann auch, wenn nötig, sehr leicht der letzte, zum geschlossenen Halt notwendige Fuß herangeholt werden. Auch dies ist eine sehr anspruchsvolle Übung und muss mit großer Ruhe und Gelassenheit erarbeitet werden. Sie schult sehr gut das Gefühl des Reiters für eine präzise, feine Abstimmung der Hilfen. Beobachtung und Korrektur von unten sind dabei sehr hilfreich.

8.6 Halten nicht andressieren

Wenn das Pferd gewohnt ist, mehr oder weniger immer an derselben Stelle zu halten, sollte man öfter einmal in Gedanken „April, April" sagen, wieder anreiten oder wenigstens eine Pferdelänge in der eben beschriebenen Form vorziehen. Zu solch automatisiertem Halten neigen Pferde an der gewohnten „Absitzstelle", etwa in der Zirkelmitte oder nach dem Üben von Dressuraufgaben bei X in der Mitte der Bahn.

Leider werden manche Pferde beim Üben der ganzen Paraden darauf konditioniert, dass es in erster Linie wichtig ist, möglichst sofort unbeweglich zu stehen. Man hat manchmal den Eindruck, sie seien darauf dressiert worden, als ob man sie vor eine Wand reiten würde. Sie halten dann abrupt stockend in einer Art, die ich als „Anker werfen" bezeichne. Das hat selbstverständlich mit einer durchlässigen ganzen Parade wenig zu tun. Um das zu korrigieren, muss der Reiter zunächst ganze Paraden bewusst so reiten, als ob er sie auslaufend gestalten möchte. Er sollte sich dann auch nicht auf einen bestimmten Haltepunkt festlegen, sondern so reiten, dass das Pferd gar nicht genau weiß, nach welchem Schritt oder Tritt es tatsächlich zum Halten kommen soll. Auf freier Linie wird das in der Regel leichter zu korrigieren sein als an der Bande.

Auch im Halten muss der Reiter das Gefühl haben, dass er das Pferd vor sich hat, er behält es an seinen treibenden Hilfen.

!

8.7 Geraderichten in der ganzen Parade

Jede Dressuraufgabe beginnt und endet mit einer ganzen Parade, mit der Grußaufstellung. Mit diesem Halten gibt der Reiter gewissermaßen seine Visitenkarte ab und sollte großen Wert darauf legen, dabei einen positiven Eindruck zu hinterlassen. Besonders wichtig ist, dass das Pferd auf der Mittellinie gerade steht, weil die Richter das von der kurzen Seite aus ganz genau beurteilen können.

Selbstverständlich wird sich das geradegerichtete Pferd gerade hinstellen, ohne dass der Reiter etwas korrigieren muss. Da es ein perfekt geradegerichtetes Pferd aber auch im Spitzensport nur in der Theorie gibt, ist es eigentlich immer notwendig, dass der Reiter entsprechende Vorkehrungen trifft, um eine gerade Grußaufstellung sicherzustellen.

Auch beim Halten gilt der Grundsatz, dass Geraderichten nur im Vorwärts funktionieren kann und dass die Vorhand auf die Hinterhand ausgerichtet werden muss. Wenn also ein Pferd im Übergang zum Halten schief wird oder aber sich im Halten schief macht, geht es auch vornehmlich um die Kontrolle der Vorhand. Instinktiv neigt der Reiter allerdings dazu, die bei „unserem" Pferd nach rechts versetzte Hinterhand zu korrigieren, sie mit dem rechten Schenkel nach links zu drücken. Öfter praktiziert würde diese Vorgehensweise aber dazu führen, dass das Pferd anfängt, mit der Hinterhand im Halten hin und her zu schwanken. Bei der richtigen Korrektur sollte der Reiter im Hinreiten zum vorgesehenen Haltepunkt mit der Vorstellung reiten, die Vorhand mit einem (halben) Schritt vorwärts-seitwärts nach rechts zu führen. Bleibt das Pferd in der ganzen Parade, wie oben beschrieben, vorwärtsorientiert, bereitet das Geradehalten keine Schwierigkeit.

8.8 „Bold Stop" oder Nothalt

Was ist das? Beim Reiten kommt es immer wieder einmal zu Situationen, in denen das Pferd halbe oder ganze Paraden nicht richtig annimmt, sich sogar widersetzt, von sich aus „schneller" wird oder sogar durchgeht. Selbstverständlich liegen in so einem Fall in der Regel Fehler seitens des Reiters vor, die zu analysieren und in Zukunft zu vermeiden sind. Zunächst aber gilt es, die Situation bzw. das Pferd unter Kontrolle zu bringen.

Beim Reiten im Gelände wird normalerweise empfohlen, das durchgehende Pferd durch Abwenden auf einen allmählich kleiner zu reitenden Kreis wieder an die Hilfen und unter Kontrolle zu bringen. Wenn überhaupt, geht das aber nur im offenen Gelände, nicht aber z.B. auf einem Waldweg. Generell halte ich diese Methode immer nur für die zweitbeste Lösung, weil sogar auf einem Platz oder in einer Halle, erst recht auf einem Feld oder einer Wiese die Gefahr groß ist, dass das Pferd sich in der Wendung aus hohem Tempo vertritt und sich eine Verletzung zuzieht. Außerdem ist es für die Akzeptanz und auch für die zukünftige Kommunikation von Vorteil, wenn sich der Reiter in solch einem Moment präziser und schneller durchsetzen kann.

Deshalb ist in meinen Augen der sogenannte „Bold Stop" oder, wie ich es hier übersetzt habe: das Nothalt, die bessere Lösung in einer solchen Notsituation. Diese englische Bezeichnung habe ich in englischsprachigen Ländern kennengelernt sowie in englischen Büchern gefunden und möchte sie in Ermangelung einer vergleichbaren deutschen hier einführen. Bold heißt im Englischen „mutig, kühn, keck", was ich eigentlich ganz passend finde.

Wie wird der „Bold Stop" geritten?

- **Beide Zügel werden etwas verkürzt.**
- **Die linke Zügelfaust wird auf den Mähnenkamm unmittelbar vor dem Widerrist aufgestützt (ein Linkshänder wird dazu vielleicht besser die rechte Hand nehmen).**
- **Mit der rechten Hand kann dann entschlossen aus dem anstehenden Zügel herzhaft angenommen und nachgegeben werden (die Zügelverbindung sollte erhalten bleiben).**
- **Der Reiter bleibt mit dem Gesäß am Sattel, ohne sich hintenüberzulehnen.**

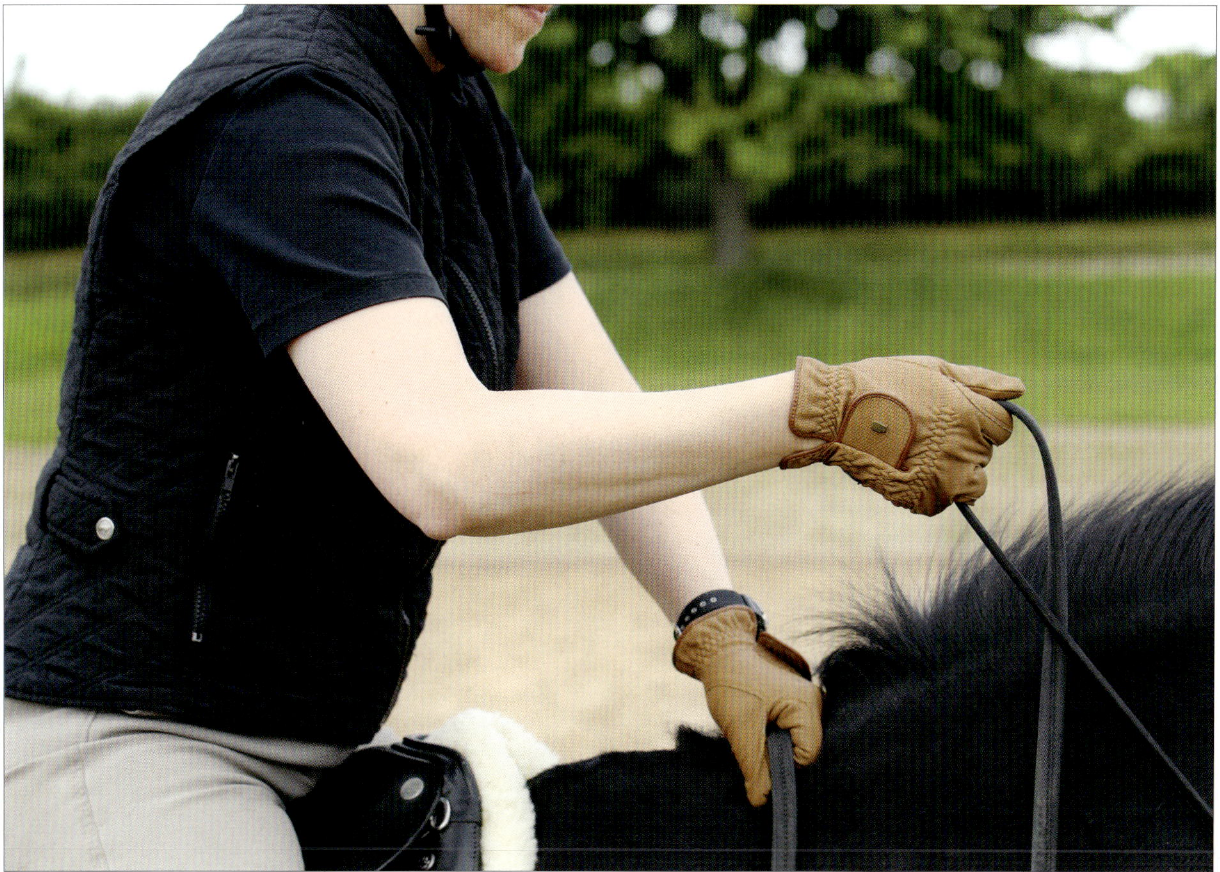

„Bold Stop" oder Nothalt

- **In diesem Fall ist ein etwas festerer Knieschluss angebracht.**
- **Die Schenkel bleiben am Pferdeleib liegen, ohne zu klammern.**
- **Wenn das Pferd diese „Parade" annimmt, müssen sofort die Zügel verlängert und das Pferd gelobt werden.**

Durch das Aufstützen am Mähnenkamm gelingt es dem Reiter, besser sitzen zu bleiben. Deshalb wird er auch nicht dazu verleitet, hintenüberzusitzen und mit den Händen das Gebiss hin und her oder gar das Gebiss dem Pferd durchs Maul zu ziehen. Selbstverständlich ist diese Einwirkung relativ grob, aber in der Not durchaus eine akzeptable Lösung.

Um in einer Notsituation tatsächlich schnell und richtig reagieren zu können, sollte man die dazu notwendigen Handgriffe, das Zügelverkürzen und das Aufstützen auf den Mähnenkamm, vorher im Halten in Ruhe üben.

Wie oben schon angesprochen, muss nach solch einem groben Eingriff immer überlegt werden, was die Ursache für das Entgleiten der Kontrolle war und wie man dem in der Zukunft vorbeugen kann.

Nur wer halbe und ganze Paraden reiten kann, ohne das Pferd dabei eng zu machen, kann optimale Durchlässigkeit erreichen. Der gute, erfahrene Reiter hat die Dosierung und das Timing seiner Hilfen so auf sein Pferd abgestimmt, dass er oft nur noch zu denken braucht. Vor allem benötigt er dazu immer weniger aktive Zügelhilfe.

Der gute, erfahrene Reiter hat die Dosierung und das Timing seiner Hilfen so auf sein Pferd abgestimmt, dass er oft nur noch zu denken braucht. Vor allem benötigt er dazu immer weniger aktive Zügelhilfen.

!

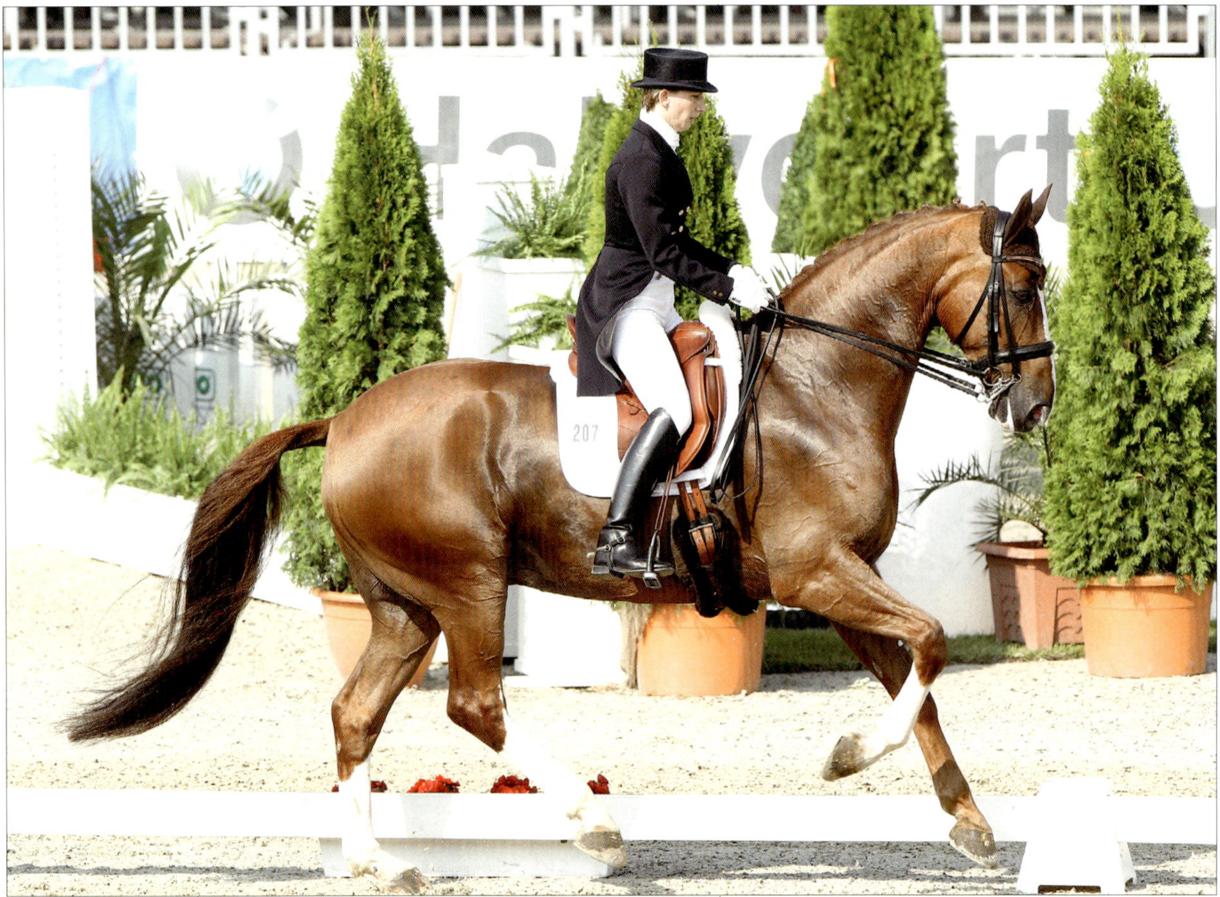

Anabel Balkenhol mit Dablino – Reiterin sitzt gut in die Bewegung

9. Die Skala der Ausbildung

Unsere Reitlehre, wie sie in den Richtlinien für Reiten und Fahren aktuell niedergeschrieben ist, bietet uns mit den (Ausbildungs-)Grundsätzen der Skala der Ausbildung einen hervorragenden Leitfaden für einen richtigen Trainingsaufbau. Zugleich sind diese Prinzipien Kriterien, die einer ständigen Überprüfung richtigen Reitens und Ausbildens dienen.

9.1 Geschichte

Unsere Richtlinien basieren auf der Reitvorschrift, die für die Kavallerie und alle anderen berittenen Angehörigen der deutschen Armee Gültigkeit hatte. Sie wurde in dieser Form zum ersten Mal im Jahre 1912 herausgegeben und vom damaligen Kaiser am 29. Juni unterzeichnet. Deshalb nennt man sie heute üblicherweise H.Dv. 12 (Heeresdienstvorschrift). In dieser ersten Ausgabe stand noch die Ausbildung des Kavalleriepferdes für den militärischen Einsatz im Mittelpunkt.

Eine sehr gründliche Überarbeitung und Aktualisierung erfolgte ab 1934 unter maßgeblicher Mitarbeit u.a. der Herren Oberst Hans von Heydebreck und Oberst Felix Bürkner. Sie erschien als Neuauflage 1937 und widmete sich der korrekten, pferdegerechten Grundausbildung des Reitpferdes. Spätestens in dieser Ausgabe kann man schon unter der Bezeichnung Ziele und Grundsätze der Dressur alle wesentlichen Inhalte finden, die unsere heutigen Richtlinien bestimmen.

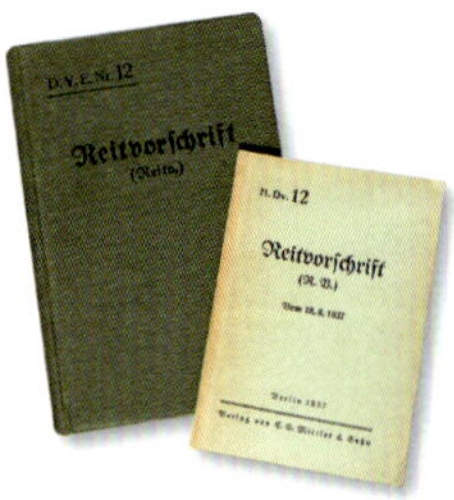

In der H.Dv. waren die Ausbildungsstufen folgendermaßen definiert:
- Gewöhnung an das Reitergewicht
- Takt, Losgelassenheit
- Entwicklung der Schubkraft und des Ganges
- Anlehnung
- Geraderichten
- Durchlässigkeit, Beizäumung
- Entwicklung der Tragkraft, Versammlung
- Entstehung der Aufrichtung
- Gebrauchshaltung (sie bildet die Regel)
- Dressurhaltung (darf nur kurze Zeit gefordert werden)

Darin finden sich schon alle Ausbildungsgrundsätze, die von Siegfried von Haugk in einer Vorläuferform der heutigen Skala der Ausbildung in „Die Ausbildung der Rekruten im Reiten" (Mittler und Sohn 1940) im Anhang für Reitlehrer S. 104 ff. zusammengefasst wurden. Nach dem Krieg (1948) definierte von Haugk in „Das Reiter ABC" die Reihenfolge, hier Ziele der Dressur genannt, entsprechend der heutigen Ausbildungsskala.

1954 erschienen dann im Benehmen mit den Landeskommissionen zum ersten Mal die „Richtlinien für Reiten und Fahren". Verantwortlich für die Erarbeitung und den Inhalt dieser ersten Auflage der Richtlinien waren vor allem die Herren General a.D. Horst Niemack, Major a.D. Paul Stecken, Major a.D. Max Habel, Clemens Freiherr von Nagel-Vornholz, Hans Niemann, Alfons Schulze Dieckhoff und Hans-Heinrich Brinkmann. In dieser ersten Auflage waren die Ausbildungsgrundsätze noch nicht zur Ausbildungsskala zusammengefasst. Erst in den folgenden Jahren erfuhr, besonders durch Vorträge Horst Niemacks, die Skala der Ausbildung in der heutigen Form einen größeren Bekanntheitsgrad.

Zum ersten Mal tauchte dann in der 1979 überarbeiteten Auflage die „Skala der Ausbildung" in der heutigen Form und Reihenfolge auf.

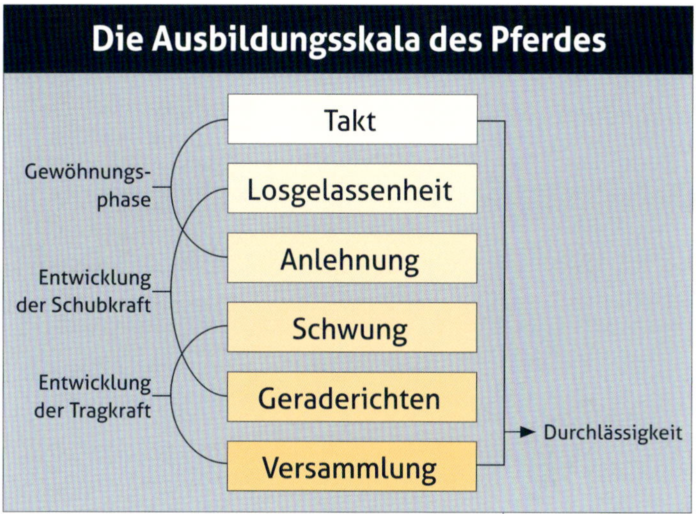

9.2 „Skala" oder „Ausbildungsgrundsätze"?

Allerdings waren diese Ausbildungsprinzipien in der H.Dv. nicht in der uns heute bekannten Reihenfolge festgelegt, die unsere Reitabzeichenaspiranten meist auswendig herunterrasseln (sollen?). Oft wird diese Skala auch noch in Form einer Pyramide dargestellt, deren Basisstufe der Takt, deren Spitze die Versammlung bildet.

Die Bezeichnung als Skala (= Stufenleiter) und diese Darstellung als Pyramide ist aber meiner Meinung nach etwas irreführend, weil der weniger Fachkundige daraus schließen könnte, man müsse bei der Ausbildung eines Pferdes Punkt für Punkt, eine Stufe nach der anderen angehen

Zum ersten Mal tauchte in der 1979 überarbeiteten Auflage der Richtlinien für Reiten und Fahren die „Skala der Ausbildung" in der heutigen Form und Reihenfolge auf.

!

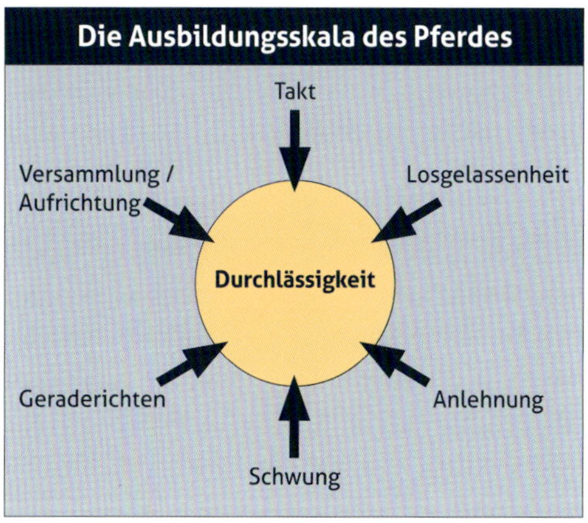

Die Skala der Ausbildung, einmal etwas anders

Gliederung der Ausbildung des Pferdes nach der Reitvorschrift H.Dv. 12

(relative) Aufrichtung
Tragkraft und Versammlung
Durchlässigkeit und Beizäumung
Geraderichten
Entwicklung von Schubkraft, Gang und Anlehnung
Takt und Losgelassenheit

Quelle: Thies Kaspareit, Deutsche Akademie des Pferdes, Warendorf

und erledigen. Das ist aber so nicht richtig, weil selbstverständlich schon bei der Grundausbildung des jungen Pferdes der hoffentlich erfahrene Reiter von Anfang an mindestens die ersten drei, besser noch die ersten fünf Punkte im Kopf haben muss. Umgekehrt sollte niemand, auch wenn er sich mit seinem Pferd bis zum Ausbildungsstand der Kl. S oder höher vorgearbeitet hat, vergessen, dass z.B. Losgelassenheit täglich wieder eines der wichtigsten Ausbildungsziele ist und sorgfältiger Beachtung bedarf.

9.2.1 Reihenfolge

Über die Reihenfolge in der Ausbildungsskala wird immer wieder diskutiert, sie wird infrage gestellt und sogar als falsch bezeichnet. Und tatsächlich kann man darüber auch mit Blick auf die H.Dv. endlos streiten, wie ich an zwei Beispielen aufzeigen möchte:

Gerade die ersten beiden Ausbildungsziele Takt und Losgelassenheit sind untrennbar miteinander verknüpft. So wird ein Pferd nur dann in der Lage sein, sich im Schritt, Trab und Galopp sicher taktmäßig zu bewegen, wenn es auch sorgfältig und korrekt gelöst wird. Umgekehrt wird dem Reiter die lösende Arbeit nur optimal gelingen, wenn er Kenntnisse über den Bewegungsablauf und besonders Gefühl für den unterschiedlichen Takt der drei Grundgangarten hat. Dies ist die Voraussetzung, um besonders im Trab, aber auch im Schritt und Galopp das individuell für das Pferd passende Grundtempo zu wählen. Im Arbeitstrab, der während der Lösungsphase besonders wichtig ist, beeinträchtigt schon eine geringfügige Über- oder Unterschreitung dieses Grundtempos ganz erheblich die Fähigkeit und Bereitschaft des Pferdes, abzuspannen und losgelassen mit hergegebenem Rücken zu gehen.

Man könnte beim Erörtern dieser Zusammenhänge noch weitergehen und den dritten Punkt Anlehnung mit einbeziehen. Je besser der Reiter nämlich durch ausbalanciertes, geschmeidiges Sitzen und gefühlvolles Treiben an die Hand heran dem Pferd zeigt, wie gut es ist, sich von ihm führen zu lassen, desto schneller findet es auch unter dem Sattel zur Losgelassenheit. Dieses vertrauensvolle Herantreten an eine feine Hand als Kerninhalt des Ausbildungszieles Anlehnung kann durchaus unmittelbar neben Takt und Losgelassenheit gestellt werden, weil erst dadurch eine Kontrolle des Grundtempos und eine eventuell unterstützende Einflußnahme auf das taktmäßige Gehen möglich wird.

Wenn nun Takt und Losgelassenheit so untrennbar nebeneinander stehen, sprechen bei der Entscheidung für eine Reihenfolge bei der Auflistung zwei ernst zu nehmende Argumente:

Takt muss stets als oberstes Kriterium für jegliche Ausbildungsarbeit gesehen werden. Das heißt, für jeden Reiter und Ausbilder sollte sofort ein rotes Warnlicht aufleuchten, wenn während des Trainings Taktfehler auftreten, z.B. beim Reiten einer Wendung oder beim Zulegen.

Die Taktsicherheit eines Pferdes ist für den Beobachter, sei er Ausbilder oder Richter, in jeder Phase der Arbeit sicherlich leichter objektiv zu beurteilen als seine Losgelassenheit.

Auch über die Anordnung von Schwung und Geraderichtung lässt sich natürlich trefflich diskutieren:

Die Querverbindung zwischen Anlehnung und Schwung ist gewissermaßen ein Schlüsselelement unserer Ausbildungsskala, und es kann kein Zufall sein, dass diese beiden Ziele nebeneinander und genau in der Mitte platziert sind. Erst wenn ein Pferd dank der Arbeit an den vorgeschalteten Ausbildungszielen genügend

Takt muss stets als oberstes Kriterium für jegliche Ausbildungsarbeit gesehen werden.

!

vorangeht und dank guten Vertrauens zum Reiter und seiner Hand gelernt hat zu „ziehen", wird es anfangen vermehrt mit den Hinterbeinen durchzuschwingen. Das beinhaltet übrigens der berühmte, leider manchmal etwas falsch verstandene Satz von Gustav Steinbrecht „Reite dein Pferd vorwärts und richte es gerade!"

Dieses „Ziehen" ist ebenfalls Voraussetzung für den Erfolg der lebenslang notwendigen geraderichtenden Arbeit; wenn ein Pferd nicht vertrauensvoll und willig vorangeht, wird es gar nicht möglich sein, die Vorhand vor die Hinterhand zu führen. Ersatzweise wird dann in der Regel ein Geraderichten dadurch versucht, indem man die Hinterhand hinter die Vorhand schiebt. Ergebnis sind nachher Pferde, die in jeder Wendung und bei jeglichem Versammlungsversuch mit den Hinterbeinen ausweichen.

Selbstverständlich muss auch im Verhältnis dieser beiden Ausbildungsziele beachtet werden, dass optimale Schubentwicklung (Schwung) erst möglich ist, wenn das Pferd geraderichtende Arbeit und die dazugehörige Hilfengebung kennt und annimmt.

Weil ein Pferd seine mehr oder weniger ausgeprägte natürliche Schiefe niemals ganz verliert, wird es lebenslänglich nötig sein, darauf einzugehen und täglich wieder geradezurichten. Deshalb ist der Ausdruck Geraderichten auch besser als Geraderichtung.

Wenn ich hier diese Festlegung auf eine Reihenfolge als etwas fragwürdig, zumindest als nicht ganz fachgerecht einstufe, möchte ich aber unbedingt betonen, dass vor der Versammlung in Gedanken eine Art Absatz eingefügt werden muss. Höhere Versammlung anzustreben macht überhaupt nur Sinn, wenn das Pferd einigermaßen gelernt hat und befähigt wurde, die anderen Ausbildungsziele anzunehmen. So ist der Versuch, die Versammlung zu erhöhen, völlig unsinnig, ja kontraproduktiv, wenn der Reiter noch größere Probleme im Umgang mit der Schiefe des Pferdes hat.

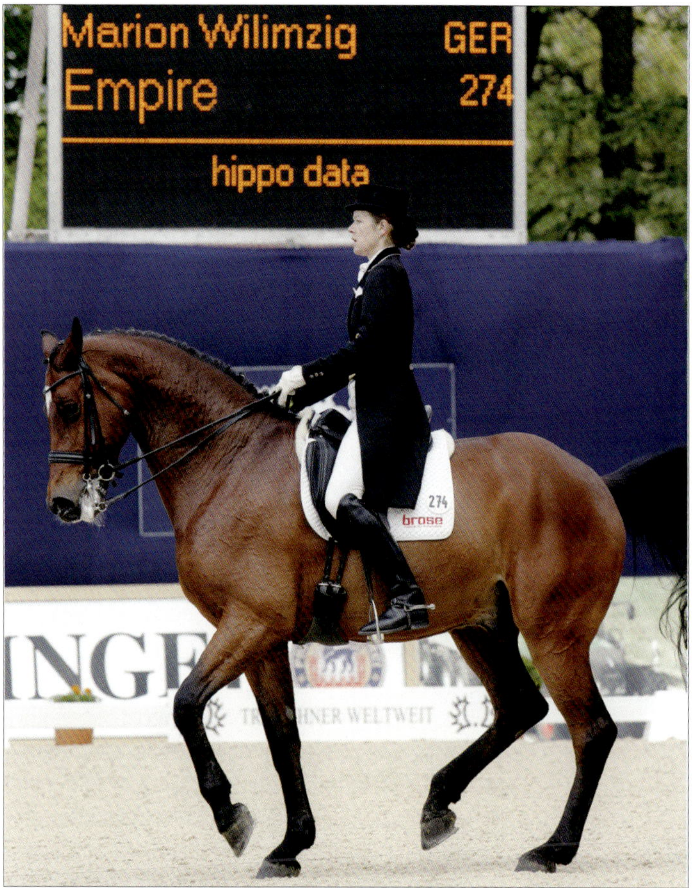

Dieses junge Dressurpferd steht ganz am Beginn seiner Grand Prix Karriere, dennoch wirken Pferd und Reiterin bei aller Konzentration durchaus entspannt und zwanglos.

9.2.2 Vollständigkeit

Oft wird auch, und zwar von großen Fachleuten, die mangelnde Vollständigkeit der Ausbildungsskala bedauert. So gehören ganz sicher (relative) Aufrichtung und Durchlässigkeit dazu. Letztere wird jetzt wenigstens als ausbildungbegleitendes Ziel aufgeführt. Man könnte Durchlässigkeit auch durchaus als oberstes Ausbildungsziel bezeichnen. Die relative Aufrichtung ist für jeden halbwegs Fachkundigen fester Bestandteil bzw. Ergebnis richtiger Versammlung; für mich ist Versammlung 6a und Aufrichtung 6b.

Man könnte Durchlässigkeit auch durchaus als oberstes Ausbildungsziel bezeichnen.

!

Balance ist ein weiterer Punkt, der von vielen Leuten in unserer Aufstellung vermisst wird. Allerdings bin ich diesbezüglich eher der Meinung, dass das ein Zuchtziel ist. Für jeden Reiter, der etwas anspruchsvoll bei der Auswahl eines Pferdes ist, egal ob er Turnierehrgeiz hat oder nur zu Hause Freude beim Reiten haben möchte, ist ein wesentliches Kriterium das Gleichgewicht des Pferdes, seine natürliche Fähigkeit, sich in allen drei Grundgangarten ausbalanciert zu bewegen. Unsere modernen Warmblutpferde entsprechen im Durchschnitt schon in hohem Maße diesem Anspruch.

9.3 Bedeutung der Skala der Ausbildung

Die Ausbildungsgrundsätze unserer deutschen Reitlehre sind von hervorragenden Pferdeleuten, die sich lebenslänglich mit der Beobachtung und Ausbildung von Pferden befasst haben, niedergeschrieben worden. Sie haben sie sich nicht selbst ausgedacht, sondern den Pferden gewissermaßen „abgelauscht". Das kann man immer wieder daran erkennen, dass jedes Pferd richtiges Reiten gerne, manchmal dankbar annimmt, selbst wenn es bis dahin nicht immer entsprechend geritten wurde.

Diese Auflistung in der Skala der Ausbildung hat sich in der Vergangenheit hervorragend bewährt, was zum einen dokumentiert wird durch den hohen Standard deutscher Reitausbildung in allen Disziplinen und ihrem hervorragenden Ansehen in der ganzen Welt. Das Reiten und Ausbilden gemäß der Ausbildungsskala hat sich als optimal pferdegerecht erwiesen. Nicht zuletzt deshalb orientiert sich heute die große Mehrzahl aller Reiter und Ausbilder in der ganzen Welt, die sich der klassischen Reitlehre verpflichtet fühlen, an diesem Leitfaden der Ausbildung.

Ausbilden ist kein Abrichten oder Dressieren, sondern eine systematische Gymnastizierung. Ein Pferd ist durchlässig, wenn es die Hilfen des Reiters zwanglos und gehorsam annimmt.

!

Das übergeordnete Ziel der Ausbildungsskala, und damit der Ausbildung, ist ein durchlässiges Pferd, also ein Pferd, das in körperlicher und psychischer Hinsicht zu einem angenehmen, gehorsamen und vielfältig ausgebildeten Reitpferd ausgebildet wurde. Ausbilden ist kein Abrichten oder Dressieren, sondern eine systematische Gymnastizierung. Ein Pferd ist durchlässig, wenn es die Hilfen des Reiters zwanglos und gehorsam annimmt.

Basis der Skala ist die Zwanglosigkeit – das Freisein von Verspannung, in physischer und psychischer Hinsicht –, die in jedem Stand der Ausbildung, bei aller notwendigen positiven Spannung erhalten bleiben muss, um die volle Leistungsbereitschaft und Leistungsfähigkeit des Pferdes zu erhalten. Eine Missachtung von Zwanglosigkeit hat meist auch einen Verlust des Taktes und immer den Verlust der Losgelassenheit zur Folge. Mittel- und langfristig leiden darunter die Gehfreude, die Leistungsbereitschaft sowie die physische Gesundheit.

In all diesen Punkten liegt nach meinem Dafürhalten auch der entscheidende Pluspunkt: Diese gesamte Reitlehre und -theorie ist absolut pferdefreundlich und macht es möglich, dass ein Pferd dank dieser Art Training trotz seines Einsatzes unter dem Reiter eine längere Lebenserwartung haben kann als ein Pferd, welches frei in der Natur oder eben nur auf einer Weide lebt. Dass es leider immer wieder Reiter und Ausbilder gibt, die sich angeblich dieser Skala verpflichtet fühlen, in ihrer Umsetzung aber wenig konsequent sind, ist sehr bedauerlich, kann aber ihren hohen Wert nicht infrage stellen.

In dem neuen Handbuch, das die FEI, besonders für ihre Richter, gerade zusammenstellt und herausgeben wird, ist die Skala der Ausbildung eines der entscheidenden Essentials. Über diese Anerkennung guter Grundsätze und ihre zunehmend weltweite Verbreitung sollten alle Pferdefreunde froh sein. Man kann sicherlich guten Gewissens sagen, dass Reiter, die ehrlich und korrekt gemäß dieser Ausbildungsskala arbeiten, zufriedene und gut gehende Pferde haben, die auch lange gehfreudig und gesund bleiben.

Selbstverständlich bleibt reichlich zu tun, damit diese Ausbildungsrichtlinie für klassisch korrektes Reiten überall richtig verstanden und pferdegemäß umgesetzt wird. Gerade im großen Sport wird leider in den letzten Jahren versucht, eine neue Reitlehre und „moderne", dem 21. Jahrhundert angepasste Trainingsmethoden zu propagieren. Ich werde in diesem Buch an verschiedenen Stellen auf diese, teilweise wenig pferdefreundlichen Verirrungen eingehen. ■

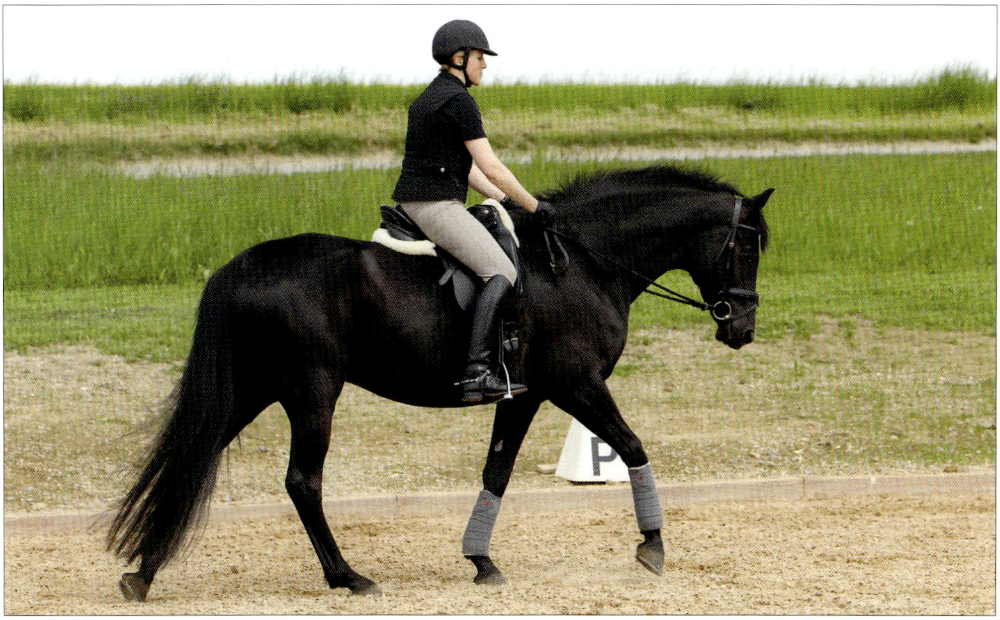

Losgelassenes Schreiten im Mittelschritt

10. Takt und Grundgangarten

Unter „Takt" verstehen wir das räumliche und zeitliche Gleichmaß in den drei Grundgangarten, also im Schritt, Trab und Galopp. Das bedeutet z.B., dass im Arbeitstrab ein Tritt so lang wie der andere zu sein hat und dass auch der zeitliche Ablauf, fast wie mit einem Metronom eingestellt, genau gleichmäßig vonstatten geht.

Für Reiter, Ausbilder und Richter ist es deshalb eine wichtige Voraussetzung, gute theoretische Kenntnisse der Grundgangarten zu haben; der Reiter muss sein Gefühl, die Trainer und Richter müssen den Blick dafür schärfen. Besonders anspruchsvoll und interessant wird es im Umgang mit unterschiedlichen Pferden. Die Einschätzung bzw. Beurteilung der individuell unterschiedlichen Bewegungsabläufe, z.B. was das jeweils optimal angemessene Grundtempo anbelangt, setzt reiterliches Gefühl, einen geschulten Blick und Erfahrung voraus. Bezüglich Taktsicherheit in den verschiedenen Gangarten sind z.B. Warmblutpferde, iberische Pferde, Friesen oder Haflinger im Durchschnitt doch sehr unterschiedlich veranlagt. Will man jedem Pferd möglichst gerecht werden, gilt es auch zu differenzieren, welche Arbeit in welcher Gangart dem jeweiligen Pferd leichter oder eben auch schwerer fällt; nur dann wird die Ausbildung optimal verlaufen können.

Wichtig: Die Beachtung des Taktes hat nicht nur bei der Arbeit auf geraden Linien vorrangige Bedeutung, sondern genauso in allen Wendungen, bei Seitengängen und in Übergängen. Keine Übung oder Lektion ist wertvoll, wenn dabei Taktfehler auftreten. Kein Trainingsschritt ist korrekt, der den taktmäßigen Ablauf beeinträchtigt.
Treten Taktfehler auf, muss beim Reiter sofort das rote Warnlicht aufleuchten als Signal dafür, dass irgendetwas umgehend geändert werden muss, seien es das Tempo, der Grad oder die Dauer der Belastung, die Hilfengebung etc.

Da Takt also das oberste Kriterium für jegliche Ausbildungsarbeit ist und die Taktsicherheit eines Pferdes für den Beobachter sicherlich auch leichter objektiv zu beurteilen ist als seine Losgelassenheit, ist die Reihenfolge auf unserer Ausbildungsskala wohl berechtigt.

Will man jedem Pferd möglichst gerecht werden, gilt es auch zu differenzieren, welche Arbeit in welcher Gangart dem jeweiligen Pferd leichter oder eben auch schwerer fällt; nur dann wird die Ausbildung optimal verlaufen können.

!

10.1 Rhythmus

Durch die Verwendung des Ausdrucks Rhythmus oder des Adjektivs rhythmisch kommt es gelegentlich zu leichten Verwirrungen. Vielleicht hängt das damit zusammen, dass im Englischen Takt häufig mit rhythm übersetzt wird, so auch in dem von der Internationalen Reiterlichen Vereinigung für ihre Richter herausgegebenen Handbuch. Als erklärendes Beiwort steht dort regularity/ Regelmäßigkeit.

Im Deutschen sollten wir diese Fachausdrücke aber gut auseinanderhalten:
Der Begriff Rhythmus sollte hauptsächlich im Zusammenhang mit Übergängen innerhalb einer Gangart und in Wendungen angewendet werden. So ist es z.B. beim Zulegen, besonders im Galopp und Trab, sehr wichtig, diesen Übergang rhythmisch zu gestalten, sei es beim dressurmäßigen Reiten oder auch beim Springen. Ein gefühlloses, abruptes Zulegen würde den Rhythmus stören.
Ganz ähnlich verhält es sich beim Reiten besonders engerer Wendungen. Wenn der Reiter dabei nicht mit seinen treibenden Hilfen dafür sorgt, dass das Pferd z.B. im Galopp seinen gleichmäßigen Rhythmus beibehält, kommt es zu Stockungen, die sekundär wahrscheinlich auch zu Taktverlust führen würden.

Takt und Rhythmus haben in der Ausbildung von Pferden eine besondere Bedeutung, weil dadurch u.a. die Konzentration des Pferdes beeinflusst wird. Jede Störung führt zu einer Beeinträchtigung der Verständigung zwischen Reiter und Pferd.
Da der Bewegungsablauf im Galopp direkt mit dem Atemrhythmus gekoppelt ist, führen Störungen des Rhythmus immer auch zu Kraftverlust. Bei längeren Spring- oder Geländeparcours kann das zu vorzeitigem Leistungsabfall führen.

10.2 Die Gangarten

Die Gangarten eines Reitpferdes sind: Schritt, Trab und Galopp. Diese drei Gangarten bezeichnet man als Grundgangarten. Sie sind von der Natur vorgegeben. In ihren Bewegungsabläufen unterscheiden sie sich deutlich voneinander.

10.2.1 Zum Schritt

- schreitende Bewegung im sicheren Viertakt („V" oder Dreieck des gleichseitigen Beinpaares),
- abwechselnde Drei- und Zweibeinstütze, also ohne Schwebephase („schwunglos"),
- diagonal – lateral abwechselnd, gleichseitig, aber nicht gleichzeitig („N"),
- fleißig, aber nicht eilig,
- guter, aber nicht übergroßer Raumgriff (in Abhängigkeit von der Veranlagung),
- losgelassen (Nickbewegung) und frei aus der Schulter (ungebunden),
- rechts und links gleichmäßig überfußend (Schiefe),
- starker, bzw. freier Schritt mit hingegebenem oder am langen Zügel,
- die Gangart, in der sich Spannungen, also mangelnde Losgelassenheit, auch aufgrund psychischer Probleme, am deutlichsten widerspiegeln,
- bei Dressurpferden beim Verkürzen des Schritts insbesondere auf Taktsicherheit achten! (mehr zum versammelten Schritt → S. 85)

Tempi im Schritt

Die Tempi sind der Mittelschritt, der starke Schritt und der versammelte Schritt, von denen in der Grundausbildung nur der Mittelschritt geritten wird. Der starke und besonders der versammelte Schritt gehören zu den schwierigeren Übungen, die erst bei weitergehender Dressurausbildung verlangt werden.

Mittelschritt

Der Mittelschritt ist der natürliche, freie Schritt des Pferdes. Die Hinterhufe greifen über die Spur der Vorderhufe hinaus. Das Pferd schreitet mit steter und elastischer Anlehnung. Der Reiter

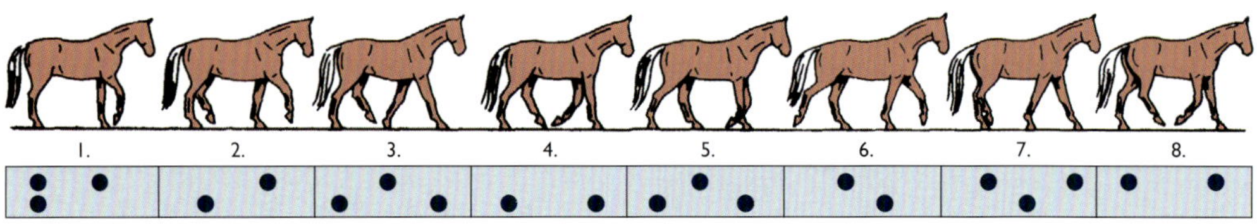

lässt die Nickbewegung des Pferdes zu bzw. begleitet diese.

Starker Schritt

Die Schritte sind weit und raumgreifend. Die mögliche Schrittlänge ist abhängig von der naturgegebenen Veranlagung und dem Körperbau des Pferdes. Ein weiteres Vor- und Überfußen als im Mittelschritt muss klar erkennbar sein. Auf freies, ungebundenes Schreiten aus der Schulter heraus muss besonders geachtet werden!

Die Reiterhand gestattet die notwendige Dehnung des Halses durch Verlängerung des Zügelmaßes, ohne dabei die Anlehnung aufzugeben. Die natürliche, vorwärts-abwärts-gerichtete Nickbewegung wird zugelassen. Der starke Schritt wird „am langen Zügel" geritten; dazu gehört Genickkontrolle. Nur wenn das Pferd dabei im Genick nachgiebig bleibt, bewegt es sich mit losgelassenem Rücken, nur so kann der Bewegungsablauf bei optimalem Raumgriff durch den ganzen Körper gehen. **(→ Kap. 4.3 „Wechselrahmen..." und Kap. 12. „Nachgiebigkeit im Genick...")**

Versammelter Schritt

Die Hinterhufe treten maximal bis in die Spur der Vorderhufe (ähnlich wie im starken Schritt hängt auch hier der Raumgriff von der naturgegebenen Veranlagung und dem Körperbau des Pferdes ab). Entsprechend dem vermehrten Versammlungsgrad und der stärkeren Hankenbeugung ist das Pferd aufgerichtet. Der Fleiß bleibt erhalten. Die Nickbewegung ist kaum mehr erkennbar.

Mehr zum Thema Schritt → Kap. 18. „Schritt, die ungeliebte Gangart"

Versammelter Schritt

- **Wie auch in unseren Richtlinien erwähnt, ist echte Versammlung im Schritt nicht möglich, weil es in dieser Gangart keine Schwebephase gibt, in der die Hinterbeine durchschwingen könnten.**
- **Normalerweise sollen im versammelten Schritt die Hinterhufe höchstens in die Spur der Vorderhufe einfußen. Der Raumgriff im versammelten Schritt muss aber in der Relation zum Raumgriff des jeweiligen Pferdes im Mittel- und starken Schritt gesehen werden. Das heißt, ein Pferd mit sehr großem raumgreifendem Schritt wird sich im versammelten Schritt kaum so weit verkürzen lassen, dass es nicht mehr überfußt. Von der Schwierigkeit dieses Tempos in dieser Gangart zeugt ein schöner Spruch des Warendorfer Gestütsbeamten, der als Schulte-Quaterkamp häufig die Dressurreiterei karikiert: „Und dann gibt es da noch eine Gangart, da bewegen sich die Pferde so, als ob sie krank sind." – Damit meint er den versammelten Schritt.**
- **Beim Arbeiten an der Versammlung muss im Schritt noch mehr als im Trab und Galopp darauf geachtet werden, dass der Fleiß erhalten bleibt. Wie gut das gelingt, hängt wiederum von der Losgelassenheit, nicht zuletzt im Genick, und der Fähigkeit und Bereitschaft ab, auch in dieser Gangart „auf Zug" zu bleiben (→ Kap. 11. „Losgelassenheit..."). Gehen der Fleiß und das „Ziehen" verloren, kommt es meist sofort zu Taktstörungen in Form des Verlustes des klaren Viertaktes bis hin zum passartigen Gehen. (→ Kap. 18. „Schritt, die ungeliebte Gangart")**
- **Wenn es nach meinen Vorstellungen ginge, würde es auch in Aufgaben versammelten Schritt nur noch über sehr kurze Strecken geben, z.B. wenige Meter vor einer Kurzkehrtwendung oder Schrittpirouette, vor dem Angaloppieren oder in großen Aufgaben vor dem Anpiaffieren.**

Beim Arbeiten an der Versammlung muss im Schritt noch mehr als im Trab und Galopp darauf geachtet werden, dass der Fleiß erhalten bleibt.

!

Gutes Tritteverlängern in der Lösungsphase

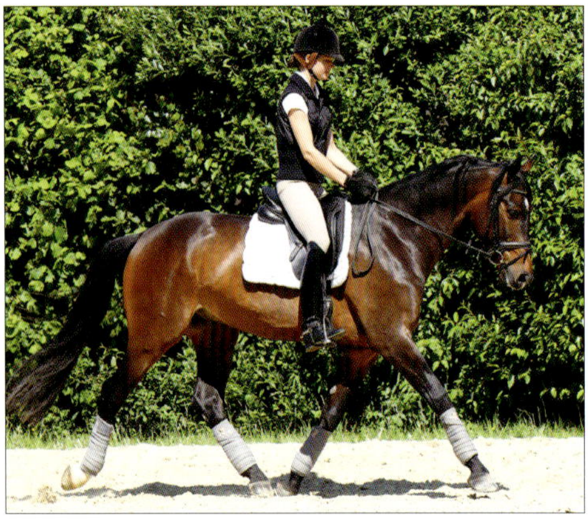

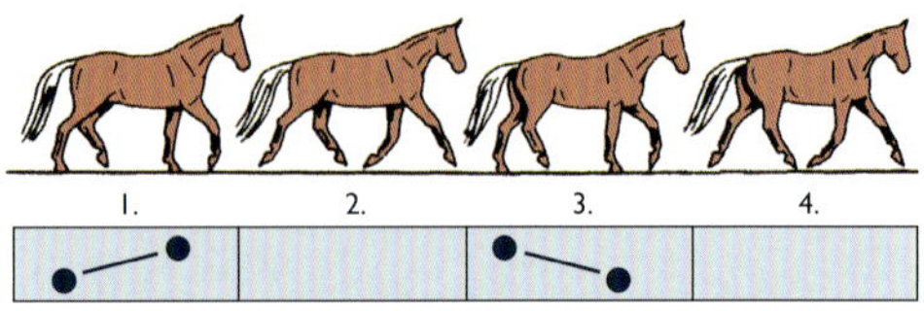

10.2.2 Zum Trab

- **schwunghafte (d.h. mit Schwebephase) Bewegung im sicheren Zweitakt,**
- **diagonale Beinpaare jeweils gleichzeitig mit dazwischen liegender Schwebephase** (Die freie Schwebe entsteht dadurch, dass das abfußende Beinpaar den Boden verlässt, bevor das vorschwingende Beinpaar aufsetzt. Je kraftvoller und elastischer das Pferd trabt, desto ausgeprägter ist die Schwebephase, desto schwungvoller geht das Pferd.),
- **besonders zu beachten das Arbeitstempo mit gutem, aber keinesfalls überzogenem Fleiß und genügendem Raumgriff (mindestens voll einfußend),**
- **mit guter Aktivität der Hinterbeine (lebendig abfußend), in Abhängigkeit von Losgelassenheit und Anlehnung),**
- **mit erkennbarer Kadenz, also mit etwas deutlicher ausgeprägter Schwebephase** (Darf nicht mit gespannten Tritten bei festgehaltenem Rücken verwechselt werden),
- **Möglichkeiten in Verstärkungen (in Abhängigkeit von Veranlagung, Alter, Versammlungsfähigkeit),**
- **mit Taktsicherheit auch bei Übergängen und in Wendungen,**
- **genügend geradegerichtet (beachtenswert ist auch die Schweifhaltung),**
- **in guter Balance und Selbsthaltung (Anlehnung beachten!),**
- **Begabung für Piaffe und Passage** (Pferde, die sich im Trab mit etwas stärker gewinkelten Vorderbeinen bewegen, haben eine größere Begabung für Piaffe und Passage. Da man das Karpalgelenk, das dabei nicht ganz gestreckt wird, umgangssprachlich, besonders auch im Englischen, als (Vorder-)Knie bezeichnet, spricht man von Knieaktion.),
- **Parallelität vorderer Unterarm und diagonales hinteres Röhrbein, besonders auch in den Verstärkungen (vgl. Foto „Parallelität" S. 227).**

Der Trab ist die Grundgangart, die am meisten durch entsprechende Ausbildung gefördert werden kann.

Tempi im Trab

Die Tempi sind der Arbeitstrab, der Mitteltrab, der versammelte Trab sowie der starke Trab. In der Grundausbildung werden in erster Linie der Arbeitstrab, der Mitteltrab und zum Teil auch der versammelte Trab geritten.

Arbeitstrab

Der Arbeitstrab ist das gebräuchlichste Tempo in der Grundausbildung von Reiter und Pferd. Das Tempo muss immer fleißig sein, darf aber nicht eilig werden. Die Hinterhufe fußen mindestens in die Spur des jeweiligen Vorderhufs. Das losgelassene Pferd tritt taktmäßig, raumgreifend und schwungvoll (d.h. mit guter Aktivität der Hinterhand).

Das Tritteverlängern ist als Vorstufe des Mitteltrabes zu verstehen.

Mitteltrab

Im Mitteltrab wird der Raumgriff größer, ohne dass die Trittfolge eiliger wird. Die Hinterhufe treten über die Spur der Vorderhufe. Durch kräftigen Schub aus der Hinterhand und dank beginnender Versammlung können die Vorderbeine leicht abfedern und sich frei aus der Schulter bewegen. Eine Erweiterung des Rahmens wird erkennbar. (In allen Verstärkungen sollte das Pferd eine angemessene Rahmenerweiterung zeigen, d.h. seinen Hals und den Ganaschenwinkel etwas mehr öffnen und mit der Stirn-Nasen-Linie etwas deutlicher vor die Senkrechte kommen. Nur so kann es sich aus der Schulter heraus frei bewegen, ohne zu strampeln, mit den Hinterbeinen durchschwingen und ausbalanciert in sicherer Selbsthaltung gehen.)

Versammelter Trab

Im versammelten Trab fußen die Hinterhufe etwa in die Spur der Vorderhufe. Die Hinterbeine schwingen bei stärker gebeugten Hanken nach wie vor gut durch und nehmen mehr Last auf. Dadurch wird der Raumgriff geringer und die Tritte erhabener und kadenzierter. Fleiß und Schwung bleiben erhalten, das Pferd tritt vorwärtsorientiert an die Hand heran und „zieht". Bei vermehrter Aufrichtung kann sich die Vorhand frei bewegen und deutlicher winkeln.

Starker Trab

Der starke Trab ist die höchste Steigerung der Vorwärtsbewegung im Trab und zeigt bei entsprechender Rahmenerweiterung größtmöglichen Schwung, Schub und Raumgriff. Die Hinterhufe fußen deutlicher über die Spur der Vorderhufe als beim Mitteltrab.

> **Merke: Ein Pferd, das sich versammeln lässt und vermehrt mit der Hinterhand Last aufnimmt, kann ausbalanciert im Mittel- und im starken Trab geritten werden, ohne dabei auf die Vorhand zu kommen.**

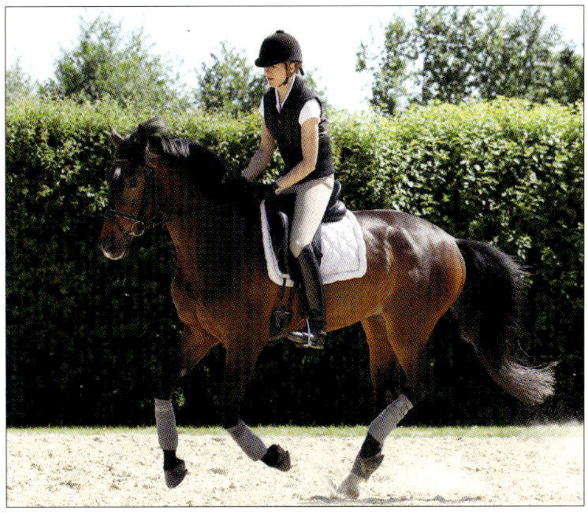

Schöner Bergaufgalopp schon beim Lösen

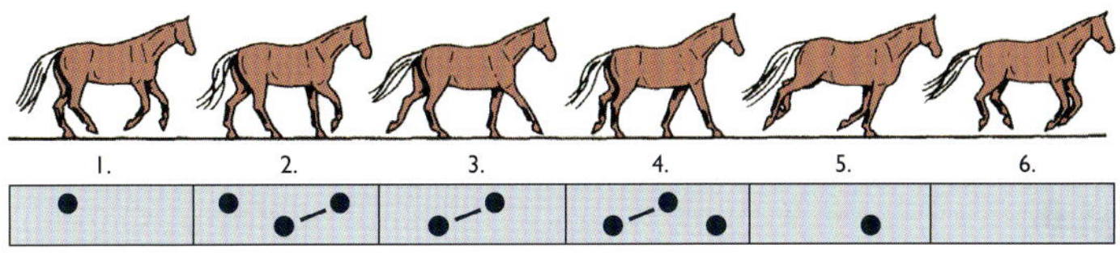

10.2.3 Zum Galopp

- **eine Folge von Sprüngen im klaren Dreitakt auf beiden Händen,**
- **mit deutlicher Schwebephase,**
- **mit gutem, aber auch nicht überzogenem Raumgriff (oder Bodengewinn),**
- **mit fleißigen, lebendig abfußenden Hinterbeinen (in Abhängigkeit von Veranlagung, Alter, Versammlungsfähigkeit erkennbar),**
- **im natürlichen Bergauf (in Abhängigkeit von Veranlagung, Alter, Versammlungsfähigkeit),**
- **dank losgelassenen Rückens geht die Bewegung durch den ganzen Körper,**
- **gut gesprungen („springy canter"),**
- **mit nicht zu stark ausgeprägter Schiefe,**
- **Möglichkeiten in Verstärkungen (in Abhängigkeit von Veranlagung, Alter, Versammlungsfähigkeit),**
- **in guter Balance und Selbsthaltung (in Abhängigkeit von Veranlagung, Alter, Versammlungsfähigkeit, Anlehnung beachten!).**

Schritt und Galopp korrespondieren sehr stark, was Raumgriff und Bewegungsablauf anbelangen. Bei Spring- und besonders Vielseitigkeitspferden ist die Ökonomie des Galopps, z.B. dank

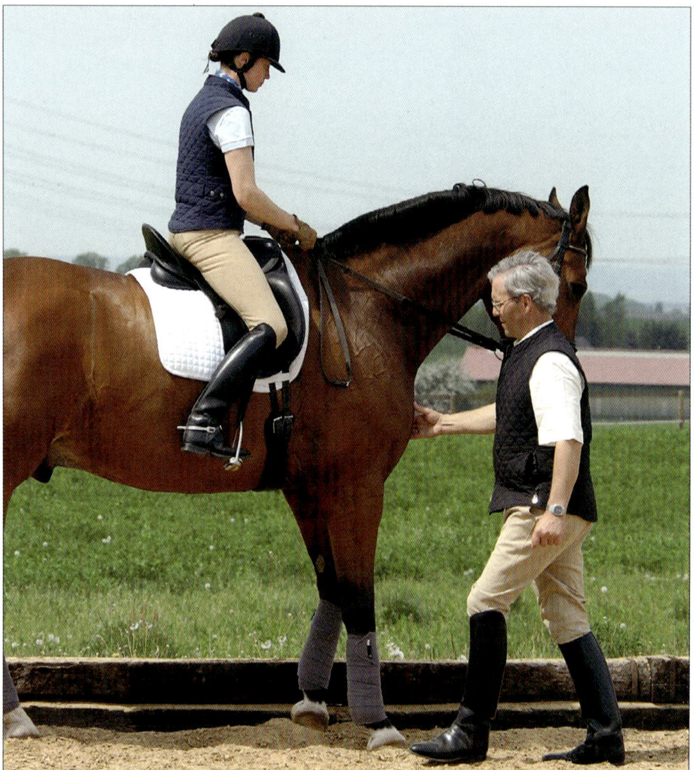

So kann man sehr gut beim Rückwärtsrichten helfen.

guten Repetiervermögens, wichtig. Durch einen übergroßen Galoppsprung kann die Handlichkeit beeinträchtigt werden. (Unter Repetiervermögen versteht man die Fähigkeit, die Galoppsprünge in schnellerer Folge zu wiederholen (zu repetieren), was normalerweise kleineren Pferden leichter fällt. Sie können dadurch mangelnden Raumgriff ganz gut ausgleichen.)

Im Gegensatz zum Trab werden bei den beiden Grundgangarten Schritt und Galopp durch die Veranlagung stärker Grenzen vorgegeben. Das heißt, es kommt, das gilt in ganz besonderem Maße für den Schritt, vor allem darauf an, die hoffentlich angeborene Grundqualität zu erhalten und zu „veredeln". Vor allem aber muss man sich davor hüten, sie durch Ausbildungsfehler zu beeinträchtigen oder sogar zu verderben. Dies passiert sehr leicht, wenn z.B. gerade auch im Hinblick auf Versammlung zu schnell zu viel verlangt wird.

10.2.4 Rückwärtsrichten

- **sicher diagonal,**
- **gleichmäßig lange Tritte,**
- **willig, ohne Widerstand,**
- **gut abfußend.**

Das Rückwärtsrichten gehört natürlich nicht zu den Grundgangarten, ist aber sehr aussagekräftig, was Losgelassenheit und Rückentätigkeit anbelangt. Es sollte mit jedem Pferd, zumindest an der Hand, möglich sein. Wenn es selbst mithilfe und noch nicht einmal an der Hand gelingt, das Pferd zwei bis drei Tritte rückwärtstreten zu lassen, muss überprüft werden, ob gesundheitliche Mängel, z.B. im Rücken, dafür verantwortlich sind. Deshalb sollte beim Ausprobieren eines Pferdes, welches man eventuell zu kaufen gedenkt, unbedingt auch das Rückwärtsrichten getestet werden.

10.3 Resümee

In den drei Grundgangarten des Reitpferdes gibt es verschiedene Tempi. Diese unterscheiden sich in Bezug auf Raumgriff, Schwungentfaltung (im Trab und Galopp) und Versammlung sowie durch die dadurch bedingte Länge der Schritte, Tritte oder Sprünge des Pferdes voneinander. Der Fleiß und Rhythmus (die Frequenz) sollten in allen Tempi annähernd gleich bleiben.

Tempo ist nicht gleich Gangmaß!
Gelegentlich wird statt des Fachausdrucks Tempo die Bezeichnung Gangmaß benutzt; das ist nicht richtig!

Das unterschiedliche Gangmaß zweier Pferde hängt zum einen von deren Raumgriff bzw. Bodengewinn ab, man könnte auch sagen ihrer Übersetzung, innerhalb

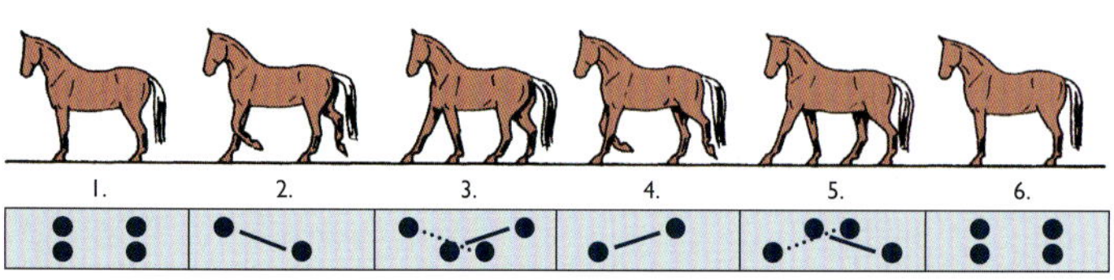

des Tempos einer Gangart, z.B. dem Arbeitstrab.
Zum anderen hängt es von der Frequenz, also der Geschwindigkeit des Bewegungsablaufes ab, die individuell ja recht unterschiedlich sein kann.

Sie möglichst bei jedem Pferd optimal zu finden, ist besonders im Arbeitstrab oder Mittelschritt wichtig, soll das Pferd zu guter Losgelassenheit gebracht werden. Um diese Geschwindigkeit des Bewegungsablaufes geht es auch, wenn von individuell passendem Grundtempo gesprochen wird. Beides zusammen führt dazu, dass zwei Pferde mit unterschiedlichem Gangmaß, die z.B. jedes für sich ideales Arbeitstempo Trab gehen, sich mit unterschiedlicher Geschwindigkeit vorwärtsbewegen.

Ein wesentliches Ziel der korrekten Ausbildung des Pferdes sind der Erhalt und die Förderung der natürlichen Bewegung. Deshalb muss auf das räumliche und zeitliche Gleichmaß der Bewegungen (Takt) in allen drei Gangarten besonderer Wert gelegt werden.

Unsere modernen Warmblutpferde sind in der Regel mit guten, sehr taktsicheren Bewegungen ausgestattet. Treten Taktfehler auf, ist das, wie oben schon angesprochen, für den Reiter und Ausbilder ein nicht zu übersehendes, sehr ernst zu nehmendes Warnsignal, dass irgendetwas nicht in Ordnung ist.

Bei einigen Pferderassen, z.B. bei Spaniern und Lusitanos, kann allerdings die angeborene Taktsicherheit in den Grundgangarten nicht im gleichen Maße vorausgesetzt werden. Möglicherweise wurde darauf in der Selektion nicht so viel Wert gelegt, wie in der Warmblutzucht. Deshalb bedarf es meist erst einiger sorgfältiger Arbeit, um Taktsicherheit in allen drei Grundgangarten sicherzustellen. Dabei muss besonders auf qualitätsvolle, individuell abgestimmte Lösungsarbeit geachtet werden.

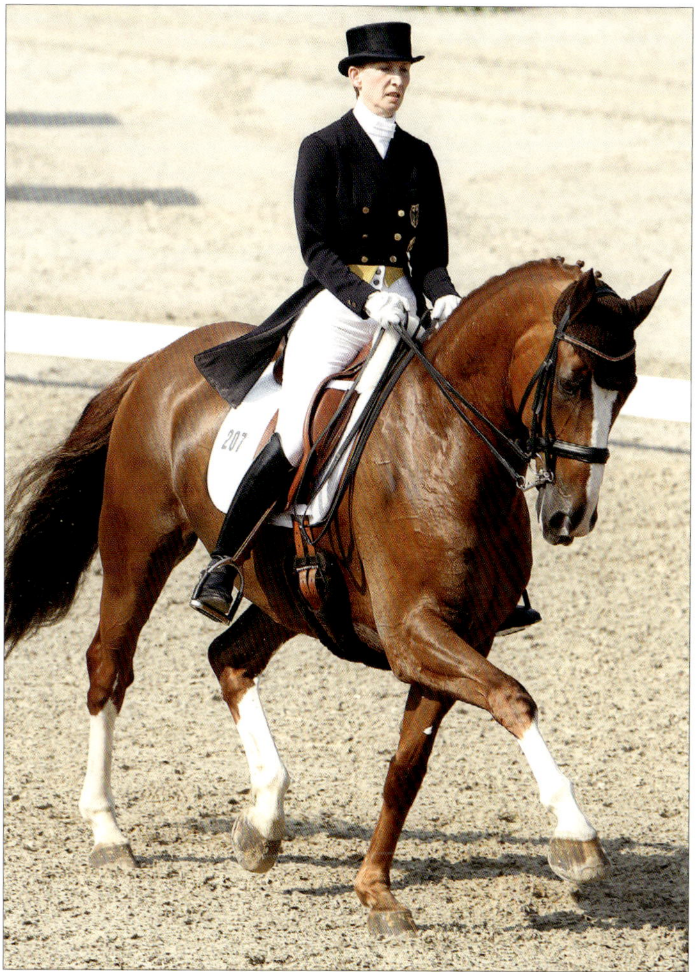

Anabel Balkenhol mit Dablino – beide zufrieden bei der Trabarbeit

(Bei „Gangpferden", wie z.B. Isländern oder Pasos, muss noch mehr Wert auf Taktsicherheit in den einzelnen Gangarten gelegt werden, weil durch die zusätzlichen Gangarten Tölt und Pass es sehr leicht zu Taktverschiebungen kommt, die nicht immer ganz leicht zu erkennen, vor allem aber sehr schwer zu korrigieren sind.)

Zum Reiten der Gangarten findet sich Genaueres in den

→ Kap. 18. „Schritt, die ungeliebte Gangart"
→ Kap. 19. „Galopparbeit"
→ Kap. 21. „Verstärkungen…".

Ein wesentliches Ziel der korrekten Ausbildung des Pferdes sind der Erhalt und die Förderung der natürlichen Bewegung.

!

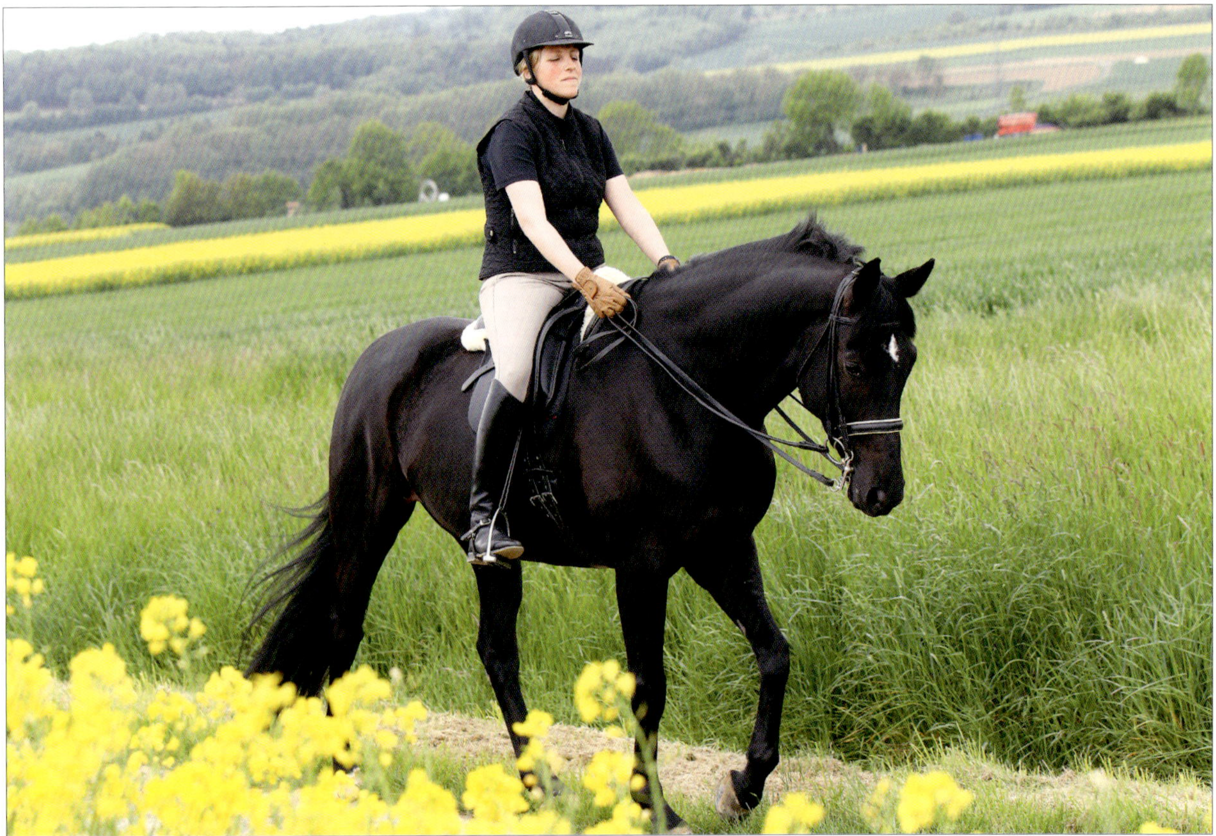

So sollte lösende Arbeit beginnen!

Unter Losgelassenheit versteht man den möglichst ökonomischen Gebrauch des gesamten Bewegungsapparates ohne Verspannungen und Verkrampfungen, wobei der Rücken stets als zentraler Bereich gelten muss.

!

11. Losgelassenheit – Voraussetzung und Kriterium jeglicher Ausbildung

Auch wenn in einem Buch, das dem pferdegerechten Reiten gewidmet ist, die Losgelassenheit des Pferdes sowieso durchgängig thematisiert wird, ist ein Extrakapitel dazu unverzichtbar. Die wichtigsten grundsätzlichen Punkte dazu sind in RmVuG sehr ausführlich erklärt, sodass ich mich hier auf einige ergänzende und vertiefende Aspekte konzentrieren kann.

11.1 Was verstehen wir in der Reitlehre unter Losgelassenheit?

Losgelassenheit bezieht sich sowohl auf den physischen als auch auf den psychischen Zustand des Pferdes. Was den körperlichen Aspekt anbelangt, wird darunter der möglichst ökonomische Gebrauch des gesamten Bewegungsapparates ohne Verspannungen und Verkrampfungen verstanden, wobei der Rücken stets als zentraler Bereich gelten muss. Als innerlich losgelassen wird ein Pferd bezeichnet, welches bei aller Gehfreude gelassen und konzentriert bei seiner Aufgabe ist. Beides zusammen bildet die Voraussetzung für optimale Leistungsfähigkeit und Leistungsbereitschaft; zugleich werden dadurch erst Ausbildungsfortschritte, die z.B. mit Muskelaufbau und Lernen verbunden sind, ermöglicht.

Keinesfalls darf im Zusammenhang mit Losgelassenheit nur an das Lösen und Abreiten, vielleicht auch noch an das Entspannen in der Erholungsphase am Ende einer Trainingseinheit gedacht werden. Auch während der Arbeitsphase muss ständig auf einen Wechsel der Intensität und an wiederholtes Abspannen und entspanntes Durchatmen geachtet werden. Selbst in den Phasen der größten Belastung darf aus positiver Spannung nicht Verspannung werden, weil sonst die Kraft und Konzentrationsfähigkeit sehr schnell erschöpft ist.

11.2 Bedeutung der Losgelassenheit

Das Pferd zur Losgelassenheit zu bringen ist eine Grundforderung der täglichen Arbeit, unabhängig vom Ausbildungsstand. Es macht dabei auch keinen Unterschied, ob es sich um ein Sport- oder Freizeitpferd handelt. Ohne Losgelassenheit von Pferd und Reiter ist ein harmonisches Miteinander beider nicht möglich. Sie muss ständig, in jeder Ausbildungs- und Trainingseinheit, aber auch in der Turnierprüfung sichergestellt und immer wieder von Neuem überprüft werden. Nur wenn das Verhältnis des Pferdes zum Reiter von Vertrauen geprägt ist, wird es sich auch unter dem Sattel zufrieden und innerlich entspannt bewegen. Voraussetzung dafür sind ein gefühlvoller, aber bestimmter Umgang und verständliche, sensible, aber dennoch entschlossene Hilfen des Reiters.

Die Bedeutung reeller Losgelassenheit kann gar nicht überschätzt werden. Leider wird aber häufig unterschätzt, was für eine anspruchsvolle Aufgabe es ist, lösende Arbeit zielgerichtet und effektiv zu gestalten. Nicht zuletzt deshalb ist es für mich eine Selbstverständlichkeit, dass ich Schüler mit ihren Pferden möglichst schon beim Lösen begleite. Ausnahmen davon mache ich nur, wenn ich Reiter und Pferd gut kenne und sicher sein kann, dass das Abreiten schon ziemlich optimal gelingt. Für viele gerade auch grundsätzliche Probleme, wie mangelnde Gehfreude oder „heißen" Übereifer, ist die Ursache in ungenügendem, ungeschicktem oder falsch verstandenem Lösen zu suchen. Schon mancher „triebige Faulpelz" wurde zum gehfreudigen Musterschüler und mancher „heiße Ofen" zum gut zu regulierenden Reitpferd, wenn die lösende Arbeit verbessert und individuell richtig angepasst wurde. In beiden Fällen geht es häufig „nur" darum, das Pferd zur Hergabe des Rückens zu bringen. Je nach Temperament und Veranlagung geht das eine nicht vorwärts, während das andere davoneilt, ja „auf der Flucht" ist, wenn es sich im Rücken nicht wohlfühlt.

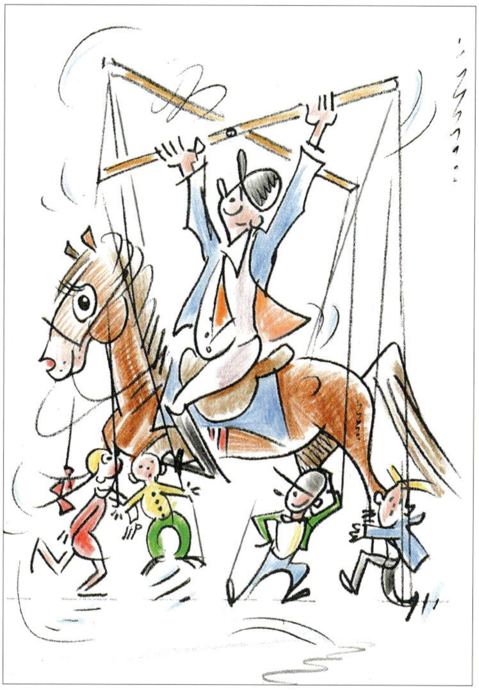

Schon im Arbeitstrab sollte der Reiter die Vorstellung haben, die vier Beine des Pferdes wie Puppen lebendig tanzen zu lassen.

Dass Losgelassenheit niemals durch Zwang erreicht werden kann, versteht sich dann von selbst. Nicht umsonst ist Zwanglosigkeit immer noch ein ganz entscheidendes Kriterium richtiger Pferdeausbildung, – auch wenn man heute diesen Begriff kaum noch hört. (Im Handbook der Internationalen Reiterlichen Vereinigung FEI kommt dieser Begriff meiner Kenntnis nach gar nicht vor, man könnte ihn evtl. übersetzen mit „freedom from constraint".) Leider ergeben sich viele Pferde in ihr Schicksal und „funktionieren" scheinbar sogar ganz gut, wenn sie von unsensiblen, starken Reitern gezwungen werden. Die Pferdefrau, der Pferdemann werden solchen Pferden aber immer ihre Ergebenheit, besser müsste man sagen ihre Unterwürfigkeit, ansehen. Es müsste noch viel mehr Pferde geben, die sich nicht alles gefallen lassen.

Über die Bedeutung der Losgelassenheit, auch des Reiters, wird im Kapitel 2. „Der richtige Sitz – Losgelassenheit und Gleichgewicht aus der Bewegung!" näher eingegangen.

Häufig wird unterschätzt, was für eine anspruchsvolle Aufgabe es ist, lösende Arbeit zielgerichtet und effektiv zu gestalten.

!

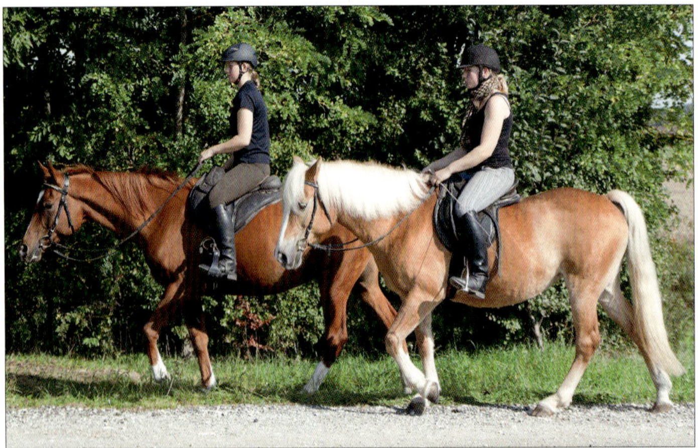

Wird ein Pferd dauerhaft nicht über den Rücken geritten, muss es das Reitergewicht mehr oder weniger mit seinem Knochengerüst tragen.

11.3 Losgelassenheit – noch immer wichtig?

Trotz dieser überragenden Bedeutung der Losgelassenheit wird gerade in jüngster Zeit, zunehmend kontrovers, in einer Form darüber diskutiert, die zum Teil für große Verwirrung und Unsicherheit sorgt. Auf der einen Seite steht eine Gruppe, für die der, am besten große, Turniersport das ultimative Ziel aller reiterlichen Wünsche darstellt; ich nenne sie einmal die „Turniersportfreaks". Für sie bemisst sich die Qualität des Reitens und der Ausbildung in erster Linie an sportlichen Erfolgen, möglichst im höchsten Schwierigkeitsgrad. Aus dieser Richtung hört man dann Aussagen, die die Bedeutung der Losgelassenheit sehr stark relativieren:

- **Wenn man immer nur auf Losgelassenheit achtet, könne man auf Turnieren keinen Blumentopf gewinnen.**
- **Wenn man Dressur populär und mehr Zuschauer an die Dressurvierecke holen wolle, müsse man vor allem Spektakuläres bieten und dies sei unter zu starker Beachtung der Losgelassenheit einfach nicht möglich.**

Hinzu kommt dann oft noch das Argument, dass unsere Pferde, speziell natürlich auch die Turnierpferde, meist optimal versorgt und unter sehr guten Bedingungen gehalten werden und deshalb eine Stunde größerer Anstrengung pro Tag für sie kein Problem sein dürfte.

Auf der anderen Seite gibt es viele Pferdefreunde, die den Turniersport komplett ablehnen und jegliche leistungssportliche Belastung eines Pferdes fast schon als Tierquälerei einstufen.

Zu der Argumentation der zuerst angeführten Gruppe möchte ich Folgendes sagen:
Selbstverständlich soll es nicht das Ziel einer anspruchsvollen Dressurvorstellung sein, nur Losgelassenheit zu demonstrieren. Es ist aber nicht akzeptabel, wenn der gewünschte spektakuläre Ausdruck nur dadurch zu erzielen ist, dass man das Pferd so unter Druck setzt und bewusst mit Verspannung reitet, sodass von Gelassenheit, freudiger Leistungsbereitschaft und Leichtigkeit kaum mehr etwas übrig bleibt.

Um seriöses, pferdegerechtes Dressurreiten schätzen und sich daran begeistern zu können, muss der Beobachter doch schon einiges an Kenntnissen und vor allem auch ein einigermaßen geschultes Auge haben. Für Zuschauer, die komplette reiterliche Laien sind, mag eine höchst qualitätsvolle, aber eben „normale" Dressurvorstellung langweilig sein; nur wenn die Pferde sich spektakulär bewegen, möglichst zu mitreißender und meist sehr lauter Musik, wird Dressur auch für sie zur Attraktion.

Für echte Pferdeleute ist es sicherlich keine Frage, dass bei einer Abwägung die Interessen des Pferdes im Vordergrund stehen müssen. Wenn Zuschauer in Massen aber nur durch Vorführungen zu gewinnen sind, die zulasten der Pferde gehen, dann muss man leider darauf verzichten. **(Mehr hierzu im Kap. 30. „Kritische Betrachtung der modernen Entwicklung im Reitsport")**

Nun aber zu der zweiten Gruppe: Leider liegt es in der Natur des Menschen, von einem Extrem ins andere zu fallen. Und so gibt es gar nicht so wenige Reiter, die glauben, sie könnten ihr Reiten dadurch besonders pferdefreundlich gestalten, dass sie ihr Pferd nahezu durchgängig mit langem Hals und langen Zügeln, die kaum Verbindung zum Pferdemaul halten, „daherlaufen lassen".

11.4 Mit losgelassenem oder nur losem Rücken?

Auf den ersten Blick scheint dieses Reiten mit ganz langen Zügeln, ohne Einfluss auf die Haltung zu nehmen, eine komplett zwanglose Art des Reitens zu sein. Wenn man etwas genauer darüber nachdenkt, ist das keinesfalls der Fall. Vielmehr ist/wird das Pferd gezwungen, den Reiter zu tragen, ohne entsprechend trainiert und dazu körperlich fähig zu sein. Ein solches Pferd geht bestenfalls mit „losem" Rücken. Es trägt den Reiter aber nicht mit dafür trainierten und aufgebauten Muskeln, vor allem nicht mit einem losgelassenen, schwingenden Rücken, sondern mehr oder weniger mit seinem Knochengerüst.

Dazu kann man in „Der Reiter formt das Pferd"[1] sehr wichtige Hinweise nachlesen:

„Wenn ein junges Pferd erstmalig durch einen Reiter bestiegen wird, so wölbt es im Allgemeinen seinen Rücken auf und zieht ihn krampfhaft zusammen, es macht einen Buckel. Hat es sich aber wieder beruhigt, so gibt es sehr bald im Rücken nach, d.h., es lässt ihn durchhängen. [...] Die Aufgabe, dem belasteten Rücken seine natürliche Haltung wiederzugeben, hat ein Teil der Nackenmuskeln mit dem Nackenband. [...] Dehnt das Pferd den Hals nach vorn, so üben die Nackenmuskeln und das Nackenband eine entsprechende Zugwirkung aus und die Dornfortsätze werden aufgerichtet. [...] Damit wird der Rücken gehoben, d.h., er kommt in seine natürliche Lage zurück [...] Den Kopfbeugemuskeln im unteren Bereich des Halses darf keine aktive Aufgabe zufallen. [...]"

Was hier bezüglich des Rückens eines jungen Pferdes beschrieben wird, gilt genauso auch für ein älteres Pferd, das, aus welchem Grund auch immer, nicht genügend trainiert ist. Demnach ist ein „loser" Rücken wohl dann vorhanden, wenn das Pferd den Reiter ohne aktive Anspannung der Rückenmuskeln, aber auch ohne nennenswerte Hilfe durch den Zug der Halsmuskulatur am Nackenband trägt. Wenn ein Pferd in verkürztem Tempo und für kurze Zeit so geht, wird es zunächst einmal nicht viel unmittelbaren

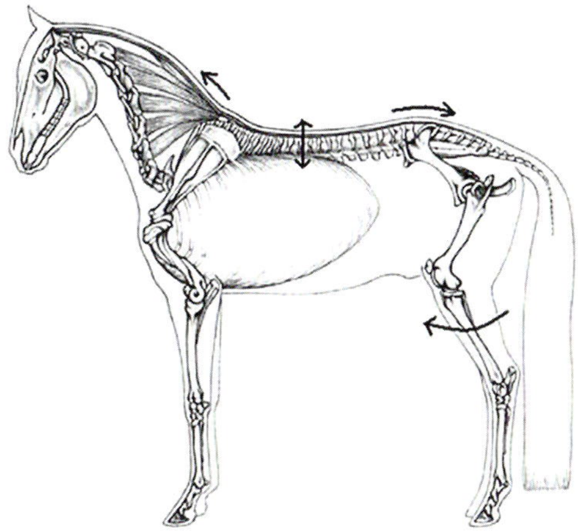

Schaden nehmen. Längere Ritte, erst recht Verstärkungen sowie Seitengänge, insbesondere Traversalen, sind mit einer solchen Rückenposition jedoch kritisch zu sehen. (So werden z.B. auch beim Barockreiten Pferde vielfach häufig mit „losem" Rücken geritten. Auch wenn man dabei meist nur für recht kurze Zeit und vorwiegend in kurzen Tempi und auch viel vom Boden aus arbeitet, kann man so dem Pferd nicht gerecht werden. Schließlich hat ein Pferd nicht nur einen Bewegungsapparat, sondern auch eine

Es ist nicht akzeptabel, wenn der gewünschte spektakuläre Ausdruck nur dadurch zu erzielen ist, dass man das Pferd so unter Druck setzt und bewusst mit Verspannung reitet, sodass von Gelassenheit, freudiger Leistungsbereitschaft und Leichtigkeit kaum mehr etwas übrig bleibt.

!

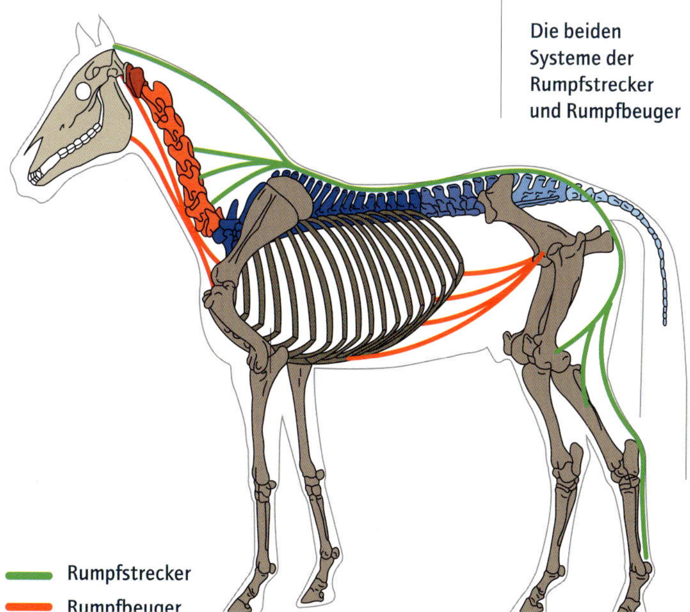

Die beiden Systeme der Rumpfstrecker und Rumpfbeuger

[1] Bürger, U./Zietzschmann, O.: Der Reiter formt das Pferd. 3. Auflage, Warendorf 2007 der Reprint-Ausgabe von 1939

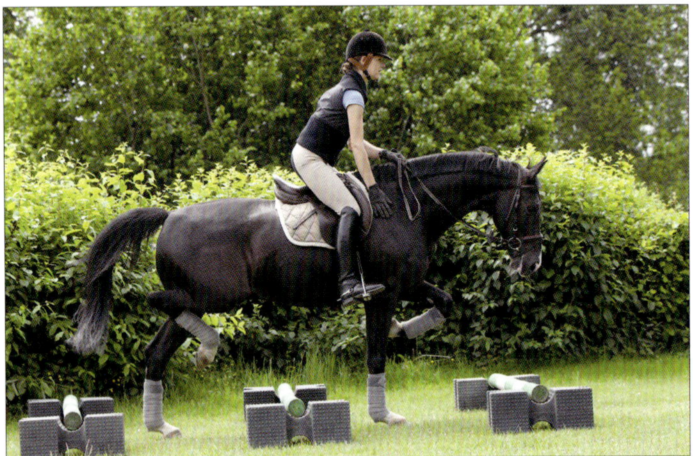

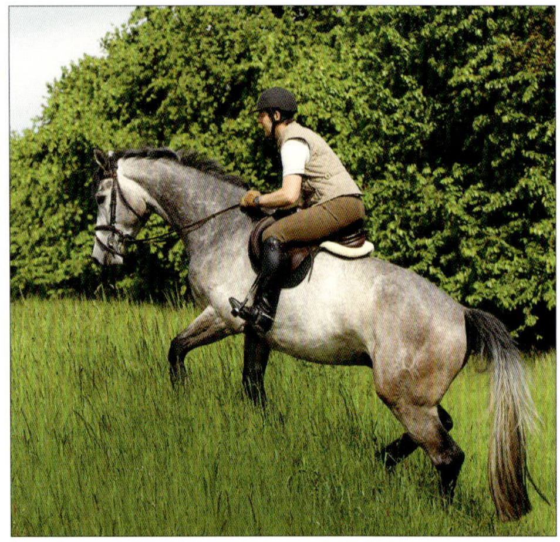

Beim Klettern und über Cavaletti findet jedes Pferd den Weg in die Dehnungshaltung.

Psyche, ein Herz-Kreislauf-System, eine Lunge und einen Stoffwechsel. Bei üblichen Haltungssystemen, bei denen das Pferd z.B. nicht auf einer Koppel in der Herde zu selbstständiger Bewegung veranlasst wird, kommen diese zu kurz, wenn nur ein knappes halbes Stündchen „schön gemütlich" gearbeitet wird.)

Nach Bürger und Zietzschmann (→ S. 93) kann man mit „losem" Rücken aber nicht länger reiten, ohne dem Pferd zu schaden, da es in dieser Position passiv nur mit dem Knochengerüst und der unteren Verspannung der Wirbelbrücke (sehnige Anteile der Bauchmuskeln) das Reitergewicht trägt, was nach einiger Zeit für das Pferd unangenehm wird. Es kommt dann zu einem Wechsel zwischen dem durchhängenden Rücken und dem gegen das Reitergewicht angespannten langen Rückenmuskel. Dies führt ihrer Ansicht nach zu Rückenschmerzen. Nicht umsonst haben die verschiedensten Heilmethoden rund um „Rückenprobleme" derzeit nicht nur in der Sportreiterei Hochkonjunktur. Nach Ansicht von Bürger[1] kann es durch Rückenschmerzen sogar zu Verdauungsstörungen kommen. Eine Wechselwirkung von Viszeralschmerzen (Schmerzen aus dem Bereich innerer Organe) und Rückenschmerzen ist auch aus dem Humanbereich bekannt.

Nach unserer Philosophie vom Reiten ist jeder, der sich entschließt, ein Pferd als „Reittier zu missbrauchen" (So schätzen das manche militanten Tierschützer ein.), dazu verpflichtet, sich und sein Pferd zumindest so weit ausbilden zu lassen, dass dieses eine Chance hat, den Reiter nicht nur geduldig zu ertragen, sondern ihn tatsächlich zu tragen. Nur so aber kann ein Pferd lernen, Freude mit und unter dem Reiter zu haben.

Zweifelsfrei ist die physische und psychische Beeinträchtigung eines Pferdes mit „losem" Rücken weit geringer als bei „Rollkurbearbeitung" – aber Rollkur ist schließlich nicht die einzige Alternative zum „losen" Rücken.

Wie geht es also richtig? Dazu kann man wiederum Bürger und Zietzschmann (→ S. 93) heranziehen. Kurz zusammengefasst wird der durch den Reiter belastete Rücken mit einer Brückenkonstruktion verglichen. Diese wird im vorderen Bereich durch den Zug des Nackenbandes, der Nackenplatte und der oberen Halsmuskulatur an den Dornfortsätzen der Brustwirbel stabilisiert bzw. etwas angehoben. Derselbe Effekt ergibt sich gleichzeitig in der hinteren Hälfte in der Beugephase der Hanken durch das Durchschwingen und -federn der Hintergliedmaßen. Dadurch kann der lange Rückenmuskel wieder frei arbeiten, d.h., sich wechselseitig an- und abspannen und damit der Fortbewegung dienen. Inwieweit sich die untere Verspannung des Rumpfbeugersystems, d.h. vor allem die Bauchmuskulatur, aktiv beteiligt, darüber herrscht in der Diskussion um die Biomechanik Uneinigkeit. (**→ Grafiken S. 93**) Hierauf soll an dieser Stelle jedoch nicht weiter eingegangen werden.

[1] Bürger, U.: Vollendete Reitkunst. 1. Auflage, Stuttgart 2006

Erwähnung verdient allenfalls die Tatsache, dass gut gerittene Pferde nur in Ausnahmefällen einen Bauch haben.

Die in diesem Kontext erwähnten Bewegungsabläufe sind Dehnbewegungen, wie übrigens fast alle Bewegungen in der klassischen Dressur – auch wenn sie für den Betrachter oft aussehen wie Kontraktionen. Der Reiter sitzt aber etwa in der Mitte des Pferdes, er kann das Pferd durch die unmittelbaren mechanischen Effekte seiner Hilfen nur sehr bedingt zu Dehnbewegungen veranlassen. Natürlich ist es möglich, mit Kraft, Hebelgebissen oder Hilfszügeln das Nackenband im Bereich des Genicks mechanisch zu (über-)dehnen, ein Längerwerden des gesamten Halses und ein Öffnen der S-förmigen Halswirbelsäule nach vorne unten ist so nicht möglich. Ebenso kann man das Pferd durch Einwirkung mit den Sporen oder der Gerte dazu bewegen, dass es mit den Hinterbeinen weiter vorfußt und dadurch die lange Sitzbeinmuskulatur dehnt. Da dabei aber in aller Regel der Rücken fest wird, ist es nicht möglich eine gleichmäßige Dehnung des gesamten Bereichs hinter dem Sattel durch rein mechanische treibende Einwirkung zu erhalten. Man kann das Pferd ohne große Hilfengebung dazu veranlassen, den Hals nach vorne fallen zu lassen, und damit immerhin die vor dem Reiter liegende Partie der Oberlinie dehnen. Dies gelingt z.B. durch Kneifen in den Mähnenkamm beim Reiten mit hingegebenem Zügel oder durch Reiten über Stangen und kleine Hindernisse (oder durch Bergaufreiten bzw. Klettern), manchmal auch durch einfaches Passivwerden und Hingeben der Zügel.

Dies ist sicherlich eine gute „Erste Hilfe"-Methode, wenn weder Pferd noch Reiter im klassischen Sinne korrekt ausgebildet sind und ein guter Ausbilder nicht sofort zur Verfügung steht. Letztlich ist es aber eine Sackgasse, denn die Hinterhand kann so nicht heranschließen, das Pferd kommt auf die Vorhand, eilt oder verhält sich, da der Reiter das Tempo nur unzureichend kontrollieren kann. Es wird gegebenenfalls stark schief und beginnt meist auch den Hals bei festem Genick nach vorne wegzustrecken, anstatt sich bei nachgiebigem Genick nach vorwärts-abwärts zu dehnen.

Die gleichmäßige Dehnung kann auf Dauer nur erreicht werden, wenn die Hilfengebung des Reiters auf Dehnbewegungen abzielt. Und dafür ist das Zusammenspiel zwischen treibenden und verhaltenden Hilfen erforderlich. Dies sieht nun nicht etwa so aus, dass der Reiter versucht, den Pferdekopf und -hals mit den Zügeln in eine beigezäumte Position zu zwingen und gleichzeitig mit Kreuz und Schenkeln zu verhindern, dass das Pferd als Folge dieses Zwangs vorn, hinten nicht mehr vortritt. **(→ Kap. 13. „Warum ist eine gute Anlehnung für das Reitpferd vorteilhaft? Warum soll es ziehen?")**

Dieses häufig zu sehende missverstandene und deshalb eher kontraproduktive Zusammenspiel von treibenden und verhaltenden Hilfen ist sicherlich ein Grund, warum viele Reiter sich anderen Reitweisen zuwenden.

Das Zauberwort heißt „Zug". (Die Redewendung „da ist kein Zug drin" ist zweifellos aus der Reitersprache entlehnt und bezieht sich auf eine Organisation, die sich unsystematisch irgendwie so durchmogelt. Die Existenz dieser Redewendung zeigt, dass das Prinzip des „Zugs" früher durchaus allgemein angewendet und verstanden wurde.) Der richtige „Zug" kommt vom Pferd und geht nach vorne, er hat mit dem Rückwärtsziehen des Reiters zwecks Manipulation der Kopfhaltung nichts zu tun! Der „Zug" wird zunächst durch die treibenden Hilfen vorbereitet und herbeigeführt, die Stärke der Verbindung wird im Wesentlichen durch Treiben an die Hand heran erhöht. Das Pferd wird motiviert, vermehrt der nachgebenden Hand zu folgen, dadurch kommen normalerweise ein schöner Bogen vor der Hand und eben auch die Beizäumung zustande.

Es gibt verschiedene Varianten dieses Prinzips, wobei die Einwirkung von Kreuz, Schenkel und Hand etwas unterschiedlich sein kann. Wesentlich ist aber, dass momentweise eine etwas stärkere Spannung der Muskulatur an die Hand heran aufgebaut und anschließend durch Nachgeben die „erlösende" Dehnung zugelassen

Die gleichmäßige Dehnung kann auf Dauer nur erreicht werden, wenn die Hilfengebung des Reiters auf Dehnbewegungen abzielt. Und dafür ist das Zusammenspiel zwischen treibenden und verhaltenden Hilfen erforderlich.

!

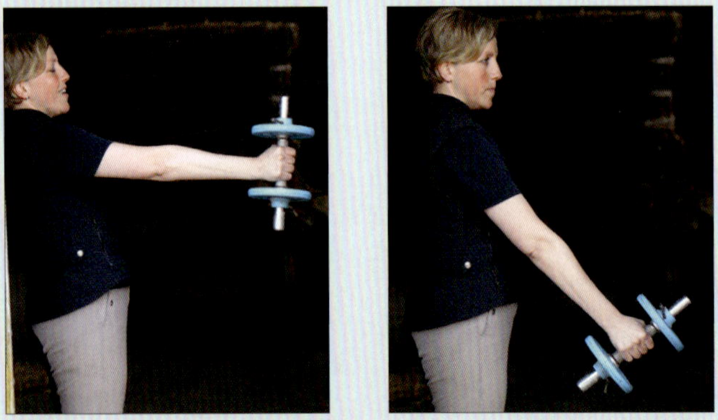

Eine Dehnung der Oberhalsmuskulatur kommt nicht durch ein passives Fallenlassen des Halses zustande, sondern durch ein kontrolliertes Abspannen, ähnlich wie das hier durch den sich senkenden Arm dargestellt ist.

Pferde, die von Beginn an bei ihrer Ausbildung unter dem Sattel gelernt und erfahren haben, dass es ihnen in Dehnungshaltung leichter fällt, das Gewicht auf ihrem Rücken zu tragen, haben keine Probleme damit, sich jederzeit zu dehnen, wenn es ihnen angeboten wird.

!

wird. Damit ist nicht nur das Einnehmen einer Dehnungshaltung gemeint, sondern auch eine Öffnung des Halses und des Ganaschenwinkels (Rahmenerweiterung) des versammelten Pferdes, sowie insbesondere die Dehnung der Außenseite des gebogenen Pferdes. Mit dieser wird das Geraderichten eingeleitet und kann auch vom Pferd angenommen werden.

Es versteht sich von selbst, dass das nicht ganz einfach ist. Bei ungeschickter, wenig gefühlvoller Abstimmung kann es geschehen, dass das Pferd den „Zug" aufgibt und hinter den Zügel kommt. Der Reiter hat dann keinen „Zug" mehr auf dem Zügel, er hat „nichts mehr in der Hand". Das Pferd hat dem Reiter dadurch die Möglichkeit genommen, Dehnungsbewegungen, die für das Pferd durchaus anstrengend sind, zu induzieren und zu kontrollieren; es geht mit schlaffem Rücken, verhält sich und gehorcht bestenfalls noch mechanischen Hilfen. Es kann auch das Gegenteil geschehen, nämlich, dass das Pferd auf den Zügel kommt. Es drängt dem Reiter dann zu stark in die Hand, wird eilig und vorhandlastig und wird beim Nachgeben noch eiliger werden, anstatt sich zu dehnen. Beide Varianten gehen häufig, aber nicht zwingend damit einher, dass die Stirnlinie hinter die Senkrechte kommt. Viele aktuelle Diskussionen über korrektes klassisches Dressurreiten erschöpfen sich übrigens darin, dass das Auf-dem- oder Gegen-den-Zügel-Gehen mit dem Hinter-dem-Zügel-Gehen verglichen wird, – das ist aber nicht die Alternative!

Für die Beurteilung, ob das Pferd am Zügel geht, ob der für das betreffende Pferd passende „Zug" vorhanden ist oder nicht, ist nicht so sehr die absolute Stärke des „Zugs" ausschlaggebend. Ein Pferd kann am seidenen Faden gehen, ein anderes legt dem Reiter deutlich mehr „Zug" in die Hand, trotzdem können beide korrekt gehen. Ausschlaggebend ist die ständige Dehnungsbereitschaft.

Ein so gerittenes Pferd folgt jederzeit der nachgebenden Hand, ohne zu eilen oder sich zu verhalten; es ist sozusagen stufenlos einzustellen, von der Dehnungshaltung mit der Nase fast am Boden bis zur höchstmöglichen Versammlung (bei entsprechendem Ausbildungsstand) und umgekehrt. Der Rahmen muss in Verstärkungen deutlich erweitert werden können, und auch die seitliche Dehnung muss auf Veranlassung des inneren Schenkels durch Nachgeben – ohne Aufgabe der Anlehnung an den äußeren Zügel – zustande kommen und das alles unter Beibehaltung von Takt und Fleiß. Übergänge von einer Gangart in die andere sollen ebenfalls nach dem Prinzip des Rahmenwechsels, des Wechsels von Anspannung und Dehnung geritten werden können und nicht durch die rückwärtswirkende Hand oder durch grobe Sitzhilfen.

(→ Kap. 20. „Übergänge – immer noch die Momente der Wahrheit")

Das Pferd muss dazu motorisch, aber auch muskulär ertüchtigt werden. Die entsprechende Muskulatur kann aber nur dann richtig aufgebaut, dehnungsfähig gemacht bzw. einsatzfähig erhalten werden, wenn sie veranlasst wird, sich positiv an- und abzuspannen. Das unverkrampfte Zusammenspiel der beiden großen Systeme, der Rumpfstrecker und der Rumpfbeuger, kann ohne positive Spannung nicht optimal funktionieren. Dies ist meiner Meinung nach auch der Inhalt und das Ziel unserer Reitlehre, nennen wir sie einmal die klassische, deutsche Reitlehre.

Bei diesem Training ist das wiederholte Reiten in richtiger (Vorwärts-abwärts-)Dehnungshaltung von entscheidender Bedeutung. Allerdings sollte dabei beachtet werden, dass es dann besonders wertvoll ist, wenn das Pferd in diesen Reprisen zu mehrfachem Wechsel zwischen Dehnungs- und „Gebrauchshaltung" veranlasst wird. Nur wenn das Pferd sich bei nachgiebigem Genick vertrauensvoll an die Hand herandehnt, kann man sicher sein, dass der Rücken tatsächlich hergegeben wird, die Hinterbeine aktiv nach vorne durchschwingen und der gewünschte Trainingsfortschritt erzielt wird. Auch beim ganz jungen Pferd kommt es nicht in erster Linie darauf an, dass es die meiste Zeit unter dem Reiter in komplett gedehnter Haltung geht. Wichtig ist der Wechsel der Haltung und vor allem, dass es stets mit genügend langem Hals, besonders mit ausreichend offenem Ganaschenwinkel geht. Wird es eng gemacht, beraubt man es seiner Balancierstange, behindert seine Rücken- und Hinterhandtätigkeit.

Allein das Fallenlassen des Halses ist, wie schon gesagt, wenig förderlich.

11.5 Tief und eng, Rollkur, Hyperflexion oder LDR – Low, Deep and Round?

Das heute leider häufig praktizierte Rollkur-Reiten ist absolut kontraproduktiv:

- **Es schränkt das Pferd in seiner Beweglichkeit aus der Schulter stark ein,**
- **überdehnt Strukturen im Genick und Hals und vermutlich auch der Lendenwirbelsäule,**
- **bringt es auf die Vorhand,**
- **schränkt Atmung und Luftsackfunktion ein,**
- **bringt es aus dem Gleichgewicht und**
- **beeinträchtigt die Sicht in die Bewegungsrichtung.**

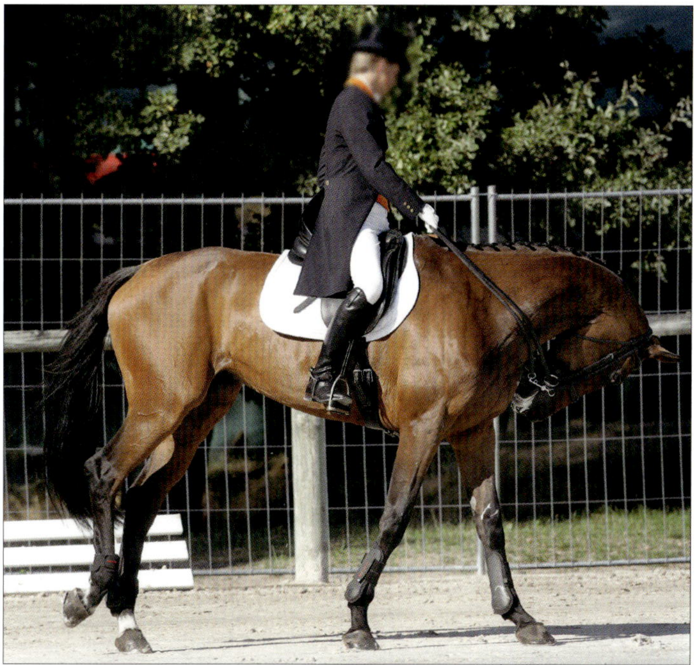

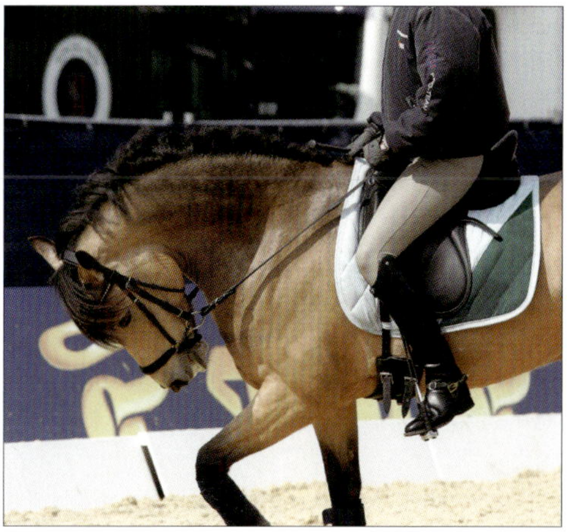

Egal wie man es nennt, Rollkur, Hyperflexion oder LDR – pferdegerecht ist etwas anderes!

Leider wird auch im Ponybereich schon so geritten.

All das führt zu erheblichem Stress und ist wohl kaum geeignet, dem Pferd die Hilfen als Code für Dehnbewegungen verständlich zu machen.

11.6 Dehnungshaltung – Dehnungsbereitschaft

Pferde, die von Beginn an bei ihrer Ausbildung unter dem Sattel gelernt und erfahren haben, dass es ihnen in Dehnungshaltung leichter fällt, das Gewicht auf ihrem Rücken zu tragen, haben

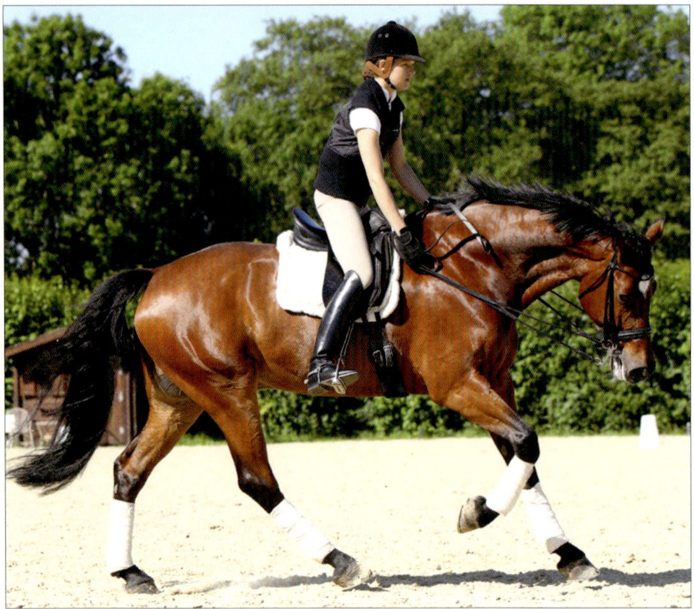

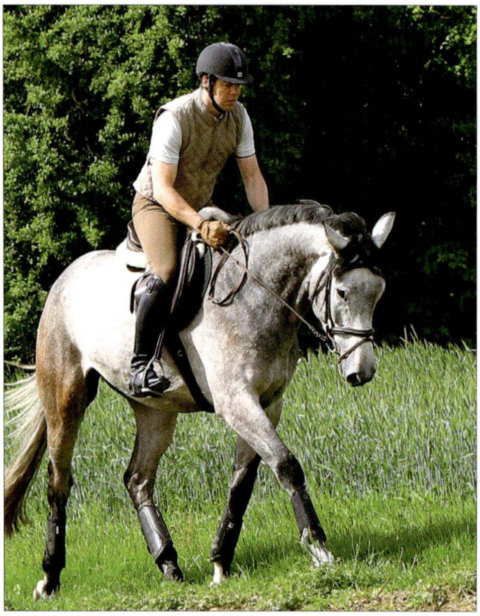

Das Pferd dehnt und öffnet sich hier im Galopp sehr gut; die Reiterin könnte den rechten Arm etwas besser gewinkelt behalten, so wie den linken. (links)

Das junge Pferd dehnt sich im Trab bergauf vertrauensvoll an die Hand heran. (rechts)

keine Probleme damit, sich jederzeit zu dehnen, wenn es ihnen angeboten wird. (Es ist so ähnlich wie beim Menschen, der spontan den Rücken etwas rundet, wenn er einen Rucksack tragen soll.) Das vertrauensvolle Herantreten an die Hand bzw. an das Gebiss wird dann auch zur Selbstverständlichkeit, wenn sie erfahren haben, dass der Reiter ihnen über die Anlehnung hilft, ihren Job als Reitpferd leichter zu erfüllen, dass er sie unterstützt und ihnen das Ausbalancieren mit dem Reitergewicht erleichtert. Selbstverständlich kommt dann auch ganz schnell der Punkt, an dem man dem Pferd sagen muss: Herantreten an die Hand ist das eine, sich auf die Hand legen, „lümmeln", ist aber etwas anderes.

Ein (Korrektur-)Pferd, welches diese Zusammenhänge erst kennenlernen muss, welches noch nicht erfühlt hat, dass Dehnungshaltung auch unter dem Reiter erlaubt ist, dass es sich in dieser Haltung entspannen und erholen kann, muss diesbezüglich konditioniert und überzeugt werden: Dazu wird die Anlehnung, im Wesentlichen durch vermehrtes Treiben in die aushaltende Hand hinein straffer, keinesfalls aber unelastisch gestaltet. Das Pferd wird animiert, Entspannung zu suchen, indem es seinen Hals in Richtung Dehnungshaltung öffnet. Dabei muss der Reiter geradezu in sein Pferd hineinhorchen, damit er auf keinen Fall den Augenblick verpasst, in dem das Pferd, auch nur ansatzweise, entsprechend reagiert. Er zeigt ihm durch Abspannen seiner vorher elastisch angespannten Muskeln, dass er bereit ist, seine Hände mitnehmen zu lassen, ohne dabei aber die Verbindung aufzugeben. Ein leichtes Vornübersitzen (Vorwärtssitz) gibt dem Pferd in diesem Moment eine zusätzliche positive Bestätigung. Er muss aber auch sofort wieder das Pferd vermehrt schließen, den Druck in die Hand hinein wieder verstärken, wenn die Dehnung nicht ausreichend vorwärts-abwärts angenommen wurde oder der „Zug in die Hand hinein" (s.o.) verloren ging. Wird dieses Wechselspiel geschickt und gut abgestimmt auch nur ein, zwei Tage konsequent betrieben, lernt jedes Pferd, die Dehnungshaltung (wieder) zu schätzen. Es muss dahingehend konditioniert werden, dieses kurzfristige verstärkte „Schließen", einschließlich des Verkürzens der Zügel, nur als zwanglose Vorbereitung, als Voraussetzung für das anschließende „Sich-Dehnen-Dürfen" anzusehen. Allerdings können sich bei Pferden, die mittel-

oder längerfristig mit festgehaltenem Rücken geritten wurden, Mängel in der Dehnungsfähigkeit der Rumpfstrecker entwickelt haben, die nur längerfristig behoben werden können. Sie bedürfen neben dem korrekten Dehnen unter dem Reiter, eventuell auch weiterer Rehabilitationsmaßnahmen wie z.B. Physiotherapie.

Bei all dieser Arbeit werden auch die Voraussetzungen für mehr Schub aus der Hinterhand, also für Schwung geschaffen. Leider denken viele im Zusammenhang mit schwungvollem Gehen des Pferdes vornehmlich an Verstärkungen im Trab und Galopp, was aber nur ganz begrenzt berechtigt ist. Selbstverständlich wird ein schwungvoll gehendes Pferd im Rahmen seiner Möglichkeiten Trab- und Galoppverstärkungen besser zeigen können. Zunächst einmal kommt es aber darauf an, dass das Pferd lernt, dank guter Losgelassenheit, besonders in seinem Bewegungszentrum Rücken, und vertrauensvollem Herantreten und -springen an die Hand mit den Hinterbeinen vermehrt nach vorne durchzuschwingen und in der Beugephase in der Hintergliedmaße vermehrt durchzufedern. So gesehen ist die dehnende Arbeit eine Bedingung, ohne die ein vermehrtes Heranschließen der Hinterbeine, also reelle Lastaufnahme in der Versammlung, unmöglich ist.

Das oben bereits erwähnte vertrauensvolle Herantreten an eine gute, freundliche und vom Sitz unabhängig getragene Hand ermöglicht dem Reiter, „Zug" im Pferd zu erzeugen. Ein Pferd, welches gelernt hat, auf „Zug" zu gehen, ist so konditioniert, dass es sich sofort aufgefordert fühlt, aktiver, vor allem mit den Hinterbeinen, abzufußen und heranzuschließen, wenn der Reiter kurzfristig vermehrt an die aushaltende Hand herantreibt, von hinten etwas mehr Druck aufbaut; es hat nämlich ganz konsequent erlebt, dass dieser verstärkte Druck sofort wieder nachlässt, wenn es sich wieder aktiver und frischer nach vorne orientiert.

11.7 Losgelassenheit – Sensibilität

So gerittene Pferde reagieren zunehmend auf impulsartige Hilfen und müssen nicht ständig aktiv getrieben werden. Außerdem sind sie in der Lage, einfach durch Veränderungen der positiven Spannung der Rumpfmuskulatur sichere, taktreine Übergänge von einer Gangart in die andere, innerhalb einer Gangart von einem Tempo ins andere, aber auch in die Piaffe und aus der Piaffe, z.B. in die Passage etc., zu zeigen. Dasselbe gilt auch für das Reiten von Wendungen bis hin zur Pirouette. Besonders das Reiten von Übergängen durch wechselnde Spannung ist neben der ständigen Dehnungsbereitschaft eines der wichtigsten Kriterien korrekter Ausbildung, – ich bezeichne deshalb die Übergänge als die Momente der Wahrheit.

Dieser Maßstab gilt übrigens auch für Pferde anderer Rassen und Reitweisen. Es muss nicht sein, dass sie in Übergängen und Wendungen häufig mit Taktproblemen zu kämpfen haben. Eine scheinbar taktmäßige, gesetzte Piaffe ist wenig wert, wenn das Pferd dabei nicht vorwärtsorientiert ist und nicht in der Lage ist, taktmäßig herauszutraben oder sogar herauszupassagieren. Auf mich wirkt solches Piaffieren abgerichtet. (→ **Kap. 29. „Piaffe für jedermann?"**)

Wenn wir nun an unsere Ausbildungsgrundsätze denken, wird der logische Zusammenhang

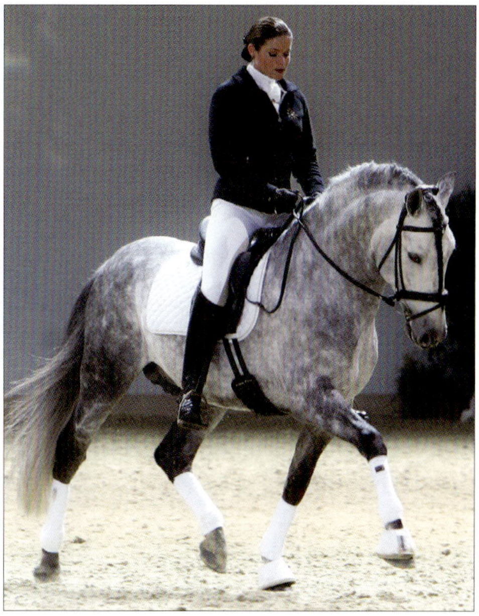

Britta Rasche auf Empaque: Der junge Hengst dehnt sich gut an die Hand heran und schwingt hinten sehr gut durch; im Moment ist er minimal verworfen.

Das vertrauensvolle Herantreten an eine gute, freundliche und vom Sitz unabhängig getragene Hand ermöglicht dem Reiter, „Zug" im Pferd zu erzeugen.

!

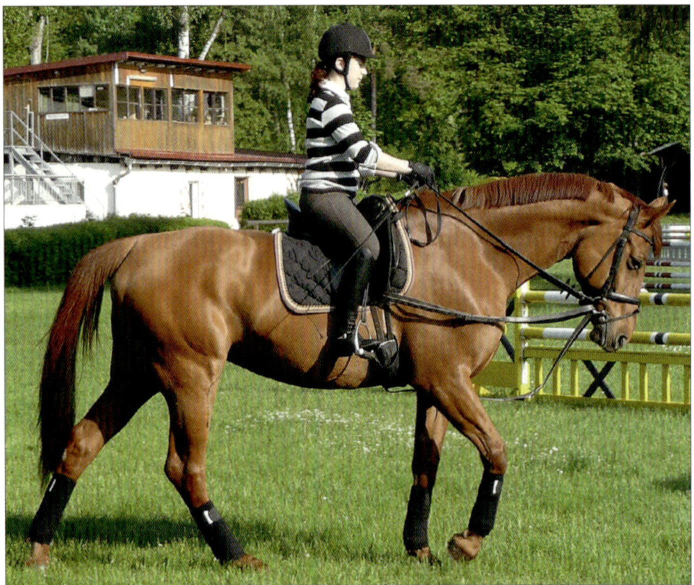

Mit Dreieckszügeln findet auch das noch nicht so dehnungsbereite Pferd sehr schnell den Weg nach vorwärts-abwärts, sodass die weniger routinierte Reiterin sich auf ihren Sitz und ihre Hilfen konzentrieren kann. Das Pferd könnte die Nase noch besser nach vorne bringen. Das wird in der Trab- und Galopparbeit auch gleich besser sein, wofür die Hilfszügel auch verpasst sind.

klar. Wertvolle geraderichtende Arbeit ist erst dann wirkungsvoll möglich, wenn das Pferd losgelassen, mit gesunder Gehfreude vertrauensvoll an die Hand herantritt und -springt, – also „Zug drin ist". Denn nur dann lässt sich die kürzere Körperseite durch die Hilfengebung dehnen. Fehlt der Zug, so ist es nur möglich, die längere Körperseite durch die Hilfen zu verkürzen, was eher kontraproduktiv ist. Das ist übrigens der Sinn des Steinbrecht'schen Satzes „Reite dein Pferd vorwärts und richte es gerade!" Leider wird dabei häufig vergessen, dass dafür auch Gelassenheit notwendig ist und „Zug" nicht bedeutet, dass das Pferd eilt und auf die Hand geht. Deshalb wird oft über Tempo einfach „schneller" geritten, mit dem Ergebnis: fester Rücken und hinten herausarbeitende Hinterbeine. Dieser Fehler wird zu Recht kritisiert, ist aber eben nicht ein zwangsläufiges Ergebnis des Arbeitens nach der Reitlehre, sondern einer der vielen möglichen Irrtümer beim Versuch der Umsetzung. **(→ Kap. 16. „Geraderichten...")**

Überhaupt nicht in Abrede stellen möchte ich, dass ein großer Teil unserer wunderbaren, modernen Warmblutpferde, gerade auch im Turniersport, nicht nach diesen Grundsätzen geritten sind. Vielfach glauben zwar die Reiter nach dieser Reitlehre zu arbeiten, kommen aber mangels richtigen Verständnisses unserer Ausbildungsgrundsätze, gerade auch was Versammlung anbelangt, zu völlig falschen Ergebnissen. Besonders bei Pferden und Reitern, die bereits auf höherem Level arbeiten, so ab Kl. L und M aufwärts, hat man den Eindruck, sie vergäßen, dass täglich wieder durch richtige lösende Arbeit erst die Voraussetzungen für alles Weitere, besonders für versammelte Lektionen geschaffen werden müssen. Sie sind so auf das Reiten von Lektionen fixiert, dass sie es annehmen, wenn ihnen ihr Pferd vom Aufsitzen an eine Haltung anbietet, wie sie in einer Dressuraufgabe erwünscht ist. Oftmals haben die Pferde dann die Dehnungsbereitschaft verlernt und gehen schließlich „obenhingestellt", zusammengezogen, dadurch in ihrer Balance gestört und ohne Selbsthaltung. Sie wirken gestresst, manchmal auch richtiggehend resignierend, auf jeden Fall mangelt es ihnen an freudvoller Ausstrahlung. Daraus darf aber nicht der Schluss gezogen werden, die Reitlehre sei falsch und dafür verantwortlich. Gutes Reiten, egal auf welchem Niveau, ist etwas höchst Anspruchsvolles und erfordert gute Kenntnisse und Fertigkeiten, ganz besonders wenn es darum geht, ein Pferd für diese Aufgabe zu ertüchtigen oder gar zu korrigieren oder zu rehabilitieren.

Seit vielen Jahren arbeite ich ständig auch mit Schülern zusammen, die „Barockpferde" reiten. Bei diesen Pferden ist es sogar ganz besonders wichtig, sie zu guter Dehnungsfähigkeit und vor allem Dehnungsbereitschaft zu bringen. Sie darauf zu konditionieren, weil sie meist exterieurbedingt eine etwas mehr vorwärts-aufwärts-gerichtete Halsposition haben und ihnen Dehnungshaltung zunächst etwas schwerer fällt. Dabei lässt sich immer wieder feststellen, dass es auch solchen Pferden hervorragend bekommt, wenn sie korrekt nach den Ausbildungsgrundsätzen der klassischen, deutschen Reitlehre geritten werden. Selbst beim Training für Schauvorführungen und den entsprechenden speziellen Übungen wirkt sich das verbesserte Gerittensein positiv aus.

Seriöses, korrektes Reiten nach den Ausbildungsgrundsätzen der klassischen deutschen Reitlehre ist optimal pferdegerecht – und zwar für alle Pferdetypen – und damit angewandter Tierschutz für das Reitpferd.

11.8 Hinweise zur praktischen Arbeit

Nun noch einmal zurück zur täglichen praktischen Arbeit:

Wenn ich oben schon einmal davon sprach, dass ein Daher-laufen-Lassen das Pferd nicht ertüchtigt und trainiert, den Reiter wirklich mit seiner Muskelkraft zu tragen, so gilt dies schon für den Beginn der lösenden Arbeit. Mit hingegebenen Zügeln zu reiten ist nur sinnvoll, wenn das Pferd von sich aus den Hals fallen lässt und mit runder Oberlinie geht. Allerdings möchte ich auch diesbezüglich eine Einschränkung machen: Wenn der Reiter, z.B. mit einem älteren oder einem Pferd in der Rekonvaleszenz, in der Lösungsphase besonders ausführlich Schritt reitet, sollte er dabei auch Wert darauf legen, dass es fleißig und aufmerksam schreitet, sich vor allem nicht einfach „hängen lässt und pennt". Eine immer wieder wechselnde Haltung, z.B. durch ansatzweises Zügel-aus-der-Hand-kauen-Lassen oder ein angedeutetes Abfragen von Längsbiegung, macht eine solche ausgedehnte Schrittphase erst richtig wertvoll.

Gerade bei Pferden, die noch nicht das ganz sichere Vertrauen zur Hand ihres Reiters gewonnen haben, sind schon das Schrittreiten am langen, eben nicht mit hingegebenem Zügel und erst recht die ersten Trabreprisen die besten Gelegenheiten, um dem Pferd zu zeigen, wie „angenehm es sich an der Hand des Reiters lebt". Den Wert der wechselnden Haltung habe ich oben schon ausführlich erklärt.

Besonders beim Reiten im Freien oder bei einem Ausritt hängt sehr von den äußeren Bedingungen, dem Temperament des Pferdes sowie vom Ausbildungsstand von Pferd und Reiter ab, ob man bei Schrittreprisen mit hingegebenem Zügel reiten kann und soll. Im Zweifelsfall sollte besser am langen Zügel geritten werden. Sicherlich kann ein erfahrenes, gut ausbalanciertes Reitpferd auch mit hingegebenem Zügel traben oder galoppieren; auf keinen Fall ist dies aber für das Pferd eine Erleichterung, außer der Reiter hat eine sehr schlechte, grobe Hand, – dann wäre es noch das kleinere Übel. Wer gelernt hat, mit einer guten, vom Sitz unabhängig getragenen Hand zu reiten, kann durch die richtige Anlehnung, und das gehört zur Philosophie unserer Reitlehre, dem Pferd seinen Einsatz unter dem Sattel erleichtern.

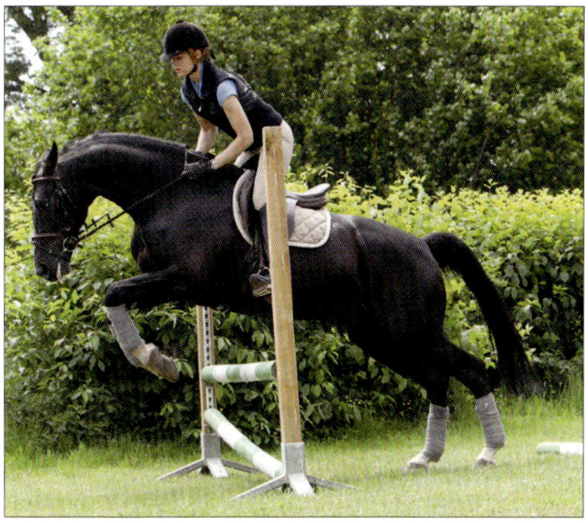

So kleine Sprünge können und sollten mit jedem Pferd gesprungen werden; sie fördern hervorragend die Hergabe des Rückens.

Im Vielseitigkeitssport trainieren manche Reiter ganz bewusst, auch Sprünge mit langem Zügel, fast ohne Verbindung zu überwinden. Sie versprechen sich davon, dass das Pferd in kniffligen Situationen dank der völligen Freiheit des Halses diesen als Balancierstange noch besser einsetzen kann und dadurch noch sicherer auf den Beinen ist.

11.8.1 Dauer der lösenden Arbeit

Wie viel Zeit für die lösende Arbeit täglich angesetzt werden muss, wird von folgenden Überlegungen bestimmt:

Der Beginn einer Arbeitseinheit, also die Lösungsphase, wird sehr stark beeinflusst von der Art, wie die vorangegangene beendet wurde.
- **von den Haltungsbedingungen**
- **vom Alter und Ausbildungsstand des Pferdes**

Seriöses, korrektes Reiten nach den Ausbildungsgrundsätzen der klassischen deutschen Reitlehre ist optimal pferdegerecht – und zwar für alle Pferdetypen – und damit angewandter Tierschutz für das Reitpferd.

!

- **vom Gebäude und Interieur des Pferdes**
- **von den äußeren Bedingungen, wie Bodenverhältnissen, Witterung und (Un-)Ruhe des Umfeldes**
- **vom Ausbildungs- und Erfahrungsstand des Reiters**

(→ Genaueres hierzu findet sich in RmVuG).

Gerade für Trainingseinheiten, in denen das Pferd ausbildungsmäßig weiter gefördert werden soll, oder auch vor dem Reiten von Aufgaben oder Parcours sollte es das Ziel sein, die lösende Arbeit optimal zu gestalten, sodass das Pferd möglichst schnell zur Losgelassenheit kommt. Dadurch wird einer vorzeitigen Ermüdung vorgebeugt und es bleibt genügend physische und psychische Kraft (z.B. Konzentrationsfähigkeit) für die sogenannte Arbeitsphase.

Bei allem Geschick des Reiters und sonstigen optimalen Voraussetzungen wird der minimale Zeitbedarf für das Lösen immer wenigstens bei ca. 15–20 Minuten liegen. Diese Zeit ist schon deshalb nötig, um die oben beschriebenen physischen Voraussetzungen für Arbeit und Leistung zu schaffen.

11.8.2 Wie wird gelöst?

Die Durchführung der lösenden Arbeit habe ich in RmVuG schon recht ausführlich beschrieben. Im Kapitel 31. „Aufbau einer Trainingseinheit" finden sich dazu noch weitere Anregungen.

Bei allem Geschick des Reiters und sonstigen optimalen Voraussetzungen wird der minimale Zeitbedarf für das Lösen immer wenigstens bei ca. 15–20 Minuten liegen.

!

Wer sich mit seinem Pferd dabei noch sehr schwertut, sollte auf jeden Fall auch einmal im Kapitel 27. „Hilfszügel" nachlesen. Dort ermuntere ich den Reiter, es mit gutem Gewissen ruhig auch einmal mit Dreieckszügeln zu probieren, wenn er zu lange braucht, bis sein Pferd sich löst und zur Dehnung kommt.

Um besonders auch der mentalen Seite der Losgelassenheit gerecht zu werden, ist es wichtig, mit dem Pferd möglichst viel im Freien zu arbeiten. Selbst wenn der Reiter dressurmäßig trainieren will und dafür ein Viereck braucht, kann er wenigstens einen Teil der lösenden Arbeit im Gelände vornehmen. In den wenigen Wochen des Jahres, in denen ausschließlich in der Halle geritten werden kann, muss sich der Reiter ernsthaft Gedanken machen, wie er es vermeiden kann, sein Pferd zu langweilen (s.u.: z.B. mit Cavalettiarbeit, Springgymnastik oder überhaupt durch Arbeiten im leichten Sitz). Dies gilt besonders schon für die Lösungsphase. Nach der Arbeitsphase ist für die abschließende Entspannungs- und Erholungsphase ein Spazierritt ohnehin das Optimale!

Eine besonders wertvolle Möglichkeit, die eigentlich immer praktizierbar ist, will ich hier nochmals aufgreifen und ansprechen, das Reiten im leichten Sitz. Gerade auch für besonders sensible Pferde mit einem etwas feinen Rücken ist es eine wunderbare Methode, nicht nur länger leichtzutraben, sondern auch die Galopparbeit im leichten Sitz zu beginnen. Um den Rücken des Pferdes zu entlasten, sitzt der Reiter aus der Hüfte etwas vornüber. Dadurch verändert sich für Pferd und Reiter etwas die Balance. Der Reiter sollte in dieser Sitzart geübt und gut ausbalanciert sein, um damit Positives bewirken zu können. Er muss nach wie vor mit seinem Schwerpunkt dicht am Pferd bleiben (nicht, wie man so schön sagt, das Gesäß lüften), in der Lage sein, seine Hände unabhängig vom Sitz zu tragen und einzusetzen und sicher das Pferd vor sich behalten.

Da Pferde ihrer Natur nach Herdentiere sind, ist es ein großer Vorteil, wenn beim täglichen Reiten mehrere Pferde gemeinsam arbeiten.

Weitere Möglichkeiten bieten:
- **eine Wellenbahn**
- **Reiten im Gelände**
- **Klettern**
- **Cavalettiarbeit**
- **Springgymnastik**
- **Longenarbeit etc.**

In manchen Fällen kann es sinnvoll sein abzulongieren. Der Wert der Arbeit an der Longe darf aber nicht überbewertet werden. Durch das ständige Gehen auf gebogener Linie besteht sehr leicht die Gefahr der Fehl- bzw. Über-

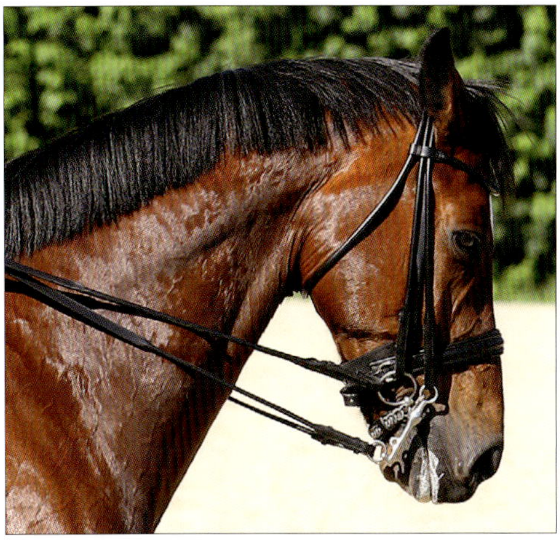

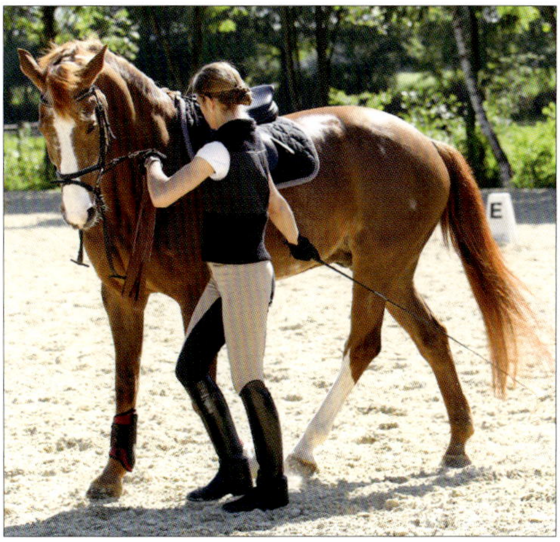

Der zufriedene Gesichtsausdruck (links)

Gutes Übertreten an der Hand (rechts)

belastung des Bewegungsapparates, besonders, wenn die Bodenverhältnisse nicht ideal sind und auf kleinem Zirkel longiert wird. (→ Kap. 33. „Zirkeltraining – Longieren…")

11.8.3 Woran erkennt man ein losgelassenes Pferd?

Für den Reiter und den aufmerksamen Betrachter gibt es viele Zeichen, die ganz sicher darauf hinweisen, wie es um die Losgelassenheit eines Pferdes bestellt ist. Jede(r) echte Pferdemann/-frau wird bestrebt sein, diese zu bemerken und dafür sensibel zu sein:

- der zufriedene Gesichtsausdruck (Auge, Ohrenspiel, Ober-, Unterlippe)
- die gute Maultätigkeit (geschlossen, nicht zugeknallt, ruhig kauend mit leichter Schaumbildung)
- das zufriedene Abschnauben, nicht aufgeregtes Prusten
- der schwingende Rücken, die durch den ganzen Körper gehenden Bewegungen, sodass der Reiter verbessert mitgenommen wird und zum Sitzen kommt; der getragene, pendelnde Schweif
- die zunehmende Durchlässigkeit insbesondere auch in Übergängen, ohne Schwebetritte bei Rückführung aus Trabverstärkungen
- die Bereitschaft, jederzeit den Hals fallen zu lassen und Dehnungshaltung einzunehmen
- die Fähigkeit, jederzeit Arbeitstempo zu zeigen
- das Verhalten des Pferdes im Schritt ist besonders aussagekräftig: die durchgängige Taktsicherheit, seine Bereitschaft zur Dehnung, die losgelassene, vorwärts-abwärts-gerichtete Nickbewegung (Ausnahme versammelter Schritt) und die Beteiligung des gesamten Körpers einschließlich des Rückens am Bewegungsablauf

Insgesamt ist die gesamte Körpersprache des Pferdes beachtenswert: Das losgelassene Pferd lässt erkennen, dass es ihm „Spaß macht", sich mit und unter dem Reiter zu bewegen.

11.8.4 „Seitwärts" löst?

Vielfach wird heute auch gerade für die lösende Arbeit empfohlen, das Pferd zu Seitwärtsbewegungen zu veranlassen. (Ich spreche hier bewusst nicht von Seitengängen, weil nach der Definition unserer Reitlehre dazu nur Vorwärts-seitwärts-Bewegungen mit Längsbiegung und zumindest einem gewissen Grad an Versammlung gehören, also Schulterherein, Travers, Renvers und Traversalen.) Besonders Schenkelweichen kann in der Lösungsphase durchaus hilfreich sein.

Die Wirkung, die durch das Vorwärts-seitwärts-Treten des Hinterbeins unter den Pferdekörper erzielt wird, beschreibt Dr. Gerd Heuschmann in seinem Buch[1] auf Seite 101 wie folgt:
„Diese beschriebene Verschränkung der inneren Hintergliedmaße führt zu einer Innenrotation des Schaftes des Oberschenkelknochens (Os femoris). Während sich der Schaft des Oberschenkelknochens nach vorwärts-seitwärts unter den Pferdekörper bewegt, macht der Anteil des Oberschenkelknochens, der das Hüftgelenk überragt (Trochanter major), eine gegensätzliche Bewegung, nämlich nach außen und hinten.

Diese Auswärtsbewegung des „Großen Umdrehers" (Trochanter major) führt zu einer passiven Drehung des dort ansetzenden großen Kruppenmuskels (Musculus Gluteus Medius) und vermittelt über die Rückenfaszie eine Zugwirkung auf den langen Rückenmuskel von hinten außen. Der Rücken wird spürbar angehoben." (Ende des Zitats.)

Dies ist sicherlich eine sehr wertvolle Wirkung, die beim Korrekturpferd auch, wie Heuschmann das empfiehlt, im ganz langsamen Schritt angestrebt werden kann. Besonders gilt dies für sogenannte Schenkelgänger, deren Rückenmuskulatur, sprich deren gesamtes Rumpfstreckersystem aufgrund längerfristigen Mangels an Arbeit in Dehnungshaltung kaum noch Dehnungsfähigkeit hat.

Starke Verdrehungen des Beckens gegenüber der Lendenwirbelsäule, z.B. durch übertriebenes Seitwärtstreten, sind eher kontraproduktiv und stören den Bewegungsablauf. **(→ im Kap. 26.4 „Übertriebenes Arbeiten im Seitwärts...")**

Beim jungen unverdorbenen Pferd, das erst lernen muss, sich unter dem Reiter wieder auszubalancieren, sollte meiner Meinung nach sowieso zunächst das Vorwärts, natürlich gut kontrolliert, im Vordergrund stehen. Es muss möglichst schnell spüren, wie viel „Spaß" es macht, auch mit dem Reiter seinen Bewegungsdrang zu befriedigen, und lernen zu „ziehen" **(→ Kap. 13. „Warum ist eine gute Anlehnung für das Reitpferd vorteilhaft?")** als Voraussetzung für geraderichtende Arbeit.

Der Takt der jeweiligen Gangart sollte auch beim Schenkelweichen oberstes Kriterium sein. Der Fluss der Bewegung muss auf jeden Fall erhalten bleiben. Ab einem gewissen Grad der Abstellung kann sich das Pferd beim Kreuzen auch nur noch bedingt, zumindest nicht mehr taktmäßig bewegen. Selbstverständlich sollte der Reiter während des Schenkelweichens variieren und immer wieder einmal ein, zwei Schritte ein stärkeres Seitwärts und Kreuzen verlangen. So kann er beides miteinander verbinden, ohne die Gehfreude und die Taktmäßigkeit des sowieso sehr störungsanfälligen Schritts zu mindern bzw. zu beeinträchtigen. Allerdings setzt ein stärkeres Betonen der Seitwärtsbewegung, wie alles Grenzwertige, eine besonders gute Fähigkeit des Reiters voraus, sich ins Pferd hineinzufühlen. Jegliches Übertreiben wirkt sich sofort kontraproduktiv aus, es schadet nur. **(→ Kap. 18. „Schritt, die ungeliebte Gangart")**

Auch beim Longieren während des Handwechsels und bei der Arbeit an der Hand wird teilweise ein deutlicheres Übertreten abgefragt.

Die gewissenhafte Beachtung des Vorwärts bei der gesamten Ausbildung eines Pferdes entspricht ja auch der Philosophie unserer Reitlehre. Der Steinbrecht'sche Satz „Reite dein Pferd vorwärts und richte es gerade!" beinhaltet die Erkenntnis, dass geraderichtende Arbeit eben eine durchgängige Vorwärtstendenz voraussetzt. In diesem Zusammenhang muss unbedingt bedacht werden, dass „Vorwärts-seitwärts-Arbeit" erst dann wirklich wertvoll wird, wenn das Pferd gelernt hat, den inneren Schenkel richtig zu verstehen und zu akzeptieren, d.h. ihm nicht einfach auszuweichen, sondern sich um ihn auch in der Rippe etwas zu biegen und ihm wirklich Schritt für Schritt Folge zu leisten. (Deshalb wird der kundige, erfahrene Reiter den inneren Schenkel dicht am Gurt einsetzen, ihn auf keinen Fall sehr deutlich zurücklegen.)

11.9 Rückengänger – Schenkelgänger

Zum Abschluss dieses wichtigen Themas möchte ich die alten Begriffe Rückengänger und Schenkelgänger erklären, die in der aktuellen Diskussion über pferdegerechte Ausbildung wieder häufiger erwähnt werden.

[1] Finger in der Wunde, 2. Auflage, Wu Wei Verlag, Schondorf 2007

Unter Rückengänger verstehen wir in der Reitlehre ein Pferd,

- welches dank guter Losgelassenheit den Rücken hergibt,
- in diesem, seinem Bewegungszentrum schwingt,
- dessen Hinterbeine deshalb nach vorn durchschwingen können,
- dessen Vorderbeine sich frei aus der Schulter bewegen können und dorthin fußen, wo sie hinzeigen,
- dessen Bewegungen also durch den ganzen Körper fließen,
- das sich selbst zu tragen in der Lage ist und jederzeit dehnungsbereit ist.
- Es bewegt sich ökonomisch, ermüdet und verschleißt weder physisch noch psychisch vorzeitig. Für den Reiter hat es den Vorteil, dass es nicht nur gut zu sitzen ist, sondern ihn auch in die Bewegung mitnimmt.

Unter Schenkelgänger verstehen wir in der Reitlehre ein Pferd,

- welches mangels echter Losgelassenheit den Rücken nicht hergibt,
- mit verspanntem Rücken geht,
- dessen Hinterbeine deshalb kaum nach vorn schwingen können,
- dessen Vorderbeine sich mithilfe der verspannten Rücken- und Halsmuskulatur vielleicht zunächst weit aus der Schulter heraus nach vorwärts-aufwärts bewegen können, aber nicht dorthin fußen, wo sie hinzeigen,
- bei dem die Bewegungen der Vorder- und Hintergliedmaßen nicht sicher korrespondieren,
- dessen Bewegungen folglich nicht durch den ganzen Körper fließen,
- das sich nicht selbst zu tragen in der Lage ist, sondern stark durch den Reiter unterstützt werden muss und
- das deshalb zum Schwanken neigt,
- dem es an Dehnungsbereitschaft mangelt,
- dessen Rumpfstreckersystem nach einiger Zeit so an Dehnungsfähigkeit eingebüßt hat, dass es sich gar nicht mehr reell dehnen kann,
- das wegen des unguten Gefühls im Rücken entweder zum Eilen neigt oder sich verhält und sehr triebig ist.
- Es bewegt sich unökonomisch, braucht deutlich mehr Kraft und verschleißt physisch und/oder psychisch meist vorzeitig. Der Reiter kann trotz des festen, deshalb wenig schwingenden Rückens oft gut sitzen, wird aber wenig in die Bewegung mitgenommen.

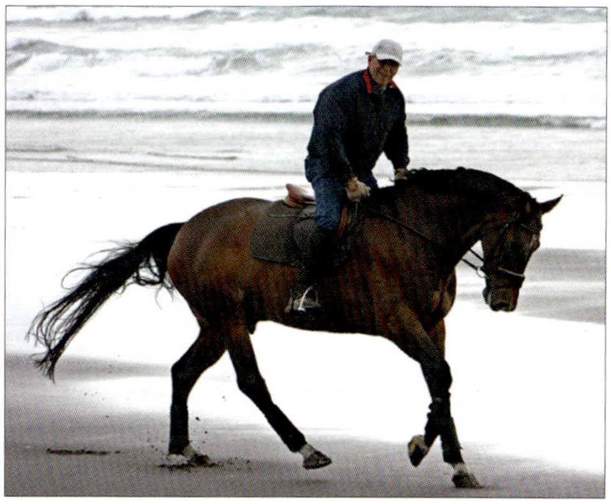

Damals 8-jähriges S-Dressurpferd, inzwischen hoch erfolgreich in Grand Prix, beim erholsamen Kanter am Strand

Wer richtig und pferdegerecht reiten möchte, um auch langfristig ein physisch und psychisch gesundes Pferd zu haben, muss sich der elementaren Bedeutung von Losgelassenheit und Zwanglosigkeit stets bewusst sein. Er muss gerade auch bei anspruchsvollerer, versammelnder Arbeit wachsam sein, damit nicht aus der notwendigen positiven Anspannung Verspannung und Verkrampfung werden.

Wer richtig und pferdegerecht reiten möchte, um auch langfristig ein physisch und psychisch gesundes Pferd zu haben, muss sich der elementaren Bedeutung von Losgelassenheit und Zwanglosigkeit stets bewusst sein.

!

→ Kap. 2. „Der richtige Sitz…"
→ Kap. 4. "Die gute Hand…"
→ Kap. 4.3 „Wechselrahmen" (Zügelmaß)
→ Kap. 12. „Nachgiebigkeit im Genick…"
→ Kap. 13. „Warum ist eine gute Anlehnung…"
→ Kap. 31. „Aufbau einer Trainingseinheit"

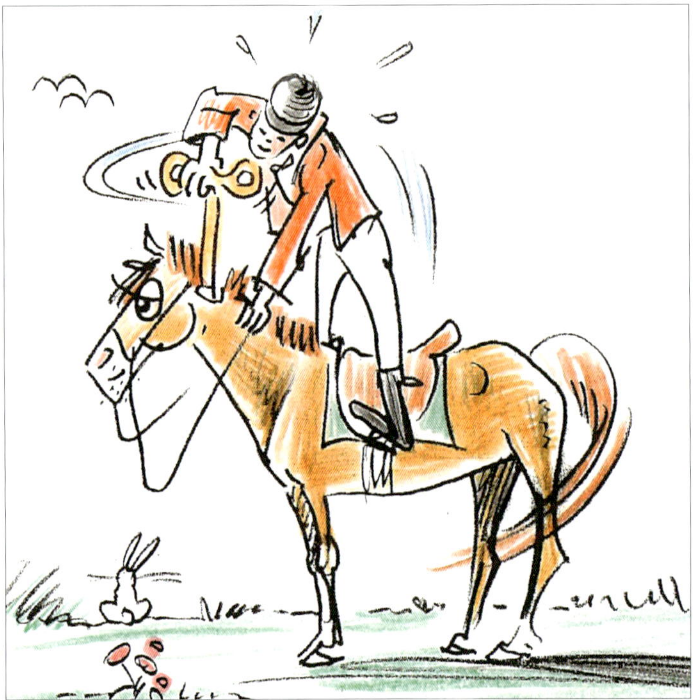

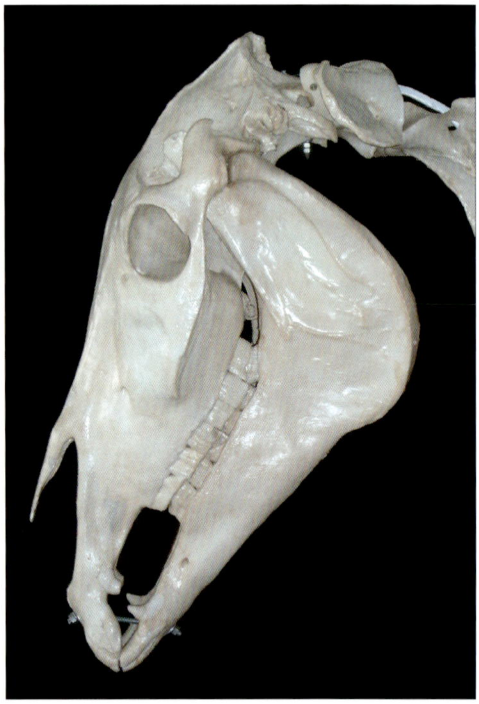

Der Reiter muss sofort lernen, am Genick des Pferdes zu arbeiten, dies aber eben richtig mit Unterstützung eines Ausbilders.

!

12. Nachgiebigkeit im Genick – der Schlüssel zum Rücken

Über die Nachgiebigkeit des Pferdes im Genick wird immer wieder heiß diskutiert. An sich bestreitet keiner, der sich um pferdegerechtes Reiten bemüht, dass volle Losgelassenheit, besonders was den Pferderücken anbelangt, erst erreicht werden kann, wenn das Pferd eben auch im Genick nachgibt.

Trotzdem scheuen sich einige, dies so direkt anzusprechen oder gar zu betonen, weil sie befürchten, dass sonst jeder erst einmal anfängt, am Pferdemaul herumzufummeln, z.B. zu riegeln oder mit ausgefallenen Gebissen zu tricksen. Deshalb lassen sie lieber mit ganz langem Hals reiten, in der Hoffnung, dass das Pferd schon von selbst irgendwann nachgibt.

Mein Standpunkt ist ein etwas anderer:
Meiner Meinung nach macht es keinen Sinn, einen Fehler dadurch zu vermeiden, dass man einen anderen in Kauf nimmt. Der Reiter muss sofort lernen, am Genick des Pferdes zu arbeiten, dies aber eben richtig mit Unterstützung eines Ausbilders. Und das bedeutet eben, gerade nicht aktiv zu fummeln, zu spielen, zu riegeln oder was sonst noch zu beobachten ist. Vielmehr muss er einüben und sich ganz fest in seinem Kopf einprägen, dass die Hand und die dem Pferd angebotene Verbindung nur das Gegenüber für seine treibenden Hilfen sind. Dies muss er dann auch konsequent umsetzen. Selbstverständlich setzt das voraus, dass der Reiter in seinem Sitz schon recht gefestigt und in der Lage ist, sich gut losgelassen und ausbalanciert auf dem Pferd zu bewegen.

Bei Reitern, die hier noch Defizite haben und die deshalb ihre Hände noch nicht unabhängig vom Sitz tragen können, lasse ich deshalb gerne mit Dreieckszügeln reiten, wovon Reiter und Pferd sehr profitieren können. Das Pferd fühlt sich wohler im Rücken und der Reiter kommt besser zum Sitzen, sodass er sich mehr auf sich konzentrieren kann.

(→ Kap. 27. „Hilfszügel")

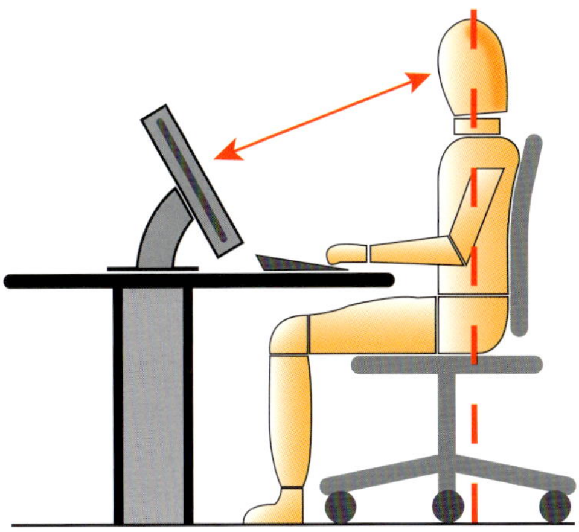

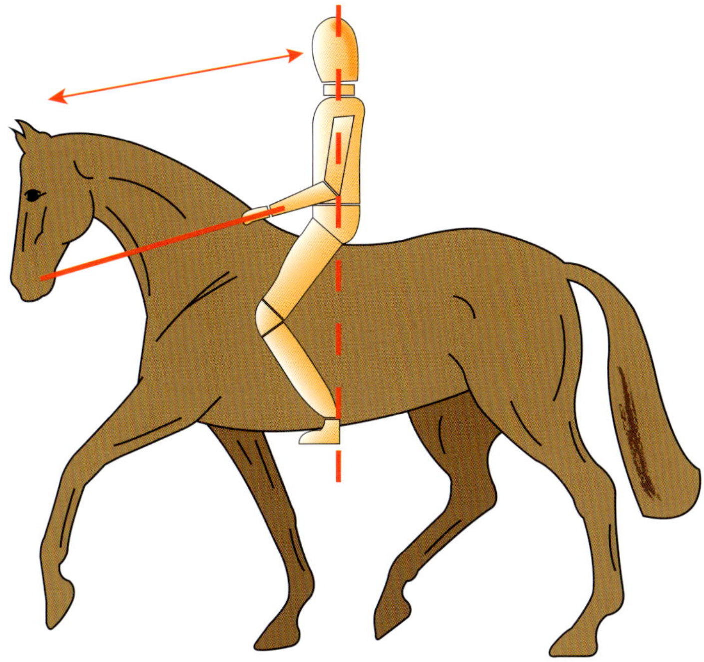

12.1 Warum ist die Nachgiebigkeit im Genick wichtig?

Wenn ich mich im Folgenden speziell mit der Nachgiebigkeit des Pferdes im Genick befasse, will ich damit unterstreichen, welch besondere Bedeutung dieser Körperpartie, oder besser gesagt der Befindlichkeit des Pferdes in diesem Bereich zukommt. Nicht von ungefähr spreche ich in diesem Zusammenhang vom Schlüssel zum Rücken. Da dieser beim Pferd genau wie beim Menschen das Bewegungszentrum ist, hängt die gesamte Beweglichkeit auch von dieser Nachgiebigkeit ab. Deshalb geht es auch nicht hauptsächlich um die Anlehnung, sondern genauso um Losgelassenheit und Schwung sowie um Geraderichten und Versammeln. Letztendlich kann ohne Nachgiebigkeit im Genick keine reelle Durchlässigkeit erreicht werden.

Wie beim Menschen hängt auch beim Pferd die Beweglichkeit und damit die Fähigkeit, „locker" zu sein, sich losgelassen zu bewegen, sehr stark von der entsprechenden Kopf-Hals-Haltung ab; das Okzipitalgelenk[1] spielt dabei eine entscheidende Rolle. Hierzu ein Beispiel aus dem Bereich der Ergonomie:

Beim Einrichten eines Computer-Arbeitsplatzes soll laut Richtlinien der Berufsgenossenschaften der Monitor so aufgestellt werden, dass die oberste Zeile auf dem Bildschirm keinesfalls oberhalb der horizontalen Sehachse liegt, er darf also keinesfalls zu hoch stehen. Um eine entspannte Kopfhaltung zu erzielen, sollte der Blickwinkel um etwa 35 Grad aus der Waagerechten abgesenkt werden.

Beachtet man etwa im Büro diese Vorgaben nicht und sitzt längere Zeit mit einer mehr angehobenen Blickrichtung bzw. Kopfhaltung, wird das zu Rückenschmerzen und Verspannungen führen.

Schon vor 80 und mehr Jahren wusste man offensichtlich um diese Zusammenhänge und hat den Rekruten auf dem Pferd beim Abteilungsreiten diese Haltung beigebracht: Der Blick wird zwischen den Ohren des Pferdes hindurch auf die Kruppe des Vorderpferdes gerichtet.

Beim Pferd gilt im Prinzip genau dasselbe: Bewegt es sich nicht mit losgelassenem Genick, geht es womöglich ständig, wenn auch nur leicht, gegen die Hand, es kann sich auch im Rücken nicht loslassen und sich frei mit den Hinterbeinen bewegen. Im Gegenteil, neben einigen Muskelgruppen im Hals wird auch der Rücken immer mehr verkrampfen und die Hinterbeine hinten herausarbeiten.

Der Blick wird zwischen den Ohren des Pferdes hindurch auf die Kruppe des Vorderpferdes gerichtet.

!

[1] Das ist das Gelenk zwischen dem Schädel und dem ersten Halswirbel, dem Atlas.

Kommt es in der Muskulatur zu Verkrampfungen, so werden die entsprechenden Muskelgruppen schlechter durchblutet und ernährt; mittel- und langfristig kommt es statt zu einem Muskelaufbau zu einer Muskeldegeneration bzw. -atrophie.

12.2 Wie geht man damit um?

Jeder Reiter sollte erkennen können, ob sein Pferd im Genick nachgiebig ist. Er muss lernen, dafür zu sorgen. Das richtig gerittene Pferd hat schon in den ersten Wochen seines Reitpferdedaseins, beim sorgfältigen Anreiten, bei dem es Vertrauen zum Reiter geschöpft hat, erfahren, dass es den Reiter mitsamt dem Sattel am leichtesten tragen kann, wenn es im Genick nachgibt, den Hals fallen lässt und somit den Rücken hergeben kann. Deshalb wird es problemlos und willig schon im Schritt beim Aufnehmen der Zügel anfangen zu kauen und eben im Genick nachgeben. Durch das zufriedene Kauen werden die Speichelbildung und der Speichelfluss aus der Ohrspeicheldrüse angeregt. Umgekehrt wird auch durch das zufriedene Kauen das Nachgeben im Genick gefördert. Die Nachgiebigkeit im Genick mit rigorosen Zügeleinwirkungen oder gar mit scharfen Gebissen und/oder Schlaufzügeln zu erzwingen, ist dagegen absolut kontraproduktiv. Dasselbe gilt auch für einen „zugeknallten" Nasenriemen, weil dadurch die notwendige Kautätigkeit eingeschränkt oder gar unterbunden wird.

Ob ein Pferd Vertrauen zum Gebiss und zur Reiterhand hat, ob es in richtiger Anlehnung geht, erkennt man u.a. daran, dass es zufrieden mit nahezu geschlossenem Maul bei leichter Speichelbildung kaut. Ein übertriebenes Kauen, bei dem das Maul sich sehr stark öffnet, deutet darauf hin, dass es dem Gebiss auszuweichen versucht; eine besonders starke Speichelbildung (wie Schlagsahne oder Eischnee) deutet auf Stress, Unzufriedenheit im Maul, Unruhe mit der Zunge, eventuell auf Haken an den Zähnen oder auf Manipulationen hin, mit den man künstlich das Pferd zum Kauen anregen oder gar zwingen will. **(Dazu mehr in Kap. 12.5 „Das Reithalfter")**

Jeder Reiter sollte erkennen können, ob sein Pferd im Genick nachgiebig ist. Er muss lernen, dafür zu sorgen.

!

Hatte ein Pferd in der Zeit der ersten Grundausbildung keine Gelegenheit, zu Sattel, Zaumzeug und Reiter Vertrauen zu fassen, wird es natürlich schwieriger; es bedarf dann eines besonders gefühlvollen und geschickten Reiters, oder zumindest eines erfahrenen Ausbilders, um mit dem Pferd das Versäumte nachzuholen.

12.3 Wie lernt das Pferd im Genick nachzugeben?

Wie oben angesprochen, wird das unverdorbene junge Pferd beim Anreiten durch einen gefühlvollen, geschickten und verantwortungsbewussten Reiter innerhalb weniger Tage Vertrauen zu dieser Situation unter dem Sattel fassen. In der Regel wurde es ja auch schon an der Hand oder der Longe vorbereitet und hat dabei schon die Erfahrung mit Ausbindezügeln gemacht. Eigentlich braucht sich der Reiter dann „nur" (das setzt schon einiges Können voraus) an das Maul des Pferdes heranzufühlen und es mit seiner Hand gefühlvoll zu begleiten, sodass es anfängt, am Gebiss zu kauen und quasi von selbst im Genick nachzugeben, sich vom Gebiss leicht abzustoßen. Im weiteren Verlauf geht es dann, was die Verbindung zum Maul und das Genick anbelangt, nur noch darum, das Vertrauen des Pferdes zu stabilisieren und ihm das Herantreten an die Hand einschließlich eines beginnenden „Ziehens" schmackhaft zu machen. Es muss selber herausfinden, wie viel leichter ihm dann sein Job als Reitpferd fällt.

Nun sind nicht alle Pferde(-rassen) Genick und Hals betreffend so gut veranlagt. Unsere heutigen Warmblutpferde sind seit vielen Generationen u.a. nach Gebäude-Merkmalen selektiert, die hohe Rittigkeitswerte ermöglichen, wozu ganz entscheidend die Hals- und Genickformation gehört. Manche Pferde wurden jedoch durch weniger fachgerechtes Anreiten und Ausbilden negativ konditioniert, ja verdorben. Vereinzelt gibt es darüber hinaus Remonten, die aufgrund eines etwas schwierigeren Interieurs weniger zugänglich sind. Sie zeigen zunächst Spannungen im Bereich des Genicks als generelle Vorsichts-, Angst- und/ oder Abwehrhaltung. Solche Pferde zu verbessern oder zu korrigieren bedarf eines erfahrenen, gefühlvollen Reiters, der in der Lage ist, einerseits mit genügend Geduld und Kompromissbereitschaft, andererseits mit der ebenfalls nötigen Konsequenz, Entschlossen- und Bestimmtheit „im richtigen Moment das Richtige zu tun". Wenn ich diese Aufgabe als eine Gratwanderung bezeichne, soll damit zum Ausdruck gebracht werden, wie ausgesprochen anspruchsvoll sie ist. Deshalb ist es auf jeden Fall sehr vorteilhaft, wenn diese Arbeit von einem erfahrenen Ausbilder begleitet wird. Wie oben schon mehrfach angesprochen, soll das Pferd „überzeugt" werden, dass es zu seinem eigenen Vorteil ist, im Genick nachzugeben. Es fällt ihm leichter, wenn es erst einmal den Hals und Ganaschenwinkel öffnet, aus der Schulter heraus den Hals fallen lässt. (Sehr förderlich ist es, solche Pferde im Gelände, besonders auch an leichten Steigungen oder an Kletterstellen zu arbeiten, da sie sich dabei spontan zu dehnen bereit sind.) **(→ Kap. 22.2 zu Training in leicht ansteigendem Gelände)**

Zunächst einmal muss sichergestellt sein, dass das Sattel- und Zaumzeug optimal verpasst ist. Störfaktoren können insbesondere ein unpassendes, scharfes Gebiss, ein eng verschnallter Nasenriemen oder ein ungünstig, z.B. zu weit hinten im Rücken liegender Sattel sein. Bei Pferden, die durch „dressurmäßiges Bimsen" sich gezwängt fühlen und verdorben sind, kann es sinnvoll sein, einen Vielseitigkeitssattel zu benutzen, der kürzere Bügel gestattet. Da solche Pferde auch manchmal „hallensauer" sind, ist es zu überlegen, ob man nicht besser im Freien, am besten im Gelände mit der Korrektur beginnt. Alles, was das Pferd veranlassen könnte, sich zu verhalten, muss unbedingt vermieden werden, weil alle Korrekturen am besten im Fluss der Bewegung nach vorn angenommen werden. Nur solange das Pferd vorwärtsgeht, kann die Hand des Reiters am Maul des Pferdes mit durchhaltender, ich spreche lieber von aushaltender, Zügelhilfe dranbleiben, bis ein erstes Anzeichen von Nachgiebigkeit zu fühlen ist. Dann aber muss die Hand

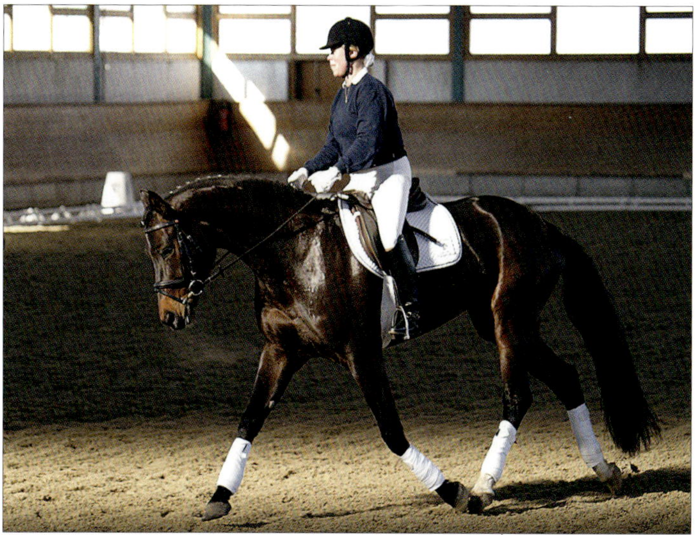

Dreieinhalbjährige Stute mit wunderbarer Hals- und Genickformation in altersgemäßer Haltung

sofort leicht werden, um die positive Bestätigung zu geben. Dieses Aushalten darf aber niemals statisch werden, d.h., auch dabei muss der Reiter in den Gelenken seines Armes, im Schulter-, Ellbogen- und Handgelenk, beweglich bleiben, damit der Druck, der am Pferdemaul entsteht, annähernd gleich bleibt. Würde er sich festhalten, übertrüge sich das sofort auf das Pferd, es fühlte sich eingezwängt und würde veranlasst werden gegenanzugehen, ja zu kämpfen. Die Hand muss dabei in einer Position so getragen werden, dass die gerade Linie Ellbogen – Hand – Pferdemaul erhalten bleibt. Eine tiefer geführte, drückende Hand würde das Pferd provozieren, vermehrt gegenanzugehen und sich herauszuheben. Selbstverständlich muss die Hand sofort dem Pferdemaul folgen, wenn das Pferd nachgibt und den Hals fallen lässt.

Nur einem Reiter, der wirklich sowohl sitzmäßig als auch mental in sich gefestigt ist, wird es möglich sein, bei aller notwendigen Konzentration unverkrampft zu bleiben, z.B. auch gleichmäßig weiterzuatmen. Dies ist unbedingte Voraussetzung für den Erfolg. Pferde spüren entsprechende Mängel seitens des Reiters sofort. Hat ein Reiter Zweifel an seinen eigenen Fähigkeiten, was keine Schande wäre, so kann man versuchen, mit richtig verschnallten Dreiecks-

„Richtiges Reiten" ist angewandter Tierschutz für das Reitpferd.

!

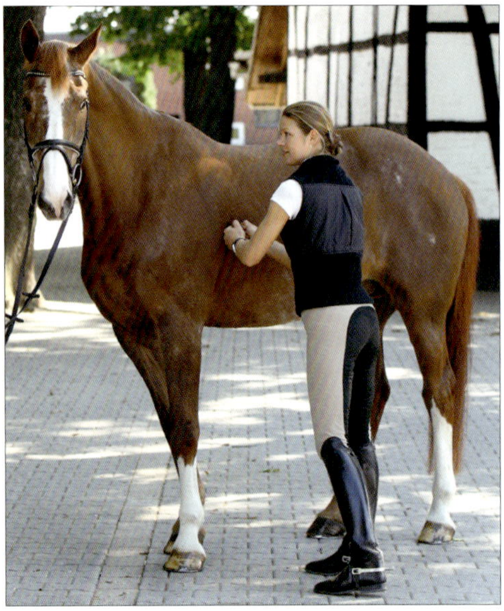

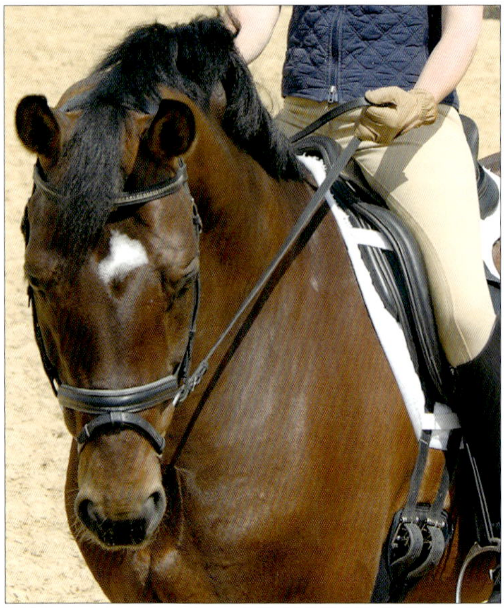

Auf diese Art und Weise kann man die Funktion des inneren Schenkels für die Nachgiebigkeit im Genick und für das Stellen ausprobieren und nachvollziehen. (links)

Seitwärtsweisende Zügelhilfe (rechts)

zügeln zu reiten. Es sollte dann auf jeden Fall ein fachkundiger Ausbilder zur Kontrolle anwesend sein. (→ Kap. 27. „Hilfszügel")

Der erfahrene Reiter wird auch beim Korrekturpferd schon beim Schrittreiten gefühlvoll mit dieser „Überzeugungs"-Arbeit beginnen. Diese kann nur erfolgreich sein, solange das Pferd willig in fleißigem Vorwärts schreitet. Wer sich nicht ganz sicher ist, sollte lieber erst im Arbeitstrab mit dieser Arbeit beginnen, da der Schritt die Gangart ist, die am schnellsten unter Losgelassenheits- und Anlehnungsproblemen leidet.

Bei einem Pferd, das die gewünschte Haltung nur aus Zwang annimmt, wird es zu Fehlentwicklungen in muskulärer und motorischer Hinsicht kommen, es wird aber vor allem niemals ein freudig mitarbeitender Partner des Reiters werden.

!

12.4 Stellen hilft

Sowohl im Schritt als auch im Arbeitstrab ist es sehr förderlich, das Pferd etwas zu stellen, um es zum besseren Nachgeben im Genick zu veranlassen. Sehr ausführlich wird dies im Kap. „Stellen und Biegen" erklärt. Deshalb hier nur ein kurzer Hinweis: Die wichtigste Hilfe, um ein Pferd zu stellen, es zu veranlassen, primär seinen Kopf aus dem Okzipitalgelenk heraus etwas seitwärtszuwenden, ist der innere Schenkel. Dieser gibt dazu dicht am Gurt einen kleinen Impuls, gewissermaßen in Richtung äußeren Zügel, an den das Pferd etwas deutlicher herantreten soll. Gleichzeitig wird mit der inneren Hand eine kurze seitwärtsweisende Zügelhilfe gegeben, der äußere Zügel lässt die Stellung zu, muss aber auch sicherstellen, dass das Gebiss mittig im Maul liegen bleibt und nicht nach innen gezogen wird. Dadurch, dass der verwahrende äußere Schenkel eine Handbreit zurückgelegt wird, ergibt sich die unterstützende Gewichtshilfe aus dem Sitz, der etwas verstärkte Druck auf dem inneren Gesäßknochen. (Dabei senkt sich die innere Hüfte etwas, das Knie sollte dabei eine tiefere Lage erhalten. Der vermehrte Druck auf den inneren Gesäßknochen kommt hauptsächlich dadurch zustande, dass durch das Umlegen des äußeren Schenkels aus der Hüfte heraus die Belastung des äußeren Gesäßknochens etwas vermindert wird. Eine Verlagerung des Gewichts des Oberkörpers wirkt sich störend auf das gemeinsame Gleichgewicht zwischen Reiter und Pferd aus.)

Die natürliche Schiefe des Pferdes verdient beim Stellen besondere Beachtung. Besonders auf der festeren Seite eines Pferdes, auf der sogenannten Zwangsseite, gestaltet es sich meist etwas schwieriger. Auf keinen Fall darf dabei am inneren Zügel mit großer Kraft eingewirkt, oder sogar Zwang ausgeübt werden. (→ mehr im Kap. 16. „Geraderichten...")

Wie oben angesprochen, müssen Aushalten und Leichtwerden sehr präzise dosiert werden. Der etwas stärkere Druck, der immer von hinten mit der treibenden Hilfe aufgebaut werden muss, ist nur die Voraussetzung dafür, im richtigen Moment durch Leichtwerden die positive Bestätigung zu geben. Da Pferde sehr sensibel sind, bedarf es nur eines sehr geringen Unterschiedes zwischen Aushalten und Leichtwerden. Wenn der Reiter zum Auszuhalten seine Muskeln (vornehmlich im Bereich des Bauches, der Schultern und der Arme) etwas angespannt hat, reicht es, zum Leichtwerden dieselben Muskeln wieder etwas abzuspannen. Ein Unterschied, um einmal eine Zahl zu nennen von 20, 30 Gramm genügt ohne Weiteres. Hierzu möchte ich noch ein Bild vermitteln, das ich einmal von einer neuseeländischen Reiterin im Unterricht erhalten habe. Sie sagte, man solle sich vorstellen, diese Muskelpartien einzufrieren und wieder schmelzen zu lassen.

Wenn hier mehrfach der korrekt verschnallte Nasenriemen angesprochen wurde, heißt das: Er darf auf keinen Fall das Kauen, geschweige denn das Atmen des Pferdes beeinträchtigen. Er sollte aber den Druck, der über den Zügel auf das Maul ausgeübt wird, an das Nasenbein weiterleiten. Außerdem sollte er verhindern, dass das Pferd, vor allem im Korrekturfall, sein Maul übertrieben aufsperrt, wodurch es sogar zu Blockaden im Bereich des Kiefergelenkes kommen kann.

Bei einem Korrekturpferd, das dazu neigt, die Zunge heraushängen zu lassen, und dem man dann den Nasenriemen bis zum Anschlag zugezogen hat, kann es vorübergehend sinnvoll sein, ganz ohne oder mit sehr lose verschnalltem Nasenriemen zu reiten.

Auch bei einem schwierigeren (Korrektur-) Pferd darf auf keinen Fall mit Zwang und Gewalt vorgegangen werden, etwa mit kurz geschnallten Hilfszügeln, besonders nicht mit einem Schlaufzügel. Bei einem Pferd, das die gewünschte Haltung nur aus Zwang annimmt, wird es zu Fehlentwicklungen in muskulärer und motorischer Hinsicht kommen, es wird aber vor allem niemals ein freudig mitarbeitender Partner des Reiters werden.

Fortsetzung auf Seite 113

12.5 Das Reithalfter

In jüngster Zeit wurde im Zusammenhang mit der Diskussion über die Frage, welche Ausbildungsmethoden pferdegerecht sind, die Verwendung des Reithalfters wieder infrage gestellt. Viele halten alle Reithalfter für Zwangsmittel und lehnen sie deshalb grundsätzlich ab. Trotzdem wird aber in der LPO stets ein Zaumzeug mit Reithalfter verlangt?

Widerspricht das nicht dem Grundsatz einer pferdefreundlichen Reitlehre? – Meiner Meinung nach nicht: Wird beim Reiten über die Zügel mit dem Gebiss Druck auf das Maul, also auf Laden, Zunge und Maulwinkel, ausgeübt, dann wird das Pferd ganz unwillkürlich mit einem Nachgeben des Unterkiefers reagieren. Wie viel Kraft der Reiter dabei anwendet, hängt zum einen von seinen reiterlichen Fähigkeiten, besonders seinem Reitergefühl, zum anderen von der Rittigkeit des Pferdes ab. Auf jeden Fall wirkt diese Kraft zunächst einmal ausschließlich auf das Maul ein. Ist das Pferd jedoch mit einem Reithalfter gezäumt, wird der Druck durch den nachgebenden Unterkiefer über den Nasenriemen an den Nasenrücken weitergegeben. Dass das Einwirken auf den Nasenrücken recht gut funktioniert, wird beim Einsatz mancher gebissloser Zäumungen, des Kappzaumes, aber auch einfach beim Führen am Halfter deutlich spürbar. Ein richtig verpasstes und verschnalltes Reithalfter entlastet die Kaumuskeln des Pferdes und beugt damit eventuellen Blockaden im Kiefergelenk vor. Selbstverständlich kann der Einsatz eines Reithalfters nur dann als pferdefreundlich bezeichnet werden, wenn er richtig konstruiert, sorgfältig verpasst und richtig verschnallt ist. Nun sollen hier nicht noch einmal alle verschiedenen Reithalfterarten besprochen und bewertet werden (→ RmVuG!). Auf das heute meist verwendete Reithalfter, das englische bzw. kombinierte, möchte ich aber nochmals etwas genauer eingehen und im Folgenden die wichtigsten zu beachtenden Details aufführen:

- Der Nasenriemen muss breit genug sein, darf aber bei einem

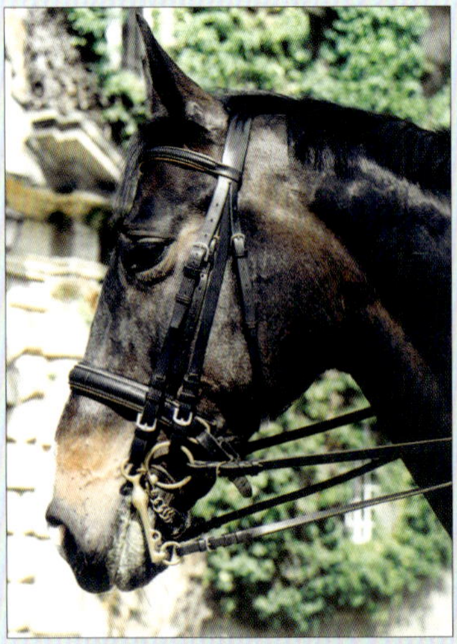

Gut passender Kandarenzaum mit korrekt sitzendem Reithalfter

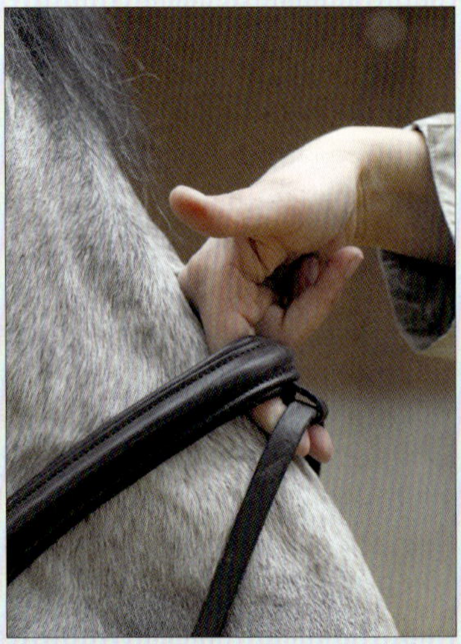

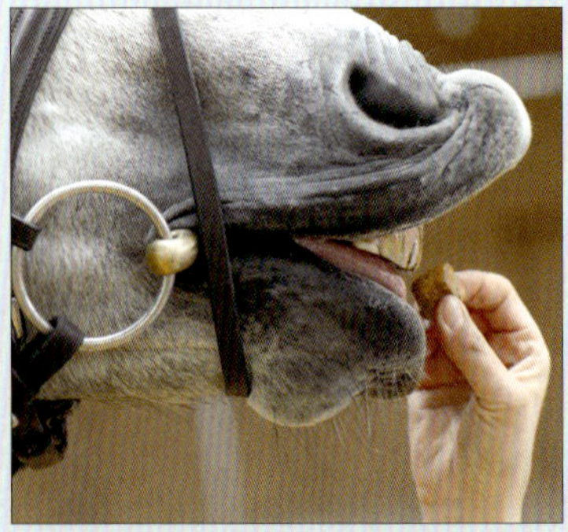

Enger darf ein englisches oder kombiniertes Reithalfter nicht zugeschnallt werden; ein hannoversches eher noch etwas lockerer, da es noch weiter unten auf dem Nasenrücken liegt.

Pferd mit kleinem Kopf auch nicht zu breit sein.

- Qualitätsvolles, d.h. elastisches und dennoch stabiles, Leder ist das bestgeeignete Material, Plastikunterlagen sind nicht unbedingt hautfreundlich.
- Der linke Teil des Genickstückes muss so kurz sein, dass die Schnalle nicht zu hoch liegt und mit dem anderen Backenstück oder gar dem Stirnband kollidiert.
- Die beiden Backenstücke müssen so weit hinten angenäht sein, dass sie nicht am Jochbein drücken.
- Das Schnallteil am Nasenriemen bzw. die Unterlage am schwedischen Nasenriemen muss so lang sein, dass es über beide Unterkieferäste reicht, sodass es nicht auf einen drückt und eine Schwiele oder Verletzung verursacht.
- Der Nasenriemen sollte so hoch wie möglich, knapp unter der Jochbeinleiste liegen, zum einen damit er keinesfalls die Atemwege beeinträchtig, zum anderen damit zwischen Nasenriemen und Gebiss genügend Platz ist. Bei tiefer liegendem Nasenriemen werden sehr leicht die Lefzen eingeklemmt und wund gescheuert. Leider scheinen einige Reiter dies bewusst in Kauf zu nehmen, um das Pferd zum Nachgeben zu zwingen.
- Der zweite, untere Nasenriemen darf keinesfalls enger als der obere zugeschnallt werden, damit das auf der Nase liegende Teil nicht nach unten gezogen wird. Dadurch würde auch über die Backenstücke vermehrt Druck auf das Genick ausgeübt werden. (Dieser zweite Nasenriemen wird unsinnigerweise häufig als Sperr- oder Pullerriemen bezeichnet. Er hat eigentlich keine große Bedeutung, kann nur zu einer etwas verbesserten und sichereren Lage des Gebisses im Maul beitragen. Bei Kandarenzäumung ist er nicht zugelassen.)
- Der Nasenriemen darf nicht zu eng zugeschnallt werden; das Pferd muss noch die Möglichkeit haben, zu kauen und mit seinen Schneidezähnen ein Leckerchen zu nehmen. Zwischen Nasenrücken und Reithalfter müssen noch ein bis zwei Finger passen. Besonders bei der sogenannten schwedischen Ausführung des Reithalfters muss das sorgfältig überprüft werden, weil wegen der eingebauten Rolle beim Zuschnallen sehr leicht unbemerkt zu viel Kraft ausgeübt wird.

Häufig werden Gummiunterlagen an den Unterkieferästen untergelegt. Das kann durchaus sinnvoll sein, darf aber nicht als Alibi für noch festeres „Zuknallen" benutzt werden. Manche Reiter unterlegen ringsum den gesamten Nasenriemen; auch das ist in der Regel kein Zeichen einer besonders pferdefreundlichen Anwendung, eher sogar eine Art Vertuschungsversuch. Meist sollen damit Druckstellen vermieden werden, die sonst bei der sehr festen Verschnallung entstehen würden.

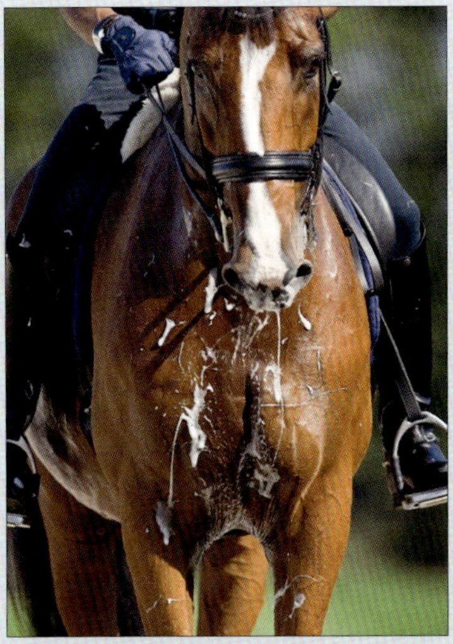

Was ist also richtig und wünschenswert:	Was deutet auf eine fehlerhafte Anlehnung hin:
• leichtes, ruhiges Kauen • bei zwanglos geschlossenem Maul • seichte Schaumbildung an den unverkrampft, natürlich gehaltenen Lippen	• nervöses, hektisches Kauen • sich öffnendes Maul • übermäßige Schaumbildung, Sabbern • unruhige, verkrampfte, unnatürlich gehaltene Lippen

12.6 Kauen – ein wichtiges Kriterium

Diese technischen Regeln können zwar helfen, Missbrauch von Reithalftern zu erkennen. Echte Pferdeleute erkennen aber an vielen anderen Anzeichen, ob das Pferd sich wohl- und nicht eingezwängt fühlt. Der wenigstens halbwegs erfahrene Reiter fühlt es, der kundige Betrachter kann im Gesicht eines Pferdes lesen; seine Augen, das Ohrenspiel, die Lippen, das ruhige zufriedene Kauen, aber auch die gesamte Körpersprache verraten alles.

Das ruhige zufriedene Kauen möchte ich hier wegen seiner großen Bedeutung etwas genauer ansprechen: General Alexis l'Hotte hat zum Nachgeben und Kauen in „Reitfragen"[1] ein sehr schönes, anschauliches Bild benutzt. Er schreibt: „Auf erste Anforderung der Hand hin muss es sich weich abstoßen, ein leichtes Murmeln nur, um dann sogleich zu enden, wenn es nicht mehr angeregt. Um mich auf einen Vergleich zu stützen, sage ich, das zufriedenstellend durchlässige Pferd darf nicht stumm sein noch schwatzhaft."

Übermäßige Schaumbildung kann verursacht sein durch Unruhe im Maul und durch Spielen oder Schlagen mit der Zunge oder durch zu viel Druck auf Ohrspeichel- (und Unterzungen-)drüse, wenn das Pferd im Genick zu eng gemacht wird. Möglicherweise kann auch eine Entzündung im Maul die Ursache sein. Von Tricks, mit denen das Kauen angeregt werden soll, will ich hier nicht reden.

Wenn dann der Schaum aus dem Maul trieft, kann das zusätzlich daran liegen, dass der Nasenriemen des Pferdes zu fest zugeschnallt, es durch Zügeleinwirkung sehr eng im Ganaschenwinkel ist und das Pferd deshalb im Abschlucken des Speichels behindert ist.

Fortsetzung von Seite 111

12.7 Verantwortung des Reiters und Ausbilders

Wenn ich mit Schülern arbeite, werde ich ihnen möglichst bald diese Zusammenhänge erklären und sie immer wieder daran erinnern, dass ein Pferd zwar durchaus eine gewisse Zeit einen Reiter auf seinem Rücken tragen kann, ohne Schaden zu nehmen, auch wenn es nicht mit nachgiebigem Genick geht. Will man dem Pferd aber diesen Einsatz möglichst leicht machen, und es sogar durch Aufbau von entsprechender Muskulatur und motorischen Fähigkeiten ertüchtigen, dass ihm dies mit der Zeit immer leichter fällt, kommt man nicht umhin, es auch durchs Genick zu reiten. Wenn man an Ausbildungsgrundsätze wie Schwung, Geraderichten, erst recht an Versammlung, Aufrichtung und Durchlässigkeit denkt, sind das unabdingbare Voraussetzungen.

Das Ziel ist, das Pferd mit dem Nachgeben im Genick

Zufriedenes Kauen

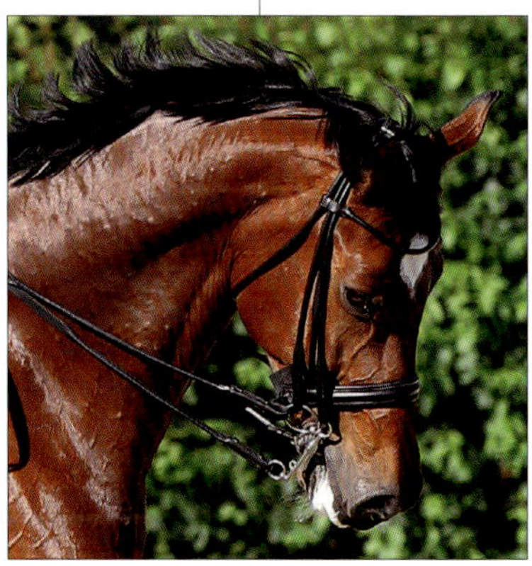

[1] Reitfragen, deutsche Übersetzung von Berthold Schirg, Hildesheim 1977

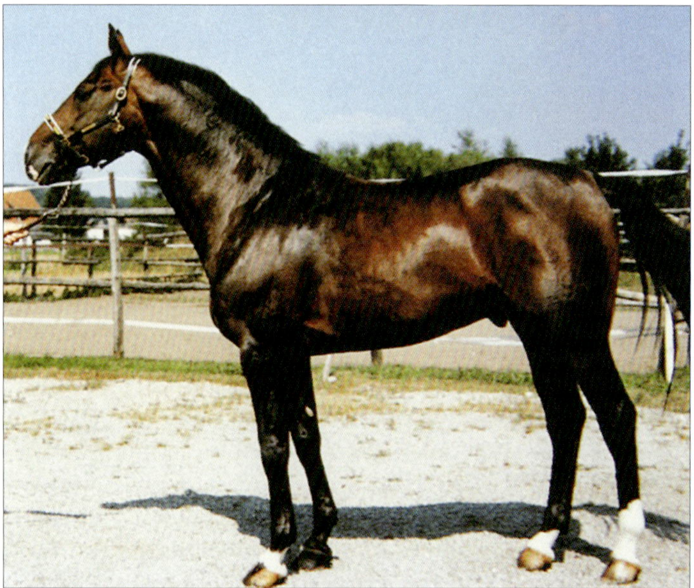

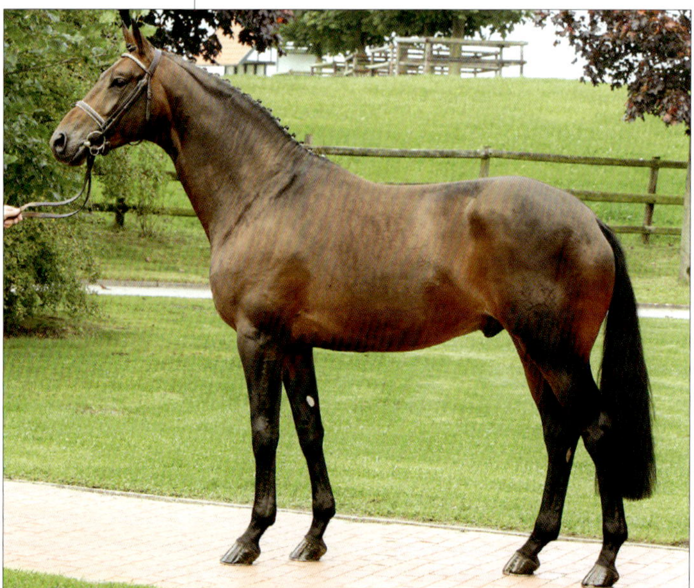

Wenn man diese beiden Hengste von heute und aus den 1950er Jahren vergleicht, weiß man, warum mit unseren modernen Warmblutpferden vieles leichter geht.

so vertraut zu machen, dass es dieses nach kurzer Zeit zwanglos annimmt und sogar von selbst anbietet, weil es herausgefunden hat, dass ihm der Einsatz unter dem Reiter so viel leichter fällt. Keinesfalls darf es dazu kommen, dass der Reiter einseitig am Maul herumfummelt oder grob wird. Hier ist vor allem auch der Ausbilder gefragt. (Im Idealfall kann der Ausbilder das Pferd selbst damit vertraut machen und es dem Schüler zeigen.) Auf die Nachgiebigkeit im Genick aber zunächst zu verzichten, um entsprechende Fehler zu vermeiden, ist nach meinem Dafürhalten eine sehr fragwürdige Lösung. Je länger das Pferd mit festem Genick geht, desto schwieriger wird es, ihm den Vorteil des nachgiebigen Genicks zu vermitteln. Ausnahmen sollten eigentlich nur bei Korrekturpferden gemacht werden.

Unsere modernen Warmblutpferde haben in der Regel ein für das Reiten gut geeignetes Exterieur, einschließlich einer Hals- und Genickformation, die das Nachgeben im Genick und das Fallenlassen des Halses sehr leicht macht. Sie bringen schon eine angeborene Rittigkeit mit. Für Reiter, die (noch) nicht in der Lage sind, mit einer vom Sitz unabhängigen Hand zu reiten, ergibt sich deshalb häufig sogar das Problem, dass das Pferd im Genick zu leicht ist, zu tief und/oder hinter den Zügel kommt.

In früheren Jahrzehnten, noch vor 40, 50 Jahren, war es bei vielen Reitpferden erst einmal eine anspruchsvolle, meist durchaus zeitaufwendige Aufgabe, sie zu Beginn ihrer Ausbildung, häufig auch noch zu Beginn jeder Trainingseinheit zu veranlassen, den Hals aus der Schulter heraus fallen zu lassen und im Genick nachzugeben. Sie hatten vielfach wenig günstig an- und aufgesetzte Hälse sowie sehr kompakte, schwierige Genickformationen.

Was heute vielfach mit Pferden angestellt wird, um sie, ja man kann teilweise gar nicht von Ausbilden sprechen, um sie zu dressieren, teilweise auch zu knechten, ist erschreckend. Die Alternative darf aber nicht sein, dass man ein Reitpferd nur daherlaufen lässt, am besten ohne Sattel und richtige Zäumung. Wer sich entschließt, ein Pferd zu reiten, hat die Verpflichtung, sich und sein Pferd zumindest so weit auszubilden bzw. ausbilden zu lassen, dass er losgelassen und ausbalanciert sitzen und dass das Pferd ihn tatsächlich tragen kann, ihn nicht nur geduldig erträgt.

(→ Kap. 11. „Losgelassenheit…" und Kap. 30. „Kritische Betrachtung…")

„Richtiges Reiten" ist angewandter Tierschutz für das Reitpferd.

13. Warum ist eine gute Anlehnung für das Reitpferd vorteilhaft? Warum soll es „ziehen"?

Auch wenn ich mich in RmVuG schon recht ausführlich mit dem Thema Anlehnung befasst habe, lohnt es sich, diesem Thema hier nochmals ein eigenes Kapitel zu widmen. Wenn ich bei Lehrgängen die Reiter etwas ausfrage, äußern doch immer wieder sehr viele den Wunsch, ich möge ihnen helfen, ihr Pferd zuverlässiger an die Hilfen zu bekommen, es in besserer Anlehnung reiten zu können.

Ausbilder, die nur im gehobenen Dressurbereich unterrichten, so sprach mich vor Kurzem Klaus Balkenhol nach einem Seminar darauf an, können das oft gar nicht verstehen. Für sie und ihre Schüler ist es reine Routine, ein Pferd gekonnt an die Hilfen zu stellen und in gute Anlehnung zu bringen.

Wie das allerdings in der Breite des Sports immer vonstatten geht, wollen wir an dieser Stelle nicht diskutieren. Nun aber zum Thema.

Nach der Philosophie unserer Reitlehre dient die Ausbildung von Reiter und Pferd in erster Linie dazu,

- **das Pferd muskulär und motorisch zu ertüchtigen, den Reiter wirklich tragen zu können, anstatt ihn nur geduldig zu ertragen,**
- **ihm seinen Einsatz unter dem Sattel so einfach wie möglich zu gestalten und es dabei so lange wie möglich leistungsfähig und leistungsbereit zu erhalten.**

Selbstverständlich beinhaltet dies zugleich auch das Ziel, das Pferd zu einem für den Reiter möglichst angenehmen Partner zu machen, es also zu optimaler Durchlässigkeit zu bringen. Je besser das Pferd lernt, den Reiter als das Leittier zu respektieren und sich unter seiner Führung und Obhut wohlzufühlen, desto zwangloser kann die Ausbildung vonstatten gehen, umso weniger werden Reibungsverluste auftreten.

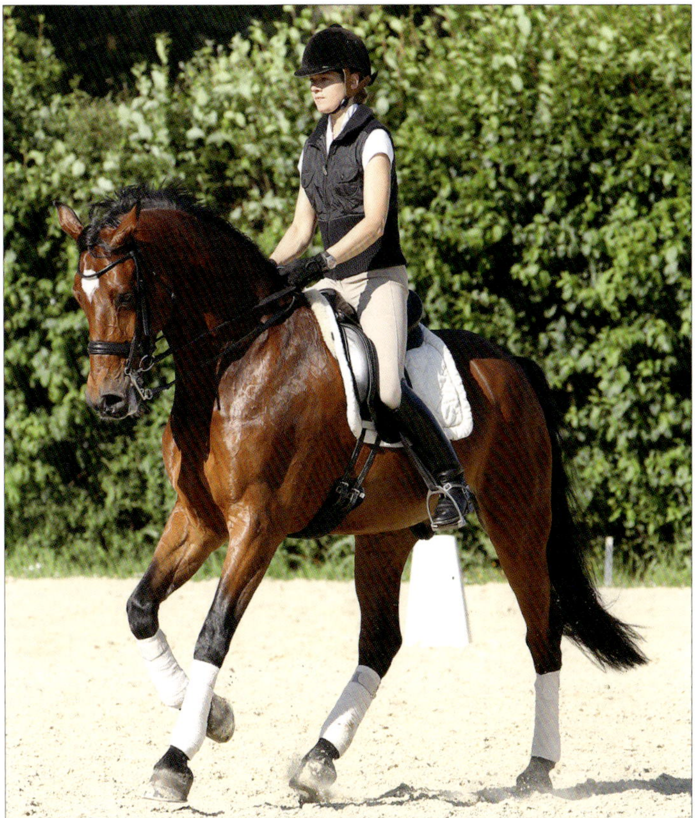

Pferd in guter Anlehnung konzentriert auf die Reiterin

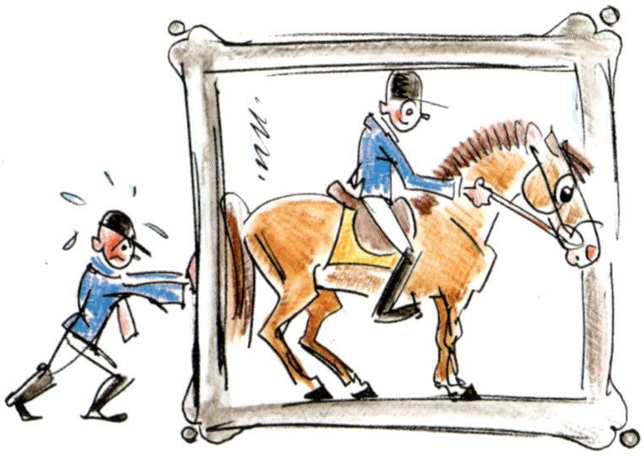

So, von hinten nach vorne, sollte man sich das Einrahmen vorstellen.

Auch wenn Anlehnung in der Kurzform der Ausbildungsskala zusammen mit Takt und Losgelassenheit zur Gewöhnungsphase gehört, kann man erst richtig verstehen, was es damit auf sich hat, wenn man weiterdenkt und sich die Querverbindung von Anlehnung zu Schwung, Geraderichten und Versammlung vergegenwärtigt. Deshalb ist es auch nicht möglich, die Qualität der Anlehnung eines Pferdes nur aufgrund der Betrachtung seines Halses, Kopfes und Maules reell zu beurteilen, vielmehr muss das Gesamtbild, am besten in der Bewegung, Beachtung finden.

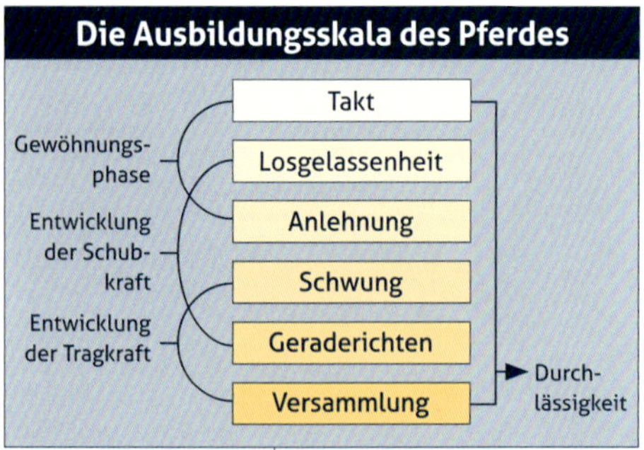

13.1 Anlehnung und Schwung gehören zusammen

Anlehnung und Schwung spielen in enger Verknüpfung miteinander eine ganz entscheidende Rolle: Als Anlehnung bezeichnet man die stete, elastisch weiche Verbindung zwischen Reiterhand und Pferdemaul, die das Pferd dank guten Vertrauens zum Reiter und seiner Hand gerne annimmt. Sie bietet die Voraussetzung, dass das Pferd bei hergegebenem, losgelassenem Rücken mit seinen Hinterbeinen lebendig abfußen und vor allem nach vorn durchschwingen kann.

Wenn schon das junge Pferd frühestmöglich und schnell gelernt hat, dass ihm zunächst einmal die Verbindung zur Hand des Reiters und dann auch die Anlehnung helfen, sich auszubalancieren, wird es mit großem Vertrauen ans Gebiss, an die gefühlvolle Reiterhand herantreten. Dadurch wird ihm seine gesamte Aufgabe als Reitpferd erleichtert, es wird aber auch bei entsprechend geschicktem Einsatz aller Hilfen des Reiters bereit sein, im Genick nachzugeben und sich zunehmend selbst zu tragen. Diese Anlehnung ist notwendig, damit der Reiter nicht nur mit seinem Gewicht und seinen Schenkeln, sondern auch durch die elastische Verbindung zum Pferdemaul eine Bewegungsharmonie mit dem Pferd herstellen kann. Das Pferd soll dank des taktmäßigen, losgelassenen Vorwärtsgehens diese Anlehnung an das Gebiss suchen und somit vertrauensvoll den Kontakt zur Hand des Reiters annehmen. Der Reiter muss durch seinen losgelassenen, ausbalancierten Sitz und mit seinen treibenden Hilfen dafür sorgen, dass das Pferd fähig und bereit ist vorwärtszugehen. Seine gefühlvolle Hand ist die andere entscheidende Voraussetzung. Er sollte sein Pferd aus dem Sitz heraus – mit Gewichts- und Schenkelhilfen – und über die Anlehnung mit den Hilfen gewissermaßen einrahmen, ohne es jedoch einzuzwängen. Bei richtiger Anlehnung ist die Verbindung auf jeden Fall hoch elastisch, aber beständig, dabei so leicht, wie es mit dem Ausbildungsstand des Pferdes, seinem Gleichgewicht und seiner Selbsthaltung vereinbar ist. Das heißt, dass sie mit fortschreitender Anlehnung zunehmend leichter wird, bis das Gewicht, welches der Reiter in der Hand spürt, eben nur noch dem sprichwörtlichen Gewicht des Zügels entspricht. Bei der Remonte (dem ganz jungen Pferd) darf die Verbindung zunächst etwas stabiler sein, da sie das Pferd beim Finden seines natürlichen Gleichgewichts auch unter dem Reiter unterstützt.

Der Reiter sollte sein Pferd aus dem Sitz heraus – mit Gewichts- und Schenkelhilfen – und über die Anlehnung mit den Hilfen gewissermaßen einrahmen, ohne es jedoch einzuzwängen.

!

Auch beim „perfekt" ausgebildeten älteren Pferd muss sie aber bei aller Leichtigkeit immer noch stet und elastisch spürbar sein, weil es sonst unmöglich wird, das Pferd in der besonders auch für Versammlung notwendigen positiven Spannung zu halten; nur dann kann ein Pferd „ziehen". **(→ Kap. 7. „Mehr treiben…")**

Zunächst muss das noch wenig trainierte Pferd durch überwiegendes Gehen in mehr oder weniger stark ausgeprägter Dehnungshaltung kräftemäßig und motorisch ertüchtigt werden, den Reiter tatsächlich zu tragen. Wie oben im Kapitel über die Zügelmaße mehrfach angesprochen, ist es für die Gymnastizierung eines Pferdes, also beim Reiten und erst recht bei der Ausbildung einer Remonte, unverzichtbar, immer wieder die Haltung und den Rahmen zu verändern. Dadurch werden zunächst die Muskeln gelöst, ihre Beweglichkeit und ihr Aufbau werden gefördert, und einer Verkrampfung wird vorgebeugt. Außerdem ist es für die Gleichgewichtsfindung und die Weiterentwicklung der Motorik, besonders auch des jungen Pferdes, sehr förderlich, in wechselnder Haltung zu gehen.

Das heißt aber keinesfalls, dass ihm gestattet oder gar angeboten wird, auf die Hand zu kommen und das fünfte Bein zu suchen. Das Anbieten der Anlehnung einerseits, gleichzeitig aber das Auffordern und Ermahnen zur Selbsthaltung (sich nicht auf den Zügel zu „lümmeln") erscheint dem Unerfahrenen vielleicht widersprüchlich, zumindest aber sehr schwierig. In der Tat gleicht dies einer Gratwanderung, weshalb die Grundausbildung eines jungen Pferdes nur durch einen guten, gefühlvollen Reiter erfolgreich vorgenommen werden sollte.

Gerade auch bei Pferden die sich noch nicht genügend öffnen, sich also noch nicht genügend nach vorwärts-abwärts dehnen, muss der Reiter schon im Ansatz des Dehnens vermehrt „nachtreiben", das Pferd ermuntern bzw. ermahnen, an die nach wie vor stete elastische Verbindung heranzutreten. Da sich in Dehnungshaltung das gesamte Rumpfstreckersystem vermehrt dehnen muss, erst recht wenn die Hinterbeine gut nach vorne durchschwingen sollen, wird das Pferd sich zunächst etwas bitten, also mehr treiben lassen. Dies ist an sich ein gutes Zeichen, weil es zeigt, dass das Pferd auf die Anweisungen des Reiters wartet und nicht wegzueilen versucht. Versäumt der Reiter dieses Nachtreiben, wird das Pferd sich entweder nicht genügend dehnen oder mit den Hinterbeinen nicht richtig durchschwingen.

Mit zunehmender Ausbildung, auch in Richtung Versammlung, wird das Pferd mehr Kraft bekommen, seine Balance optimieren und so in der Lage sein, vermehrt mit den Hinterbeinen heranzuschließen und Last aufzunehmen. Daraus resultiert dann die sogenannte relative Aufrichtung und die Fähigkeit nimmt ständig zu, sich ebenfalls in anspruchsvollen Bewegungsabläufen sicher selbst zu tragen. Vorausgesetzt die Hilfengebung des Reiters ist stets präzise, konsequent und fein abgestimmt, dann wird letztendlich als Anlehnung ein Druck im Maul ausreichen, der kaum über das Gewicht des Gebisses und des Zügels hinausgeht.

Wenn wir davon sprechen, dass ein gut gerittenes Pferd „ziehen" soll, dann heißt dies natürlich nicht, dass ständig ein mehr oder wenig

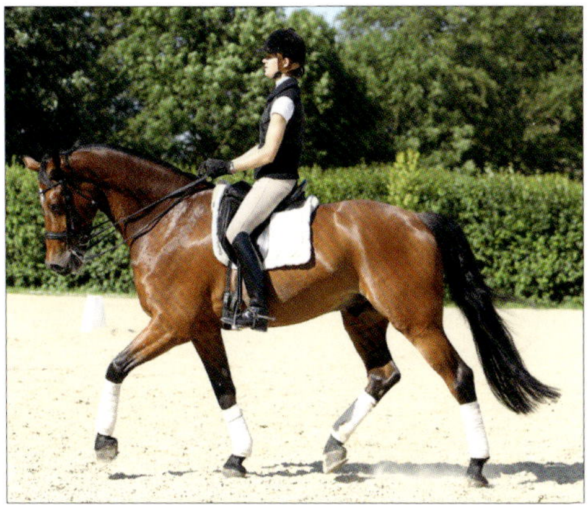

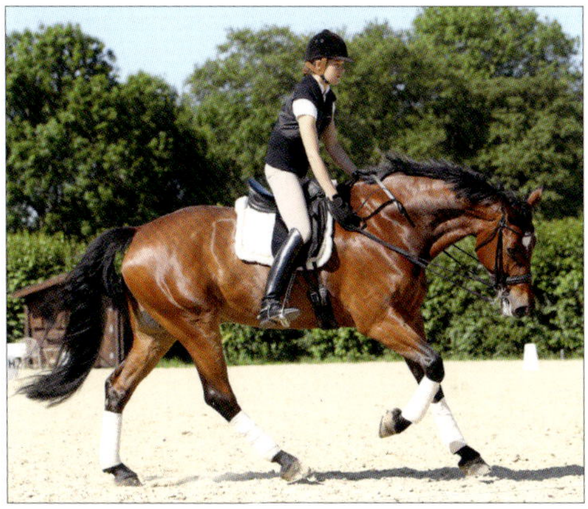

Für jedes Pferd, egal ob Remonte oder S-Dressurpferd, kommt es nicht darauf an, durchgängig in Dehnungshaltung zu gehen. Viel wichtiger ist es, das junge Pferd mit immer wieder wechselndem Rahmen zu reiten, d.h. Dehnung und etwas aufgerichtetere Haltung im Wechsel abzufragen, weil dabei die Muskulatur noch besser an- und abspannt. Dadurch wird die Losgelassenheit und der Muskelaufbau besonders gut gefördert.

starker Zug an die Hand heran erwartet wird. Vielmehr heißt es, dass die Ausbildung so wertvoll und fachgerecht erfolgt, dass die natürliche Gehfreude voll erhalten bleibt, wahrscheinlich sogar optimiert wird, und dass das Pferd, auch was die Anlehnung anbelangt, psychisch richtig konditioniert wird:

Es hat gelernt, bei allen Übergängen und allen dazu notwendigen halben Paraden, dem jeweils vorübergehend leicht erhöhten Druck auf dem Gebiss, den der Reiter dank der treibenden Hilfen über den Zügel ausübt, nicht auszuweichen, sondern ihn als Signal zu verstehen, vermehrt, aktiver von hinten heranzutreten. So wird es z.B., wenn der Reiter im Laufe der lösenden Arbeit die Zügel allmählich etwas verkürzt, nicht im Hals eng werden und den Bewegungsablauf verlangsamen, sondern es wird vielmehr vermehrt von hinten heranschließen, die Tritte

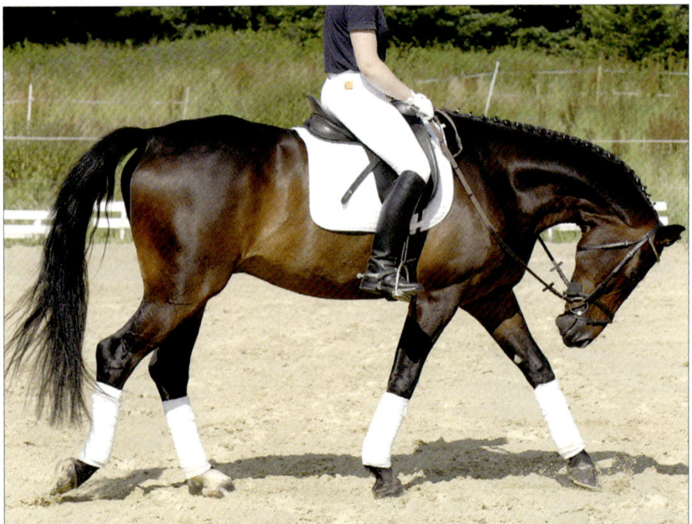

Das Pferd tritt nicht mehr an das Gebiss heran, es kippt ab und „latscht" auf der Vorhand.

zwar etwas verkürzen, dabei aber lebhaft bleiben und sogar noch aktiver abfußen.

Es hat auch ganz konsequent erfahren, dass der Reiter die Anlehnung sofort wieder leichter gestaltet, wenn es in dieser Form wie gewünscht richtig reagiert, umgekehrt aber keinesfalls dann nachgibt, wenn das Pferd sich verhält.

13.2 Wann ist Anlehnung reell?

Bereits in der Grundausbildung, erst recht bei der täglichen lösenden Arbeit muss Folgendes beachtet werden:

Das Pferd wölbt zwar durch die Vorwärts-abwärts-Dehnung seinen Rücken geringfügig auf. Richtig wertvoll ist dieses Gehen in Dehnungshaltung aber nur, wenn dabei auch am längeren Zügel eine sichere Anlehnung erhalten bleibt, wenn das Pferd nach wie vor mit leichtem „Zug" an die Hand herantritt. Dann ist es auch möglich, durch den schon beschriebenen wiederholten Wechsel des Rahmens das Pferd zu lösen und muskulär aufzubauen. Außerdem kann nur dadurch sichergestellt werden, dass die Hinterbeine in dieser Haltung durchschwingen, das Pferd nicht auf die Vorhand kommt und es sich selbst ausbalanciert und trägt.

Lässt ein Pferd zwar den Hals fallen, dehnt sich scheinbar vorwärts-abwärts, wird aber dabei zu leicht in der Hand, tritt nicht mehr sicher ans Gebiss heran, kommt auch nur ansatzweise hinter den Zügel, so kann der Reiter nicht mehr sicher sein, dass es mit seinen Hinterbeinen noch aktiv Schub entwickelt. Er muss sogar befürchten, dass die Hinterbeine nur noch „hinterherlatschen", nur „weil sie angewachsen sind". Gleichzeitig würde es dazu führen, dass das Pferd mit den Vorderbeinen „in die Erde hineinfußt", sich aus der Schulter heraus gebunden bewegt. (Das bedeutet, dass es in seiner Schulterfreiheit eingeschränkt mit den Vorderfüßen nur wenig vorfußen kann, eventuell deshalb mit den Hinterhufen sogar weit überfußt. Mit anderen Worten: Es kommt zunehmend auf die Vorhand.)

Deshalb muss er sofort, besser noch bevor es so weit kommt, die Zügel wieder etwas nachfassen, von hinten einen kleinen, aber entschlossenen treibenden Impuls mit Sitz (Bauch-, untere Rücken- und Gesäßmuskeln anspannen) und Schenkeln geben, um das Pferd zu ermahnen, sich nicht „hängen zu lassen". In solchen Fällen kann der geschickte Reiter auch einmal eine, ich nenne das „provokative", Parade geben. Provokativ deswegen, weil dadurch das Pferd veranlasst werden soll, seinen Hals und Kopf wieder besser zu tragen, vielleicht sogar herausgefordert werden soll, einmal kurz gegenanzugehen und sich ansatzweise herauszuheben. Zu dem eben erwähnten entschlossenen Schenkelimpuls kommt dann statt der aushaltenden Hand sogar eine kurze, präzise annehmende Zügelhilfe hinzu. Diese sollte sogar eine etwas rückwärts-abwärts wirkende Richtung haben, wodurch das Pferd eben provoziert wird, Hals und Kopf wieder etwas anzuheben. Reagiert das Pferd in der gewünschten Weise, müssen beide Hände sogar etwas deutlicher nachgeben und der treibende Schenkel dafür sorgen, dass der Fluss nach vorne erhalten bleibt. Wie stark diese Hilfen gegeben werden müssen, kann nur gefühlsmäßig abgestimmt werden. Wenn das einmal etwas „zackig" erfolgt ist und die Reaktion des Pferdes sofort durch ein lobendes Klopfen positiv bestärkt wurde, reicht beim nächsten Mal tatsächlich ein zwar wiederum „zackiges", aber ganz leichtes Anspannen aller beteiligten Muskeln.

Dieses oben angesprochene positive „Ziehen" ist weiterhin Voraussetzung dafür, dass auch versammelnde Arbeit reell und zwanglos vonstatten gehen kann. Es wird dadurch möglich, Paraden zu geben, ohne das Pferd im Hals eng zu machen, was wiederum das Durchschwingen und Heranschließen der Hinterbeine, die Lastaufnahme und relative Aufrichtung erleichtert. Richtiger wäre es sogar, zu sagen, dass durch fehlerhaftes Einwirken, bei dem das Pferd eng gemacht wird, es ihm richtiggehend unmöglich gemacht wird, optimal durchzuschwingen, heranzuschließen und sich mit losgelassenem Rücken zu bewegen.

Auch das nach unserer Reitlehre so wertvolle und wichtige Wechselspiel zwischen versammelten Reprisen und solchen der Schwungentfaltung im frischen Vorwärts kann nur dann störungsfrei, d.h. ohne Taktverluste, Verzögerungen sowie mit geschmeidigen und fließenden Übergängen, gelingen, wenn die wirklich konstante Verbindung zwischen Reiterhand und Pferdemaul stets weich und elastisch gewährleistet ist.

Ein derartig richtig ausgebildetes Pferd wird sich in jeder Situation, auch in unterschiedlichem Rahmen, in guter Selbsthaltung tragen, auch in Verstärkungen, bis hin zum starken Trab oder starken Galopp, den Reiter bei allem Schwung gut mitnehmen und ihn gut sitzen lassen. Es wird ihm das Gefühl vermitteln, in voller Konzentration mitzuarbeiten und unverzüglich feinsten Hilfen, ja schon seinen Gedanken zu folgen.

13.3 „Ziehen" nochmals anders erklärt

Wenn ein Pferd die Arbeit mit dem Reiter als etwas Angenehmes kennengelernt hat, wenn es erfahren hat, dass es Spaß macht, sich auch unter dem Sattel mit seinem wunderbar im Gleichgewicht sitzenden Reiter zu bewegen, seinen Bewegungsdrang auszuleben, dann ist es stets vorwärtsorientiert, es hat einen gesunden Vorwärtsdrang. Dennoch lässt es sich jederzeit kontrollieren und aufnehmen, weil es weiß, dass der Reiter es nie hindert, sondern ihm Gelegenheit gibt, sich zu entfalten. Bei einem solchen Pferd muss und darf nicht ständig aktiv getrieben werden. Es würde dadurch sogar abstumpfen und sehr bald entweder seine Gehfreude einbüßen oder fest werden und eilen. Dieses Wohlfühlen muss vor allem auch für den Rücken des Pferdes gelten und beachtet werden. Deshalb darf der Reiter nicht versuchen, mit angespanntem „Kreuz", also mit angespannter Bauch- und unteren Rückenmuskulatur, oder gar in Rücklage das Pferd vermehrt zu treiben mit der Vorstellung, es „anzuschieben". (→ Kap. 7. „Mehr treiben…")

Bei einem solch harmonischen Verhältnis zwischen Reiter und Pferd sind aktiv treibende Hilfen eigentlich nur noch notwendig, um das jeweils gewünschte Tempo, vor allem aber den Rhythmus vorzugeben.

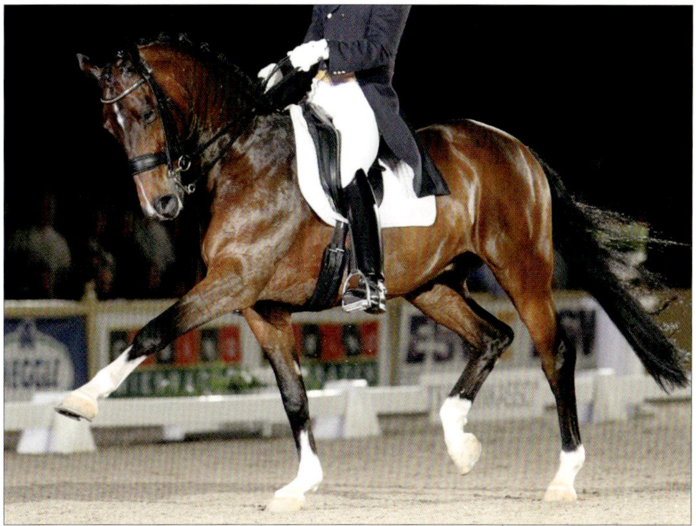

Die starke Handeinwirkung macht das Pferd im Hals eng und im Rücken fest, sodass die Hinterbeine nicht mehr durchschwingen können.

Bei einem harmonischen Verhältnis zwischen Reiter und Pferd sind aktiv treibende Hilfen eigentlich nur noch notwendig, um das jeweils gewünschte Tempo, vor allem aber den Rhythmus vorzugeben.

!

13.4 Wie wird ein Pferd an die Hilfen gestellt, wie wird es in Anlehnung geritten?

Für viele angehende Reiter ist eine der wichtigsten Fragen, auf die sie eine möglichst schlüssige Antwort suchen, „Wie stelle ich ein Pferd an den Zügel?" Leider beinhaltet aber genau dieser Wortlaut der Fragestellung eine falsche Vorstellung, dass es nämlich vor allem auf die Geschicklichkeit oder die Kraft der Hände oder gar Arme ankommt, wenn man ein Pferd in die für ein gut gerittenes Reitpferd gewünschte Haltung brin-

Das Genick ist höchster Punkt – ein stark ausgeprägter Fettkamm, etwa bei älteren Hengsten, kann einen falschen Eindruck erwecken.

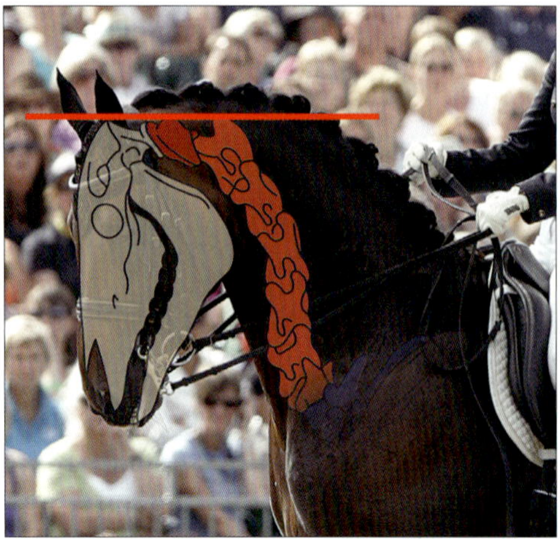

gen möchte. Selbstverständlich ist eine „gute" Hand für den Reiter etwas ganz Wichtiges. Deshalb finden Sie in diesem Buch auch ein eigenes Kapitel zu diesem Thema. Um da aber zu einer mittel- und langfristig, vor allem auch für das Pferd befriedigenden Antwort zu kommen, muss im Kopf des Reiters erst einmal einiges geordnet und die Gedanken auf die richtige Spur gelenkt werden:

Das Maul des Pferdes ist eine sehr empfindliche Region, genau wie der Mund des Menschen. Wenn nun ein Reiter auf sein Pferd einwirken möchte, z.B. um ihm die gewünschte Richtung vorzugeben, werden die für das Pferd wichtigsten Eindrücke zunächst einmal von den Zügeln und dem Gebiss, also den Händen des Reiters, vermittelt. Dies gilt natürlich in positiver wie in negativer Hinsicht. Umgekehrt ist jeder Mensch seiner Natur nach ein „Handarbeiter" und wird, besonders in Momenten der Unsicherheit, gerade auch was das Gleichgewicht anbelangt, versuchen, das Problem mit den Händen zu lösen. Er wird sich z.B. am Zügel festzuhalten versuchen, um das Gleichgewicht wiederzufinden. Will er sein Pferd nicht im Maul erschrecken, sondern vielmehr dem Pferd zeigen, dass es ihm auch unter dem Sattel vertrauen kann, muss er lernen, so ausbalanciert zu sitzen, dass er mit seinen Händen mit Bedacht und Gefühl agieren kann.

Und jetzt kommen wir auf den richtigen Pfad der reiterlichen Tugenden. Der Ausdruck, das Pferd „An die Hilfen zu stellen" bedeutet eben, wie oben schon beschrieben, es über den losgelassenen, ausbalancierten Sitz an die gefühlvolle, unabhängige Hand heranzureiten. Die Hand bildet dabei nur das notwendige Gegenüber für die anderen Hilfen, die immer dominieren sollten. Nur so kann man das Pferd zunächst einmal steuern, dann aber vor allem auch schulen und ertüchtigen, dass es sich unter dem Reiter zunehmend ausbalanciert, ihn leicht tragen kann und schließlich Freude daran hat, sich unter und mit ihm zu bewegen und zu entfalten. Deshalb ist das An-die-Hilfen-Stellen eine unabdingbare Voraussetzung für jegliche reiterliche Betätigung.

Die schrittweise aufgebaute Anlehnung sollte, wie oben angesprochen, vom Vertrauen des Pferdes zur Reiterhand geprägt sein. Sie muss immer gefühlvoll und darf – auch wenn sie kurzzeitig stärker wird – niemals starr sein.

Wie eigentlich immer, wenn es ums Lernen geht, trägt auch in diesem Zusammenhang eine positive Verstärkung am besten zum Lernerfolg bei. Das heißt, der Reiter muss mit seiner Hand sofort etwas leichter werden, unter Umständen nur um einige Gramm, wenn er nur im Ansatz spürt, dass das Pferd anfängt, sich von der Hand abzustoßen und im Genick nachzugeben (s.u.). In der Regel wird es spätestens dann beginnen (mit geschlossenem Maul) zu kauen. Ideal wäre es, wenn das Pferd dabei auch den Hals aus der Schulter heraus etwas fallen lässt und den Weg in die Tiefe sucht. Dies gelingt dann am besten, wenn die Hand so getragen wird, dass die Linie Ellbogen – Hand – Pferdemaul eine Gerade bildet. **(→ Kap. 4. „Die gute Hand...")**

Diese positive Verstärkung wird für das Pferd noch deutlicher und kommt auch in seinem Rücken an, wenn der Reiter seinen Rumpf aus der Hüfte heraus etwas (für einen außenstehenden Beobachter kaum wahrnehmbar) vornüberbeugt und dabei gelassen und tief ausatmet. Wird die Verbindung zu leicht oder findet das Pferd nicht wenigstens tendenziell den Weg vorwärts-abwärts, richtet er sich sofort wieder auf und erhöht wieder von hinten nach vorn den

Druck an die Hand heran. Da Pferde für all diese Einwirkungen sehr sensibel sind, genügen ganz leichte Veränderungen; man muss sich unbedingt vor Übertreibungen hüten.

Welche Körperhaltung des Pferdes beim An-die-Hilfen-Stellen letztendlich angestrebt wird, hängt von dessen Gebäude, seinem Ausbildungsgrad sowie der Gangart und dem Tempo ab. In allen Stadien soll die Stirn-Nasen-Linie des Pferdes etwas vor oder höchstens an der Senkrechten sein, wobei es das Ziel ist, dass das Genick der höchste Punkt bleibt (Ausnahme: „Zügel-aus-der-Hand-kauen-Lassen" und Dehnungshaltung sowie beim jungen Pferd). Dabei ist besonders darauf zu achten, das Pferd im Hals-Ganaschen-Winkel und im Hals nicht zu eng zu machen, um nicht erheblich seine Losgelassenheit und sein Gleichgewicht zu stören.

Bezüglich der Zielforderung, dass beim richtig gehenden Pferd das Genick stets der höchste Punkt sein soll, muss man vor allem bei manchen Hengsten ein wenig differenzieren: Gerade ältere Hengste haben häufig einen sehr stark ausgeprägten Fettkamm. Würde man sie wie beschrieben reiten, könnten sie wahrscheinlich nicht mehr mit nachgiebigem Genick gehen. Gerecht kann man ihnen werden, wenn man sich, gewissermaßen mit einem Röntgenblick, ihre Halswirbelsäule vorstellt. Diese darf auf keinen Fall eng gemacht werden, der Ganaschenwinkel muss genügend offen bleiben und das Genick muss eben der höchste Punkt des Skeletts sein.

Schon bei dieser Basisübung des An-die-Hilfen-Stellens sollte der Reiter bzw. der Ausbilder über die fast bei jedem Pferd vorhandene Schiefe nachdenken. (→ **Kap. 16. „Geraderichten...")** Es muss von Anfang an das Ziel sein, dass das Pferd an beide Zügel möglichst gleichmäßig herantritt. (Dies ist ein sehr schönes Beispiel dafür, warum schon bei der Grundausbildung zumindest die ersten fünf Punkte der Ausbildungsskala nahezu parallel beachtet werden müssen.)

Nimmt das Pferd vertrauensvoll diese Hilfen an, kann der Reiter in jeder Situation sicher auf das Pferd einwirken. Bei einem korrekt an den Hilfen stehenden Pferd hat der Reiter das Gefühl, dass alle seine Hilfen immer, so auch bei allen Übergängen und Wendungen, sicher angenommen werden. Es geht fleißig und gehfreudig vorwärts – aber ohne eilig zu werden; der Reiter kommt stets zum Treiben. Voraussetzung dafür ist wiederum, dass es sich bei nachgiebigem Genick mit hergegebenem Rücken losgelassen bewegt.

13.5 Überprüfung der Anlehnung

Zügel-aus-der-Hand-kauen-Lassen und Überstreichen sind hervorragende Übungen, mit denen man vor allem die Losgelassenheit und die Selbsthaltung des Pferdes überprüft. Selbstverständlich geben beide auch Aufschluss über die Qualität der Anlehnung:

Wenn ein Pferd beim **Zügel-aus-der-Hand-kauen-Lassen** ohne Zögern willig vorwärts-abwärts die Dehnungshaltung annimmt, zeigt es nicht nur, dass es losgelassen ist, sondern auch, dass es Vertrauen zum Reiter und seiner Hand hat. Wie oben schon angesprochen, zeugt es nur dann von richtiger und wertvoller Arbeit, ein Pferd in Dehnung zu reiten, wenn es auch in dieser Haltung ans Gebiss herantritt, sich selbst trägt und der Reiter es vor sich behalten kann. Ein korrekt ausgebildetes und gut gerittenes Pferd wird in jeder Phase einer Trainingseinheit Dehnungsbereitschaft zeigen. Sie ist eines der wichtigsten Kriterien korrekter, pferdegerechter Ausbildung. **(→ RmVuG S. 158 ff.)**

Pferde, denen durch falsche Ausbildung, etwa auch mit Schlaufzügeln, die Bereitschaft, sich zu dehnen, verleidet bzw. abgewöhnt wurde, die sich gar nicht mehr trauen, den Hals und den Ganaschenwinkel zu öffnen, bedürfen einer sehr sorgfältigen und fachkundigen Korrektur. Man muss bei ihnen schon den leichtesten Ansatz von Dehnungsbereitschaft positiv bestätigen, z.B. indem man die Zügel in eine Hand nimmt und sie am Hals klopft oder am Widerrist krault.

Beim Zügel-aus-der-Hand-kauen-Lassen soll das Pferd sich mindestens so weit dehnen, dass sein Maul etwa auf Höhe des Buggelenkes ist, maximal so weit, wie es mit seinem Gleichgewicht vereinbar ist.

Zügel-aus-der-Hand-kauen-Lassen und Überstreichen sind hervorragende Übungen, mit denen man vor allem die Losgelassenheit und die Selbsthaltung des Pferdes überprüft.

!

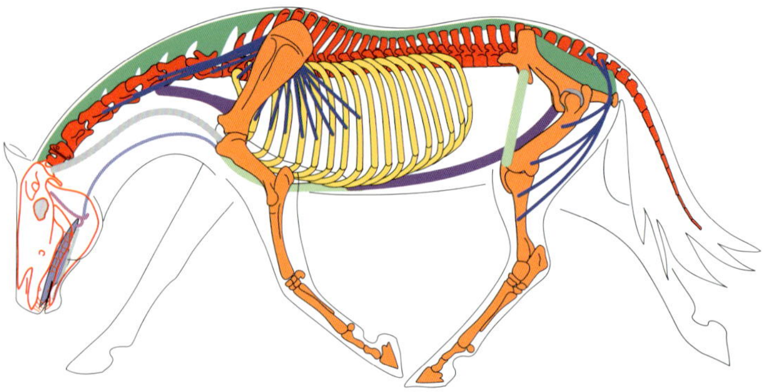

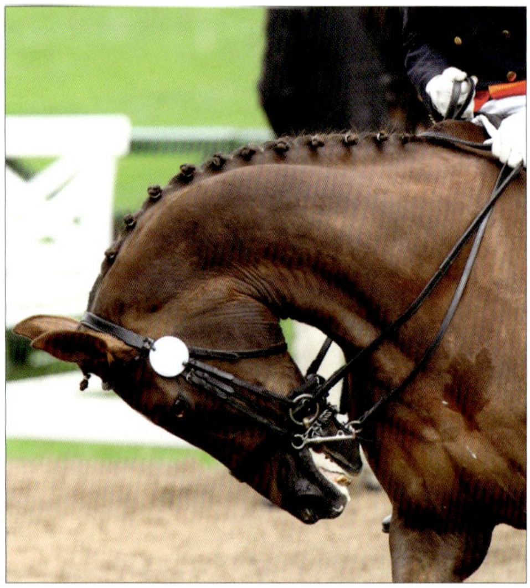

Die Dehnung muss immer vorwärts-abwärts gehen. Dies gilt ganz besonders bei einer solchen maximalen Dehnung. Andernfalls wird es in seiner Bewegungsfreiheit aus der Schulter eingeschränkt und kommt auf die Vorhand. (links)

Wird ein Pferd in dieser oder einer ähnlichen Haltung geritten, in der sich das Maul den Karpalgelenken nähert, kann es sich nicht mehr aus der Schulter heraus frei bewegen und kommt auf die Vorhand. (rechts)

Wie weit man nun das einzelne Pferd sich dehnen lassen sollte, hängt letztendlich von seinem Körperbau, seinem Ausbildungszustand und der Fähigkeit ab, sich mit dem Reiter auszubalancieren. Wer das Glück hat, das gewissermaßen geborene Bergaufpferd sein Eigen zu nennen, das dank entsprechenden Gebäudes, aber eben auch dank hoher Leistungsbereitschaft immer gut ausbalanciert ist, kann guten Gewissens eine Dehnung zulassen, bei der die Nase fast den Boden berührt, der Reiter die Schnalle des Zügels in der Hand hat. Bei der Mehrzahl der Pferde jedoch, die den durchschnittlichen Reitern zur Verfügung stehen, sollte dieses ganz tiefe Sich-dehnen-Lassen, man nennt das „Zügel aus der Hand kauen lassen bis zur Schnalle", auch zum Abschluss der lösenden Arbeit nur in ganz kurzen Reprisen gestattet und verlangt werden. Andernfalls würde das Pferd nur unnötig auf die Vorhand kommen und sicherlich Balance- und Taktprobleme bekommen.

Auch beim **Überstreichen** wird neben der Selbsthaltung in gewissem Maße die Anlehnung überprüft. Es zeigt sich dabei, ob das Pferd sicher an den Gewichts- und Schenkelhilfen des Reiters steht, ob es nicht auf die Stütze der Reiterhand angewiesen oder nur vornehmlich mit den Händen beigezäumt ist. Wenig geeignet ist es zum Überprüfen des vertrauensvollen Herantretens an die Hand des Reiters. Auch ein hinter dem Zügel gehendes, zusammengezogenes Pferd kann durchaus diesen „Test" bestehen.

Der Reiter soll beim Überstreichen, ohne den Sitz zu verändern, ohne sich vornüberzubeugen, beide Zügelfäuste entlang des Mähnenkamms vorschieben und anschließend wieder in die Ausgangshaltung zurücknehmen. Normalerweise sollte er dabei etwa zwei Handbreit nach vorn gehen, die Anlehnung also vorübergehend aufgeben. Wenn das Pferd sicher an den treibenden Hilfen steht, wird es mit seiner Stirn-Nasen-Linie etwas deutlicher vor die Senkrechte kommen, dabei aber in Selbsthaltung bleiben, also nicht wie beim „Zügel-aus-der-Hand-kauen-Lassen" der Reiterhand folgen. Das Pferd bleibt in seinem Tempo unverändert.

Gelegentlich kann das Überstreichen auch mit einer Hand vorgenommen werden. Dies wird z.B. in großen Wendungen abgefragt und betrifft dann selbstverständlich die innere Hand. Es soll dabei nämlich überprüft werden, ob das deutlich gestellte und gebogene Pferd sicher am äußeren Zügel steht, ob der Reiter vom inneren Zügel loskommt. Dazu bedarf es auch eines sicheren Sitzes und einer korrekten Einwirkung mit dem inneren Schenkel, der das Pferd vermehrt an den äußeren Zügel herantreibt. Die äußere Hand sollte gut tief geführt werden, da das Pferd an den tief geführten Zügel williger herantritt.

13.6 Beispiele für Anlehnungsprobleme

Grundsätzlich gilt eigentlich bei allen Anlehnungsproblemen, dass die Hand zwar etwas ganz Entscheidendes ist, dass der Reiter aber sehr aufpassen muss, sich nicht durch seinen Instinkt zu falschen, sogar kontraproduktiven Korrekturversuchen verleiten zu lassen. Als geborener „Handarbeiter" neigt der Mensch eben dazu, als Erstes mit seiner Hand zu korrigieren, z.B. ein guckeriges Pferd, das sich herauszuheben versucht, herunterzudrücken.

Bei jeglicher auftretender Anlehnungsstörung muss die Problemlösung aber primär von der treibenden (Schenkel-)Hilfe ausgehen. Die Hand ist dabei in fast allen Situationen nur als zwar notwendiges, aber eher passives Gegenüber gefragt.

Zum Abschluss dieses Kapitels möchte ich hierzu in zwei konkreten Beispielen von zwei Pferden berichten, deren Art von Anlehnungsproblemen recht exemplarisch ist:
Im ersten Fall handelte es sich um eine fünfjährige Stute mit relativ hohem Blutanteil und etwas „stutig-"rechteckig im Format, d.h., ihr Mittelstück war durchaus etwas lang. Da sie recht gehfreudig war, hatte ihre Reiterin mit Recht das Gefühl, sie besser kontrollieren und bei sich behalten zu müssen.

Das auf Anhieb offensichtliche Problem des Pferdes bestand darin, dass es zwar durchaus leicht und meist nachgiebig im Genick war, sich aber alle 20, 30 Meter heraushob und frei machte, und zwar in allen drei Grundgangarten. Diese Schwierigkeit hatte die Reiterin jetzt natürlich ständig im Kopf, sodass sie sich dazu verleiten ließ, das Herausheben verhindern zu wollen. Die eigentliche Ursache für diese Anlehnungsstörung war aber der etwas lange und feine Rücken, den das Pferd trotz Leichttrabens und ausbalancierten Sitzens der Reiterin nicht loslassen konnte und der ihm so Probleme machte, vielleicht sogar etwas schmerzte. Deshalb war es das Ziel, das Pferd dazu zu bringen, den Hals mehr zu öffnen, also nicht nur im Genick nachzugeben, sondern den Hals aus der Schulter heraus besser fallen zu lassen, um über die Dehnungshaltung mit längerem Hals den Rücken zum Hergeben und Schwingen zu bringen.

Nach dem Motto, dass die erkannte Ursache den Korrekturweg schon vorgibt, müsste die Lösung eigentlich einfach sein; für die Reiterin war es aber trotzdem gar nicht so leicht, diese Erkenntnis umzusetzen:

Sie ritt zunächst im Schritt und begleitete das Pferdemaul ganz konsequent am langen Zügel mit ihrer Hand. Dazu saß sie ganz losgelassen und beweglich, um tatsächlich Verbindung zu halten, egal wo das Pferdemaul hinging. Sie musste absolut vermeiden, dem Pferd das Gefühl zu geben, als wollte sie mit der Hand etwas verhindern. Es sollte vielmehr den Eindruck haben, die Hand begleite sein Maul wie ein Schatten – der aber auch nicht stört. Mit dem leichttreibenden Schenkel, unterstützt von gelegentlichem Schnalzen und ansatzweisem Vorwärtssitz sorgte sie für einen gleichmäßigen Fleiß und Fluss des Schritts. Als die Unruhe in der Anlehnung im Schritt nach 10, 15 Minuten immer mehr nachließ, wurde angetrabt und mit der gleichen Konsequenz das Maul begleitet und jegliches Gegenhalten, aber auch „Bremsen" vermieden. Zunächst wurden nur kurze Trabreprisen, jeweils ca. 30, 40 Meter geritten und dann auch sehr bald ebenfalls kurze Galoppreprisen dazugenommen.

Schlussendlich gelang es uns innerhalb von ca. 40 Minuten, das Pferd davon zu überzeugen, dass es sich mit etwas längerem Hals bei nachgiebigem Genick im Rücken wohler fühlen kann. Neben einer fast ungestörten gleichmäßigen Verbindung zwischen Reiterhand und Pferdemaul, wurde der Bewegungsablauf in Schritt, Trab und Galopp gelassener und raumgreifender. Das Anlehnungsproblem tauchte zunächst zwar noch gelegentlich auf, sobald die Reiterin auch nur ansatzweise mit der Hand fest wurde oder sogar rückwärtswirkte. Nach wenigen Tagen hatte das Pferd aber recht zuverlässig gelernt, mit mehr Rahmen und etwas längerem, offenerem Hals zu gehen; es verzieh dann sogar auch gelegentliche Unachtsamkeiten der Reiterin.

Die bessere Anlehnung war hier „nur" das Ergebnis einer besseren Losgelassenheit, insbesondere des Rückens.

Grundsätzlich gilt bei allen Anlehnungsproblemen, dass die Hand zwar etwas ganz Entscheidendes ist, dass der Reiter aber sehr aufpassen muss, sich nicht durch seinen Instinkt zu falschen, sogar kontraproduktiven Korrekturversuchen verleiten zu lassen.

!

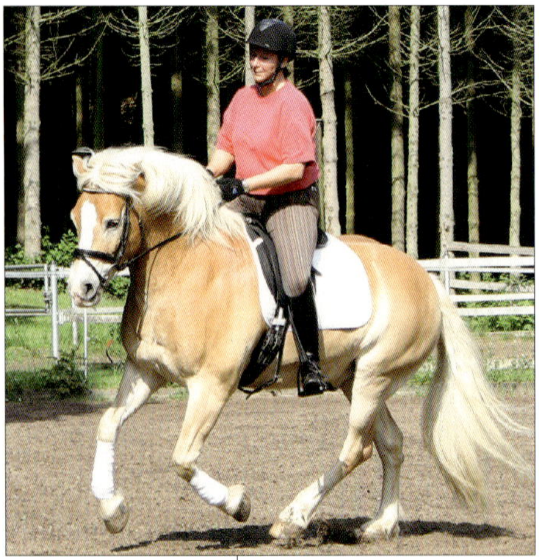

Gute Anlehnung erleichtert jedem Pferd seinen Job unter dem Sattel: Haflinger in schönem Bergaufgalopp mit guter Selbsthaltung.

Bei dem zweiten Pferd handelte es sich um einen dreieinhalbjährigen Wallach, sehr groß (ca. 1,78 Meter Stockmaß), der ein sehr leichtes Genick hatte, dessen Hals jedoch noch wenig bemuskelt war. Trotz seiner Größe und der ständigen Neigung, hinter den Zügel zu kommen, ließ er sich erstaunlicherweise, abgesehen von einer deutlichen Schiefe, schon relativ sicher in allen drei Grundgangarten reiten. Er zeigte sich aber noch recht gebunden, also wenig frei aus der Schulter, und ließ sich, besonders im Galopp, noch wenig regulieren.

Pferde, die dank oder in diesem Zusammenhang besser wegen ihres sehr leichten Genicks hinter den Zügel kommen, trifft man heute recht häufig. Leider wird dann meist versucht, sie mit den Händen oben zu halten, wodurch man sie aber eng im Hals und fest im Rücken macht, sodass sie mit den Hinterbeinen nicht mehr gut durchschwingen können.

Wenn ich oben schon erwähnte, dass dieses Pferd, besonders im Oberhalsbereich noch wenig bemuskelt war, so kann die Empfehlung nur lauten: Das Pferd muss zunächst lernen, den Ganaschenwinkel und den ganzen Hals zu öffnen und vertrauensvoller an die Hand heranzutreten, um so die Möglichkeit zu bekommen, sich freier aus der Schulter heraus zu bewegen. Für den Muskelaufbau der gesamten oberen Muskulatur (Rumpfstrecker → S. 93), besonders auch im Halsbereich, kann dann erst angefangen werden, den Wallach mit wechselndem Rahmen zu reiten. Auch bei diesem Pferd begannen wir mit der Korrektur im Schritt am ganz langen Zügel mit konstanter, feiner, elastischer Verbindung zum Pferdemaul. Die Reiterin signalisierte ihrem Pferd über ihre Körpersprache große Gelassenheit, nahm immer wieder die Zügel in eine Hand und klopfte es am Hals oder hinter ihrem Oberschenkel. Schon im Schritt tastete sie sich so weit an das Maul heran, dass sie ansatzweise dem Pferd das Gefühl vermittelte, es solle ihre Hand ein wenig ziehen. Wenn es dabei versuchte tiefer zu kommen und hinter den Zügel abzukippen, gab sie eine ganz entschlossene, deshalb kurze, und dennoch sehr feine „provokative Parade" (s.o.) mit tiefen Händen und im leichten Vorwärtssitz. Genau dasselbe Spiel setzten wir im Trab fort und dann auch in kurzen Galoppreprisen. Bei den Übergängen vom Trab zum Schritt bzw. vom Galopp zum Trab gab sie die Paraden auch sehr entschlossen, kurz und dennoch fein, ebenfalls im leichten Vorwärtssitz. Es war ganz wunderbar zu sehen, wie das Pferd sehr schnell herausfand, dass es sich mit längerem Hals leichter tat. Es konnte sich zusehends freier aus der Schulter bewegen, kam besser durch die Ecken und fühlte sich bestimmt im Rücken wesentlich wohler, sodass es sich auch leichter regulieren ließ.

Die Reiterin ritt glücklicherweise drei Tage nacheinander bei mir, was es natürlich auch notwendig machte, die einzelnen Trainingseinheiten für das sehr junge Pferd nicht zu lange auszudehnen, bzw. entsprechend schonender zu gestalten. (Wenn Pferde sich vermehrt dehnen müssen, ist diese angestrebte, richtige, aber ungewohnte Haltung und Bewegung zunächst recht anstrengend. Deshalb muss wohldosiert gearbeitet werden, um starken Muskelkater zu vermeiden.)

Die gemeinsame Arbeit machte uns dreien, wie auch einigen Beobachtern richtig Spaß, zumal weder die Reiterin noch ich zu Beginn geglaubt hätten, so schnell eine so deutliche Verbesserung erreichen zu können. Dies konnte natürlich nur deshalb so gut gelingen, weil die Reiterin dank eines ausbalancierten Sitzes und entsprechender Aufgeschlossenheit meine Hinweise und Anweisungen sehr präzise umsetzen konnte.

→ Kap. 4. „Die gute Hand…"
→ Kap. 7. „Mehr treiben…"

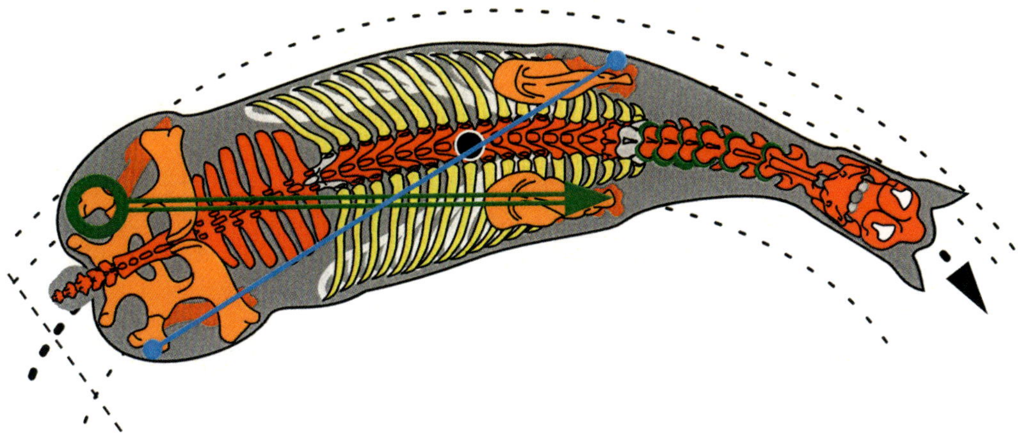

Ein gewisses Maß an Längbiegung ist auch im Rumpf des Pferdes möglich, → S. 127.

14. Stellen und Biegen

Für die Gymnastizierung eines Pferdes sind das Stellen und das Biegen ganz wesentliche Übungen.

Beim Stellen veranlasst man das Pferd, seinen Kopf und Hals geringfügig zu wenden. Primär ist daran zunächst einmal das Genick, also das Gelenk zwischen dem Schädel und dem ersten Halswirbel (Okzipitalgelenk), beteiligt, sekundär wird aber der gesamte Hals etwas seitlich gebogen.

Es wird teilweise sehr heftig darüber diskutiert, ob Stellen tatsächlich auch eine leichte Biegung der Halswirbelsäule beinhaltet. Letztendlich ist es eine Definitionsfrage, die von unserer Reitlehre (Richtlinien) bejaht wird. Ich meine zu Recht, weil Stellung allein im Genick eigentlich nur theoretisch möglich ist. Auf jeden Fall ist ein sehr deutliches Seitwärtsbiegen des Halses falsch und kontraproduktiv (s.u.)

Von Biegung spricht man, wenn das Pferd in seiner gesamten Längsachse seitlich gebogen ist. Um in der täglichen Arbeit mit diesen Übungen besser umgehen zu können und vor allem, um dabei dem jeweiligen Pferd gerecht zu werden, ist es sinnvoll, sich etwas mit der Anatomie des Pferdes zu befassen.

14.1 Zur Anatomie der an Stellung und Biegung beteiligten Strukturen

Hals und Genick

Das Gelenk zwischen dem Hinterhauptsbein des Schädels und dem ersten Halswirbel (1. Kopfgelenk Atlanto-Okzipitalgelenk) ist ein Ellipsoidgelenk mit ellipsoiden Gelenkflächen jeweils rechts und links des Wirbelkanals. Es lässt vor allem Beuge- und Streckbewegungen entlang der Längsachse des Gelenkes zu, es ermöglicht also vor allem den Kopf auf und ab zu bewegen. In der Querachse (seitliche Bewegung) sind nur kleine Bewegungsausschläge möglich. Der Processus jugularis an der Schädelbasis, der Atlasflügel am ersten Halswirbel und das diese

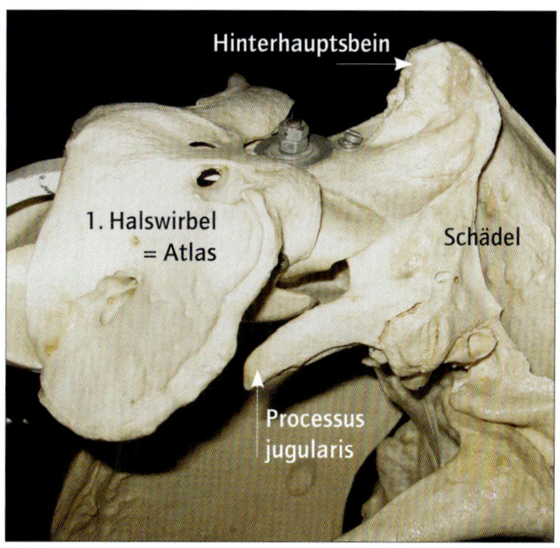

Das Gelenk zwischen dem Hinterhauptsbein des Schädels und dem ersten Halswirbel lässt vor allem Beuge- und Streckbewegungen entlang der Längsachse des Gelenkes zu, es ermöglicht also vor allem den Kopf auf und ab zu bewegen. Seitliche Bewegungen sind nur geringfügig möglich.

Eine wichtige Rolle beim Stellen im Genick spielt die Ohrspeicheldrüse. Sie liegt unterhalb des Ohrs auf dem Kaumuskel.

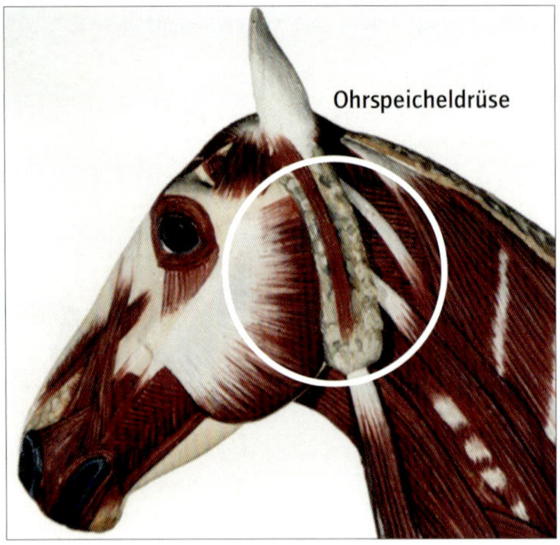

beiden Knochenstrukturen verbindende Band begrenzen die seitliche Beweglichkeit im ersten Kopfgelenk in individuell unterschiedlichem Ausmaß. Im Vergleich zur Beuge- und Streckbewegung sowie zur seitlichen Beweglichkeit der Gelenke zwischen dem dritten bis siebten Halswirbel ist die seitliche Beweglichkeit im ersten Kopfgelenk, die zum Stellen im Genick notwendig ist, in jedem Fall nur sehr gering ausgeprägt. Die Kombination der Beuge- und Streckbewegung mit der seitlichen Bewegung ermöglicht Drehbewegungen (Anheben einer Seite des Kopfes).

Das Gelenk zwischen dem ersten und zweiten Halswirbel (2. Kopfgelenk) ist ein Zapfengelenk. Der zweite Halswirbel besitzt einen Zapfen, der in den ersten Halswirbel hineinragt. Der erste Halswirbel und damit auch der Kopf können um diesen Zapfen gedreht werden (führt zum einseitigen Anheben des Kopfes), ein seitliches Abbiegen ist nicht möglich.

Die Drehbewegung in den beiden Kopfgelenken führt das Pferd aus, wenn es eine Seite des Kopfes etwas anhebt. Erfolgt dies beim Reiten, nennt man es Verwerfen im Genick.

Die Gelenke zwischen dem zweiten und dritten bis zum siebten Halswirbel haben eine starke seitliche Beweglichkeit. Das seitliche Stellen von Hals und Genick wird daher anatomisch gesehen nicht völlig ohne Beteiligung der Halswirbelsäule durchführbar sein. Streng genommen, ist daher die Anweisung, das Pferd nur im Genick zu stellen, wie sie in älteren Reitlehren zu finden ist, anatomisch nicht ganz korrekt. Trotzdem ist diese Vorstellung gut für ein „inneres Bild" für die Ausführung der Stellung, da es deutlich macht, dass der Hals des Pferdes beim Stellen keinesfalls stark abgebogen (überstellt) werden darf. Die Muskeln, welche die Vorhand vorführen, ebenso wie das Nackenband, und die Muskeln, deren Aufgabe das Aufwölben des Rückens ist, setzen an Hals und Kopf an. Im Fall einer Überstellung der Halswirbelsäule werden diese Muskeln auf der einen Halsseite stark verkürzt und auf der anderen entsprechend verlängert. Ihre Aktionsbasis (Bewegungsspielraum) wird in eine Richtung verlagert, die ihre Aufgaben erheblich erschwert. Daher wird der Bewegungsablauf mehr oder weniger stark beeinträchtigt, wobei das Pferd auf das innere Vorderbein „fällt", dessen Vorführung erschwert wird, im Extremfall kommt es zu Taktfehlern.

Eine weitere Struktur, die beim Stellen im Genick eine wichtige Rolle spielt, ist die Ohrspeicheldrüse. Sie liegt unterhalb des Ohrs auf dem Kaumuskel, dem Unterkiefer außen auf. Ihr hinterer Abschnitt fügt sich in die Gabelung der Kopfvenen ein. Ein weiterer Zipfel, an welchem auch der Ausführungsgang ansetzt, liegt auf der Innenseite des Unterkiefers. Vor allem wenn das erste Kopfgelenk stark abgebeugt ist (Überzäumung), die Kaumuskeln verspannt (zu enge Reithalfter!) und der Hals in sich verkürzt ist, kann es daher in Abhängigkeit von der individuellen Ausformung der genannten Strukturen beim Stellen zu Druck auf Ohrspeicheldrüse und Kopfvenen kommen, was i.d.R. Widerstand gegen das Stellen zur Folge hat (mittelfristig kann sich daraus der sogenannte Ganaschenzwang entwickeln). Gewaltsame Versuche, die Stellung zu erzwingen, können zu Verletzungen führen.

Zur reiterlichen Lösung dieses Problems kann alles beitragen, was die Dehnung und Lockerung der beteiligten Strukturen zum Ziel hat. Hierzu gehört das Reiten in Dehnungs- und in Gebrauchshaltung, mit offenem Ganaschenwinkel, d.h. mit

Gewaltsame Versuche, Stellung zu erzwingen, können zu Verletzungen führen. Zur reiterlichen Lösung dieses Problems kann alles beitragen, was die Dehnung und Lockerung der beteiligten Strukturen zum Ziel hat.

!

der Nase sicher vor der Senkrechten und mit gedehntem Hals. Wertvoller werden diese Übungen noch, wenn das Pferd dabei gestellt oder auch kontergestellt wird. Ein zufriedenes Kauen des Pferdes mit geschlossenem Maul zeugt davon, dass sich der Kaumuskel dabei entspannt. Beim Stellen muss sich der Reiter vorstellen, die Außenseite zu dehnen, nicht aber die Innenseite zu verkürzen oder gar zusammenzuquetschen. Diese Dehnung der Außenseite gelingt am leichtesten, wenn das Pferd den inneren Schenkel gut akzeptiert und gleichzeitig zunehmend vertrauensvoll an beide Zügel gleichmäßig herantritt, besonders aber den äußeren Zügel annimmt. Richtig wertvoll ist jegliches Stellen nur, wenn der Reiter jeweils am inneren Zügel leicht werden kann.

Längsbiegung des Körpers

(→ Grafik S. 125) Auch an der Längsbiegung des gesamten Pferdekörpers sind verschiedene Strukturen beteiligt. Zum einen sind dies die Zwischenwirbelgelenke. Die seitliche Beweglichkeit dieser Gelenke ist zwar abgesehen von der Hals- und der Schwanzwirbelsäule relativ gering. Es ergibt sich aber trotzdem eine gewisse seitliche Biegsamkeit, wenn die Summe der seitlichen Beweglichkeit aller Wirbelgelenke zusammengenommen wird. Die seitliche Beweglichkeit der Wirbel gegeneinander ist in verschiedenen Abschnitten des Rumpfes unterschiedlich ausgeprägt; so sind beispielsweise die Kreuzwirbel zum Kreuzbein miteinander verwachsen und daher natürlich seitlich nicht gegeneinander beweglich. Im Bereich der Brustwirbelsäule ist die seitliche Beweglichkeit etwa in der Sattellage am stärksten ausgeprägt. Zum anderen tragen auch die Schulterblätter und ihre Aufhängung zur Längsbiegung bei. Das Pferd besitzt kein Schlüsselbein, die Schultergliedmaße ist nur mittels Muskeln und Sehnen am Rumpf befestigt. Daher können die Schulterblätter am Rumpf seitlich entlanggleiten, das äußere Schulterblatt wandert sozusagen nach vorn, dabei wird der breite Rückenmuskel der äußeren Seite gedehnt. Das Becken des Pferdes kann im Gelenk zwischen dem letzten Lendenwirbel und dem Kreuzbein (Lumbosakralgelenk) gegenüber dem Rumpf seitlich etwas abgekippt werden. Dabei wird die Kruppenmuskulatur der äußeren Seite gedehnt. Deshalb sollte der Reiter als „inneres Bild" eine gleichmäßige Dehnung der Außenseite des gesamten Pferdekörpers vor Augen haben, weniger eine Verkürzung der inneren Seite. Auf keinen Fall darf der Pferdekörper dort, wo er besonders biegsam ist, übermäßig stark gebogen werden. Auf die biomechanischen Folgen der Überstellung im Hals wurde bereits oben hingewiesen. Starke Verdrehungen des Beckens gegenüber der Lendenwirbelsäule, wie sie z.B. bei Schenkelweichen mit zu viel Abstellung, also zu stark seitwärts, bei falsch verstandenen Traversalen, bei welchen die Hinterhand vorausgeht, oder bei extrem schief auf zwei Hufschlägen gehenden Pferden zu beobachten sind, müssen unbedingt vermieden werden. Sie bringen die Aktionsbasis des langen Rückenmuskels, der den Schub der Hinterhand auf den Rumpf überträgt, in eine ungünstige, möglicherweise sogar mit Schmerzen verbundene Position und stören damit den Bewegungsablauf erheblich. Auch in diesem Zusammenhang

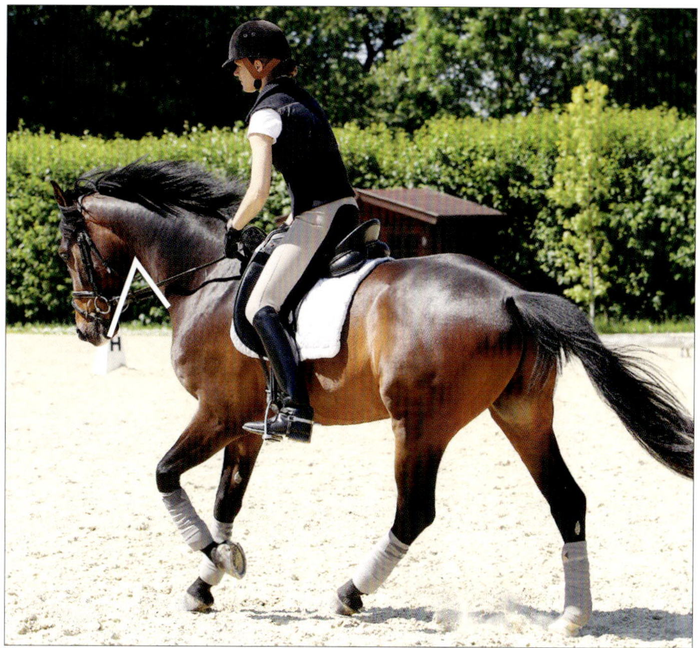

Mit offenerem Ganaschenwinkel kann sich das Pferd leichter stellen.

Lumbosakralgelenk

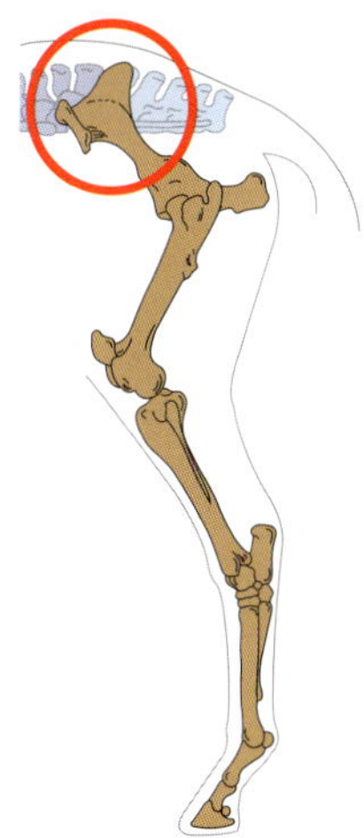

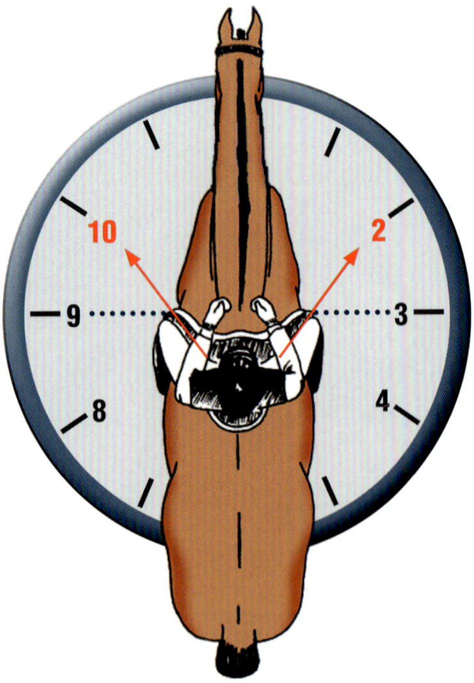

Sitzen wie auf dem Zifferblatt einer Uhr, → Kap. 14.2.2

treten häufig Taktfehler auf. Der stark bewegliche Schweif des Pferdes kann ebenfalls schief getragen werden, sich also stärker oder sogar nach einer anderen Richtung als der übrige Pferdekörper biegen. Dies weist auf falsche Spannungen oder sogar auf Erkrankungen im Bereich des Rückens hin.

Obwohl anatomisch nicht ganz korrekt, kann die Anweisung aus älteren Reitlehren, den Pferdekörper in seiner ganzen Länge gleichmäßig zu biegen, heute dahingehend interpretiert werden, dass die stärker beweglichen Teile der Wirbelsäule beim Biegen keinesfalls entsprechend ihrer vollen Beweglichkeit abgebogen werden dürfen.

„Im Fall einer „Überstellung" der Halswirbelsäule werden diese Muskeln auf der einen Halsseite stark verkürzt und auf der anderen entsprechend verlängert. Ihre Aktionsbasis wird in eine Richtung verlagert, die ihre Aufgaben erheblich erschwert. Daher wird der Bewegungsablauf mehr oder weniger stark beeinträchtigt, wobei das Pferd auf das innere Vorderbein „fällt", dessen Vorführung erschwert wird, im Extremfall kommt es zu Taktfehlern."

14.2 Stellung: Wie kann der Reiter sein Pferd stellen?

Stellung heißt, dass das Pferd primär seinen Kopf geringfügig seitlich wendet und sekundär auch seinen Hals etwas seitlich biegt, und zwar so weit, dass der Reiter das jeweils innere Auge und die innere Nüster schimmern sieht; daran beteiligt sind das Genick und der Hals. Wie oben in dem kleinen Anatomie-Exkurs dargestellt, ist die seitliche Beweglichkeit im Genick selbst individuell recht unterschiedlich ausgeprägt. Bei einem losgelassenen Pferd wird der Mähnenkamm leicht zu der Seite kippen, zu der das Pferd gestellt ist. Der gesamte Hals ist gemäß der Definition unserer Reitlehre bei der Stellung geringfügig gebogen. Voraussetzung für diese Biegung ist u.a. die Dehnungsfähigkeit der jeweils äußeren Halsmuskulatur. In der übrigen Längsachse (Wirbelbrücke) des Pferdes wird aber beim Stellen noch keine Biegung verlangt.

Treten Schwierigkeiten beim Stellen auf (meist auf einer Hand deutlicher), muss das Pferd veranlasst werden, sich im Genick und Hals mehr zu öffnen, wobei es ihm mit offenerem Ganaschenwinkel leichter fällt, sich zu stellen. (s.o.)

14.2.1 Wozu dient das Stellen?

Mit Stellung ist es leichter, das Genick (Okzipitalgelenk) zu kontrollieren und dessen Nachgiebigkeit zu erhalten. Diese zwanglose Nachgiebigkeit im Genick ist eine Voraussetzung für die Losgelassenheit im gesamten Rücken. **(→ Kap. 12. „Nachgiebigkeit im Genick…")**

Mit der Stellung bereitet der Reiter die Biegung des Pferdes, in der gesamten Längsachse vor. Diese ist Voraussetzung dafür, dass sich ein Pferd auch auf gebogener Linie taktrein und ausbalanciert bewegen kann. Außerdem ist die Fähigkeit und Bereitschaft des Pferdes sich zu biegen, eine wichtige Voraussetzung für eine erfolgreiche, reelle versammelnde Arbeit. **(→ Kap. 17. „Versammlung…")**

Durch korrektes Stellen wird die Akzeptanz der inneren und ein Herantreten an die äußeren Hilfen verbessert. Unabhängig davon, auf welcher Hand sich der Reiter befindet, wird die Seite, nach der das Pferd gestellt ist, als „innere", die andere als „äußere" bezeichnet.

14.2.2 Wie wird das Pferd gestellt?

Eine klare Stellung, z.B. nach rechts, wird erreicht, indem der Reiter die innere Gesäßhälfte etwas mehr belastet, sein Becken etwas in Richtung zwei Uhr schiebt und mit dem dicht am Gurt liegenden rechten Schenkel das innere Hinterbein vermehrt aktiviert und an den linken Zügel herantreibt.

Der rechte Zügel weist kurz seitwärts und wird nötigenfalls geringfügig verkürzt, der linke Zügel lässt die Stellung zu, muss aber auch sicherstellen, dass das Gebiss mittig im Maul liegen bleibt und nicht nach rechts gezogen wird.

Der verwahrende linke Schenkel liegt eine Handbreit hinter dem Gurt und verhindert ein Ausweichen der Hinterhand.

Dabei senkt sich die innere Hüfte etwas, das Knie sollte dabei eine tiefere Lage erhalten. Der vermehrte Druck auf den inneren Gesäßknochen kommt hauptsächlich dadurch zustande, dass durch das Umlegen des äußeren Schenkels aus der Hüfte heraus die Belastung des äußeren Gesäßknochens etwas vermindert wird. Eine Verlagerung des Gewichts des Oberkörpers ist nicht nur nicht notwendig, sondern wirkt sich störend auf das gemeinsame Gleichgewicht zwischen Reiter und Pferd aus.

Bei richtiger Stellung wird der Reiter das innere Auge und den inneren Nüsternrand seines Pferdes schimmern sehen. Ein „Mehr" an Stellung wird fast immer zu einem Ausfallen der äußeren Pferdeschulter und zu Unregelmäßigkeit im Gang, also Taktstörungen, führen.

Der innere Schenkel, der an den äußeren Zügel herantreibt, ist die entscheidende Hilfe beim Stellen und Biegen eines Pferdes; er muss dazu dicht am Gurt liegen und darf nicht zurückrutschen. (Wenn ein Pferd konsequent gelernt hat, die diagonale Hilfengebung anzunehmen und dabei vertrauensvoll an den äußeren Zügel heranzutreten, wird es schon durch den Impuls am inneren Schenkel veranlasst, sich am inneren Zügel etwas abzustoßen und innen im Genick nachzugeben.)

Mit Stellung zu reiten ist nur dann sinnvoll, wenn das Pferd dabei sicher an den diagonalen Hilfen (innerer Schenkel – äußerer Zügel) steht, also sicher an den äußeren Zügel herantritt und

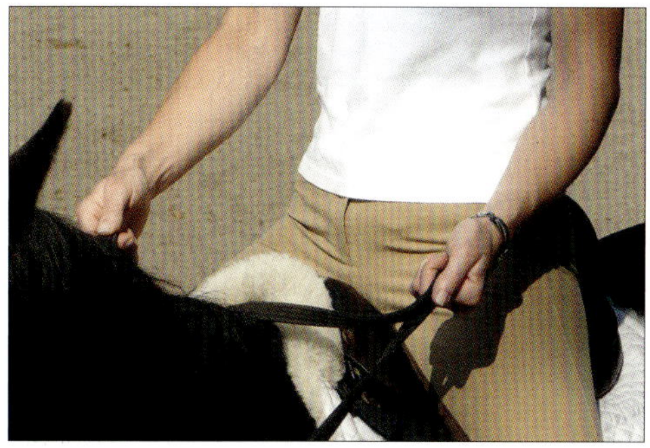

Seitwärtsweisen mit dem linken Zügel, hier etwas übertrieben

der Reiter mit der inneren Hand leicht werden kann. Solange dieses Leichtwerden am inneren Zügel nicht möglich ist, die innere Hand aktiv die Stellung fordern muss, wird es fast immer zu einer leichten Rotation im Gelenk zwischen dem ersten und dem zweiten Halswirbel, also zu einem Verwerfen im Genick kommen.

14.2.3 Umstellen

Beim Umstellen des Pferdes von der einen zur anderen Seite (z.B. beim Handwechsel) muss der Reiter unter Beibehaltung der treibenden Einwirkung das Pferd zunächst sorgfältig geradeaus stellen und dann erst die neue Stellung fordern.

Lässt sich ein Pferd aufgrund seiner natürlichen Schiefe z.B. nach links schlechter stellen, kann es helfen, dies zunächst auf der rechten Hand, am besten auf dem ersten Hufschlag, in Form von Konterstellen zu versuchen. Die Bande oder die Begrenzung des Platzes unterstützen dann den linken Schenkel. **(→ Kap. 16. „Geraderichten…")**

14.2.4 Mögliche Fehler

Der häufigste und folgenschwerste Fehler besteht darin, die Stellung durch zu festes Halten oder Ziehen am inneren Zügel (womöglich sogar mit über den Mähnenkamm drückender oder rückwärtswirkender Hand) zu fordern. Dadurch wird das Pferd im Hals zusammengezogen und ein richtiges Vor- und Untertreten des jeweils inneren Hinterfußes ist nicht möglich. Es kommt häufig zu Taktfehlern.

Der häufigste und folgenschwerste Fehler besteht darin, die Stellung durch zu festes Halten oder Ziehen am inneren Zügel zu fordern.

!

Wenn die Stellung nicht durch den äußeren Zügel zugelassen wird, ist die Folge ein fehler-

Das sogenannte Abbrechen war früher beim Reiten junger Pferd eine ganz übliche Übung. Es erfolgt vor dem Aufsitzen folgendermaßen: Der Reiter stellt sich frontal dem Pferd gegenüber und legt beide Daumen in die Gebissringe. Dann erhöht er wechselweise den Druck, erst in dem einen, dann in dem anderen Ring; dabei darf das Gebiss nicht durchs Maul rutschen. Die Pferde nehmen das meist ganz schnell an, fangen an zu kauen und lassen sich etwas stellen, sodass der Mähnenkamm jeweils umkippt.

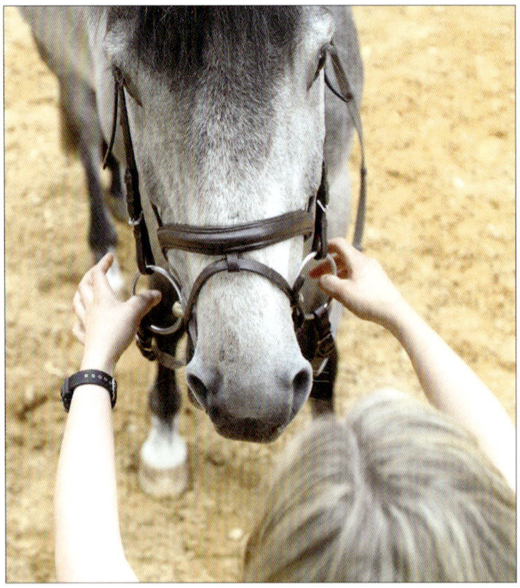

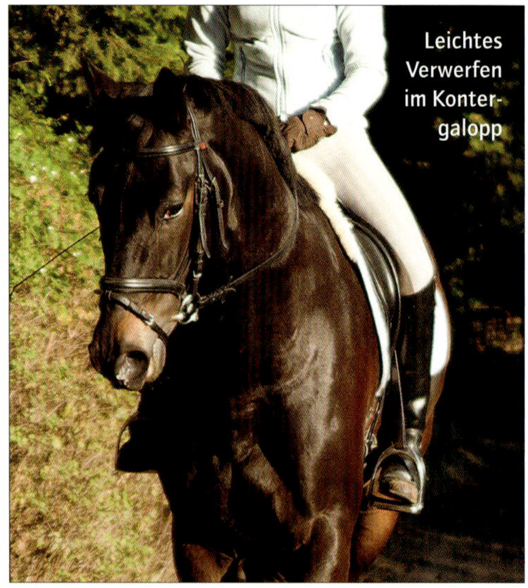

Leichtes Verwerfen im Kontergalopp

haftes Verwerfen im Genick. Das Pferd hält den Kopf schief. Die beiden Ohren stehen nicht mehr auf gleicher Höhe.

Zur Abstellung dieses Fehlers muss der Reiter sein Pferd geradeaus stellen und es unter verstärkter Anwendung der treibenden Hilfen zum Dehnen an den Zügel nach vorwärts-abwärts veranlassen. Nur wenn das Pferd sich im Hals besser öffnet, wird es sich, nun sogar mit leichteren Hilfen, stellen lassen.

Ebenso falsch ist auch ein zu starkes Nachgeben mit der äußeren Hand. Dadurch wird lediglich der Kopf mit dem inneren Zügel nach innen gezogen.

14.3 Biegung: Wie kann der Reiter sein Pferd biegen?

Unter Biegung wird eine seitliche Biegung der gesamten Längsachse verstanden. Dabei soll der Pferdekörper, soweit anatomisch möglich, gebogen werden. Eine gleichmäßige Längsbiegung von Kopf zum Schweif ist aber nicht erreichbar, da die Wirbel unterschiedlich beweglich sind. Die Wirbelsäule ist im Bereich der Halswirbel am beweglichsten, im Bereich der Brustwirbel begrenzt biegsam und aufgrund der Verknöcherung im Bereich des Kreuzbeins starr.

Ein übertriebenes seitliches Biegen des Halses ist kontraproduktiv und muss deshalb vermieden werden! (s.o.)

14.3.1 Wozu dient das Biegen?

Der Reiter sollte das Pferd nur so viel stellen (im Genick und Hals seitlich biegen), wie er es auch in der übrigen Längsachse zu biegen vermag. Wie schon beim Stellen erklärt, ist der dicht am Gurt liegende innere Schenkel dabei die wichtigste Hilfe. Die begrenzte Biegsamkeit muss so weit wie möglich ausgeschöpft werden, um die Geschmeidigkeit zu erhöhen, ein Ausfallen der Hinterhand in den Wendungen zu unterbinden und die Geraderichtung zu fördern. Dies ist jedoch nur möglich, wenn das Pferd auf beiden Händen gelernt hat, die diagonale Hilfengebung anzunehmen, d.h. den inneren Schenkel zu akzeptieren und an den äußeren Zügel heranzutreten.

Die Biegung des Pferdes in seiner gesamten Längsachse ist, wie oben schon angesprochen, Voraussetzung dafür, dass es sich auch auf gebogener Linie taktrein und ausbalanciert bewegen kann. Außerdem ist seine Fähigkeit und Bereitschaft, sich zu biegen, eine wichtige Voraussetzung für das Geraderichten und eine erfolgreiche, reelle versammelnde Arbeit. Ohne Biegung würde auf gebogener Linie entweder die Hinterhand ausscheren oder die Vorhand in die Wendung hineindrängen. Dabei könnte es auch zu einer Schräglage kommen, die sich auf die Gelenke der Extremitäten schädigend auswirken würde.

14.3.2 Wie wird Biegung erreicht?

Die Biegung wird durch konsequente, sorgfältige Abstimmung der „diagonalen" Hilfen erreicht. Die vertrauensvolle Akzeptanz des inneren Schenkels und der äußeren Hilfen sowie die Dehnungsfähigkeit der jeweils äußeren Muskulatur ist dafür Voraussetzung. (→ Kap. 16. „Geraderichten…")

Die Hilfengebung ist vom Grundsatz her dieselbe wie beim Stellen:

- Der innere Gesäßknochen wird vermehrt belastet,
- der innere Schenkel aktiviert dicht am Gurt den gleichseitigen Hinterfuß vermehrt und treibt ihn an den äußeren Zügel heran,
- der innere Zügel weist kurz seitwärts und wird nötigenfalls geringfügig verkürzt, der äußere Zügel muss die Stellung zulassen, aber auch sicherstellen, dass das Gebiss mittig im Maul liegen bleibt und nicht nach innen gezogen wird,
- der verwahrende äußere Schenkel liegt eine Handbreit hinter dem Gurt und verhindert ein Ausfallen der Hinterhand,
- der innere Zügel sorgt für eine weiche Stellung und führt gegebenenfalls das Pferd in die Wendung hinein, er gibt den Richtungsimpuls,
- der äußere Zügel gibt so viel nach, wie es die Stellung oder Biegung des Pferdes nach innen erfordert, verhindert eine zu starke, fehlerhafte Stellung und begrenzt die Schulter. (Die Zügelhilfe muss auf jeden Fall so abgestimmt sein, dass das Gebiss stets möglichst mittig liegen bleibt und nicht auf einer Seite herausgezogen wird.)

Geht ein Pferd mit (Längs-)Biegung, ist es immer auch gestellt. Andererseits gibt es aber Übungen, bei denen das Pferd nur gestellt, aber noch nicht insgesamt gebogen sein muss (z.B. Schenkelweichen und Vorhandwendung).

Merke: Mit Stellung und Biegung zu reiten ist nur dann sinnvoll, wenn das Pferd dabei sicher an den diagonalen Hilfen (innerer Schenkel – äußerer Zügel) steht, also sicher an den äußeren Zügel herantritt und der Reiter mit der inneren Hand leicht werden kann. Eine gute Akzeptanz des inneren Schenkels ist besonders wichtig. ■

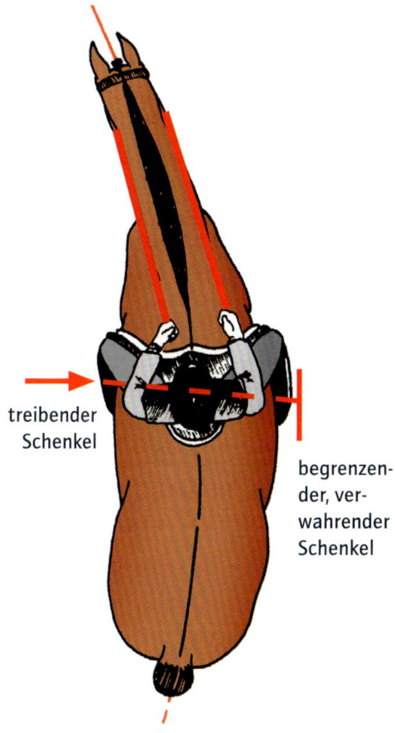

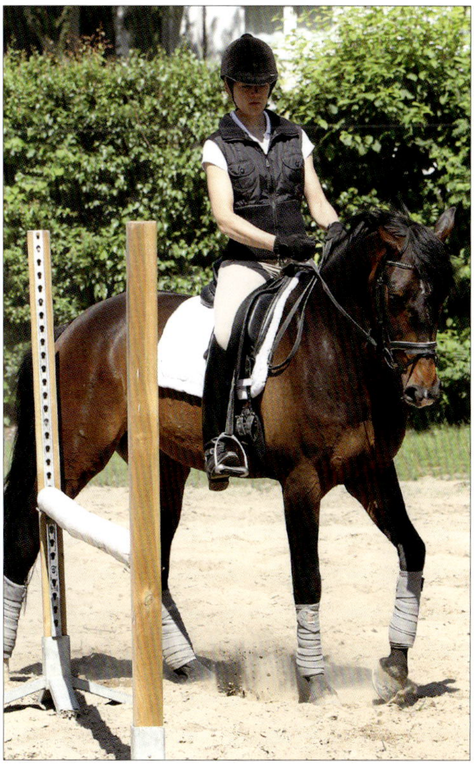

Gute Längsbiegung bei Vorübungen für die Kurzkehrtwendung um ein Hindernis herum.

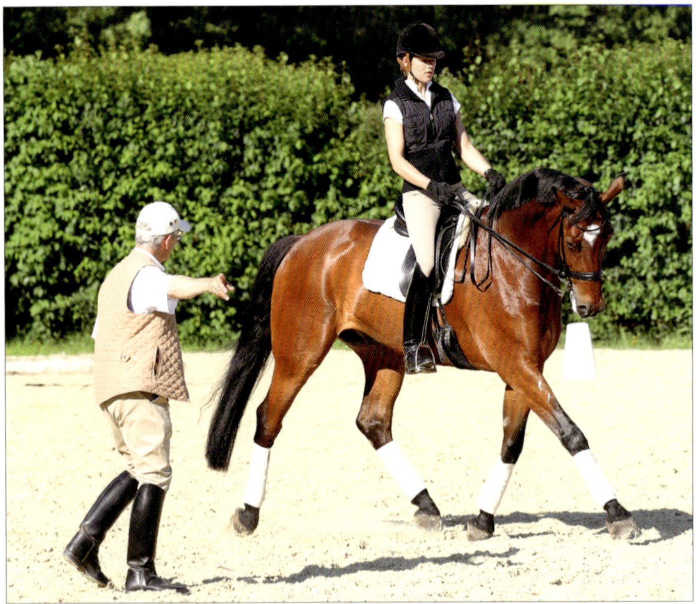

Schwungvoller Arbeitstrab auf gebogener Linie mit guter Längsbiegung – die Nase könnte noch etwas mehr vorgelassen werden.

15. Schwung

Wer dieses Kapitel aufschlägt, und sich schon einigermaßen mit der Reitlehre befasst hat, wird sich darüber wundern, dass diesem sehr anspruchsvollen Ausbildungsprinzip hier nur so wenig Raum gegeben wird. Das liegt zum einen daran, dass in RmVuG die grundsätzlichen Punkte dazu recht ausführlich besprochen wurden, zum anderen daran, dass in diesem Buch an verschiedenen Stellen darauf eingegangen wird, so u.a. in den Kapiteln 7. „Mehr treiben…", 11. „Losgelassenheit…", 20. „Übergänge …", 21. „Verstärkungen…", 30. „Kritische Betrachtung …".

Einige wichtige Fachbegriffe, die schon aufgrund des Wortlautes mit Schwung zusammenhängen, sollen dennoch hier nochmals kurz erklärt werden: Als schwunghaft werden der Trab und der Galopp bezeichnet, weil sie jeweils eine Schwebephase beinhalten, die wiederum Voraussetzung für Schwungentwicklung ist.

Weil es im Schritt keine Schwebephase gibt (es sind immer zwei oder drei Beine im Wechsel auf dem Boden), wird er als schwunglos bezeichnet.

Als schwungbegabt bezeichnet man Pferde, die dank guten Exterieurs und Interieurs beste Voraussetzungen für schwungvolles Gehen haben. Leider wird heute vielfach diese Begabung als „Grundschwung" bezeichnet – das ist aber eigentlich nicht korrekt, weil auch ein schwungbegabtes Pferd sich nur dann wirklich schwungvoll bewegen kann, wenn es den im Folgenden aufgezählten Kriterien entspricht.

Ein Pferd bewegt sich schwungvoll,

- **wenn es dank guter Losgelassenheit und vertrauensvollen Herantretens bzw. -springens an die Reiterhand gut taktmäßig vorwärtsgeht,**
- **dank des schwingenden Rückens und der unverkrampft aufeinander abgestimmt arbeitenden Rumpfbeuger- und Rumpfstreckermuskulatur (s. Abb.) mit den Hinterbeinen aktiv und energisch vorwärts-aufwärts abfußt,**
- **dabei mit den Hinterbeinen weit nach vorne durchschwingt und Schub entwickelt,**
- **wenn in den Verstärkungen bei nachgiebigem Genick und sicherer Selbsthaltung eine deutliche Rahmenerweiterung erkennbar wird; diese ist Voraussetzung dafür, dass die Bewegungen durch den ganzen Körper des Pferdes gehen und die Hinterbeine optimal durchschwingen können,**
- **wenn auch die Übergänge – und das ist besonders aufschlussreich – taktsicher, geschmeidig, und durchlässig gelingen.**

Wie oben aufgeführt, kann sich gemäß der Definition unserer Reitlehre richtiger Schwung eigentlich nur entwickeln, wenn der losgelassene Rücken das Durchschwingen der Hinterbeine zulässt. Auch die FEI hat die Gültigkeit dieser Reitlehre noch nicht in Zweifel gestellt oder gar für überholt erklärt, sondern in dem 2009 erschienenen Handbuch für ihre Richter als Maßstab zugrunde gelegt. Leider stimmen diesbezüglich Reittheorie und -praxis wenig überein. So steht leider die Bewertung, die man heute gerade auch vielen Top-Pferden im Spitzensport besonders für ihre Bewegungen im Trab und in der Passage zukommen lässt, in deutlichem Widerspruch dazu. (→ **Kap. 21. „Verstärkungen…", Kap. 30. "Kritische Betrachtung…"**) ■

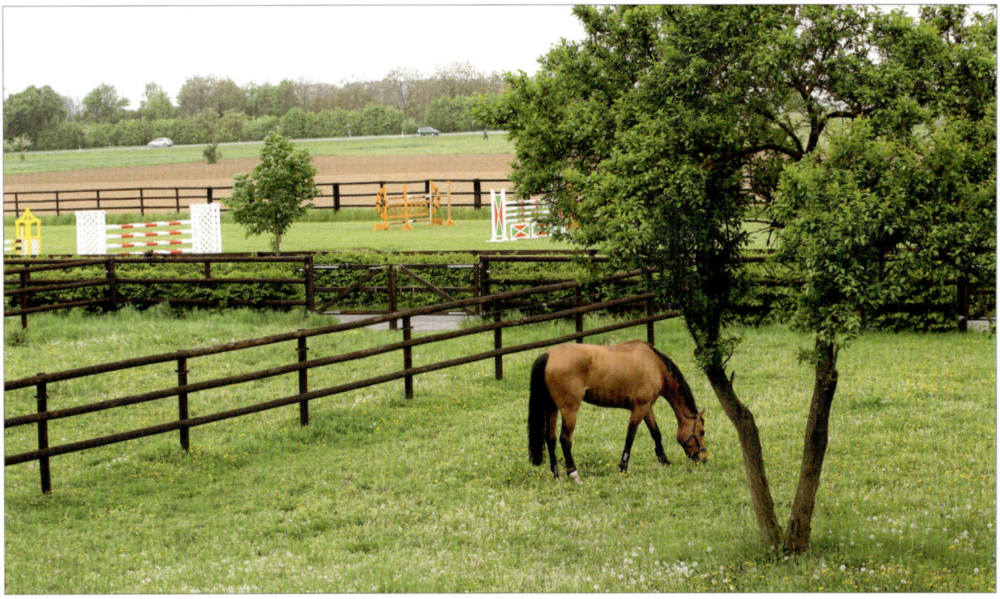

Zum Teil zeigt sich die Schiefe eines Pferdes schon durch seine Stellung beim Grasen.

16. Geraderichten – eine „lebenslängliche" Aufgabe

Dieses Kapitel widmet sich einem der anspruchsvollsten Themen unserer Reitlehre. (RmVuG S. 143 ff.) Deshalb sollte man es sich nur zum „Studium" vornehmen, wenn man genügend Zeit und Muße hat, um sich darauf zu konzentrieren. Gegebenenfalls empfiehlt es sich auch, vorher nochmals das Kapitel über die Losgelassenheit zu studieren.

Die geraderichtende Arbeit bzw. der Umgang mit der natürlichen Schiefe eines Pferdes ist ein besonders wichtiger, aber auch sehr anspruchsvoller Punkt beim täglichen Reiten. Dies gilt nicht nur für den ambitionierten Turnierreiter oder Pferdeausbilder. Jeder Reiter, der sich mit seinem Pferd einigermaßen in Harmonie bewegen möchte, sollte sich zunächst entsprechende Kenntnisse aneignen. Diese muss er versuchen, beim täglichen Reiten umzusetzen.

16.1 Was ist die natürliche Schiefe?

Als im reiterlichen Sinne geradegerichtet sehen wir ein Pferd an, welches, und das hört sich zunächst etwas paradox an, sowohl auf gerader als auch auf gebogener Linie hufschlagdeckend zu gehen vermag, welches sich mit seiner Längsachse möglichst von Kopf bis Fuß entsprechend der Krümmung der zu reitenden Linie einstellen und biegen lässt. **(→ Kap. 14. „Stellen und Biegen")**

Bei unseren Lehrlingen an der Westfälischen Reit- und Fahrschule habe ich stets großen Wert darauf gelegt, dass sie sich mit dieser Thematik auseinandersetzten. Meist schon im ersten halben Jahr ihrer Ausbildung bekamen sie die Aufgabe gestellt, für ihr Berichtsheft einen ausführlichen Aufsatz über die Schiefe eines von ihnen über mehrere Wochen zu reitenden Pferdes und über den Umgang mit dessen Schiefe zu schreiben.

Nachdem ich in RmVuG schon ein recht umfangreiches Kapitel der geraderichtenden Arbeit gewidmet habe, möchte ich hier nochmals vertiefend darauf eingehen. Bewusst nehme ich dabei auch Wiederholungen in Kauf. Zum einen, weil es eine der wichtigsten Voraussetzungen guten, pferdeschonenden Reitens ist, zum anderen, weil es sich dabei um eine äußerst anspruchsvolle Thematik handelt, die gar nicht so einfach zu verstehen ist und letztendlich immer

Die natürliche Schiefe beschreibt die angeborene Asymmetrie des Pferdes, die sich in rechts und links unterschiedlicher Krümmung der Längsachse und unterschiedlicher Geschicklichkeit zeigt.

!

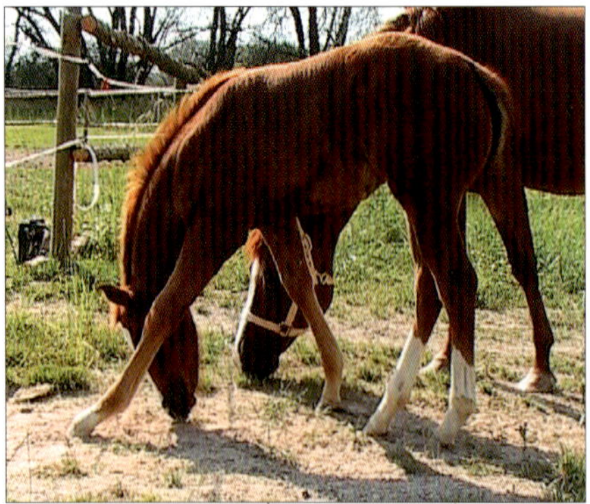

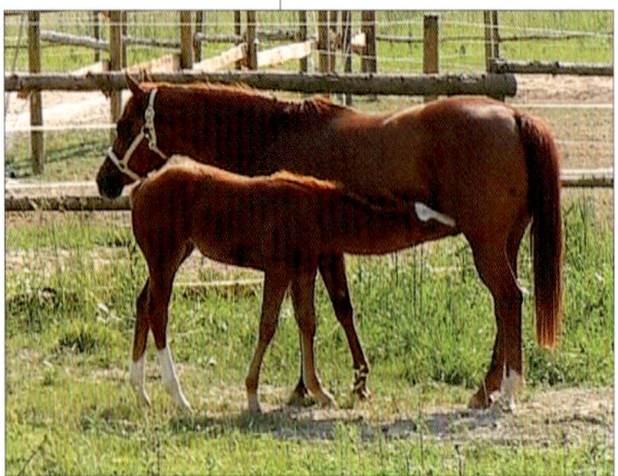

Bereits beim Fohlen lässt sich aufgrund der Beinstellung erkennen, ob es rechts oder links schief ist.

wieder überraschende, neue Erlebnisse bereithält. Die Schiefe kann sich bei jedem Pferd etwas anders zeigen und sogar bei ein und demselben Pferd im Laufe der Ausbildung variieren. In vielen anderen Kapiteln dieses Buches finden sich ebenfalls Hinweise zum Geraderichten.

16.2 Ursachen der Schiefe

Dazu möchte ich einen Ausschnitt aus einem Aufsatz von Dr. med. vet. Martina Steinmetz[1] zitieren: „Als Ursache für die natürliche Schiefe wird die Lateralität angegeben. Lateralität ist der Oberbegriff für morphologische (die äußere Form betreffend), funktionelle und sensorische (die Sinnesorgane betreffend) Kennzeichen von Symmetrie und Asymmetrie bei paarig angelegten Organen. Körperliche Asymmetrien wie Händigkeit und Äugigkeit stehen in direkter Abhängigkeit zur Hemisphärendominanz des Gehirns. (Damit ist die Dominanz der rechten oder linken Gehirnhälfte gemeint.) Die meisten Säugetiere (70–80 Prozent) zeigen eine Linkshemisphärendominanz. Diese betrifft die sensorisch-motorische Kontrolle der rechten Körperhälfte mit der Folge der Rechtshändigkeit und der Rechtsäugigkeit. Die rechte Hirnhälfte ist dann für emotionale Informationen zuständig, wobei beide Hemisphären sich gegenseitig hemmen oder aktivieren.

Die Ausprägung der Lateralität scheint sowohl auf sozialem wie auch auf individuellem Niveau für alle Vertebraten (Wirbeltiere einschl. Menschen) ein evolutionärer Vorteil zu sein. Die Ausprägung der natürlichen Schiefe lässt sich auf die (angeborene) Lateralität und auf (eventuell negativ) verstärkende äußere Faktoren (erworbene Lateralität) zurückführen:

Will ein Fohlen bei seiner Mutter trinken, muss es ein Vorderbein unter den Körper der Mutter stellen, das andere Vorderbein unter den eigenen Körper. Das jeweilige diagonale Hinterbein wird entsprechend vor- bzw. zurückgestellt. Dadurch ergibt sich eine Krümmung von Längsachse und Wirbelsäule. Welche Seite das Fohlen beim Saugen bevorzugt, könnte sowohl von seinem Geschlecht als auch von der Seitigkeit seiner Mutter abhängen und hat einen Einfluss auf die Ausprägung seiner Schiefe. Im Ausfallschritt wird das Fohlen auch später beginnen, Gras zu fressen. Dabei wird immer das Vorstellen einer Vordergliedmaße bevorzugt.

In der üblichen Boxeneinzelhaltung wird das Heu vom Boden im gleichen Ausfallschritt mit bevorzugter Stellung aufgenommen. Drehungen in der Box werden überwiegend in der gleichen Richtung durchgeführt. Bewegt sich das junge Pferd, so wird es sich vor allem in schwierigen Situationen über das geschickte, „händige" Vorderbein ausbalancieren. Dies gelingt ihm, wenn es seinen Körperschwerpunkt in Richtung auf dieses Vorderbein verschiebt bzw. dieses Vorderbein vermehrt in Richtung unter den Schwerpunkt zurückstellt und es länger am Boden lässt. Dadurch wird das gleichseitige Hinterbein veranlasst, seitlich am Vorderbein vorbeizutreten, was die Schiefe verstärkt. Dieses Bewegungsmuster ist besonders ausgeprägt bei jungen und bei ermüdeten Pferden, wie zum Beispiel gegen Ende eines Distanzrittes oder Rennens.

16.3 Auswirkungen auf Bewegungsablauf und anatomische Strukturen

Ein rechts schiefes Pferd lässt sich folgendermaßen beschreiben:

- Beim Fressen vom Boden stellt es sein linkes Vorderbein vor, sein rechtes Vorderbein zurück unter den Körper. Entsprechend stellt es sein linkes Hinterbein zurück, sein rechtes Hinterbein vor (→ Fotos S. 136).
- Im Halten oder Stehen steht es auf dem rechten Beinpaar geschlossener. Das Pferd ist nach

[1] Martina Steinmetz: Die Schiefe des Pferdes beeinflusst den gesamten Bewegungsapparat; VETimpulse, 14. Jahrgang, Ausgabe 22, 15. November 2005, S. 6/7

rechts gebogen. Die Lateroflexion (seitliche Längsbiegung) rechts fällt ihm leichter.

- Im Schritt, Trab und Rechtsgalopp kommt es zu einer Verschiebung der Schultern nach links und der Hinterhand nach rechts. Das rechte diagonale Beinpaar (vorne rechts, hinten links) schiebt mehr, als es untertritt (Schub entwickelnde Diagonale). Das linke diagonale Beinpaar (vorne links, hinten rechts) tritt weiter vor und unter.
- Das Pferd bevorzugt den Linksgalopp („Preferred lead syndrome"). Hierbei hat das rechte Vorderbein den längeren Bodenkontakt und die größere Gewichtsaufnahme.
- Das „händige" Vorderbein ist das rechte.

Die Hufe eines rechtsseitig schiefen Pferdes (korrekte Gliedmaßenstellung vorausgesetzt) formen sich entsprechend der Belastung des Bewegungsablaufes:

- Der linke Vorderhuf geht und steht vor seiner Idealposition, die Trachten sind überlastet, niedrig, eingezogen.
- Der rechter Vorderhuf geht und steht hinter seiner Idealposition, die Zehe ist überlastet, unterliegt stärkerem Abrieb. Die Trachten werden geschont und sind entsprechend hoch.
- Der linke Hinterhuf geht und steht hinter seiner Idealposition und nach innen abweichend (Verschiebung der Hinterhand nach rechts!, s.o.). Zehe und äußere Wand werden überlastet, kürzer und steiler, die Zehe zeigt nach innen.
- Der rechte Hinterhuf geht und steht vor seiner Idealposition und leicht nach außen abweichend. Trachten und innere Wand sind überlastet und in der Folge kürzer. Die Zehe zeigt nach außen.

  Zu bemerken ist, dass neugeborene Fohlen nahezu identisch geformte Hufe haben!

An den Gliedmaßen der Schub entwickelnden Diagonalen werden überwiegend die Muskeln stärker beansprucht, die die Gliedmaße strecken, die Extensoren. An den Gliedmaßen der tragenden Diagonale werden überwiegend die Muskeln stärker beansprucht, die den Rumpf tragen und die Gelenke beugen, die Flexoren." Ende Zitat Dr. Martina Steinmetz.

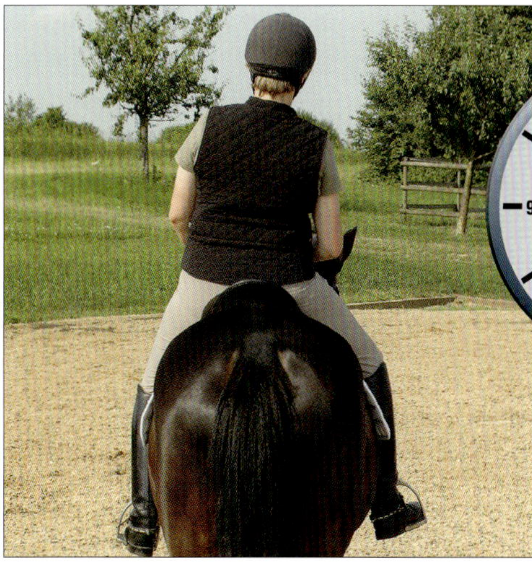

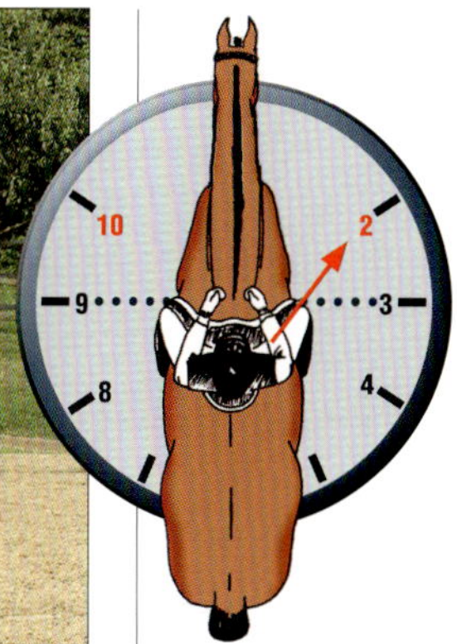

Das rechts schiefe Pferd setzt den Reiter nach links, sodass er in der rechten Hüfte einknickt. Wenn der Reiter z.B. nach links gerutscht und in der rechten Hüfte eingeknickt ist, sollte er sich vorstellen, sein Becken etwas nach 2 Uhr zu schieben.

16.4 Warum geraderichtende Arbeit?

Wenn das Pferd von Natur aus nicht geradegerichtet ist, warum müssen wir als Reiter versuchen, dieser sogenannten „Natürlichen Schiefe" entgegenzuwirken, sie durch geraderichtende Gymnastizierung möglichst zu minimieren?

Nur ein Pferd, das geraderichtende Arbeit annimmt, bei dem es jeden Tag leichter wird, seiner Schiefe entgegenzuwirken, sie durch reiterliche Einwirkungen zu minimieren, ist wirklich angenehm und sicher zu handhaben sowie präzise zu steuern. Erst wenn es zunehmend leicht und willig die entsprechenden Hilfen anzunehmen in der Lage ist, macht es überhaupt Sinn, mit versammelnder Arbeit zu beginnen. Diese wiederum ist Voraussetzung, um das Pferd zur vollen Entfaltung seiner physischen und psychischen Möglichkeiten im Rahmen seiner Veranlagung zu bringen, seine Durchlässigkeit zu vervollkommnen.

Alle Argumente, die für Versammlung sprechen, gelten also erst recht für das Geraderichten.

Ohne geraderichtende Arbeit wird ein Pferd unter dem Reiter noch schiefer, besonders auch im freieren Tempo und in Verstärkungen. Es ist anfällig für vorzeitigen Verschleiß. Viele Pferde

Da das Pferd von Natur aus nicht geradegerichtet ist, müssen wir als Reiter versuchen, dieser sogenannten „Natürlichen Schiefe" entgegenzuwirken, sie durch geraderichtende Gymnastizierung möglichst zu minimieren.

!

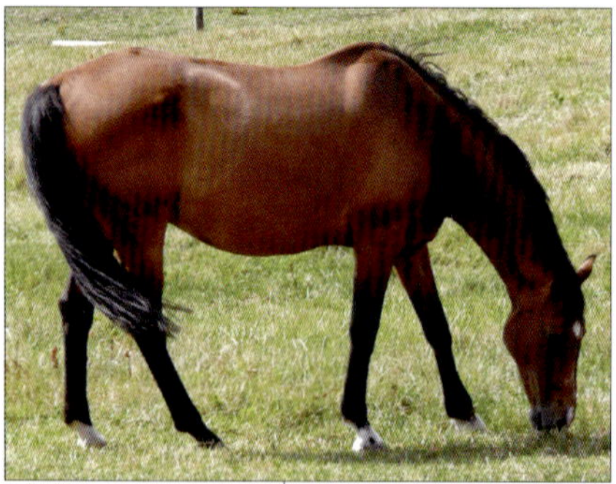

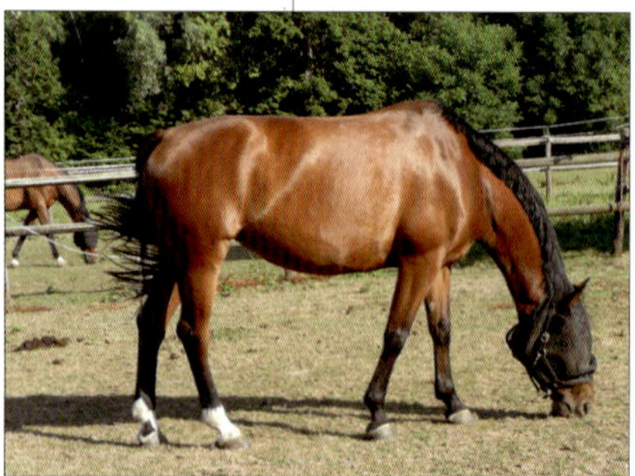

Auch beim Grasen bevorzugt das Pferd sich über das geschicktere, „händige" Vorderbein auszubalancieren.

werden unter dem Reiter sogar zügellahm; Tierärzte sprechen höflicherweise gerne von anlehnungsbedingter Lahmheit.

Nur bei einem zunehmend geradegerichteten Pferd kann die Schubkraft der Hinterhand optimal in Richtung Schwerpunkt wirken und somit voll verfügbar sein. Je schiefer ein Pferd noch ist, desto mehr geht seine Schubkraft verloren und desto mehr muss der Reiter korrigierend eingreifen, was auch noch unnötig Kraft kostet. Geraderichten ist also auch eine Frage der Ökonomie und deshalb überall dort, wo auch Ausdauer von Bedeutung ist, besonders wertvoll.

16.5 Warum lebenslänglich?

Wie oben erklärt, ist die Schiefe angeboren und bleibt im Prinzip dem Pferd bis zu seinem Lebensende erhalten. Der Reiter, der sich seiner Verantwortung gegenüber dem Pferd bewusst ist, wird täglich wieder geraderichtend auf sein Pferd einwirken. „Richtige" Ausbildung zeichnet sich dadurch aus, dass das Pferd diese Arbeit jeden Tag ein wenig leichter annimmt, und dass der Reiter den Umgang mit der Schiefe so verinnerlicht hat, dass er, zumindest bei dem ihm bekannten Pferd, fast nicht mehr darüber nachzudenken braucht. Man liest in diesem Zusammenhang immer wieder, dass ein Pferd als Voraussetzung für Lektionen höherer Versammlung, z.B. um einen Grand Prix de Dressage erfolgreich bestreiten zu können, absolut geradegerichtet sein muss. Ein solches Pferd gibt es aber meiner Erfahrung nach gar nicht. Selbst bei internationalen Championaten kann man bei fast jedem Pferd Mängel erkennen, die auf unzureichende geraderichtende Arbeit zurückzuführen sind, wie

Die Schiefe ist angeboren und bleibt dem Pferd im Prinzip bis zu seinem Lebensende erhalten. Der Reiter, der sich seiner Verantwortung gegenüber dem Pferd bewusst ist, wird täglich wieder geraderichtend auf sein Pferd einwirken.

!

- **Wendungen ohne erkennbare Längsbiegung,**
- **rechts und links unterschiedlich weit durchgesprungene Galoppwechsel,**
- **unterschiedliche Biegung in Traversalen und Pirouetten, oft verworfen im Genick,**
- **nicht immer gleichmäßig durchschwingende Hinterbeine in Piaffen und Passagen.**

Man wünscht sich dabei nur, dass solche Mängel auch entsprechend in der Bewertung berücksichtigt werden.

16.6 Voraussetzung für geraderichtende Arbeit seitens des Reiters

Für die meisten Reiter besteht die Aufgabe erst einmal darin, sich sitzmäßig nicht durch die Schiefe des Pferdes negativ beeinflussen, d.h. sich zu einem schiefen Sitz verleiten zu lassen. Dies ist durchaus schon ein anspruchsvolles Ziel. Will er sein Pferd in Bezug auf dessen Geradegerichtetsein sogar verbessern, setzt dies voraus, dass er in seiner Losgelassenheit und Balance im Sattel sowie in seiner Hilfengebung schon sehr gefestigt ist. Er muss vor allem auch gelernt haben, gefühlvoll zu reiten, d.h. mit gutem Körper- und Bewegungsgefühl zunächst einmal für sich selbst, dann aber auch für das Pferd reiten und einwirken zu können (**→ Kap. 2. „Der richtige Sitz…"**).

Vielfach nehmen die Reiter gar nicht mehr wahr, dass sie vom Pferd schief hingesetzt werden und in der Hüfte einknicken (Durch das beim rechts schiefen Pferd nach rechts ausweichende Hinterbein ist auch der Brustkorb ungleichmäßig aufgewölbt. Deshalb ist es für den Reiter schwierig, mittig und gerade über der Wirbelsäule des Pferdes zu sitzen. Er hat das Gefühl, er wird nach links gesetzt.), oder dass die Verbindung an einem Zügel ständig deutlich strammer ist als an dem anderen; diesbezüglich müssen besonders Reiter, die immer nur ihr eigenes Pferd reiten, wachsam sein. Hat sich so eine Asymmetrie in der Hilfengebung erst einmal über längere

Zeit eingeschlichen, wird der Reiter ohne fremde Hilfe kaum mehr davon loskommen, weil im Gehirn das Ungleichgewicht zwischen linker und rechter Hand gewissermaßen als gleichmäßig abgespeichert wird.

Da es bezüglich Sitz und Hilfengebung fast immer gewisse Mängel gibt, sollte jeder Reiter sich möglichst regelmäßig und häufig entsprechend kontrollieren und gegebenenfalls korrigieren lassen, natürlich von einem Ausbilder, der ein dafür geschultes Auge hat und die Zusammenhänge kennt.

Diese Fähigkeiten in puncto Sitz und Hilfengebung kann der Reiter nur wertvoll anwenden, wenn er sich durch das Studium entsprechender Fachliteratur und/oder noch besser durch entsprechenden theoretischen Unterricht auch die notwendigen Kenntnisse angeeignet hat. Dabei geht es in einigen Punkten auch darum, mithilfe des Verstandes den Instinkt zu kontrollieren. So darf man sich z.B. nicht verleiten lassen, beim rechts schiefen Pferd zu versuchen, einfach die Hinterhand nach links zu schieben. Der Grundsatz, die Vorhand vor die Hinterhand zu richten, muss stets beachtet werden.

Da es sich um eine recht anspruchsvolle Thematik handelt, muss man sich das Verständnis der Zusammenhänge richtiggehend erarbeiten. Ich selbst habe erst angefangen, diese Zusammenhänge besser zu verstehen, als ich gezwungen war, mich vertieft damit zu befassen und das eine oder andere gute Buch dazu zu studieren, weil ich Reitern und angehenden Ausbildern entsprechenden Unterricht erteilen musste. Zu diesen Grundfähigkeiten und Kenntnissen müssen außerdem die Fähigkeit und der Wille hinzukommen, beim Pferd die Dinge zu erfühlen. Nur dann wird es möglich sein, im richtigen Moment die angemessen dosierten Hilfen zu geben, die zielführenden Trainingsreize zu setzen.

Ich möchte noch eine letzte, bestimmt aber nicht minder wichtige Voraussetzung seitens des Reiters hier ansprechen: Je anspruchsvoller die Aufgabe, desto entscheidender hängt der Erfolg davon ab, ob man mit einer positiven Einstellung, mit Selbstvertrauen, Konsequenz und Entschlossenheit an die Sache herangeht. Bei allem Ehrgeiz muss der Reiter immer wieder in sich hineinhorchen, ob im „Dialog" mit seinem Pferd ein freundlicher Aufforderungscharakter vorherrscht, ob er im Zweifelsfall mit seinem Pferd um den Erfolg ringt und nicht beide gegeneinander kämpfen. Diese grundsätzlichen „Regeln" für den Dialog, wie ich es hier nenne, gelten in gleicher Weise für die Verständigung zwischen Ausbilder und Schüler.

16.7 Voraussetzung für geraderichtende Arbeit seitens des Pferdes

Auch wenn das Geraderichten auf unserer Ausbildungsskala erst an fünfter Stelle steht, wird der erfahrene Reiter und Ausbilder frühestmöglich beginnen, auch geraderichtend auf das Pferd einzuwirken.

Sobald es möglich ist, ohne Hilfe von unten und ohne ein Führpferd in allen drei Grundgangarten zu arbeiten, kann und soll damit begonnen werden. Allerdings kann die geraderichtende Arbeit erst dann wirklich wertvoll und ergiebig werden, wenn das Pferd dank guter Losgelassenheit, besonders auch im Rücken, und dank vertrauensvollen Herantretens an die Hand taktmäßig vorangeht und mit den Hinterbeinen gut nach vorne durchschwingt. Es muss bei aller Bereitschaft, sich durch „richtige Paraden" (siehe diese) kontrollieren zu lassen, willig und freudig vorwärtsgehen, es muss stets vorwärtsorientiert sein und gut „ziehen" (→ Kap. 7. „Mehr treiben…").

Je besser das Pferd, bei allem Respekt vor dem Reiter, ihm volles Vertrauen entgegenbringt, wird es beiden möglich sein, ein gemeinsames Gleichgewicht zu finden. Wie schnell es der Remonte möglich ist, den etwas verstärkten Einsatz des jeweils inneren Schenkels in Richtung diagonale Hilfengebung (→ Kap. 14. „Stellen und Biegen") zu akzeptieren, hängt sicherlich auch sehr von der Veranlagung ab. Auf jeden Fall gilt es, beim jungen Pferd sehr gefühlvoll und dezent mit Gewichtshilfen umzugehen. Aussitzen und vermehrtes Einwirken mit der einseitig belastenden Hilfe, leider sprechen auch noch viel in diesem Zusammenhang von „Kreuz-

Die geraderichtende Arbeit kann erst dann wirklich wertvoll und ergiebig werden, wenn das Pferd dank guter Losgelassenheit, besonders auch im Rücken, und dank vertrauensvollen Herantretens an die Hand taktmäßig vorangeht und mit den Hinterbeinen gut nach vorne durchschwingt.

!

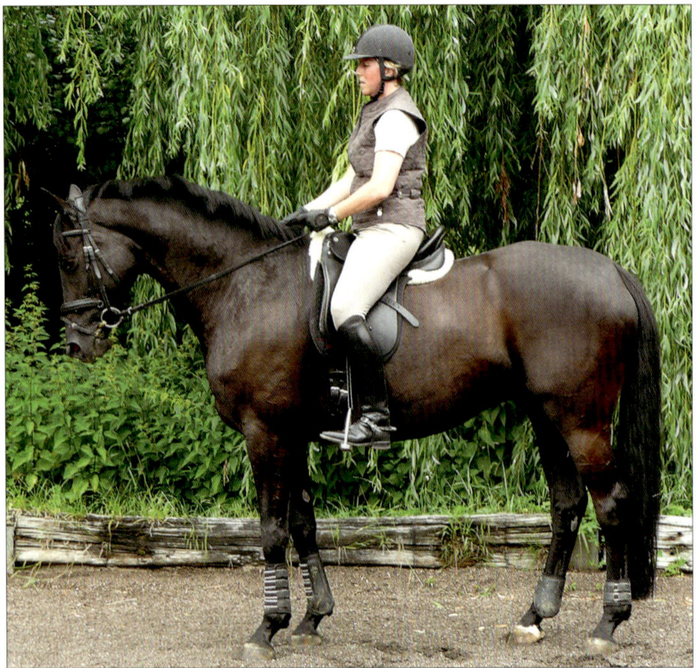

Typisches Halten eines rechts schiefen Pferdes (siehe Kasten rechts)

Das Geraderichten ist ein sehr gutes Beispiel, um aufzuzeigen, wie wichtig es ist, die Ausbildungsgrundsätze unserer Ausbildungsskala immer wieder mit ihren Querverbindungen zu betrachten und zu verstehen. Es wäre falsch, ihre Reihenfolge als starre Vorgabe zu betrachten.

!

einwirkung", darf auch im Zusammenhang mit dem Geraderichten, wenn überhaupt, nur äußerst sparsam und während kurzer Reprisen angewendet werden.

Das Geraderichten ist ein sehr gutes Beispiel, um aufzuzeigen, wie wichtig es ist, die Ausbildungsgrundsätze unserer Ausbildungsskala immer wieder mit ihren Querverbindungen zu betrachten und zu verstehen. Es wäre falsch, ihre Reihenfolge als starre Vorgabe zu betrachten. Genauso wie ein Pferd sich nur dann gut geraderichten lässt, wenn es entsprechend „zieht", also zu ausreichender Schwungentfaltung fähig ist, genauso ist ökonomische und ausdrucksvolle, optimale Schwungentfaltung erst dem einigermaßen geradegerichteten Pferd möglich.

16.8 Wie erkenne ich die feste bzw. hohle Seite?

Am besten und eindeutigsten lässt sich die Art der Schiefe eines Pferdes erkennen, wenn es noch nicht durch längerfristige reiterliche Einwirkungen beeinflusst, vor allem nicht verdorben ist. Fehlerhafte Einwirkungen können relativ schnell zu irgendwelchen Blockaden, Kompensationshaltungen bzw. Bewegungen führen und so die Analyse erheblich erschweren.

Es ist durchaus interessant, sich einmal das Verhalten und die Bewegungsabläufe des Pferdes etwa beim Grasen, in der Box oder auch schon beim Fohlen während des Saugens anzusehen (→ **Aussagen Dr. M. Steinmetz S. 134/135**). Wenn das Pferd auf der Weide oder auch an der Hand, auf möglichst ebener Fläche, auf einen zutrabt, lässt sich die Schiefe meist sofort erkennen. Auch die erwähnten Symptome bezüglich des Hufwachstums und der Hufstellung verdienen gelegentliche Beachtung, nicht nur seitens des Schmiedes.

Wie oben schon angesprochen, ist ein losgelassener und ausbalancierter Sitz sehr wichtig. Er ist auch Voraussetzung dafür, dass der Reiter mit gutem Körper- und Bewegungsgefühl zunächst seine eigene Haltung und seine Bewegungen fühlen und beurteilen kann. Erst dann ist es ihm wiederum möglich, das Pferd unter dem Sattel genau zu beurteilen, auch bezüglich der Schiefe.

Im Folgenden findet sich eine kleine Liste der Punkte, die dem Reiter helfen, sein Pferd zu analysieren, dargestellt am Beispiel eines rechts schiefen Pferdes:

- **Im Halten steht es mit dem rechten Beinpaar geschlossener. (Bei einer ganzen Parade des schon älteren Pferdes kann es zunächst aber auch anders sein.)**
- **Im Schritt, Trab und (Rechts-)Galopp drängt es mit der Schulter nach links, mit der Hinterhand nach rechts.**
- **Das linke Hinterbein schiebt mehr, das rechte Hinterbein weicht der Lastaufnahme aus.**
- **Der Linksgalopp wird bevorzugt. Er fühlt sich in der Regel auch deutlich besser gesprungen an.**
- **Das Pferd nimmt den linken Zügel stärker an, es versucht sogar sich darauf zu stützen. Das Gebiss ist dadurch links mehr zu sehen.**

- **An den rechten Zügel tritt es nicht gerne heran. Das Gebiss wird dadurch verstärkt an den Maulwinkel gezogen.**
- **Auf gebogener Linie neigt das Pferd dazu, auf der rechten Hand über die Schulter auszufallen.**
- **Auf gebogener Linie tendiert das Pferd dazu, auf der linken Hand in die Wendung hineinzudrängen, auf das innere Vorderbein zu fallen.**
- **Die beiden letzten Punkte zeigen sich besonders deutlich beim Handwechsel, z.B. beim Abwenden auf die Diagonale, beim Aus-dem-Zirkel-Wechseln, bei Schlangenlinien etc.**
- **Bei ganzen Paraden versucht das Pferd dazu, mit der Schulter gegen den linken Schenkel zu drängen, ersatzweise mit der Hinterhand nach rechts auszuweichen.**
- **Beim Reiten über Cavaletti oder beim Springen neigt das Pferd dazu, über die linke Schulter auszuweichen, eventuell auch vorbeizulaufen.**

16.9 Was muss bei der Korrektur bedacht werden?

Für jeden, der mit einem Pferd geraderichtende Arbeit wertvoll gestalten, der mit dessen Schiefe richtig umgehen möchte, ist es zunächst schon einmal ein großer Vorteil, wenn er sich darüber im Klaren ist, dass in der Fachsprache die hohle Seite mit Recht als die schwierige bezeichnet wird. Wer sich noch nicht genügend damit befasst hat, hält sie stattdessen oft für die „Schokoladenseite", weil sich das Pferd da scheinbar besser biegen lässt. Abgesehen davon, dass der erfahrene Reiter fast alle Übungen und Lektionen auf der festen Seite als leichter zu reiten empfindet, gibt es zumindest zwei ganz konkrete Aspekte, die für die fachlich richtige Bezeichnung sprechen:

Ein rechts schiefes (links festes) Pferd kann sich nicht zuletzt deswegen links nur schwerer stellen und biegen, weil seine gesamte rechtsseitige Muskulatur weniger dehnungsfähig ist. Was die Anlehnung anbelangt, muss es zwar lernen, links in der Ganasche besser nachzugeben, vor allem aber vertrauensvoller an den rechten Zügel heranzutreten. Erst wenn es dazu fähig und bereit ist, kann wirklich erfolgreich an der Verbesserung der Dehnungsfähigkeit der rechtsseitigen Muskelpartien gearbeitet werden.

Wenn der Reiter hoffentlich nach dem Grundsatz arbeitet, dem Pferd stets zeigen zu wollen, dass er von ihm nur Machbares, keinesfalls zu Schwieriges verlangt, ist die entsprechende Vorbereitung entscheidend. Dazu muss er wissen, dass Stellen und Biegen zur jeweils festen Seite dem Pferd leichter gelingt, wenn es sich öffnet, also anfängt, sich zu dehnen und vor allem auch den Ganaschenwinkel zu öffnen. Das ist der Grund, warum ich meine Schüler immer auffordere, am Ende der Trainingseinheit in der Erholungsphase während des Zügel-aus-der-Hand-kauen-Lassens das Pferd noch ein paarmal etwas zur jeweils festen Seite zu biegen, z.B. ein rechts schiefes Pferd, gerade auch auf der rechten Hand konterzustellen, sogar Reiten in Konterstellung abzufragen.

Der von Gustav Steinbrecht formulierte Imperativ „Reite dein Pferd vorwärts und richte es gerade" muss immer beachtet werden. Nur im Vorwärts kann wertvolle geraderichtende Arbeit geleistet werden. Dieses Vorwärts darf aber keinesfalls zu einem übereilten Grundtempo führen. Vielmehr muss, besonders im Schritt und Trab, möglichst das individuell ideal passende Grundtempo geritten werden, um die Losgelassenheit und den Takt optimal zu fördern bzw. zu erhalten. **(→ Kap. 7. „Mehr treiben...")**

Ein weiterer, möglichst konsequent zu beachtender Grundsatz lautet: „Bei der geraderichtenden Arbeit muss stets die Vorhand vor die Hinterhand geführt werden." Rein instinktiv versuchen viele Reiter jedoch, „einfach" die Hinterhand herüberzuschieben. Dies kann in einzelnen Situationen durchaus einmal kurzfristig akzeptabel sein. Wird aber längerfristig versucht, auf diese Art und Weise der Schiefe entgegenzu-

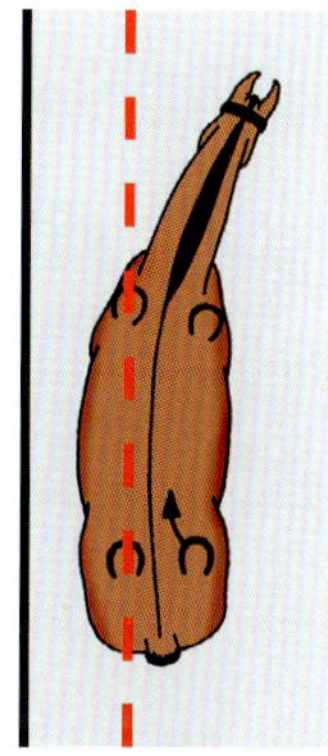

Schultervor

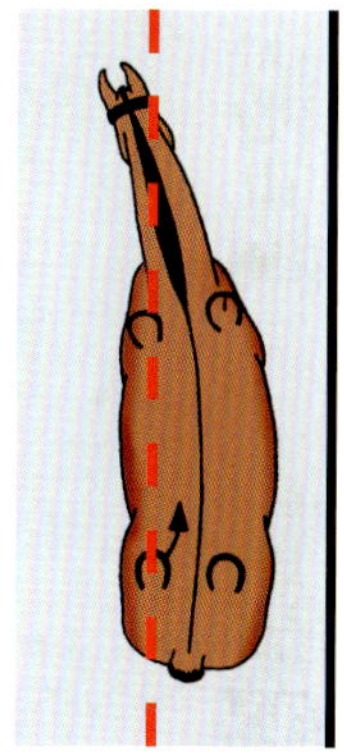

Reiten in Stellung

Der von Gustav Steinbrecht formulierte Imperativ „Reite dein Pferd vorwärts und richte es gerade" muss immer beachtet werden.

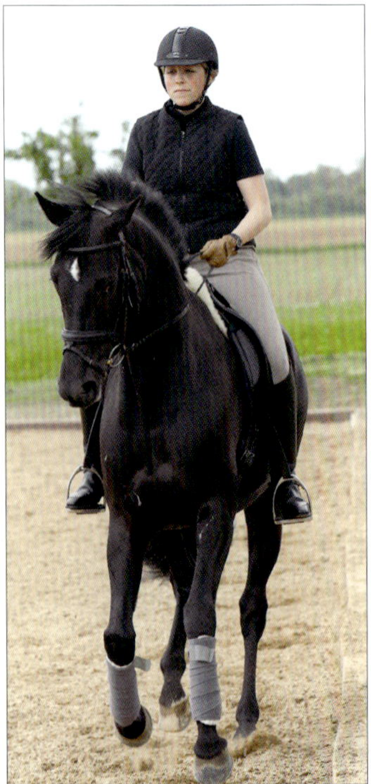

Schultervor, hier im Galopp; die rechte Hand ist hier etwas straff, deshalb verwirft sich das Pferd geringfügig.

wirken, wird das Pferd nur lernen, ständig mit der Hinterhand auszuweichen. Je empfänglicher ein Pferd für seitwärtstreibende Hilfen ist, desto mehr wird es zu diesem Fehler kommen. Als Kontrollübungen diesbezüglich eignen sich sehr gut z.B. Schlangenlinien, doppelte halbe Volten oder die wertvolle, aber auch sehr anspruchsvolle Übung, die Acht.

16.10 Konkrete Beispiele des Umgangs mit der Schiefe

Im Folgenden bleiben wir in Gedanken durchgängig bei einem rechts schiefen Pferd, dessen linke Seite also die Zwangsseite und die rechte die schwierige Seite ist.

Der erfahrene und „schiefenbewusste" Reiter wird von Anfang an, schon während des Schrittreitens, differenzieren, je nachdem ob er auf der rechten oder linken Hand reitet, ob die Zwangs- oder die schwierige Seite des Pferdes innen ist.

Bei allen Übungen und Lektionen auf der rechten Hand reitet man schon in der Vorbereitung tendenziell Schultervor (Wenn ich hier von „tendenziell" Schultervor spreche, will ich damit der leider üblichen Neigung der Reiter vorbeugen, meist alles zu übertreiben. Schultervor verlangt sowieso nur eine sehr geringgradige Abstellung, um eben der Neigung des Pferdes, die Schulter nach links und/oder die Hinterhand nach rechts zu verschieben, vorzubeugen.

Beim Schultervor muss der Reiter Richtung Schulterherein denken und entsprechende Hilfen geben, beim Reiten-in-Stellung in Richtung Travers.

!

Schultervor

Das Schultervor wird mit ganz leichter Abstellung (vom Hufschlag) und relativ geringfügiger, aber möglichst gleichmäßiger Längsbiegung geritten. Das Pferd tritt dabei mit dem inneren Hinterbein in Richtung zwischen die beiden Vorderbeine, mit dem äußeren Hinterbein aber möglichst exakt auf der Spur des äußeren Vorderbeines, es wird also schon etwas gefordert, hinten schmaler zu spuren. Die geforderte Längsbiegung, besonders in den Rippen, geht verloren, wenn die Hinterhand nach außen ausweicht. Das Schultervor wird auch „Erste Stellung" genannt.

Übungen und Lektionen auf der linken Hand wird man dagegen mit Reiten-in-Stellung, einer Art Vorübung von Travers, vorbereiten (s. Abb.). Damit kann der Neigung des Pferdes begegnet werden, sich der gewünschten Linksstellung bzw. -biegung dadurch zu entziehen, dass es mit der linken Schulter gegen den linken Schenkel drängt, mit der Hinterhand aber nach rechts auszuweichen versucht.

Reiten-in-Stellung

Bei korrekter Ausführung bewegt sich beim Reiten-in-Stellung (auch „Zweite Stellung" genannt) das Pferd mit dem inneren Beinpaar auf einer zur Vierecksbegrenzung parallelen Hufschlaglinie. Das äußere Hinterbein fußt ein wenig innerhalb der Spur des äußeren Vorderbeins. Von vorne kann der Beobachter den äußeren Hinterfuß zwischen den beiden Vorderbeinen sehen, während sich beim Schultervor das äußere Beinpaar auf einer Parallele zur Bande bewegt und dementsprechend von vorne betrachtet das innere Hinterbein zwischen den Vorderbeinen sichtbar ist.

Den Unterschied zwischen diesen beiden Übungen könnte man für den theoretisch schon etwas Kundigeren ganz kurz folgendermaßen erklären: Beim Schultervor muss der Reiter Richtung Schulterherein denken und entsprechende Hilfen geben, beim Reiten-in-Stellung in Richtung Travers.

Beim Schultervor wird in erster Linie das innere Hinterbein vermehrt gefordert, in Richtung unter den Schwerpunkt zu treten, beim Reiten-in-Stellung vermehrt bzw. zusätzlich das äußere

Hinterbein, was insgesamt zu dem für die Versammlung und Durchlässigkeit wichtigen schmaleren Spuren der Hinterbeine führen soll.

Unabhängig von diesen Überlegungen ist es sinnvoll, auf beiden Händen das Pferd auch einmal eine gewisse Strecke bewusst konterzustellen, ähnlich wie im Kontergalopp; dazu gleich mehr.

Konterstellen
Warum heißt es „konter"stellen? Welche Seite man als innere bezeichnet, richtet sich nach der jeweiligen Stellung bzw. Biegung. Das heißt, reitet man bewusst mit links gestelltem Pferd, ist dessen linke Seite die innere, auch wenn man z.B. in einer Reitbahn auf der rechten Hand reitet, somit seine rechte Seite dem Bahninneren zugewandt ist; man spricht dann von Konterstellung. Ein typisches Beispiel ist der Kontergalopp (deswegen ist die Bezeichnung Außengalopp auch nicht so ganz korrekt). Stellt man unbeabsichtigt das Pferd auf der rechten Hand nach links, etwa weil man mit der linken Hand festhält, so bezeichnet man diese fehlerhafte Stellung als Außenstellung.

Sowohl beim Schultervor wie auch beim Reiten-in-Stellung soll das Pferd sich entsprechend stellen und geringfügig um den jeweils inneren Schenkel biegen. Deshalb muss der Reiter sorgfältig darauf achten, dass dieser dicht am Gurt liegt. Nur mit einem Sattel, der dem Reiter genügend Platz für seinen Oberschenkel gibt und ihm erlaubt, mit genügend gewinkeltem Hüft- und Kniegelenk zu sitzen, ist dies zuverlässig sichergestellt. Bei vielen modernen Dressursätteln, die mit ausgeprägten Kniepauschen den Reiter „gestreckter" hinsetzen sollen, werden ihm hingegen die Unterschenkel zu weit zurückgelegt; dort können sie weder eine richtig treibende, erst recht nicht eine die Stellung verbessernde Wirkung haben.

Recht auffällig ist, dass gerade beim Reiten auf der hohlen, in unserem Fall auf der rechten Hand, viele Reiter ihre Pferde offensichtlich nicht genügend zu stellen in der Lage sind, sogar häufig mit falscher (Außen-) Stellung reiten. Warum wohl? – Beim Versuch, das Pferd mit Rechtsstellung oder gar, wie empfohlen, im Schultervor zu reiten, würde das Pferd zunächst die Neigung zeigen, den Hufschlag zu verlassen und in das Viereck hineinzulaufen. Leider bestärken sie das Pferd in dieser Neigung häufig noch durch eine falsch verstandene einseitig belastende Gewichtshilfe, bei der sie sich fehlerhaft vermehrt nach rechts lehnen. Ohne darüber nachzudenken versuchen sie dann, das Pferd mit dem äußeren, linken Zügel auf der Linie zu halten, anstatt es vermehrt mit dem rechten Schenkel zu korrigieren. Da das Pferd auf dieser Hand von sich aus an den äußeren Zügel vermehrt herantritt, sogar sich darauf zu stützen versucht, muss der Reiter immer wieder an diesem etwas nachgeben. Am inneren Zügel muss er stets für konstante, elastische Verbindung sorgen, um das Pferd davon zu überzeugen, dass es diesem nicht ausweichen kann.

Um diesem Fehler vorzubeugen, empfehle ich meinen Schülern, an der langen Seite bewusst dorthin zu sehen, wo sie hinwollen, also zur nächsten Ecke (vielleicht hängt dort auch noch ein hilfreicher Spiegel?). Bei richtiger Schenkellage – rechter am Gurt, linker etwas zurück – sitzen sie dann mit dem Becken automatisch richtig. (→ **Kap. 2.7 „Der Drehsitz"**)

Konterstellen – wozu, wie?
Wie oben schon angesprochen, ist es durchaus auch sinnvoll, das Pferd konterzustellen. Man kann damit zweierlei Ziele verfolgen,

- **zum einen, um es zu ermahnen, sich nicht beim Reiten auf dieser (rechten) Hand auf den äußeren Zügel zu stützen,**
- **zum anderen, um die Linksbiegung zu verbessern.**

Reiten-in-Stellung, schon etwas übertrieben abgestellt und im Hals etwas viel gebogen – fast schon Travers

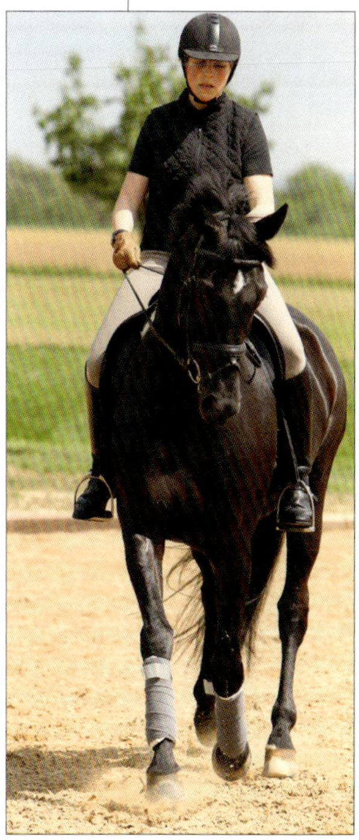

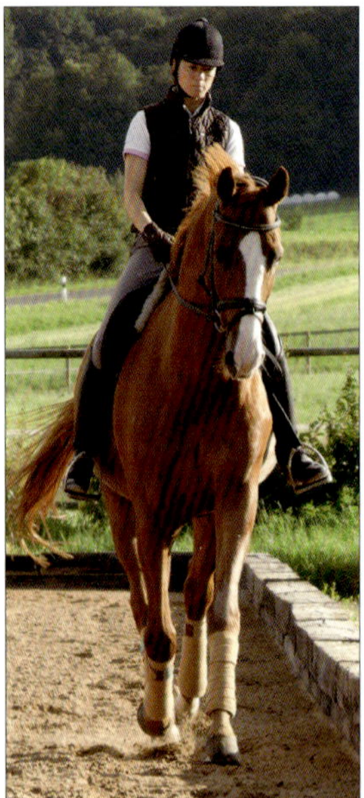

Gutes Konterschultervor

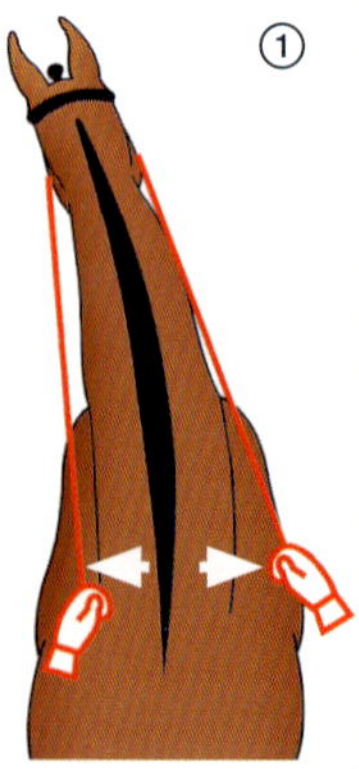

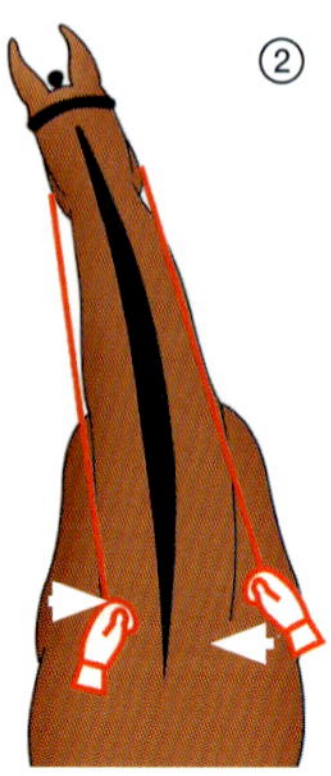

Bei Ersterem muss der Reiter nur mit dem linken Zügel signalartig, also wirklich nur für einen Augenblick entschlossen seitwärtsweisen. Mit dem rechten Zügel wird dabei das Gebiss gut in Position gehalten, damit es nicht nach links durch das Maul rutscht und dadurch rechts die Lefzen gegen oder gar zwischen die Zähne gezogen werden. Um trotzdem die Stellung und auch die leichte seitliche Biegung des Halses zuzulassen, geht die rechte Hand für diesen kurzen Moment etwas nach rechts, und zwar so weit, dass der rechte Zügel gerade, ungebrochen am Hals entlang zum Gebiss verläuft (→ Grafik 1). Das „Signal" endet mit dem Leichtwerden beider Zügel (→ Grafik 2). Mit dem linken Oberschenkel wird die Wirkung dieser Einwirkung unterstützt. Besonders in der Galopparbeit darf der Reiter jedoch die (Unter-)Schenkel nicht umlegen, um kein Umspringen zu provozieren.

Soll durch das Konterstellen die Längsbiegung um den linken Schenkel verbessert werden, kann man durchaus über eine etwas längere Strecke, z.B. eine lange Seite, auf der rechten Hand mit Stellung und Biegung nach links reiten. Besonders entlang einer Bande wird dadurch der linke Schenkel, gegen den das Pferd ja sonst etwas angeht, unterstützt. Die linke Schulter des Pferdes wird sich so etwas von der Bande lösen. Der rechte Schenkel muss dann gut verwahren, damit das Pferd nicht ersatzweise mit der Hinterhand ausweicht. Dieses Kontrollieren der Hinterhand gelingt aber leichter als die Kontrolle der Schulter durch den linken Schenkel. Die seitwärtsweisende Zügelhilfe wird mehrfach, ebenfalls signalartig wiederholt. Keinesfalls darf versucht werden, die stärkere Stellung durch ein Herüberdrücken mit der linke Hand über den Mähnenkamm zu erreichen; dadurch würde man das Pferd im Hals kürzer machen, was den Erfolg unmöglich macht, meist sogar zum Verwerfen im Genick führt.

Bei der Arbeit auf der linken Hand, auf der sich „unser" Pferd nicht so gerne stellen oder gar biegen lässt, versucht es ja ständig mehr oder weniger, sich der Linksbiegung dadurch zu entziehen, dass es mit der linken Schulter gegen den inneren Schenkel angeht, also in die Wendung oder in die Traversale hineinzudrängeln versucht. Dementsprechend ist der linke Schenkel, dicht am Gurt liegend, gefordert dem entgegenzuwirken. Dabei gilt es, mit impulsartigen Hilfen einzuwirken, keinesfalls aber ständig gegenzudrücken. Dazu muss der Schenkel auch einmal ein etwas herzhafteres Signal geben, möglichst dicht am Gurt und ohne gleichzeitigen unbewussten Impuls am anderen Schenkel. Der Reiter muss so gut koordiniert sein, dass er auch vermeidet, gleichzeitig mit den Armen zu zucken oder gar am Maul zu rucken. Wie oben angesprochen, kommt es bei einer solchen etwas energischeren Hilfe darauf an, dass das Pferd die positiv freundliche Einstellung seitens des Reiters erkennt, im Englischen spricht man da von einem „friendly kick". Für die Zügelhilfen gilt zunächst einmal dasselbe, was oben im Kasten bezüglich des Konterstellens beschrieben ist. Zusätzlich kann es sehr hilfreich sein, die linke Hand etwas höher zu tragen, um dem Pferd zu zeigen, dass man nicht willens ist, ihm den linken Zügel als Stütze zu bieten oder sogar daran mit ihm zu „diskutieren". Die rechte Hand bleibt in Normalposition und bietet sich so dem Pferd zum besseren Herantreten an. Der Effekt dieser Maßnahme beruht darauf, dass es für das Pferd nicht so angenehm, ja fast unmöglich ist, sich auf den höher geführten Zügel zu stützen bzw. gegen ihn anzugehen. Ein entscheidender Vorteil ist auch, dass der Reiter am etwas höher geführten Zügel viel weniger Kraft braucht. Das Ganze kann auch nur funktionieren, wenn diese etwas höher getragene Hand sehr leicht und fein einwirkt.

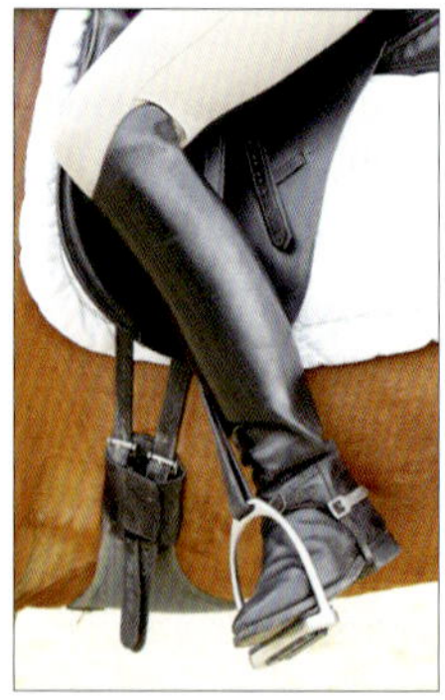

Ein solcher „friendly kick" muss wirklich impulsartig und möglichst noch dichter am Gurt erfolgen.

Um die Dehnungsfähigkeit „unseres" Pferdes auf seiner rechten Seite zu verbessern, eignet sich eine spezielle Vorwärts-seitwärts-Bewegung besonders gut. Ich bezeichne es meist als Viereckvergrößern bzw. -verkleinern, je nachdem von welcher Hand es begonnen wird. Da es hier mit leichter Längsbiegung geritten wird, gehört es aber streng genommen nicht mehr zum Schenkelweichen. Richtiger wäre es wahrscheinlich, von Schultervor oder Schulterherein entlang einer lang gezogenen diagonalen Linie zu sprechen. Von der linken Hand kommend, wendet man z.B. hinter A oder C auf die Viertellinie ab. Dabei schließt der Reiter das Pferd etwas, indem er es vermehrt mit den Schenkeln an die leicht verkürzten Zügel herantreibt. Um die Nachgiebigkeit im Genick sicherzustellen, treibt der linke Schenkel impulsartig an den rechten Zügel heran. Der linke Zügel wird etwas höher geführt. Aus dem Geradeaus auf der Viertellinie beginnt der linke Schenkel seitwärtszutreiben, bleibt dabei aber am Gurt, um allmählich eine leichte Längsbiegung abzufragen. Der Reiter sollte die Vorstellung haben, das Pferd etwas mit der Schulter voraus Richtung Hufschlag zu reiten. Um dem Pferd die notwendige Biegung zu erleichtern, wird ihm Schritt für Schritt bzw. Tritt für Tritt ein etwas längerer Rahmen gestattet, die Zügel zentimeterweise verlängert. (Durch dieses Dehnen mit leichter Längsbiegung wird die Muskulatur auf der äußeren Seite dehnungsfähiger. Entsprechend vorteilhaft ist das Zügel-aus-der-Hand-kauen-Lassen auf gebogener Linie.) Die Seitwärtsbewegung darf nur ganz allmählich entwickelt werden, damit auf jeden Fall der Takt, der Fleiß und der Fluss des Bewegungsablaufes unverändert erhalten bleiben. Der Reiter sollte dabei sogar die Idee haben, längere Schritte zu fordern (Bei Pferden mit etwas knappem Raumgriff im Schritt kann durch diese Übung sogar ein raumgreifenderes Schreiten gefördert werden.) Er muss dabei unbedingt aufrecht mittig sitzen bleiben, ein Herüberlehnen des Oberkörpers nach links wäre absolut kontraproduktiv. Sowie das Pferd antizipiert, also der seitwärtstreibenden Hilfe anfängt auszuweichen, wird wieder geradeaus geritten, zumal es dann wahrscheinlich die Hinterhand vorausschieben würde, um so die Linksbiegung zu vermeiden. Diese Übung wird zunächst nur im Schritt geritten, kann aber bei guter Abstimmung der Hilfen auch im Trab sehr wertvoll sein.

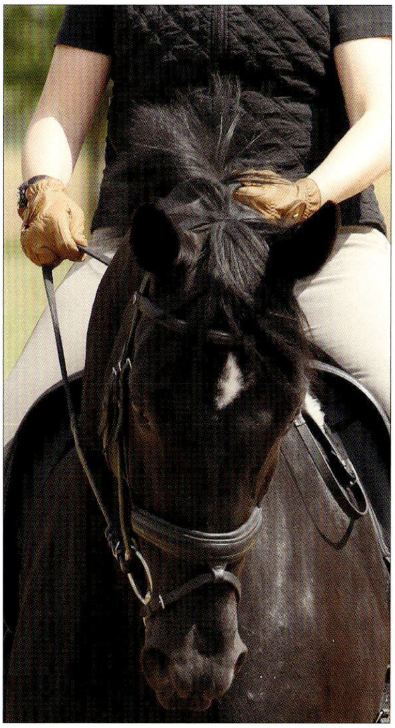

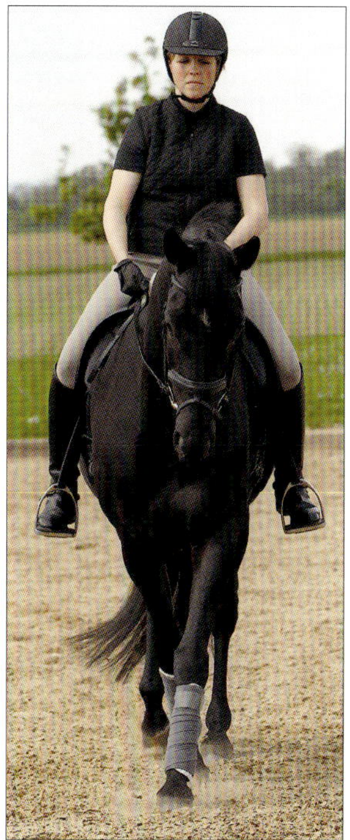

Die etwas höher getragene Hand muss ganz leicht und losgelassen geführt werden. (Foto links)

Sehr gutes Schenkelweichen links in Form von Viereck vergrößern, mit geringfügiger Längsbiegung und gut im Vorwärts. (Foto rechts)

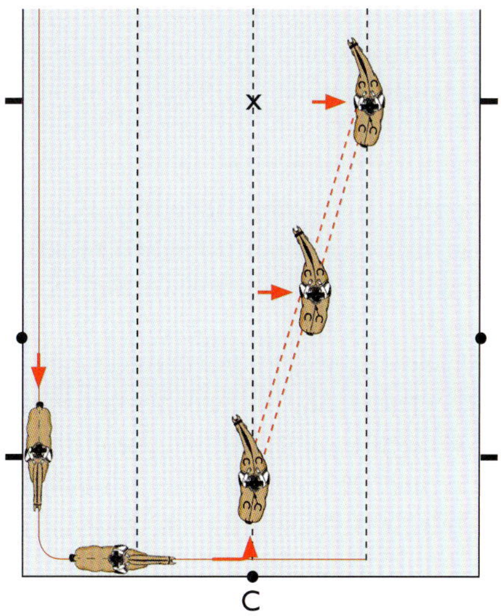

Schultervor oder Schulterherein entlang einer lang gezogenen diagonalen Linie

Wird die Hand etwas höher getragen, muss sie wie auf einem Kreisbogen vorwärts-aufwärts steigen. Nur so kann sie wirklich die Verbindung leichter werden lassen, um dem Pferd zu zeigen, dass es lieber vermehrt an den anderen, tiefer geführten Zügel herantreten soll. (→ Kap. 4. „Die gute Hand…")

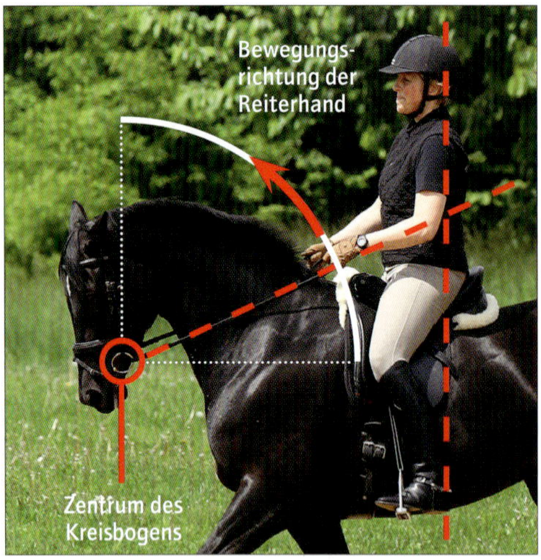

Bei der Arbeit auf der rechten Hand, auf der sich „unser" Pferd hohl macht, sich von selbst mehr zu biegen scheint, versucht es, sich auf den äußeren Zügel zu stützen. Dies macht sich besonders beim Umstellen von der Linksbiegung in die Rechtsbiegung bemerkbar, z.B. beim Aus-dem-Zirkel-Wechseln. Deshalb empfiehlt es sich, unmittelbar vor dem Umstellen nochmals mit einem präzisen „Signal" eine etwas deutlichere Linksstellung und -biegung abzufragen (siehe wie oben beim Konterstellen), um am linken Zügel leicht werden zu können. Im Moment des Umstellens sollte man dann mit der linken, neuen äußeren Hand bewusst leicht werden, vielleicht sogar nachgeben, um dem Pferd zu zeigen, dass es auf dem linken Zügel eben keine Stütze finden kann.

Selbstverständlich ist es sinnvoll, diese oben beschriebene Übung in der Vorwärts-seitwärts-Bewegung entlang einer diagonalen Linie auch von der anderen Hand zu reiten, indem man das Pferd dem rechten Schenkel weichen lässt. In diesem Fall ist aber für „unser" Pferd der Zweck der Übung ein anderer: Auf dieser Hand neigt „unser" Pferd dazu, sich hohl zu machen, über die linke Schulter auszuweichen und sich so dem Kreuzen mit den Hinterbeinen zu entziehen. Deshalb kommt es hier darauf an, zu Beginn des Vorwärts-seitwärts dem Pferd, z.B. durch kurzes Konterstellen, zu zeigen, dass es sich nicht auf den linken Zügel stützen darf. Das Begrenzen der äußeren Schulter wird unterstützt durch den direkt am Gurt, also vorne liegenden Schenkel; ein zurückgelegter verwahrender Schenkel ist hier kontraproduktiv. Auf dieser Hand ist es auch angebracht, bewusst mit nahezu geradeaus gestelltem Pferd das Schenkelweichen abzufragen; am besten reitet man dabei immer nur zwei, drei Schritte vorwärts-seitwärts, dann wieder drei, vier Schritte geradeaus und das Ganze mehrmals im Wechsel. Das Pferd muss unbedingt auf die Hilfen des Reiters warten.

Positive Verstärkung ist eine der wichtigsten Prinzipien, wenn es ums Lernen geht.

!

16.11 Negative Konditionierung

Positive Verstärkung ist eine der wichtigsten Prinzipien, wenn es ums Lernen geht. So wird das Pferd oder auch der Reiter für etwas richtig Ausgeführtes konsequent belohnt und damit konditioniert, bei nächster Gelegenheit wieder so zu „funktionieren".

Bei der negativen Konditionierung wählt der Reiter den umgekehrten Weg. Er gestaltet eine unerwünschte, fehlerhafte Haltung oder Verhaltensweise dem Pferd eben unbequem, sprich unangenehm, um es zunächst einmal davon abzubringen und stattdessen zu einer anderen, erwünschten Haltung zu veranlassen. Diese wird dann wieder belohnt.

Beim Umgang mit der Schiefe kann der Reiter das folgendermaßen anwenden; er muss sich aber darüber im Klaren sein, dass es sich dabei um eine Methode handelt, die Gefühl und Erfahrung voraussetzt, d.h., der weniger erfahrene Reiter sollte es nur unter Aufsicht eines erfahrenen Ausbilders versuchen:

Beim Reiten auf der rechten Hand, auf der sich „unser" Pferd hohl macht, wird es in Rechtsstellung durch vermehrtes Herantreiben an die allmählich verkürzten Zügel peu à peu enger gemacht, sodass ihm durch den zunehmenden Druck an die Hand heran diese Stellung mehr und mehr unangenehm wird. Nach einigen Pferdelängen spannt der Reiter wieder ab und lässt das Pferd sich bis maximal zum langen Zügel dehnen. Dies nimmt es dann meist dankbar an. Durch die nunmehr verstärkte Dehnungsbereitschaft wird es ihm leichter, seine rechte Seite zu öffnen und sich auch schon einmal, wenigstens ansatzweise links zu stellen. Man sollte das auf jeden Fall zunächst nur entlang der Bande, eventuell auch um die kurze Seite herum beginnen, weil da nicht so sehr die Gefahr besteht, dass das Pferd sich überstellt, über die linke Schulter ausweicht und sich so der Einwirkung entzieht.

Der Reiter horcht dabei sehr sorgfältig ins Pferd hinein, um nicht zu überziehen, das Engmachen weder über eine zu lange Strecke abzufragen noch den Hals zu stark abzustellen. Es muss unbedingt gewährleistet sein, dass die Vorwärtstendenz, der „Zug" des Pferdes nach vorne in die Hand hinein erhalten bleibt, es nicht anfängt zu blockieren. Der Reiter wird sich an diese Sache herantasten müssen und das vermehrte Annehmen der Zügel bei aller Bestimmtheit gefühlvoll und leicht intervallartig gestalten. In Gedanken sagt er zu seinem Pferd: „Noch ein bisschen, noch ein bisschen, noch ein bisschen …"

Beim Reiten auf der linken Hand, auf der „unser" Pferd sich weniger leicht stellen und biegen lässt, verfährt der Reiter im Prinzip genauso, nur dass es sich jetzt natürlich um ein Konterstellen handelt. Es geht ja immer noch darum, ihm die Rechtsstellung etwas unbequem zu gestalten und die Linksstellung schmackhaft zu machen. Dabei muss der linke Schenkel aufpassen, dass das Pferd nicht über die Schulter in die Bahn hineindrängelt. Deshalb muss er dazu ziemlich dicht am Gurt liegen. Zunächst reitet man diese Übung nur an der langen Seite, kann sie aber bei entsprechendem Geschick auch bis Mitte oder Ende der kurzen Seite ausdehnen, um dem Pferd dann wieder die Dehnung zu gestatten und mit dem linken Schenkel leichter die Stellung zur linken Seite abfragen zu können. Bei dieser negativen Konditionierung in Konterstellung ist es noch bedeutsamer, eine zu starke Abstellung des Halses nach rechts zu vermeiden, die das Pferd wahrscheinlich anbietet.

Diese Form der negativen Konditionierung kann der Reiter auch im Galopp anwenden; die zweite Version, nämlich auf der linken Hand mit Konterstellung zu arbeiten, erfordert besonderes Gefühl und Geschick, vornehmlich bei Pferden, die mit fliegenden Wechseln vertraut sind.

16.12 Kleine, aber wertvolle Details für die tägliche Arbeit

Umgang mit der Schiefe

Wie oben beschrieben, denkt der „schiefenbewusste" Reiter vom Moment des Aufsitzens an, je nach Schiefe des Pferdes, auf der einen Hand vermehrt an Schultervor, auf der anderen an Reiten-in-Stellung.

Beim Handwechsel

Besonders wichtig ist dies bei jedem Handwechsel: Bei jedem Wechsel von der hohlen zur festen Seite, bei „unserem" Pferd von der rechten auf die linke Hand, wird das Pferd bestrebt sein, zunächst vor dem Umstellen über die Schulter auszuweichen, dann aber beim Umstellen in die Wendung hineinzudrängen und gegen den linken Schenkel anzugehen. So wird es z.B. beim Wechsel aus dem Zirkel versuchen, den zu verlassenden Zirkel größer anzulegen und in den neuen Zirkel hineinzudrängen, abzukürzen. Dem kann der Reiter vorbeugen, indem er noch auf der rechten Hand kurz vor dem Abwenden von der Bande das Pferd für einen Augenblick signalartig konterstellt (s.o.), um vom linken Zügel etwas loszukommen und um den Kreisbogen nach außen zu begrenzen. Zu Beginn des Umstellens kurz vor X muss der rechte Zügel tief geführt sichere Verbindung bieten, der neue innere linke Schenkel gibt deutliche Impulse, treibt an den rechten Zügel heran, während der neue innere Zügel etwas höher, aber leichter geführt (s.o.) signalartig seitwärtsweist. Entscheidend sind tatsächlich die Einwirkung mit dem neuen inneren Schenkel und dessen Akzeptanz durch das Pferd.

Der Wechsel von der linken auf die rechte Hand wurde oben schon beschrieben.

Analog wird vorgegangen bei allen Schlangenlinien, bei der Acht, bei doppelten halben Volten, aber auch beim Viereckverkleinern und -vergrößern.

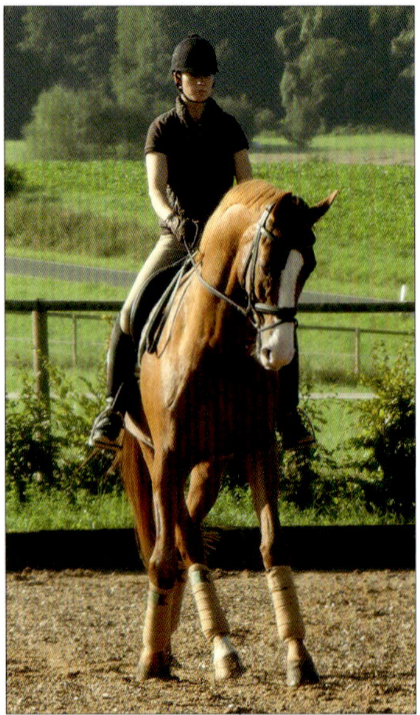

Gutes Traversieren nach links, die Nase könnte noch etwas besser vorgenommen und das Genick noch etwas höher getragen werden.

Besonders ansprechen möchte ich hier aber noch den Wechsel durch die ganze Bahn, besonders von der festen Seite, hier von der linken Hand kommend: Fast immer kann man dabei beobachten, dass das Pferd schon die Ecke abzukürzen versucht, sich aber spätestens dann auf der Diagonalen fast unmittelbar nach dem Abwenden umstellt und meist auch von der idealen Linie etwas nach links abweicht. Der Reiter sollte sich angewöhnen, hier entsprechend vorbeugend einzuwirken und auf den richtigen Weg zu bestehen, vor allem aber vom Pferd wenigstens noch bis X die alte Linksstellung zu verlangen. Schon nach wenigen konsequent richtig gerittenen Handwechseln wird er den Erfolg spüren: Das Pferd fühlt sich präziser geritten, es merkt, dass der Reiter genau das meint, was er ihm mit seinen Hilfen sagt, dass er ihm nicht nur ungefähr die Richtung vorgibt.

Bei der Traversale

Bei jüngeren Pferden, aber auch bei älteren, die sich noch nicht auf beiden Händen gleichmäßig biegen lassen, wird der Reiter bezüglich seiner Hilfengebung doch recht deutlich differenzieren müssen, je nachdem ob er auf der eher etwas festeren, der Zwangsseite, oder aber auf der eher etwas hohlen, der schwierigen Seite traversieren möchte.

Im ersten Fall, bei „unserem" rechts schiefen Pferd, ist er bei der Linkstraversale gut beraten, in der Vorbereitung vermehrt an das Reiten-in-Stellung, eventuell sogar an Travers zu denken, um von Anfang an mit gleichmäßiger Längsbiegung und Parallelität die Traversale reiten zu können. Andernfalls würde das Pferd versuchen, mit der Schulter gegen den linken Schenkel zu drücken bzw. mit der Hinterhand nach rechts auszuweichen, um sich vor der ihm unbequemen Linksbiegung zu drücken.

Auf der anderen, in „unserem" Fall der rechten Hand, auf der das Pferd wahrscheinlich dazu neigt, mit der Hinterhand etwas vorauszugehen bzw. mit der Schulter etwas auszufallen, empfehlen sich eine Vorbereitung und ein Beginn aus dem Schultervor bzw. schulterhereinartig. Dabei ist es sinnvoll, bewusst mit wenig Biegung des Halses zu reiten. Diese Problematik bleibt dem Reiter auch im weiteren Verlauf der Traversalen erhalten:

Auf der eher festeren Seite wird meistens die Schwierigkeit darin bestehen, die Hinterhand genügend „dabeizuhaben". Um dem zu begegnen, reicht es aber nicht aus, mit dem äußeren Schenkel vermehrt das Mitnehmen der Hinterhand zu fordern. Viel wichtiger ist es, mit dem inneren Schenkel durch sicheres Einwirken direkt am Gurt zu verhindern, dass das Pferd mit der Schulter in Bewegungsrichtung drängt und sich so der Längsbiegung zu entziehen versucht. Deshalb sollte ein unterstützender Einsatz der Gerte, wenn überhaupt, als Unterstützung des inneren Schenkels oder sogar an der Schulter erfolgen. Die beste Übung zum Abstellen dieser Fehler ist das abschnittsweise Üben einer Traversale – manche nennen das „Stufentraversale".

Diese Übungsvariante kann besonders gut auf einem großen Viereck Anwendung finden. Hierbei wird jeweils nach einigen Tritten oder Sprüngen vorwärts-seitwärts geradeaus weitergeritten, um z.B. Längsbiegung, Parallelität oder auch Fluss wieder zu verbessern. Auch hier kann, wie oben bei der Einleitung der Traversale beschrieben, je nach Art der Schiefe auf dem Geradeausstück mehr an Reiten-in-Stellung oder eben an Schultervor gedacht werden. Gegebenenfalls kann dabei auch eine Volte geritten werden, die dazu dient, das Annehmen der Schenkelhilfen und auf der festen Hand das Loskommen vom inneren Zügel sicherzustellen. Beim Traversieren zur hohlen Seite, bei „unserem" Pferd nach rechts, muss dem Pferd in der Volte durch Anspannen und Abspannen am linken Zügel, eventuell auch durch ganz kurzfristiges Konterstellen gezeigt werden, dass es sich nicht auf den äußeren Zügel stützen darf.

Auch beim Üben von Traversalverschiebungen wird der gute Reiter und Ausbilder gerade auch im Zusammenhang mit dem Geraderichten sorgfältig darauf achten, die Anforderungen, was die Steilheit, also das Kreuzen, aber auch was die Länge der Reprise anbelangt, keinesfalls zu überziehen. Nur wenn der Takt und der Fluss des Bewegungsablaufs im sicheren Vorwärts erhalten bleiben, kann eine Verbesserung bzw. Korrektur gelingen; nötigenfalls wird er sofort angemessen reagieren.

Geraderichten in der Galopparbeit

Alle diese Hinweise für das Geraderichten gelten vom Grundsatz her im Galopp genauso. Da die Fußfolge im Galopp vom äußeren Hinterbein über das diagonale Beinpaar zum inneren Vorderbein diagonal verläuft, neigen Pferde im Galopp auf beiden Händen zu einer leichten Schiefe, auf der schwierigen, der hohlen Seite natürlich vermehrt. Wegen dieses Bewegungsablaufs muss in der Galopparbeit auf der Hand, auf der sich das Pferd hohl macht, bei „unserem" Pferd auf der rechten Hand, dem Geraderichten noch mehr Aufmerksamkeit gewidmet werden. Je besser das Pferd gelernt hat, vertrauensvoll auch an den rechten Zügel heranzutreten, die Verbindung am linken Zügel nicht zu sehr zu suchen, desto leichter wird es sein, auch im Rechtsgalopp die Schulter vor die Hinterhand zu führen und so auch das innere Hinterbein zu besserer Lastaufnahme zu bewegen. Erfahrungsgemäß gelingt dieser Schulter-vor-Galopp leichter, wenn man ihn auf freier Linie, also weg vom ersten Hufschlag reitet. Besonders in Hallen drängen die Pferde mit der Schulter an die Bande, sie „kleben" geradezu an ihr.

Diese Drängeln über die äußere Schulter führt vor allem bei jungen Pferden, die noch nicht so richtig gelernt haben, präzise die Hilfen zum Angaloppieren anzunehmen, zu Problemen, die größtenteils durch Fehlreaktionen des Reiters verursacht werden: Beim Üben des Angaloppierens auf der schwierigen Seite, bei „unserem" Pferd rechts, hat der Reiter zu Recht das Gefühl, dass das Pferd über die äußere Schulter auszuweichen versucht. Instinktiv versucht er, dem mit dem Zügel entgegenzuwirken. Er zieht am inneren Zügel nach innen, drückt mit dem äußeren Zügel über den Mähnenkamm ebenfalls nach innen und verhindert so vielleicht tatsächlich das komplette Ausweichen der Vorhand. Leider wird das Pferd dann jedoch mit der Hinterhand nach links wegdriften, wodurch die Beine der rechten

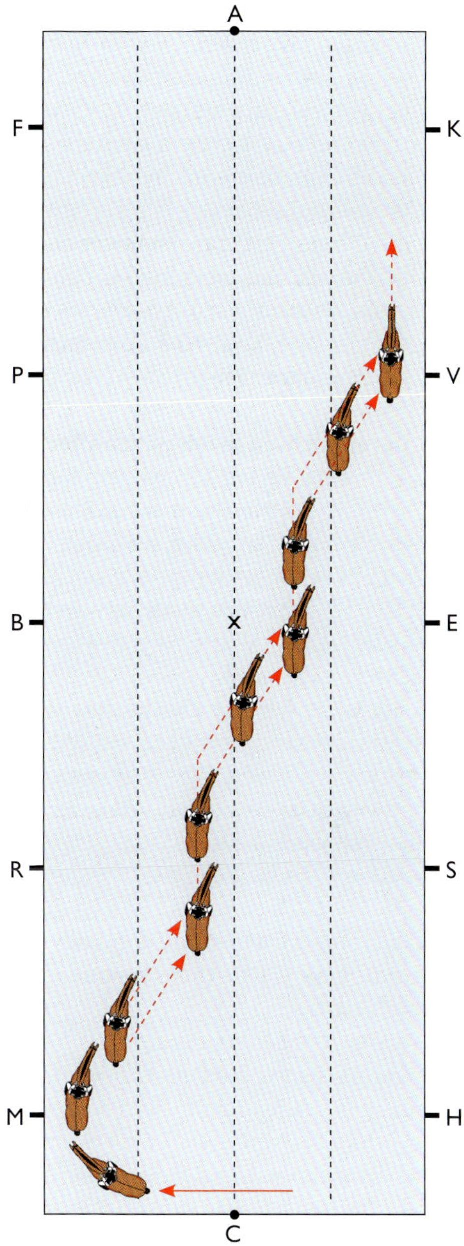

„Stufentraversale": In Abschnitten des Geradeaus sollte die Biegung beibehalten oder nötigenfalls wieder verbessert werden!

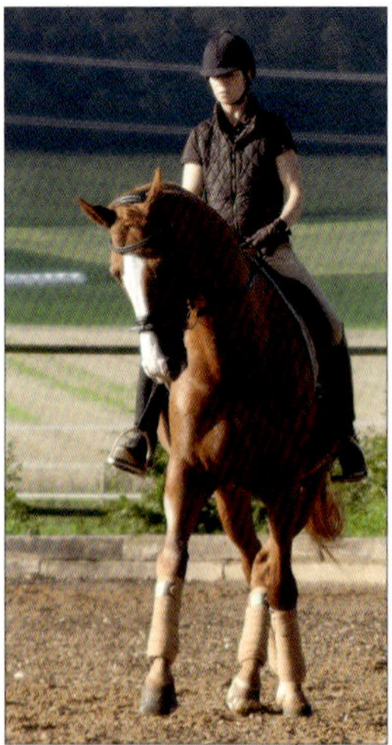

Traversale nach rechts; geringfügig verworfen, deshalb sollte die linke Hand noch leichter geführt werden.

Seite geradezu blockiert und am richtigen Angaloppieren gehindert werden. Stattdessen muss er, am besten vom zweiten Hufschlag aus, das Pferd kurz, aber entschlossen konterstellen und dann mit der Vorstellung angaloppieren, die Schulter des Pferdes betont zur Bande hin zu reiten. So wird die innere Seite frei und das innere Beinpaar kann entsprechend vorspringen. **(→ Kap. 19.3 „Galopparbeit mit dem jungen Pferd")**

Geraderichten in der ganzen Parade

Auch beim Reiten von ganzen Paraden spielt die Schiefe eine wichtige Rolle. Generell kann man davon ausgehen, dass ein Pferd, mit dem mittelfristig geraderichtende Arbeit reell vorgenommen wurde, sich am liebsten gerade, geschlossen und mit seinen vier Beinen im Rechteck aufstellt.

Um das in der Aufgabe ebenso sicherzustellen, ist Folgendes zu beachten: Für die Vorbereitung gilt vom Grundsatz her alles, was oben schon mehrfach angesprochen wurde. Für das Halten selbst gelten die beiden oben angesprochenen Grundsätze ganz genauso:

Geraderichten immer im Vorwärts und Vorhand immer vor die Hinterhand!

Jede ganze Parade kann nur dann richtig funktionieren, wenn das Pferd auch ins Halten hinein und im Halten selbst vorwärtsorientiert bleibt **(→ Kap. 8. „Paraden…")**. Ganz besonders gilt das im Hinblick auf das Geraderichten. Wenn aber ein Pferd im Übergang zum Halten schief wird oder sich im Halten schief macht, geht es in der Regel um die Kontrolle der Vorhand. Instinktiv neigt der Reiter allerdings dazu, die bei „unserem" Pferd nach rechts versetzte Hinterhand zu korrigieren. Öfter praktiziert, würde diese Vorgehensweise jedoch dazu führen, dass das Pferd anfängt, mit der Hinterhand hin und her zu schwanken. Bei der richtigen Korrektur wird die Vorhand mit einem (halben) Schritt vorwärts-seitwärts nach rechts geführt.

Wenn „richtiges Reiten" der Gesunderhaltung des Reitpferdes dienen soll, so gilt das ganz besonders für die reelle geraderichtende Arbeit.

!

Beim Rückwärtsrichten

Dieses Prinzip des Kontrollierens der Schulter gilt analog genauso beim Rückwärtsrichten: Gerade auch bei Pferden, denen das Rückwärtstreten noch etwas schwerfällt, muss während des Rückwärtsrichtens die Vorhand vor die Hinterhand geführt werden.

Leider versuchen die meisten Reiter, z.B. bei einem rechts schiefen Pferd, mit dem rechten Schenkel das Ausweichen der Hinterhand zu verhindern. Je stärker sie damit aber einwirken, desto mehr fühlt sich das Pferd am Rückwärtstreten gehindert und verweigert schließlich die Rückwärtsbewegung. Stattdessen muss der Reiter während des Rückwärtsrichtens mit der Vorstellung reiten, das Pferd mit seiner Vorhand, in unserem Fall nach rechts zu führen. Das gilt besonders auf der rechten Hand. Er benutzt dazu beide Zügel mit feinen anspannenden Armmuskeln und den linken, äußeren Oberschenkel.

Zum Umgang mit der Schiefe beim Reiten von Traversalen lesen Sie bitte das Kapitel Seitengänge.

Geraderichten des Spring- oder Geländepferdes

Springen ist zwar eigentlich nicht Thema dieses Buches, trotzdem möchte ich kurz darauf eingehen, wie vorteilhaft es auch bei der Ausbildung und beim Reiten eines Springpferdes ist, wenn man mit seiner Schiefe richtig umzugehen versteht.

Es ist nach den umfangreichen Ausführungen zu diesem Thema sicherlich keine Frage mehr, dass für das Reiten präziser Wege, vor allem auch für das zeitsparende Wenden im Parcours oder in der Geländestrecke, seriöse geraderichtende Arbeit eine wesentliche Voraussetzung für den Erfolg darstellt. Wendungen in höherem Tempo ohne Zeit- und Energieverlust sowie das Anreiten der heute, besonders im Gelände so häufig vorkommenden schmalen Sprünge, stellen erhebliche Anforderungen diesbezüglich an Reiter und Pferd.

Beim Anreiten eines Sprunges aus der Wendung ist es schon für den Reitabzeichenreiter von großem Vorteil, wenn er gelernt hat, gegebenenfalls einen Sprung von der rechten oder linken Hand etwas unterschiedlich anzureiten, in Abhängigkeit von der Schiefe seines Pferdes.

Trotz des Umfangs kann dieses Kapitel nur Anregungen bieten. Mit Sicherheit gibt es noch viele andere Möglichkeiten geraderichtender Arbeit. Täglich sind dabei wieder der Verstand, das Gefühl, aber auch die Phantasie des Reiters gefragt. Versprechen kann ich aber jedem, der sich mit dieser Thematik ernsthaft befasst, dass er erleben wird, wie sich viele Probleme im Umgang mit seinem Pferd lösen lassen.

Dank des verbesserten Geradegerichtetseins

- **wird, auch bei Pferden, die von Haus aus nicht so taktsicher sind, das Gleichmaß in den drei Grundgangarten sicherer und leichter kontrollierbar;**
- **finden auch Pferde mit einer stärker ausgeprägten Schiefe zu guter Losgelassenheit, weil sie auf beiden Händen gleichmäßiger zu arbeiten in der Lage sind;**
- **treten die Pferde gleichmäßiger an den rechten und den linken Zügel heran, sodass die Anlehnung vertrauensvoller, beständiger und zunehmend leichter werden kann.**

Dadurch erst kann das Pferd auch mit beiden Hinterbeinen gleichmäßig besser nach vorne durchschwingen und Schub entwickeln, ohne dass ein Teil der Kraft durch die Schiefe verloren geht.

All das ermöglicht überhaupt erst wertvolle versammelnde Arbeit.

Wenn „richtiges Reiten" der Gesunderhaltung des Reitpferdes dienen soll, so gilt das ganz besonders für die reelle geraderichtende Arbeit. Sie beugt zum einen vorzeitig körperlichem Verschleiß vor, trägt aber auch in mentaler Hinsicht zu einem harmonischeren und damit stressärmeren Miteinander von Reiter und Pferd bei.

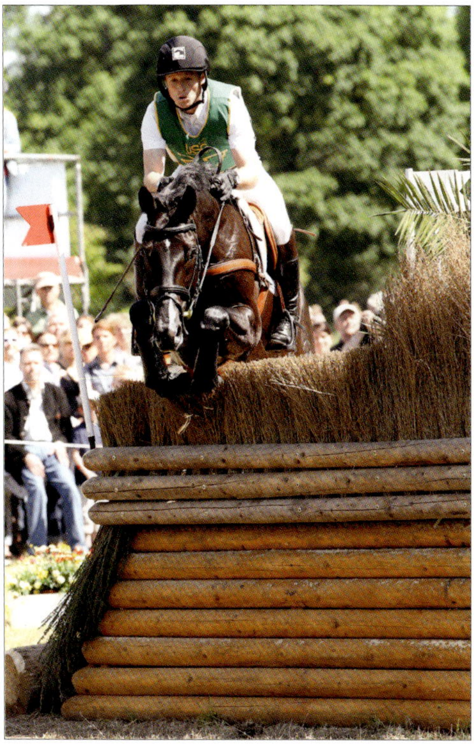

Um einen Sprung so präzise anreiten und springen zu können, muss das Pferd gut geradegerichtet sein.

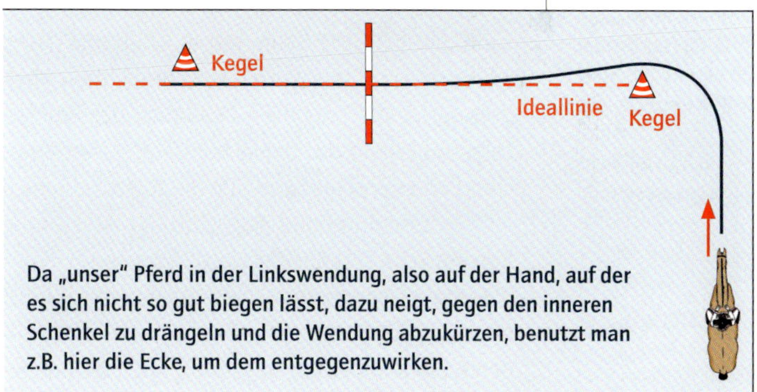

Da „unser" Pferd in der Linkswendung, also auf der Hand, auf der es sich nicht so gut biegen lässt, dazu neigt, gegen den inneren Schenkel zu drängeln und die Wendung abzukürzen, benutzt man z.B. hier die Ecke, um dem entgegenzuwirken.

Da „unser" Pferd in der Rechtswendung, also auf der Hand, auf der es eher hohl ist, dazu neigt, über die Schulter auszuweichen, stellt man es vor dem Abwenden auf der vorherigen geraden Linie einmal kurz konter, um vom linken Zügel loszukommen. Evtl. wiederholt man dieses Konterstellen andeutungsweise in der Wendung. Dann reitet man die Wendung tendenziell enger, kürzt evtl. sogar etwas ab, um geradeaus zum Sprung zu kommen.

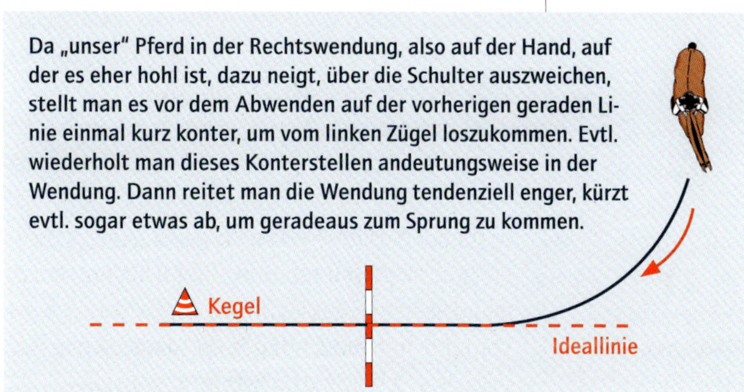

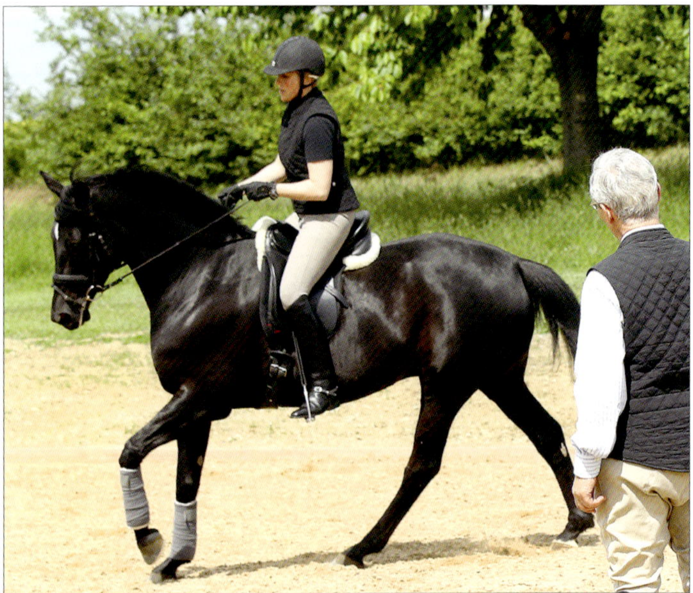

Auch im Arbeitsgalopp sollte der Reiter im „Hinterkopf" haben, sein Pferd geschlossen zu halten. Um dem Pferd im Rücken ein gutes Gefühl zu vermitteln, sitzt die Reiterin hier etwas „freundlich", vielleicht sogar zu sehr im Vorwärtssitz.

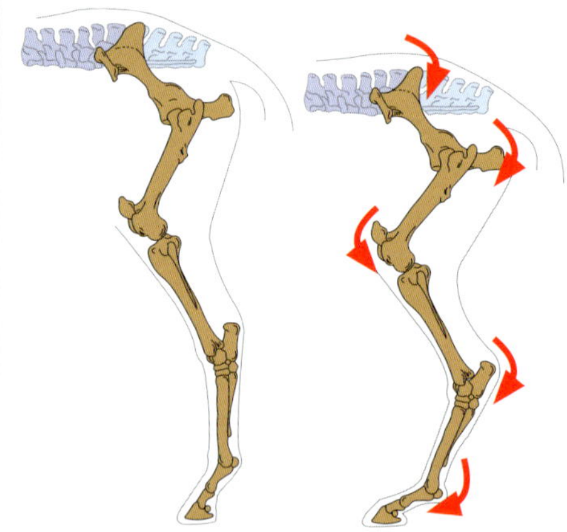

Die Hankenbeugung (links die Position im Stand) ist nur möglich, wenn das Rumpfstreckersystem trainiert wird, seine Dehnungsfähigkeit erhöht und die entsprechenden Muskelpartien gestärkt werden, → S. 93 und 122.

17. Versammlung – Aufrichtung – Durchlässigkeit – Selbsthaltung

Im Kapitel 9. „Die Skala der Ausbildung" habe ich über die Diskussionen und manchmal auch differierenden Ansichten bezüglich der Reihenfolge innerhalb der Skala berichtet. Über eines sind sich aber so gut wie alle einig, dass nämlich vor Versammlung und Aufrichtung gewissermaßen ein Schnitt gemacht werden muss.

Echte versammelnde Arbeit setzt tatsächlich in hohem Maße ein Erreichen der vorhergehenden Ausbildungsziele, besonders auch Geradegerichtetsein voraus. Das heißt jedoch keineswegs, dass nicht der erfahrene Ausbilder auch schon beim jungen Pferd, bei der Verbesserung der Losgelassenheit, indirekt bereits in Richtung Versammlung arbeiten kann, wenn er nämlich beim Reiten in guter (Vorwärts-abwärts-)Dehnungshaltung die Hinterbeine des Pferdes durch die treibenden Hilfen vermehrt zum Durchschwingen nach vorn anregt. Jeder Reiter sollte sich einmal darüber Gedanken machen, dass ein gewisses Maß an Versammlung für jedes Reitpferd, sogar für ein „Spazierreitpferd" vorteilhaft ist, weil dadurch nicht nur seine Gesundheit gefördert und gesichert, sondern es auch handlicher und trittsicherer wird. Deshalb sollte man auch bei Versammlung und Aufrichtung nicht unmittelbar an Dressur der Kl. L und höher denken.

17.1 Was ist Versammlung?

Auch darüber wird heute zunehmend diskutiert, es wird zum Teil infrage bzw. in Abrede gestellt, ob bzw. dass beim reell versammelten Pferd die Hinterhand tatsächlich vermehrt in Richtung unter den Schwerpunkt heranschließt. Über eines sollte jedoch bei allen Reitern, die ihr Pferd ertüchtigen wollen, seinen Dienst unter dem Sattel leichter leisten zu können, Einigkeit bestehen: **Wir wollen bei der gesamten Ausbildung des Pferdes, erst recht bei der versammelnden Arbeit erreichen,**

- **dass es sich besser, auch mit dem Gewicht des Reiters, ausbalanciert,**
- **dass es dem Schub, der von Natur aus schiebend konstruierten Hinterhand, nicht nach vorne ausweicht, gewissermaßen davor wegläuft,**
- **deshalb weniger „auf der Vorhand und in die Erde hineinlatscht",**

- dass es mit der Hinterhand besser heranschließt und sich geschlossener bewegt, deshalb
- sich selbst besser zu tragen in der Lage ist, also weniger Unterstützung durch den Reiter, insbesondere durch dessen Hand, benötigt (bessere Selbsthaltung).

In der weiteren, fortgeschritteneren Ausbildung setzt sich dieser Ausbildungseffekt dann fort,

- indem das Pferd anfängt, sich in den Hanken (Hüft-, Knie- und Sprunggelenk eventuell unter Einbeziehung des Ileosakralgelenkes) zu beugen. Bei genauer Betrachtung des sich setzenden Pferdes erkennt man, dass auch das Becken dabei eine leichte Kippbewegung macht. Dadurch fällt die Kruppe etwas stärker ab und dem Pferd fällt es leichter, mit den Hinterbeinen heranzuschließen.
- indem es dank des verbesserten Gleichgewichts in der Lage ist, mit den Hinterbeinen schmaler zu spuren;
- sich deshalb mit seinen vier Beinen auf etwas engerem Raum bewegt und
- deshalb empfänglicher und sensibler wird für alle Einwirkungen des Reiters (Verbesserung der Durchlässigkeit!);
- indem sich als Folge der Hankenbeugung seine Kruppe etwas senkt, woraus die relative Aufrichtung entsteht.

Gerade im Hinblick auf Versammlung kann der Faktor Zeit durch nichts ersetzt werden. Es geht dabei zum einen um motorische Fähigkeiten wie Balance und Koordination, wofür Übung notwendig ist. Zum anderen geht es ganz einfach um Muskeltraining. Selbstverständlich hängt es von der Veranlagung des jeweiligen Pferdes ab, wie viel Zeit dafür benötigt wird. Das geborene „Bergaufpferd", das aufgrund langfristiger züchterischer Selektion von Natur aus besonders gut ausbalanciert ist, wird weniger Trainingsaufwand benötigen. Andererseits verführen solche Pferde den Ausbilder leider dazu, zu schnell vorzugehen.

17.2 Hankenbeugung

Um ansatzweise nachvollziehen zu können, was Hankenbeugung für das Pferd bedeutet, kann man versuchen, einmal einige Meter mit gebeugtem Hüft-, Knie- und Sprunggelenk, also im Entengang zu gehen. Man merkt dann sehr schnell, wie das sowohl muskulär als auch balancemäßig anstrengend ist. Nur das entsprechend trainierte Pferd kann in seinen Hintergliedmaßen die Hankenbeugung zulassen, indem es im versammelten Tempo das jeweilige Hinterbein in der Stützphase in den genannten großen Gelenken geringfügig stärker gewinkelt lässt, anstatt es bei jedem Tritt und Sprung wieder in die gestrecktere Position zu bringen, was für das Pferd natürlich bequemer wäre.

Wenn man jetzt gleich weiter an einen Übergang aus dem versammelten Trab in die Verstärkung denkt, kann man sich vorstellen, wie das Pferd aus dieser Hankenbeugung heraus einen dynamischen und kraftvollen Mittel- oder Starken Trab entwickeln kann. Das ist der Grund dafür, warum Verstärkungen ideal zur Überprüfung der Versammlung dienen.

Um Hankenbeugung zu ermöglichen, muss das gesamte, vom Hinterhauptsbein bis in die Hinterbeine reichende Rumpfstreckersystem trainiert werden, seine Dehnungsfähigkeit muss erhöht und die entsprechenden Muskelpartien müssen gestärkt werden!

17.2.1 Wie funktioniert das?

Das ist genau der Punkt, warum schon bei der lösenden Arbeit die Versammlung nicht nur vorbereitet, sondern direkt begonnen wird: Wenn das Pferd, z.B. im Trab, sich vorwärts-abwärts an die Hand herandehnt, muss sich das Rumpfstreckersystem vermehrt dehnen, was durchaus anstrengend ist. Der Reiter merkt dann, dass sich das Pferd vermehrt treiben lässt und hoffentlich auch entsprechend reagiert. Dabei darf er aber dem Pferd nicht gestatten, sich dem (durch das Treiben) geforderten vermehrten Durchschwingen mit den Hinterbeinen einfach durch eiligeres Traben zu entziehen. Durch diese Arbeit wird die für die Versammlung notwendige stärkere

Jeder Reiter sollte sich einmal darüber Gedanken machen, dass ein gewisses Maß an Versammlung für jedes Reitpferd, sogar für ein „Spazierreitpferd" vorteilhaft ist, weil dadurch nicht nur seine Gesundheit gefördert und gesichert, sondern es auch handlicher und trittsicherer wird.

!

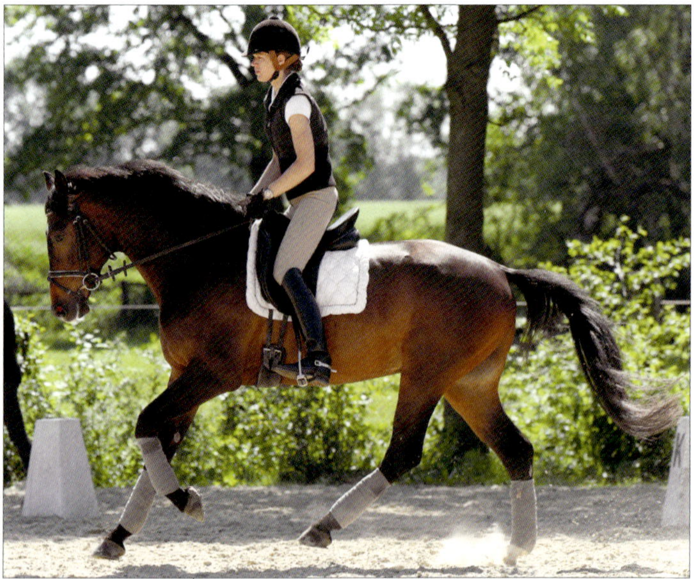

Ein erholsamer und zugleich kräftigender Kanter mit einem jungen Dressurpferd

Bis zu welchem Maß ein Pferd versammelt und somit aufgerichtet werden kann und darf, hängt zum einen von seinen exterieur-, fast noch mehr von seinen interieurmäßigen Voraussetzungen, zum anderen natürlich auch von der Dauer und der Qualität der bis dahin erfolgten Ausbildung ab.

!

Dehnungsfähigkeit optimal gefördert. Besonders wertvoll wird sie, wenn der Reiter dabei wiederholt den Rahmen des Pferdes verändert, also wechselweise Dehnungshaltung und geschlossenere Gebrauchshaltung abfragt.

Sehr gute Möglichkeiten für die Verbesserung der Dehnungsfähigkeit als Voraussetzung für Hankenbeugung bieten sich beim Reiten im Gelände. Gerade junge Pferde können dort durch richtiges, kontrolliertes Vorwärtsreiten, am besten bergauf-bergab, hervorragend gefördert werden, ohne gelangweilt oder zu sehr gestresst zu werden. (→ **Kap. 22. „Training bergauf und bergab")** Auch das Training über Cavaletti oder kleine Sprünge kann sehr abwechslungsreich und effektiv sein.

Eine Trainingsmethode, die entsprechender geländemäßiger Voraussetzung bedarf, ist das Reiten in flachem, 20–30 cm tiefem Wasser. Wer zuhause einen flachen Weiher oder Bachlauf mit trittsicherem Untergrund hat, in dem er reiten darf, kann sich so den Widerstand des Wassers zunutze machen. Er fordert zum einen die Kraft des Pferdes verstärkt und veranlasst es zum anderen, höher abzufußen und seine Beine stärker zu winkeln. Früher hat man erste Passageübungen gerne so begonnen. Ich habe in Neuseeland am ganz flachen Strand auf dem dort sehr stabilen Untergrund auf diese Weise gearbeitet – Arbeit und Erholung gehen hierbei Hand in Hand.

Alle versammelnden und in der weiteren Arbeit auch versammelten Übungen **(Auflistung → RmVuG S. 150)**, die unsere Reitlehre vorsieht, sind bei richtiger, individuell auf das Pferd abgestimmter Anwendung sehr förderlich.

17.3 Was ist Aufrichtung?

Die einzig richtige, weil pferdegerechte Aufrichtung ist die „relative". Sie ergibt sich primär aufgrund der Hankenbeugung **(→ Kap. 17.2 „Hankenbeugung")**. Da die Vorderextremitäten des Pferdes stützend konstruiert sind, das Pferd also im Bereich des Widerristes immer gleich groß bleibt, hebt es seinen Hals und Kopf in gleichem Maße an, wie es sich vom Widerrist bis zur Kruppe senkt. Es lässt sich sehr schön mit einer Waage vergleichen, deren Auflagepunkt im Bereich des Widerristes liegt.

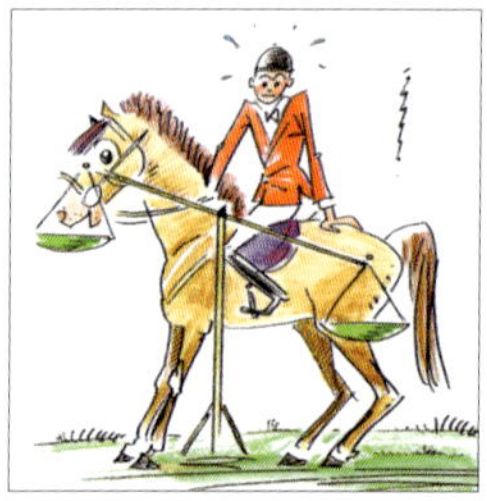

Leider sehen wir heute im Sport sehr viele Pferde, die vorne, also mit erhobenem Hals und Kopf, „groß" daherkommen, aber eben nur „absolut" aufgerichtet sind. Sie können zwar mithilfe der verspannten Muskulatur des Rückens und des (Unter-)Halses die Vorderbeine sehr stark und spektakulär nach vorwärts-aufwärts anheben oder herausschleudern, sind aber nicht mehr in der Lage, über den schwingenden Rücken zu arbeiten und mit den Hinterbeinen durchzuschwingen; im Gegenteil, die Hinterbeine arbeiten hinten heraus.

Beim normalen Durchschnittspferd werden sich bei einer solchen Reitweise die Hinterbeine dann nur noch schleppend bewegen; bei Pferden mit besonders aktiven Hinterbeinen, wie wir sie im Spitzensport meist antreffen, fußen diese zwar trotzdem manchmal noch deutlich aufwärts ab – und täuschen so den Halbkundigen –, werden aber nicht mehr nach vorne durchschwingen. Hinzu kommt, dass dann die Vorderfüße nicht mehr dorthin fußen, wohin sie zeigen; stattdessen „knallen" sie rückwärts-abwärts auf den Boden. (→ **mehr im Kap. 21. „Verstärkungen – das Salz in der Suppe?")**

Bis zu welchem Maß ein Pferd versammelt und somit aufgerichtet werden kann und darf, hängt zum einen von seinen exterieur-, fast noch mehr von seinen interieurmäßigen Voraussetzungen, zum anderen natürlich auch von der Dauer und der Qualität der bis dahin erfolgten Ausbildung ab.

Drei Punkte, die „im Eifer des Gefechts" leicht in Vergessenheit geraten, seien hier nochmals ausdrücklich als besonders beachtenswert erwähnt:

- **Auf keinen Fall darf das Versammeln mit Langsamreiten verwechselt werden, es darf niemals auf Kosten des Fleißes und der Aktivität gehen.**
- **Nach versammelnden bzw. versammelten Lektionen muss immer wieder im frischeren Vorwärts für Abwechslung und Entspannung gesorgt werden.**
- **Die Kraft und die Konzentrationsfähigkeit von Pferd und Reiter sind begrenzt. Deshalb muss nach jeweils 5–10 Minuten eine kleine Entspannungspause eingelegt werden. Auch nur geringfügiges Überziehen während der versammelnden und versammelten Arbeit verursacht zunächst Schmerz und dann auch Abwehrreaktionen; der Trainingseffekt wird negativ.**

17.4 Hilfengebung

Wie oben schon angesprochen, ist versammelnde Arbeit eine sehr anspruchsvolle Angelegenheit. Das Prinzip ist zwar relativ einfach zu verstehen, nämlich das Pferd vermehrt zu schließen und mithilfe entsprechenden Trainings bezüglich Hankenbeugung es auch etwas zu setzen. Sie erfordert aber sehr viel Geschick im Zusammenwirken aller Hilfen, feines Gefühl und ein großes Maß an Geduld.

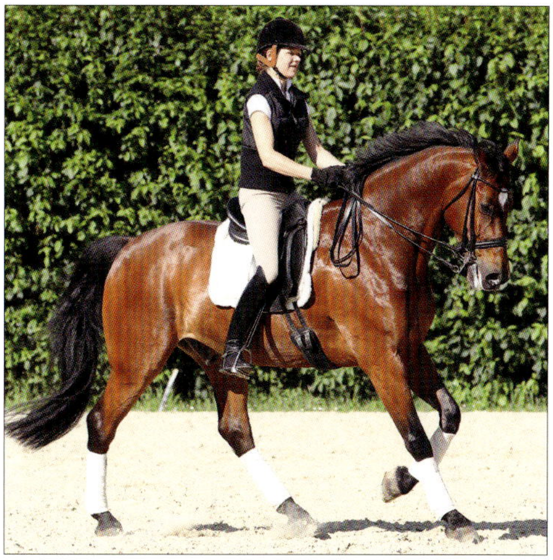

Gutes Bergauf im Kontergalopp (oben)

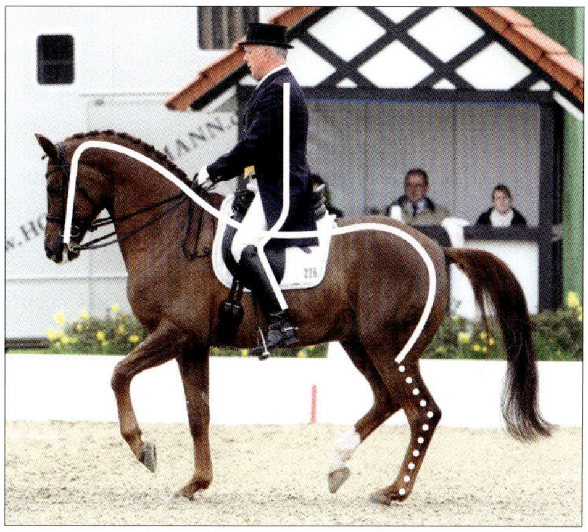

Die beiden Bögen, vor der Hand (dem Reiter) und hinter der Hand (dem Reiter) sollen in etwa gleich groß sein. Wird der Bogen vor der Hand enger, hat der Reiter das Pferd nicht mehr richtig vor sich, die Balance und Selbsthaltung werden gestört. (unten)

Die Hauptschwierigkeit und damit Herausforderung für den Reiter besteht darin, die den treibenden Schenkel- und Sitzhilfen (Ich spreche hier von „Sitz-" anstelle von Gewichtshilfen, weil ich dem Irrtum vorbeugen möchte, dass der Reiter etwa durch „Schwer"-Sitzen die Hinterhand des Pferdes besser aktivieren kann.) gegenüberstehenden verhaltenden Zügelhilfen so geschickt einzusetzen, dass das Pferd dadurch nicht in seinem Vorwärtsdrang beeinträchtigt wird und nicht im Hals eng gemacht wird. Letzteres würde die Rückentätigkeit deutlich einschränken und damit die Hinterhand geradezu daran hindern, besser heranzuschließen.

Was den Sitz anbelangt, kommt es in erster Linie darauf an, dem Pferd im Rücken ein gutes Gefühl zu vermitteln, vor allem geschmeidig und

Die Hauptschwierigkeit und damit Herausforderung für den Reiter besteht darin, die den treibenden Schenkel- und Sitzhilfen gegenüberstehenden, verhaltenden Zügelhilfen so geschickt einzusetzen, dass das Pferd dadurch nicht in seinem Vorwärtsdrang beeinträchtigt wird und nicht im Hals eng gemacht wird.

!

tief im Sattel Platz zu nehmen. Über ein vermehrtes An- und Abspannen der Bauch-, der unteren Rücken- und der Gesäßmuskeln (Früher sprach man von „Kreuzanspannen".) das Pferd mit den Hinterbeinen aktivieren zu wollen, hat nur Sinn, wenn das Pferd muskulär entsprechend trainiert und mental diesbezüglich positiv konditioniert ist. Völlig kontraproduktiv wäre eine solche „Kreuzeinwirkung", wenn das Pferd sie als unangenehm oder gar schmerzhaft empfinden würde.

Da unsere Pferde heute im Durchschnitt sehr gehfreudig und leistungsbereit sind, besteht die Herausforderung in erster Linie darin, vorne mit der Hand genügend zuzulassen, weniger darin, hinten mehr zu treiben. Mit anderen Worten: Wenn sich das Pferd mit den Hinterbeinen nicht genügend fleißig und aktiv bewegt, muss als Erstes überprüft werden, ob es nicht durch den Reiter, besonders durch dessen Handeinwirkung (Es ist nicht immer eine zu starke Handeinwirkung, die das Pferd hindert, oft ist eine unbeständige, lose Zügelverbindung die Ursache. (→ **Kap. 4. „Die gute Hand…"**) gehindert wird. Erst dann macht es Sinn, die treibenden Einwirkungen, womöglich mit Sporen und Gerte, zu verstärken.

Mangelnde Aktivität der Hinterhand, mangelnder „Zug" von hinten nach vorne machen sich meist sofort in unsicherer Selbsthaltung bemerkbar. Das Pferd tritt nicht gleichmäßig an die Hand heran und wechselt ständig seine Kopf- und Halsposition.

Hervorragende Übungen zur Verbesserung der Versammlung, aber auch, um sie zu überprüfen, sind Übergänge, besonders Rückführungen aus der Verstärkung in das versammelte Tempo.

Hervorragende Übungen zur Verbesserung der Versammlung, aber auch, um sie zu überprüfen, sind Übergänge, besonders Rückführungen aus der Verstärkung in das versammelte Tempo. Dazu finden sich ausführliche Hinweise in den Kapiteln 20. „Übergänge – immer noch die Momente der Wahrheit" sowie 21. „Verstärkungen – das Salz in der Suppe?"

17.5 Wechselnder Grad positiver Spannung

Mit einem wechselnden Grad der positiven Spannung zu arbeiten, kann sowohl in der Trab- als auch in der Galopparbeit sehr gut dazu beitragen, das Pferd zu besserer Selbsthaltung zu veranlassen. Wie macht man das?

Genau wie bei den Übergängen von einer Gangart in die andere, wird das Pferd durch vermehrtes Herantreiben an die aushaltende, aber nach wie vor elastische Hand (Die Elastizität der Verbindung wird durch die Beweglichkeit der Schulter- und Ellbogengelenke sichergestellt, nicht etwa durch ein Öffnen der Hände.) etwas geschlossen und so vermehrt aufgenommen. Diese verstärkte positive Spannung wird für ca. vier bis sechs Tritte, bzw. drei bis vier Sprünge beibehalten Abschließend spannt der Reiter wieder ab, zeigt aber dem Pferd über seine Körpersprache, dass er die Gangart beibehalten will. Pferde fühlen dabei schon sehr feine Unterschiede. Es bedarf, besonders wenn sie erst einmal diese Hilfengebung kennen, keiner großen Kraftanstrengung seitens des Reiters. Es darf vor allem nie dazu kommen, dass der Reiter überzieht und sich selbst fest macht. Er muss sich gefühlvoll, am besten mit Unterstützung eines erfahrenen Ausbilders, an diese Übung herantasten. Um ein Verkrampfen zu vermeiden, sollte er auf seine Atmung achten, deren Rhythmus gleichbleibend sein muss. Nach zwei bis drei Pferdelängen kann er erneut die positive Spannung erhöhen. Wie oft und in wie langen Reprisen er diese Übung wiederholt, muss ganz individuell entschieden werden.

Dieses Aufbauen eines verstärkten Drucks ist letztendlich die Voraussetzung, um durch Leichtwerden die positive Bestätigung geben zu können. Der Erfolg hängt auch sehr davon ab, im richtigen, möglichst guten Moment die Übung zu beenden und etwas anderes zu reiten.

Auch bei dieser Arbeit gibt es für den Reiter wieder eine besondere Herausforderung: Er muss versuchen, auch bei Anwendung von etwas größerer Kraft losgelassen zu bleiben und weiter tief durchzuatmen, er darf nicht die Luft anhalten und sich verkrampfen. Auch wenn Reiten kein Sport ist, bei dem besonders große Körperkraft notwendig ist, wird eine gute Grundkraft verhindern, dass der Reiter zu schnell an den Punkt kommt, wo er anfängt zu verkrampfen.

17.6 Beachtung der individuellen Möglichkeiten seitens des Pferdes Die „äußeren" und die „inneren" Werte des Reitpferdes

Nur wenn der Reiter und/oder der Ausbilder weiß, wofür das jeweilige Pferd gute oder eben weniger gute Voraussetzungen hat, wird es ihm möglich sein, diesem gerecht zu werden und mit ihm in harmonischem Miteinander unseren Sport zu betreiben.

Deshalb gehört zu einer vollständigen Ausbildung auch der Erwerb zumindest einiger grundsätzlicher Kenntnisse bezüglich Exterieurbeurteilung. Solche Kenntnisse kann man sich zunächst einmal rein theoretisch aus Büchern anlesen. Wertvoll und praktisch anwendbar werden sie aber erst, wenn man sie mit Unterstützung kompetenter Pferdeleute am lebenden Pferd anwenden, üben und erweitern kann. Je mehr verschiedene Pferde man mit aufmerksamem Blick und begleitet von fachkundigen Kommentaren begutachten kann, desto besser schult man sein Auge.

Ich will mich jetzt hier nicht in Einzelheiten verlieren, möchte aber wenigstens am Beispiel einiger Exterieurmerkmale aufzeigen, welcher Art von Pferden versammelnde Arbeit in der Regel leichter fällt, bzw. was eventuell Voraussetzung für höhere Versammlung ist:

Das geborene Bergaufpferd
- **mit einer gut gewinkelten Hinterhand,**
- **einer langen, schrägen Schulter,**
- **einem gut an- und aufgesetzten Hals,**
- **einer leichten Genickformation,**
- **einem Rücken von wohlbemessener Länge**

hat gute Voraussetzungen für Versammlung und Aufrichtung.

Diese Aufzählung ist natürlich überhaupt nicht vollständig. Bei jedem Pferd, bei dem in einem dieser Punkte Mängel zu erkennen sind, muss entsprechend Rücksicht genommen werden und eventuell sogar auf die ganz gehobene Versammlung verzichtet werden.

Wer darüber einfach hinweggeht, wird sehr schnell an einen Punkt kommen, an dem es zunächst mit der reiterlichen Entwicklung des Pferdes nicht mehr vorangeht, und schließlich sogar sehr schnell zu Rückschritten kommt. Diese wirken sich direkt auf die physische, meist noch mehr auf die psychische Gesundheit des Pferdes aus.

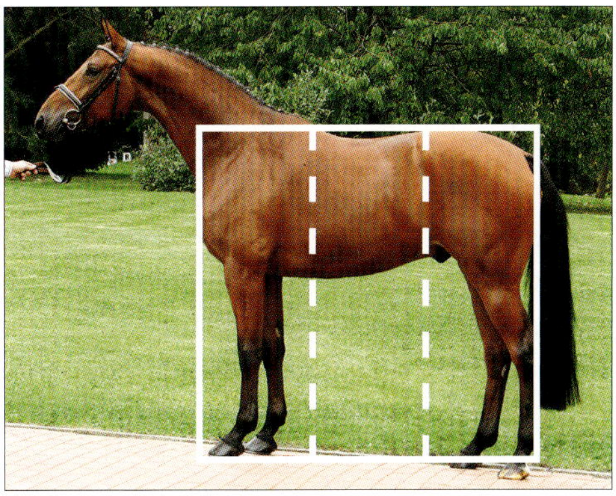

Little Lord, 4-jähriger Oldenburger Wallach v. Lord Sinclair, MV.: Uniform

Im Idealfall machen Vorhand, Mittelhand und Hinterhand jeweils ein Drittel der Rumpflänge aus.

Erstaunlicherweise gibt es aber auf der einen Seite immer wieder Pferde, denen man nach Betrachtung ihres Exterieurs alles zutrauen würde, die aber in der Arbeit Probleme zeigen. Auf der anderen Seite gibt es manche Pferde, die trotz erkennbarer Exterieurmängel hervorragend mitarbeiten und in der Lage sind, Versammlung sehr gut anzunehmen. Das Geheimnis sind die inneren Werte, die wie beim Menschen auch letztendlich ungeahnte Möglichkeiten eröffnen oder eben unerwartete Grenzen setzen, nämlich sein Charakter und sein Temperament.

Da es in diesem Kapitel um Versammlung und Aufrichtung geht, will ich hier einmal versuchen, den Wunschtraum eines Dressurreiters bezüglich innerer und äußerer Werte eines Pferdes in Worte zu fassen:

Ich wünsche mir
- **ein gehfreudiges, gut lernfähiges („intelligentes") Pferd, welches**
- **einen starken, selbstbewussten, aber auch ehrlichen Charakter und**
- **ein lebhaftes, aber ausgeglichenes Temperament hat,**
- **mit guten Nerven ausgestattet ist, ohne nervig zu sein,**
- **gute Sensibilität zeigt und dadurch**

- stets leistungsbereit und angenehm zu handhaben ist.
- Bezüglich seines Exterieurs sollte es frei von deutlichen Mängeln sein und
- mit drei überdurchschnittlichen Grundgangarten ausgestattet sein (besonders Schritt und Galopp).
- Aus all diesen Eigenschaften ergibt sich fast automatisch ein gewisses Maß an Schönheit und ein „Hinguck-Effekt" („Eye-Catcher-Effekt"), sodass es unwillkürlich die Blicke, auch der Richter, auf sich zieht.
- Seine Proportionen und Größe sollten zu meinem „Exterieur" passen.

17.7 Beachtung der individuellen Möglichkeiten seitens des Reiters

Was Versammlung ist, was mit versammelnder Arbeit erreicht werden soll, ist relativ leicht zu verstehen. Worauf beruht aber die große Schwierigkeit bei der praktischen Umsetzung, sodass man doch relativ wenige reell, klassisch versammelte Pferde sieht? Auch hierbei fängt alles im Kopf an, d.h., nur wer begriffen hat, was beim Pferd in dieser Arbeit physisch, motorisch und mental entwickelt werden muss, hat die Voraussetzungen, um mit genügend Verständnis die dabei immer wieder auftauchenden mehr oder weniger großen Probleme richtig einzuordnen, sie entsprechend zu berücksichtigen und Lösungswege zu finden. Vielfach wird der Reiter durch seinen Instinkt zu falschem Reagieren und Vorgehen geradezu verleitet. Dies muss er lernen, mit seinem Verstand zu kontrollieren. (→ Kap. 6. „Reiten mit Verstand und Instinkt?!")

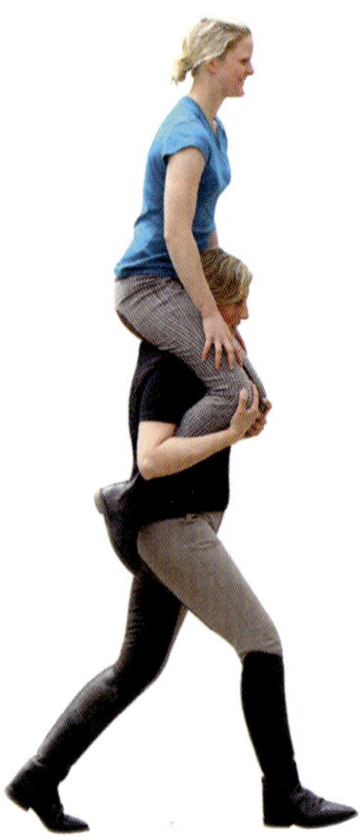

Dabei kann man gut nachvollziehen, wie das Gleichgewicht zwischen Pferd und Reiter funktionieren kann.

Im Folgenden will ich ein paar Knackpunkte aufzählen:

- Versammlung muss immer nach vorne orientiert sein. So darf der Druck in die Hand hinein ruhig auch einmal etwas stärker werden, solange er durch das verstärkte Herantreten an die Hand, natürlich nicht durch „Auf-die-Hand-Lümmeln" zustande kommt. Eine rückwärtswirkende Einwirkung, gar mit einer scharfen Zäumung, wäre absolut kontraproduktiv.
- Dementsprechend muss Versammlung immer von gutem Fleiß, mit lebendig abfußenden (Hinter-)Beinen geprägt sein, niemals von langsamen Bewegungsabläufen.
- Um der Forderung nach schmaler fußenden Hinterhufen und nach Hankenbeugung gerecht werden zu können, muss der Hals als Balancierstange des Pferdes in genügender Länge erhalten bleiben, also keinesfalls eng gemacht werden.
- Im Bestreben, die Hinterbeine zu lebendigerem Abfußen und Heranschließen zu animieren, muss der Reiter dem Pferd im Rücken, dem Bewegungszentrum, ein gutes Gefühl verschaffen; er muss dazu in der Mittelpositur elastisch bleiben. Er darf deshalb nicht versuchen, sich „schwer" hinzusetzen oder gar in Rücklage sitzen, wodurch die Elastizität im Beckenbereich reduziert werden würde.
- Die treibende Schenkelhilfe kann nur dann optimal wirken, wenn der Schenkel dicht am Gurt liegt, nicht, wie heute häufig zu sehen, weit zurück Richtung Flanke.
- Die erwünschte relative Aufrichtung resultiert aus der Hankenbeugung bei hergegebenem Rücken, niemals aus einem Höhernehmen des Halses und Kopfes.
- Die notwendigerweise verhaltenden Zügelhilfen müssen so fein abgestimmt sein, dass sie nicht bremsend oder gar blockierend auf die Hinterbeine wirken.
- Nur wenn die Ausdehnung und die Intensität der versammelnden Reprisen richtig bemessen und die Trainingsreize angemessen gesetzt werden (s.o.), ist ein guter Trainingsfortschritt möglich. Ein Überziehen führt zu Spannungen, Verkrampfungen, Schmerzen und schließlich Trainingsrückschritten.
- Besonders bei intensiverer versammelnder Arbeit muss die Attitüde des Reiters positiv bleiben; „verdrehte Augen" und „gefletschte Zähne", besonders auch beim Reiter, zeugen vom Gegenteil.
- Gerade bei dieser Arbeit sind Abwechslung und häufiges frisches Vorwärtsreiten, z.B. auch im Gelände oder auf einer Galoppbahn (bitte

aber immer kontrolliert und nicht „juppheidi"!), von größter Wichtigkeit. Denn nur dann ist gewährleistet, dass das Verkürzen des Pferdes in der Rückführung durch ein Heranschließen der Hinterhand und nicht durch ein Zurückhalten der Vorhand erfolgt.

Um diesbezüglich immer das für das jeweilige Pferd richtige Maß zu finden, ist es ein gar nicht zu unterschätzender Vorteil, wenn der Reiter, wenigstens aber sein Trainer, über umfangreiche Erfahrungen mit vielen verschiedenen Pferden verfügt.

Kontrollübungen

Die besten Kontrollübungen für richtige Arbeit auf diesem Weg sind

- **Übergänge, besonders Rückführungen aus einer Verstärkung,**
- **das beid- oder einhändige Überstreichen zur Überprüfung der Selbsthaltung,**
- **das „Zügel-aus-der-Hand-kauen-Lassen" in die zufriedene Dehnungshaltung in kleinen Pausen, die während der Arbeit der Erholung und Belohnung dienen, und zum Abschluss jeder Arbeitseinheit.**

Derjenige Reiter wird bei der versammelnden Arbeit am effektivsten sein, dem es gelingt, dafür die Gehfreude und Leistungsbereitschaft seines Pferdes zu nutzen, sie nötigenfalls wieder zu wecken und zu erhalten. Übermäßiges, gar „gewalttätiges" Treiben verleiden dem Pferd die Freude an der Zusammen- und Mitarbeit. Das Pferd muss gerade auch bei jedem Aufnehmen vertrauensvoll an die Hand herantreten bzw. -springen und „ziehen".

17.8 Volle Entfaltung im Rahmen der natürlichen Anlagen

Nur ein Pferd, das gemäß aller Ausbildungsgrundsätze, einschließlich Versammlung und daraus resultierender Aufrichtung, gearbeitet wird, kann sich in Bezug auf Durchlässigkeit, Handlichkeit und nicht zuletzt Ausdruck und Schönheit in Haltung und Bewegung voll entwickeln und seine natürlichen Möglichkeiten voll ausschöpfen. Zugleich wird ihm dadurch ermöglicht, trotz seines Einsatzes als Reit-, ja sogar Sportpferd, dank guter physischer und psychischer Gesundheit bis ins hohe Alter hinein leistungsfähig und -bereit zu bleiben.

17.9 Durchlässigkeit

Zum Abschluss dieses Kapitels möchte ich kurz erklären, was wir in unserer Reitlehre unter Durchlässigkeit und Selbsthaltung verstehen.

An sich spricht das Wort „Durchlässigkeit" für sich selbst: Das Pferd soll die Hilfen des Reiters durch den ganzen Körper „durchlassen", sie nicht nur registrieren, sondern sie auch respektieren und Freude daran haben, ihnen willig zu folgen. Leider denken viele in diesem Zusammenhang vornehmlich an die Einwirkungen mit den Zügeln.

Im Vordergrund muss bei Durchlässigkeit jedoch primär das Annehmen und Befolgen aller treibenden Hilfen, sowohl nach vorn als auch seitwärts, stehen. Nur wenn das Pferd die Impulse der Gewichts- und Schenkelhilfen willig annimmt, kann der Fluss des Schwunges, von den Hinterbeinen ausgehend, bis an die Hand heran ungehindert strömen und entsprechend reguliert werden. Je weniger zur Kontrolle der Vorwärtsbewegung die Zügelhilfen aktiv eingesetzt werden müssen, desto leichter wird sich daraus die Versammlung einschließlich der relativen Aufrichtung ergeben. Je besser das Pferd dank richtiger versammelnder Arbeit gelernt hat, hinten heranzuschließen und schmaler zu spuren, desto empfänglicher wird es auch für feinste Hilfen.

Man kann das nachvollziehen, wenn man sich vorstellt, jemanden auf den Schultern zu tragen: Je enger man seine Füße in der Bewegung nebeneinandersetzt, desto stärker wird man durch Sitzveränderungen des „Reiters" beeinflusst.

Durchlässigkeit darf aber auf keinen Fall mit Gehorsam gleichgesetzt werden. Gehorsam ist vielmehr ein Erziehungsziel, welches aus dem Respekt des Pferdes gegenüber der Autorität des Menschen resultiert und schon vom Fohlenalter an aufgebaut sein muss.

Nur wer begriffen hat, was beim Pferd in der Arbeit physisch, motorisch und mental entwickelt werden muss, hat die Voraussetzungen, um mit genügend Verständnis die dabei immer wieder auftauchenden mehr oder weniger großen Probleme richtig einzuordnen, sie entsprechend zu berücksichtigen und Lösungswege zu finden.

!

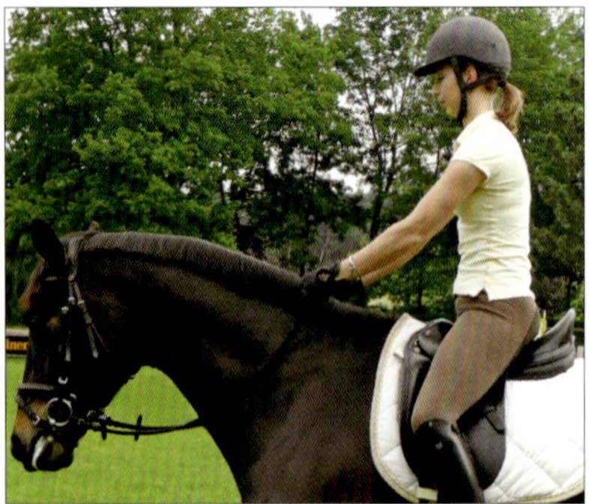

Beim Überstreichen schiebt die Reiterin ihre Hände am Mähnenkamm entlang soweit vor, wie es ihr ohne Veränderung ihrer Sitzposition möglich ist.

So wie „gutes Reiten" nicht erst mit Anforderungen der Kl. L und höher beginnt, so wenig darf Selbsthaltung nur in Verbindung mit dem weiter ausgebildeten Pferd gesehen werden.

!

Wie eng die einzelnen Ausbildungsziele unserer Ausbildungsskala mit der Durchlässigkeit verknüpft sind und mit ihr in einem Wechselspiel stehen, ist an folgenden Beispielen gut zu erkennen:

- Erst mit zunehmender Durchlässigkeit wird es einem Pferd möglich sein, sich durchgängig, also z.B. auch in allen Übergängen, taktsicher zu bewegen.
- Losgelassenheit ist immer die Voraussetzung dafür, dass zum einen der Impuls aus der Hinterhand durch das gesamte Pferd hindurchgehen kann, und dass zum anderen z.B. verhaltende Zügelhilfen im Genick, Hals oder Rücken nicht „stecken" bleiben, sondern die Hinterhand des Pferdes erreichen können.
- Nur eine elastische, von Vertrauen zur Reiterhand geprägte Anlehnung ermöglicht unmittelbar die Durchlässigkeit.
- Wenn das Pferd aus dem losgelassenen Rücken heraus mit den Hinterbeinen durchschwingen kann, wird es z.B. auch in allen Übergängen die treibenden und verhaltenden Hilfen durchlässig annehmen.
- Erst mit zunehmendem Geradegerichtetsein kann ein Pferd z.B. sich auch in Wendungen präzise reiten lassen und auf Paraden durchlässig reagieren, ohne dabei mit der Hinterhand auszuweichen.
- Dieses wiederum ist unabdingbare Voraussetzung für Versammlung und die daraus resultierende relative Aufrichtung eines Pferdes, die dank losgelassenem Rücken Schubimpulse und mit guter Hankenbeugung vermehrte Lastaufnahme der Hinterhand ermöglicht.

17.10 Selbsthaltung

Ein Pferd, das in Selbsthaltung geht, hat aufgrund korrekter Ausbildung gelernt, sich auch unter dem Reiter optimal auszubalancieren, sich selber zu tragen. Dadurch ist es ihm möglich, feinste Reiterhilfen anzunehmen und ihnen zu folgen.

Wenn nach unserer Reitlehre ein wesentliches Ziel der Ausbildung eines Pferdes darin besteht, es zu einem sicheren sowie angenehm und leicht zu handhabenden Reitpferd zu machen, ergibt sich die Bedeutung guter Selbsthaltung von selbst.

So wie „gutes Reiten" nicht erst mit Anforderungen der Kl. L und höher beginnt, so wenig darf Selbsthaltung nur in Verbindung mit dem weiter ausgebildeten Pferd gesehen werden. Vielmehr wird der erfahrene, gute Reiter bereits während der Grundausbildung, in der das Pferd noch deutlichere Unterstützung durch den Reiter benötigt und es noch in weiterem Rahmen geht, es immer wieder ermahnen (müssen), sich selbst zu tragen. So wird schon in dieser Phase der Ausbildung, aber auch beim fortgeschrittenen Pferd in der täglichen Lösungsphase, während der ja vermehrt in Dehnungshaltung gearbeitet wird, eine gewisse Selbsthaltung angestrebt. Auch in dieser Haltung soll das Pferd in zunehmend sicherer Balance mit gut durchschwingenden Hinterbeinen gehen. Keinesfalls darf ihm gestattet werden, sich auf den Zügel zu stützen.

Jegliche korrekte Ausbildung gemäß der Skala der Ausbildung fördert auch die Selbsthaltung.

Je besser das Pferd aufgrund eines harmonisch ausgewogenen Körperbaus, aber auch entsprechender motorischer Veranlagung sich im natürlichen Gleichgewicht bewegt, desto leichter wird es auch unter dem Sattel in Selbsthaltung zu gehen lernen.

Um die Selbsthaltung zu überprüfen, sollte der Reiter immer wieder einmal mit beiden Händen „vorfühlen", d.h. so leicht werden, dass die Verbindung nahezu aufgegeben wird. In Aufgaben wird dies in Form von „Überstreichen" abgefragt.

→ Kap. 8. „Paraden…"
→ Kap. 11. „Losgelassenheit…"
→ Kap. 19. „Galopparbeit"
→ Kap. 21. „Verstärkungen…" etc.

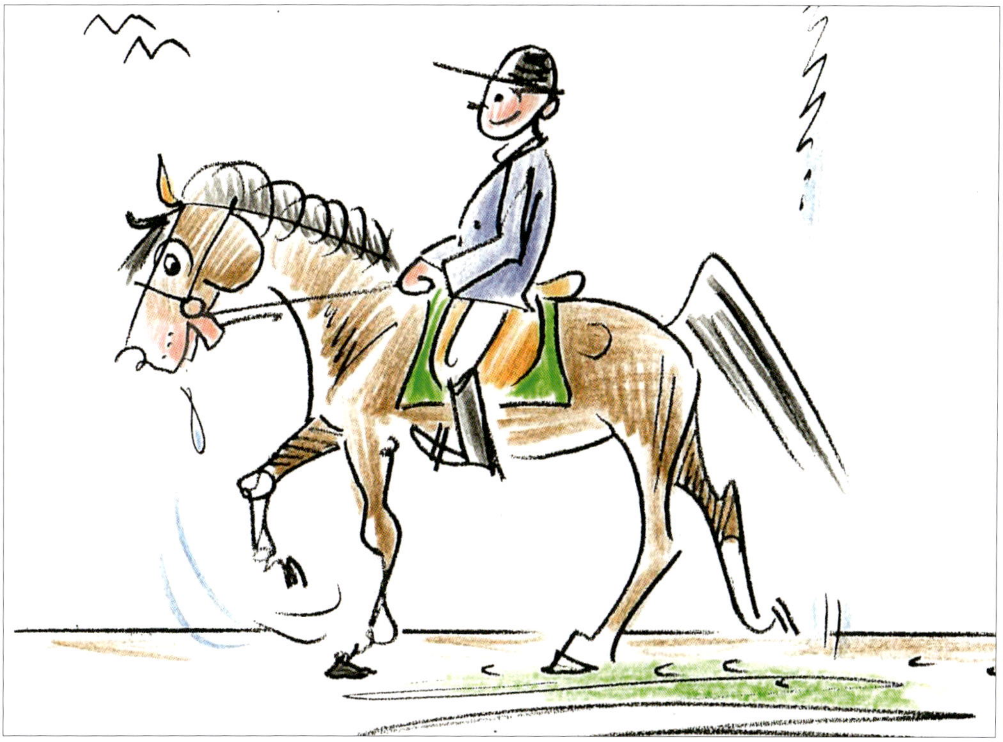

Im Schritt sollte das Pferd von Beginn an willig frisch vorwärts gehen, so als ob es fragt „Wo soll's Klavier hin?" Es darf nicht notwendig sein, dass der Reiter es ständig aktiv treiben muss.

18. Der Schritt, die ungeliebte Gangart

In RmVuG habe ich schon dem Thema Schrittreiten ein eigenes kleines Extrakapitel gewidmet, um zu unterstreichen, wie wichtig und anspruchsvoll die Arbeit im Schritt ist, aber auch um aufzuzeigen, wie wertvoll sie sein kann. Nur ein Reiter, der sich der Bedeutung der Schrittarbeit bewusst ist, wird entsprechend reiten.

Wer sich noch einmal die Details des Bewegungsablaufes vergegenwärtigen möchte, lese das → **Kap. 10. „Takt und Grundgangarten"**.

18.1 Warum „ungeliebte Gangart"?

Viele Reiter und Ausbilder haben insofern schlechte Erfahrungen mit dem Schritt gemacht, als sie erlebt bzw. beobachtet haben, dass diese Grundgangart überaus anfällig ist, dass es vor allem sehr schnell zu Taktproblemen kommt. Dies hängt damit zusammen, dass sich mangelnde Losgelassenheit und erst recht Spannung sofort negativ auf die Qualität des Schritts auswirken, egal ob dies physisch oder mental bedingt ist. Im Prinzip kann jeder diese Beobachtung bei seinem Pferd jeden Tag machen. Sehr deutlich ist manchmal der Vergleich bei ein und demselben Pferd im Zusammenhang mit der Präsentation einer Dressuraufgabe auf einem Turnier. Besonders in den Klassen mit höherer Versammlung ist der Schritt nach Beendigung der Stresssituation „Aufgabe" sofort wieder deutlich besser als während dieser. Insofern ist es durchaus verständlich, wenn im Spitzensport, z.B. bezüglich der Grand Prix Kür mit ihren maximalen, manchmal auch überzogenen Anforderungen, die Forderung auftaucht, den Schritt dabei völlig außen vor zu lassen. Zu begründen versucht man das dann damit, dass Schrittreiten langweilig ist.

18.2 Indikator für die mentale Situation des Pferdes

Der Schritt ist ein ganz sicherer Indikator für die mentale Situation des Pferdes.

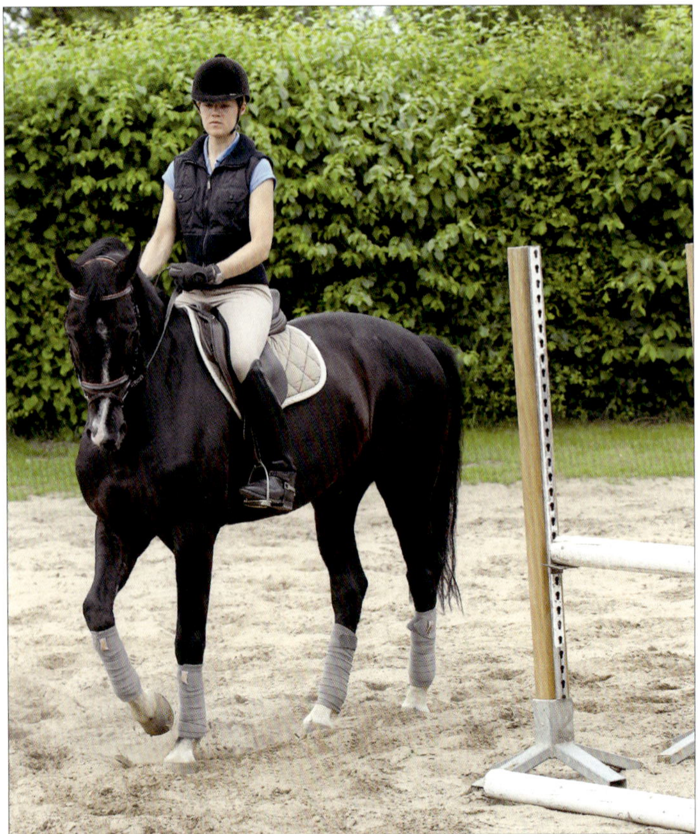

Um zu vermeiden, das Pferd im Schritt zu langweilen, kann man z.B. auf einem Springplatz und dabei um Hindernisse herum Wendungen reiten.

Deshalb sollte jeder Reiter und Ausbilder dem Schritt seines Pferdes größte Aufmerksamkeit widmen. Aus demselben Grund darf meiner Meinung nach auch der Einfluss der Schrittnote auf die Bewertung einer Aufgabe keinesfalls gemindert werden. (Wenn ich Unterricht gebe, möchte ich deshalb Pferd und Reiter von Anfang an, wenn irgend möglich auch während des Verpustenlassens des Pferdes am Schluss beobachten und gegebenenfalls beeinflussen können. Das gilt ganz besonders für Reiter und Pferde, die ich noch nicht gut kenne.) Ein gelassenes Pferd, das sich unter seinem Reiter wohlfühlt, bewegt sich im Schritt im klaren Viertakt, fleißig (ohne ständig aktiv getrieben werden zu müssen), raumgreifend und losgelassen. Letzteres erkennt man vor allem daran, dass es mit hergegebenem Rücken, aus der Schulter heraus fallen gelassenem Hals und vorwärts-abwärts gerichteter Nickbewegung schreitet. Die Bewegung geht sichtbar durch den ganzen Körper.

Leider hört man vielfach, man solle im Schritt möglichst nicht so viel Einfluss auf das Pferd zu nehmen versuchen, um den Schritt nicht zu schädigen. Das zeugt aber nur davon, dass man zu wenig über richtiges Schrittreiten weiß, dass man sich damit zu wenig befasst und auseinandergesetzt hat. Jede seriöse Trainingseinheit beinhaltet unverzichtbar mehrere Schrittreprisen als Ruhepole und auch Trainingsbestandteile. Besonders die Tatsache, dass jeweils zu Beginn und am Schluss im Schritt geritten wird, unterstreicht eigentlich die Bedeutung dieser Grundgangart: Wie die erste Sequenz der Lösungsphase verläuft, wie die „Stimmung" zwischen Reiter und Pferd sich während dieser darstellt, hat naturgemäß entscheidenden Einfluss für die gesamte Zeit der Arbeit. Entsprechende Bedeutung hat das Schrittreiten in der abschließenden Erholungsphase für die nächste Trainingseinheit am nächsten Tag. (**→ Kap. 31. „Aufbau einer Trainingseinheit"**) Die ersten Minuten im Schritt sind ideal geeignet, um ins Pferd hineinzuhorchen, seine Tagesform zu erfühlen; genauso bekommt das Pferd genaue Informationen über den Reiter durch dessen Körpersprache. Man kann sich vorstellen, dass es besonders in allen Fällen, in denen beide noch nicht zu einer ganz harmonischen Verständigung miteinander gefunden haben, sinnvoll ist, diese Zeit für „vertrauensbildende Maßnahmen" zu nutzen:

- Das beginnt damit, dass der Reiter, der vielleicht schon vor dem Aufsitzen einige lösende gymnastische Übungen geritten, zumindest aber sein Pferd geputzt und gesattelt hat, entspannt die für ihn optimale Sitzposition sucht und einnimmt. Dabei sind ein paar Bewegungen mehr besser als ein unbewegliches Sitzen.
- Er fühlt sich mit seinen Händen an das Pferdemaul heran und begleitet die Nickbewegung. Dabei wird das Pferd je nach Ausbildungszustand sofort oder nach wenigen Runden anfangen zu kauen und im Genick nachgeben.
- Dadurch, dass er dem Pferd genaue Linien vorgibt, fordert er schon etwas dessen Konzen-

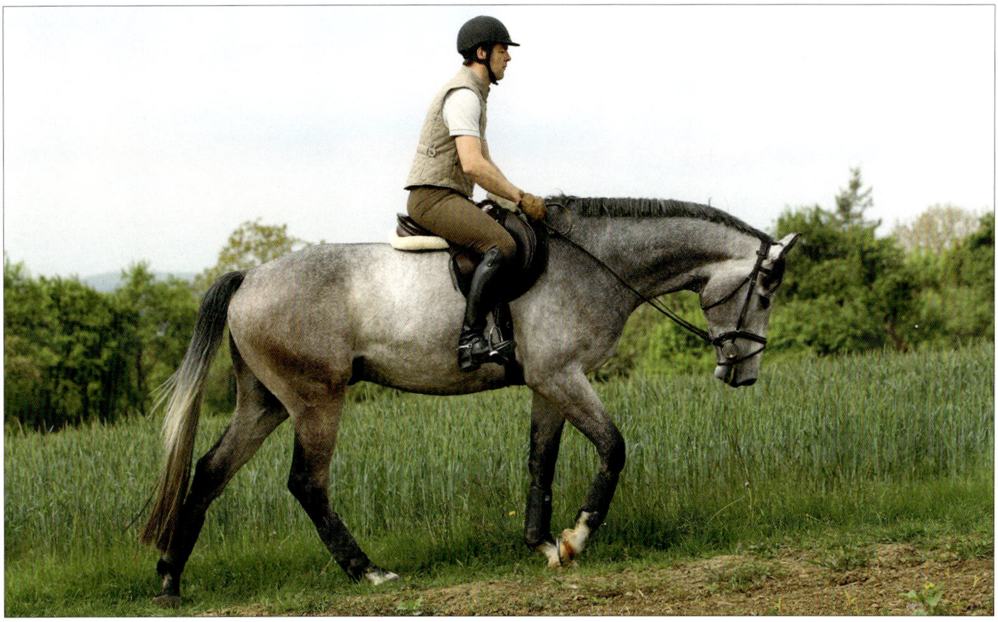

Reiten im Gelände und erst recht etwas (jedoch nicht zu steil) bergauf, animiert das Pferd aktiver und raumgreifender zu schreiten. Hier könnte sich das Pferd noch besser im Ganaschenwinkel öffnen.

tration; dies gelingt auf freien Linien, also weg vom Hufschlag, besonders gut.

- Schon nach zwei bis drei Runden beginnt er das Zügelmaß etwas zu variieren. Wie kurz er dabei die Zügel schon fassen darf, hängt von der Durchlässigkeit des Pferdes und seinem Vertrauen ab. Auf jeden Fall darf der etwas kürzere Zügel nur für wenige Schritte gelten.
- Je ausführlicher im Schritt geritten wird, desto mehr muss darauf geachtet werden, dass sich das Pferd nicht langweilt.
- Deshalb reitet man, immer noch auf relativ langen Linien, unterschiedliche, vielleicht auch selbst ausgedachte Hufschlagfiguren.
- Viereckverkleinern und -vergrößern sowie Schultervor kann der Reiter auch schon mit einbauen.

18.3 Seitwärtsbewegungen im Schritt

Vorwärts-seitwärts-Bewegungen und Seitengänge im Schritt

Oberstes Gebot: Der Schritt darf dabei keinesfalls in Bezug auf Takt und Fleiß leiden. Man sollte sogar die Vorstellung haben, von Beginn der jeweiligen Übung an, längere Schritte abzufragen, zumal die meisten Pferde von sich aus versuchen, die Schritte zu verkürzen oder zu verlangsamen. Deshalb gilt es, sehr sorgfältig jegliches Übertreiben der Seitwärtsbewegung zu vermeiden.

Mit fast jedem Pferd, auch schon mit einer Remonte nach wenigen Wochen der Ausbildung, kann man beginnen, es für einige Schritte ansatzweise dem Schenkel weichen zu lassen oder Schultervor abzufragen. Da die Reiter in der Regel dazu neigen, im Eifer alles zu übertreiben, sage ich meinen Schülern meist „Denke etwas an Schenkelweichen oder Schultervor!"

Da unsere heutigen Pferde meist sehr sensibel und auch sehr empfänglich für seitwärtstreibende Hilfen sind, kommt es sehr schnell dazu, dass sie bei solchen Übungen antizipieren und anfangen, z.B. dem Schenkel, auszuweichen. Dann muss umgehend das Seitwärtstreiben beendet und wieder ins Geradeaus geritten werden.

Jede seriöse Trainingseinheit beinhaltet unverzichtbar mehrere Schrittreprisen als Ruhepole und auch Trainingsbestandteile.

!

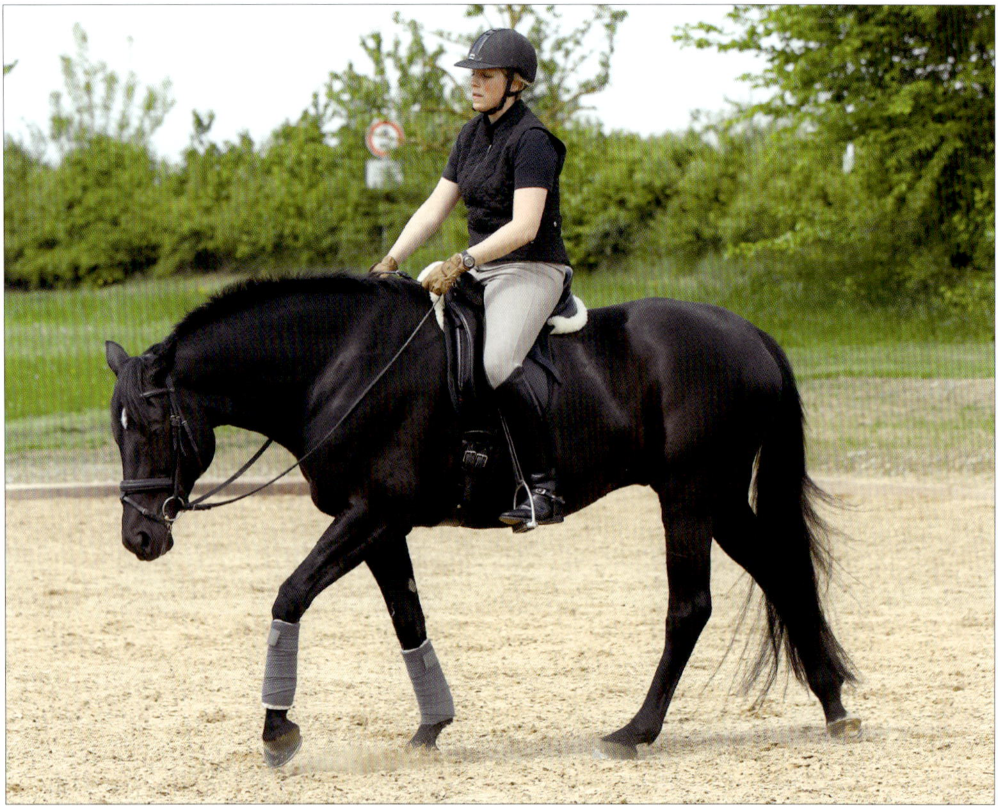

Fleißiges, raumgreifendes Schreiten in Dehnungshaltung mit fast hingegebenem Zügel. Auch in Schrittpausen sollte man dann wieder die Zügel etwas verkürzen und das Maul mit der Hand fein begleiten!

Mit weiter ausgebildeten Pferden können auch Seitengänge wie Schulterherein, Travers, Renvers und Traversalen sowie angedeutete Kurzkehrtwendungen, etwa um 90 Grad, in der Schrittarbeit für etwas Abwechslung sorgen.

Geschickte Reiter können sogar durch geringfügiges, ansatzweises Seitwärtsreiten ein Pferd, welches im Schritt noch etwas wenig Raumgriff zeigt, zu allmählich längeren Schritten veranlassen. Das ist deswegen möglich, weil es dann nicht so leicht wie im Geradeaus passiert, dass das Pferd seinen Rhythmus verliert und der Viertakt beeinträchtigt wird.

18.4 Korrektur passartigen Schritts

Sicherlich ist es eine sehr anspruchsvolle Aufgabe, ein Pferd, das nicht (mehr) sicher im Viertakt schreitet, zu korrigieren. Deshalb gilt es ja auch, diesbezüglich während der Ausbildung sehr wachsam zu sein und keine Zugeständnisse zu machen.

Dieses Schrittproblem taucht zum einen besonders bei Pferden auf, die einen sehr langen, raumgreifenden Schritt haben und sich dabei meist auch etwas „langweilig" bewegen, zum anderen aber auch bei sehr kompakten Pferden, die sich im Rücken nicht so leicht loslassen.

Bleiben wir zunächst einmal bei den Pferden mit sehr langem, raumgreifendem Schritt:
Wenn man solche Pferde beobachtet, hat man häufig den Eindruck, sie gehen wie in Trance; sie bewegen sich zwar mit langen Schritten, aber wenig aktiv aus der Hinterhand, ja sie lassen sich hängen. Wenn der Reiter einfach versucht, sie mehr vorwärtszutreiben, werden sie noch länger, aber nicht aktiver. Versucht der Reiter, sie

mehr zusammenzuhalten, verhalten sie sich und die Hinterhand wird scheinbar höher.

Nun könnte ich einfach kurz sagen, man muss sie bei nachgiebigem Genick ans „Ziehen" bekommen. – Wie geht das?

Als Erstes muss man sie aus ihrem Dämmerzustand wecken, z.B. durch einen wohlbemessenen Impuls mit den Schenkeln, evtl. auch nur mit einem Schenkel, und zwar dem auf der festen Seite des Pferdes. Dadurch wird es angeregt, in der entsprechenden Ganasche nachzugeben. Überhaupt kommt der Reiter nur dann an die Hinterbeine heran, kann sie aktivieren, wenn es ihm gelingt, das Pferd zum Nachgeben im Genick zu veranlassen und dieses zu kontrollieren. Dies darf aber keinesfalls dazu führen, dass es noch tiefer kommt. **(→ Kap. 12. „Nachgiebigkeit im Genick – der Schlüssel zum Rücken")**

In schwierigen Fällen muss das erst im Trab bewerkstelligt werden. Auf jeden Fall muss das Pferd davon überzeugt werden, dass ihm alles leichter fällt, wenn es dank nachgiebigen Genicks in der Lage ist, mit losgelassenem Rücken zu schreiten. Die Bewegungen seiner Hinterbeine werden dann wie von selbst aktiver. Und hier schließt sich dieser Kreis wieder: Schreitet es williger und fleißiger, kann der Reiter es auch am langen Zügel etwas geschlossen halten.

Entscheidende Voraussetzung für diese anspruchsvolle Schrittarbeit ist das Vertrauen des Pferdes zur Hand des Reiters!

Auf jeden Fall wäre es kontraproduktiv, ständig über den Sitz oder gar mit dem Schenkel aktiv zu treiben – irgendwann müsste der Reiter dann absitzen und schieben.

Fangen diese Pferde erst einmal an, wacher um sich zu blicken und lebendiger zu schreiten, kann man oft eine erstaunliche Beobachtung machen: Das Überfußen der Hinterhufe über die Spur der Vorderhufe wird etwas weniger, es schaut nicht mehr so nach „Sieben-Meilen-Stiefeln" aus. Das ist leicht zu erklären und muss als großes Plus angesehen werden. Dadurch dass das Pferd sich besser trägt, kann es sich aus der Schulter heraus freier bewegen. Die Bewegungen der Vorder- und Hinterbeine korrespondieren besser. **(Näheres zu den Kriterien des Schritts → RmVuG S. 105)**

Wie wichtig es ist, dass ein Pferd im Schritt „zieht", kann man auch bei Kurzkehrtwendungen bzw. Schrittpirouetten sehen: Nur solange es dabei „vorwärtsdenkt" und aktiv an die Hand herantritt, kann der Viertakt auch in der Wendung erhalten bleiben. Andernfalls kommt es sehr leicht zu einer passartigen Bewegung.

Nun zu den kompakten Pferden mit dem etwas knappen Schritt:

Hier ist das Rezept einfacher in Worte zu fassen, nicht unbedingt einfacher umzusetzen. Solche Pferde müssen „einfach" zu besserer Losgelassenheit gebracht werden, was z.B. durch Spazierenreiten, Klettern, Cavalettiarbeit etc. besonders gut gelingt. Im gleichen Maße, wie sie lernen, sich losgelassener zu bewegen, werden sie sich auch im Schritt verbessern

18.5 Zackeln

Zum Zackeln neigen in der Regel die Pferde, die im Schritt (noch) nicht in der Lage sind, genügend raumgreifend zu schreiten und deshalb, z.B. in der Gruppe Probleme haben, den anderen folgen zu können. Meist stehen sie sich mit ihrem Eifer gewissermaßen selbst im Wege. Weil es ihnen schwerfällt, sich loszulassen, gelingt es ihnen nicht, mit genügend langen Schritten zu schreiten.

Die Aufgabe des Reiters in solchen Fällen ist es, mit angemessen treibenden Hilfen den Schritt positiv abzufragen, sie aber gleichzeitig mit gefühlvoller Hand zu kontrollieren. Das Ganze sind dann nichts anderes als halbe Paraden. Die Kunst besteht darin, das An- und Abspannen aller beteiligten Muskelgruppen sehr fein zu dosieren und auch zeitlich abzustimmen. Die Unterschiede in der Körperanspannung müssen bzw. dürfen nur ganz gering sein. Der Reiter muss darauf achten, dass er bei aller Konzentration auf keinen Fall dem Pferd ein Gefühl von Verspannung, z.B. durch „zusammengekniffene Pobacken", gibt.

Vielmehr muss er rüberbringen, dass er keinen Moment daran zweifelt, mit seinem Pferd in den gelassenen Schritt finden zu können.

Gehfreudige Pferde neigen öfter dazu, zu Beginn des Trainings immer wieder einmal ein paar Zackeltritte zu machen. Meist reicht es hier schon, entspannt sitzen zu bleiben, „cool" darüber hinwegzugehen, um so dem Pferd etwas von der eigenen Gelassenheit abzugeben.

Soll ein Pferd zum Schreiten mit besserem Raumgriff, also mit längeren Schritten, veranlasst werden, muss es selbstverständlich dazu mit der treibenden Hilfe, in erster Linie mit dem Schenkel aufgefordert werden. Da es aber auch im starken Schritt am langen Zügel, sprich mit nachgiebigem Genick gehen soll, um wirklich mit hergegebenem Rücken zu schreiten und zu „ziehen" (s.o.), muss der Reiter es mit Zügelverbindung reiten und an die Hand herantreiben. Sehr häufig neigen diese Pferde dann dazu anzuzackeln. Als erste Reaktion gibt der Reiter daraufhin meist instinktiv nach und schiebt die Hand nach vorne. Diese Reaktion muss aber sehr kritisch überdacht und mit dem Verstand kontrolliert werden, weil das Pferd spätestens beim dritten Mal weiß: „Aha, ich muss nur anzackeln, dann lässt er mich wieder in Ruhe." Stattdessen muss von Anfang an das Verlängern der Schritte sehr sorgfältig an die Hand heran erfolgen. Das heißt, der Reiter muss versuchen, das Pferd zunächst von hinten nach vorne etwas zu schließen und etwas positive Spannung aufzubauen, die er ganz konsequent sofort nach vorne herauslässt, wenn das Pferd auch nur Ansätze zeigt, fleißiger zu schreiten und zu „ziehen". Dabei verstärkt er die positive Bestätigung des Leichtwerdens mit der Hand durch leichtes Vornübersitzen aus der Hüfte heraus.

Pferd wie Reiter brauchen kleine Unterbrechungen nicht nur aus physischen Gründen; fast noch wichtiger ist die einfach begrenzte Konzentrationsfähigkeit.

!

18.6 Schrittpausen und abschließende Schrittreprise

Gutes Training zeichnet sich nicht zuletzt dadurch aus, dass auch während der Arbeitsphase in Intervallen gearbeitet wird, dass also immer wieder, je nach Ausbildungsstand etwa alle 5 bis max. 10 Minuten, eine kleine Zwischenpause eingelegt wird. Pferd wie Reiter brauchen diese kleinen Unterbrechungen nicht nur aus physischen Gründen; fast noch wichtiger ist die einfach begrenzte Konzentrationsfähigkeit. In der Regel wird dazu eine Schrittreprise eingelegt, bei der zunächst sicherlich die Zügel erst einmal hingegeben werden, sodass das Pferd sich zur Entspannung einmal voll dehnen kann. Nach ca. einer Runde empfiehlt es sich aber, die Zügel wieder bis etwa zum langen Zügel aufzunehmen und dem Pferd wieder kleine Aufgaben zu stellen, damit es sich nicht schon gänzlich „aus dem Dienst" entlassen fühlt. Durch ein mehrmaliges Nachfassen der Zügel und anschließendes wieder Heraus-kauen-Lassen und die damit verbundenen Wechsel in der Haltung wird die Erholungsphase noch wertvoller. Selbstverständlich kann auch in diesem Zusammenhang kein festes Rezept gelten; optimal kann immer nur ein individuell auf das jeweilige Pferd abgestimmtes Vorgehen sein.

Die abschließende Schrittreprise

Für den Trainingsabschluss gilt im Prinzip dasselbe wie für das Schrittreiten in den Zwischenpausen. Um dabei noch besser auch auf die mentale Situation des Pferdes einzugehen, ist es ideal, nach einer dressur- oder springmäßigen Arbeit die Erholungsphase mit einem Spazierritt zu verknüpfen. Muss man aber, aus welchen Gründen auch immer, in der Halle oder auf dem Viereck bleiben, sollte man auch während dieses Schrittreitens noch einigermaßen aufmerksam beim Pferd bleiben. Besonders der noch weniger erfahrene Reiter kann es sich noch nicht leisten, dass sein Pferd sich unter ihm völlig sich selbst überlassen fühlt. Er kann dann lieber nach zwei, drei Runden absitzen und führen.

→ Kap. 7. „Mehr treiben..."
→ Kap. 20. „Übergänge..."
→ Kap. 31. „Aufbau einer Trainingseinheit"

■

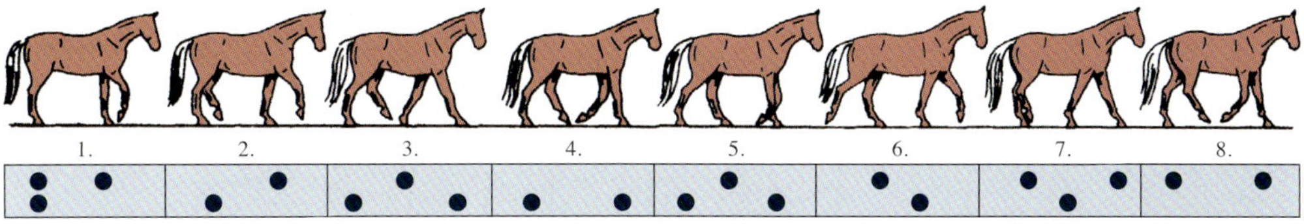

19. Galopparbeit

Bevor ich auf einzelne Punkte und Probleme bei der Galopparbeit eingehe (→ RmVuG S. 182 ff.), lohnt es sich, nochmals einige grundsätzliche Dinge zu dieser Grundgangart in Erinnerung zu bringen:

Der Galopp ist nach dem Schritt die vom freilebenden Pferd meistgenutzte Gangart und korrespondiert in der Regel mit diesem auch sehr stark, was Ablauf und Übersetzung anbelangt, also in puncto Gangmaß und Raumgriff. Er ist eine Folge von Sprüngen im Dreitakt mit jeweils dazwischen liegender Schwebephase, deshalb gehört er auch zu den schwunghaften Gangarten.

Die Fußfolge beginnt mit dem äußeren Hinterbein, dann folgt das diagonale Beinpaar hinten innen und vorne außen gleichzeitig, gefolgt von vorne innen und der Schwebephase.

Daraus ergeben sich folgende sechs Phasen:

- **Einbeinstütze hinten außen,**
- **Dreibeinstütze hinten außen zusammen mit dem diagonalen Beinpaar hinten innen und vorne außen,**
- **Zweibeinstütze hinten innen und vorne außen,**
- **Dreibeinstütze hinten innen, vorne außen und vorne innen,**
- **Einbeinstütze vorne innen und danach**
- **die Schwebephase.**

Gewünscht wird dabei ein guter, aber auch nicht zu großer Raumgriff (im Galopp spricht man stattdessen auch von „Bodengewinn") mit fleißig und lebendig abfußenden Hinterbeinen. Ein Pferd mit sehr großer Übersetzung im Galopp erschwert das Verkürzen und Versammeln der Sprünge. Dies wird auch für den durchschnittlichen Dressurreiter auf dem 40-m-Viereck und auch beim Springen Probleme in Bezug auf Handlichkeit mit sich bringen. Im Parcours setzen Pferde mit dieser großen Übersetzung größere reiterliche Fähigkeiten, besonders auch was das „Passendreiten" anbelangt, voraus. Sie müssen zwischen den Sprüngen in relativ ruhigem Tempo geritten werden, was aber keinesfalls auf Kosten des Fleißes der Hinterbeine gehen darf.

Je besser sich das Pferd dabei im natürlichen Bergauf bewegt, desto bessere Voraussetzungen bietet es dem Reiter. Die Fähigkeit hierzu ist in der Regel zum großen Teil exterieurbedingt, hängt also mit der Art der Konstruktion des Körperbaus zusammen, ist zum Teil aber auch vom Interieur abhängig. Ein sehr leistungsbereites, gehfreudiges Pferd wird von Natur aus mehr die für einen gut gesprungenen Galopp notwendige positive Körperspannung mitbringen. Dies gilt besonders im Zusammenhang mit Versammlung im Galopp.

Nur wenn das Pferd gut losgelassen, besonders mit hergegebenem Rücken galoppiert, kann die Bewegung durch den ganzen Körper gehen. Da im Galopp das Geraderichten den meisten Reitern besonders schwerfällt, ist es wichtig, dass das Pferd dabei vertrauensvoll an die Hand heranspringt. Nur wenn es gut „zieht", (**→ Kap. 7. „Mehr treiben…"**) kann es auch im Galopp geradegerichtet werden. Die Neigung der Pferde, im Galopp auf beiden Händen schief zu werden, hängt mit dem diagonal von hinten außen nach vorne innen ablaufenden Bewegungsablauf zusammen. Sie versuchen, das zuerst (hinten außen) und das zuletzt (vorne innen) fußende Bein nahezu auf eine Linie, in Bewegungsrichtung, zu bringen.

Echte Verstärkungen setzen, wie im Trab auch, zumindest ein gewisses Maß an Versammlung

Gewünscht wird ein guter, aber auch nicht zu großer Raumgriff mit fleißig und lebendig abfußenden Hinterbeinen.

!

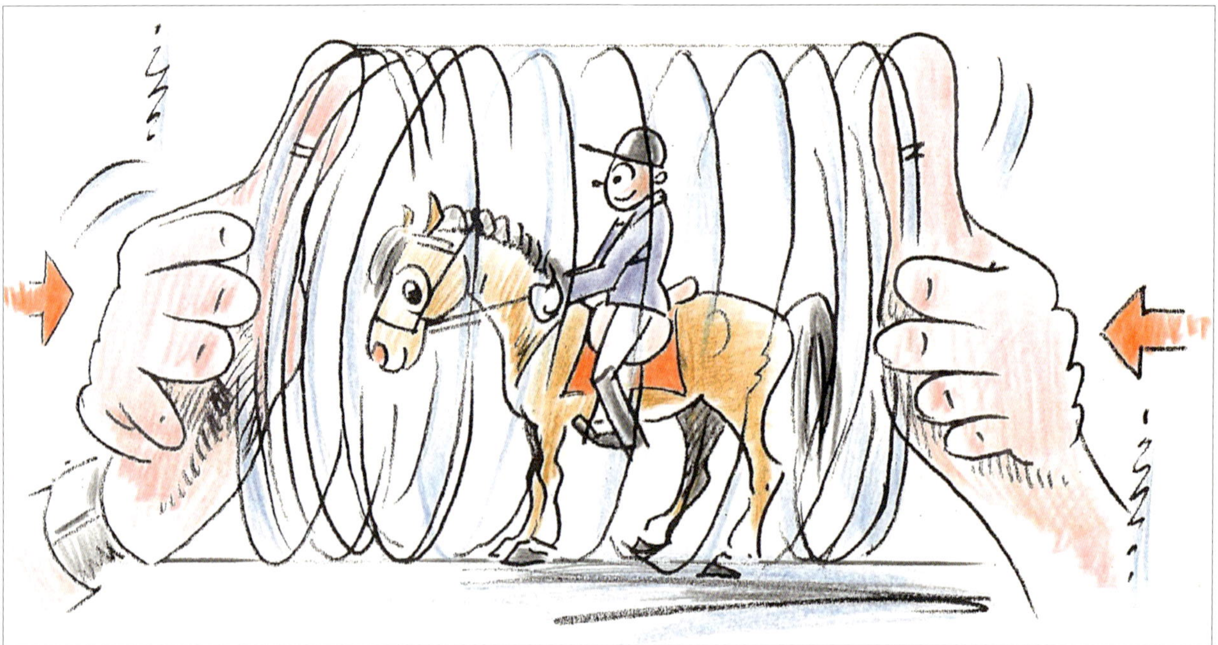

So kann man sich die Vorbereitung für das Angaloppieren vorstellen: Um die für das Angaloppieren notwendige, etwas erhöhte positive Spannung aufzubauen, schiebt man das Pferd – bitte immer von hinten nach vorne! – zusammen.

voraus und können nur wertvoll und regulierbar sein, wenn der Reiter sein Pferd auch dabei gut an den treibenden Hilfen, also vor sich behält.

Je ausbalancierter das Pferd sich im Galopp von Natur aus bewegt, desto leichter lässt sich die Anlehnung gestalten und umso sicherer wird die Selbsthaltung, z.B. auch in Wendungen sein.

Die häufig zu beobachtende Nickbewegung ist im Gegensatz zum Mittel- und starken Schritt im Galopp unerwünscht. Sie lässt darauf schließen, dass das Pferd nicht vertrauensvoll genug an die Hand heranspringt, nicht genügend „zieht", und eben nicht sicher in Selbsthaltung geht.

Bei allem gewünschten Bergauf soll der Galopp aber auch nicht zu aufwendig im Bewegungsablauf sein. Der sichere Impuls nach vorne hat grundsätzliche Bedeutung, hängt aber auch wieder ganz entscheidend von der Losgelassenheit ab.

Andererseits ist für das Sportpferd eine zu flache Galoppade ebenfalls eher nachteilig:

- **Für das Dressurpferd würde der ausdrucksvolle versammelte Galopp, so z.B. bei fliegenden Wechseln, dadurch erschwert,**
- **beim Springen traut man solchen Pferden weniger Schnick im Vorderbein zu.**

Besonders in den Disziplinen, in denen es auch auf Tempo ankommt, wie im Springen und noch mehr in der Vielseitigkeit, ist auch die Ökonomie des Bewegungsablaufes ein wichtiges Kriterium.

Der leider zu oft zu beobachtende Viertakt, man spricht gelegentlich auch vom „Vierschlaggalopp", entsteht dadurch, dass das diagonale Beinpaar nicht mehr gleichzeitig, sondern nacheinander auf- und abfußt. Verantwortlich dafür ist fast immer eine falsche Vorstellung von Versammlung seitens des Reiters, die ihn veranlasst, zu stark mit der Hand, besonders auch mit der inneren, einzuwirken. Dadurch wird das innere Hinterbein gehindert, genügend weit nach vorne durchzuspringen, sodass es etwas schneller wieder auffußt. Auch bei überzogener oder falsch verstandener versammelnder Arbeit kann es zu diesem Taktfehler kommen, wenn es dem Pferd an der für diese Arbeit notwendigen Kraft und/oder Balance fehlt. In extremen Fällen ist dann sogar ein gleichzeitiges Auffußen beider Hinterbeine zu beobachten.

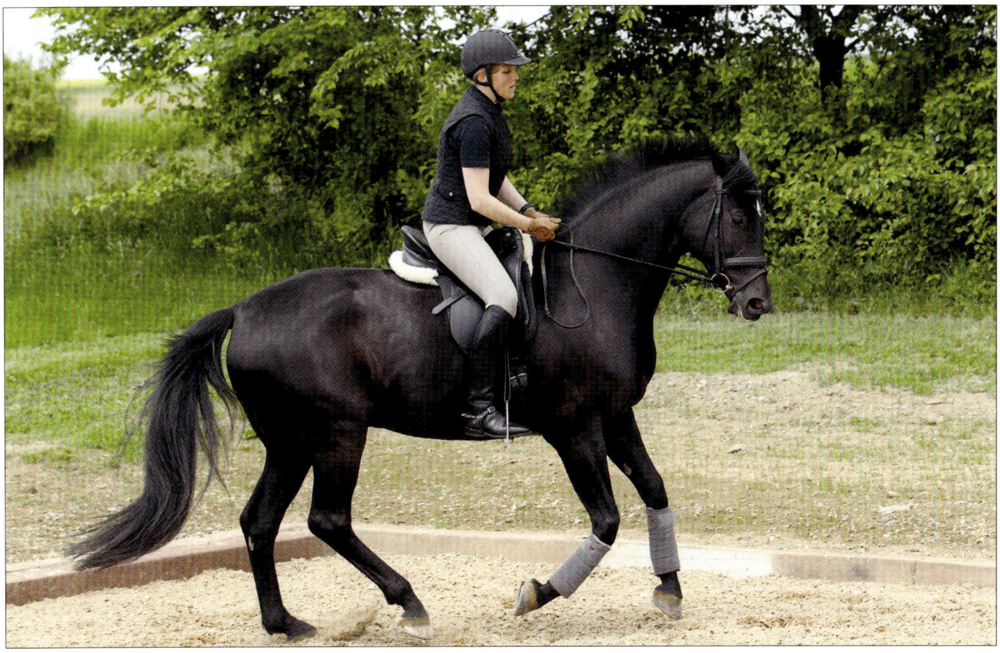

Angaloppieren in der Ecke mit „freundlichem Sitzen“; der innere Schenkel könnte sogar noch etwas dichter am Gurt sein.

19.1 Hilfengebung zum Angaloppieren

Die Hilfen zum Angaloppieren aus dem Schritt und aus dem Trab sind prinzipiell gleich:
Mit halben Paraden wird das Pferd vorbereitet und vermehrt geschlossen, d.h. zwischen den vortreibenden und den verhaltenden Hilfen verstärkt eingerahmt. Diesen kurzen Vorgang könnte man auch mit dem leichten Spannen einer Feder vergleichen.

Der innere Schenkel liegt am Gurt, während der äußere etwa eine Handbreit weiter nach hinten umgelegt und dabei gut lang gemacht wird.

Durch diese Lage der Schenkel, besonders durch das Umlegen und Langmachen des äußeren, wird die äußere Gesäßhälfte etwas entlastet, dafür kommt etwas mehr Gewicht auf die innere (einseitig belastende Gewichtshilfe). Ein Herüberbeugen mit dem Oberkörper ist nicht nur überflüssig, sondern sogar störend, weil dadurch die Balance des Pferdes gestört würde.

Der innere Zügel weist etwas seitwärts, um dem Pferd die notwendige Stellung zu geben, muss aber sofort wieder leicht werden, um das Vorspringen des inneren Hinterbeines zuzulassen.

Der äußere Zügel verwahrt, d.h., er lässt die Stellung zu, begrenzt sie aber auch.

Um dem Pferd im Angaloppieren, besonders im Rücken, ein gutes Gefühl zu vermitteln, sitzt der Reiter freundlich, d.h., er achtet sorgfältig darauf, in der Hüfte beweglich und elastisch zu sein. Je besser das Pferd bergauf in den Galopp hineinspringt, desto wichtiger ist dieses freundliche Sitzen, für einen kurzen Moment sogar ansatzweise entlastend.

Bedeutung des Angaloppierens vornehmlich am inneren Schenkel

Leider wird jungen Reitern oft der Eindruck vermittelt, zum Angaloppieren sei es hauptsächlich oder gar nur wichtig, den äußeren Schenkel umzulegen. Dies mag zunächst auch genügen, um das „brave“ ältere Pferd „in den Galopp zu bugsieren“. Für die weitere, etwas gehobene Ausbildung ist diese Vorstellung aber sogar kontraproduktiv, weil dadurch meist der äußere Schenkel zu weit umgelegt und zu stark eingesetzt wird. Das Pferd wird so

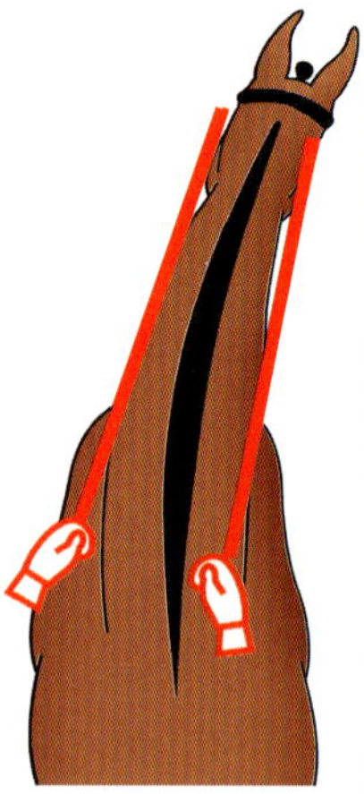

zum schiefen Galoppieren geradezu aufgefordert.
Besonders bei der Arbeit im Kontergalopp und an fliegenden Wechseln ist es wichtig, mit dem inneren Schenkel jeden Galoppsprung zu fordern.

19.2 Angaloppieren

Gerade mit jungen Pferden, aber auch bei jungen Reitern wird das Angaloppieren meist auf dem Zirkel zur geschlossenen Seite hin geübt. Da dies eine der einfachsten Varianten ist, kommt es auch in dieser Form in vielen Aufgaben vor. Zunächst ist es ja auch durchaus hilfreich, wenn das Pferd sich an diese Hufschlagfigur gewöhnt und dann schon fast von selbst angaloppiert. Sind Pferd und/oder Reiter etwas fortgeschrittener, muss sich das Übungsziel ein wenig ändern: Es kommt nicht mehr nur darauf an, dass das Pferd angaloppiert, sondern dass es diesen Übergang wirklich auf die Hilfen des Reiters ausführt und auch bereit ist, darauf zu warten. Deshalb ist es dann sinnvoll, sich immer wieder andere Punkte dazu vorzunehmen (s.u.).

19.3 Galopparbeit mit dem jungen Pferd

Häufig wird gefragt, wann man beginnen sollte, unter dem Sattel mit dem ganz jungen Pferd zu galoppieren. Die Antwort ist eigentlich ganz einfach (Bei Gangpferden, also bei Pferderassen, die speziell auf Veranlagung für Tölt und/oder Pass selektiert sind, ist der Weg zum ausbalancierten Galopp oft etwas länger und mühsamer. Er hängt sehr stark von der individuellen Begabung des Pferdes dafür ab.):

Pferde bevorzugen, wie oben angesprochen, von Natur aus vornehmlich den Schritt und als schnellere Gangart den Galopp; auf der Weide sieht man sie selten über längere Strecken im Trab. Deshalb kann man darauf vertrauen, dass eigentlich jedes junge Pferd dem Reiter den Galopp anbieten wird, wenn es sich mit ihm einigermaßen ausbalanciert hat und anfängt, sich unter ihm wohlzufühlen. Zunächst empfiehlt es sich, nur kurze Reprisen im Galopp zu reiten und möglichst von Anfang an dem Pferd das Gefühl zu vermitteln, dass der Reiter den Moment des Gangartwechsels bestimmt. Keinesfalls darf solange galoppiert werden bis das Pferd von selbst ausfällt.

Da es besonders dem jungen Pferd unter dem Sattel leichter fällt zu galoppieren, wenn es sich mit einer gewissen positiven Spannung bewegt, sollte der Reiter es darin unterstützen, diese zu halten. Dazu kann er sich sein Pferd wie eine überdimensionale Feder vorstellen, die er bei jedem Galoppsprung wieder etwas spannt. Ganz entscheidend dabei ist aber, dass er versucht, diese Spannung stets von hinten nach vorne aufzubauen. Die Hand muss über die Zügel als Gegenüber für die von hinten herantreibenden Hilfen da sein, darf aber nicht aktiv rückwärtswirken. Das Ganze kann natürlich nur funktionieren, wenn das Pferd schon gelernt hat, vertrauensvoll an die Hand heranzutreten bzw. zu springen, sie jedoch keinesfalls als „Bremse" versteht. **(→ mehr dazu RmVuG S.182 f.)**

In dieser Phase der Ausbildung kommt es erst einmal darauf an, die Übergänge Trab – Galopp – Trab zur Routine werden zu lassen, bevor die Galoppreprisen allmählich ausgedehnt werden. Zunächst macht der Reiter sich den Abrichtungseffekt zum Nutze, indem er z.B. auf dem Zirkel zur geschlossenen Seite, eventuell mit Stimmhilfe, angaloppiert (s.o.). Später galoppiert er bewusst an unterschiedlichen Stellen an, damit das Pferd sich mehr auf die eigentlichen Hilfen konzentriert (s.u.).

Besonders bei jüngeren Pferden macht es in der Regel noch einen deutlichen Unterschied, auf welcher Hand angaloppiert werden soll. **(→ Kap. 16. „Geraderichten...")**

19.3.1 Angaloppieren auf der schwierigen, der hohlen Hand

Besonders beim Reiten auf der schwierigen Hand, also z.B. beim links festen Pferd auf der rechten Hand, fällt es oft schwerer, den richtigen Galopp abzufragen bzw. nach dem Angaloppieren ein Umspringen mit den Hinterbeinen zu vermeiden. (Dass bei den meisten Pferden der Galopp auf der Hand, auf der sie eher fest sind, also auf ihrer Zwangsseite, in der Regel bevorzugt angeboten wird und auch besser gesprungen wird, liegt zum einen daran, dass dem Reiter auf dieser Hand das Kontrollieren der etwas nach innen drängenden Schulter leichter fällt als auf der anderen Hand, auf der das Pferd über die Schulter auszuweichen versucht. Auf der „hohlen Hand" springt es auch noch nicht so vertrauensvoll an den inneren Zügel heran, was dann auch oft zum Umspringen der Hinterhand führt.) Meist merkt der Reiter schon bei der Vorbereitung, z.B. auf der offenen Zirkelseite, dass das Pferd etwas über die Schulter ausweicht. Dem muss er entgegenwirken. Leider wird er dabei durch den Instinkt wieder fehlgeleitet, sodass er das Pferd vermehrt aufnimmt, es meist sogar nur „langsamer macht" und mit dem inneren Zügel versucht, das Pferd auf der gewünschten Linie zu halten. Stattdessen muss er bestrebt sein, besser den Vorwärtsgang, besonders das „Ziehen" (→ Kap. 7. „Mehr treiben…") beim Pferd zu erhalten. Je besser das Pferd willig vorwärtsgeht („zieht") und an die Hand herantritt bzw. -springt, desto präziser lässt es sich auch auf der offenen Zirkelseite steuern.

Wie bei ganz vielen Übungen hängt das richtige Angaloppieren zunächst einmal von der Vorbereitung ab: Von der offenen Zirkelseite kommend, wird sofort bei Erreichen der langen Seite das Pferd entschlossen, aber kurz konter, also links gestellt, um seinem Linksdrall über die Schulter zu begegnen. Dabei muss der linke Schenkel dicht am Gurt einen Impuls geben, während der rechte Zügel sicherstellt, dass das Gebiss nicht nach links durchs Maul rutscht. Zum Angaloppieren selbst rutscht dann der innere, rechte Schenkel leicht nach vorne zum Gurt. Bei dem Impuls zum ersten Galoppsprung muss der Reiter die Vorstellung haben, die Schulter des Pferdes mit seinem inneren Bein, also einschließlich Knie und Oberschenkel, etwas nach außen zu drücken. Dieses Herausdrücken der Pferdeschulter darf er unterstützen, indem er mit beiden Händen bei rechts und links gleichmäßig anstehenden Zügeln auch etwas nach außen weist. (Grafik s.o.) Auf jeden Fall muss er mit beiden Zügeln eine sichere Verbindung halten, an die er weiter gut herantreibt. Nur so kann er sein Pferd unterstützen und ihm helfen, die für das Galoppieren notwendige positive Spannung zu halten.

Das anschließend häufig zu beobachtende Umspringen in den Kreuzgalopp wird meist dadurch verursacht, dass das Pferd sich einseitig auf den äußeren Zügel zu stützen versucht und an den inneren nicht genügend herantritt. Der Reiter kann diesem Fehler vorbeugen, indem er sehr sorgfältig auf eine ganz konstante elastische Verbindung am inneren Zügel achtet, am äußeren dagegen sogar etwas leicht wird. Dieses Nach-außen-Reiten der Vorhand des Pferdes mag auf der hohlen, der schwierigen Hand des Pferdes vielleicht paradox erscheinen, ist aber besonders dann zur Korrektur notwendig, wenn das Problem schon mehrfach in oben beschriebener Weise aufgetreten ist.

19.3.2 Angaloppieren auf der festen, der Zwangsseite

(Wir bleiben beim links festen, rechts hohlen Pferd, also auf der linken Hand) In der Regel gelingt das Angaloppieren mit dem jungen Pferd auf dieser Seite leichter. Auch hier ist die richtige Vorbereitung während der letzten Trabtritte vor dem Übergang entscheidend: Auf der offenen Zirkelseite muss der Reiter sorgfältig darauf achten, dass das Pferd nicht abzukürzen versucht und mit der Vorhand in den Zirkel hineindrängt. Dadurch würde es vermehrt auf das innere Vorderbein kommen und mit der Hinterhand nach außen ausfallen. Dafür ist vor allem der innere, der linke Schenkel verantwortlich. Die äußere, rechte Hand muss für sichere Verbindung sorgen, besonders auch dafür, dass das Gebiss beim Versuch, besser zu stellen, nicht nach innen durchs Maul gezogen wird. So wie auf der anderen Hand kurz und entschlossen unmittelbar vor dem Angaloppieren kontergestellt wurde, muss jetzt durch impulsartigen Einsatz des inneren Schenkels bei gleichzeitiger seitwärts-

Wie bei ganz vielen Übungen hängt das richtige Angaloppieren zunächst einmal von der Vorbereitung ab.

!

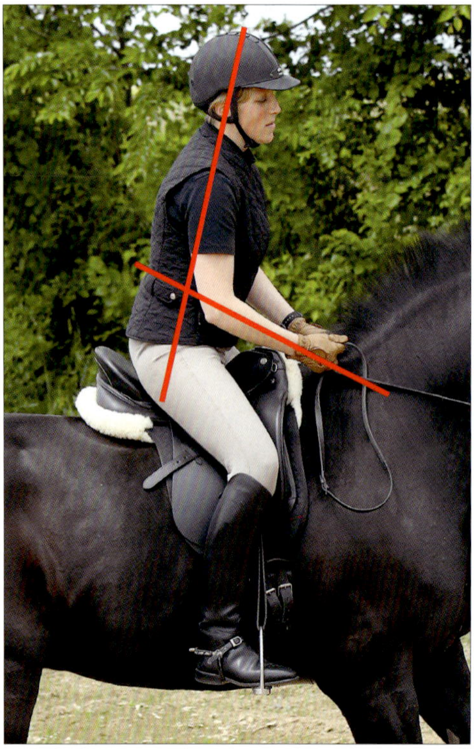

weisender Zügelhilfe mit der linken Hand dafür gesorgt werden, dass man das Pferd etwas vom inneren Zügel „losbekommt". Gegebenenfalls muss auch der äußere Schenkel etwas entschlossener und deutlicher einwirken, damit die Hinterhand nicht nach außen wegschwingt. Das Angaloppieren selbst wird dann mit dem inneren Schenkel als die den Galopp abfragende vortreibende Hilfe gegeben bei leicht verwahrend zurückliegendem äußerem Schenkel. (Der äußere Schenkel braucht tatsächlich nur eine Handbreit zurückliegen, sollte dabei aber gut langgemacht, keinesfalls hochgezogen werden.) Die ganze Hilfengebung wird auf dieser Hand noch besser funktionieren, wenn der Reiter dabei an Zirkelvergrößern denkt.

Die Hilfengebung wird auf der festen, der Zwangsseite noch besser funktionieren, wenn der Reiter dabei an Zirkelvergrößern denkt.

!

19.3.3 Spannung beim Angaloppieren

Generell bereitet gerade bei relativ sensiblen und gehfreudigen Pferden das Angaloppieren, egal ob aus dem Trab oder dem Schritt, oft Schwierigkeiten, sodass es zu Spannungen und vor allem Anlehnungsproblemen kommt. Daraus kann sich sehr leicht eine Schraube ohne Ende entwickeln. Der Reiter wartet geradezu schon auf die Spannung, verkrampft selbst und vermittelt dadurch erst recht dem Pferd das Gefühl, dass etwas Schwieriges bevorsteht. Er denkt schon in der Vorbereitung und besonders während des ersten Galoppsprungs daran, das Pferd auf jeden Fall bei sich behalten, ja „zügeln" zu wollen, hält dadurch mit der Hand fest und sitzt auch noch hinter der Bewegung. Dem Pferd bleibt dann gar nichts anderes übrig, als den Erwartungen des Reiters zu entsprechen und erst recht aufwendig und spannig anzugaloppieren. Meist geht es dabei „vorbeugend" auch gegen die Hand, weil es dem festhaltenden oder gar rückwärtswirkenden Zügel entkommen möchte. Nur wenn der Reiter in der Vorbereitung auf das Angaloppieren seinen Instinkt beherrscht, gelassen bleibt, im Moment des Angaloppierens in die Bewegung sitzt und mit seinen Händen dank hochelastischer Arme eine ganz gleichmäßige Verbindung hält (Die Elastizität der Verbindung resultiert in erster Linie aus der losgelassenen Beweglichkeit der Schultern und der Ellbogen.), wird das Pferd bei aller Gehfreude vertrauensvoll bei ihm bleiben und bei nachgiebigem Genick über den Rücken angaloppieren. Gelingt dies auch nur einmal richtig, wird es von Mal zu Mal leichter. Das Pferd findet heraus, dass es sich aufgrund der Harmonie mit dem Reiter auch während des Übergangs wohlfühlen kann. **(→ Kap. 1.3 „Sich selbst erfüllende Prophezeiung" im Kap. 1. „Alles fängt im Kopf an!")**

Eben sprach ich so nebenbei davon, dass der Reiter in dem Moment, in dem sich das Pferd willig, ja manchmal freudig bergauf in den ersten Galoppsprung „erhebt", in die Bewegung sitzen muss, um dem Pferd im Rücken zu einem guten Gefühl zu verhelfen. Es lohnt sich, daüber etwas genauer nachzudenken: Je gehfreudiger das Pferd das Angaloppieren gewissermaßen „herbeisehnt", desto mehr besteht die Gefahr, dass aus der notwendigen positiven Spannung Verspannung wird. Dem kann der Reiter am besten begegnen, wenn er

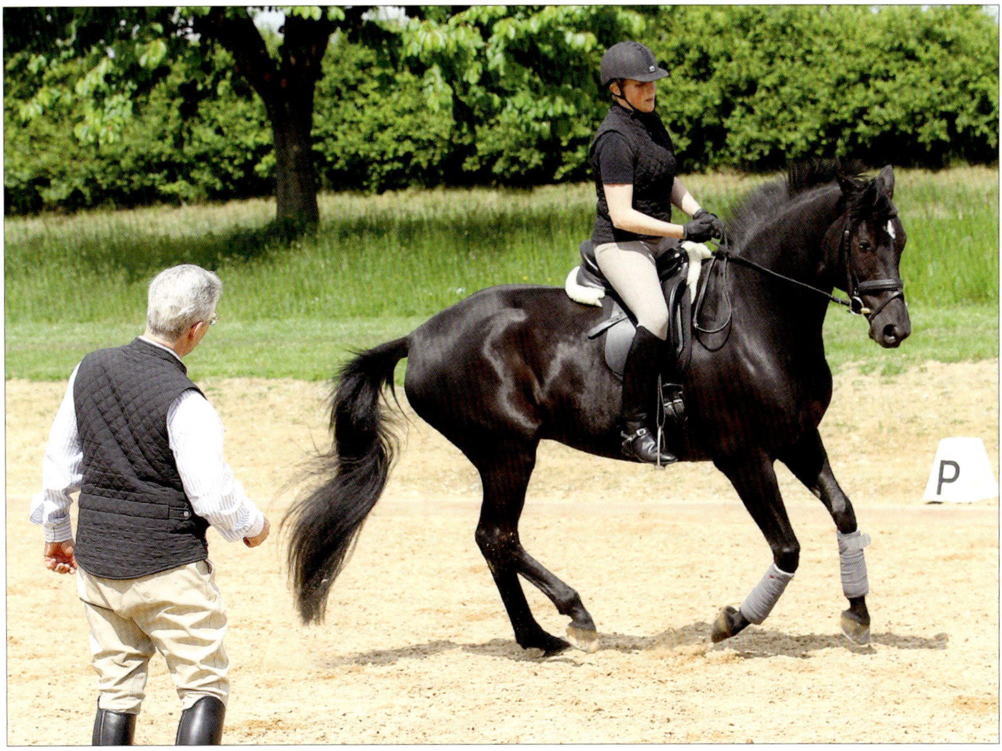

Gute beginnende Lastaufnahme. Die Reiterin könnte am inneren Zügel noch leichter werden.

- das vorbereitende Aufnehmen zwar bestimmt und entschlossen, dafür aber kurz, nur über ein, zwei Schritte oder Tritte vornimmt,
- die eigentliche Galopphilfe, wie oben angesprochen, primär mit dem inneren Schenkel gibt und zwar folgendermaßen: Während des vorbereitenden Aufnehmens wird er ein paar Zentimeter zurückgenommen, um dann sorgfältig und ruhig am Haar entlang wieder an den Gurt heranzurutschen und so den ersten Sprung abzufragen (eine punktuelle, abrupte Hilfe würde das Pferd zu einer hektischen Reaktion verleiten, besonders wenn das Timing nicht ganz hundertprozentig stimmt),
- bewusst freundlich sitzt, indem er sich aus der Hüfte heraus etwas in den Vorwärtssitz begibt. Dabei kann er sich vorstellen, sein Oberkörper solle im Moment des ersten Galoppsprunges, also wenn das Pferd sich mit der Vorhand etwas erhebt, den rechten Winkel zum Boden beibehalten. Allerdings muss er dann in diesem Moment auch seine Arme entsprechend vermehrt winkeln. Durch dieses leichte Vornübersitzen würden sich sonst seine Hände auch etwas vorwärts-abwärts bewegen und damit die Verbindung zum Maul beeinträchtigt werden.

19.3.4 Weitere Übungsvarianten zum Angaloppieren

Eine scheinbar nur geringfügige Abweichung vom üblichen Angaloppieren auf dem Zirkel bringt das Anlegen eines halben Mittelzirkels; für das Pferd ist das eine meist etwas ungewohnte Hufschlagfigur, sodass es wieder besser auf die Hilfen des Reiters wartet. Wenn man auf der festen Seite des Pferdes, in „unserem Fall" auf der linken Hand, auf diese Art das Angaloppieren vorbereitet, sollte man beim Erreichen der langen Seite auf den zweiten oder dritten Hufschlag gehen und von dort in Form von Viereckvergrößern zum ersten Hufschlag zurückreiten, am besten mit leichter Linksbiegung, und daraus angaloppieren.

Jede Ecke kann zur Vorbereitung des Angaloppierens genutzt werden, z.B. indem man in der Ecke eine Volte anlegt. Gerade beim jungen Pferd muss diese angemessen groß bemessen sein. Früher nannte man die Ecken die „Bundesgenossen" des Reiters, weil sie wirklich sehr helfen, das Pferd zu kontrollieren, vor allem aber es besser zu biegen. Ob man beim Angaloppieren in einer Ecke dazu lieber die erste oder die zweite Ecke der kurzen Seite wählt, hängt davon ab, ob das Pferd sehr gehfreudig ist oder sich eher etwas bitten lässt. Beim Ersteren hilft die kurze Seite mit, das Pferd besser bei sich zu behalten, im anderen Fall animiert die dann folgende lange Seite es mehr zum Vorwärts.

Solche Volten in einer Ecke eignen sich auch sehr gut für erste Übungen des Angaloppierens aus dem Schritt. Dabei muss der Reiter bereit sein, sein Pferd zunächst vermehrt zu unterstützen. Er muss sich dazu vorstellen, es kurzfristig vermehrt zu schließen **(→ Kap. 20. „Übergänge...")**, es wie eine Feder zu spannen, um ihm die für das Angaloppieren notwendige positive Spannung zu ermöglichen.

Volten in einer Ecke eignen sich auch sehr gut für erste Übungen des Angaloppierens aus dem Schritt.

!

Angaloppieren aus dem Viereckvergrößern

Wie oben beim halben Mittelzirkel schon angesprochen, kann, vor allem von der festen Hand, das Angaloppieren durch Viereckvergrößern gut vorbereitet werden. Dazu wendet der Reiter von der kurzen Seite einige Meter vor der zweiten Ecke, gegebenenfalls auch auf die Viertellinie ab. Er reitet das Vorwärts-Seitwärts mit leichter Längsbiegung, um am inneren Zügel leicht werden zu können, und galoppiert bei Erreichen des Hufschlags an. Wenn er von der anderen, der schwierigen Hand so angaloppieren möchte, sollte er bewusst nahezu mit geradegestelltem Pferd vorwärts-seitwärts reiten, eventuell sogar dabei die Hinterhand etwas stärker zum Übertreten veranlassen, um das innere Hinterbein des Pferdes vermehrt in Richtung unter seinen Körper zu bringen.

Häufig gewöhnen sich Pferde an, sich im Angaloppieren etwas zu verhalten, den ersten Galoppsprung nicht genügend nach vorne anzulegen. Um dies zu korrigieren, sollte der Reiter öfter einmal betont aus dem etwas frischeren Trab angaloppieren. Allerdings muss er dann sorgfältig darauf achten, dass er beim Zulegen vermehrt die Hinterbeine aktiviert und das Pferd gut geschlossen hält. Dafür bieten sich folgende Wege an: Auf einem halben Mittelzirkel werden die Tritte geringfügig verlängert und bei Erreichen der langen Seite die Galopphilfe gegeben. Dank der Unterstützung durch die Bande oder Platzbegrenzung kann der Reiter sich tatsächlich auf den inneren Schenkel konzentrieren (s.o.).

Das Gleiche kann auch sehr gut auf der Diagonalen entwickelt werden, wobei dann das Angaloppieren am besten entweder sofort bei Erreichen der langen Seite oder im Bereich der ersten Ecke abgefragt wird, die wegen des frischeren Grundtempos aber etwas abgerundet werden sollte.

Dem verhaltenen, manchmal „klemmigen" Angaloppieren muss auch aus dem Schritt vorgebeugt werden. Dazu achtet der Reiter während der letzten Schritte vor dem Übergang besonders auf den Erhalt des Fleißes, immer an die elastische Hand heran. Besonders gut gelingt das, wenn diese Vorbereitung z.B. vom dritten Hufschlag aus, im leichten Vorwärts-Seitwärts erfolgt (s.o.).

Im Galopp haben die Reiter oft mit einer mehr oder weniger deutlichen Nickbewegung zu kämpfen, an der der gesamte Hals beteiligt ist, bei der das Pferd manchmal insgesamt wie ein Schaukelpferd wirkt. Dieses Problem taucht besonders bei der Arbeit auf der Hand auf, auf der das Pferd sich eher hohl macht. Zur Korrektur gilt es, die Selbsthaltung des Pferdes zu verbessern und es dazu zu veranlassen, dass es vertrauensvoller an die Hand heranspringt. Genaueres findet sich hierzu im Kapitel „Reiten von Übergängen". **(→ Kap. 13. „Warum ist eine gute Anlehnung...")**

19.3.5 Hinweise zur versammelnden Arbeit

Selbstverständlich gelten alle Ausbildungsgrundsätze unserer Reitlehre auch für die Ga-

Pirouettengalopp

Leider wird gerade im Zusammenhang mit Galopppirouetten häufig so gearbeitet: Der Galopp wird dann stark verkürzt, aber auch verlangsamt, sodass von „Galoppsprung" eigentlich kaum noch die Rede sein kann – das Ganze wird dann als Pirouettengalopp bezeichnet. Besonders auf der festen Seite des Pferdes wird die notwendige Längsbiegung dadurch so gut wie unmöglich.

Wenn ich mit Schülern daran arbeite, steht für mich der Erhalt des Galoppsprungs im Vordergrund; deshalb spreche ich dann betont von Pirouettengalopp! Die oben besprochene Übung des Arbeitens auf einem allmählich kleiner werdenden Kreisbogen und die „Konterkehrtvolte" sind dafür auf jeden Fall bestens geeignet. Wenn das Pferd bis dahin reell ausgebildet wurde und man es, besonders was Versammlung anbelangt, systematisch und immer individuell angemessen gearbeitet hat, wird es tatsächlich, wie oben beschrieben, in der enger werdenden Wendung sich quasi von selbst aufnehmen. Je besser die bis dahin erworbene Versammlungsfähigkeit und -bereitschaft schon ausgeprägt ist, desto mehr ist der Reiter sogar gefordert, die Vorwärtstendenz des Galoppsprungs zu erhalten und zu fordern, da das Pferd sonst zu stark zurückkommt. Dabei muss er versuchen, dem Pferd das Galoppieren über den Rücken zu erleichtern, muss sich aber davor hüten, „schwer" sitzen zu wollen oder gar über den Sitz zu schieben. Die aktive treibende Hilfe muss hauptsächlich über den Schenkel und gegebenenfalls durch angemessenes Schnalzen erfolgen. Durch den angedeuteten „Vorwärtssitz", das geringfügige In-die-Bewegung-sitzen, wird das mit dem Reiter sich im gemeinsamen Gleichgewicht bewegende Pferd ohnehin in seiner Vorwärtstendenz bestärkt.

Statt eines kleiner werdenden Kreisbogens bietet sich auch das Galoppieren auf einer Quadratvolte an. Dabei wendet der Reiter an jeder gedachten Ecke, – man kann auch mit einem Fünfeck beginnen –, wie bei einer Kurzkehrtwendung um ein oder zwei Galoppsprünge rechts bzw. linksherum.

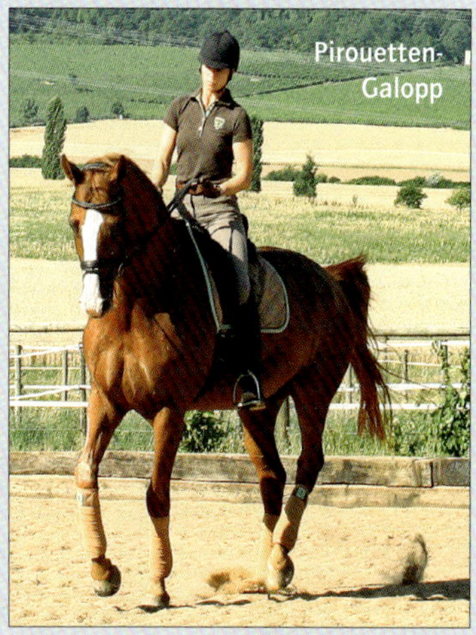

Bei Pferden, die sich schon angewöhnt haben, zu stark zu verkürzen oder sich sogar herumzuwerfen, muss ganz konsequent so lange im ruhigen, aber genügend fleißigen Tempo galoppiert werden, bis sie gar nicht mehr an Pirouette „denken", bis sie wieder bereit sind, auf die Anweisung, die Hilfen des Reiters zu warten. Dies gilt sowohl auf dem Kreisbogen wie auf der Quadratvolte.

lopparbeit. Wegen der in der Regel doch unterschiedlichen Veranlagung in Bezug auf Trab und Galopp empfiehlt es sich, das Training entsprechend differenziert zu planen und zu gestalten.

Zur Verbesserung der Versammlung im Galopp bieten sich folgende Übungen besonders an:

- Häufiges Angaloppieren aus dem Schritt (s.o.).
- Das Angaloppieren aus dem Halten oder Rückwärtsrichten funktioniert im Prinzip genauso wie das aus dem Schritt oder dem Trab. Aus dem Halten hängt das Gelingen davon ab, ob das Pferd, wie oben im Kap. Paraden beschrieben, dabei vorwärtsorientiert ist und auf-

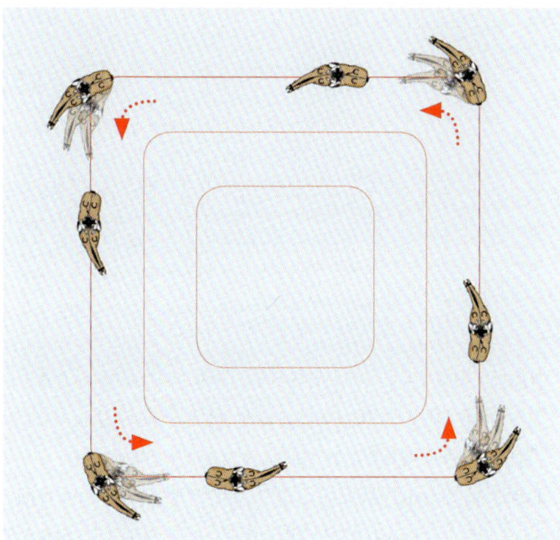

Auf der Quadratvolte reitet man auf der Hand, auf der das Pferd sich leichter stellt, der hohlen, bei „unserem" Pferd auf der rechten Hand etwas im Schultervor, auf der anderen Hand im Reiten in Stellung, also ansatzweise im Traversgalopp. (→ Kap. 16. „Geraderichten...")

Wegen der in der Regel doch unterschiedlichen Veranlagung in Bezug auf Trab und Galopp empfiehlt es sich, das Training entsprechend differenziert zu planen und zu gestalten.

!

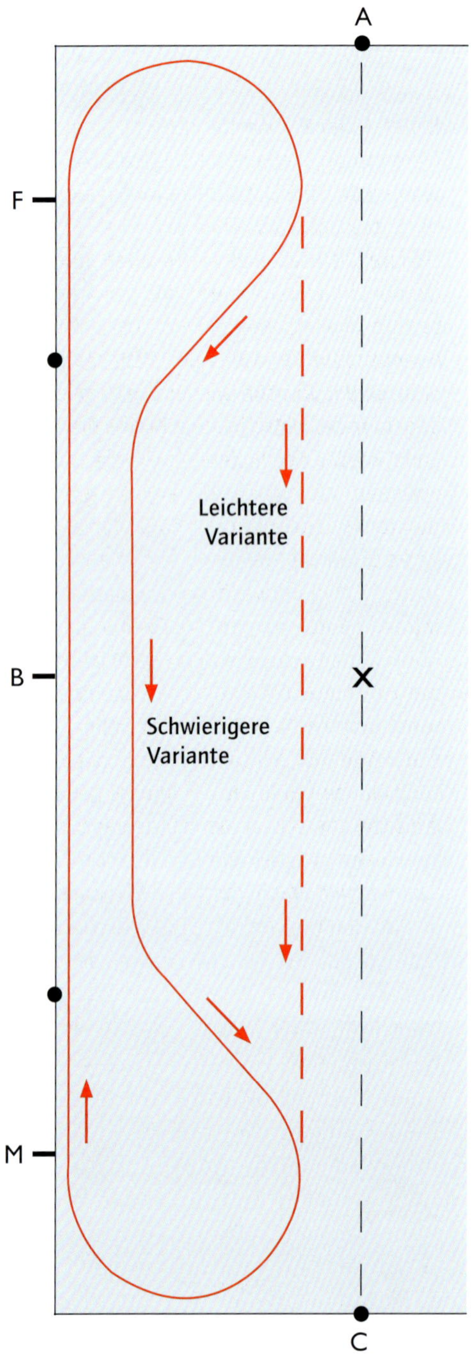

merksam und leistungsbereit auf die Anweisungen des Reiters horcht. Dasselbe gilt beim Angaloppieren aus dem Rückwärtsrichten. Deshalb sind in beiden Fällen der freundliche Sitz und dieses Vorrutschen mit dem inneren Schenkel sehr hilfreich (→ S. 170 unter Kapitel 19.3.3 „Spannung beim Angaloppieren".). Außerdem muss der Reiter besonders sorgfältig mit den Händen zunächst für die „Sekunde des Anspringens" dranbleiben und die notwendige positive Spannung erhalten und erst dann fast unmerklich leicht werden.

Beide Übungen werden von gehfreudigen Pferden, die Freude an der Arbeit unter ihrem Reiter haben, nach wenigen einübenden Versuchen meist sehr willig angenommen. Es empfiehlt sich, diese Übung auf der Hand zu beginnen, auf der das Pferd fester ist.

- Zulegen und Einfangen im Galopp, wobei besonders die halbe Parade zur Rückführung sorgfältig mit allen Hilfen gut aufeinander abgestimmt gegeben werden muss. Der Reiter muss dabei vor allem bedenken, dass jeweils das Nachgeben Voraussetzung für das vermehrte Unterspringen ist, also für die verbesserte Lastaufnahme in der Versammlung. Auf großen gebogenen Linien sind diese Übergänge besonders wertvoll.
- Sehr empfehlenswert ist auch die Arbeit auf einem Zirkel, der ganz allmählich kleiner geritten wird. Nur wenn dabei das Pferd sicher am äußeren Zügel steht, die Anlehnung am inneren Zügel deshalb leicht bleibt, wird das innere Hinterbein vermehrt Last aufnehmen. Wie weit in den Zirkel hineingeritten werden kann, hängt von den Voraussetzungen und Möglichkeiten des Pferdes ab. Es kann durchaus bei ein und demselben Pferd auf der linken und der rechten Hand unterschiedlich möglich sein. Auf der festeren, der sogenannten Zwangsseite empfiehlt es sich, das Verkleinern etwas traversartig zu gestalten, auf der hohlen, der sogenannten schwierigen Seite sollte man dagegen mehr an Schulterherein oder sogar „Kruppeheraus" denken. Um diese Übung richtig reiten zu können, das Verkleinern in etwa konzentrischen Kreisen vornehmen zu können, ist es hilfreich, sich den Mittelpunkt des Zirkels konkret vorzustellen, um den Ausbilder oder auch um einen Kegel herum den Zirkel kleiner zu reiten.

Da das Pferd allein durch den allmählich enger werdenden Kreisbogen gewissermaßen „automatisch" die Sprünge verkürzt, ist diese Übung eine hervorragende Möglichkeit, um das Pferd im Galopp aufzunehmen, ohne mit den Händen ein- oder sogar rückwärtszuwirken. Der Reiter ist dabei sogar gefordert, vermehrt mit der treibenden Hilfe darauf zu achten, dass der Galopp erhalten bleibt, dass das Pferd nicht zu sehr zurückkommt. Er muss, besonders auf der festen Seite des Pferdes, verhindern, dass es von sich aus den Kreis schon zu stark verkleinert.

- Um auf dem allmählich kleineren Zirkel das Pferd zu animieren, noch sicherer an die Hand heranzuspringen, noch besser zu „ziehen", fordere ich manchmal meine Schüler auf, sich „mit den Händen aus ganz elastischen Armen heraus „zärtlich ins Mäulchen" des Pferdes zu hängen, dabei tendenziell sogar etwas vorwärtszusitzen und dem Pferd das Gefühl zu vermitteln, den Reiter etwas mitnehmen zu sollen und zu dürfen".
Schafft der Reiter es, dieser sich zunächst etwas paradox anhörenden Anweisung gefühlvoll und ausbalanciert zu folgen und im richtigen Moment dem Pferd durch Mitgehen mit der Hand die positive Bestätigung zu geben, kann er den Fortschritt sofort spüren.
Das Zirkelverkleinern im Galopp ist auch eine sehr gute Vorbereitung für den sehr anspruchsvollen Übergang vom Galopp zum Schritt. Dieser gelingt umso leichter, je besser sich das Pferd vorher im Galopp versammeln ließ und Last aufzunehmen bereit war. Erst wenn dies ausreichend möglich ist, kann der Übergang gelingen, ohne dass das Pferd dabei auf die Hand und auf seine Vorhand kommt, sich vielmehr setzt. In Verbindung mit der Arbeit auf dem allmählich kleineren Zirkel lässt sich dieser Übergang besonders gut üben. Meistens wird er in der Phase des Verkleinerns versucht.
Wertvoller gelingt er jedoch zu Beginn des Herausreitens bzw. Vergrößerns, weil dann weniger Gefahr besteht, dass zu viel am inneren Zügel eingewirkt wird.
- Eine weitere Übung, die sich sehr gut als Vorbereitung zum Kontergalopp eignet, ist das Reiten einer Kehrtvolte in entgegengesetzter Richtung in eine Ecke hinein. Entwickeln kann man diese Übung am besten, indem man auf der Mittellinie, z.B. links, angaloppiert und dann bei Erreichen der kurzen Seite linksherum tief in die Ecke hineinreitet. Am Ende der langen Seite reitet man dann aus einer halben Volte heraus etwas zurück in Richtung Mitte lange Seite und wendet von dort wieder in einem leichten Bogen nach rechts Richtung Mittellinie, um am Ende wieder tief linksherum in die Ecke hineinzureiten. Die Größe dieser Kehrtvolten und „Konterkehrtvolten" kann ganz auf die Möglichkeiten des jeweiligen Pferdes abgestimmt werden. Wertvoll werden besonders Letztere, wenn der Reiter jeweils mit dem inneren Schenkel tief in die Ecke hineinreitet und dabei mit den Händen leicht wird. Zur Vorbereitung dieser Übung empfiehlt es sich, im Schritt auf beiden Händen die das Kurzkehrt vorbereitenden Übungen zu reiten (→ **RmVuG S. 178 ff.**), um sicherzustellen, dass man in der Wendung innen leicht werden kann. Auf keinen Fall darf die Wendung vornehmlich mit dem inneren Zügel geritten werden.

Unter den Warmblutpferden haben wir heute sehr viele, die im Galopp mit einer sehr großen Übersetzung ausgestattet sind, bei denen also der einzelne Galoppsprung sehr raumgreifend ist. Bei diesen Pferden dürfen zunächst die einzelnen Galoppreprisen nur relativ kurz, über ca. 8–12 Galoppsprünge, ausgedehnt werden. Man darf sich dabei nicht verleiten lassen, zu lang am Stück zu galoppieren und dabei die Sprünge zunehmend schon zu verkürzen. Nur wenn man sich genügend Zeit nimmt, sie balance- und kräftemäßig ganz allmählich aufzubauen, kann es gelingen, sie im Galopp zu reeller Versammlung zu bringen, in der die Sprünge sicher taktmäßig, geschlossen und bergauf gezeigt werden. Leider wird dies oft nicht genügend beachtet, stattdessen das Pferd mehr oder weniger mit Gewalt zu einem verkürzten, pseudoversammelten Galopp gezwungen.

Allgemein dürfen Reprisen versammelnder Arbeit nicht zu lang ausgedehnt werden und müssen durch frisches Vorwärtsreiten unterbrochen werden. Nur so kann Verspannungen und Verkrampfungen vorgebeugt und der Trainingsfortschritt sichergestellt werden.

!

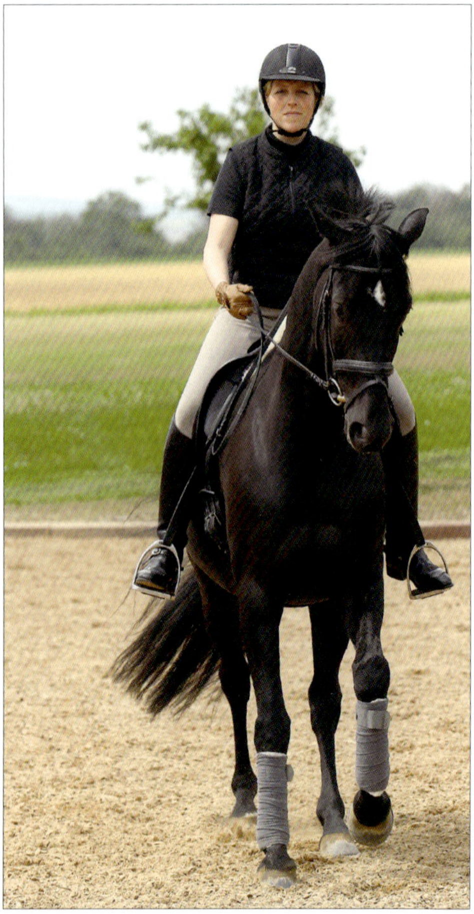

Kontergalopp im Schultervor, die Reiterin blickt dorthin, wo sie hin reitet.

Das Ergebnis ist dann eine Art „Tralopp", bei dem der Bewegungsablauf stark verlangsamt wird, das Pferd aber mit festgehaltenem Rücken kaum Last aufzunehmen in der Lage ist. Von Galoppsprung kann dann keine Rede mehr sein.

Bei Pferden mit einem von Natur aus etwas kürzeren Galoppsprung muss hingegen darauf geachtet werden, den größeren Raumgriff oder Bodengewinn zu erarbeiten, ohne den Ablauf des Galopps zu beschleunigen, also ohne die Frequenz zu erhöhen. Der Reiter muss die Vorstellung haben, jeden Galoppsprung einige Zentimeter länger zu gestalten. Je besser das Pferd lernt, vertrauensvoll an die Hand heranzuspringen und zu „ziehen", desto besser wird es zu der notwendigen Rahmenerweiterung fähig sein, sodass ihm der Reiter „mehr Hals geben" kann.

Bei aller versammelnden Arbeit wird derjenige den größten und schnellsten Erfolg haben, der gelernt hat, Paraden zu geben, ohne das Pferd dabei eng zu machen (→ Kap. 8. „Paraden..."). Nur dann kann es über den Rücken arbeiten und optimal hinten heranschließen. Die Aufrichtung des Pferdes muss stets relativ bleiben, es darf nicht versucht werden, das Pferd mit der Hand aufzurichten und „oben hinzustellen"!

Allgemein dürfen Reprisen versammelnder Arbeit nicht zu lang ausgedehnt werden und müssen durch frisches Vorwärtsreiten unterbrochen werden. Nur so kann Verspannungen und Verkrampfungen vorgebeugt und der Trainingsfortschritt sichergestellt werden. Die Kunst des Reiters ist es, so gefühlvoll ins Pferd hineinzuhorchen, dass er rechtzeitig umschaltet und eben nicht überzieht.

19.4 Sitz während der versammelnden Galopparbeit

Oben beim Angaloppieren habe ich bereits vom „freundlichen Sitzen" gesprochen. Für mich ist es immer wieder verwunderlich, wie fremd es vielen Reitern ist, auch in der versammelnden Arbeit, besonders im Galopp, dem Pferd durch leichtes Vorwärtssitzen etwas entgegenzukommen.

Wie im Kapitel über das Treiben schon angesprochen, liegt dies wohl daran, dass zu wenige Reiter die richtige, partnerschaftliche Philosophie vom Reiten in sich aufgenommen haben. Das richtig ausgebildete Pferd, das sich unter dem Reiter wohlfühlt, hat Freude daran, sich mit diesem zu bewegen, und geht deshalb geradezu von selbst willig vorwärts und „zieht". Aus dieser Voraussetzung heraus ist es auch beim Versammeln nicht primär wichtig, vermehrt Druck zu machen, besonders nicht über das sogenannte „Kreuz". Entscheidend sind seine Schenkelhilfen, die sowohl bezüglich der Stärke als auch des Timings gut abgestimmt einwirken. Je weniger das Pferd durch übertriebene, klammernde, eben falsche Schenkelhilfen abgestumpft wurde, desto sensibler und feiner wird es reagieren. Selbstverständlich muss der Reiter dabei gut Platz nehmen, also tief im Sattel sitzen. Das kann ihm aber nur zufriedenstellend gelingen, wenn er mit bis zum Knie anliegenden, keinesfalls aber pressenden oder klammernden Oberschenkeln sitzt. Dicke Kniepauschen, die dem Reiter einen „festeren" Sitz zu ermöglichen scheinen, provozieren geradezu solchen für das sensible Pferd unangenehmen Dauerdruck über Knie und Oberschenkel.

Aus diesem tiefen Sitz heraus kann er dem Pferd das vermehrte Arbeiten über den unverspannten Rücken, das für das bessere Heranschließen der Hinterbeine notwendig ist, erleichtern, indem er eben „freundlich" sitzt. Dazu muss er in seinen Hüftgelenken besonders elastisch sein, ja sogar geringfügig den Vorwärtssitz einnehmen, um dem Pferd im Rücken ein gutes Gefühl zu vermitteln.

Es ist für mich immer wieder beglückend, wenn Pferde, z.B. beim Zirkelverkleinern bis hin zum Pirouettengalopp, spontan williger mitarbeiten, den Galopp besser durchhalten können, wenn der Reiter ihnen so etwas entgegenkommt. Genauso schön ist es auch, das Aha-Erlebnis des Reiters zu sehen, wenn er spürt, dass diese anspruchsvolle Arbeit offensichtlich mit weniger Kraftaufwand besser gelingt.

19.5 Kontergalopp und fliegende Wechsel

Beide Übungen werden in RmVuG sehr ausführlich erklärt, deshalb will ich hier nur noch ein paar zusätzliche Tipps geben:

In der Ausbildung eines jungen Pferdes sollten beide Lektionen relativ frühzeitig und möglichst parallel angegangen werden.

Schon bei der Remonte im ersten Ausbildungsjahr wird der erfahrene Reiter spielerisch fliegende Wechsel annehmen. Je mehr natürliches Gleichgewicht das Pferd mitbringt und je besser es auch schon unter dem Reiter ausbalanciert ist, desto eher wird es solch einen Wechsel auch anbieten.

Für das Trainieren beider Übungen ist es wichtig, mit dem jungen Pferd möglichst bald auf freien Linien im Galopp zu arbeiten, um einfach davon loszukommen, dass immer links angaloppiert wird, wenn die Bande rechts ist und umgekehrt. Das Pferd muss frühestmöglich lernen, sich auf die Hilfen des Reiters zu konzentrieren und diese präzise anzunehmen.

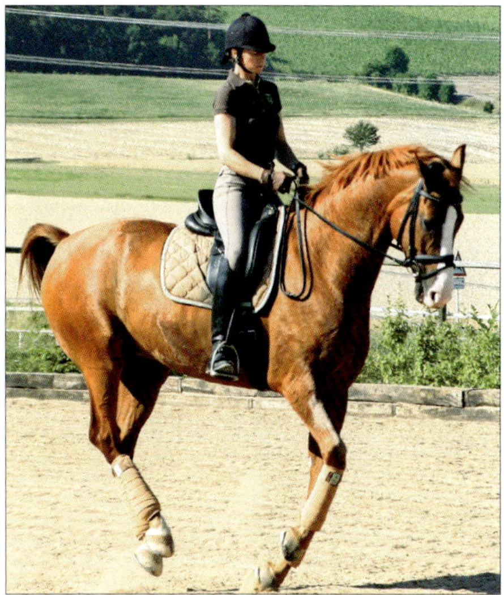

Das Pferd ist gerade dabei den Galopp zu wechseln.

Für beide Lektionen gilt in der weiteren Ausbildung, dass sie zumindest ein gewisses Maß an Versammlung voraussetzen, sollen dabei die Kriterien qualitätvoller Galopparbeit erfüllt werden, nämlich

- **taktmäßig**
- **bergauf**
- **gerade**
- **in gutem Fluss nach vorne**

19.5.1 Kontergalopp

(Ich bevorzuge die Bezeichnung Kontergalopp, weil auch beim Galoppieren, z.B. im Linksgalopp auf der rechten Hand, die linke Seite des Pferdes, zu der es gestellt ist, die innere ist und bleibt, also unabhängig davon, wo die Bande ist.)

Auch das Reiten des Kontergalopps beginnt vor allem im Kopf des Reiters. Er muss stets positiv den gewünschten Rechts- oder Linksgalopp reiten und abfragen wollen, nicht aber darüber nachdenken, wie er ein Umspringen verhindern kann. Das schließt natürlich nicht aus, dass er sich jeweils einen genauen Plan macht, was er genau verlangt, wie lang und wie anspruchsvoll er die Reprise gestaltet.

Da Pferde im Galopp wegen der von hinten außen nach vorne innen diagonal ablaufenden Bewegung in dieser Gangart dazu neigen, mehr oder weniger schief zu werden, ist schon im Handgalopp, erst recht im Kontergalopp, das Geradegerichtetsein ein besonders wichtiges Kriterium. Das eingespurte Galoppieren auf

Schon bei der Remonte im ersten Ausbildungsjahr wird der erfahrene Reiter spielerisch fliegende Wechsel annehmen. Je mehr natürliches Gleichgewicht das Pferd mitbringt und je besser es auch schon unter dem Reiter ausbalanciert ist, desto eher wird es solch einen Wechsel auch anbieten.

!

einem Hufschlag muss durchgängig erarbeitet und angestrebt werden. Deshalb wird der erfahrene Reiter während der gesamten Galopparbeit an Schultervor denken und hoffentlich nicht vergessen, dass es Schultervor und nicht „Kopfvor" heißt. Nur wenn das Pferd die diagonale Hilfengebung sicher annimmt, gut an den äußeren Zügel heranspringt und die innere Hand leicht werden kann, und zwar auf beiden Händen, ist qualitätvoller Kontergalopp möglich. Der Reiter muss dabei sorgfältig auf seinen Sitz achten und mit seinem Becken, z.B. im Linksgalopp, nach vorne links Richtung 10 Uhr sitzen, er darf auf keinen Fall in der inneren Hüfte einknicken. **(→ Kap. 2. „Der richtige Sitz" und Kap. 16. „Geraderichten...")**

Für das Reiten im Kontergalopp auf dem ersten Hufschlag bedeutet das eben Konterschultervor abzufragen. Meist wird das zunächst auf dem zweiten oder dritten Hufschlag leichter fallen; in der weiteren Arbeit kann man sehr gut auf dem zweiten Hufschlag angaloppieren und dann das Pferd mit der Vorhand vorweg zum Konterschultervor auf den ersten Hufschlag führen. Das gelingt leicht, wenn das Pferd nach wie vor sicher an die Hand heranspringt und gut „zieht". Dann wird es dem Reiter auch nicht schwerfallen, das übertriebene Einwirken mit dem äußeren, zu weit zurückgenommenen Schenkel zu vermeiden, welches nur das Pferd zu schiefem Galoppieren veranlassen würde. Aus diesem Konterschultervor-Galopp darf auch ruhig einmal ein Konterschulterherein-Galopp werden, also die Hinterhand auf der Innenkante des ersten Hufschlags spuren.

19.5.2 Fliegende Galoppwechsel

In RmVuG habe ich zum Trainieren des fliegenden Wechsels eine Übungsform beschrieben, bei der aus dem bis zur Größe einer Volte verkleinerten Zirkel auf eine Diagonale herausgeritten und dann nach wenigen Sprüngen der Wechsel abgefragt wird. Dies kann man variieren, indem man aus der Volte heraus ein paar gut versammelte Traversalsprünge reitet, nach drei, vier Sprüngen im Schultervor wieder auf eine gerade Linie geht und dann den Wechsel reitet.

Um das Geradeaus in den Wechseln zu verbessern, muss man zunächst einmal differenzieren, ob es um den Wechsel zur festen oder zu hohlen Seite des Pferdes geht. **(→ Kap. 16. „Geraderichten...")** So wird das rechts schiefe, bzw. links feste Pferd im Wechsel vom Rechtsgalopp zum Linksgalopp dazu neigen, mit der Schulter etwas nach links, gegen den neuen inneren Schenkel zu drängen. Deshalb sollte der Reiter in den letzten ein oder zwei Galoppsprüngen bewusst das Pferd mit der Schulter etwas nach rechts führen und dann die Wechselhilfe geben. Durch dieses Nach-rechts-Führen der Vorhand wird die linke Seite frei und der Wechsel gelingt leichter und mit weiterem Durchsprung.

In jedem Fall sollte der Reiter im Wechsel selbst die Vorstellung haben, „durch die Hände hindurch" betont nach vorne zu reiten und dafür zu sorgen, dass das Gebiss ruhig im Pferdemaul liegt, anstatt womöglich im Wechsel umstellen zu wollen. (Bei Pferden, die sehr sicher gute Wechsel springen, lösen manche perfekt mit ihrem Pferd abgestimmte Reiter die Einerwechsel fast nur noch durch minimale Druckveränderungen am rechten und linken Zügel aus.)

Beim Wechsel auf der anderen Hand, also vom Galopp auf der eher festen zum Galopp auf der hohlen Seite, in unserem Fall vom Links- zum Rechtsgalopp, sollte der Reiter unmittelbar vor dem Wechsel ansatzweise sogar an Traversgalopp denken, um eine bessere Verbindung am rechten Zügel zu bekommen bzw. vom linken besser loszukommen; auf diesen würde das Pferd sich sonst nach dem Wechsel zu stützen versuchen. Im Wechsel wird dann wieder „durch beide Hände hindurch", geradeaus betont nach vorne geritten. Je vertrauensvoller das Pferd sich dabei auch an den rechten Zügel heranzuspringen traut und im Vorwärts bleibt, desto besser kann der Reiter mit der Vorstellung reiten, die Pferdeschulter nach rechts zu führen. So gelingt der Wechsel geradeaus. Diese Variation kann besonders gut an der Bande auf der rechten Hand vom Kontergalopp aus versucht werden.

Zu Galoppverstärkungen → Kap. 21. „Verstärkungen – das Salz in der Suppe?" ■

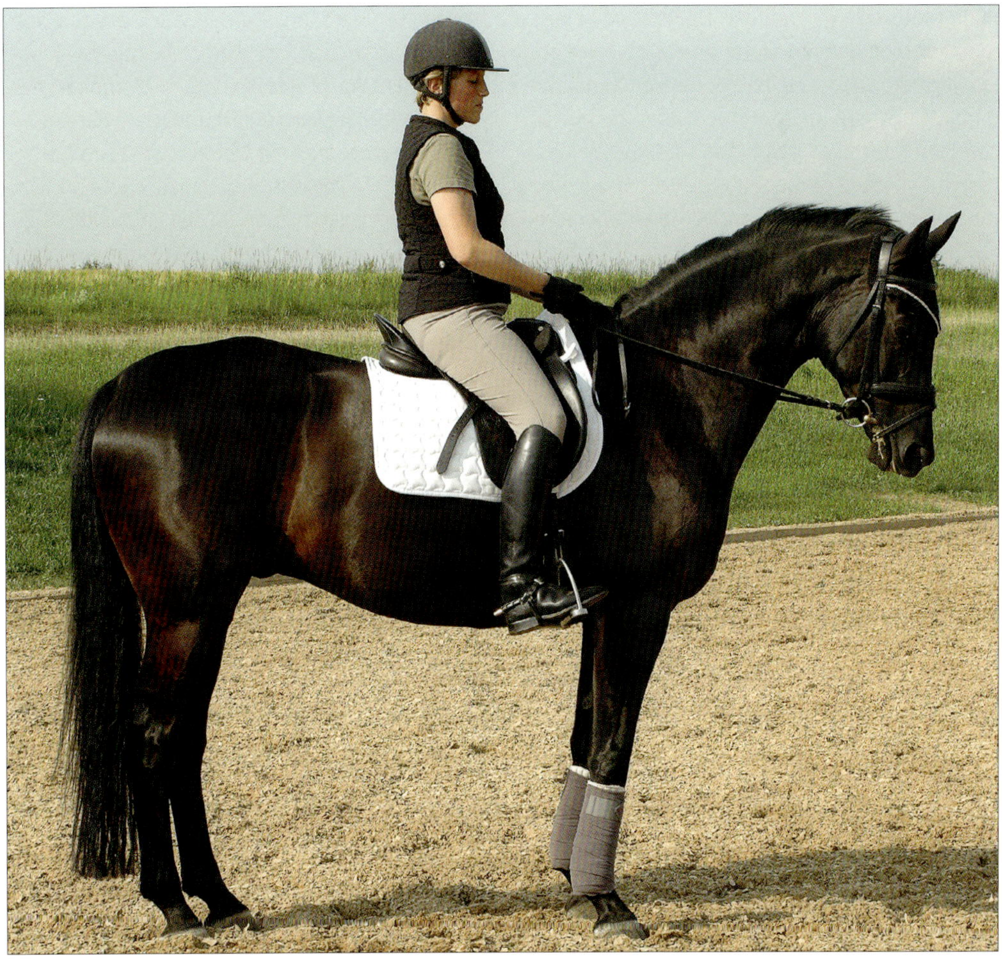

An den Ohren sieht man, dass das Pferd „mit seinen Gedanken etwas in die Ferne schweift". Deshalb muss es die Reiterin vor dem Anreiten durch einen kleinen Schenkelimpuls und/oder einen zarten Schnalzer erst wieder auf sich konzentrieren.

20. Übergänge – immer noch die Momente der Wahrheit

Nur wer über die Grundgangarten gut Bescheid weiß und als Reiter dafür ein sicheres Gefühl hat, kann Übergänge richtig reiten und/oder sie beurteilen. Deshalb lohnt es sich, gegebenenfalls in dem entsprechenden Kapitel nochmals nachzulesen. So muss man einfach verstanden haben, dass z.B. es einem Pferd aufgrund der ganz unterschiedlichen Bewegungsabläufe von Trab und Galopp nur in der einen passenden Phase möglich ist, den Übergang fließend, willig und geschmeidig zu gehen.

Wer Störungen des Taktes am besten schon im Ansatz erkennt, kann angemessen und schnell entsprechend reagieren. Das richtig ausgebildete Pferd ist auch in Wendungen und bei Übergängen in der Lage, sich taktsicher zu bewegen. Deshalb apostrophiere ich die Übergänge gerne als die Momente der Wahrheit, sie sind ein ganz entscheidendes Kriterium für die Durchlässigkeit eines Pferdes.

20.1 Zum Reiten der Übergänge Jedes Pferd ist anders!

Die genaue Dosierung und das Timing aller Hilfen müssen generell individuell auf das jeweilige Pferd und auf die konkrete Situation abgestimmt werden. Das ist das Schwierige, aber eben auch die Herausforderung guten Reitens. So macht es schon beim täglichen Reiten zu Hause, noch

Die genaue Dosierung und das Timing aller Hilfen müssen generell individuell auf das jeweilige Pferd und auf die konkrete Situation abgestimmt werden. Das ist das Schwierige, aber eben auch die Herausforderung guten Reitens.

!

mehr natürlich in fremder Umgebung, einen ganz entscheidenden Unterschied, ob man auf einem Pferd sitzt, welches dazu neigt, bei Übergängen etwas eng zu werden oder zu tief zu kommen oder aber dabei Spannung zu zeigen, gegen die Hand zu gehen bzw. sich etwas herauszuheben. Zu welcher dieser Reaktionen das Pferd eher tendiert, hängt von seinem Gebäude, seinem Temperament und von der Qualität seiner Ausbildung ab und variiert häufig auch innerhalb einer Trainingseinheit.

So kann man gar nicht selten beobachten, dass ein Pferd, das sich in den ersten 20 Minuten in jedem Übergang etwas heraushebt, später, wenn es losgelassen geht und im Genick nachgiebig ist, zum Zu-tief-Kommen neigt. Dieser Unterschied innerhalb einer Reitstunde ist eine reine Frage des technisch richtigen Reitens und wird sich innerhalb kurzer Zeit ausgleichen lassen, wenn der Reiter sich selbst besser loslässt, seinen Instinkt kontrolliert und mit der Position der Hand entsprechend umzugehen gelernt hat. **(→ Kap. 12. „Nachgiebigkeit im Genick…", → Kap. 4. „Die gute Hand…")**

Die Mehrzahl unserer modernen Warmblutpferde hat wunderbar natürlich aufgewölbte Hälse, ist sehr leicht im Genick und sensibel im Maul. Deshalb fällt es vielen Reitern schwer, sie so zu reiten, dass sie vertrauensvoll, sicher an die Hand herantreten, ja „ziehen". In jedem Fall muss der Reiter mit „freundlichem" Sitz, tief geführten Händen und hoch elastischen Armen reiten. Er muss dem Pferd das Gefühl vermitteln, es dürfe die Hände des Reiters etwas mitnehmen. Alle Übergänge sind bei diesen Pferden besondere Kriterien, in denen sich erweist, ob die Abstimmung der Hilfen, wie erwünscht, absolut vorwärtsorientiert ist, ob alle Paraden, auch in den Übergängen in die niedrigere Gangart oder in das versammelte Tempo von hinten nach vorne und nicht primär mit der Hand geritten werden (s.u.).

Vor und bei allen Übergängen sollte der Reiter in sein Pferd hineinhorchen, um vorwegzudenken, wie es im Übergang reagieren wird, besonders auch bezüglich der Anlehnung.

!

Genau anders ist es bei den Pferden, die in den Übergängen dazu neigen, sich etwas herauszuheben. Zunächst muss bei ihnen vermehrt auf Losgelassenheit geachtet werden. Das Herausheben ist oft nur Ergebnis eines unguten Gefühls im Rücken. Deshalb wäre es auch absolut kontraproduktiv, sich „schwerer" hinzusetzen und das „Kreuz mehr anzuspannen". Man muss daran arbeiten, sie vermehrt mit hergegebenem Rücken zu reiten und ihre Dehnungsbereitschaft zu verbessern, sodass man beim Aufnehmen wirklich eine Chance hat, an ihr Hinterbein heranzukommen. Auch hier spielt die Position der Hand eine nicht zu unterschätzende Rolle: Anstatt dem Instinkt zu folgen und zu versuchen, mit tiefer oder gar drückender Hand das Pferd unterzuhalten oder herunterzudrücken, muss der Reiter sie etwas besser, eventuell sogar etwas höher tragen. Dies ist eigentlich immer nur ganz kurzfristig, für die „Sekunde" des Übergangs notwendig. Entscheidend dabei ist auch, dass diese etwas höhere Hand auf keinen Fall fest ist oder gar rückwärtswirkt und dass der Reiter die Vorstellung hat, sein Pferd über den Schenkel aufzufordern, sich vom Gebiss abzustoßen und im Genick nachzugeben. **(→ Kap. 4. „Die gute Hand…")**

20.2 Zu den Übergängen im Einzelnen

20.2.1 Anreiten aus dem Halten

Zur Vorbereitung gibt der Reiter die berühmte, alles vorbereitende halbe Parade, indem er ganz kurz seine allgemeine Körperspannung erhöht („Alle Muskeln einmal kurz anspannen!"). Zur Vorbereitung gehört auch, das Pferd gegebenenfalls durch einen Impuls mit dem inneren Schenkel zu ermahnen, aufmerksam zu sein und im Genick nachzugeben. Nur bei nachgiebigem Genick kann man sicher sein, dass das Pferd aktiv von hinten antritt. Den ersten Schritt fragt der Reiter dann mit den treibenden Gewichts- (kurzfristiges Anspannen der Bauch- und Gesäßmuskulatur) und Schenkelhilfen (Anspannen der Muskeln, die das Knie bei angespannter Wadenmuskulatur beugen) bei leicht aushaltender Hand ab. Besonders die Schenkelhilfe sollte signalartig aus dem anliegenden Schenkel gegeben werden; gegebenenfalls muss sie wiederholt werden. Der Schenkeldruck darf keinesfalls so lange erhalten bleiben, bis sich das Pferd in Bewegung setzt.

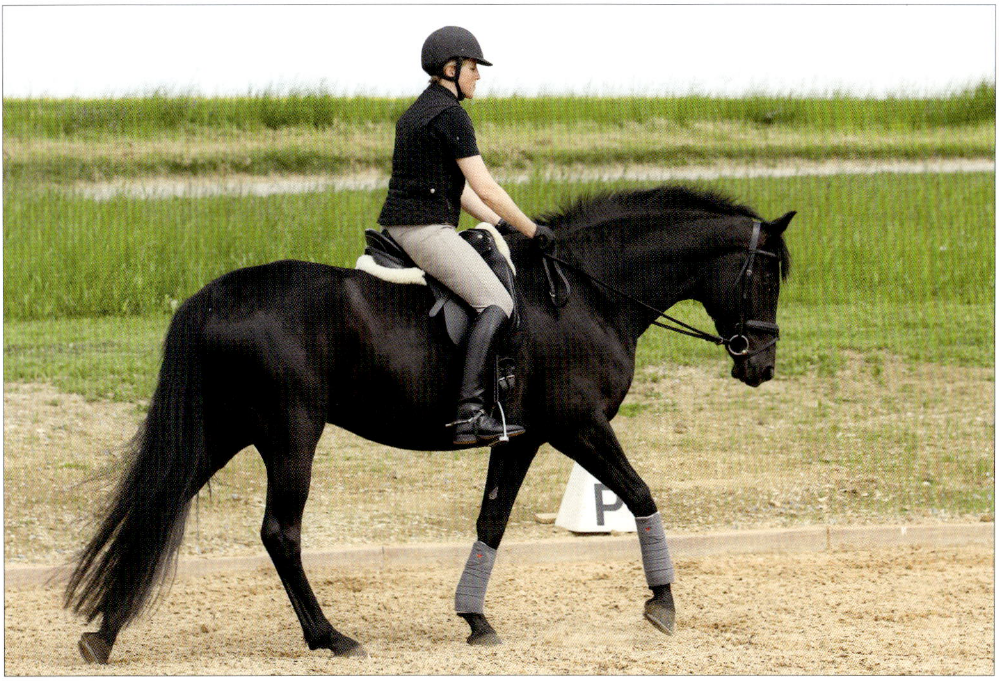

Fleißiger Schritt, Reiterin sitzt etwas in die Bewegung

Die elastische Verbindung bleibt durchgängig erhalten. Bleibt das Pferd im Moment des Anschreitens nachgiebig im Genick, wird die Hand sofort leicht und gibt ihm dadurch eine kleine positive Bestätigung. Um dem Reiter verständlicher zu machen, wie er dabei genau die Zügelhilfen einsetzen muss, sage ich oft: „Stelle dir vor, das Pferd durch die Hände hindurchzutreiben und erst leicht zu werden, wenn das Pferd im Genick nachgibt, reite durch Deine Hände hindurch und spanne zum Leichtwerden die Muskeln, besonders der Arme und Hände, etwas ab – die Zügel dürfen keinesfalls durchhängen."

Vor und bei allen Übergängen sollte der Reiter in sein Pferd hineinhorchen, um vorwegzudenken, wie es im Übergang reagieren wird, besonders auch bezüglich der Anlehnung. So sollte er für den kurzen Augenblick des Überganges die Hände geringfügig senken, wenn er weiß oder es zumindest für möglich hält, dass das Pferd dabei zu tief kommt und/oder hinter den Zügel abkippt. Umgekehrt muss er die Hände etwas steigen lassen, wenn zu erwarten ist, dass es im Übergang etwas gegen die Hand geht oder sich gar herauszuheben versucht. (Wenn die Hand etwas höher genommen wird, muss sie eher leichter werden; deshalb muss sie auf einem Kreisbogen bewegt werden, dessen Mittelpunkt sich am Pferdemaul befindet. → **Grafik S. 47 Kap. 4. „Die gute Hand..."**) In beiden Fällen gilt es den Instinkt zu bekämpfen, durch den der Reiter nämlich zu einer genau gegenteiligen Verhaltensweise verleitet werden würde. (**→ Kap. 4. „Die gute Hand – das Kapitel des (älteren) Reiters"**)

Reiten im Schritt

Der Reiter hält den Schritt gleichmäßig, fleißig und raumgreifend, indem er losgelassen den Bewegungen des Pferdes folgt. Mit den Schenkeln erhält er eine weiche Fühlung am Pferdeleib. Er begleitet das Pferd mit seinen Hilfen. Nur wenn das Pferd wenig Aktivität zeigt oder diese nachlässt, muss kurzfristig aktiv getrieben werden, muss ein Schenkelimpuls erfolgen.

Die leichte, aus der Schulter heraus vorwärts-abwärts gerichtete Nickbewegung von Hals und Kopf des losgelassenen Pferdes wird von der Reiterhand aus den losgelassenen Schulter- und

Ellbogengelenken heraus begleitet bzw. zugelassen. Ellbogen-Hand-Pferdemaul bilden stets eine Linie.

20.2.2 Antraben aus dem Schritt

Zum Antraben aus dem Schritt wird das Pferd mit halben Paraden vorbereitet und vermehrt geschlossen, d.h., zwischen den vortreibenden und den verhaltenden Hilfen verstärkt eingerahmt. Gegebenenfalls müssen die Zügel vorher etwas nachgefasst werden. Diesen kurzen Vorgang könnte man auch mit dem leichten Spannen einer Feder vergleichen.

Um dem Pferd im Antraben, besonders im Rücken ein gutes Gefühl zu vermitteln, sitzt der Reiter freundlich, d.h. er achtet sorgfältig darauf, in der Hüfte beweglich und elastisch zu sein. Je aktiver das Pferd antrabt, desto wichtiger ist dieses freundliche Sitzen. Um auf keinen Fall hinter die Bewegung zu kommen, kann man für einen kurzen Moment sogar ansatzweise entlastend sitzen. Sind Pferd und Reiter gut aufeinander eingespielt, kann das Antraben dann sogar durch diese Sitzhilfe abgefragt werden.

Was die Anlehnung anbelangt, gilt analog dasselbe wie beim Anreiten aus dem Halten in den Schritt.

Gerade auch im Hinblick auf die (beginnende) versammelnde Arbeit empfehle ich meinen Schülern, sich vorzustellen, das Pferd solle mit den Hinterbeinen beginnen. Auch dafür ist ein losgelassenes, nachgiebiges Genick Voraussetzung. Dieses Bild kann ebenso für das Antraben aus dem Halten hilfreich sein.

Gerade auch im Hinblick auf die (beginnende) versammelnde Arbeit empfiehlt sich die Vorstellung, das Pferd solle mit den Hinterbeinen beginnen.

!

20.2.3 Antraben aus dem Halten

Zum Antraben aus dem Halten gibt der Reiter die gleichen Hilfen wie zum Anreiten im Schritt, nur etwas betonter.

Das präzise Gelingen vom Fleck weg hängt davon ab, ob das Pferd, wie oben im Kap. Paraden beschrieben, im Halten vorwärtsorientiert ist und aufmerksam und leistungsbereit auf die Anweisungen des Reiters lauscht. Freundlich zu sitzen, um gut in der Bewegung mitzukommen, ist hierbei sogar eine unabdingbare Voraussetzung, damit das Pferd im ersten Trabtritt eine positive Bestätigung bekommt und auch beim nächsten Mal willig und prompt diese Hilfe annimmt. Damit der erste Tritt schon spannungsfrei erfolgen kann, muss der Schenkelimpuls, wie oben beschrieben, als ein kurzes Signal gegeben werden. Keinesfalls darf der Reiter so lange „drücken und pressen, bis sich die Massen in Bewegung setzen" – so sage ich das gerne meinen Schülern, um sie daran zu erinnern, dass auch hier alles im Kopf anfängt. Wenn man durch solch eine Hilfengebung dem Pferd vermittelt, dass man gar nicht an eine prompte Reaktion glaubt, wird es dieser Erwartung zu entsprechen versuchen. (→ Kap. 1.3 „Sich selbst erfüllende Prophezeiung" im Kap. 1. „Alles fängt im Kopf an!")

An dieser Stelle bietet es sich an, doch auch einmal auf die sogenannte Stimmhilfe, auf das Schnalzen einzugehen. In Prüfungen auf Turnieren sind hörbare Stimmhilfen verboten.
Für mich liegt hier die Betonung auf hörbar, weil ich eine leichte Unterstützung der Kommunikation durch die Stimme als etwas ganz Natürliches und Positives ansehe.

Gerade nach einem gelassenen und vielleicht sogar etwas ausführlicheren Halten empfehle ich geradezu, die eigentliche Hilfe durch ein zartes Schnalzen anzukündigen, wie wenn vor dem grünen Licht an der Ampel das gelbe aufleuchtet. Bei sehr eifrigen und leistungsbereiten Pferden trägt dies dazu bei, dass sie wirklich gelassen stehen und nicht während des Haltens ständig auf die Aufforderung lauern, wieder anzutraben oder auch anzugaloppieren.

Da Pferde ein hervorragendes Gehör haben, reicht tatsächlich schon die Andeutung eines Schnalzens, das niemand Außenstehender vernehmen kann. Wenn dann noch, wie auf größeren Turnieren heute üblich, Musik läuft, bleibt so etwas, genauso auch ein gelegentliches „Ho, Ho", ganz privat zwischen Reiter und Pferd. Bei der Arbeit zu Hause, besonders auch beim Ausbilden junger Pferde, sind Stimmhilfen für mich etwas Unverzichtbares.

20.2.4 Antraben aus dem Rückwärtsrichten

Das Antraben aus dem Rückwärtsrichten funktioniert im Prinzip genauso wie das aus dem Halten. Auch hier wieder unter der Voraussetzung, dass das Pferd dabei vorwärtsorientiert ist und der Reiter es vor sich hat.

Reiten im Trab

Im Trab muss der Reiter aus der Mittelpositur heraus mit den Bewegungen des Pferdes mitschwingen. Die Bauch- und untere Rückenmuskulatur wird an- und abgespannt. Durch dosierte Hilfengebung wird die Beibehaltung des taktmäßigen und schwungvollen Trabens im gewünschten Tempo erzielt.
Der Reiter sollte immer die Vorstellung haben, jeden Trabtritt zu kontrollieren und das Tempo durch ganz leicht an- und abspannende Muskeln (besonders Bauch-, Gesäß- und Kniebeugermuskeln (Das ist die hintere Oberschenkelmuskulatur.)) aktiv zu bestimmen. Im Leichttraben setzt das ein ganz besonders gutes Gleichgewicht des Reiters voraus! (→ **Kap. 2.9 „Aussitzen oder Leichttraben?")**

20.2.5 Angaloppieren aus dem Halten und Rückwärtsrichten

Für das Angaloppieren aus dem Halten und dem Rückwärtsrichten gilt im Prinzip alles analog. Besonders hilfreich ist es, wenn Pferd und Reiter an dieses Vorstreichen mit dem inneren Schenkel am Haar entlang gewöhnt und vertraut sind.

Ansonsten darf ich bezüglich der Galopparbeit auf das entsprechende Kapitel in diesem Buch hinweisen.

Die Übergänge im Zusammenhang mit Verstärkungen im Trab und Galopp sind im Kapitel 21. „Verstärkungen…", die Übergänge zur Versammlung in Kapitel 17. „Versammlung…" genau besprochen.

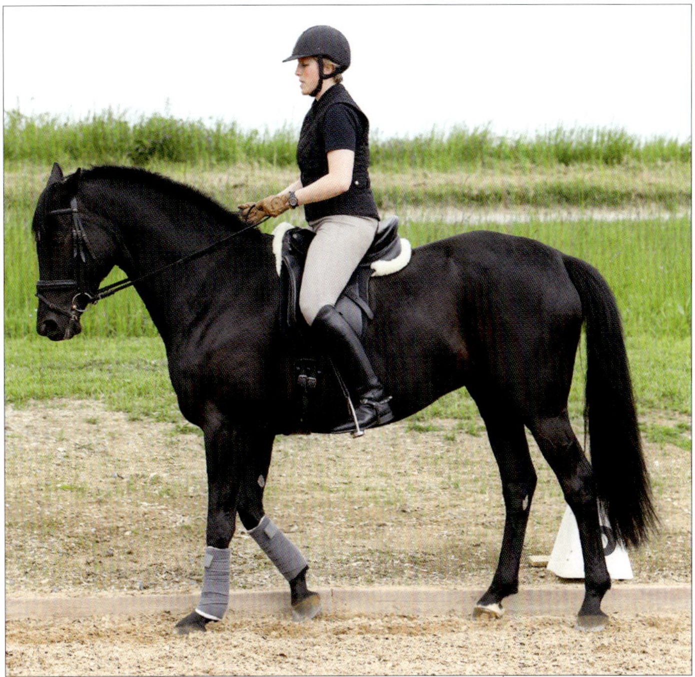

Die Reiterin sitzt zum Antraben aus dem Rückwärtsrichten etwas vorwärts, um gut in der Bewegung mitzukommen.

20.2.6 Übergänge in die nächstniedrigere Gangart und Rückführungen innerhalb einer Gangart

Alle Übergänge von der höheren in die niedrigere Gangart oder beim Aufnehmen innerhalb einer Gangart müssen mit präzisen, fein abgestimmten halben Paraden vorbereitet werden. Der genaue Moment des Übergangs bedarf dann eigentlich nur noch des entschlossenen Gedankens, der sich in einem kurzfristigen An- und Abspannen des gesamten Körpers des Reiters dokumentiert. Das Abspannen kann der Reiter sehr gut durch ein tiefes Ausatmen unterstützen.

Die selbstbewusste Entschlossenheit des Reiters im Kopf (→ **Kap. 1. „Alles fängt im Kopf an!")** ermöglicht ein letztendlich gefühlsmäßig gesteuertes präzises Timing (Hilfen genau in der richtigen Zehntelsekunde) und sorgt so für eine schnelle Reaktion des Pferdes. Nur wenn der Reiter darauf vertraut, dass sein Pferd seine „Signale" versteht und widerspruchslos akzeptiert, wird er ohne Verzögerung wieder leicht werden und alle für die Parade angespannten Muskelgruppen (Bauch, Beine, Arme etc.) wieder ab-

Auch beim Angaloppieren aus dem Rückwärtsrichten ist es wichtig, im Moment des ersten Galoppsprungs freundlich zu sitzen.

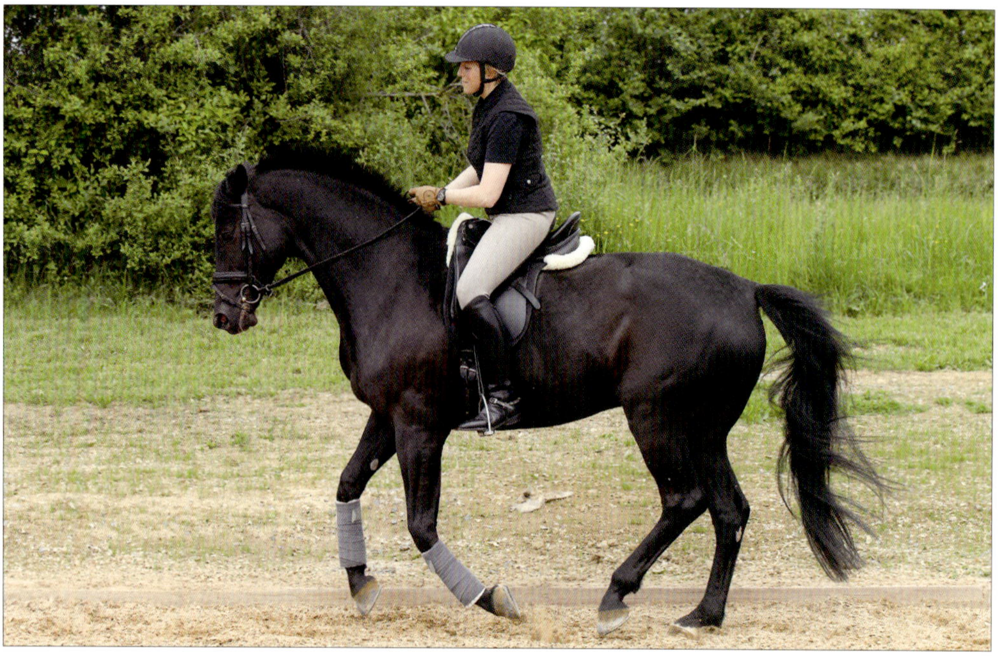

spannen. Er darf auf keinen Fall erst nachgeben, wenn der „Gang gewechselt ist"; dann würde er das Pferd geradezu verleiten, an der Hand eine Stütze zu suchen, auf den Zügel zu „lümmeln" und so auf die Vorhand zu kommen.

Er muss die Idee haben, dem Pferd die neue Gangart, also z.B. den Trab, vorzugeben, nicht aber die vorhergehende Gangart, z.B. den Galopp, beenden zu wollen.

Der Reiter muss die Idee haben, dem Pferd die neue Gangart, also z.B. den Trab, vorzugeben, nicht aber die vorhergehende Gangart, z.B. den Galopp, beenden zu wollen.

!

Was die Parade anbelangt, ist das Aufnehmen, das Schließen des Pferdes gewissermaßen der vorbereitende Teil, das Abspannen der vollziehende Teil. In der Hinführung eines Pferdes zu solch fein abgestimmten Paraden sollte man sich vorstellen, dass etwa zwei bis drei halbe Paraden das Pferd vorbereiten, sodass die letzte Parade, die den Übergang tatsächlich abfragt, nur noch gedacht werden muss und vor allem durch das Abspannen bestimmt ist, welches die neue Gangart zulässt.

Etwas anders muss der Übergang geritten werden, wenn das Pferd dazu tendiert zu antizipieren, z.B. schon in den Trab „fällt", wenn der Reiter nur daran denkt, aber nicht mehr auf die tatsächliche Anweisung wartet: Auch dann wird das Pferd unmittelbar vor dem gewünschten Übergang, z.B. im Galopp, von hinten nach vorne etwas „geschlossen", der Reiter treibt, gewissermaßen durch die aushaltenden Hände hindurch in Trab hinein, gibt aber erst nach, wenn der erste Trabtritt erfolgt. Vom Trab zum Schritt wird analog genauso geritten.

20.3 Resümee

Alle Übergänge haben in der entsprechenden Phase der Ausbildung und der jeweiligen Arbeitseinheit einen nicht zu unterschätzenden Ausbildungswert. Sie erfordern ein hohes Maß an reiterlichem Gefühl bei der Abstimmung der Hilfen und beim Pferd ein besonders hohes Maß an Losgelassenheit und Durchlässigkeit.

Für alle Beteiligten, für den Reiter, den Ausbilder sowie den Richter, sind sie überaus aussagekräftig, teilweise sogar entlarvend, unter anderem auch beim Ausprobieren eines neuen, unbekannten Pferdes.

→ Kap. 8. „Paraden…"
→ Kap. 19. „Galopparbeit"
→ RmVuG: Übergänge

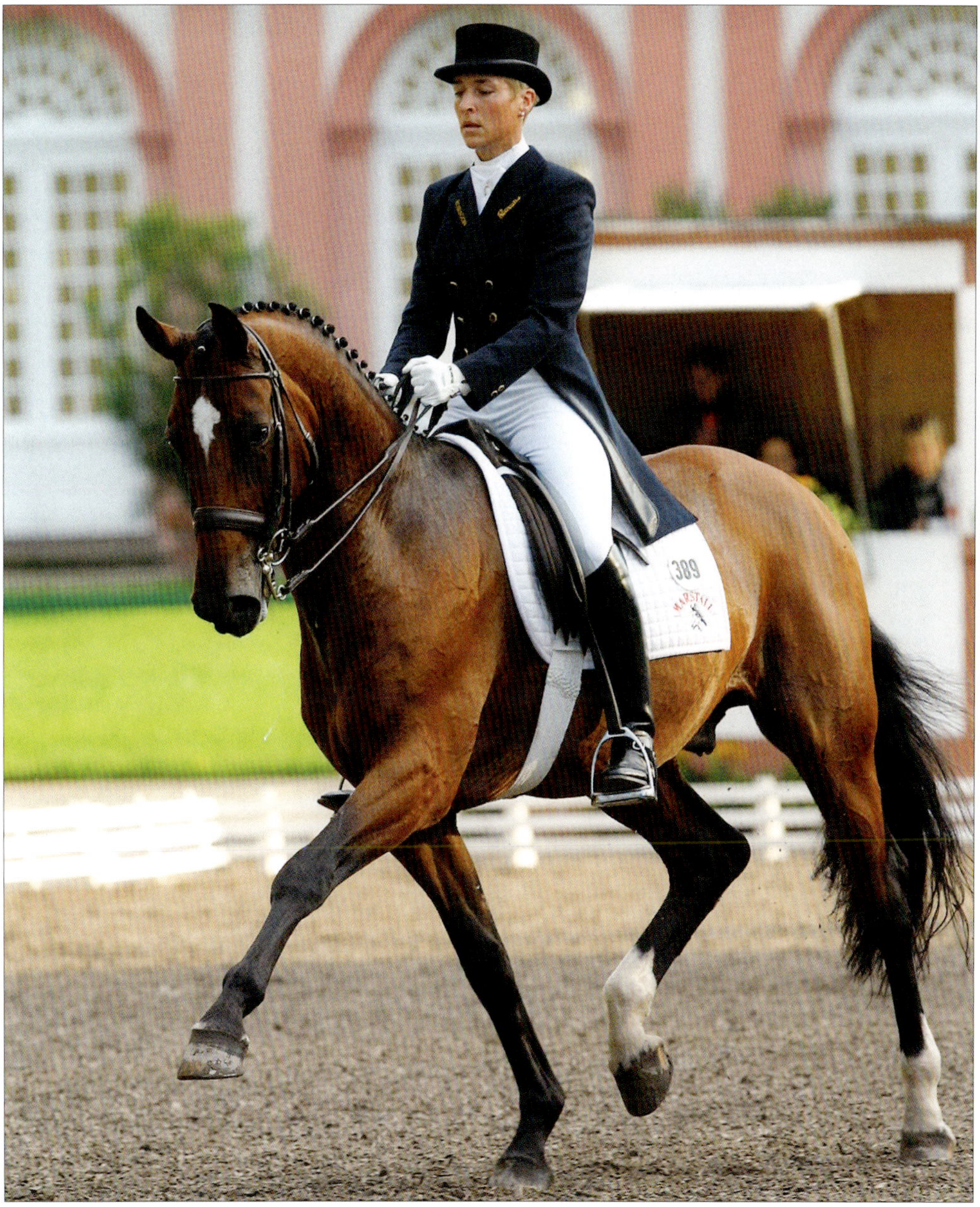

Ingrid Klimke auf Nector, beispielhaft korrekte Trabverstärkung.[1]

21. Verstärkungen – das Salz in der Suppe?

Wie ich schon in RmVuG S. 188 ff. schrieb, ist für viele Reiter und auch Zuschauer Dressurreiten das sprichwörtliche „Salz in der Suppe". Sie können oft gar nicht genug davon bekommen, wenn, besonders im Trab, das Pferd „mit bodenverachtenden Tritten über das Viereck schwebt". Wenn wir über die verschiedenen Tempi in den drei Grundgangarten sprechen, fällt auf, dass im Trab und im Galopp eine Verstärkung als mittleres Tempo eingestuft wird, also der Mitteltrab und der Mittelgalopp.

[1] Die hier gezeigten Fotos (S. 185, 186, 190, 208) mit Ingrid Klimke benutze ich immer wieder besonders gerne; es gibt kaum Bilder, die die Kriterien korrekter Verstärkungen besser zeigen.

Im Übergang sitzt die Reiterin etwas in die Bewegung, d.h. aus der Hüfte heraus geringfügig vor der Senkrechten. Sind Pferd und Reiter gut aufeinander abgestimmt, reicht ein leichtes In-die-Bewegung-Sitzen als Signal an das Pferd, zuzulegen.

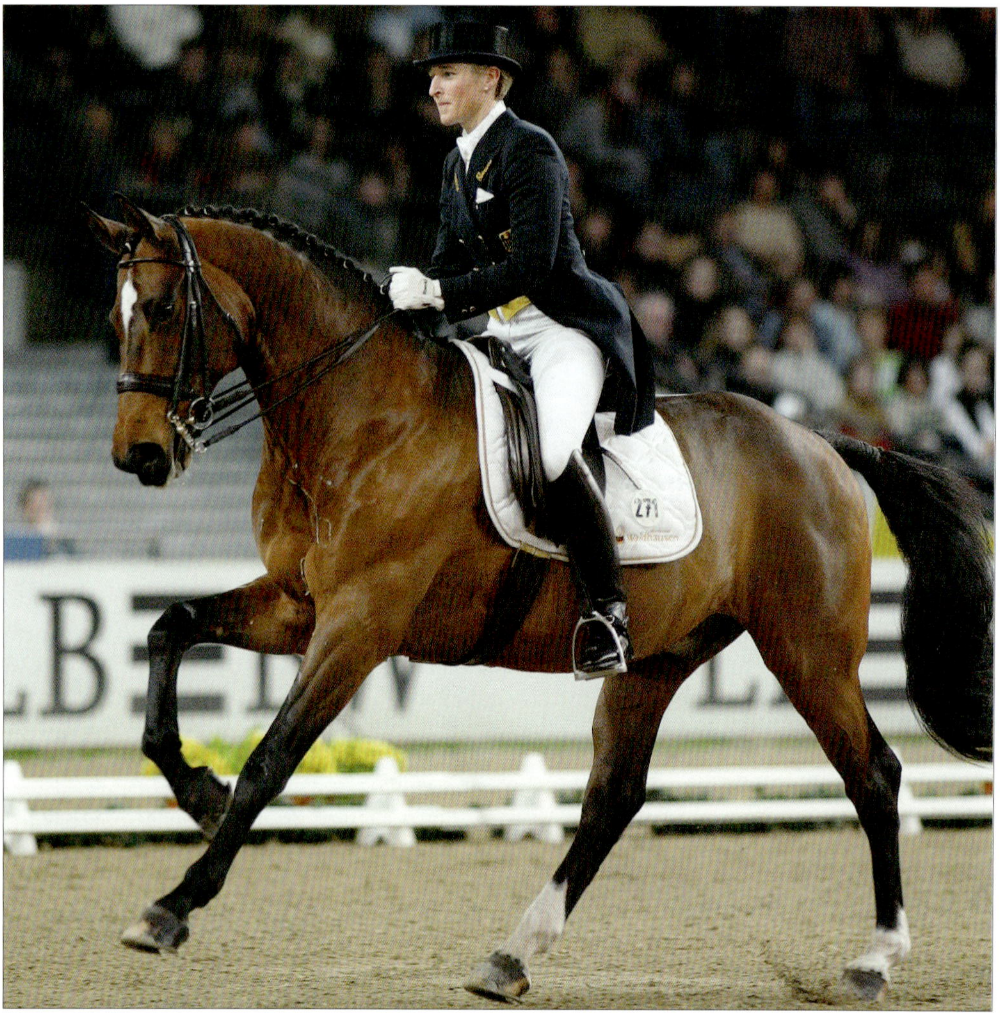

21.1 Im Schritt

Im Schritt ist hingegen das mittlere Tempo, der Mittelschritt das „normale" Gebrauchstempo.

Auch was das starke Tempo anbelangt, wird man im Schritt nicht von einer Verstärkung im eigentlichen Sinne sprechen, die nur aus der Versammlung heraus entwickelt werden kann. Vielmehr handelt es sich um das Schritttempo, in dem der Reiter das Pferd mit dem ihm individuell größtmöglichen Raumgriff schreiten lässt, ähnlich dem freien Schritt des ganz jungen Pferdes. Der starke Schritt und der freie Schritt unterscheiden sich nur dadurch, dass bei Ersterem am langen Zügel, also mit Zügelverbindung und Genickkontrolle geritten wird, während im freien Schritt die Zügel hingegeben werden. (Genickkontrolle bedeutet, dass das Pferd vertrauensvoll an das Gebiss heranschreitet, sich daran leicht abstößt und zwanglos im Genick nachgibt.) Nun aber zu Trab und Galopp.

21.2 Im Trab und Galopp

Selbstverständlich kann man nicht nur, sondern soll auch schon mit jungen Pferden nach relativ kurzer Zeit das Tempo immer wieder geringfügig variieren, d.h. vor allem im Trab und im Galopp Tritte und Sprünge zu verlängern und wieder zu verkürzen. Wie viel dabei möglich ist, hängt in erster Linie davon ab, wie gut sich das junge Pferd schon in eine mit dem Reiter gemeinsame Balance hineingefunden hat. Die Kriterien, an denen der Reiter erkennen kann, ob er sich beim Zulegen noch in dem für dieses Pferd angemessenen Bereich bewegt, sind in erster Linie der Takt und das Geradegerichtetsein. Mit anderen Worten: Es muss auf jeden Fall vermieden werden, besonders auch in der Trabarbeit, dass man das Pferd in seinem ihm individuell passenden Grundtempo überfordert und es deshalb eilig wird. Der andere, leider häufig zu beobachtende Fehler, der daraus entstehen kann, ist folgender: Das Pferd wird hinten breit und/oder deutlich schief. Dies lässt darauf schließen, dass der Reiter bezüglich Kraft und Gleichgewicht überfordert hat.

Beide Punkte bedürfen wirklich strenger Beachtung, man sollte deshalb im Zweifelsfall immer lieber ein wenig unter dem Limit bleiben. Reitet man öfters oder gar regelmäßig leichtfertig darüber hinweg, so nach dem Motto „Da muss er jetzt durch", riskiert man, dass sich diese Fehler etablieren und in der weiteren Ausbildung immer wieder bemerkbar machen.

21.2.1 Voraussetzungen

Will man anfangen, mit dem Pferd echten Mitteltrab oder -galopp zu üben und zu reiten, muss das Pferd in der Ausbildung schon deutlich weiter gefördert sein. Das gilt erst recht für die starken Tempi, in gewissem Umfang auch im/für den Schritt:

Nicht umsonst wird in jedem seriösen Reitlehrebuch darauf hingewiesen, dass Verstärkungen aus der Versammlung entwickelt werden müssen, ja dass man sogar mit einer Verstärkung einschließlich Rückführung die Versammlungsfähigkeit und -bereitschaft des Pferdes sehr gut überprüfen kann. Nur wenn das Pferd in der Lage ist, mit den Hinterbeinen heranzuschließen, also Last aufzunehmen, kann es daraus den für die Verstärkung erforderlichen Schub entwickeln. Zudem kann es nur dann in der Verstärkung ausbalanciert und sich damit taktsicher bewegen, wenn es auch während dieser bei jedem Tritt und Sprung jeweils immer wieder heranschließt und somit einigermaßen geschlossen bleibt. Mangelt es daran, kann es sich schlecht selbst tragen, kommt auf die Vorhand oder muss bestenfalls von seinem Reiter gewissermaßen über das Viereck getragen werden.

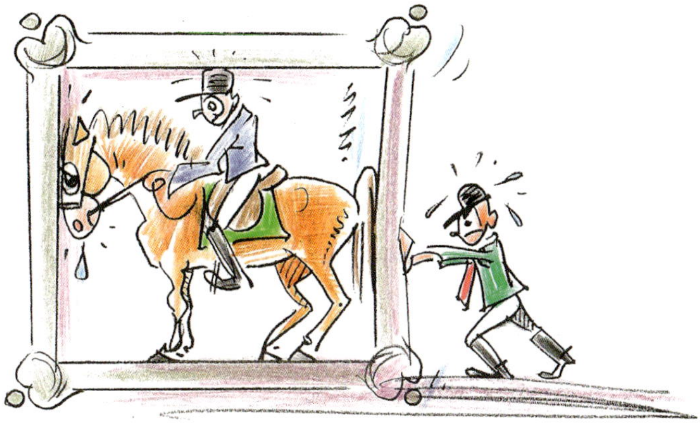

Dieses Einrahmen oder Schließen kann man sich so vorstellen. Je weniger der Hals dabei eng gemacht wird, desto besser kann die Verstärkung entwickelt werden.

Für den etwas fachkundigeren Leser ist es zwar eine Selbstverständlichkeit: Dennoch sei hier noch einmal darauf hingewiesen, dass Verstärkungen, auch im Hinblick auf die Schiefe eines Pferdes, bzw. sein Geradegerichtetsein fast schon entlarvend sind. Ein ungenügend geradegerichtetes Pferd wird seine Schiefe in jeder Verstärkung deutlich zeigen. Versucht der Reiter, dies gilt besonders für die Trabarbeit, dieser Schiefe entgegenzuwirken und sie zu kaschieren, sind sehr häufig Unregelmäßigkeiten, z.B. hinten ungleiche Tritte, zu beobachten. (→ Kap. 16. „Geraderichten...")

Damit Verstärkungen Pferd und Reiter nicht nur leicht fallen, sondern auch leicht und elegant aussehen, müssen beide so gut aufeinander abgestimmt sein, dass das Pferd Spaß daran hat, sich unter dem Reiter auch im freien Vorwärts ausdrucksvoll zu bewegen. Es muss dem Reiter möglich sein, mit leichten Hilfen die Verstärkung abzufragen. Eigentlich muss es so sein, dass das Pferd jederzeit dazu bereit ist und der Reiter es ihm nach entsprechender Vorbereitung nur gestatten muss. All dies setzt voraus, dass Pferd und Reiter jeder für sich gut ausbalanciert sind, vor allem aber ein sicheres gemeinsames Gleichgewicht in allen Bewegungen, bei

Übergängen und in Wendungen gefunden haben. (→ Kap. 7. „Mehr treiben..." und Kap. 7.4 „Wie lernt das Pferd zu „ziehen"?")

21.3 Vorbereitung der Verstärkung

Mit feinen, für den Beobachter kaum wahrnehmbaren halben Paraden schließt der Reiter sein Pferd ein wenig, d.h., er aktiviert mit leichten treibenden Hilfen die Hinterbeine des Pferdes an die gefühlvoll aushaltende, keinesfalls rückwärtswirkende Hand heran. Man kann sich dabei einmal vorstellen, das Pferd wie eine überdimensionale Feder in eine etwas stärkere positive Spannung zu bringen, aus der heraus dann der Mitteltrab oder Mittelgalopp entwickelt wird. Wie in den Kapiteln Nachgiebigkeit im Genick und Anlehnung beschrieben, kann dieser Vorgang nur dann ohne Widerstand und Verspannung gelingen, wenn das Pferd im Genick nachgiebig ist und mit hergegebenem Rücken geht. Ist der Reiter nicht ganz sicher, dass sein Pferd bereit ist, diese Hilfen durchlässig anzunehmen, sollte er das Pferd, vornehmlich durch einen Impuls mit dem inneren Schenkel Richtung äußeren Zügel, stellen oder sogar etwas biegen. Auf gerader Linie kann er dazu an Schultervor (beim Reiten auf der hohlen Seite) oder Reiten in Stellung (auf der festen Seite) denken (→ Kap. 16. „Geraderichten..."). Gegebenenfalls kann der Reiter auch zur Vorbereitung eine Wendung, z.B. eine Ecke oder Volte, reiten, um die Durchlässigkeit wieder zu verbessern. Dieses Stellen oder Biegen ist nur wirklich hilfreich, wenn der Reiter dabei am inneren Zügel leicht werden kann.

21.4 Die Verstärkung

Nur wenn der Reiter fühlt, dass es ihm gelungen ist, das Pferd etwas besser zu versammeln und zu besserer Selbsthaltung zu animieren, hat es Sinn, tatsächlich Mitteltrab oder Mittelgalopp zu entwickeln. Je weniger Routine diesbezüglich bei Pferd und Reiter vorausgesetzt werden kann, desto wichtiger ist es, sich einige Tritte bzw. Sprünge für den Übergang Zeit zu nehmen, ihn also zu entwickeln. Sorgfältig und gefühlvoll einwirkend muss der Reiter die Balance finden, auf der einen Seite das Pferd aufzufordern zuzulegen, auf der anderen Seite aber die Initiative zu behalten und es weiterhin in jedem Tritt und Sprung zu kontrollieren. Das wichtigste Kriterium während des Zulegens ist der Takt, der auf keinen Fall gestört werden darf. Die Vorstellung, dieses Entwickeln der Verstärkung so zu gestalten, dass der Rhythmus, die Frequenz des Bewegungsablaufs gleichmäßig erhalten bleiben, ist dabei sehr hilfreich.

Nur wenn der Reiter fühlt, dass es ihm gelungen ist, das Pferd etwas besser zu versammeln und zu besserer Selbsthaltung zu animieren, hat es Sinn, tatsächlich Mitteltrab oder Mittelgalopp zu entwickeln.

!

Das möchte ich noch etwas genauer erklären: Wenn das Pferd für die Verstärkung gut vorbereitet ist und Spaß hat, sich mit dem Reiter zu bewegen, wird es sehr willig und eifrig, gleichsam wie ein ehrgeiziger Schüler, zeigen wollen, was es kann. Wenn der Reiter in diesem Moment nicht konzentriert aufpasst, besteht die Gefahr, dass das Pferd überzieht, sich zu viel zutraut, einfach zu viel möchte, eventuell auch eilig wird. Das Ergebnis sind dann Taktfehler, vermehrtes Auf-die-Vorhand-Kommen und/oder in der Trabarbeit In-den-Galopp-Fallen. Selbstverständlich werden in der Lernphase zunächst auch nur kurze Reprisen der Verstärkung geritten, nicht zuletzt, um dem Pferd zu zeigen, dass es bei allem Eifer auch bereit sein muss, auf die Anweisung des Reiters zu warten bzw. nicht zu antizipieren. Das Pferd muss zu Beginn, aber auch während der Verstärkung, eigentlich ständig den Reiter fragen „Wie viel willst du zulegen? Willst du immer noch weiter in der Verstärkung bleiben?". Um dieses Warten und genaue „Zuhören" des Pferdes zu fördern, empfiehlt es sich sehr bald, die Übergänge an häufig wechselnden Stellen des Platzes oder des Vierecks abzufragen. So kann es durchaus auch sinnvoll sein, auf großer gebogener Linie, z.B. um die kurze Seite herum oder auf einem halben Mittelzirkel zuzulegen, und ins Geradeaus hinein wieder aufzunehmen. Besonders empfehlenswert ist das auch im Galopp (übrigens auch für Springpferde). Für den Reiter bedeutet das, dass er im Zulegen, aber auch während der Verstärkung zunächst einmal sicherstellen muss, dass er das Maß des Zulegens kontrollieren kann. Ich empfehle meinen Schülern dann immer, sich vorzustellen, in einem imaginären Dialog dem Pferd ständig mit seinem ganzen Körper durch leichtes An- und Abspannen der Muskulatur zu sagen „Hier geblieben, hier geblieben!".

Ist das sichergestellt und kann der Reiter darauf vertrauen, dass das Pferd das gewünschte Tempo in der Verstärkung einhält und nicht versucht, zu überziehen, kommt der nächste Schritt: Er muss mit den Händen ganz leicht werden, um zum einen dem Pferd die notwendige, gewünschte Rahmenerweiterung zu gestatten, zum anderen aber auch, es zu erziehen, sich wirklich selbst zu tragen. Gelingt dies, kann er sicher sein, dass das Pferd auch auf nicht ganz perfekt ebenem Reitplatz-Boden ausbalanciert und taktsicher „schweben" kann.

Insgesamt sollte man sich in jeder Verstärkung immer noch eine kleine Reserve behalten, sodass man immer noch etwas zum Treiben kommt und das Pferd vor sich behalten kann.

21.5 Die Rückführung

Wie lange der Reiter jeweils die Reprisen der Verstärkung ausdehnt, hängt, wie oben schon angesprochen, vom Trainingszustand des Pferdes ab, besonders was das Gleichgewicht und die Kraft anbelangt. Genauso wie er immer wieder die Verstärkung an unterschiedlichen Punkten beginnen sollte, variiert man auch mit der Rückführung. Nur wenn ein Pferd auch in der Rückführung taktsicher bleibt und dabei hinten heranschließt, also den Schwung aus der Verstärkung in die Versammlung hinein mitnimmt, kann die Verstärkung als wirklich wertvoll bezeichnet werden. Gelingt dies auch noch mit relativ leichten, wenig auffälligen Hilfen, zeugt das von guter Abstimmung zwischen Pferd und Reiter sowie einer hohen Durchlässigkeit des Pferdes.

Gar nicht so selten haben Pferde gelernt, die Parade zur Beendigung der Verstärkung zwar gehorsam anzunehmen, kommen dabei aber mangels Heranschließens der Hinterhand auf die Vorhand und können deshalb auch nicht in eine reelle Versammlung annehmen.

Damit das Aufnehmen wie gewünscht gelingen kann, muss der Reiter sehr präzise, möglichst signalhafte Hilfen geben. Das setzt bei ihm ein feines Gefühl für die Bewegungsabläufe des Pferdes, für seinen Bewegungsrhythmus voraus. Außerdem muss er mit gutem Selbstvertrauen und entsprechender Entschlossenheit an den Übergang herangehen. Taucht in seinem Kopf das berühmte Fragezeichen auf, weil er näm-

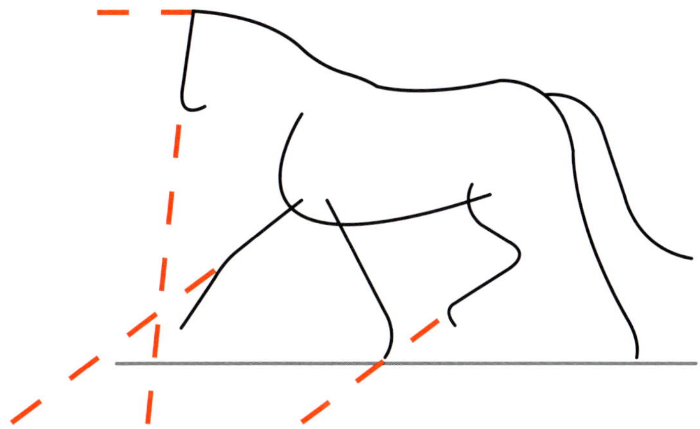

Bei dem nach klassischen Grundsätzen richtig ausgebildeten Pferd ist das Genick der höchste Punkt, die Stirn-Nasen-Linie ist etwas vor der Senkrechten, das Vorderbein tritt dahin, wohin es zeigt und korrespondiert dank des schwingenden Rückens mit dem diagonalen Hinterbein.

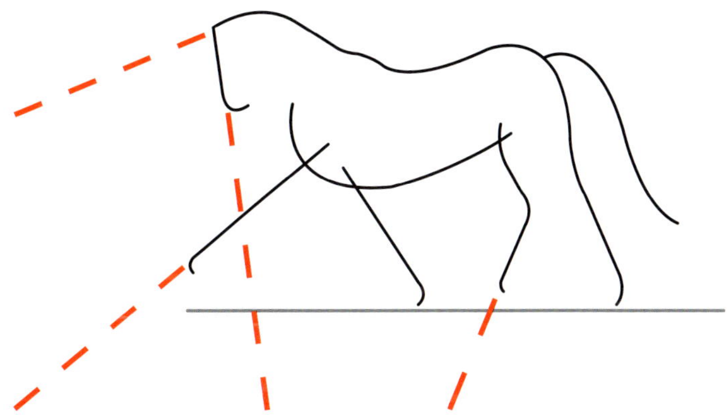

Bei dem fehlerhaft gearbeiteten Pferd liegt der höchste Punkt deutlich weiter hinten, die Stirn-Nasen-Linie ist mehr oder weniger deutlich hinter der Senkrechten, das Vorderbein geht übertrieben nach vorne (strampelt), wird zum Auffußen rückwärts-abwärts abgesetzt (klatscht auf den Boden) und das Hinterbein kann wegen des festen Rückens nicht genügend nach vorne durchschwingen; das diagonale Beinpaar fußt nicht mehr gleichzeitig, sodass kein sicherer Zweitakt mehr gegeben ist.

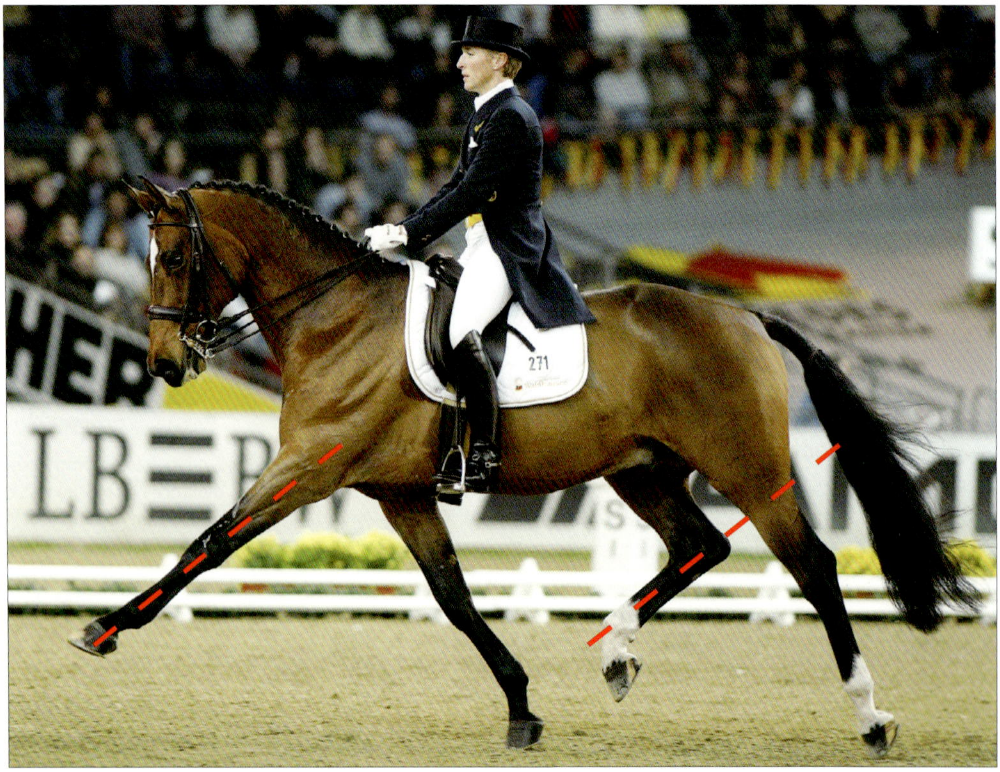

Wunderschöne Trabverstärkung

Ein Pferd, das richtig ausgebildet sich in der Verstärkung aus der Versammlung heraus und in guter Selbsthaltung bewegt, bleibt taktsicher, wirkt bergauf, trägt sich selbst, mit Stirn-Nasen-Linie leicht vor der Senkrechten und mit dem Genick als höchstem Punkt.

!

lich sich und seinem Pferd nicht so recht zutraut, diese Parade in guter Abstimmung aufeinander hinzubekommen. Auf keinen Fall darf er mit der Vorstellung herangehen, gewissermaßen so lange zu „bremsen", bis der „Gang" gewechselt ist. Vielmehr zeichnen sich richtige halbe Paraden dadurch aus, dass man sofort wieder leicht wird (selbstverständlich ohne die Verbindung aufzugeben). Bezüglich des Übergangs bedeutet das eben auch, dass der Reiter mit seiner Parade dem Pferd ein Signal gibt, zurückzukommen und die Tritte und Sprünge wieder zu verkürzen. Durch umgehendes Abspannen, besonders auch Leichtwerden mit den Händen, zeigt er dem Pferd, dass er voll darauf vertraut, dass dieses die Parade annimmt. Nur durch dieses sofortige, „schnelle" Wiederabspannen schafft er wirklich die Voraussetzung dafür, dass das Pferd im Übergang mit den Hinterbeinen heranschließen und Last aufnehmen kann. (Die Parade wird gewissermaßen mit dem ganzen Körper gegeben: Durch Anspannen der Muskulatur, u.a. des Bauches, der Beine und der Arme, werden die drei Winkel, Hüft-, Knie- und Ellbogenwinkel, für einen ganz kurzen Augenblick vermehrt geschlossen. (**→ Kap. 8. „Paraden..."**))

Leider hat man bei manchen Pferden den Eindruck, dass sie zwar relativ präzise zurückkommen, hauptsächlich aus Respekt vor der Hand bzw. dem Gebiss (hoffentlich nicht vor dem Schlaufzügel), sie also bestenfalls gehorsam, nicht aber durchlässig sind. Sie kommen auf die Vorhand und machen manchmal den Eindruck, man hätte ihnen den Übergang beigebracht, indem man sie vor die Wand ritt.

21.6 Wodurch zeichnet sich eine richtige, hoch zu bewertende Verstärkung aus?

Ein Pferd, das richtig ausgebildet sich in der Verstärkung aus der Versammlung heraus und in guter Selbsthaltung bewegt, bleibt taktsicher, wirkt bergauf, trägt sich selbst, mit Stirn-Nasen-

Linie leicht vor der Senkrechten und mit dem Genick als höchstem Punkt. In der Trabarbeit ist ein wesentliches Kriterium die Parallelität des Röhrbeins am Hinterbein und des Unterarms am jeweils diagonalen Vorderbein (→ Abb. S. 189 oben) Nur ein Pferd, das so geht, bewegt sich mit hergegebenem schwingendem Rücken, lässt den Reiter auch im starken Trab zum Sitzen kommen, nimmt ihn richtiggehend mit. Nur so können die Vorderhufe dorthin fußen, wo sie hinzeigen, was wiederum Voraussetzung dafür ist, dass die Verstärkungen nicht unnötig belasten oder gar verschleißfördernd sind.

Im Galopp gelten im Prinzip die gleichen Kriterien. Vielleicht noch beachtenswerter als im Trab ist das Geradegerichtetsein, besonders auch in der Rückführung. Der Reiter wird gut in die Bewegung mitgenommen und kann eine deutliche Rahmenerweiterung zulassen.

In beiden Gangarten ist das korrekt gehende Pferd deutlich weniger hörbar als das spektakulär strampelnde, welches mit den Vorderbeinen richtiggehend trommelt. Dadurch wird auch der erhöhte Verschleiß verursacht.

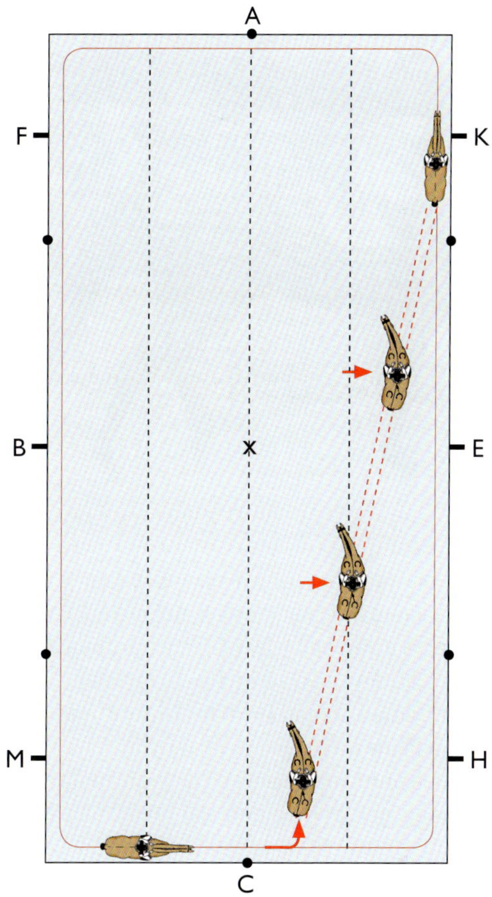

21.7 Trainingsvariante

Erwähnen möchte ich hier noch eine Trainingsvariante, die besonders gut die Kontrolle des Pferdes während der Trabverstärkung erleichtert:

Für die Vorbereitung des Zulegens, auch auf die nachfolgend beschriebene Art, gilt alles, was oben erklärt wurde. Man wendet dann mit dem Pferd nach der Mitte der kurzen Seite auf die Viertellinie ab, behält das Pferd aus der Wendung heraus in einer ganz leichten Längsbiegung, konkret von der linken Hand kommend in einer leichten Linksbiegung, reitet ca. zwei Pferdelängen geradeaus und beginnt vorwärts-seitwärts eine Art von Viereckvergrößern. Dabei bleibt, wie angesprochen, das Pferd leicht gebogen, wofür vor allem der linke, dicht am Gurt liegende Schenkel verantwortlich ist. Die Seitwärtsbewegung muss eigentlich nur angedeutet werden, darf auf keinen Fall übertrieben werden und dazu führen, dass das Pferd ausweicht. Deshalb sage ich meinen Schülern dazu „Denke dabei mit dem inneren Schenkel an Viereckvergrößern und beginne in diesem Vorwärts-Seitwärts mit dem Verlängern der Tritte". Zunächst würde ich diese Übung immer auf der Hand reiten, auf der sich das Pferd nicht so gerne stellen und biegen lässt, als wo seine Zwangsseite innen ist. Wenn ich das auf der linken Hand reiten lassen wollte, bezöge sich das auf ein links festes Pferd. Auf der anderen Hand ist es deswegen etwas schwieriger, weil dort das Pferd vermehrt die Tendenz haben würde, über die Schulter auszuweichen.

Bei dieser Trainingsvariante fällt es dem Reiter leichter, durch kleine „Zusatzaufgaben", die er dem Pferd stellt, die Verstärkung zu kontrollieren. So kommt es nicht so schnell dazu, dass das Pferd zu Beginn der Verstärkung antizipiert

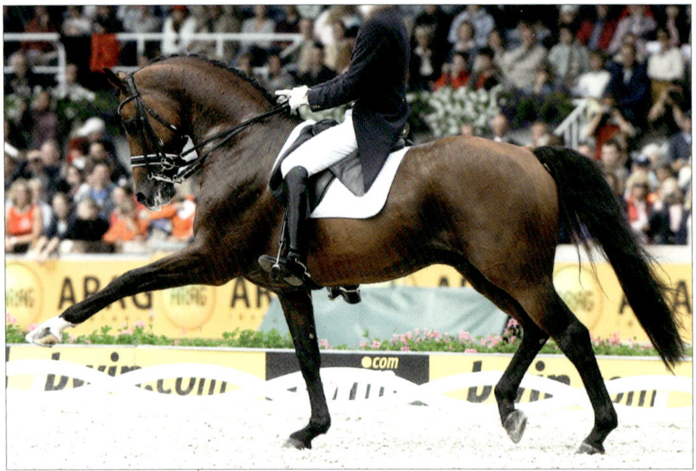

Spektakulär = gut?

und die Initiative übernimmt. Selbstverständlich kann es nur Sinn machen, auf diese Art und Weise zu üben, wenn der Reiter gelernt hat, Viereckverkleinern und -vergrößern im Schritt und Trab richtig zu reiten (**→ Kap. 26.1 zu „Viereck verkleinern …"**).

Da in unserem speziellen Fall auch mit Längsbiegung geritten werden soll, entspricht dies eigentlich dem Bewegungsablauf von Schulterherein, in diesem Fall entlang einer ganz lang gezogenen diagonalen Linie.

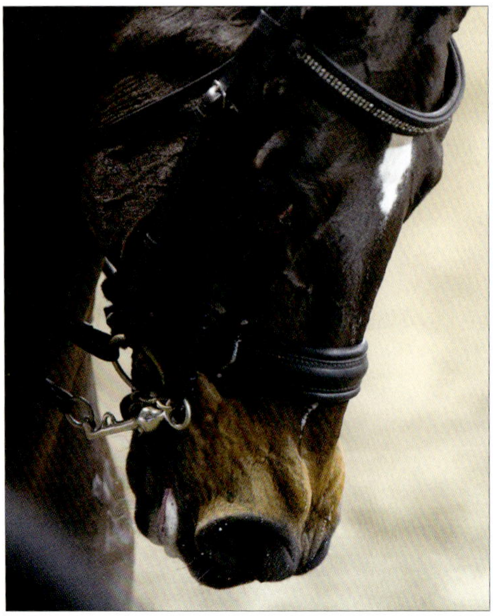

Dieses Pferdegesicht zeugt von großem Stress.

21.8 Modische Verirrungen

Leider sieht man heute häufig, auch im großen Sport, Pferde, die in den Trabverstärkungen spektakulär strampeln, mit festgehaltenem Rücken gehen und deshalb auch mit den Hinterbeinen kaum durchschwingen. Solches Reiten verschleißt die Pferde sehr stark. Die Vorderbeine werden vor allem mithilfe des Oberarm-Kopfmuskels aus der Schulter heraus hochgezogen und fußen dann stramm abwärts-rückwärts wieder auf, sie klatschen gewissermaßen auf den Boden, sodass der ganze Sehnen- und Bänderapparat, besonders auch die Fesselträger, hochgradig strapaziert werden. Je höher die Vordergliedmaßen, insbesondere die Unterarme, bei solchen Verstärkungen „hochgerissen" werden, desto mehr muss man davon ausgehen, dass die Bewegungen nicht mehr natürlich sind, sondern künstlich, wer weiß, auf welche Art und Weise es den Pferden beigebracht bzw. andressiert wurden. Parallel wird durch den Trapezmuskel der Hals in diese pseudo-aufgerichtete Position gezogen bei gleichzeitiger Absenkung des Rückens.

Der wahre Pferdefreund wird weder bei seinem eigenen Pferd noch bei Pferden, die er auf einem Turnier oder einer Schau/Show beobachtet, solche Bewegungen gutheißen oder sie mit Applaus bedenken.

Der Schweif, der zum einen eine direkte Fortsetzung der Rückenwirbelsäule ist, und mit dem sich zum anderen das Pferd von Natur aus artikuliert, z.B. Unbehagen und Widerstand zum Ausdruck bringen kann, wird häufig sehr heftig bewegt. Besonders das peitschenartige Auf- und Abschlagen, oft auch verbunden mit angelegten Ohren, signalisiert starke Spannung und Abwehr.

Viele der Pferde haben ausgesprochene Probleme damit, bei der Grußaufstellung gelassen zu stehen und im Schritt gelassen zu schreiten. Beides deutet darauf hin, dass die für jede größere Leistung notwendige Anspannung überzogen wurde und in Verspannung, ja Verkrampfung umgeschlagen ist.

Wie im Kapitel 28 über verdorbene Pferde noch angesprochen wird, geben der Gesichts-

[1] Ulrike Thiel. Die Psyche des Pferdes: Stuttgart 2007

ausdruck, seine Augen, sein Ohrenspiel sowie die Bewegung und Haltung seiner Lippen jedem, der dies zu lesen versteht, deutliche Auskunft über die mentale Verfassung des Pferdes. Leider sieht man viele Sportpferde, schon auf dem Vorbereitungsplatz und dann anschließend auch in der Prüfung, deren Gesichter von großem Stress, ja von erlernter Hilflosigkeit zeugen, teilweise auch freudlos, ergeben dreinblicken.

Der Begriff „Learned Helplessness", auf Deutsch „erlernte Hilflosigkeit", kommt aus dem Bereich der Lern- bzw. Motivationspsychologie, aus der behavioristischen Lerntheorie und wurde wohl von Martin E.P. Seligmann in den 1940er-Jahren in die Psychologie eingeführt.

Damit wird ein Phänomen bezeichnet, bei dem Menschen nicht mehr versuchen, eine Änderung an einer Situation herbeizuführen, selbst wenn sie es könnten, nachdem sie wiederholt die Erfahrung gemacht haben, dass ihr Verhalten keine ursächlichen Auswirkungen auf Situationen hat, dass sie also nichts ändern können. Solche Menschen haben das Gefühl der Hilflosigkeit in einem Maße verinnerlicht, dass ihre Motivation stark gehemmt und ihr Vermögen vermindert ist, Situationen aktiv durch ihr Verhalten zum Positiven zu verändern.

Genau solches Verhalten kann man bei Pferden, nicht nur im Turniersport, leider immer wieder beobachten. Es scheint so, als ob manche Reiter ganz bewusst so ihr Pferd in eine Art Hypnosezustand bringen, in dem es gleichzeitig hyperaktiv und dennoch kontrollierbar ist.[1]

21.9 Absolute Aufrichtung

Ein großer Teil, der in Dressurprüfungen sich so spektakulär bewegenden Pferde geht in absoluter Aufrichtung, d.h. mit engen, oben hingestellten Hälsen, verspanntem, festem Rücken und Hinterbeinen, die, anstatt vermehrt durchzuschwingen, hintenheraus arbeiten. (**→ dazu auch im Kap. 30. „Kritische Betrachtung ...")**

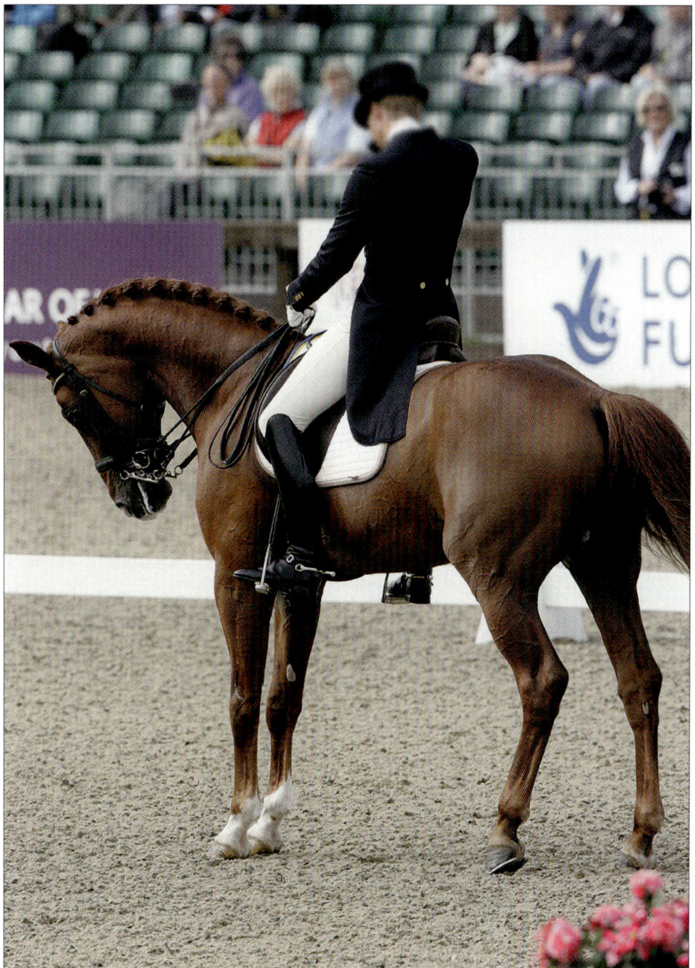

Grußaufstellung mit starker Spannung

Nur die in unserer Reitlehre dargestellte und geforderte relative Aufrichtung ist pferdegerecht und ermöglicht Bewegungen, die dank des losgelassenen Rückens durch den ganzen Körper gehen.

→ Kap. 17. „Versammlung – Aufrichtung – Durchlässigkeit – Selbsthaltung"

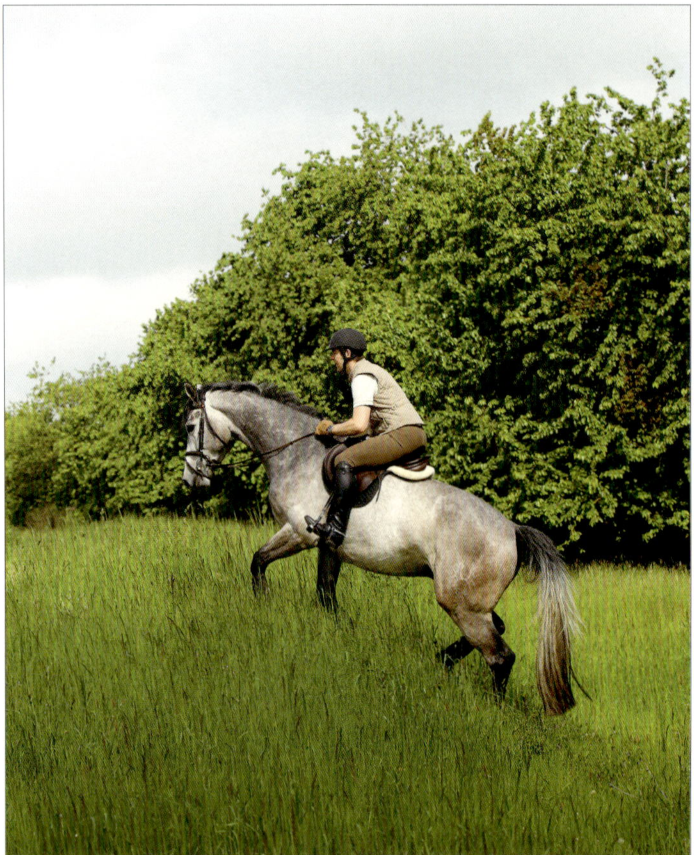

An diesem kurzen, etwas steileren Stück muss die Hinterhand richtig arbeiten.

22. Training bergauf und bergab

Es wurde in diesem Buch schon mehrfach angesprochen, wie wichtig es ist, bei der Arbeit mit dem Pferd für genügend Abwechslung zu sorgen. Wenn man einmal davon ausgeht, dass Reiten ursprünglich eine Sportart war, die nur in der Natur unter freiem Himmel stattfand, dann sollte es für jeden Reiter, auch den Turnierreiter, das Selbstverständlichste sein, regelmäßig auszureiten.

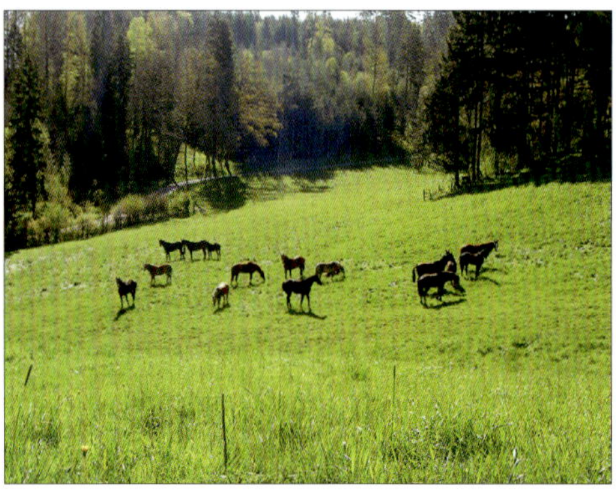

Wenn Fohlen so aufwachsen, schulen sie u.a. hervorragend ihr Gleichgewicht und ihre Motorik. (auf den Weiden der Familie Schmid in Urspring)

22.1 Balance

Für Pferd und Reiter ist es eines der wichtigsten Lernziele, die Balance zu verbessern, um sich möglichst in allen Situationen in einem gemeinsamen Gleichgewicht bewegen zu können. Das sollte natürlich bei beiden unabhängig voneinander in frühester Jugend beginnen:

Das Fohlen muss Gelegenheit haben, auf der Weide, möglichst mit gleichaltrigen Artgenossen, vielleicht sogar in hügeligem Gelände herumzutollen.

Das Kind sollte auch bei Spiel und Sport möglichst vielfältige Bewegungsabläufe kennenlernen und sich damit vertraut machen.

Beim Reiten ginge es dann idealerweise so weiter, dass das junge Pferd mit einem erfahrenen, gut ausbalanciert sitzenden Reiter beim Ausreiten mit unterschiedlichen Bodenverhältnissen und Geländeformationen vertraut gemacht und so zunehmend sein Gleichgewicht unter dem Reiter finden würde.

Entsprechend sollte der lernende Reiter Gelegenheit bekommen, eben solche Erfahrungen mit einem routinierten und gut ausbalancierten Lehrpferd zu sammeln.

Mit dieser Art der Ausbildung will ich mich hier im Einzelnen jedoch nicht beschäftigen. Vielmehr möchte ich auf Trainingsmethoden eingehen, bei denen durch Reiten auf leicht ansteigendem und abfallendem Gelände die gymnastizierende Arbeit wertvoll ergänzt werden kann, auch im Hinblick auf die weitere Ausbildung bis hin zur Versammlung.

Als junger Reiter hatte ich das Glück, dass man bei uns ganz hervorragend ausreiten konnte. Das Gelände bot hervorragende Bodenverhältnisse und sehr abwechslungsreiche Geländeformationen. So habe ich alle Pferde, auch Dressur- und Springpferde, großenteils im Gelände gearbeitet.

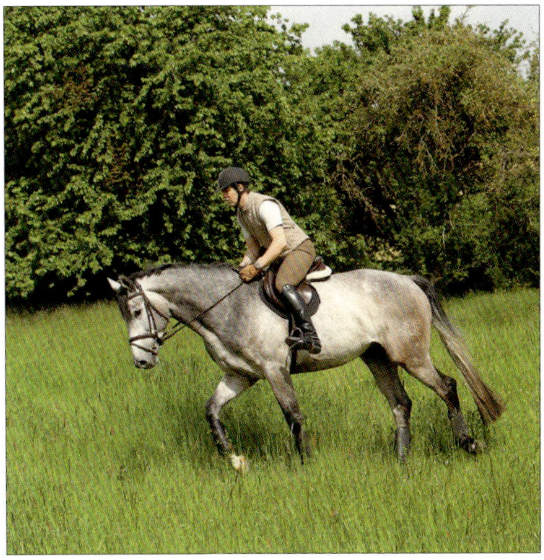

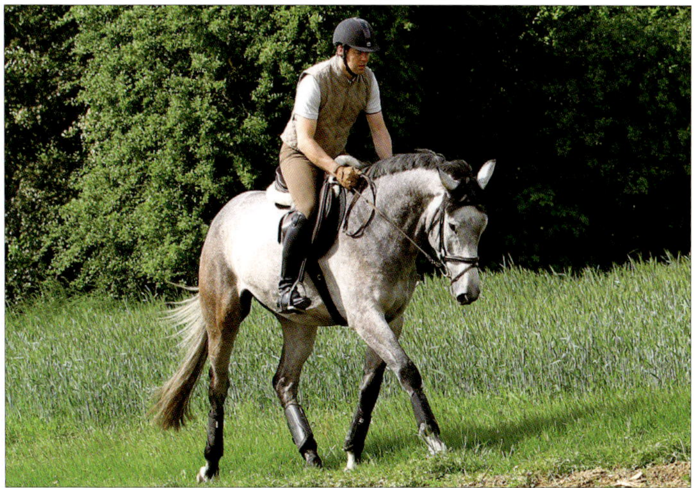

Bergab muss der Reiter das junge Pferd gut bei sich behalten. (links)

Im Trab mit vertrauensvoller Dehnung an die Hand heran (rechts)

22.2 Bergauf

Bei dieser Arbeit im Gelände habe ich erlebt, wie z.B. beim Traben oder Galoppieren an leichten Steigungen die Pferde animiert werden, mit den Hinterbeinen aktiver abzufußen und Schub zu entwickeln.

Je besser Pferde gewohnt sind, vertrauensvoll an die Hand heranzutreten und zu „ziehen", desto leichter kann der Reiter sie bei solcher Arbeit geschlossen und rund halten, sodass das gesamte Rumpfstreckersystem **(Grafik → Kap. 11. „Losgelassenheit…", S. 93)**, aber natürlich auch das Rumpfbeugersystem, einschließlich Bauchmuskulatur, trainiert werden.

Pferde, die noch nicht so vertrauensvoll an die Hand herantreten und den Hals aus der Schulter heraus fallen lassen, werden auch dementsprechend aufgebaut, weil sie allein schon durch dieses Bergaufgehen quasi automatisch veranlasst werden, sich vermehrt vorwärts-abwärts zu dehnen. Es hilft auch sehr gut bei Korrekturpferden, deren Rumpfstrecker nicht genügend Dehnungsfähigkeit haben.

Der Wert dieser Arbeit wird noch weiter erhöht, wenn der Reiter das Pferd in wechselndem Rahmen reitet, d.h. wenn er immer wieder wechselt zwischen Dehnungshaltung und geschlossenerer, aufgerichteterer „Gebrauchshaltung".

Wenn die Pferde auf Grund richtiger Arbeit und entsprechender Haltung und Fütterung gewohnt sind, unter dem Reiter frisch und gehfreudig mitzuarbeiten, macht diese Trainingsmethode allen Beteiligten eigentlich nur Spaß und ist zugleich sehr effektiv.

Im Zusammenhang mit Takt und Grundgangarten habe ich davon gesprochen, dass gerade der Trab die Gangart ist, die durch fachgerechtes Training sehr gut gefördert werden kann, auch im Hinblick auf Verstärkungen. Auf keinen Fall darf dabei das für das Pferd individuell passende Grundtempo überzogen werden.

Da bei dieser Bergauf-Arbeit in allen drei Grundgangarten das Pferd, wie oben angesprochen, anfängt, mit den Hinterbeinen aktiver abzufußen und im Trab und Galopp nach vorne durchzuschwingen bzw. heranzuschließen, wird auch die Versammlung deutlich gefördert. Die oben schon angesprochene Möglichkeit, den Mittel- und starken Trab zu verbessern beruht ja genau darauf. Bei dem Gedanken an die gewünschte Rahmenerweiterung in der Verstärkung muss der Reiter das Pferd gut vor sich behalten und in sich geschlossen halten; auf jeden Fall muss er vermeiden, dass es lang wird und auseinanderfällt.

Da das Pferd bei der Bergauf-Arbeit in allen drei Grundgangarten anfängt, mit den Hinterbeinen aktiver abzufußen und im Trab und Galopp nach vorne durchzuschwingen bzw. heranzuschließen, wird auch die Versammlung deutlich gefördert.

!

22.3 Bergab

Ist man bergauf geritten, muss man irgendwann auch wieder bergab reiten. Und dieses Bergab, das wird den Unerfahrenen vielleicht erstaunen,

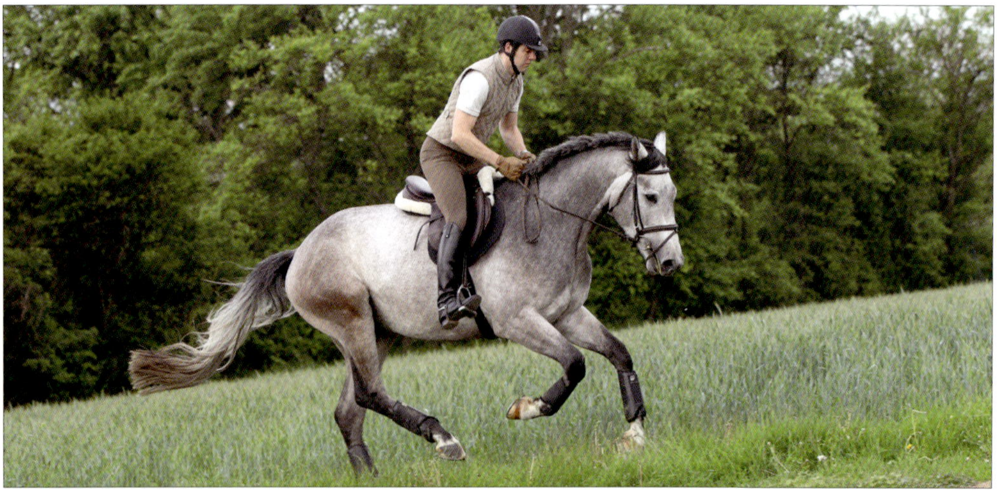

Vierjähriger in schönem Kanter bergauf

ist deutlich anspruchsvoller und stellt besonders an den Reiter erhöhte Anforderungen. Bergab neigt das diesbezüglich untrainierte Pferd dazu, gewissermaßen der Schwerkraft folgend, eiliger zu werden. Im Schritt kommt noch das Problem hinzu, dass fast jedes Pferd, sogar auf der Weide, im leichten Gefälle anfängt, sich passartig zu bewegen. Um nun hier richtigen Trainingsaufbau zu leisten, wäre es natürlich ideal, wenn der Reiter zunächst auf einer nur ganz leicht abfallenden Strecke beginnt und sich erst allmählich an etwas steileres Bergab heranwagt. Auf jeden Fall fängt er im Schritt an und reitet dann nur ganz kurze Reprisen auch im Trab. Das Pferd muss dabei besonders gut an den Hilfen, besonders am treibenden Schenkel gehalten werden, auf keinen Fall darf der Reiter es auf die Hand kommen lassen. Hier gilt ebenfalls, die Paraden möglichst so zu gestalten, dass das Pferd nicht im Hals enger wird und dadurch in seiner Balance beeinträchtigt werden würde.

So wie in der Steigung bergauf die Pferde veranlasst werden, aktiver mit den Hinterbeinen abzufußen und Schub zu entwickeln, so werden sie bergab im gleichen Maße, bei richtigem Reiten veranlasst, die Hinterbeine vermehrt nach vorne unters Gewicht zu setzen, um eben einem durch die Schwerkraft bedingten Schnellerwerden entgegenzuwirken. Inwieweit das auch tatsächlich mit Hankenbeugung (→ **Kap. 17. „Versammlung – Aufrichtung – Durchlässigkeit – Selbsthaltung")** geschieht, hängt ganz entscheidend davon ab, ob es dem Reiter gelingt, das Ganze sicher zu kontrollieren, zu verhindern, dass das Pferd eiliger wird. Wie oben schon angesprochen muss das Bergab zunächst in kurzen Reprisen von ca. 20–30 Metern geübt werden, besonders im Galopp. Wer schon einmal im Gebirge wandern war, hat erlebt, dass das Bergauf zwar viel Kraft kostet, dass man aber bergab fast noch schneller ermüdet, weil man ständig etwas abbremsen muss.

So wie in der Steigung bergauf die Pferde veranlasst werden, aktiver mit den Hinterbeinen abzufußen und Schub zu entwickeln, so werden sie bergab im gleichen Maße, bei richtigem Reiten veranlasst, die Hinterbeine vermehrt nach vorne unters Gewicht zu setzen.

!

Häufig wird gesagt: Bergauf verbessert die Schubkraft, bergab die Tragkraft. (Es gibt sogar Ausbilder, die bergab Piaffe üben.) – Ich würde hier nicht so deutlich differenzieren. Beides geht nach meiner Meinung ineinander über (s.o.).

In jedem Fall empfehle ich, das Bergauf mehr zu nutzen; der anregende, die Hinterhand aktivierende Effekt ist sofort spürbar. Das Bergab zu nutzen, ist sehr anspruchsvoll und sollte nur von erfahrenen Reitern, die in der Lage sind, alles sehr genau gefühlsmäßig zu kontrollieren, angewendet werden. Andernfalls kann dabei sehr leicht ein negativer Trainingseffekt, auch was die Taktsicherheit des Pferdes anbelangt, entstehen.

→ Kap. 21. „Verstärkungen – das Salz in der Suppe?"

23. Pferde „schnell machen"

Was ist damit gemeint?

Leichter zu erklären ist, was damit nicht gemeint ist, nämlich das Pferd dahingehend auszubilden, mit höherer Geschwindigkeit zu traben und zu galoppieren als im Rennsport. Primär geht es hier um mentale Schnelligkeit, das Pferd wach und „geistig" beweglich zu machen. Es soll befähigt werden, auf Wünsche und Anweisungen des Reiters, die ihm durch dessen Körpersprache und Hilfengebung übermittelt werden, schnell reagieren und Folge leisten zu können.

Wie man sich vorstellen kann, hängt die Fähigkeit und Bereitschaft des Pferdes dazu sehr stark davon ab, wie positiv und von Vertrauen geprägt das Verhältnis zu seinem Reiter ist. Wenn das Pferd mittel- und langfristig gelernt hat, seinen Reiter gewissermaßen als Leittier nicht nur zu akzeptieren und zu respektieren, sondern ihm auch zu vertrauen, ist die wichtigste Voraussetzung für ein gutes Lernklima schon einmal geschaffen.

Natürlich müssen auch physische Voraussetzungen vorhanden sein oder entwickelt werden. So wird alles, was die Losgelassenheit, die Balance, das Geradegerichtetsein und die körperliche Beweglichkeit eines Pferdes verbessert, dafür förderlich sein.

Ich will das an einem recht anspruchsvollen Beispiel erklären: Eine der schwierigsten Lektionen in der Aufgabe des Grand Prix de Dressage ist die Zick-Zack-Traversale im Galopp, bei der das Pferd nach drei bzw. sechs Galoppsprüngen seine Richtung, seine Längsbiegung und natürlich den Galopp wechseln muss.

Um diesen schnellen Wechsel von der Links- in die Rechtsbiegung und zurück bewerkstelligen zu können,

- **muss das Pferd losgelassen und beweglich sein, damit es sich nach beiden Seiten gleich gut stellen und biegen kann,**
- **muss es auch schon gut geradegerichtet sein.**

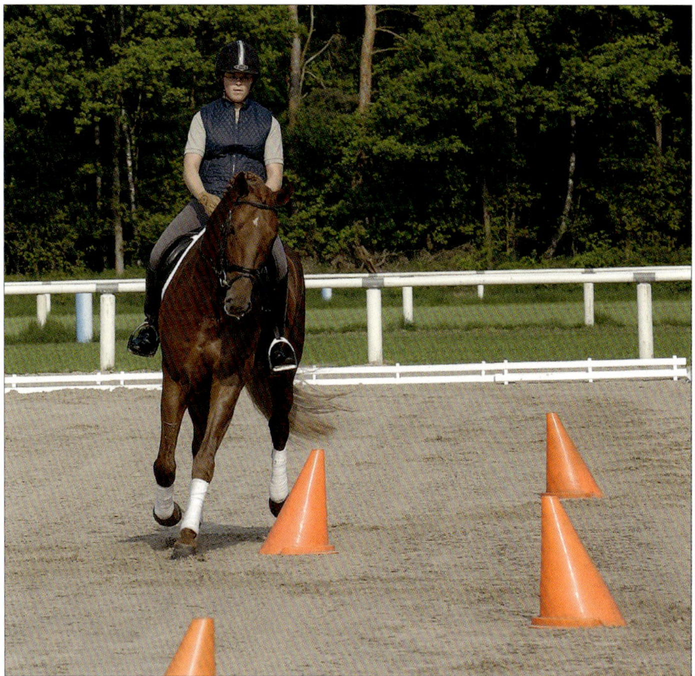

- **Selbstverständlich ist beim Wechsel der Bewegungsrichtung einschließlich des Galoppwechsels auch eine ganz sichere Balance und Behändigkeit notwendig.**

Natürlich wird das Pferd mit der Zeit eine solche Übungsfolge mit dem mehrmaligen Umstellen „auswendig" kennen und bereit sein, „schnell" mitzumachen. Andererseits darf es aber auch nicht zu sehr „dressiert" und dadurch versucht sein, diese Übungsfolge von sich aus in der einstudierten Form abzuspulen, da es ja immer wieder auch Traversalen mit anderen Galoppsprungzahlen gehen muss. Es muss also bei aller Bereitschaft, den Hilfen des Reiters schnell zu folgen, immer noch auf diese warten.

23.1 Wie kann man diese Art von Schnelligkeit beim Pferd trainieren?

Wie eben schon angesprochen, könnte man jetzt alle in unserer Ausbildungsskala zusammengefassten Grundsätze aufzählen. Tatsächlich hängt die Fähigkeit und Bereitschaft eines

Da Pferde immer in hohem Maße ein Spiegelbild ihrer Reiter sind, besonders was die mentale Situation anbelangt, kann das Schnellermachen eigentlich nur wirkungsvoll sein, wenn eben der Mensch im Sattel schnell genug ist – vor allem im Kopf.

!

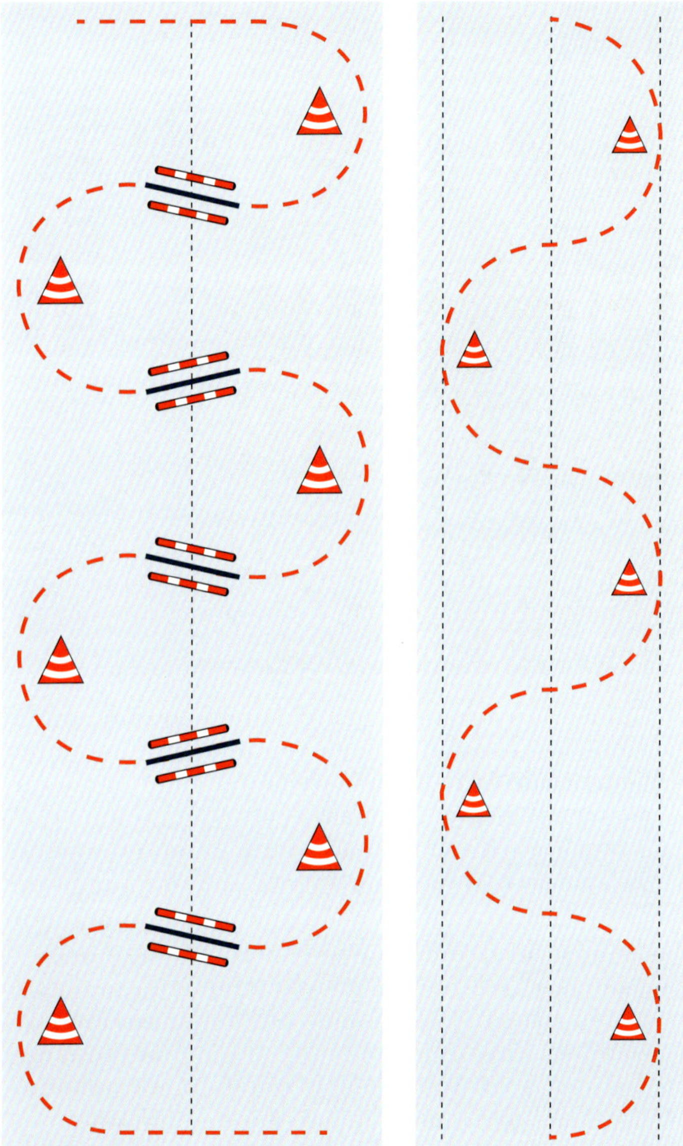

Slalom und Schlangenlinien um Kegel und durch Stangengassen

Pferdes, schnell zu reagieren, ganz entscheidend vom Grad seiner Durchlässigkeit ab. Was die Hilfen anbelangt, muss der Reiter immer im Hinterkopf haben, sie so einzusetzen, dass er das Pferd für sie sensibilisiert; umgekehrt muss er alles vermeiden, was das Pferd abstumpft.

Im Folgenden will ich noch ein paar praktische Übungsbeispiele aufzählen, die gezielt eingesetzt werden können:

- **Eine halbe Parade, z.B. im Trab, wird so geritten, als ob man durchparieren möchte. Nach der signalhaften Parade wird unmittelbar wieder die Hilfe zum Weitertraben gegeben; wichtig dabei ist, dass der Reiter im Wiederantreten gut mitkommt, keinesfalls hinter der Bewegung sitzt.**
- **Slalom reiten um Kegel oder durch Gassen, gegebenenfalls auch auf einem Springplatz um die Hindernisse herum; hierbei kommt es auf das entschlossene Umstellen, besonders mit den diagonalen Hilfen, an – neuer innerer Schenkel treibt an den neuen äußeren Zügel heran.**
- **Schlangenlinien durch die Bahn mit entschlossenem, zügigem Umstellen, ebenfalls unter sorgfältiger Beachtung der diagonalen Hilfen. Wichtig ist auch das Leichtwerden am jeweils inneren Zügel. Auch hierbei kann sehr gut mit Kegeln und/oder Stangen gearbeitet werden.**
- **Ganze Paraden, Antraben vom Fleck weg. (→ Kap. 20. „Übergänge…")**
- **Rückwärtsrichten, daraus antraben oder angaloppieren, dabei dem Pferd stets die Reaktion leicht machen und positiv bestätigen, z.B. durch freundlichen Sitz.**

Da Pferde immer in hohem Maße ein Spiegelbild ihrer Reiter sind, besonders was die mentale Situation anbelangt, kann dieses Schnellermachen eigentlich nur wirkungsvoll sein, wenn eben der Mensch im Sattel schnell genug ist – vor allem im Kopf.

Optimal kann alles erst dann funktionieren, wenn der Reiter seinem Pferd einige Augenblicke voraus ist, also nicht immer nur reagiert, sondern agiert.

In dieser Hinsicht gibt es bei jedem Reiter noch erheblichen Spielraum für Verbesserung.

→ Kap. 1. „Alles fängt im Kopf an!"

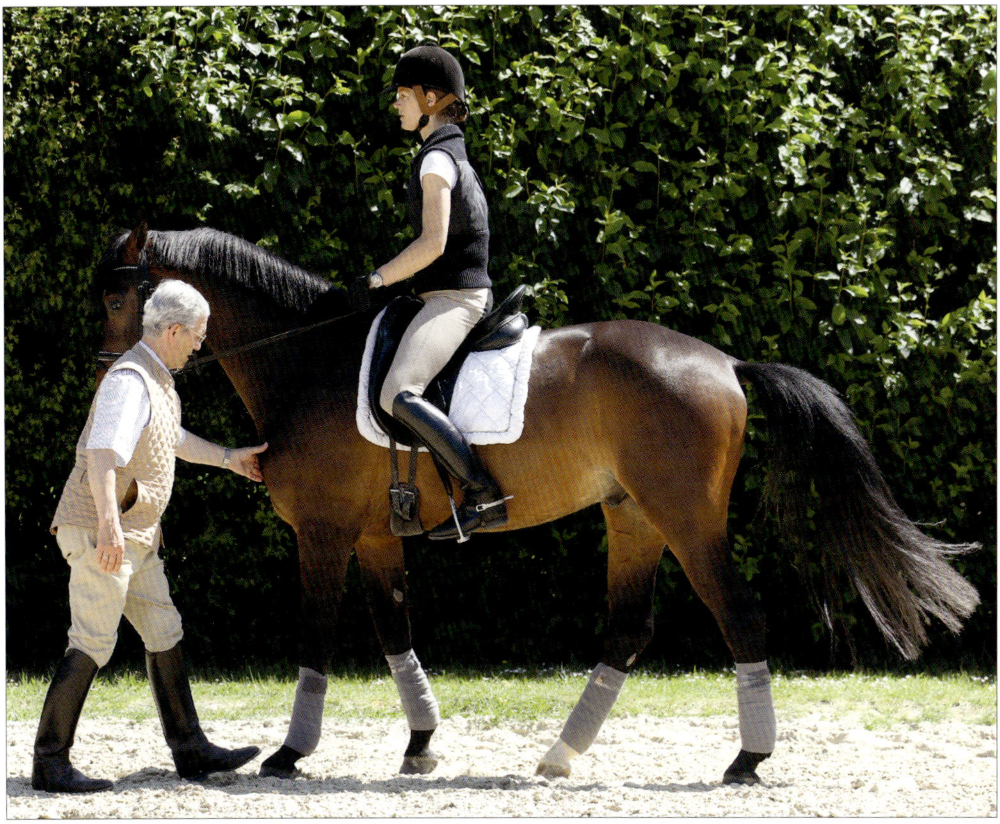

Rückwärtsrichten mit Hilfe von unten

24. Rückwärtsrichten und Schaukel

Rückwärtsrichten gehört zunächst zu den versammelnden, in der weiteren Ausbildung zu den versammelten Lektionen. Es ist durchaus keine unnatürliche Übung, sondern sollte von jedem (Reit-)Pferd problemlos abgefragt werden können. Es gehört zu den Übungen, mit denen die Losgelassenheit, besonders des Rückens, und die Durchlässigkeit eines Pferdes besonders gut überprüft werden können. Deshalb ist es auch erfreulich, dass es nach einigen Jahren Pause auch wieder in der Aufgabe des Grand Prixs verlangt wird.

Gelegentlich wird es auch als Gehorsamsübung abgefragt; es als Strafe anzuwenden ist jedoch unreiterlich.

Beim Ausprobieren eines Pferdes, das man eventuell zu kaufen gedenkt, ist es immer empfehlenswert, auch das Rückwärtsrichten zu testen. Wenn es selbst mit Hilfe und noch nicht einmal an der Hand möglich ist, das Pferd zwei bis drei Tritte rückwärtstreten zu lassen, ist es nicht unwahrscheinlich, dass gesundheitliche Mängel, z.B. im Rücken, dafür verantwortlich zu machen sind oder aber in der Ausbildung Fehler gemacht wurden.

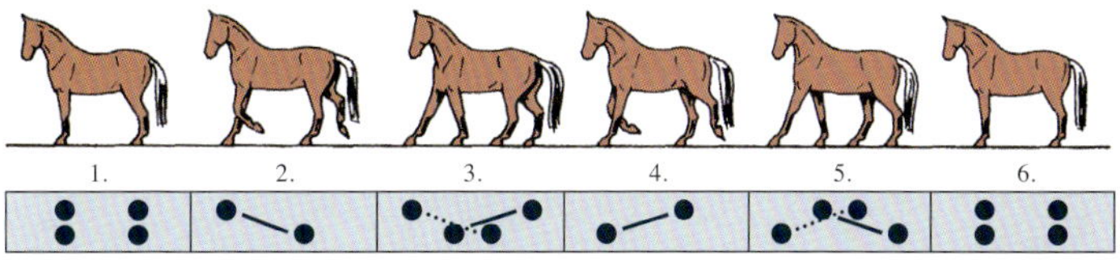

24.1 Kriterien

Auch beim Rückwärtsrichten ist der Takt das oberste Kriterium, also die diagonale Fußfolge bei gleichmäßig langen Tritten. (→ Kap. 10.2 „Die Gangarten")

Rückwärtsrichten gehört zu den Übungen, mit denen die Losgelassenheit, besonders des Rückens, und die Durchlässigkeit eines Pferdes besonders gut überprüft werden können.

!

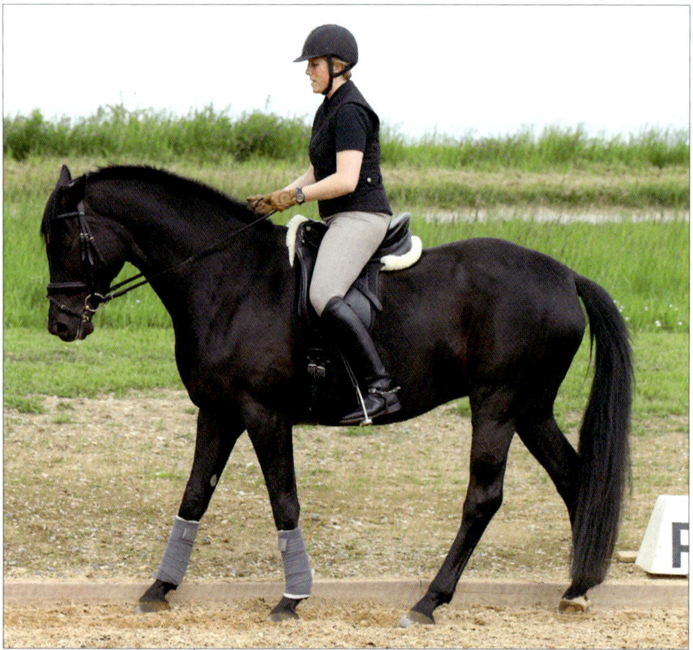

Je besser die Nase vorne bleibt desto durchlässiger gestaltet sich das Rückwärtsrichten.

Die Rittigkeit und das sogenannte Gerittensein dokumentieren sich zum einen in der willigen Annahme feiner Reiterhilfen bei nachgiebigem Genick, zum anderen aber auch darin, dass der Reiter den Rhythmus des Bewegungsablaufs, die Zahl der Tritte und die Länge des einzelnen Tritts kontrollieren kann.

Das Motto „Alles, was leicht geht, ist richtig" gilt auch für das Rückwärtsrichten. Es ist mir immer wieder eine Freude, wenn es beim Reitunterricht gelingt, einem Reiter innerhalb recht kurzer Zeit ein Aha-Erlebnis zu vermitteln. Gerade beim Rückwärtsrichten gelingt das sehr oft, weil einerseits sehr viele Reiter dabei Probleme haben, es andererseits relativ gut möglich ist, ihnen nicht nur durch Erklärungen, sondern aktiv durch „Handanlegen" vom Boden aus zu helfen.

24.2 Ursachen und Lösung von Problemen

Einiges Grundsätzliches zum Rückwärtsrichten habe ich in RmVuG ausführlich erklärt. Hier möchte ich einerseits auf Schwierigkeiten eingehen, die beim Reiter mental bedingt sind oder auf mangelnder Kontrolle des Instinkts beruhen, andererseits den Weg zu richtig durchlässigem Rückwärtsrichten weisen, welches mit leichten Hilfen funktioniert.

Vielen Reitern fällt es schwer, mit ihren Pferden Rückwärtsrichten taktmäßig (mit diagonalem Bewegungsablauf), flüssig und zwanglos zu reiten. Oft liegt es einfach daran, dass man zu lange gewartet und zu spät angefangen hat, das Pferd damit vertraut zu machen. Ich beginne damit in der Regel schon bei den ersten Übungen an der Longe, bevor der Reiter im Sattel sitzt.

Beim Reiten warte ich, bis das Pferd sich unter dem Reiter in allen drei Grundgangarten entspannt bewegt und auch schon einigermaßen gelassen steht. Das ist normalerweise nach wenigen Wochen der Fall. Um dem Pferd das Halten und Stehen mental zu erleichtern, empfiehlt es sich, in der ersten Zeit häufig neben dem Ausbilder oder einem Helfer zu halten, der das Pferd abklopft und in freundlichem Tonfall mit ihm spricht. Soll das Rückwärtsrichten geübt werden, hält man am besten an der Bande, allerdings nicht zu dicht.

Wenn das Pferd gelassen bleibt und auch schon am relativ langen Zügel anfängt zu kauen, kann von unten das Rückwärtsrichten durch Druck mit der Hand an der Innenseite des Buggelenks ausgelöst werden:

- **der Reiter sitzt dazu entlastend geringfügig vornüber,**
- **hat die ohne Druck am Pferdeleib liegenden Schenkel maximal eine Handbreit zurückgelegt, dabei aber gut langgemacht (keinesfalls die Absätze hochgezogen),**
- **hält mit den etwas nachgefassten Zügeln (die Hände müssen dazu etwas weiter nach vorne genommen werden) leichte elastische Verbindung zum Maul.**
- **Die Rückwärtsbewegung wird durch den Ausbilder ausgelöst, möglichst in einem Moment, in dem es etwas den Hals fallen lässt und nachgibt; nur so kann es sich dabei auch im Rücken wohlfühlen.**
- **Ein begleitendes „Zurück-zurück"-Murmeln, welches das Pferd von der Arbeit**

an der Longe her kennt, hilft ihm zu verstehen, was es soll.
- **Sowie es auch nur ansetzt, rückwärtszutreten, muss sofort das erste Lob, evtl. mit einem Leckerchen, erfolgen.**
- **Zögert es und/oder hebt es sich etwas heraus, darf kein Zwang ausgeübt werden, vor allem muss der Reiter sich richtiggehend zwingen, dann nicht über die Zügel stärker einzuwirken. Notfalls wird einfach wieder angeritten und an anderer Stelle ein neuer Versuch gestartet.**

Es ist immer wieder eindrucksvoll, wie schnell schon ganz junge Pferde auf diese Weise völlig zwanglos mit dem Rückwärtsrichten vertraut gemacht werden können. Auch bei Korrekturpferden kann man so sehr schnell aus der Problemlektion eine Routineübung machen.

Bei erstaunlich vielen Reitern sind die Probleme mit dieser Übung aber im Kopf begründet. Sie haben einfach falsche Vorstellungen davon, wie sie an diese Lektion heranzugehen haben. Hinzu kommt noch, dass es mit jedem Fehlversuch, bei dem die Hilfengebung nicht stimmt, noch schwieriger wird und der Instinkt den Reiter noch mehr in die Irre führt.

Einige Reiter versuchen, trotz besseren Wissens, das Pferd vornehmlich mit den Zügeln rückwärtszuziehen. Wenn dadurch erst einmal das Pferd veranlasst wird, sich im Genick fest zu machen und sich sogar herauszuheben, kann es gar nicht mehr funktionieren. Vielmehr wird sich beim Pferd eine richtiggehende Aversion gegen das Rückwärtsrichten entwickeln.

Viele bemühen sich jedoch, genau der Reitlehre zu folgen, die besagt, dass die treibenden Hilfen eingesetzt werden müssen, um das Pferd in Bewegung zu setzen und es dann mithilfe der Zügelhilfen gewissermaßen nach rückwärts umzuleiten. Vom Grundsatz her ist das ja auch richtig. Wenn aber die Verständigung mit dem Pferd noch nicht ganz gut abgestimmt ist, und es nicht sofort klappt, lassen sich die meisten Reiter dazu verleiten, vermehrt die treibende Schenkelhilfe, oft mit hochgezogenem Absatz oder gar mit dem Sporen, einzusetzen. Leider wird es dadurch immer schwieriger.

In solchen Fällen unterbreche ich dann den Reiter und fordere ihn auf, sich in die Situation des Pferdes hineinzudenken: Stelle dir vor, dir würde dein Reiter die Sporen vermehrt in die Rippen drücken, wenn du zögerst; glaubst du, das würde deine Bereitschaft erhöhen, rückwärtszutreten?

Tauchen beim Rückwärtrichten Probleme auf, so muss vor allem die Vorbereitung verbessert werden:
- **Das Pferd muss besser zur Nachgiebigkeit im Genick gebracht und zum Fallenlassen des Halses ermuntert werden.**
- **Ein kurz gemachter oder gar enger Hals verstärkt aber das Problem!**
- **Nur wenn es in der ganzen Parade einigermaßen durchlässig bleibt, wird es im Halten hinten genügend heranschließen, sodass es auch mit losgelassenem Rücken rückwärtstreten kann. Im Zweifelsfall reitet man durch die elastische Verbindung des anstehenden Zügels hindurch nochmals ein, zwei halbe Schritte nach vorne und beginnt von vorne.**
- **Man sollte auf keinen Fall zögern, sich von unten helfen zu lassen, so wie oben für das lernende Pferd beschrieben.**
- **Der clevere Reiter verlangt das Rückwärtsrichten nur, wenn das Halten gut gelungen ist, wenn er fühlt, dass das Pferd dazu bereit ist.**

Bei geschickter und geduldiger Korrektur kommt sehr bald der Moment, in dem dann das Pferd schon von sich aus das Rückwärtsrichten anbietet und versucht, im Rückwärts sogar etwas eilig zu werden. Ersteres darf der Reiter nicht (oft) annehmen, stattdessen sollte er wieder anreiten. Dabei muss er aber mit der Hand die Verbindung halten und nicht dem Instinkt folgen, die Hand sofort vorzuschieben.

Hier kommt das Pferd zu tief und ist nicht mehr genügend an den treibenden Hilfen bzw. vor der Reiterin.

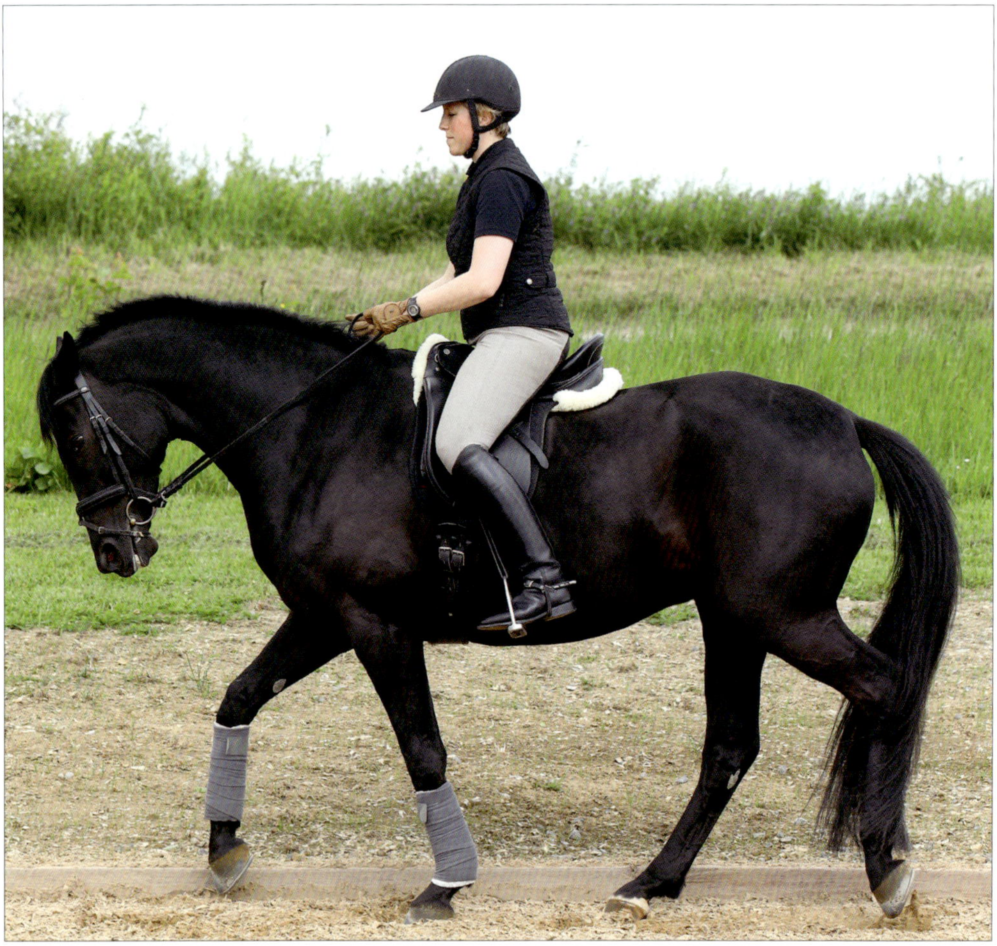

Das Eiligwerden im Rückwärtstreten kann er relativ leicht abfangen, indem er dann mit den Schenkeln etwas an Vorwärtsreiten denkt. Erwartet er es, sollte er vom ersten Tritt an vermehrt die Vorstellung haben, das Pferd während des Rückwärtsrichtens gut vor sich zu behalten.

Es gibt kaum eine andere Übung, bei der Hilfe von unten so wichtig und wertvoll ist, wie beim Rückwärtsrichten. Nur wenn das Pferd möglichst schnell lernt, auf leichte Hilfen rückwärtszutreten, wird es möglich sein, es gegebenenfalls auch in einer Prüfungssituation korrekt und qualitätsvoll zu reiten.

Je öfter sich der Reiter verleiten lässt, mit stärkeren oder gar gröberen Hilfen einzuwirken, desto schwieriger wird es. Für manche Reiter und Pferde entwickelt es sich dann geradezu zu einem Albtraum.

Wie lange es im Einzelfall dauert, bis es leicht geht, ist von Pferd zu Pferd recht unterschiedlich. So fällt es oft gerade den Pferden anfangs etwas schwerer, die von Haus aus viel Gehfreude und „Go" haben. Manchmal ist die Schwierigkeit auch darin begründet, dass der Reiter aus einem falschen Verständnis von „Vorwärtsreiten" dieses überzogen hat.

Nur wenn die Verständigung so gut abgestimmt ist, dass es gelingt, Rückwärtsrichten mit feinen Hilfen abzufragen, wird es dem Reiter möglich sein, das Pferd vor sich, an den treibenden Hilfen zu behalten und Tritt für Tritt zu kontrollieren. Dies wiederum ist Voraussetzung für die nächstanspruchsvollere Lektion, die Schaukel.

24.3 Die Schaukel

In den Richtlinien Band II wird die Schaukel als der Prüfstein für die absolute Durchlässigkeit des Pferdes apostrophiert. Nun bin ich mit solchen Superlativen immer etwas vorsichtig, vor allem würde ich sie nur als „einen", allerdings sehr aussagekräftigen Prüfstein bezeichnen. Zickzack-Traversalen im Galopp sind eine weitere Lektion, die diesbezüglich sehr anspruchsvoll und, z.B. was die Schiefe eines Pferdes anbelangt, geradezu entlarvend ist. Letztere wird auch nach wie vor im Grand Prix verlangt, die Schaukel leider nicht mehr.

In der Schaukel

- **tritt das Pferd bei klarem Abfußen in diagonaler (gleichzeitiger) Fußfolge eine vorgegebene Anzahl von Tritten rückwärts,**
- **geht daraus, d.h. ohne zum Halten zu kommen, eine vorgegebene Anzahl von Schritten im klaren Viertakt vorwärts,**
- **tritt anschließend sofort, wiederum ohne zum Halten zu kommen, eine bestimmte Anzahl von Tritten rückwärts und**
- **wird daraus, also wiederum ohne Halten, im Schritt, in Aufgaben eigentlich immer im Trab oder Galopp angeritten.**

In der Schaukel[1] soll das Pferd vom ersten, hoffentlich sicheren Halten an willig, geschmeidig und auf gerader Linie diesen Wechsel zwischen Zweitakt im Rückwärts und Viertakt im Schritt zeigen. Es soll dabei klar erkennbar sein, dass der Reiter das Ganze sicher kontrollieren kann. Es soll keinerlei Zögern, Stocken oder Eilen auf etwaige Mängel in der Durchlässigkeit hindeuten.

Die Hilfengebung ist eigentlich ganz einfach zu beschreiben, sie entspricht im Prinzip der des richtigen Rückwärtsrichtens. Wenn der Reiter sich mit seinem Pferd so fein abgestimmt hat, dass er mit leichtesten, fast nur gedachten Hilfen das Rückwärtsrichten reiten und dabei das Pferd, wie oben beschrieben, vor sich behalten kann, braucht er tatsächlich auch beim Umschalten von der Rückwärts- in die Vorwärtsbewegung nur zu denken. Die daraus resultierende Veränderung in seiner Körpersprache und -spannung wird vom Pferd gefühlt und verstanden. Je weniger er aktiv seine Hilfen jeweils verändern muss, desto weniger wird es Anlass für Stockungen oder ähnliche Störungen geben.

Das Herausreiten im Trab oder Galopp, also das Antraben oder Angaloppieren aus dem Rückwärts habe ich in den Kapiteln über Übergänge und Galopparbeit beschrieben.

Beim Rückwärtsrichten wie bei der Schaukel kommt es sehr leicht dazu, dass das Pferd antizipiert und gar nicht mehr auf die Hilfen des Reiters wartet. Einen leicht abrichtenden Effekt kann der Reiter sich beim jungen, lernenden Pferd anfangs ruhig einmal zunutze machen, indem er die ersten Male immer an derselben Stelle übt. Er muss dann aber sehr schnell wieder umschalten und darauf achten, dass das Pferd wartet. Dazu wechselt man im Training zwischen Halten mit anschließendem Rückwärtsrichten und Halten ohne Rückwärts bzw. sofortigem Wieder-Anreiten.

Wie oben schon angesprochen, hängt die Bewertung der Lektionen Rückwärtsrichten und Schaukel ganz entscheidend auch davon ab, ob die reiterliche Kontrolle sicher gewährleistet und die reiterliche Leistung erkennbar ist. Eine „dressierte" Ausführung nach dem Motto „Münze einwerfen – Lektion kommt raus" ist wenig wertvoll. Mithilfe eines so abgerichteten Pferdes, manchmal hört man dafür die wenig schöne Bezeichnung „Lektionstaxi", kann ein Reiter vielleicht in einer Prüfung, etwa für ein Reitabzeichen, über die Runden kommen, richtig reiterlich lernen wird er aber davon kaum etwas. ■

Die Bewertung der Lektionen Rückwärtsrichten und Schaukel hängt ganz entscheidend auch davon ab, ob die reiterliche Kontrolle sicher gewährleistet und die reiterliche Leistung erkennbar ist.

!

[1] Auch im Englischen wird das deutsche Wort Schaukel dafür verwendet; es gibt keine Übersetzung.

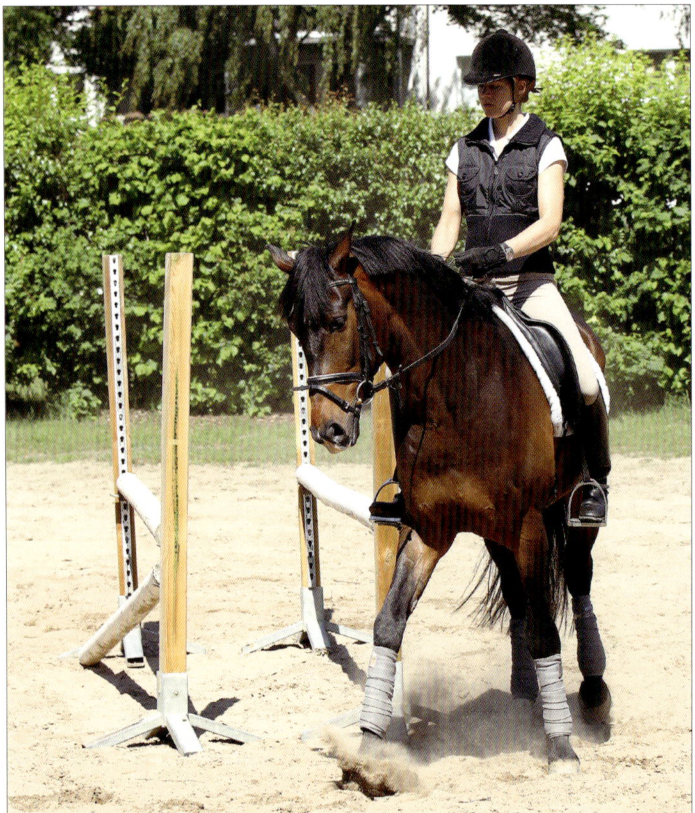

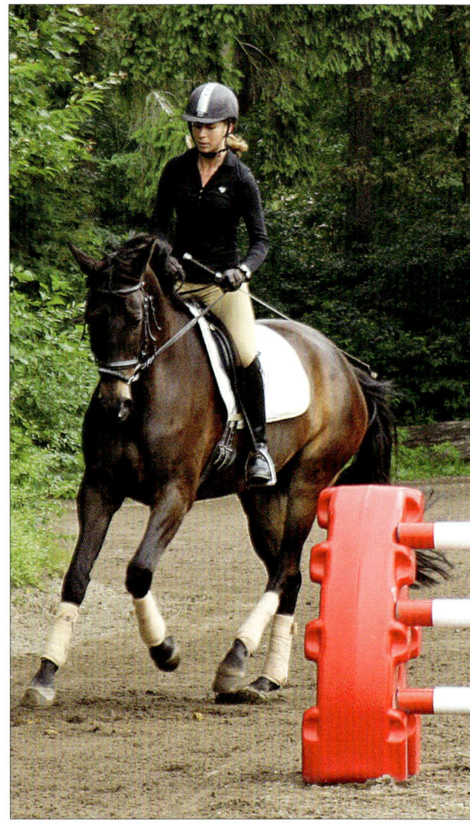

Solches Wenden um Hindernisse herum wird vom Pferd, meist spontan, sehr gut angenommen. Dem Reiter erleichtert es das Zentrieren der Wendung, d.h. in der Wendung zur festen Seite einem Hereindrängeln vorzubeugen, auf der anderen Hand die Vorhand um die Hinterhand zu wenden.

25. Reiten von Wendungen

In RmVuG habe ich alle Wendungen beschrieben und erklärt. Trotzdem möchte ich hier noch auf ein paar Einzelheiten eingehen, die mir immer wieder beim Unterricht als besonders erklärungsbedürftig auffallen:

25.1 In jeder Wendung Tempo sichern!

In jeder Wendung wird das jeweilige innere Hinterbein zu vermehrter Lastaufnahme animiert. In Abhängigkeit von der Größe der Wendung und vom Tempo wird sich das Pferd dabei etwas „in die Kurve" legen und muss deshalb das innere Hinterbein vermehrt beugen. – Das macht den versammelnden Effekt des Reitens von Wendungen aus.

Jedes Pferd, außer es ist mit seinem Reiter gerade völlig uneins oder entzieht sich dessen Hilfen, wird auch von sich aus in der Wendung die Schritte, Tritte und Sprünge mehr oder weniger verkürzen und eventuell auch den Bewegungsablauf verlangsamen. Man sagt, das Pferd „kommt zurück".

Normalerweise muss man rechtzeitig vor jeder Wendung das Pferd aufnehmen, das Tempo verkürzen und die Versammlung erhöhen (**→ Kap. 8. „Paraden…"**), um in der Wendung dann wieder besser zum Zureiten zu kommen. Hat der Reiter das versäumt, muss er in die Wendung hinein aufnehmen. Dadurch wird das Pferd auf die Vorhand kommen, Stockungen und Taktfehler werden kaum zu vermeiden sein.

Je erfahrener das Pferd mit solchen Übungen ist, desto mehr neigt es zum Antizipieren, es wird dazu neigen, von selbst sehr deutlich zurückzukommen. Besonders deutlich kann man das beim Üben von Kurzkehrtwendungen oder

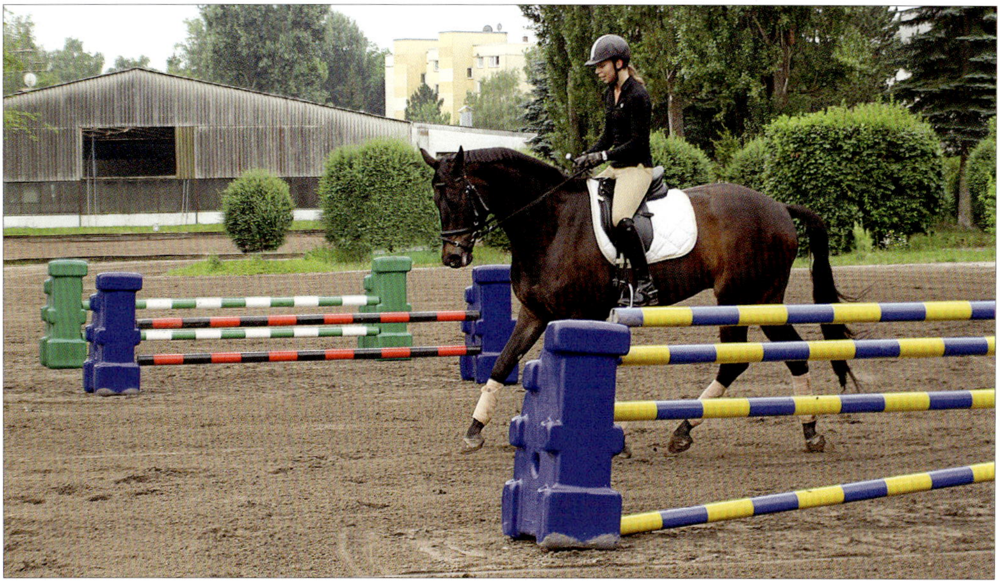

In allen drei Gangarten lassen sich Wendungen sehr gut um Hindernisse herum verbessern.

von Galopppirouetten beobachten. Bei solchen „mitdenkenden" Pferden muss der Reiter immer wieder daran arbeiten, dass das Pferd in der Wendung den Zug nach vorne nicht verliert und dass die Gangart, also in der Kurzkehrtwendung bzw. Schrittpirouette das Schreiten im Viertakt und in der Galopppirouette der Sprung im scheinbaren Dreitakt erhalten bleibt. (Das Pferd soll in der Pirouette gleichmäßig und gelassen „rund" durchspringen. Allerdings hat man mithilfe von Zeitlupenaufnahmen festgestellt, dass auch bei wirklich gut gesprungenen Pirouetten das diagonale Beinpaar nicht mehr ganz exakt gleichzeitig auffußt, sondern das innere Hinterbein minimal vor dem äußeren Vorderbein den Boden berührt. Dies sollte aber mit bloßem Auge gar nicht erkennbar sein. Der Rhythmus des Bewegungsablaufes soll annähernd gleich bleiben. Stark verlangsamtes Galoppieren ist fehlerhaft.)

Um diesbezüglichen Fehlern vorzubeugen bzw. zur Korrektur reitet man z.B. auf einer großen Volte im Schritt bzw. im Galopp und wendet immer wieder um jeweils nur ein oder zwei Schritte bzw. Sprünge um die Hinterhand in diesen Kreis hinein, um dann jeweils die Volte wieder fortzusetzen (dadurch verlagert sich der Kreis natürlich etwas).

Besonders auf der Hand, auf der das Pferd etwas fester ist (bei „unserem" rechts schiefen Pferd auf der linken Hand), sollte der Reiter unmittelbar vor dem Wenden etwas deutlicher die Stellung abfragen und sicherstellen, dass er vom inneren Zügel „loskommt", das Pferd also innen in der Ganasche nachgibt. Beim Wenden selbst muss der Reiter in erster Linie darauf achten, dass der Schritt bzw. der Galopp mit Zug in die Hand hinein erhalten bleibt und das Pferd nicht von selbst zu sehr zurückkommt.

In der Schrittpirouette kommt es sehr leicht zum Verlust des klaren Viertaktes bis hin zum passartigen Wenden, wenn das Pferd nicht mehr „zieht". Nur solange es sicher im Vorwärts bleibt, kann es mit den Vorderbeinen gut kreuzen.

Im Bestreben, im Galopp besser den Zug nach vorne zu erhalten, das Pferd daran zu hindern, zu stark zurückzukommen, muss der Reiter für eine sichere Akzeptanz des treibenden inneren Schenkels sorgen und dabei gut Platz nehmen. Ein vermehrtes Treiben über den Sitz (früher sprach man von „Kreuzeinwirkung"), womöglich in Rücklage, ist aber in der Regel, besonders bei sehr sensiblen Pferden, kontraproduktiv.

Bei Springpferden gilt für das Reiten von Wendungen, besonders auch im Hinblick auf das Par-

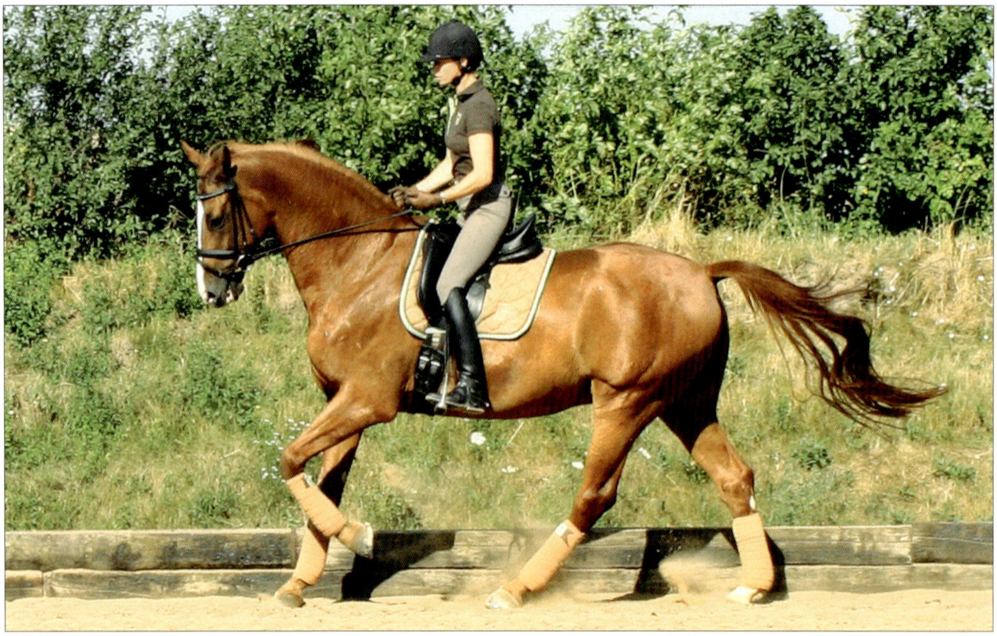

Aufnehmen im Galopp Richtung Pirouetten-Galopp, die Reiterin sitzt bewusst etwas „freundlich", um dem Pferd das Arbeiten über den Rücken zu erleichtern.

coursspringen, genau dasselbe: Der Reiter muss das Pferd vor der Wendung geschlossen halten oder sogar besser schließen, damit in der Wendung der Galopp in seinem Rhythmus erhalten bleibt. Andernfalls wird es sehr leicht zu Distanzproblemen vor dem nächsten Sprung kommen.

Im Training empfiehlt es sich, bewusst einmal auf der geraden Linie etwas ruhiger, versammelter zu galoppieren, um dann in der Wendung, z.B. beim Hallentraining um die kurze Seite herum, betont nach vorne zu reiten, die Sprünge etwas zu verlängern.

Manche Pferde sind beim Parcoursspringen so clever, dass man sie geradezu daran hindern muss, sich fast pirouettenartig herumzuwerfen, wenn sie die Linienführung erahnen.

In diesem Zusammenhang darf noch einmal daran erinnert werden, dass Versammeln niemals

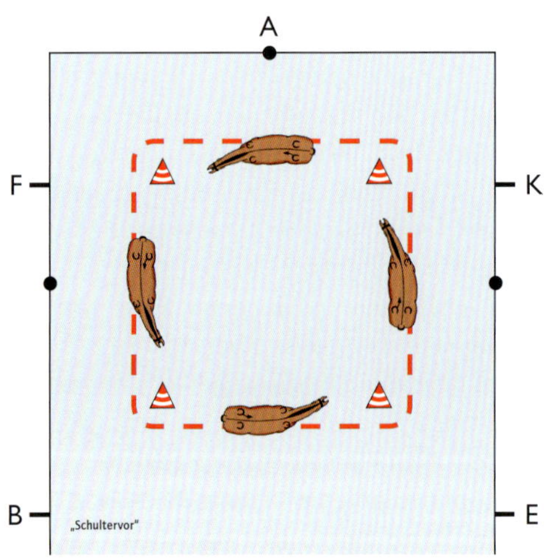

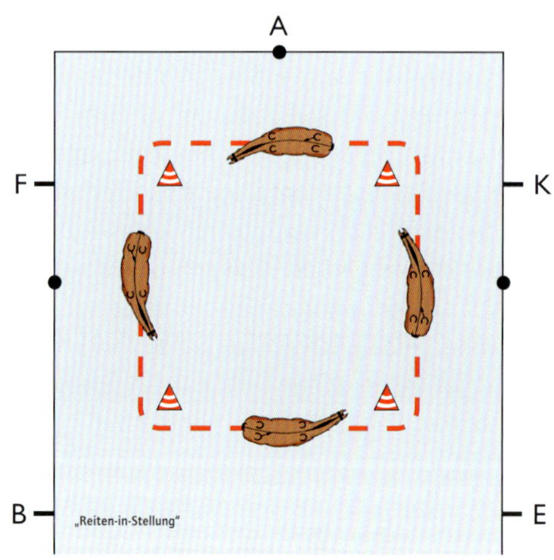

Die Arbeit auf der Volte lässt sich sehr gut in Form einer sogenannten Quadratvolte durchführen: An den Seiten jeweils mit Stellung und leichter Biegung reiten, an den Ecken dann eine Kurzkehrtwendung um 90 Grad. Wird auf der schwierigen (hohlen) Seite des Pferdes geritten, empfiehlt sich Schultervor, auf der festen, der Zwangsseite, Reiten-in-Stellung.

auf Kosten des Fleißes gehen darf, dass dementsprechend in der Wendung besonders auf eine aktive Hinterhand geachtet werden muss.

25.2 Noch ein Wort zu den „Wendehilfen"

Wie oben angesprochen, ist zwar ein angemessenes Aufnehmen vor jeder Wendung wichtig. Aber nur wenn das Pferd dabei sicher an den treibenden Hilfen, also vor dem Reiter bleibt, wird es sich willig und präzise wenden lassen. Wenn es von selbst zu sehr verkürzt und nicht mehr genügend an die Hand herantritt, wird es sich bei der Wendung zu seiner festen Seite in die Wendung hineinzuschmeißen versuchen, sich auf der anderen Hand mit der Schulter schlecht wenden lassen.

An erster Stelle stehen also die treibenden Hilfen, die es möglich machen, mit kurzen Signalen beider Zügel dem Pferd die Wendung vorzugeben. Dabei sitzt der Reiter mit seinem ganzen Körper in die Richtung der Wendung, ohne in der Hüfte einzuknicken. Mit dem äußeren Schenkel, insbesondere dem Oberschenkel, nimmt er die Vorhand des Pferdes mit in die gewünschte Richtung.

Wenn man auf einem Springplatz reitet, kann man sehr schön Hindernisse mit in die Arbeit einbeziehen.

Wie immer hängt auch hier das Gelingen der Übung sehr vom richtigen Timing der Hilfen ab. Die „Wendehilfe", z.B. bei der Kurzkehrtwendung, sollte immer genau dann erfolgen, wenn das jeweils äußere Vorderbein abfußt, um zu kreuzen.

Wird das Vorwärts nicht genügend beachtet, kann das Pferd schlecht kreuzen und zögert zu wenden.

Auch hier ist der Einsatz von Kegeln und Stangengassen sehr hilfreich (→ **Grafiken im Kap. 23. „Pferde schnell machen" auf S. 198**). ■

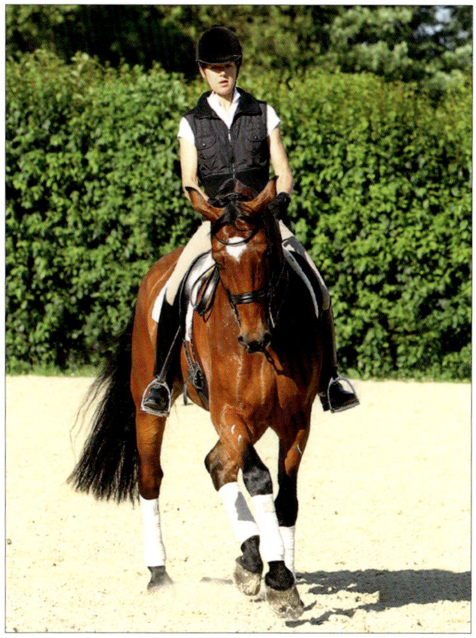

Pferd in guter Biegung um den inneren Schenkel, die Nase könnte noch etwas mehr vorgelassen werden, wodurch auch das Genick noch besser oben bliebe.

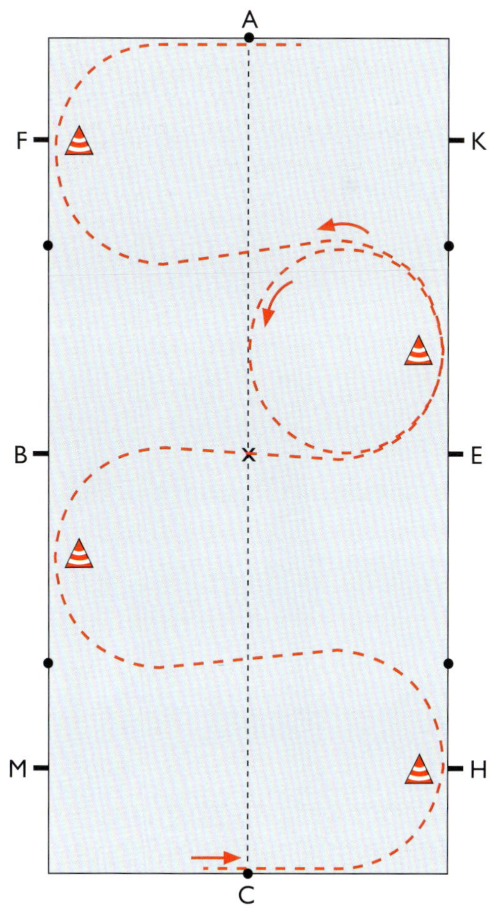

Wenn sich „unser" rechts hohles, links festeres Pferd bei einer Schlangenlinie im Linksbogen nicht so gut biegen will, kann man eine entsprechend große Volte einfügen. In dieser Volte kann man mit Hilfe des inneren Schenkels wieder dafür sorgen, besser vom linken Zügel loszukommen.

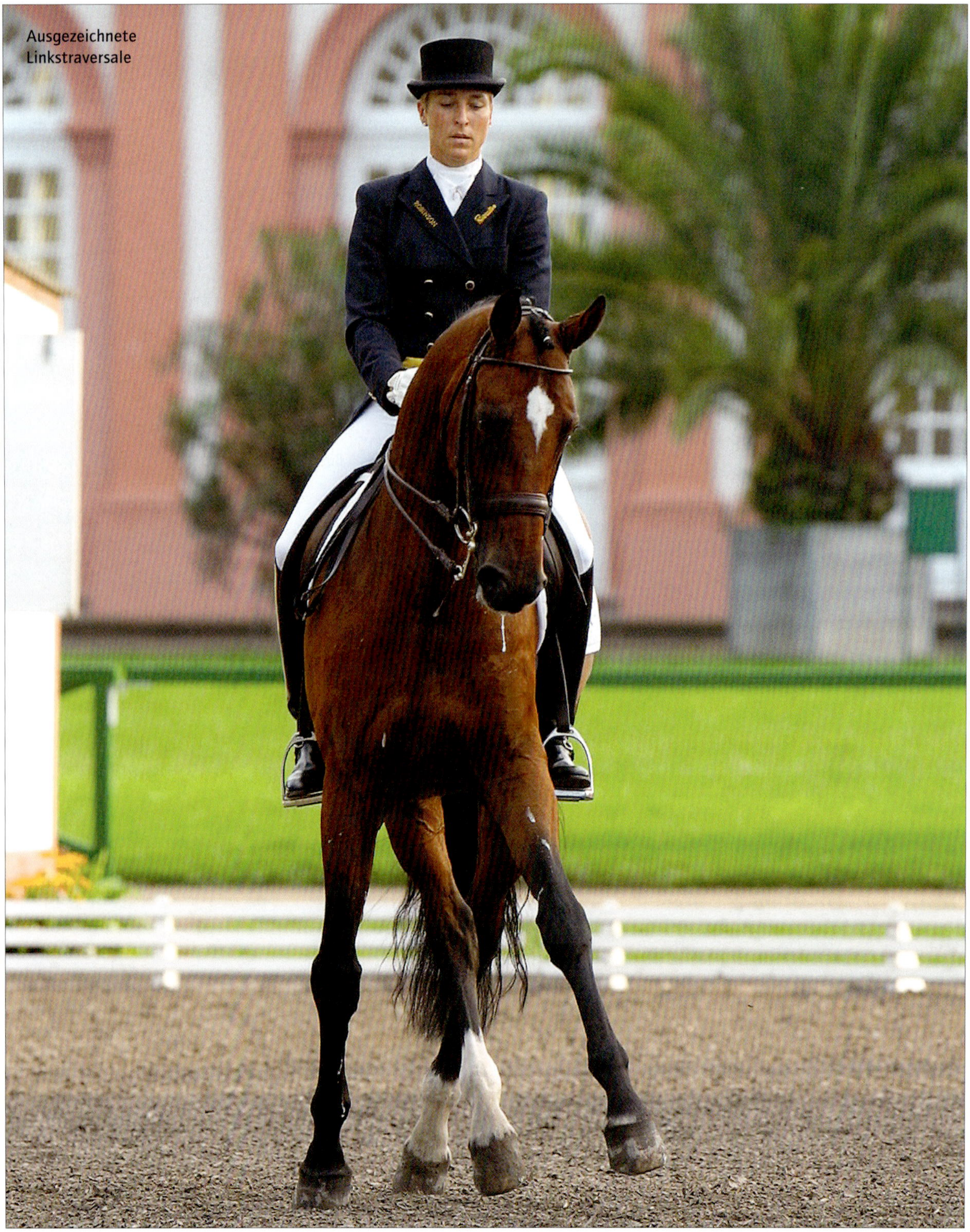
Ausgezeichnete Linkstraversale

26. Vorwärts-seitwärts-Bewegungen und Seitengänge

Als echte Seitengänge werden nur Vorwärts-seitwärts-Bewegungen mit Längsbiegung und zumindest einem gewissen Grad an Versammlung bezeichnet, also Schulterherein, Travers, Renvers und Traversalen. (→ RmVuG S. 171 ff. und 192 ff.) In RmVuG habe ich diese Lektionen schon sehr ausführlich, auch mit Abbildungen, erklärt. In diesem Buch findet sich dazu auch schon einiges im Kapitel Geraderichten. Deshalb möchte ich in diesem Kapitel nur auf ein paar Besonderheiten eingehen.

26.1 Kombination Schenkelweichen und Traversieren

Auch wenn wir nach unserer Reitlehre zwischen Vorwärts-seitwärts-Bewegungen wie Schenkelweichen in den verschiedensten Formen und Seitengänge wie Schulterherein, Travers, Renvers und Traversalen unterscheiden, sind alle diese Übungen doch miteinander verwandt. So lohnt es sich im Training durchaus, auch einmal beide miteinander zu verbinden. Bevor ich direkt darauf eingehe, möchte ich aber noch ein paar Anmerkungen zum Schenkelweichen machen:

26.1.1 Längsbiegung beim Schenkelweichen?!

Gemäß unserer Reitlehre wird an sich beim Schenkelweichen nur Stellung, aber noch keine Rippenbiegung verlangt. Durch diese Regel soll vor allem einem Überstellen (Hals-herum-Ziehen) vorgebeugt werden, wodurch das Pferd nur veranlasst würde, über die Schulter auszuweichen.

Das bedeutet aber nicht, dass der entsprechend fortgeschrittene Reiter, gegebenenfalls unter Anleitung, nicht auch Schenkelweichen mit allmählich sich entwickelnder Längsbiegung üben und einsetzen kann. Manche bezeichnen das dann, vielleicht sogar richtiger, als Schulterherein; ich spreche weiter von Schenkelweichen, da ich es meistens auf einer Hufschlagfigur wie

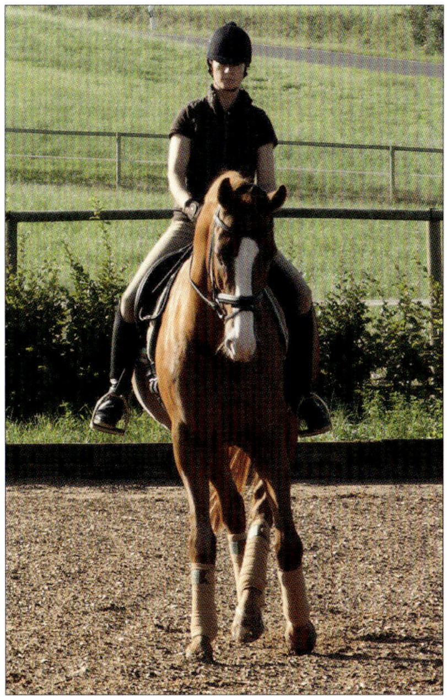

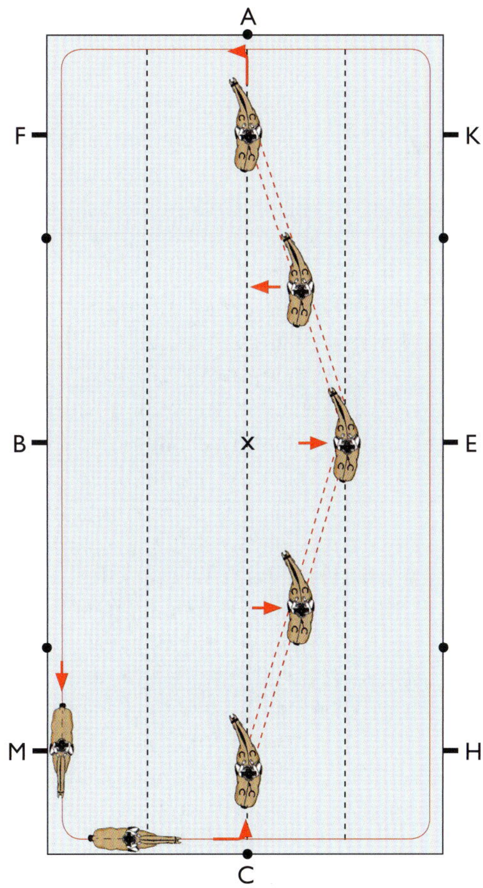

Wechsel vom Viereckvergrößern in die Traversale mit Linksbiegung

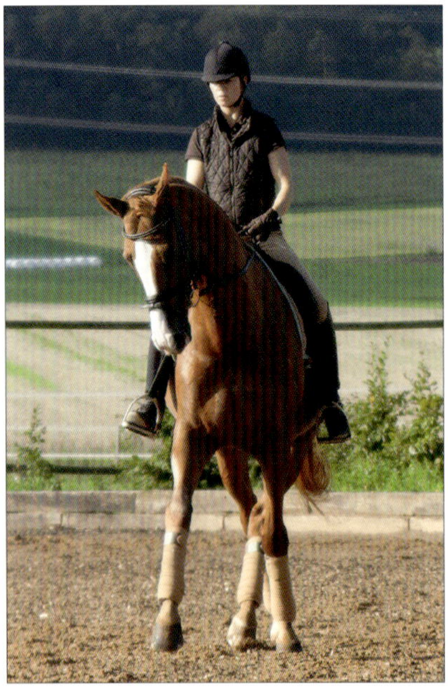

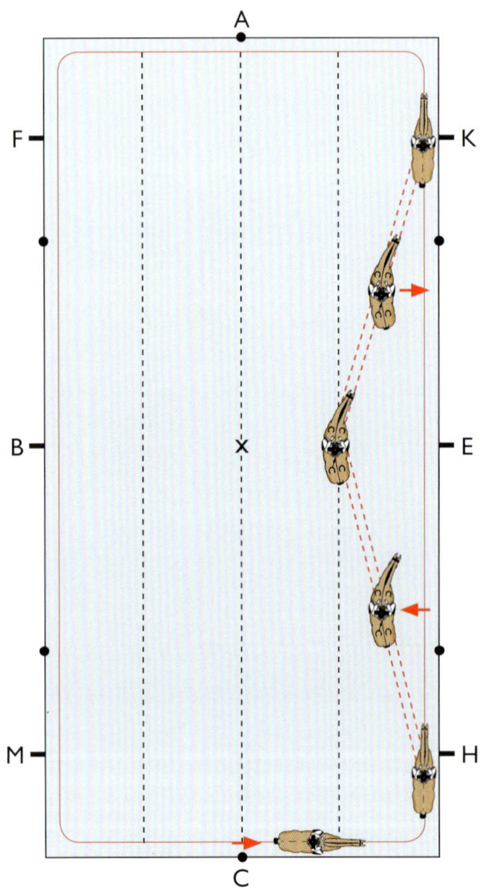

Wechsel vom Viereckverkleinern in die Traversale mit Rechtsbiegung

beim Viereckverkleinern bzw. -vergrößern reiten lasse.

So kann der Reiter sehr gut eine etwas fortgeschrittenere Form von Viereckverkleinern bzw. -vergrößern, die mit Längsbiegung geritten wird, ganz gezielt zur Vorbereitung bzw. Verbesserung der Traversale einsetzen. **(→ Kap. 16. „Geraderichten...")**

Praktische Beispiele

Vielen Reitern fällt es schwer, ihr Pferd in einer Traversale, mit genügend Stellung, vor allem mit genügend Biegung zu reiten. Dies betrifft besonders die Traversale zu der Seite, auf der das Pferd sich nicht so gut stellen und biegen lässt, also zur sogenannten Zwangsseite hin (bei „unserem" Pferd nach links). Oft gelingt der Beginn dank entsprechender Vorbereitung, z.B. in einer Volte, noch ganz gut, nach wenigen Tritten aber geht die Längsbiegung und meist auch die gewünschte Parallelität verloren. Mangels Dehnungsfähigkeit auf der dann äußeren Seite versucht das Pferd sich der ihm schwerfallenden Längsbiegung dadurch zu entziehen, dass es gegen den inneren Schenkel geht und mit der Schulter in die Bewegungsrichtung hineindrängt. **(→ Kap. 16. „Geraderichten...")**

Im Folgenden möchte ich nun zwei Übungsfolgen beschreiben und erklären, die man sehr gut zur Verbesserung der Traversalen einsetzen kann. Es sind Übungen, die so zwischen lösenden und versammelnden Übungen einzuordnen sind. Die Vorbereitung dazu fängt mit verschiedenen Formen von Schenkelweichen an und geht dann fließend über in Seitengänge wie Schultervor, Schulterherein, Travers und Traversalen. Man kann damit schon in der Schrittarbeit am langen Zügel beginnen. Ich bevorzuge dabei freie Linien, d.h. also, weg vom Hufschlag, weg von der Bande; z.B. lasse ich dazu auf dem dritten oder vierten Hufschlag, auf der Viertel- oder Mittellinie reiten.

Nun zur eigentlichen Übung:

Von der linken Hand kommend, wendet der Reiter etwa Mitte der kurzen Seite ab, das Pferd ist und bleibt links gestellt. Nach wenigen Schritten im Geradeaus beginnt man mit dem linken Schenkel etwas vorwärts-seitwärtszutreiben, also ansatzweise wie beim Viereck-vergrößern Richtung ersten Hufschlag zu reiten. Das Pferd sollte sich dabei auch schon etwas in der Rippe biegen, keinesfalls aber über die Schulter ausweichen. Hierzu neigt ein Pferd, wenn es zu stark gestellt oder gar im Hals „herumgezogen" wird. Der Schritt oder später auch der Trab muss im guten Fluss nach vorne taktsicher erhalten bleiben.

Es kommt zunächst überhaupt nicht darauf an, dass das Pferd sehr stark mit den Beinen kreuzt, sondern nur, dass es die vorwärts-seitwärtstreibende Hilfe annimmt und annähernd parallel zum Hufschlag bleibt.

Diese Übung wird auf beiden Händen geritten; dabei ist zu beachten, auf welcher Seite das Pferd sich leichter biegt bzw. fester ist. Dementsprechend muss der Reiter, wenn er von der Hand kommt, auf der es sich leichter biegt, es dazu neigt, sich hohl zu machen, besonders gut aufpassen, dass das Pferd nicht über die Schulter ausweicht (das wäre bei „unserem" rechts schiefen Pferd von der rechten Hand kommend). Ob man diese Übung nun als Schenkelweichen oder Schultervor bzw. Schulterherein entlang einer diagonalen Linie bezeichnet, ist eigentlich unerheblich. Selbstverständlich kann diese Übung auch von der Viertellinie aus wie Viereckverkleinern in Richtung Mittellinie geritten werden. Wichtig ist immer, dass das Pferd die Hilfen willig annimmt, aber auch auf die Hilfen wartet, also nicht antizipiert und zur Seite ausweicht.

Sind Pferd und vor allem der Reiter entsprechend fortgeschritten, kann die Übung erweitert werden: Dazu wechselt man z.B. aus dem Schenkelweichen oder dem schulterhereinartigen Vorwärts-seitwärts-Reiten (in Form von Viereckvergrößern oder -verkleinern) mit dem linken Schenkel nach rechts, ohne umzustellen, über ein, zwei Schritte bzw. Tritte in ein Traversieren nach links, beginnt also eine leichte Traversalverschiebung.

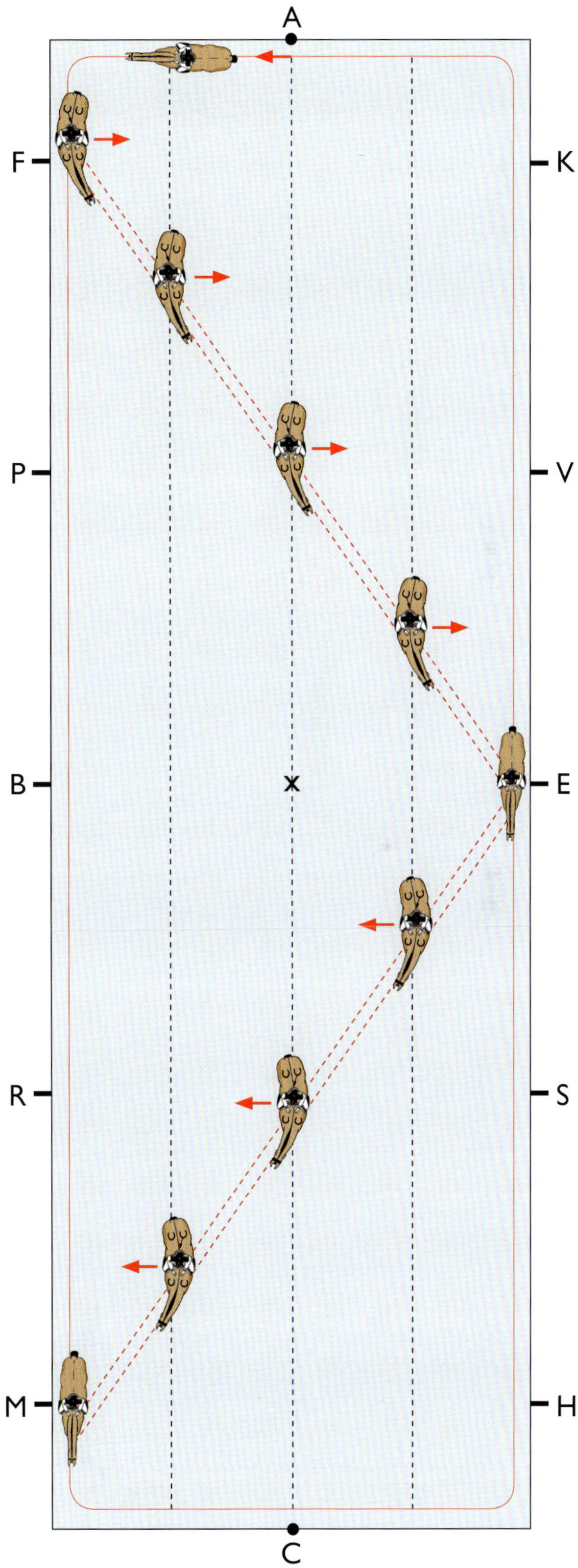

Doppelte ganze Traversale

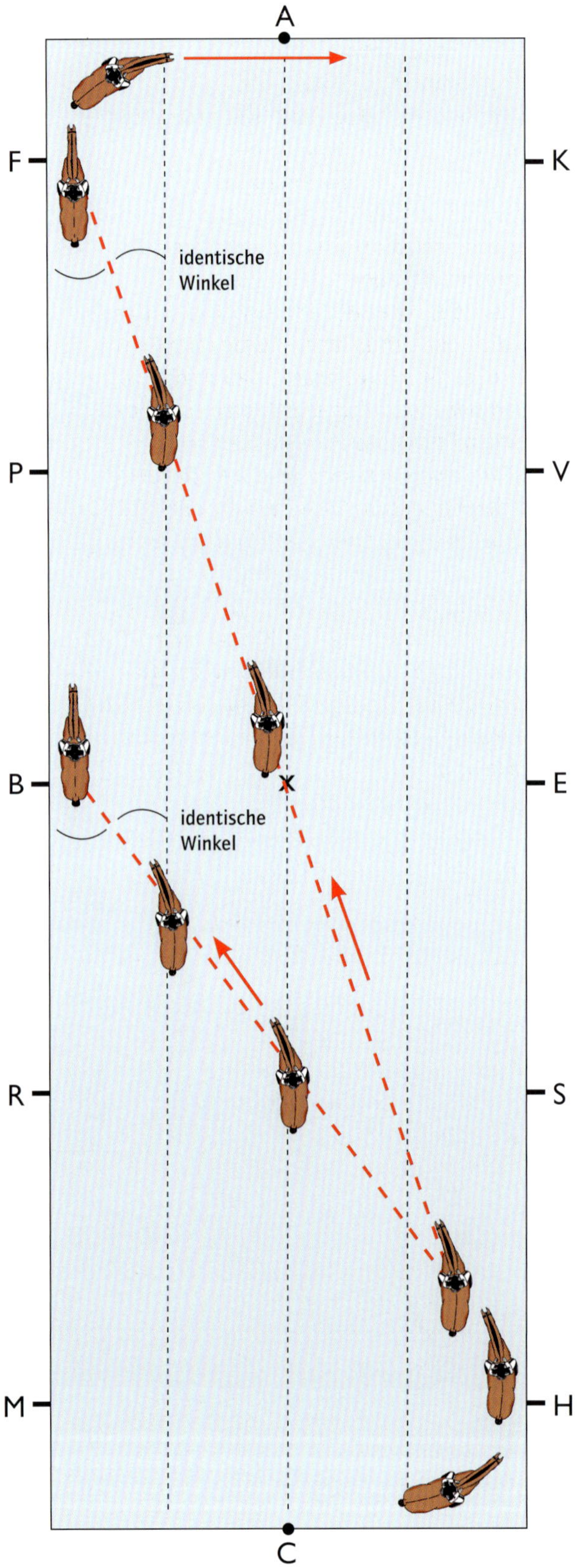

Auch hierbei kommt es in erster Linie wieder darauf an, dass das Pferd richtig flüssig im Vorwärts bleibt und sich keinesfalls verhält.

Wie stark jeweils bei diesen Übungen seitwärtsgeritten werden kann und soll, muss ganz individuell entschieden werden. Es kommt zunächst, beim Traversieren zur festen Seite, nur darauf an, dass das Pferd am nach wie vor inneren Schenkel steht, um diesen leicht gebogen bleibt und dass der Reiter am nach wie vor inneren, in diesem Fall dem linken, Zügel leicht bleiben kann. Er darf nicht genötigt sein, diesen Zügel stark einzusetzen, um die Stellung zu erhalten. Das Pferd muss sicher an den diagonalen Hilfen stehen.

Der ganz fortgeschrittene Reiter kann diese Übung im Prinzip in allen drei Grundgangarten reiten. Immer wieder wichtig ist es, niemals das Seitwärts zu übertreiben, sondern auf die Erhaltung des geregelten taktmäßigen Bewegungsablaufes in der jeweiligen Gangart zu achten.

Mit dieser Übungsfolge kann der Reiter schon während der Lösungsphase sehr gut an der Akzeptanz bzw. der Abstimmung der Hilfen arbeiten. Die Aufgabenstellung beugt Langeweile beim Pferd vor, fordert es etwas, ohne es aber zu überfordern,

26.2 Zur Frage der Parallelität

Im Zusammenhang mit Traversalen hört man oft, die Vorhand solle stets führen bzw. etwas vorausgehen. Wenn man bei großen Prüfungen im Grand-Prix-Bereich zusieht, ist das meist sogar sehr deutlich der Fall, besonders wenn doppelte ganze Traversalen geritten werden. Das sind Traversalen, die von einem Wechselpunkt, z.B. F, über die gesamte Breite des Vierecks zur Mitte der gegenüberliegenden langen Seite, Punkt E, und zurück zum Wechselpunkt M geritten werden.

Unabhängig davon, wie steil die Traversale geritten wird, gibt die geforderte Parallelität die Abstellung vor. Der Winkel zwischen dem Pferd und der gedachten diagonalen Linie ist identisch zu dem Winkel zwischen der langen Seite und dieser Diagonalen.

Diese Traversalen werden fast nie in Parallelität geritten, weil die meisten Pferde gar nicht in der Lage sind, so stark zu kreuzen, so steil zu traversieren, ohne den Takt zu verlieren. Deshalb wünsche ich mir, dass man solche Anforderungen gar nicht stellt.

Tatsächlich ist aber ein Kriterium einer korrekten Traversale die Parallelität, und zwar in der Form, dass die innere Schulter und Hüfte des Pferdes parallel zur langen Seite sind.
Um nun in einer Traversale präzise die Richtung und auch Parallelität einhalten zu können, muss der Reiter sich mit seinen Augen orientieren, und zwar an der Vierecksbegrenzung oder Ähnlichem, man könnte auch sagen, er muss navigieren. Das kann er aber nur, wenn er seinen Blick schweifen lässt und um sich blickt. Das Pferd und dessen Position spürt er hoffentlich über seinen Sitz. Wenn er dagegen ständig in sein Pferd „hineinglotzt", kann er nicht präzise reiten. Ich frage in solchen Fällen meine Schüler manchmal, ob sie auf dem Hals ihres Pferdes ein Navigationsgerät haben.
Viele Reiter glauben, das Reiten steilerer Traversalen würde die Versammlung verstärkt fördern. Meiner Meinung nach ist es fast umgekehrt, d.h., es ist nur sinnvoll, steiler, also mehr im Seitwärts zu traversieren, wenn die Versammlungsfähigkeit und -bereitschaft sowie die Geschicklichkeit des Pferdes entsprechend gefördert sind. Verlangt der Reiter ein stärkeres Kreuzen im vermehrten Seitwärts ohne diese Voraussetzung, ist das fast immer damit verbunden, dass das Pferd beim dafür notwendigen stärkeren Aufnehmen auch enger im Hals wird. Dies wiederum führt dazu, dass es im Rücken nicht mehr so losgelassen schwingen und folglich mit den Hinterbeinen nicht mehr so gut durchschwingen kann.

26.3 Traversalen immer im versammelten Trab?

Gemäß unserer Reitlehre sind Traversalverschiebungen versammelte Übungen, werden also grundsätzlich im versammelten Trab (oder im versammelten Galopp) geritten.

Sehr aussagekräftig sind auch in diesem Zusammenhang die Übergänge, in diesem Fall aus dem Geradeaus ins Seitwärts und zurück. Der hoffentlich gut versammelte, kadenzierte Trab bleibt so gut wie unverändert, darf weder flacher und eiliger noch spanniger werden und sich in Richtung Pseudopassage verändern.

Bei Trabtraversalen kann man auf Turnieren jedoch häufig, gerade auch bei sehr erfolgreichen Reitern beobachten, dass sie die Traversalen, z.B. die relativ lang gezogenen in Prix St.-George, fast schon im Mitteltrab, die steileren in den Aufgaben auf Grand-Prix-Niveau passageartig, man könnte auch sagen in Schwebetritten reiten. Beides ist an sich nicht korrekt: In beiden Fällen mangelt es an der notwendigen reellen Versammlung.

26.4 Übertriebenes Arbeiten im Seitwärts, besonders zum Lösen des Pferdes?

Im Zusammenhang mit lösender Arbeit, gerade auch bei Pferden, die mit der Losgelassenheit Probleme haben, oder sogar Reha-Pferde sind, wird vielfach das Übertreten-Lassen, eventuell auch an der Hand, als das Mittel der Wahl empfohlen. Ich sehe das sehr differenziert, ja kritisch. Genaueres dazu findet sich im Kap. Losgelassenheit – Voraussetzung und Kriterium jeglicher Ausbildung. ■

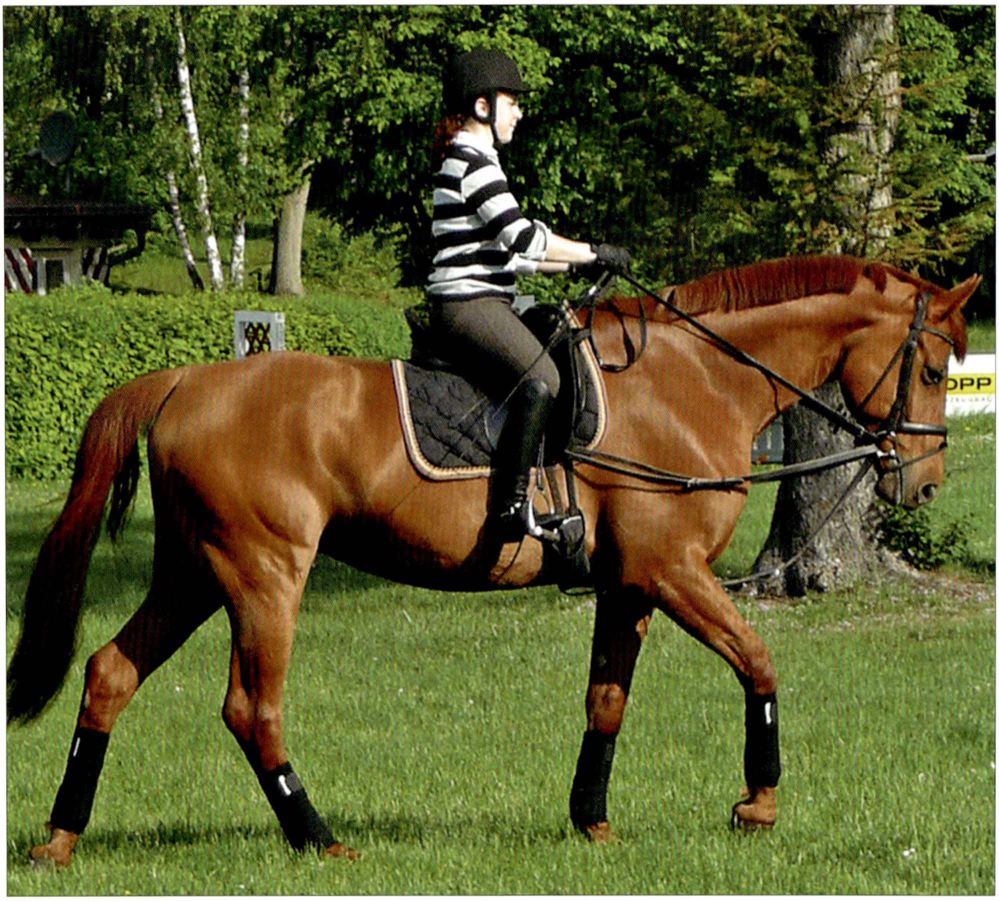

Mit einem richtig verschnallten Dreieckszügel gibt das Pferd sofort im Genick nach, lässt sich im Rücken los und geht willig vorwärts; die Reiterin kann sich besser auf sich konzentrieren.

27. Hilfszügel

In RmVuG habe ich eine ganze Reihe mehr oder weniger häufig eingesetzter Hilfszügel mit all ihrem Für und Wider besprochen. Hier nehme ich das Thema nochmals auf, um

- vor einigen (neueren) Hilfszügeln besonders zu warnen,
- zu erklären, warum es tatsächlich besser, richtiger ist, Hilfszügel ohne Gummiringe oder andere elastische Teile zu benutzen,
- dem einen oder anderen Reiter Mut zu machen, gegebenenfalls Hilfszügel zu benutzen.

27.1 Hilfszügel – wozu?

Bevor ich nun auf diese Punkte eingehe, möchte ich doch noch einmal auflisten, welche Gründe es geben kann, überhaupt Hilfszügel einzusetzen:

- Longieren eines jungen Pferdes, dabei Vorbereitung auf das Gehen in Anlehnung
- Gymnastizieren eines älteren Pferdes an der Longe mit dem Schwerpunkt Verbesserung der Losgelassenheit und der Rückentätigkeit
- Gymnastizieren des Pferdes unter dem Sattel
- Longieren eines Korrekturpferdes, bei dem vor allem Losgelassenheit und Anlehnung gefördert werden sollen
- Arbeiten eines Korrekturpferdes, bei dem besonders die Anlehnung und das Vertrauen zur Reiterhand wieder verbessert werden sollen

- Reiten eines sehr frischen, vielleicht noch nicht so rittigen Pferdes, bei dem auf jeden Fall die Kontrolle gewährleistet sein muss (z.B. unter etwas schwierigen äußeren Bedingungen)
- Ausbildung junger, unerfahrener Reiter, die Gelegenheit bekommen sollen, auf einem losgelassenen Pferd Sitz und Hilfengebung zu erlernen und zu verbessern
- Sitzübungen an der Longe auch für erfahrenere Reiter, die ihren Sitz verbessern bzw. korrigieren wollen

Je nach Verwendungszweck kann dann der am besten geeignete Hilfszügel ausgewählt werden. Ein entscheidendes Kriterium dafür, ob ein Hilfszügel insgesamt positiv zu bewerten ist, muss neben dem schon kurzfristig sichtbaren Erfolg vor allem die Frage sein: **Lässt sich das Pferd, auch wenn es häufiger oder längere Zeit mit diesem Hilfszügel geht, anschließend leichter und besser reiten, – auch auf blanker Trense?**

27.2 Neuere Zügel

Zunächst einmal gilt für Hilfszügel dasselbe wie für Gebisse, dass zwar immer wieder Neues erdacht und auf den Markt gebracht wird, dass dabei aber nur in den seltensten Fällen etwas Brauchbares dabei ist. In der Regel kommt man mit den herkömmlichen Ausrüstungsgegenständen leicht aus.

27.2.1 „Longierhilfe"

Seit ein paar Jahren wird zum Longieren die sogenannte Longierhilfe von einigen Leuten propagiert. Wenn man davon ausgeht, dass in unserem Sprachgebrauch der Ausdruck Hilfe normalerweise für etwas Positives steht, dann würde ich das in diesem Zusammenhang für eine Irreführung halten, was vielleicht auch so gewollt ist. Die Wirkungsweise dieses „Geräts" widerspricht eigentlich allen Regeln, die es in unserer Reitlehre in Bezug auf Anlehnung gibt. (→ **Kap. 13. „Warum ist eine gute Anlehnung für jedes Reitpferd vorteilhaft?"**) Anstatt dass das Pferd lernt, dank verbesserten Vertrauens zur Hand

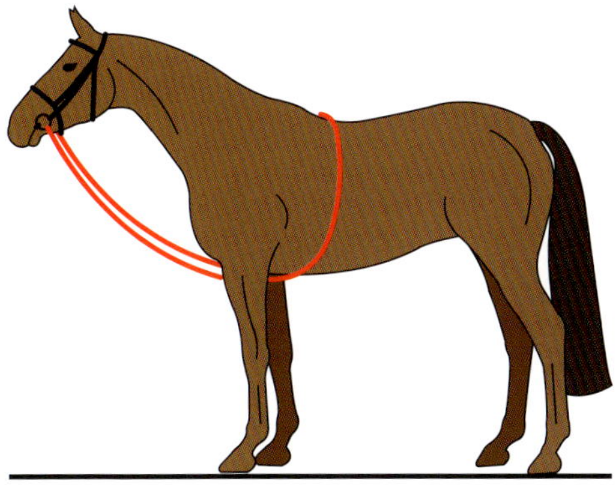

Longierhilfe

Auf die Abbildung weiterer Hilfszügel verzichte ich, im Internet sind die Modelle bei den verschiedensten Lieferanten zu besichtigen.

bzw. zum Gebiss gleichmäßiger und konstanter an dieses heranzutreten, kann es an dieser Konstruktion meiner Erfahrung nach gar nicht zu einer gleichmäßigen Verbindung kommen. Vielmehr wird das Pferd veranlasst, dem Gebiss auszuweichen und hinter dem Zügel zu gehen. Wie in dem oben angegebenen Kapitel erklärt, ist das Gehen des Pferdes in Dehnungshaltung nur dann wirklich wertvoll und für die gewünschte Durchlässigkeit förderlich, wenn das Pferd auch in dieser Haltung vertrauensvoll an das Gebiss heranschreitet, -tritt oder -springt. Dazu kann es mit diesem Zügel gar nicht kommen.

27.2.2 „Pessoa-Hilfszügel", Kombitrainer oder Ausbildungsgeschirr

Eine andere, auch hauptsächlich für das Longieren eingesetzte Konstruktion, die in verschiedenen Varianten und unter verschiedenen Bezeichnungen verwendet wird, ist der „Pessoa-Hilfszügel", Kombitrainer oder Ausbildungsgeschirr. Dafür gilt im Prinzip genau das eben Gesagte.

Während bei der sogenannten Longierhilfe durch die Bewegung der Vordergliedmaßen, besonders der Ellbogen des Pferdes eine ruhige, konstante Anlehnung unmöglich gemacht wird, ist es bei diesem Hilfsmittel die Bewegung der Hinterbeine, die über den Zügel an das Maul weitergegeben wird. Die Pferde werden quasi dabei heruntergeriegelt.

Die Vektoren (Pfeile) zeigen die Wirkungsrichtung und Kraftverstärkung an.

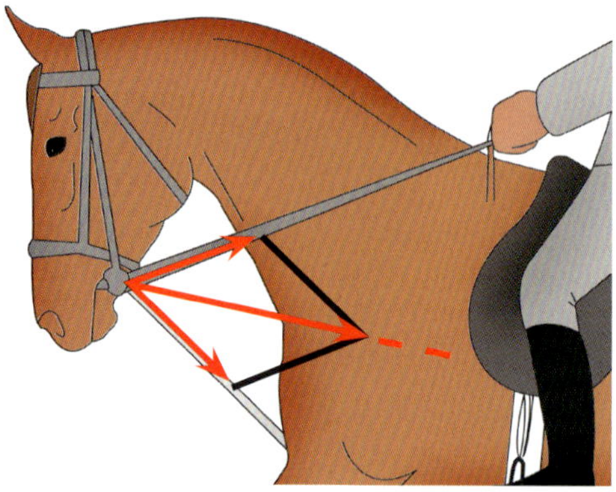

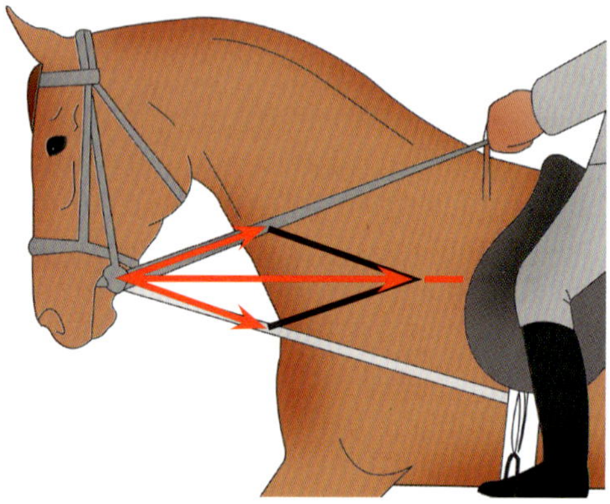

27.2.3 Schlaufzügel

Ein weiteres „Werkzeug", welches zwar überhaupt nicht neu, dennoch aber nur unter größtem Vorbehalt als Hilfszügel bezeichnet werden kann, ist der Schlaufzügel. Auch wenn er seit einigen Jahren auf nationalen Turnieren beim Abreiten für Dressur und Vielseitigkeitsprüfungen ganz verboten ist, muss man leider feststellen, dass seine Verbreitung eher sogar noch zugenommen hat.

Er wird von ganz vielen Reitern, wie ich vermute, zum Teil einfach gedanken-, oft auch hemmungslos, vielfach einfach aus Bequemlichkeit benutzt.

Sehr bedauerlich ist es auch, dass es in vielen professionellen Reitbetrieben zur Routine gehört, die Pferde, selbst dreijährige Remonten, mit Schlaufzügeln zu zäumen. Wie in RmVuG S. 92 f. ausführlich beschrieben, ist seine Wirkungsweise aus mehreren Gründen sehr gefährlich:

Seine Wirkungsrichtung zeigt mehr oder weniger, je nachdem wie er eingeschnallt ist, rückwärts-abwärts, sodass falsche Muskulatur trainiert und falsche Bewegungsabläufe und Automatismen beim Pferd aufgebaut werden.

Zum anderen arbeitet er mit Übersetzung wie bei einer Rolle, sodass am Maul eine sehr viel stärkere Kraft einwirkt, als der Reiter in seiner Hand fühlt. Bei Pferden, die längere Zeit mit Schlaufzügeln geritten wurden, kann man häufig beobachten, dass sie sich kaum noch trauen, sich im Hals zu öffnen; sie scheinen, wie mit einem unsichtbaren Schlaufzügel gezäumt zu sein.

Durch eine Verschnallung zusätzlich durch den Kehlriemen wird zwar die Wirkungsrichtung etwas korrigiert, die Übersetzung und damit die Kraft werden noch mehr verstärkt.

Gar kein Verständnis habe ich dafür, dass man vielerorts schon ganz jungen Reitern, teils schon Pony„kindern", die sich ja in einer Prägungsphase befinden, dieses Werkzeug in die Hände gibt.

Bei den wunderbaren modernen, leistungsbereiten Warmblutpferden, die für den Einsatz unter dem Reiter geradezu geboren scheinen, gibt es eigentlich überhaupt keine Begründung für den Einsatz des Schlaufzügels.

(Vielleicht sollte es uns auch nachdenklich machen, dass dieser Zügel im Ausland großenteils als „German Rain – Deutscher Zügel oder „Draw-Rain" – Zieh-Zügel bezeichnet wird.)

27.2.4 Halsverlängerer und Stoßzügel

Halsverlängerer sowie Stoßzügel möchte ich hier auch noch einmal ausdrücklich als kontraproduktive und komplett ablehnenswerte Zügel erwähnen. Beide sind, Letzterer erst seit Kurzem, laut LPO auch bei Reiterwettbewerben nicht erlaubt. Durch diese beiden Zügel werden eine fehlerhafte Bemuskelung und Motorik des Pferdes gefördert.

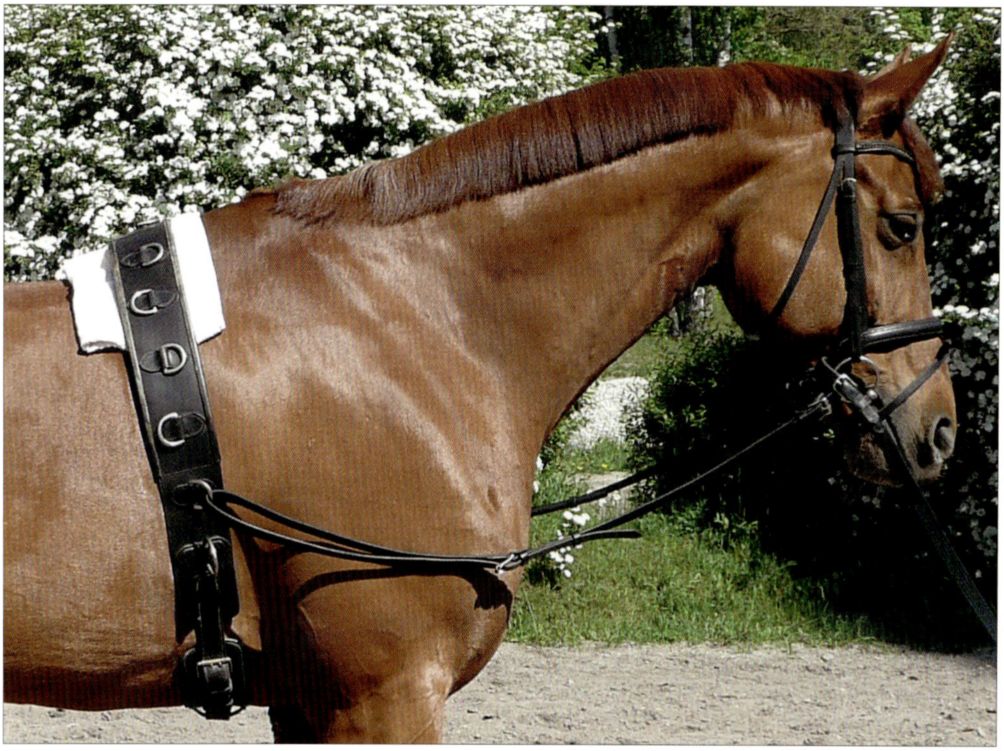

Vorschriftsmäßige Ausbindezügel ohne Gummi-einsätze

27.2.5 Ausbinder ohne elastische Teile

Erwähnen möchte ich hier ebenfalls eine, wie ich meine, sehr sinnvolle Korrektur der Ausrüstungsbestimmungen in unserer LPO, nämlich das Verbot von Ausbindezügeln mit integrierten elastischen Teilen, z.B. Gummiringen.

Wie schon in Zusammenhang mit dem sogenannten Halsverlängerer in RmVuG erwähnt, ist es überhaupt nicht sinnvoll, (Hilfs-)Zügel aus elastischem Material zu benutzen. Anstatt dass die Pferde lernen, sich auch vom Gebiss abzustoßen und im Genick nachzugeben, werden sie geradezu animiert, an diesen elastischen Teilen ständig zu testen, „wie viel noch geht"; teilweise werden sie auch veranlasst, sich auf den Zügel zu stützen.

Verschiedentlich haben Reiter versucht, ihre Hand dadurch zu „entschärfen", für das Pferd annehmbarer zu gestalten, dass sie Zügel benutzten, in die sie ein Gummiteil einbauten. Auch ein solcher Versuch ist zum Scheitern verurteilt:

Man hat bei entsprechenden Messungen festgestellt, dass ein und derselbe Reiter bei ein und demselben Pferd beim Einsatz eines elastischen Zügels mit deutlich mehr Kraft auf das Maul einwirkt als mit einem herkömmlichen, z.B. einem einfachen Lederzügel.

Bei den normalen einfachen Ausbindezügeln kommt noch Folgendes hinzu:

Ausbindezügel mit diesen eingebauten Gummiringen oder gar mit diesen längeren Gummiteilen sind deutlich schwerer als ein glatter Ausbinder aus Leder oder Gurtband. Das hat zur Folge, dass gerade dann, wenn die Pferde nachgeben und mit leichter Verbindung gehen wollen, die Ausbinder durch ihr Eigengewicht herumschlackern und im Pferdemaul für Unruhe sorgen, also stören.

27.3 Mut zum Hilfszügel?!

Wenn ich unterwegs bin, um Reitunterricht zu geben, habe ich stets alle möglichen Utensilien, wie z.B. eine Lochzange, eine Dressur- und eine

Springgerte sowie natürlich Leckerchen, im Kofferraum. Dabei habe ich aber auch immer ein paar Dreieckszügel aus gutem Leder mit nummerierten Löchern, die so konstruiert sind, dass man sie sowohl bei großen Pferden lang genug, bei Ponys aber auch kurz genug verschnallen kann.

Gerade bei Lehrgängen kommt es dann gar nicht so selten vor, dass ich Reitern empfehle, ihr Pferd einmal versuchsweise mit Dreieckszügeln zu reiten. Das kann aus unterschiedlichen Gründen der Fall sein, die ich im Folgenden einmal skizzieren möchte:

- Wenn ein Reiter noch wenig losgelassen und ausbalanciert sitzt, kann er auch in der Regel seine Hände nicht unabhängig vom Sitz tragen und sie der Situation entsprechend unterschiedlich positionieren. **(→ Kap. 2. „Der richtige Sitz…" und Kap. 4. „Die gute Hand…")** Deshalb wird es ihm auch kaum gelingen, sein Pferd sicher und in überschaubarer Zeit an die Hilfen zu stellen. Je weniger das Pferd sich aber vertrauensvoll „auf den Reiter einlässt", desto weniger hat der Reiter wiederum eine Chance, zu einer verbesserten Sitzsituation zu gelangen. Diese Schraube gilt es nun zu durchbrechen.
  Wenn man die Unterrichtseinheit nicht ausschließlich auf das Reiten im Schritt beschränken will, was gelegentlich durchaus sinnvoll sein kann, ist die Verwendung von richtig angepassten Dreieckszügeln das Mittel der Wahl. Sie erleichtern dem Reiter, „seinen" Sitz zu finden, und ermöglichen ihm so überhaupt erst, einigermaßen überlegt Hilfen zu geben. Indirekt erleichtern sie auch dem Pferd seinen Dienst unter dem Reiter, weil sie es vor unbedachten, unkontrollierten Einwirkungen des Reiters, besonders mit den Händen, schützen. Letztendlich bekommt mit ihrer Hilfe auch der Ausbilder eine Chance, mit seinen Anweisungen und Korrekturen vom Reiter überhaupt richtig wahrgenommen zu werden, ihm helfen zu können.
- Manchmal begegnen mir Reiter, die zwar durchaus schon einige Routine haben, aber, zumindest am Anfang der Unterrichtseinheit, sich schwertun, ihr Pferd zu einem fleißigen Vorwärtsgehen zu animieren.
  Auch hier steht man vor einer Zwickmühle: Weil das Pferd nicht gleich im Genick loslässt und nachgibt, fühlt es sich im Rücken nicht wohl, geht deshalb nicht gerne vorwärts und nimmt auch nicht die treibenden Hilfen richtig an. **(→ Kap. 12. „Nachgiebigkeit im Genick…")** Weil es aber nicht richtig vorwärtsgeht, also nicht „zieht", kann es der Reiter nicht gut zum Nachgeben im Genick und zum Hergeben des Rückens veranlassen, was aber wiederum Voraussetzung für ein willigeres fleißiges Vorwärts wäre. Meist wird er sogar noch verleitet, vermehrt mit den Händen zu „fummeln" oder gar zu riegeln, was auf keinen Fall das Pferd animiert, besser vorwärtszugehen.
  Bindet man in einem solchen Fall das Pferd für eine Weile mit Dreieckszügeln aus, ist meist spontan eine geradezu frappierende Veränderung zu beobachten: Das Pferd geht fleißig voran, ohne dass der Reiter ständig aktiv treiben muss – beide sind richtiggehend erlöst.
- Es gab auch vereinzelt Fälle, in denen ich sogar Reiter, die schon auf Turnieren recht erfolgreich geritten hatten, vorübergehend mit Dreieckszügeln reiten ließ:
  So erinnere ich mich an eine junge Reiterin, die Prüfungen für Junioren und Junge Reiter bis St. Georg bestritten hatte und auch siegreich gewesen war.
  Sie hatte ein neues jüngeres, ca. fünfjähriges Pferd bekommen, welches, deutlich von Blut geprägt, sehr fein im Genick, insgesamt vor allem im Rücken noch nicht gut bemuskelt war, sich schwertat, den Hals fallen zu lassen und an die Hand heranzutreten. Interieurmäßig war der Wallach sehr aufmerksam, deshalb aber auch sehr „umweltinteressiert". Er ließ sich sehr leicht ablenken, ging dann jeweils etwas gegen die Hand und stellte sich „oben hin". Die Reiterin wusste natürlich um dieses

Problem, ließ sich aber durch ihren Instinkt dazu verleiten, ständig zu versuchen, ihn daran zu hindern, sich herauszuheben, anstatt ihn mit dem Schenkel besser auf sich zu konzentrieren und ihn an die leichte, gut getragene Hand heranzutreiben. Gut getragen hätte bedeutet, dass die Hand in einer solchen Position getragen wird, dass die Linie Ellbogen-Hand-Pferdemaul auch in dieser Situation eine Gerade bleiben kann.

Als wir dann die Dreieckszügel eingeschnallt hatten, war der Wallach sofort zufriedener und die Reiterin kam zum Treiben und zum Reiten. Entscheidend war dabei wohl, dass sie nicht mehr ständig das Gefühl hatte, das Pferd beizäumen zu müssen. Ihr Kopf war frei, einfach wieder unbedarfter zu reiten. Schon nach dreimaligem Arbeiten in dieser Form hatten beide, Reiterin und Pferd, diesen „Block" aus ihrem Kopf und es ging ohne Hilfszügel.

Wichtig ist in solch einem Fall, nicht erst lange zu warten, weil sich sonst Automatismen aufbauen, die sich irgendwann nur sehr schwer wieder abbauen lassen.

Um zu verstehen, wie wichtig es ist, bei solchen Anlehnungsproblemen rechtzeitig helfend einzugreifen, sollte man sich Folgendes überlegen:

Jede Minute, die das Pferd den Reiter mit hohlem Rücken „erträgt", ist nicht nur vertane Zeit, sie signalisiert dem Pferd, dass Reiten etwas Unangenehmes ist.

Dagegen wird in jeder Minute, in der das Pferd den Reiter mit hergegebenem Rücken trägt, etwas Positives aufgebaut! Das Pferd „erlebt", dass der Reiter auf seinem Rücken eine leichte Last ist. Deshalb sollte man da keinen falschen Stolz und Ehrgeiz haben. Ebenso kann in diesem Zusammenhang unendliche Geduld durchaus kontraproduktiv sein, auch wenn sie sonst sehr häufig beim Reiten angemahnt werden muss.

Um Reiter zu ermuntern, es gegebenenfalls tatsächlich einmal mit Dreieckszügeln zu versuchen, erzähle ich ihnen oft meine Vorgehensweise aus meiner Zeit in Münster. Diese kleine Geschichte möchte ich dem Leser dieses Buches auch nicht vorenthalten:

Wir hatten dort an der Westfälischen Reit- und Fahrschule zweimal im Jahr einen gut sechswöchigen Lehrgang für Berufsreiter, die ihre Pferdewirtschaftsmeister-Prüfung ablegen wollten. An der Schule gab und gibt es Lehrpferde, mit denen Lehrgangsteilnehmer beritten gemacht wurden. Unter den Springpferden war dabei immer einmal das eine oder andere, das bei aller Qualität über die Sprünge und im Parcours, was Anlehnung und Rittigkeit anbelangte, etwas „speziell" war. Es war erst einmal notwendig, das „Schlüsselchen" zu finden, das eine leichte, optimale Verständigung ermöglichte.

Um nun zu vermeiden, dass die jungen Berufsreiter in ihrem Ehrgeiz, sich gut zu präsentieren, versuchten, ein solches Pferd ruck, zuck beizuzäumen, gab ich ihnen vor, die ersten paarmal beim Abreiten nach einigen Minuten des Schrittreitens Dreieckzügel einzuschnallen. Natürlich machten sie, wenn ich ihnen das sagte, im ersten Moment lange Gesichter, fühlten sich sogar etwas in ihrem Stolz gekränkt. Meist sagte ich dann: „Wenn ich Ihnen jetzt empfohlen hätte, erst einmal mit Schlaufzügeln zu reiten, hätten Sie sich wahrscheinlich gar nichts dabei gedacht, sich höchstens gefreut?!" – Das regte dann etwas zum Nachdenken an.

Leider gibt es etliche Ausbilder, die jeglichen Einsatz von Hilfszügeln fast schon doktrinär ablehnen. Vermutlich haben diese noch nie erlebt, wie Pferde spontan besser gehen, gehfreudiger sind und ausgesprochen dankbar reagieren, wenn man ihren Reiter mit einem richtig verschnallten Hilfszügel unterstützt. Vielleicht begegnen sie solchen Reitern mit der Weisheit „Das Glück der Pferde ist der Reiter auf der Erde", d.h., sie sollten das Reiten ganz lassen und nur vom Boden aus arbeiten. Hinzufügen muss man dann aber sofort die Warnung, dass die Arbeit vom Boden aus erstens nicht einfacher zu erlernen ist und zweitens kein Ersatz für gute Arbeit unter dem Reiter sein kann. ■

Jede Minute, die das Pferd den Reiter mit hohlem Rücken „erträgt", ist nicht nur vertane Zeit, sie signalisiert dem Pferd, dass Reiten etwas Unangenehmes ist.

!

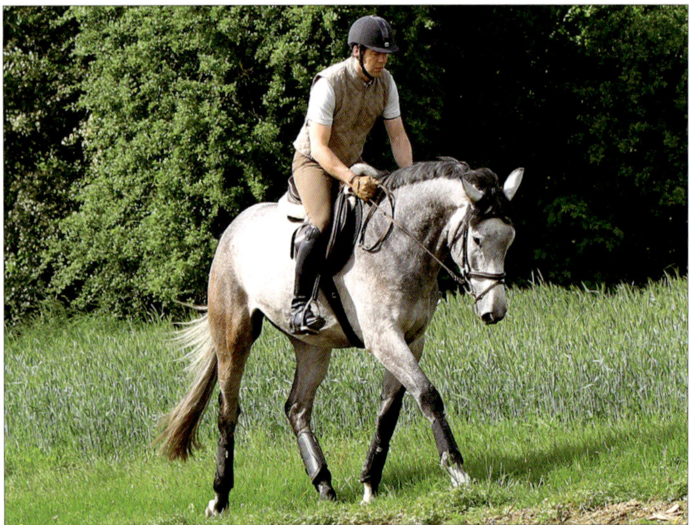

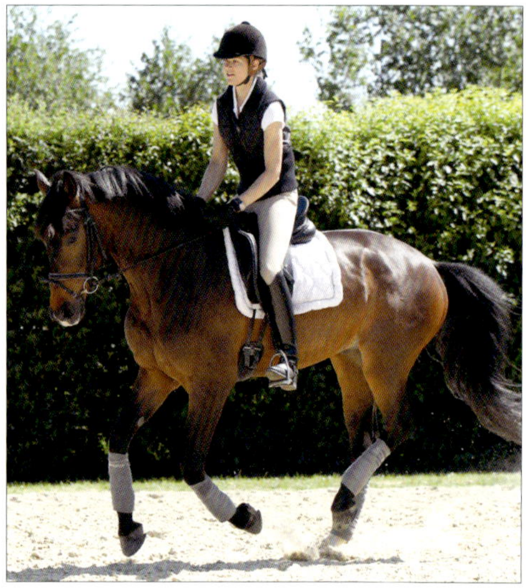

Reiten im Vorwärtssitz und im Gelände sind Balsam für den Körper und die Seele des Reha-Pferdes.

28. Verdorbene Pferde – „Therapeutisches Reiten" im leichten Sitz

Zu dieser Thematik könnte man selbstverständlich ein ganzes Buch füllen. An dieser Stelle möchte ich auf eine spezielle Problematik eingehen, mit der man leider gar nicht so selten konfrontiert wird:

In den letzten Jahren bin ich immer wieder Pferden begegnet, denen man aufgrund ihres Exterieurs und der Qualität ihrer Grundgangarten auch im Sport eine große Karriere zugetraut hätte, die aber, wie sich dann herausstellte, verdorben, eigentlich müsste man sagen „versaut" worden waren. Es waren fast immer Pferde, die ursprünglich sehr teuer, z.B. auf renommierten Auktionen, erworben wurden, die man aber gerade wegen ihrer hohen Qualität glaubte besonders gut, eigentlich müsste man richtiger sagen besonders schnell, fördern zu müssen. Dabei hatte man sie dann durch sogenanntes „starkes" Reiten entweder jeglicher Gehfreude beraubt und/oder sie hatten sich sogar zu schwer zu handhabenden, manchmal auch angeblich unberechenbaren Tieren entwickelt.

Wichtig für den Aufbau von Vertrauen ist es, dass der Betreuer und Reiter dem Pferd über seine Körpersprache Selbstvertrauen vermittelt.

!

Mir kommt dann immer als Erstes der Gedanke in den Kopf „Gott sei Dank, es gibt doch immer wieder einmal Pferde, die sich eben nicht alles gefallen lassen."

Glücklicherweise hatten diese Pferde letztendlich doch Glück, indem sie, inzwischen für relativ kleines Geld, zu Besitzern gekommen sind, die bereit waren, ihnen Zeit zu geben und ihnen eine Art von Reha-Training angedeihen zu lassen. Da bei solchen Pferden auch im täglichen Umgang das Vertrauen zum Menschen meist gelitten hat, bedürfen sie auf jeden Fall einer erfahrenen sicheren Hand. Im Prinzip ist eine Lösung nur möglich, wenn man ganzheitlich herangeht, d.h., vom Umgang im Stall, der Fütterung angefangen, über das Sattel- und Zaumzeug bis hin zum gesamten Verhältnis Reiter – Pferd muss alles auf den Kopf gestellt und neu, hoffentlich richtig, entwickelt und aufgebaut werden.

Um dann beim Reiten erfolgreich sein zu können, muss auch sichergestellt werden, dass sie physisch tatsächlich gesund sind. Dies muss mit einem erfahrenen Tierarzt und gegebenenfalls kundigen Pferdephysio- oder Pferdeosteotherapeuten abgeklärt werden.

Schon das Putzen, erst recht das Auflegen von Sattel und Trense muss mit größter Ruhe und Sorgfalt vorgenommen werden. Fast genauso wichtig aber für den Aufbau von Vertrauen ist es, dass der Betreuer und Reiter dem Pferd über seine Körpersprache Selbstvertrauen vermittelt und ihm keinesfalls Unsicherheit, Vorbehalte oder gar Angst signalisiert.

28.1 Körpersprache

Unter Körpersprache versteht man die sogenannte „nonverbale Kommunikation", als die Verständigung ohne Worte, z.B. durch Gestik, Mimik, Augenkontakt. Wenn man auf dem Pferd sitzt, gibt man ständig, bewusst und mehr fast noch unbewusst, dem Pferd Signale durch wechselnde Körperhaltung, An- und Abspannen der verschiedensten Muskelgruppen, die naturgemäß kopfgesteuert sind.

Das bedeutet aber, dass sie großenteils nicht willkürlich gesteuert werden können, sondern abhängig sind von der aktuellen mentalen Situation des Reiters, z.B. von seinem Selbstvertrauen, seiner Entschlossenheit, seiner positiven Motivation. Leider können auch negative Faktoren wie Stress, Sorgen, Abgespanntheit des Reiters oder auch übertriebener Ehrgeiz eine Rolle spielen. Pferde haben für diese „Signale" eine überaus feine Antenne und reagieren entsprechend.

Allein an dieser Aufzählung kann man schon erkennen, welch große Herausforderung die Durchführung eines solchen Reha-Trainings ist.

Beim Reiten selbst kommt es dann zunächst einmal darauf an, dass das Pferd lernt, sich unter dem Sattel und unter dem Reiter wieder wohlzufühlen, und schließlich wieder Freude daran hat, sich mit dem Reiter zu bewegen. Eine sehr wesentliche Rolle spielt meist vom ersten Reiten an die Hand des Reiters, weil diesen Pferden fast immer mit Gebissen, Hilfszügeln oder irgendwelchen abenteuerlichen Zäumungen Zwang angetan wurde oder auch „nur" durch eine ungeschickte, unruhige oder wenig gefühlvolle Hand im wahrsten Sinne des Wortes „der Zahn gezogen" wurde.

Diesbezüglich kann es oft zu einer spontanen Verbesserung kommen, wenn man das Pferd ein paarmal ohne Nasenriemen oder sogar ohne Gebiss reitet. Letzteres sollte man dann aber erst einmal an der Longe testen. Alle Hinweise, die in den Abschnitten über Anlehnung und Nachgiebigkeit im Genick gegeben wurden, verdienen bei solchen Pferden besondere Beachtung.

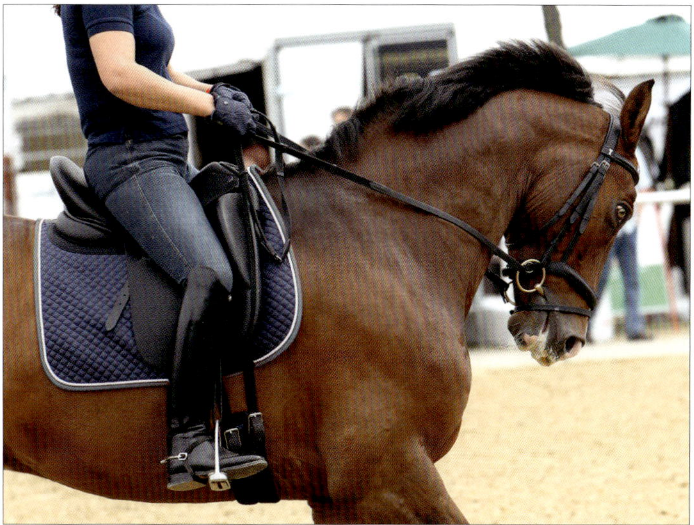

Werden Pferde länger falsch geritten, kann es zu Problemen mit der Dehnungsfähigkeit kommen. Dieses Bild zeigt eine noch relativ harmlos Variante, wobei das Pferd zu einem übertriebenen Nachgeben im oberen Halsbereich gezwungen wird, aus der Schulter heraus aber den Hals nicht öffnen kann.

Wenn es das Temperament und das angeknackste Interieur des Pferdes erlauben, empfiehlt es sich, viel im Freien, im Gelände zu reiten, zumal viele dieser Pferde „hallen- bzw. dressursauer" sind. (Von „dressursauer" zu sprechen ist eigentlich ungerecht, denn das, was mit ihnen geschehen ist, hat mit richtigem dressurmäßigem Ausbilden nichts zu tun.) Wie oben schon bezüglich des Umgangs mit solchen Pferden angesprochen, hat die Körpersprache des Reiters eine überragende Bedeutung – insbesondere wenn er im Sattel sitzt. Nur wenn der Reiter ihnen über seine eigene Losgelassenheit, hoffentlich auch durch gut ausbalanciertes Sitzen, zeigt, dass er mit einer positiven Einstellung und gutem Selbstvertrauen an die Sache herangeht, wird es ihm gelingen, die Skepsis oder das Misstrauen beim Pferd abzubauen.

Als Sattel würde ich in einem solchen Fall immer einen Vielseitigkeitssattel empfehlen, der dem Reiter eine gute Bewegungsfreiheit gibt und es ihm ermöglicht, mit etwas kürzeren

Dehnung muss auch beim Korrekturpferd immer im Vorwärts-Abwärts erfolgen. Dadurch öffnet sich die gesamte Oberlinie und auch optimal die Atemwege. Dies ist deshalb wichtig, weil durch das starke Engmachen im Hals auch atmungstechnisch Stress verursacht wird.

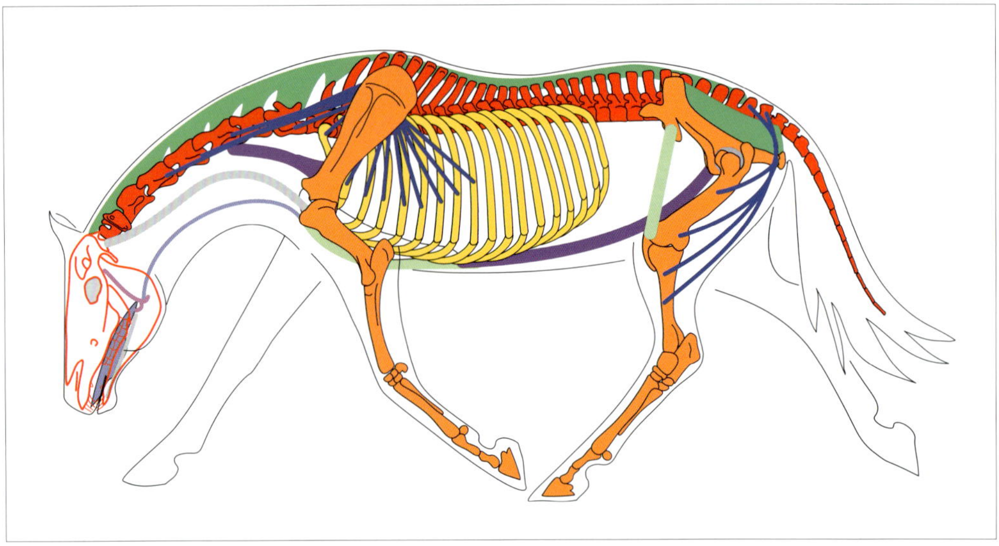

Bügeln im Entlastungs- oder leichten Sitz zu reiten. Die treibenden Hilfen müssen bei solchen Pferden mit kurzen gefühlvollen und dennoch bestimmten Schenkelimpulsen erfolgen. Gegenüber Gewichtshilfen, oder wie leider manche immer noch sagen Kreuzhilfen, haben solche Pferde meist einen großen Vorbehalt, manchmal sind sie dagegen richtiggehend allergisch. Bevor diese Pferde nicht physisch und vor allem psychisch wieder rehabilitiert sind, bevor sie nicht sicher darauf vertrauen, dass man sie nicht „rabiat" zu treiben versucht, wirkt jede treibende „Kreuzhilfe" kontraproduktiv. Sie erschrecken, machen sich im Rücken fest, gehen meist deutlich gegen die Hand oder verkriechen sich sogar hinter den Zügel und arbeiten mit der Hinterhand noch mehr hintenheraus.

Vertrauenbildende Maßnahme: Zügel in eine Hand und Klopfen

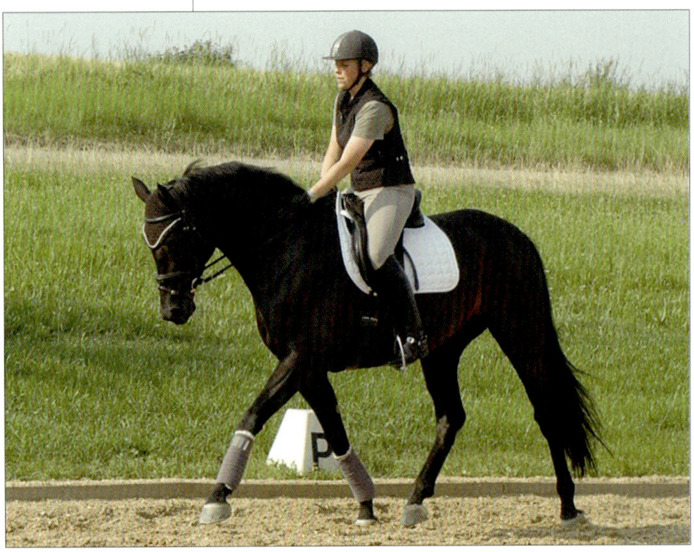

Reiten in einem gut ausbalancierten Vorwärtssitz kann Wunder wirken. Jegliche Art von Abwechslung, wie Geländereiten, Cavalettiarbeit, Gymnastikspringen, vor allem aber auch die Gesellschaft mit zufrieden unter dem Reiter gehenden Pferden wird sich positiv auswirken.

Ob man mit Sporen und/oder Gerte reitet, hängt ganz vom Einzelfall und den in der Vergangenheit gemachten Erfahrungen des Pferdes ab. Eine kleine Springgerte mit Klatsche kann, z.B. an der Schulter eingesetzt, durchaus sinnvoll sein.

Das erste wirklich wichtige Etappenziel bei einem solchen „Reha-Training" muss es sein, dem Pferd wieder zu zeigen, dass das Gehen in leichter Dehnungshaltung an die Hand heran, mit runder Oberlinie, also mit fallen gelassenem Hals und hergegebenem Rücken, ihm das Tragen des Reiters sehr leicht und angenehm macht.

Bedenken muss man allerdings, dass bei Pferden, die längere Zeit wenig über den Rücken, stattdessen „obenhingestellt" geritten wurden, große Teile des Rumpfstreckersystems in ihrer Fähigkeit, abzuspannen, sich zu dehnen, beeinträchtigt sind, dass es zu richtigen Verkürzungen gekommen ist. (Dr. Heuschmann bezeichnet solche Pferde ganz anschaulich als Spannrückengänger.) Die Dauer der Reha hängt dann nicht nur von der Fähigkeit ab, das Pferd von den Vorteilen der Dehnungshaltung zu überzeugen, also von seiner Dehnungsbereitschaft, vielmehr kann das physische Problem der mangelnden Dehnungsfähigkeit so massiv sein, dass es mehrere Monate dauert, hierfür die Voraussetzungen zu schaffen. Nur ein wohlüberlegtes, gut aufeinander abgestimmtes Arbeiten von Veterinären, Therapeuten und „therapeutischen Reitern" kann zum Erfolg führen.

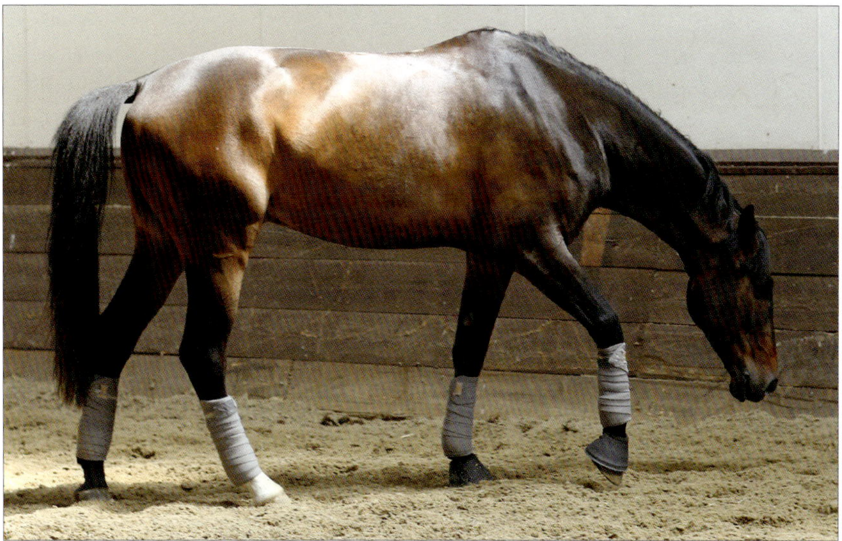

Auch Freilaufen dient dem Entspannen

Für mich ist immer wieder faszinierend, wie schnell Pferde, selbst wenn sie mittel- oder langfristig schlecht geritten worden sind, richtiges Reiten wieder dankbar annehmen. Man kann dies wunderbar an den Gesichtern der Pferde erkennen. Deshalb lohnt es sich, Pferdegesichter zu studieren, um zu lernen, darin zu lesen. Der Augenausdruck, das Ohrenspiel und nicht zuletzt das Maul, also die Haltung und die Bewegung der Lippen sind ungeheuer aufschlussreich. Wer auch nur etwas darin geübt ist, erkennt sofort, in welchem mentalen Zustand sich das Pferd befindet, ob es z.B. zufrieden und freudvoll mitarbeitet, ob es gerade „Gott sei Dank!" sagt oder ob es sich gar in erlernter Hilflosigkeit einfach ergeben hat. **(→ Kap. 30. „Kritische Betrachtung der modernen Entwicklung im Reitsport")**

Wem es aber gelungen ist, ein solches enttäuschtes, verdorbenes Pferd erst einmal wieder auf seine Seite zu bekommen, ein gutes Vertrauensverhältnis zu ihm aufzubauen, kann sehr viel Freude damit haben. Selbstverständlich ist dieses Vertrauen zunächst ein sehr zartes Pflänzchen, welches gehegt und gepflegt werden will. Man muss sich hüten, solchen Pferden irgendwie wieder ein negatives Erlebnis zuzumuten, z.B. durch einen unbedachten Reiterwechsel, weil es wahrscheinlich sofort zu einem Rückfall käme.

Je genauer man in solch einem Fall die Vorgeschichte recherchieren kann, desto besser kann man das „Reha-Training" individuell zuschneiden. ■

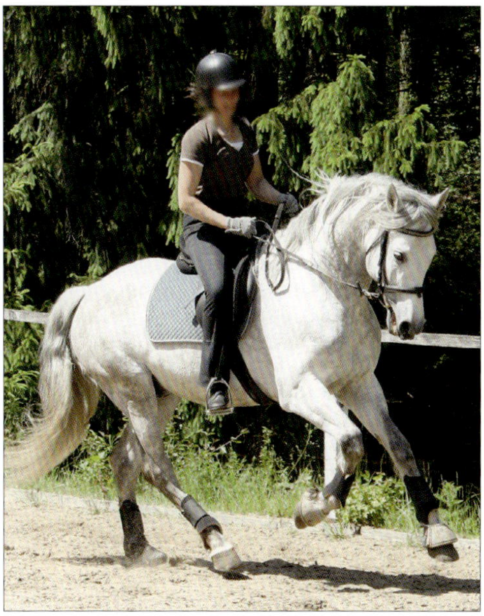

Bei diesem Schimmelhengst ist die Reha schon recht gut fortgeschritten.

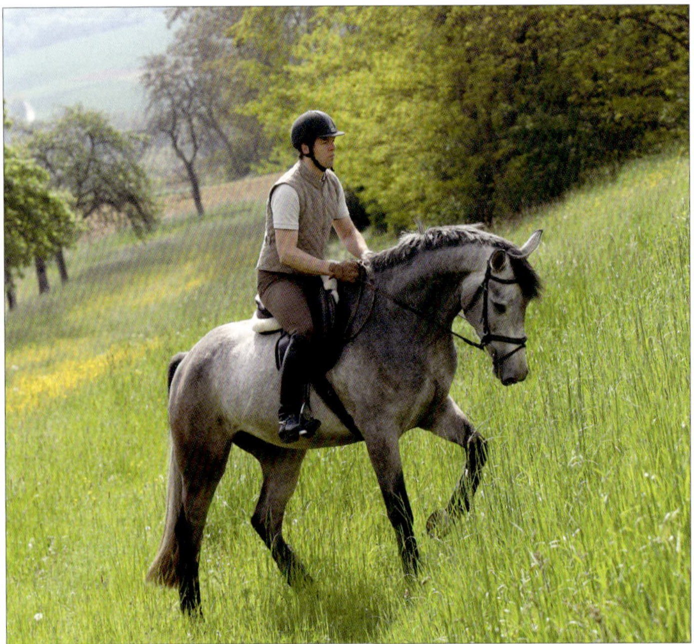

Geländereiten und Klettern stärkt auch die Muskulatur, die für höhere Versammlung Voraussetzung ist.

29. Piaffe für jedermann?

Ganz bewusst hatte ich in „Reiten mit Verstand und Gefühl" Passage und Piaffe nicht besprochen; dafür gibt es verschiedene Gründe, die ich zum Teil dort auch schon angesprochen habe:

Es gibt nur wenige Pferde, die für diese Lektionen eine gute natürliche Begabung haben, sodass sie relativ leicht und zwanglos damit vertraut gemacht werden können.

Ähnliches gilt auch für die Reiter: Nur relativ wenige Menschen lernen innerhalb eines Lebens so gut zu reiten, dass sie in der Lage sind, wenigstens einem talentierten Pferd Piaffe und Passage auf eine Art und Weise beizubringen, die noch als pferdefreundlich bezeichnet werden kann. Natürlich sind Passage und Piaffe, wenn alles stimmt, sehr schöne und imposante Lektionen, die dann nicht nur dem Reiter ein tolles Gefühl vermitteln, sondern auch für den Betrachter gut anzusehen sind.

Nun wagen sich gerade mit sogenannten Barockpferden, z.B. Lusitanos, PRE-Pferden, Andalusiern, Lipizzanern und Friesen, viele Reiter an diese Übungen, besonders auch an die Piaffe heran. Mit Sicherheit findet man in diesen Rassen vermehrt Pferde, die dafür begabt sind. Leider trifft das nicht automatisch für deren Reiter zu. Im Übrigen setzt nach der Philosophie unserer Reitlehre versammelnde Arbeit voraus, dass das Pferd unter anderem gelernt hat, in allen drei Grundgangarten taktmäßig und losgelassen zu gehen und sich auch unter dem Reiter mit hergegebenem Rücken zu bewegen. Für mich ist eine der allerwichtigsten Vorbedingungen für jegliche versammelnde Arbeit, dass das Pferd „zieht", d.h., dass es vertrauensvoll, gehfreudig und leistungsbereit an die Hand herantritt und sich, z.B. bei der Vorbereitung jeden Übergangs, zwanglos, zumindest ansatzweise schließen lässt, also halbe Paraden, wie man das so leichthin bezeichnet, gut annimmt. **(→ Kap. 6.2 zu „Ziehen" und Kap. 20. „Übergänge...", → auch in RmVuG)** Versucht es beim Aufnehmen mit der Hinterhand seitlich auszuweichen, macht es sich schief, mangelt es ihm noch an dem notwendigen Geradegerichtetsein, wahrscheinlich auch an der für die vermehrte Lastaufnahme notwendigen Kraft und Balance.

Die Losgelassenheit im Rücken ist Voraussetzung dafür, dass das Pferd sich auch unter dem Reiter wohlfühlt, mit den Hinterbeinen durchschwingen und so zu der für die Versammlung notwendigen Lastaufnahme kommen kann.

Nun gibt es Ausbilder, die die Piaffe gewissermaßen als Mutterlektion für die Versammlung darstellen, sodass viele Reiter glauben, nur über das Piaffieren zu einer Verbesserung der Versammlung kommen zu können. Das ist aber natürlich nicht richtig. Es gibt ganz viele dressurmäßige Übungen und Lektionen, die Versammlung vorbereiten bzw. sie zu entwickeln helfen, z.B.

- **jede richtig gerittene halbe und ganze Parade**
- **die Acht**
- **aus dem Halten vom Fleck weg antraben**
- **Wendungen im Trab und Galopp, die allmählich kleiner geritten werden**
- **ganze Parade aus dem Trab**
- **Zulegen und Einfangen im Trab und Galopp (auch auf großer gebogener Linie)**

- Angaloppieren aus dem Schritt
- doppelte bzw. dreifache Schlangenlinie (je nach Länge des Vierecks an der langen Seite)
- Schlangenlinie durch die Bahn mit vier bis sechs Bogen
- die die Seitengänge vorbereitenden Übungen „Schultervor" und „Reiten in Stellung"
- Zirkelverkleinern und -vergrößern (travers- bzw. schulterhereinartig)
- Rückwärtsrichten
- Rückwärtsrichten, daraus antraben
- Kurzkehrt und Hinterhandwendung (zunächst nur um 90 Grad)
- Vorübungen für den Kontergalopp

Genaueres hierzu findet sich in RmVuG S. 145 ff.

Auch im Gelände kann man selbstverständlich versammelnde Übungen reiten, so fördert Klettern nicht nur das Gleichgewicht und die ganze Motorik des Pferdes, sondern trainiert auch die entsprechenden Muskeln, besonders der Hinterhand.

An längeren, weniger steilen Steigungen kann man die Neigung der Pferde, aktiver und fleißiger bergauf zu traben und zu galoppieren, nutzen: Wichtig ist dabei, das Tempo zu kontrollieren, sie nicht einfach schneller und eiliger gehen zu lassen. Durch solche Arbeit werden Schwung und Versammlung in gleichem Maße gefördert, die Tritte und Sprünge werden kraftvoller und raumgreifender. Gerade auch Pferde, die nicht mit der besten Trabqualität ausgestattet sind, entwickeln sich dadurch hervorragend, auch im Hinblick auf Trabverstärkungen.

Umgekehrt kann man häufig Pferde beobachten, bei denen alles daran gesetzt wurde, sie zum Piaffieren zu bringen, und die dann irgendwann auch tatsächlich gelernt haben piaffeähnliche Tritte wie einen Trick zu zeigen, sich dabei aber nur mit den Beinen bewegen, deren Bewegungen aber nicht durch den Körper gehen. Bezeichnenderweise sind diese Pferde in der Regel auch nicht in der Lage, aus dieser Pseudopiaffe fließend herauszutraben: Sowohl zu Beginn als auch zu Ende dieses „Kunststücks" ist kein fließender Übergang möglich. Meistens wird zum Beenden der Zügel einfach lang gelassen, man könnte auch sagen „hingeschmissen", und das Pferd fällt geradezu in den Schritt. Auf solche dressierten Piaffen sollte man als Pferdefreund gut verzichten können, sie keinesfalls als etwas Wertvolles, Erstrebenswertes ansehen.

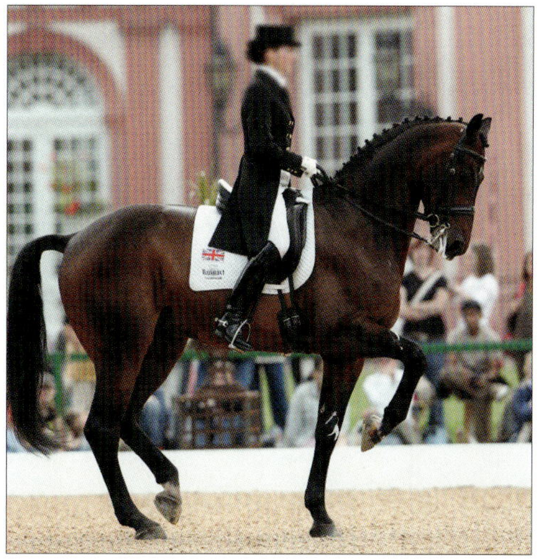

Dieses Piaffieren wirkt dressiert; das Pferd nimmt hinten wenig Last auf und das stützende Vorderbein ist deutlich rückständig.

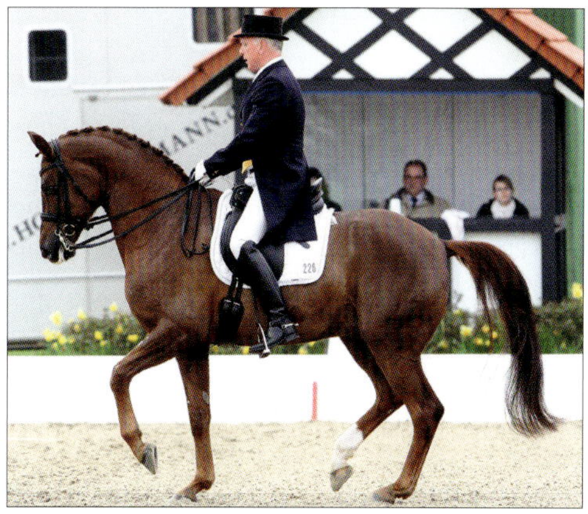

Sehr gute, seriöse Piaffe, bei der das Pferd Gelassenheit zeigt; Bezüglich der Hals-Kopfhaltung muss man sich die Position der Wirbelsäule vorstellen (→ Grafik auf S. 120) und darf sich nicht nur am Mähnenkamm orientieren.

Deshalb möchte ich hier einmal an alle Pferdefreunde appellieren: Haben Sie Freude an einem harmonischen Miteinander mit Ihrem Pferd, seien Sie stolz, wenn Sie so mit ihm eins sind, dass es Ihre Gedanken zu lesen scheint. Was für ein tolles Gefühl ist es schon, „einfache" Übergänge reiten zu können, bei denen fließend und völlig taktmäßig eine Gangart in die andere übergeht und leichteste Hilfen schon als Hinweis an das Pferd reichen. ■

Haben Sie Freude an einem harmonischen Miteinander mit Ihrem Pferd, seien Sie stolz, wenn Sie so mit ihm eins sind, dass es Ihre Gedanken zu lesen scheint.

!

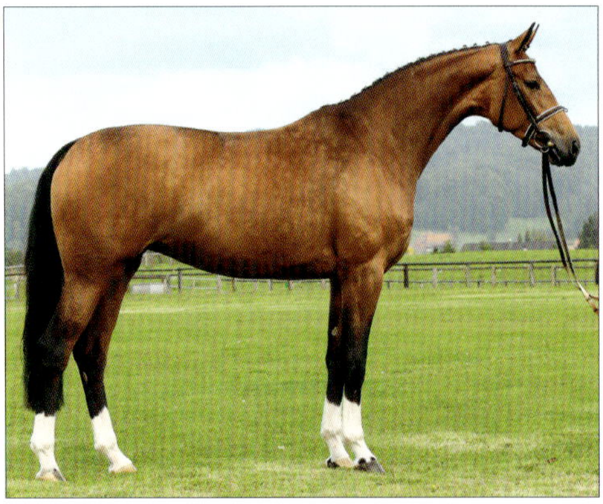

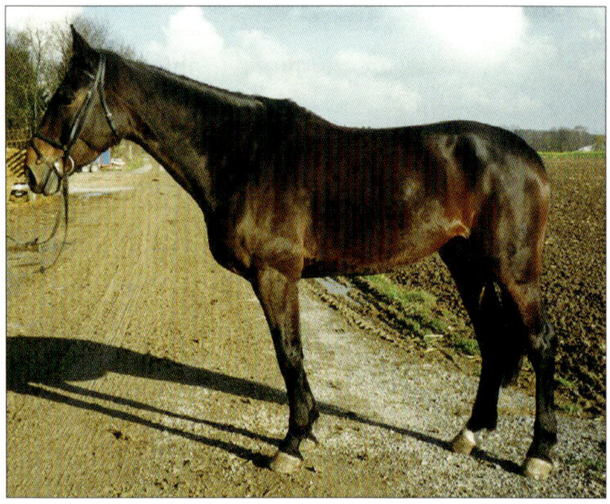

Auf dem linken Foto sehen wir eine wunderschön aufgemachte, moderne 4-jährige Stute mit einem Hals, wie er früher für eine so junge Stute die Ausnahme war.

30. Kritische Betrachtung der modernen Entwicklung im Reitsport[1]

Wie mehrfach schon in den vorhergegangenen Kapiteln angesprochen, stellen die Pferdezüchter heute den Reitern ganz hervorragende Pferde zur Verfügung. In den letzten 30–40 Jahren hat sich die Pferdezucht, hier interessant besonders die Warmblutzucht, ganz erstaunlich fortentwickelt. Durch entsprechende Selektion sind die Pferde sowohl aufgrund ihres Exterieurs wie auch ihres Interieurs für den Einsatz in allen reitsportlichen Disziplinen ideal geeignet.

Nicht zuletzt dank der Selektion nach Rittigkeitswerten sind es zum großen Teil geradezu geborene Reitpferde. Im Rahmen dieser Verbesserung der Zucht sind die Pferde leichtrittiger, leistungsfähiger, leistungsbereiter und sensibler geworden. Individuen mit echten Temperaments- oder Charaktermängeln sind die große Ausnahme.

Was das Exterieur betrifft, möchte ich hier nur die im Durchschnitt ausgezeichneten Hals- und Genickformationen unserer heutigen Pferde ansprechen. Dadurch wird es für die Reiter leicht, ich drücke es jetzt einmal etwas laienhaft aus, sie in einer schönen Haltung zu reiten. Auf der anderen Seite verführt das natürlich aber auch dazu, auf richtige lösende Arbeit zu verzichten und stattdessen vom Aufsitzen an anzunehmen, dass das Pferd in einer Haltung geht wie für eine Dressuraufgabe.

Wenn sich jemand im Pferdesport zu viel zutraut, sich zu viel vornimmt, dann geht es eigentlich immer zulasten des Pferdes.

!

Was die angesprochenen Interieureigenschaften anbelangt, erleichtern sie zunächst einmal gutes, feines Reiten. Auf der anderen Seite ist es aber selbstverständlich auch schwieriger, anspruchsvoller, ein so hoch veranlagtes, sensibles Pferd richtig zu reiten und ihm gerecht zu werden. Es nimmt alles leichter an und reagiert schon auf feinste Hilfen. Wer aber (noch) nicht gelernt hat, so zu reiten, bekommt Probleme, weil das Pferd sich durch eventuell unkorrekte, falsche Hilfengebung auch sehr leicht irritieren lässt.

30.1 Wie schaut es nun in unserem Turniersport aus?

Wie in allen Sportarten hat auch im Reitsport das, was die Protagonisten des Spitzensports vormachen, was zum Beispiel auch durch das Fernsehen publik gemacht wird, zumindest sehr starken indirekten Einfluss auf den gesamten Reitsport, bis hinunter zur Basis. Bis in den Spitzensport zu gelangen, erst recht sich dort zu etablieren, ist in der Regel ein sehr langer, mühsamer, auf jeden Fall aber sehr aufwendiger Weg – nicht zuletzt auch in ökonomischer Hinsicht.

Finanzieren kann sich dieser Spitzensport nur, wenn er auch für eine größere Breite interessant und sehenswert ist. Nun haben wir aber auch in Deutschland, einem klassischen Pferdeland, nur eine recht begrenzte Zahl von Menschen, die so fachkundig sind, dass sie seriöses, pferdegerechtes und harmonisches Reiten zu würdigen in der Lage sind und Spaß daran haben, sich mehrere

[1] Dieses Kapitel gibt die Meinung des Autors wieder.

Stunden lang eine solche Dressurprüfung anzusehen. Die überwiegende Zahl potenzieller Zuschauer, die etwa beim Fernsehen für hohe Einschaltquoten sorgen, sind aber mehr oder weniger Laien. Sie kann man in der Regel nur durch besonders spektakuläre Vorführungen, weniger durch „langweilige" Harmonie ans Viereck oder an den Fernsehapparat locken.

Diesen Trend zum Spektakulären, zum Außergewöhnlichen, kann man eigentlich in allen Bereichen unserer Freizeitgesellschaft beobachten. All die Sportarten, die spektakulär sind und einen außergewöhnlichen Kick bieten, mobilisieren besonders viele Aktive und Zuschauer.

30.2 Warum sollte man im Pferdesport diesem Trend mit Skepsis und Vorsicht begegnen?

Die Antwort darauf ist eigentlich ganz einfach: Unser Sport unterscheidet sich in einem wesentlichen Punkt ganz entscheidend von allen anderen Sportarten.

Wenn sich jemand im Pferdesport zu viel zutraut, sich zu viel vornimmt, dann geht es eigentlich immer zulasten des Pferdes.

Das kann daran liegen, dass der Reiter seine eigenen Fähigkeiten überschätzt und/oder versucht, durch turniersportliche Auftritte sein Prestige aufzupolieren. Manche überschätzen aber auch das Potenzial ihres Pferdes und wollen „aus einem VW einen Porsche machen", wie man so unter Reitersleuten sagt. – Darunter zu leiden hat immer der Vierbeiner.

Dies lässt sich sogar statistisch belegen, – wir haben kaum noch Sportpferde, die jenseits des neunten oder zehnten Lebensjahres noch einigermaßen gesund sind und im Sport aktiv sein können. Dieses frühzeitige Ausscheiden ist nur in einem Teil der Fälle körperlich bedingt. Leider haben wir auch viele Pferde, die, oft schon in sehr jungen Jahren, psychisch so gelitten haben, dass sie nicht mehr leistungsbereit, oft sogar unreitbar sind.

Wenn dann immer wieder teils prominente Pferde angeführt werden, die bis ins hohe Alter erfolgreich im großen Sport gingen, so sind das eigentlich nur die Ausnahmen, die die Regel bestätigen.

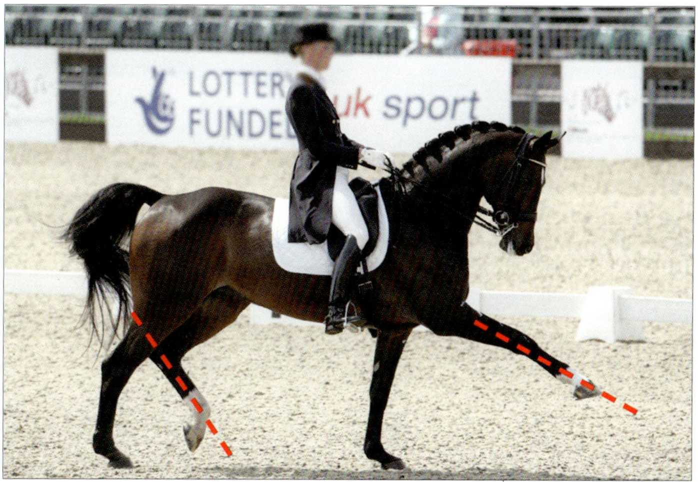

Die Hinterbeine schwingen nicht angemessen durch, was man besonders gut an der fehlenden Parallelität des jeweils diagonalen Beinpaares, also Unterarm des Vorderbeins zu Röhrbein des Hinterbeins sehen kann.

30.3 Was widerspricht in diesem auf Spektakularität ausgerichteten Sport unserer Reitlehre, was widerspricht dem Kriterium der Pferdgerechtigkeit?

Wenn ich in diesem Buch genau wie in Reiten mit Verstand und Gefühl immer wieder das Thema Losgelassenheit und Hergabe des Rückens in den Mittelpunkt gestellt habe, so kann man bei vielen, auch bei den Spitzenpferden erkennen, dass ihr Bewegungszentrum Rücken verspannt und fest ist und ihre Bewegungen deshalb nicht durch den ganzen Körper gehen. Ich will hier nur noch einmal einige, teilweise schon angesprochene, leicht erkennbare Anzeichen beschreiben, an denen das wahrzunehmen ist:

- **Die Hinterbeine schwingen nicht angemessen durch, was man besonders gut in der gesamten Trabarbeit an der fehlenden Parallelität des jeweils diagonalen Beinpaares (Unterarm Vorderbein – Röhrbein Hinterbein) sehen kann.**
- **Den Schweif, der ja ein Teil der Wirbelsäule ist, und mit dem das Pferd sich artikuliert, indem es z.B. sein Unbehagen und seine Abwehr signalisiert, bewegen viele Pferde sehr heftig; besonders das peitschenartige Auf- und Abschlagen, damit nicht selten auch**

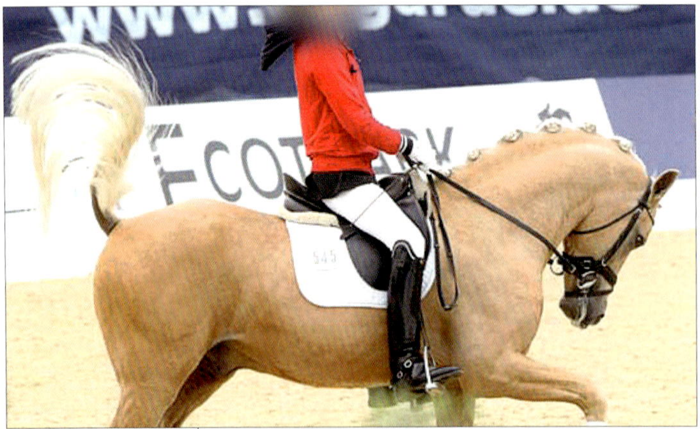

Das heftige, peitschenartige Auf- und Abschlagen des Schweifes lässt zumindest auf starke Spannung schließen.

verbunden mit angelegten Ohren, lässt zumindest auf starke Spannung schließen.

- Wenn manche Pferde Probleme haben, bei der Grußaufstellung gelassen zu stehen und im Schritt losgelassen zu schreiten. Beides deutet darauf hin, dass die für jede größere Leistung sicherlich notwendige Anspannung überzogen wurde und in Verspannung, ja Verkrampfung umgeschlagen ist.
- Wie im Kapitel über verdorbene Pferde schon angesprochen, geben der Gesichtsausdruck eines Pferdes, seine Augen, sein Ohrenspiel sowie die Bewegung und Haltung seiner Lippen jedem, der dies zu lesen versteht, Auskunft über seine mentale Verfassung.

Leider trifft man viele Sportpferde, deren Gesichter auf dem Vorbereitungsplatz, wo heute gerade auch auf mittleren und kleineren Turnieren recht ungeniert zur Sache gegangen wird, von großem Stress, teilweise auch von freudloser Ergebenheit bis hin zu erlernter Hilflosigkeit zeugen. Mental gesehen geht es oft nur um Subordination (Unterordnung). (→ Kap. 21. „Verstärkungen...") In der Prüfung wird dann zwar versucht, sowohl was die Haltung der Pferde als auch die Art der Einwirkung anbelangt, Harmonie vorzuführen, was aber nur bedingt gelingt.

30.4 Absolute Aufrichtung

Ein großer Teil der in Dressurprüfungen vorgestellten Pferde geht mit engen, oben hingestellten Hälsen in absoluter Aufrichtung. Nur die in unserer Reitlehre erklärte und geforderte relative Aufrichtung ist pferdegerecht und ermöglicht Bewegungen, die dank des losgelassenen Rückens durch den ganzen Körper gehen. Wird das Pferd künstlich, meist mit der Hand, absolut aufgerichtet und mit Kopf und Hals oben hingestellt, kann der Rücken nur zumachen. Dies hat wiederum zur Folge, dass die Hinterbeine, anstatt besser durchzuschwingen, hintenheraus arbeiten. Aufgrund des großen Bewegungspotenzials fußen sie auch in dieser Form meist immer noch sehr deutlich vom Boden ab, arbeiten aber eben hinten heraus. Bei einem Pferd, welches richtig gearbeitet und versammelt wurde, schließt die Hinterhand heran und senkt sich infolge der Hankenbeugung etwas. Nur in dieser Position kann der hintere Federapparat richtig funktionieren, wird diese Federarbeit mit Muskelkraft bewältigt. Arbeitet die Hinterhand dagegen hinten heraus, wird die für das nach wie vor deutliche Abfußen notwendige Elastizität vornehmlich nur im unteren Bereich der Gliedmaßen, vom Fesselkopf abwärts, erbracht. Man vermutet, dass dadurch auch an den Hintergliedmaßen vermehrt Fesselträgerprobleme verursacht werden, die nach Aussage der Tierärzte eine noch geringere Chance haben, komplett auszuheilen, als die an den Vordergliedmaßen.

In jüngster Zeit (2010) hat die FEI zu verschiedenen Treffen eingeladen, bei denen hochrangige Fachleute des Pferdesports über diese Problematik diskutierten, und in Arbeitsgruppen wurden z.B. Richtlinien (Guidelines) für die Stewards erstellt. Vorgeblich soll damit wieder etwas zum Wohle der Pferde bewegt werden. Man verurteilt darin zwar aggressives Reiten und verlangt, dass die Stewards, also die offiziellen Aufsichtspersonen auf den Abreiteplätzen großer Turniere, aufpassen und gegebenenfalls einschreiten sollen, wenn entsprechend geritten wird.

Leider geben diese Richtlinien einschließlich der ergänzend veröffentlichen Zeichnungen aber den Stewards wenig konkrete, umsetzbare Regeln an die Hand. Ich fürchte, dass kaum ein Steward es wagen wird, ohne Rücksicht auf pro-

Totilas, der Zuschauermagnet

Totilas ist zweifellos sowohl physisch als auch mental ganz außergewöhnlich veranlagt. Er ist für mich ein Jahrhundertpferd, um den man seinen Reiter und seinen Besitzer nur beneiden kann. Ich habe ihn schon bewundert, als er noch in der kleinen Tour, also bis Intermediär I unterwegs war. Damals aber noch mit zwar schon herrlichen, aber noch „normalen" Bewegungen.

Man braucht nun gar nicht zu spekulieren, wie ein solcher Bewegungsablauf manchen Pferden beigebracht wird. Auf jeden Fall darf es nicht dahin führen, dass alle Welt versucht, ebenfalls solche „Pferde zu machen". Die Mehrzahl der Pferde wäre durch solche Versuche total überfordert. Leider kann man schon jetzt bei etlichen anderen Pferden im Sport beobachten, dass sie offensichtlich grenzwertig gefordert bzw. überfordert werden, um möglichst auch so spektakuläre Bewegungen zu zeigen, dabei aber offensichtlich an Losgelassenheit und strahlendem Ausdruck verloren haben.

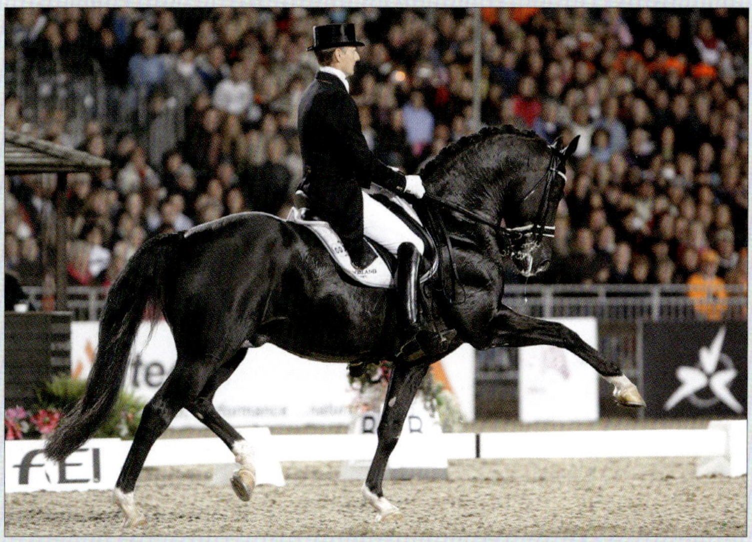

Eine solche spektakuläre Aktion der Vorderbeine wie auf ***diesem*** Foto kommt zustande, wenn ein Pferd „dank" verspannter Rückenmuskulatur und mithilfe der Unterhalsmuskulatur seine Vorderbeine „hochzieht". In Trabverstärkungen korrespondieren dann die Bewegungen der Vorder- und Hinterbeine nicht mehr, sodass es kein taktreiner Trab mehr ist.

In jüngster Zeit (2010) wird Totilas mit weniger Spannung vorgestellt, sodass er sich in der Trabarbeit weniger aufwendig und wieder etwas „richtiger" bewegt.

minente Namen vorzugehen oder gar durchzugreifen.

Man muss konstatieren, dass bei diesen Pferden fast immer auch das Training und das Abreiten vor der Prüfung den Grundsätzen unserer pferdegerechten Reitlehre und damit allen Regeln der Trainingslehre und Biomechanik großenteils widersprechen. So ist es z.B. wenig fach- und pferdegerecht, ein Pferd überhaupt längere Zeit in einer bestimmten Haltung zu reiten. Vielmehr ist ein häufiger Wechsel der Haltung, der Wechsel zwischen richtiger Dehnung und vermehrter Aufrichtung, zwischen Anspannen und Abspannen wertvoll und wichtig; dies hat nicht nur in physiologischer, sondern auch in mentaler Hinsicht eine entscheidende Bedeutung für den Aufbau optimaler Leistungsfähigkeit und -bereitschaft sowie für das Wohlbefinden („welfare") des Pferdes.

Eine durch die Hand erzwungene Halsposition, auch wenn sie nicht durch aggressive Einwirkungen zustande kommt, verhindert ein An- und Abspannen des gesamten Rumpfstreckersystems, somit ein losgelassenes Schwingen im Rücken.

Mental gesehen geht es hier nur um Subordination. Allerdings kann der geschickte Reiter diese ohne sichtbar aggressive Hilfen abrufen, wenn er das Pferd zu Hause entsprechend konditioniert hat.

Aggressives Reiten zu verdammen reicht deshalb nicht, weil ein Steward dann nur äußerlich sichtbare, sprich aktiv grobe Einwirkungen wird sanktionieren wollen und können, nicht aber die für das Pferd genauso stressenden verdeckten.

Hier nochmals ein Bild eines beispielhaft korrekten starken Trabs

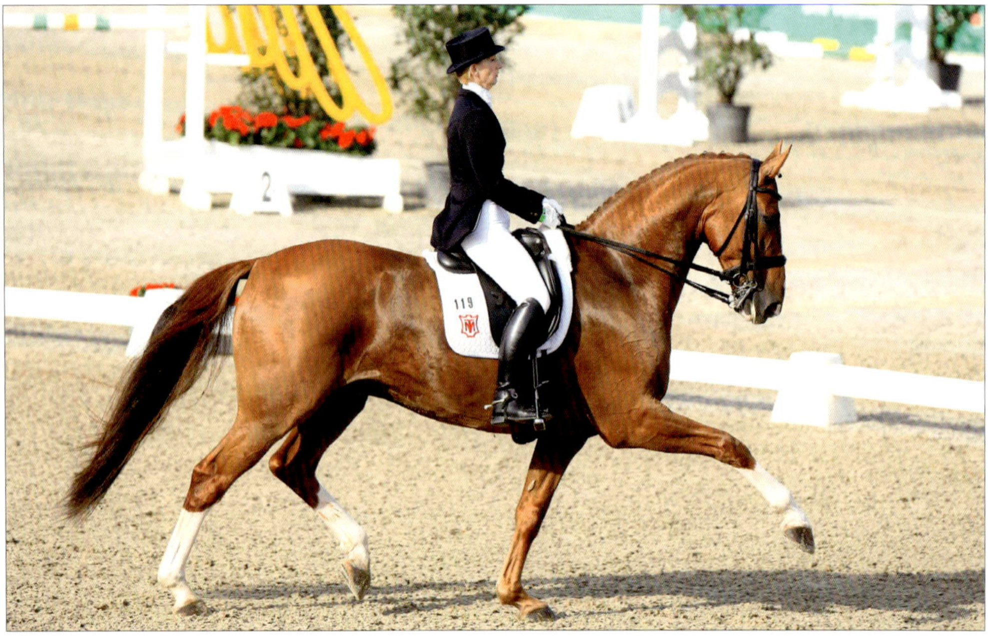

Insgesamt darf man bezweifeln, dass diese Beschlüsse einen Fortschritt bringen, weil eigentlich durch die Umbenennung von zunächst „Rollkur" über dann „Hyperflexion" in nun LDR (low, deep and round) nur die inzwischen allgemein negativ besetzte Bezeichnung Rollkur ausgetauscht, nicht aber die Handhabung verändert wird. Dieselbe Art des zwanghaften Reitens wird dadurch sogar legitimiert.

Alle Pferdeleute sollten sich Pferde wünschen, die auch in der Prüfung eine natürliche losgelassene Selbsthaltung zeigen, wie es ja sogar die Regeln der nationalen und internationalen Federationen eigentlich verlangen. Das erfordert für ihre Ausbildung, erst recht auch für das Abreiten, eine dem Reglement entsprechende Reitweise und Reitmethode, die den Respekt gegenüber dem Pferd erkennen lässt.

Wenn dann gelegentlich schlimme Vorfälle von pferdeverachtender Reitweise oder gar Manipulation bekannt werden, und das bezieht sich weiß Gott nicht nur auf den Dressursport, wird oft argumentiert, das seien absolut einzelne Auswüchse. Dass aber in ganz vielen Ställen Trainingsmittel und -methoden angewendet werden, die wenig pferdegerecht oder -freundlich sind, wollen selbst viele Insider nicht zugeben. Das fängt bei solch einfachen Dingen, wie sehr engen Reithalftern, Schlaufzügeln oder manipulierten Gamaschen an und endet ... – davon wollen wir hier lieber gar nicht sprechen. Am besten können das all die wissen, die sehr eng mit den Sportreitern zusammen sind wie die Besitzer, Trainer und manche Funktionäre, – vorausgesetzt sie wollen es wissen, auch wenn es die „heile Welt" etwas durcheinander bringen würde!

Diese Dinge hier einmal deutlich anzusprechen, war mir ein echtes Bedürfnis. ***Gott sei Dank haben wir auch noch Reiter und Ausbilder, die bemüht sind, korrekt und pferdegerecht auszubilden.*** Denen muss unser Beifall gelten, auch wenn sie sich leider oft auf den Plätzen hinter spektakulärer auftretenden Wettbewerbern wiederfinden. Deshalb möchte ich hier an alle appellieren, sich für eine pferdegerechtere Ausbildung einzusetzen, auch auf Turnieren als Zuschauer sehr kritisch zu sein, ebenso was den Applaus für scheinbar besonders tolle Vorstellungen anbelangt.

→ Kap. 21. „Verstärkungen – das Salz in der Suppe?"

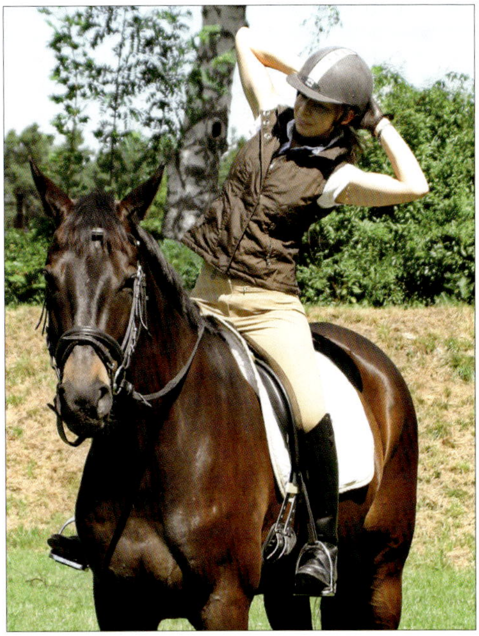

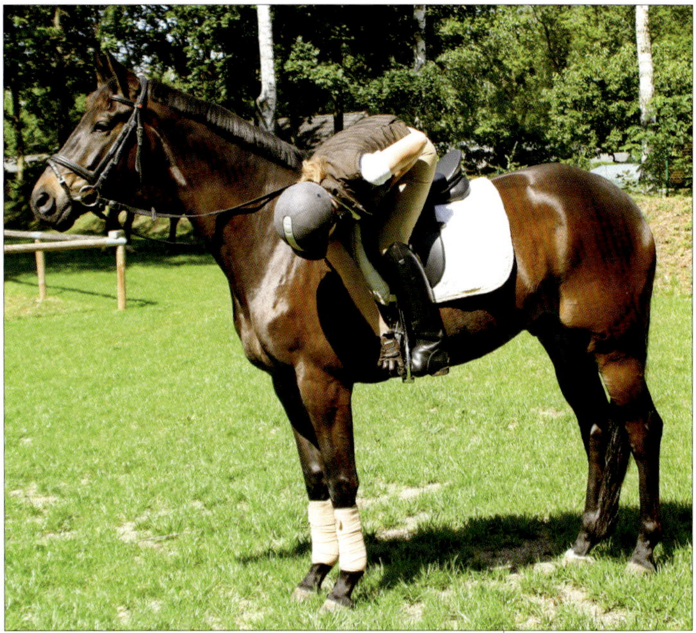

Solche Übungen kann man auch beim Schrittreiten durchführen, sollte aber die Pferde vorher damit vertraut machen.

31. Aufbau einer Trainingseinheit

Nur ein Pferd, das psychisch und physisch entspannt ist, kann zu seiner vollen Leistungsbereitschaft, Leistungsfähigkeit und Lernfähigkeit kommen. Daher ist die Losgelassenheit Voraussetzung für jede weitere Arbeit. Der Reitschüler muss diese Zusammenhänge schon in der Grundausbildung erlernen.

Jede Übungsstunde gliedert sich als Einheit in drei Abschnitte:

1. die Lösungs-,
2. die Arbeits- und
3. die Erholungsphase.

Jede einzelne Unterrichtseinheit orientiert sich an den Ausbildungsgrundsätzen der Ausbildungsskala. Um Ausbildungsfortschritte zu erzielen, sollte sie in einen langfristigen Übungs- bzw. Trainingsplan eingebunden sein.

Beim jungen Reitpferd (auch beim Korrekturpferd) wie auch beim untrainierten Reiter wird die Lösungsphase direkt in die Erholungsphase übergehen. Es kann noch nicht genügend Kondition vorausgesetzt werden. Das Lösen dauert länger. Die Arbeitsphase wird anders gestaltet: Sie besteht aus lösenden Übungen. Inhalt der Arbeitsphase ist deshalb die lösende Arbeit.

31.1 Lösende Arbeit und lösende Übungen: Was soll in der Lösungsphase erreicht werden?

Die Lösungsphase hat gleichermaßen Bedeutung für das Reiten auf ebenem Hufschlag, im Gelände wie auch über Hindernisse.

Richtige, systematisch durchgeführte lösende Übungen erhöhen die Leistungsbereitschaft, Leistungsfähigkeit und die innere Zufriedenheit des Pferdes, somit auch die Fähigkeit und Bereitschaft zum Lernen.

Richtige, systematisch durchgeführte lösende Übungen erhöhen die Leistungsbereitschaft, Leistungsfähigkeit und die innere Zufriedenheit des Pferdes, somit auch die Fähigkeit und Bereitschaft zum Lernen.

!

31.1.1 Bedeutung der lösenden Arbeit

Jede Arbeit mit dem Pferd – also auch das Longieren oder Freispringen – beginnt grundsätzlich mit einer Lösungsphase.

Durch die lösende Arbeit wird der gesamte Bewegungsapparat des Pferdes (Muskeln, Sehnen und Bänder) des Pferdes aufgewärmt. Die Knorpelschichten in den Gelenken nehmen durch die Bewegung vermehrt Gelenkflüssigkeit auf und erreichen so erst nach einiger Zeit ihre volle Elastizität.

Auch das Herz und die Lungen, ja der gesamte Kreislauf und der Stoffwechsel müssen „auf volle Touren" gebracht werden.

Somit dient die Lösungsphase der Gesunderhaltung des Pferdes. Sie fördert die Gehfreude und Leistungsbereitschaft.

Ohne eine entsprechende Lösungsphase können gesundheitliche Schäden entstehen: Es kann zu physischen Beeinträchtigungen, wie z.B. Muskelzerrungen, Muskelrissen oder Gelenkschäden, kommen und/oder zu mentalen Schäden, wie zum Verlust der Gehfreude bis hin zu absoluter Arbeitsverweigerung.

Erst dank des richtigen Verständnisses von Losgelassenheit kann der Reiter die lösende Arbeit optimal gestalten, sodass der Rücken des Pferdes zum losgelassenen Schwingen gebracht wird, die volle Dehnungsbereitschaft und Beweglichkeit erreicht werden.

Die lösenden Übungen sind individuell auf das Pferd und den Reiter abzustimmen. Die Muskulatur muss unverkrampft an- und abspannen, also ökonomisch arbeiten.

Die lösende Arbeit dient auch zur Lockerung des Reiters. Er kann in dieser Phase, z.B. während des Schrittreitens, kleine Gymnastikübungen einbauen. (Achtung: Pferde müssen daran gewöhnt werden!)[1]

Dadurch wird er seine Beweglichkeit, Balance und seine Koordinationsfähigkeit verbessern. Die psychische Entspannung und Einstimmung von Pferd und Reiter auf die Reitstunde ist die beste Vorbereitung für eine erfolgreiche und harmonische Arbeitsphase.

[1] Literaturempfehlungen: Dietze, S. von: Balance in der Bewegung. 3. Auflage Warendorf 2010 (auch in englischer Sprache erhältlich); Dietze, S. von: Balance in der Bewegung. DVD (Deutsch/Englisch); Dietze, S. von/Neumann-Cosel, I. von: Rücksicht auf den Reiterrücken. 1. Auflage Warendorf 2010; Meyners, E.: Das Bewegungsgefühl des Reiters. Stuttgart 2005; ders.: Übungsprogramm im Sattel. Stuttgart 2009; ders.: Übungsprogramm im Sattel. DVD; ders.: Bewegungsgefühl und Reitersitz. Stuttgart 2005; ders.: Aufwärmprogramm für Reiter. Stuttgart 2008

Ein Pferd, das von der Weide oder dem Paddock kommt, löst sich am leichtesten; das Gleiche gilt für einen Reiter, der sein Pferd geputzt, etwas Stallarbeit oder ein paar Dehnungsübungen gemacht hat.

Ein Pferd, das von der Weide oder dem Paddock kommt, löst sich am leichtesten; das Gleiche gilt für einen Reiter, der sein Pferd geputzt, etwas Stallarbeit oder ein paar Dehnungsübungen gemacht hat.

!

31.1.2 Wie wird die Lösungsphase gestaltet?

Aufbau:
Schritt – Leichttraben – erste Galopparbeit

Das Pferd wird grundsätzlich mindestens 10 Minuten im Schritt mit hingegebenem oder am langen Zügel geritten. Dadurch sind die Gelenkknorpel den Belastungen in den schnelleren Gangarten gewachsen (s.o.). Zu dieser Phase kann der Reiter gezielt Aufwärmübungen durchführen. (→ Kap. 18. „Schritt...")

Das Antraben aus dem Schritt muss vorbereitet werden. Das Pferd wird durch vermehrtes Herantreiben an den verkürzten Zügel von hinten geschlossen. Der erste Trabtritt wird durch Leichtwerden mit der Hand und durch leichtes In-die-Bewegung-Sitzen zugelassen.

Das Pferd sollte dabei mit etwas gedehntem Hals und offenem Ganaschenwinkel (auf keinen Fall mit engem Hals!) auf großen Linien (Zirkel, ganze Bahn) taktmäßig und in gleichmäßig frischem Tempo traben. So findet es zur Losgelassenheit. Der frische Arbeitstrab muss sich an dem individuellen Grundtempo des Pferdes orientieren.

Es wird mindestens so lange leichtgetrabt, bis sich das Pferd im Trab loslässt. Bei nachgiebigem Genick lässt es den Hals fallen und beginnt im Rücken zu schwingen. Es ist dehnungsbereit. Dem Grundsatz entsprechend, vom Leichten zum Schweren vorzugehen, sollte erst ausgesessen werden, wenn dies aufgrund guter Losgelassenheit von Reiter und Pferd möglich ist, ohne dass es zu Verkrampfungen kommt.

Tempo

Das passende Arbeitstempo wird für jedes Pferd individuell gewählt. Durch falsch verstandenes, übereiltes Vorwärtsreiten wird das Abspannen erschwert, es können sogar Verspannungen entstehen. Die Tritte und Sprünge werden kürzer, das Pferd hält sich fest. Bei einem zu ruhigen Tempo werden die Bewegungen schleppend und die Hinterhand wird nicht genügend zum vermehrten Vortreten angeregt. Das Pferd wird nicht animiert, besser an das Gebiss heranzutreten. Es gibt im Genick nicht nach, stößt sich nicht vom Gebiss ab, so kann es den Rücken nicht hergeben.

Hat das Pferd durch die Schritt- und Trabarbeit ein gewisses Maß an Losgelassenheit erreicht, wird mit der Galopparbeit in frischem Arbeitstempo auf großen Linien (Zirkel, ganze Bahn) begonnen. Häufige Übergänge zwischen Trab und Galopp fördern durch ständiges An- und Abspannen aller Muskelsysteme besonders gut die Losgelassenheit des Pferderückens. Das Pferd wird die Hilfen des Reiters besser annehmen, den Reiter vermehrt in die Bewegung mitnehmen und bequemer sitzen lassen.

Die unterschiedlichen Bewegungsabläufe im Trab und Galopp haben ein unterschiedliches muskuläres Zusammenspiel. Dadurch wird in den Übergängen zwischen diesen Gangarten sehr gut die Losgelassenheit des Pferdes gefördert. Das Reiten dieser Übergänge/Gangartwechsel fördert auch die Verfeinerung des reiterlichen Gefühls. Im täglichen Training eines jeden Reiters und Pferdes sollte ihnen – unabhängig von Alter und Ausbildungsstand – angemessen Aufmerksamkeit geschenkt werden.

Für die Reihenfolge der lösenden Übungen gibt es keine allgemein gültige Reihenfolge. Sie muss auf jedes Pferd individuell abgestimmt werden. Der Reiter muss herausfinden, welche Übungen/Lektionen für das jeweilige Pferd, in welcher Reihenfolge und Anzahl, gegebenenfalls auch auf welcher Hand am besten geeignet sind. Nur so wird er Losgelassenheit und Durchlässigkeit optimal verbessern können.

31.1.3 Welche Übungen können in die Lösungsphase eingebaut werden?

Abhängig vom Ausbildungsstand von Reiter und Pferd können in der Lösungsphase folgende Übungen durchgeführt werden:

- **Schritt mit hingegebenem oder am langen Zügel**
- **Trabarbeit auf großen, überwiegend gebogenen Linien (Leichttraben)**
- **Einfache Übergänge/häufige Gangartwechsel** (Als einfache Übergänge werden die Übergänge von einer Gangart in die nächsthöhere bzw. nächstniedrigere Gangart bezeichnet, also Schritt – Trab, Trab – Galopp, Galopp – Trab, Trab – Schritt, aber nicht Schritt – Galopp, Galopp – Schritt.)
- **Schenkelweichen, Vorhandwendung**
- **aus dem Zirkel wechseln/einfache Schlangenlinien/Schlangenlinien durch die ganze Bahn (drei bis vier Bögen)**
- **Tritte/Sprünge verlängern**
- **in den Zirkel hinein- und herausreiten** (Erfolgt auf einem Hufschlag spiralförmig.)
- **Zirkelverkleinern und -vergrößern (für fortgeschrittenere Pferde und Reiter)** (Beim Verkleinern wird traversartig, beim Vergrößern schulterhereinartig geritten.)

Durch mehrmaliges „Zügel-aus-der-Hand-kauen-Lassen" zwischen den einzelnen Übungen kann die Rückentätigkeit des Pferdes überprüft und verbessert werden. Am Ende der Lösungsphase wird mit dieser Übung ebenfalls festgestellt, ob das Pferd in allen drei Grundgangarten über genügend Dehnungsbereitschaft verfügt.

Bei einem fortgeschritteneren Ausbildungsstand können zusätzliche Lektionen/Übungen in die Lösungsphase einbezogen werden, wie z.B.:

- **Viereckverkleinern und -vergrößern**
- **Übertretenlassen auf gebogener Linie**
- **durch den Zirkel wechseln**
- **Reiten einer Acht,**
- **Zirkelverkleinern und -vergrößern (s.o.)**

In der lösenden Arbeit kommt es zunächst einmal vor allem darauf an, dem Pferd im Rücken ein gutes Gefühl zu vermitteln. Das häufige Reiten im leicht entlastenden (Vorwärts-)Sitz kann hierfür förderlich sein.

Der Reiter muss herausfinden, welche Übungen/ Lektionen für das jeweilige Pferd, in welcher Reihenfolge und Anzahl, gegebenenfalls auch auf welcher Hand am besten geeignet sind. Nur so wird er Losgelassenheit und Durchlässigkeit optimal verbessern können.

!

Beim Üben der Kurzkehrtwendung zur Bande hin nimmt sich das Pferd fast von selbst auf, sodass der Reiter besser zum Treiben kommt.

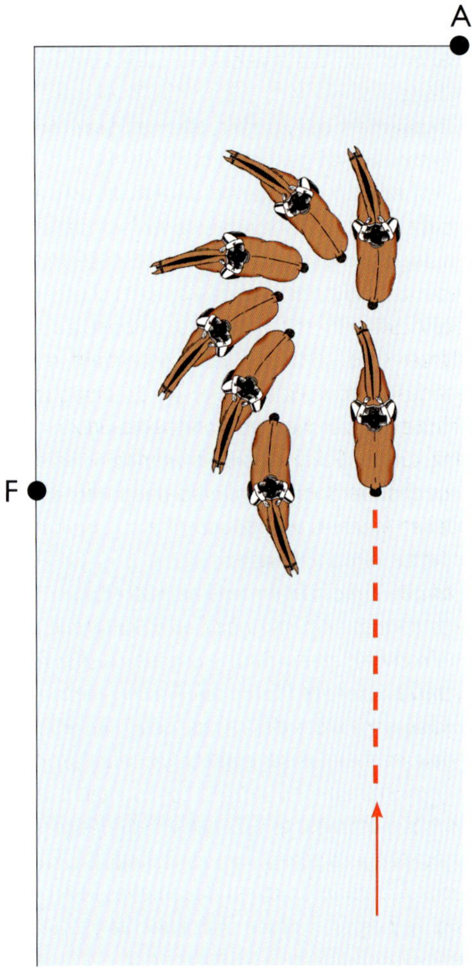

Je besser und gründlicher die Losgelassenheit erarbeitet wird, desto mehr Zeit bleibt für die Arbeitsphase der Übungsstunde, desto mehr physische und mentale Kräfte stehen Pferd und Reiter noch zur Verfügung.

!

Erfolgreiche lösende Arbeit ist nicht von deren Dauer abhängig (→ **hierzu Kap. 11. „Losgelassenheit…"**). Das Lösen soll nicht dazu führen, dass das Pferd „müde" wird. Lösen ist eine anspruchsvolle Art des Gymnastizierens. Es muss individuell auf das Pferd abgestimmt werden.

Durch eine verbesserte Losgelassenheit werden nervöse, übereifrige Pferde ruhiger und gelassener, triebige Pferde fleißiger.

Longieren, Freispringen oder Laufenlassen können die lösende Arbeit ergänzen. Vorausgesetzt wird, dass auch hierbei zu Beginn das mehrminütige Schrittgehen gewährleistet ist. Ein vorgeschalteter Spazierritt im Gelände wirkt sich meist positiv auf die psychische Entspannung aus.

Als Ergänzung und um Abwechslung zu schaffen, können zu Ende der Lösungsphase Bodenricks und, bei fortgeschrittenen Reitern und Pferden, kleine Gymnastiksprünge mit einbezogen werden. Hierdurch werden der Rücken und die Muskulatur des Pferdes besonders gut zum Schwingen bzw. zum An- und Abspannen angeregt.

31.2 Arbeitsphase

Nach angemessener Vorbereitung durch lösende Übungen kann in der Arbeitsphase an weiteren Ausbildungszielen konkret gearbeitet werden.

Dazu zählen:

- **Wiederholen bekannter Übungen und Lektionen**
- **Verbesserung der Ausführung dieser Übungen und Lektionen**
- **Verfeinerung der dafür notwendigen Hilfengebung bzw. deren Akzeptanz**
- **Vorbereitung auf/Hinführen zu neuen Übungen und Lektionen**
- **Der Grundsatz „Vom Leichten zum Schweren" muss stets Beachtung finden!**
- **Systematisch aufgebaute Übungsreihen: Manche Übungen und Lektionen sollten entsprechend vorbereitet und möglichst in Abschnitten entwickelt werden.**

  Beispiele:

  1. Viereckverkleinern und -vergrößern wird durch Schenkelweichen entlang der Bande mit zunächst ganz geringfügiger Abstellung vorbereitet. Zunächst wird von der Mittel- oder Viertellinie in Richtung Hufschlag nur vergrößert. Anschließend vom zweiten Hufschlag aus nur verkleinert. Gelingen beide Teilübungen sicher, wird die ganze Lektion geritten. Zunächst auch nur wenige Schritte ins Viereck hinein, nur wenig seitwärts, mit wenig kreuzenden Vorder- und Hinterbeinen.
  2. Die Kurzkehrtwendung kann durch korrektes Reiten eines zunehmend kleiner werdenden Kreises vorbereitet werden. Nächster Übungsabschnitt: die Quadratvolte (→ **Kap. 19. „Galopparbeit": Stichwort**

Pirouettengalopp, S. 173 und RmVuG S. 179 f.). Bevor an der Bande die Wendung um 180 Grad geritten wird, sollte sie von der Viertellinie aus zur Bande hin wendend geübt werden.
- **Steigerung des Leistungsvermögens von Pferd und Reiter**
- **Überprüfung des Leistungsstandes**

Je besser und gründlicher die Losgelassenheit erarbeitet wird, desto mehr Zeit bleibt für die Arbeitsphase der Übungsstunde, desto mehr physische und mentale Kräfte stehen Pferd und Reiter noch zur Verfügung. Während der Arbeitsphase kann nicht durchgängig auf gleichem Belastungsniveau geritten werden. Mit Rücksicht auf die Kräfte und auf die Konzentrationsfähigkeit von Pferd und Reiter muss in kleinen Unterabschnitten mit kurzen Entspannungspausen gearbeitet werden. Hierbei sollte Schritt, am besten mit „Zügel-aus-der Hand-kauen-Lassen" bis zum hingegebenen Zügel, geritten werden. Zwischenerholungsphasen müssen eingebaut werden, um evtl. während der Arbeitsphase auftretende Spannungen mithilfe von lösenden Übungen wieder abzubauen.

31.3 Erholungs- und Entspannungsphase Wie wird die Übungseinheit beendet?

Jede Übungsstunde endet mit einer aktiven Erholungs- oder Entspannungsphase. In dieser muss ein positiver Abschluss der Übungseinheit geschafft werden. So gut, wie dieser Abschluss gelingt, so gut wird sich die nächste Übungseinheit beginnen lassen. Durch das „Zügel-aus-der-Hand-kauen-Lassen" wird in allen drei Grundgangarten abschließend überprüft, ob das Pferd losgelassen ist oder ob es zu Spannungen gekommen ist, die wieder abgebaut werden müssen.

Am Ende einer intensiven Arbeitsphase bzw. zu Beginn der Erholungsphase kann zur Überprüfung der Losgelassenheit von Pferd und Reiter das Zügel-aus-der-Hand-kauen-Lassen in Verbindung mit dem Übergang Trab – Schritt verlangt werden. Der Reiter beginnt im Leichttraben, die Zügel herauskauen zu lassen. Dann sitzt er aus. Er entspannt sich, indem er tief ausatmet, sitzt entlastend vornüber und lässt die Zügel ganz herauskauen bis zur Schnalle. Das Pferd spürt diese Entspannung des Reiters. Es versteht sie als Signal, ebenfalls abzuspannen. Dadurch findet es ganz fließend den Übergang in einen gelassenen, raumgreifenden Schritt. Meist ist seine zufriedene Losgelassenheit noch durch seufzerartiges Ausatmen bzw. Abschnauben zu erkennen.

Unter einer aktiven Erholung versteht man, dass das Pferd auch während der Erholung weiter in Bewegung bleibt. Hierbei sollte jedoch erst ganz zuletzt Schritt geritten werden, zunächst muss das Pferd im Trab und Galopp weiter gearbeitet werden, wobei die Belastungsintensität an den Organismus im Vergleich zur Arbeitsphase deutlich moderater zu gestalten ist. Ziel muss es also sein, die Atem- und Pulsfrequenz am Ende der Erholungsphase wieder den Ruhewerten anzunähern.

Außerdem muss dem Pferd Gelegenheit gegeben werden, abzuspannen, auch mental, und zu verpusten, der ganze Stoffwechsel muss wieder heruntergefahren werden. Dies geschieht zunächst im ruhigen Trab (Leichttraben!) mit wechselndem Zügelmaß, vornehmlich aber am langen Zügel, zuletzt im Schritt. Häufig entsteht während der Arbeitsphase bei entsprechender Belastung das schädliche Stoffwechselabfallprodukt Laktat in der beanspruchten Muskulatur. Laktat bzw. Milchsäure wird durch die aktive Erholung im Vergleich zur passiven Erholung, also einer Erholung im Stehen, schneller verstoffwechselt, bzw. abgebaut. Die inhaltliche Ausgestaltung dieser Phase sollte durch die richtige Wahl der Lektionen systematisch auf einen physischen und psychischen Entspannungszustand der Pferde hinführen. Das bedeutet, dass auf großen Linien mit häufigem Handwechsel geritten wird, jedoch keine für das jeweilige Pferd anspruchsvollere Übungen abgefragt werden. Gerade wenn auf einem Viereck oder gar in einer Reitbahn gearbeitet wurde, kann ein „Ortswechsel", z.B. ein kurzer Spazierritt, für das Herunterfahren der Anspannung sehr wertvoll sein.

Während der „Nachbesprechung" kann die Reiterin auch Schritt reiten.

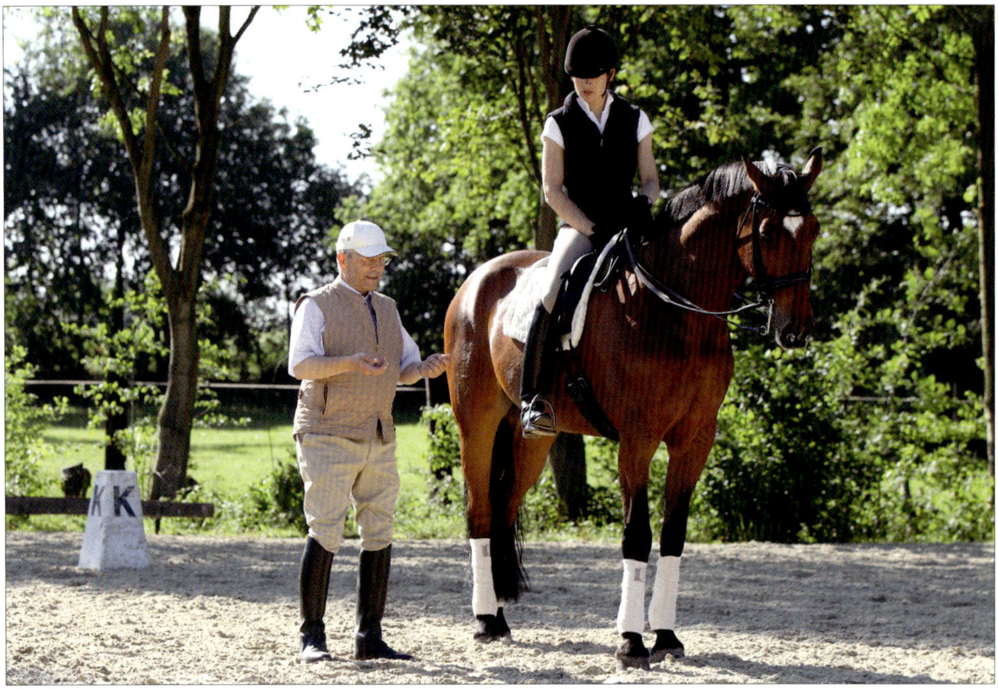

Zum optimalen Abschluss einer Trainingseinheit gehört auch das sorgfältige Versorgen des Pferdes – das beinhaltet in Abhängigkeit von den örtlichen Möglichkeiten, von den Witterungsverhältnissen, von der Trainingsintensität und der Verfassung des Pferdes z.B. Wälzen-Lassen, Abwaschen, Abreiben, Grasen-Lassen, Sonnen etc.

Der Reiter kann für sich den Wert der Trainingsstunde erhöhen, wenn er sie anschließend in Gedanken nochmals durchgeht und sich wichtige Punkte, z.B. Aha-Erlebnisse oder noch verbesserungsbedürftige Sequenzen, aufschreibt. Besonders wichtig ist das für Reiter, die nur in Abständen von einem Ausbilder betreut werden, nach einer solchen Trainerstunde.

Eine gute Nachbereitung ist der erste Schritt der Vorbereitung für die nächste Trainingsstunde!

Reiten ist durch die Tatsache, dass zwei Lebewesen aufeinandertreffen und möglichst harmonisch zusammenarbeiten sollen, die anspruchsvollste Sportart. Will man bei der Ausbildung und beim Training Reiter und vor allem auch Pferd gerecht werden, ist einiges an Grundwissen, eben nicht nur was Reitlehre anbelangt, sondern auch was z.B. Trainingslehre anbelangt, unbedingt notwendig.

Nicht zuletzt deshalb sollte jeder, auch noch so erfahrene Reiter bemüht sein, regelmäßig mit einem Ausbilder zusammenzuarbeiten, der dank entsprechender Kompetenz und unabhängiger Ehrlichkeit Hilfe leisten und auch eine gewisse Kontrolle ausüben kann.

In der überarbeiteten Neuauflage der Richtlinien Band 1, die 2011 erscheinen wird, ist ein ausgezeichneter Katalog von Grundprinzipien zu finden:
„Eine ethisch einwandfreie und Erfolg versprechende Ausbildung eines Pferdes

ist nur unter Beachtung einiger Grundprinzipien der Ausbildung möglich. Ein Reiter oder Ausbilder, der sich mit der Ausbildung eines Pferdes beschäftigen möchte, sollte in jedem Falle über ein Grundwissen im Bereich der Trainingslehre verfügen. Wie in jeder Sportart sind auch im Reitsport, also für Reiter und Pferde, bestimmte trainingswissenschaftliche Grundlagen zu beachten. Auch deshalb benötigen selbst erfahrene Reiter immer wieder einen Ausbilder, der von unten Hilfestellung leistet. Reiter und Ausbilder sollten sich mindestens mit den folgenden Prinzipien befassen:

Ausbildung muss

- planvoll vonstatten gehen, d.h., jede einzelne Trainingseinheit, aber auch längere Ausbildungsprozesse müssen sinnvoll aufeinander aufbauend geplant sein;
- systematisch vom Leichteren zum Schweren führen, d.h., der Reiter verlangt von seinem Pferd immer erst einfache und bekannte Aufgaben, bevor er sich den nächst schwierigeren Schritt vornimmt;
- methodisch richtig aufgebaut sein, d.h., Reiter und Ausbilder müssen sinnvolle methodische Übungsreihen kennen und richtig anwenden, um mit dem Pferd Schritt für Schritt das Ausbildungsziel zu erreichen;
- Kontinuität aufweisen, d.h., ein Pferd sollte kontinuierlich (nicht zwingend täglich) gearbeitet und ausgebildet werden, zu lange Pausen und zu häufige Reiter-, Ausbilder- bzw. Systemwechsel sind i.d.R. nicht förderlich;
- abwechslungsreich und vielseitig sein, damit das Pferd körperlich wie psychisch ausgewogen belastet wird – so wird nicht nur die Motivation, sondern auch die gleichmäßige, ganzkörperliche Entwicklung gefördert;
- den Wechsel von Belastung und Erholung berücksichtigen, um dem Herz-Kreislauf-System und der Muskulatur genügend Zeit zur Erholung nach größeren Trainingsbelastungen zu geben und den optimalen Aufbau der Muskulatur zu gewährleisten;
- von Verständlichkeit und Konsequenz geprägt sein, dazu gehört Einfühlungsvermögen und eine präzise, eindeutige Hilfengebung, damit das Pferd die reiterliche Einwirkung richtig versteht – eine gewisse Konsequenz im Umgang wie beim Reiten ist aber auch eine wichtige Voraussetzung;
- unbeherrschte Emotionen des Reiters ausschließen, damit das Pferd nicht unter unverständlichen Emotionsausbrüchen seines Reiters leiden muss;
- die Individualität eines Pferdes berücksichtigen, d.h. die Ausbildungsprinzipien und -methoden so gestalten, dass sie dem einzelnen Pferd mit seinen Stärken und Schwächen am besten gerecht werden;
- zum äußeren und inneren Gleichgewicht von Pferd und Reiter führen, d.h., der Reiter muss in erster Linie mit seiner Körperhaltung und Einwirkung seinem Pferd eine gute Balance ermöglichen, ein gemeinsames Gleichgewicht herbeiführen. Durch harmonische Bewegungen und entsprechende Hilfengebung sollten Pferd und Reiter insgesamt Harmonie und Freude erkennen lassen.

Diese Prinzipien gewährleisten für jedes Pferd in jeder Ausbildungs- und Altersstufe eine seiner Natur entsprechende Ausbildung und bieten deshalb die Grundlage für die klassische Ausbildung."

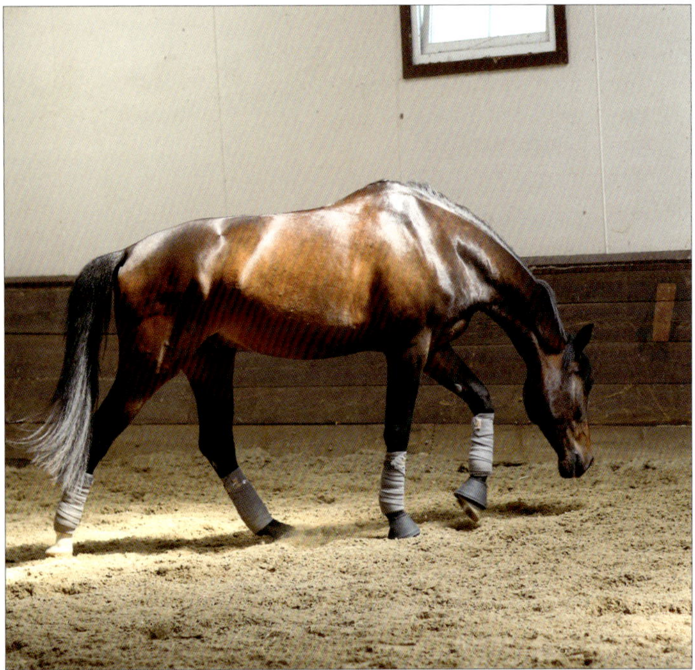

Optimale Dehnungshaltung beim Freilaufen

32. Grundsätze zum Freilaufenlassen

Freilaufenlassen kann eine durchaus wertvolle Möglichkeit sein, einem Pferd zusätzliche Bewegung zu verschaffen – aber auch nur, wenn man sich dazu ein paar Gedanken macht.

32.1 Was ist Freilaufenlassen?

Unter Freilaufenlassen versteht man eine Art das Pferd zu bewegen ohne Reiter, aber auch ohne Longe.

Im Gegensatz zum Koppelgang oder zum Stehen auf einem Paddock nimmt der Ausbilder aber durchaus Einfluss darauf, in welcher Gangart, in welchem Tempo und auf welchen Linien sich das Pferd bewegt. Wenn es fachkundig durchgeführt wird, ist es eine Vorstufe zur Freiheitsdressur.

Ein unkontrolliertes Ablaufenlassen oder gar ein Herumjagen des Pferdes darf damit nicht verwechselt werden; dabei besteht ein hohes Verletzungsrisiko. Anstatt sich zu lösen, würde sich nur mehr Verspannung aufbauen.

32.2 Wozu wird ein Pferd freilaufen gelassen?

- Um es zu bewegen.
- Um zu beobachten, wie es sich bewegt und wie es um sein Gleichgewicht bestellt ist.
- Um dem Pferd z.B. im Winter, wenn Koppeln und Paddocks nicht begehbar sind, in einer Halle die Möglichkeit zu geben, sich frei zu bewegen, sich zu wälzen oder auch einmal auszubuckeln.
- Um ein junges Pferd mit dem Peitschenführer vertraut zu machen und auf das Longieren vorzubereiten.
- Um vor dem Reiten evtl. Losgelassenheitsprobleme zu lösen.
- Um es z.B. nach Tagen stärkerer Belastung zu bewegen, ohne es mit dem Gewicht des Reiters zu belasten.
- Um mit dem Pferd über die Körpersprache zu kommunizieren, ohne direkten physischen Kontakt zu ihm zu haben.

32.3 Technische Voraussetzungen und Ausrüstung des Pferdes

Technische Voraussetzungen:

Eine Bewegungs- bzw. Reithalle, entweder rund mit einem Durchmesser von ca. 16–18 Meter oder rechteckig bis max. ca. 20 x 40 Meter bietet die besten Voraussetzungen. Sehr viel größere Hallen setzen besonders erfahrene Peitschenführer und entsprechend geschulte Pferde voraus, sie verführen das Pferd ansonsten dazu, unkontrolliert loszutoben.

- Wie beim Freispringen kann es zunächst sinnvoll sein, die Ecken durch Stangen oder Fänge abzurunden.
- Gute Bodenverhältnisse, die dem Pferd Tritt- und Rutschsicherheit geben, sind Voraussetzung.
- Alle Türen müssen gut zu schließen sein; ringsum muss die Bande so hoch geschlossen sein, dass das Pferd gar nicht in Versuchung kommt darüberzuspringen.

- Eventuell vorhandene Spiegel oder Fenster müssen mit Vorhängen oder Jalousien verdeckt werden.
- Ein geeigneter, entsprechend eingezäunter Platz im Freien kann auch benutzt werden. Dabei wird es aber in der Regel mit einer sicheren Eingrenzung Probleme geben. Außerdem lassen sich die Pferde dann leicht ablenken oder sogar durch äußere Umstände zu unkontrollierten Reaktionen verleiten.
- Eine ruhige Umgebung stellt sicher, dass das Pferd gelassen bleibt und sich genügend auf den Ausbilder konzentriert.
- Ein erfahrener Ausbilder/Peitschenführer, der dank seines Auftretens und seiner Körpersprache vom Pferd akzeptiert und entsprechend beachtet/respektiert wird.
- Eventuell ein Helfer, der mit dem Ausbilder gut abgestimmt sich zu bewegen und zu agieren versteht.
- Das Pferd sollte sich beim Führen schon sicher kontrollieren lassen. Dazu gehört auch, dass man es, z.B. beim Koppelgang, „gesittet" entlassen kann. (Schon als Fohlen sollte das Pferd gelernt haben, sich anbinden und führen zu lassen.)

Ausrüstung:
Um Verletzungen vorzubeugen, sollte man beim Freilaufenlassen die Pferde mit Beinschutz wie Gamaschen oder Bandagen sowie Glocken ausstatten.

32.4 Was muss vermieden werden?

- **Beim Ablassen vom Führstrick darf das Pferd nicht losstürmen oder gar versuchen sich vorher schon loszureißen.**
- **Das frische Pferd darf nicht animiert werden wild loszubuckeln; das gilt vor allem auch für eventuelle Zuschauer.**
- **Um unnötigen Verletzungen vorzubeugen, muss der Peitschenführer wenigstens so weit Einfluss nehmen, dass abrupte Stopps und enge Wendungen aus höherem Tempo vermieden werden. Das gilt besonders für die ersten Minuten und für sehr frische Pferde.**
- **Das Laufen-Lassen mit Sattel, wie es häufig mit sehr jungen Pferden praktiziert wird, muss sehr differenziert gesehen werden. Normalerweise sollten die Bügel und auch die Sattelblätter, z.B. mit einem leichten Gurt, befestigt werden, um das Pferd nicht zu sehr aufzuregen. Nur wer sich aufgrund großer Erfahrung seiner Sache sehr sicher ist, kann es sich erlauben, von dieser Empfehlung abzuweichen.**

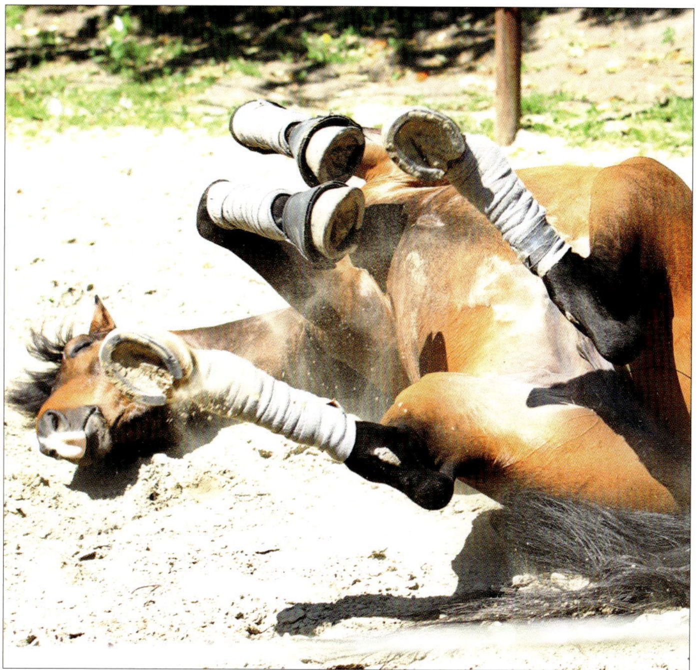

Kleine Belohnung nach der Arbeit

In diesem Zusammenhang lohnt es, sich auch einmal Gedanken über das Wälzen-Lassen des Pferdes zu machen:

Dass Pferde es lieben, sich zu wälzen, ist allgemein bekannt. Man kann es täglich beobachten, wenn Pferde in den Paddock oder auf die Weide kommen. Besonders Pferde, die die meiste Zeit im Stall stehen, wälzen sich meist spontan, wenn

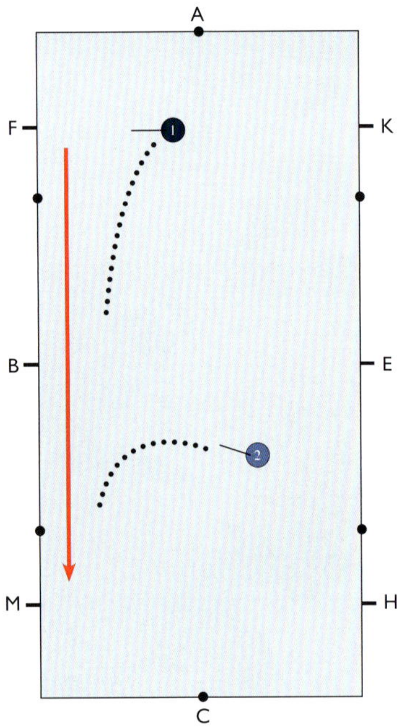

Helfer 1 treibt von hinten, wichtig für Helfer 2: Dem Pferd genug Platz zum Vorbeigehen zu lassen, dann das Nachtreiben übernehmen.

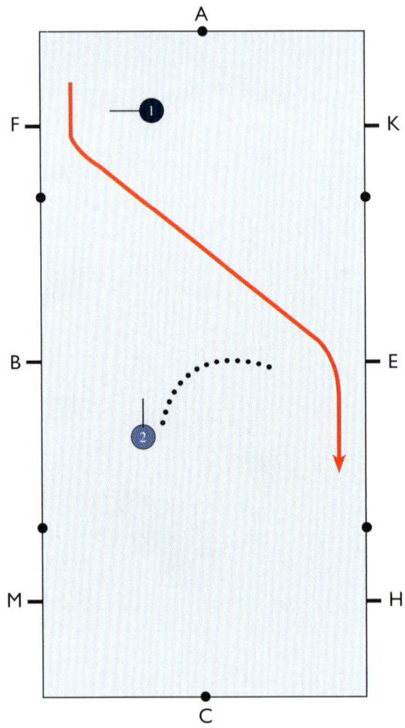

Helfer 1 bleibt hinter dem Pferd, Helfer 2 „versperrt" den Weg, sodass das Pferd auf die Diagonale geht.

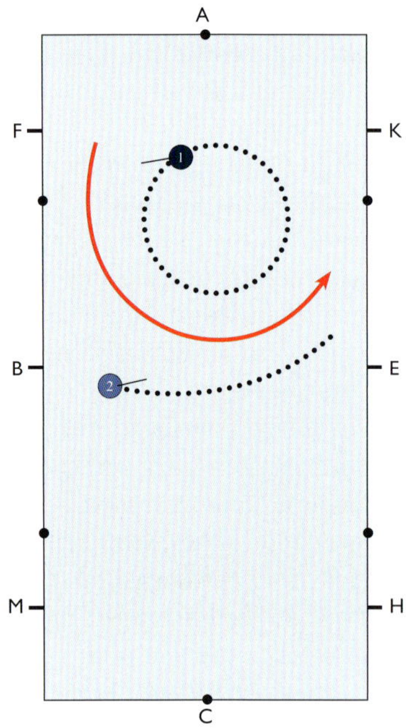

Auf dem Zirkel hilft der 2. Helfer an der offenen Seite zu begrenzen.

Wenn das Freilaufenlassen mit der entsprechenden Sorgfalt und Konzentration vorgenommen wird, bietet es eine ausgezeichnete Möglichkeit, die Kommunikation zwischen Reiter und Pferd zu verbessern.

!

ihnen entsprechende Gelegenheit geboten wird. Besonders groß ist der Drang dazu nach der Arbeit, wenn das verschwitzte Fell juckt. So sollte man auch ruhig öfters nach dem Absitzen dem Pferd Trense und Sattel abnehmen und ihm diese kleine Belohnung zukommen lassen. Dass dies auch nur auf einem eingegrenzten Platz oder in einer geschlossenen Halle möglich ist, versteht sich von selbst.

Außerdem zeugt es von guter reiterlicher Erziehung, wenn man hinterher mit einer Harke die entstanden Löcher schließt und gegebenenfalls den gelockerten Boden wieder verdichtet. Ganz interessant ist es auch, einmal Vergleiche anzustellen, wie unterschiedlich sich verschiedene Pferde beim Wälzen anstellen.

Pferde, die beim Freilaufen und Wälzen sicheres Gleichgewicht, gute Beweglichkeit und Geschicklichkeit zeigen, haben diesbezüglich meist auch unter dem Sattel Vorteile. (Bei der Beurteilung junger, noch ungerittener Pferde, z.B. bei Hengstkörungen, gehört deshalb das Freilaufenlassen zum festen Programm.)

Aus der obigen Aufzählung, aus welchen Gründen man Pferde laufen lassen kann, ging eigentlich schon hervor, dass das Freilaufenlassen höchstens ganz begrenzt als Ersatz für die Arbeit an der Longe eingesetzt werden kann. Normalerweise wird dabei ein Pferd auch nicht ausgebunden. In Wochen, in denen Paddock oder Weiden nicht zur Verfügung stehen, kann es ein wenig dazu beitragen, den Bewegungsdrang der Pferde zumindest teilweise zu befriedigen.

Wenn das Freilaufenlassen mit der entsprechenden Sorgfalt und Konzentration vorgenommen wird, bietet es eine ausgezeichnete Möglichkeit, die Kommunikation zwischen Reiter und Pferd zu verbessern. Darüber hinaus können weitere Zwecke verfolgt werden (s.o.).

Stimmt das Verhältnis zwischen beiden, wird das Pferd vertrauensvoll zum Ausbilder kommen und sich wieder an den Führstrick nehmen lassen. Man wird dies anfangs durch die Gabe eines Leckerchens aufbauen; es sollte dann aber auch einmal mit einem lobenden Klopfen gut sein! Auf keinen Fall darf das Pferd aber aufdringlich

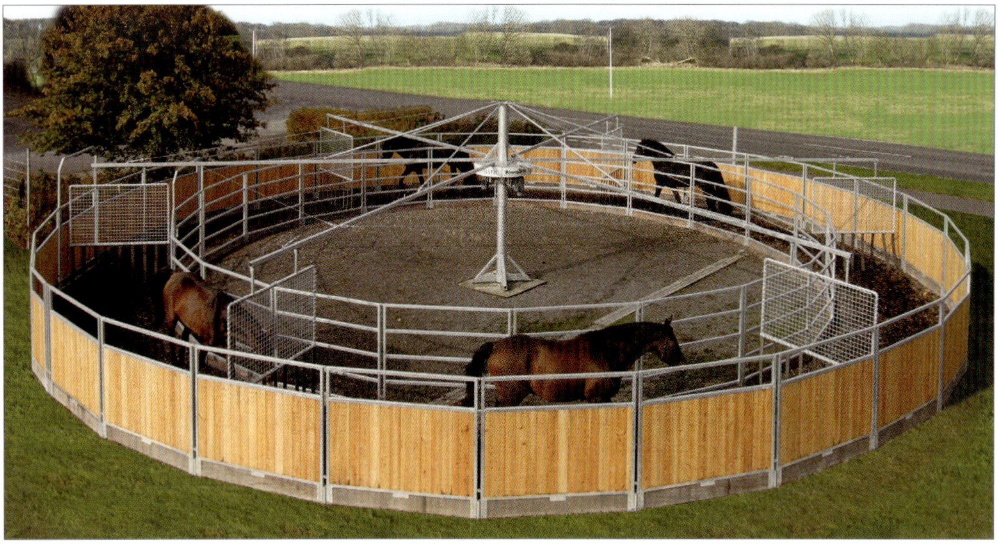

Offene Führanlage

und respektlos auf den Menschen zulaufen oder gar schubsen. Man muss sich immer darüber im Klaren sein, welche Energie hinter einem Pferd von ca. 600 kg steckt. Deshalb muss der Ausbilder immer wenigstens eine Gerte, besser eine Peitsche in der Hand haben, um sich nötigenfalls wieder mehr Respekt zu verschaffen.

Wer sich nicht sicher ist, mit einem Pferd auf diese Weise schon richtig umgehen zu können, sollte sich von einem erfahrenen Ausbilder helfen und unterweisen lassen. Pferden, die erst einmal den Respekt verloren haben, diesen wieder beizubringen ist so anspruchsvoll wie Korrekturreiten.

An sich ist es eine sehr gute Schule für jeden Reiter, beim Freilaufenlassen die eigene Körpersprache zu schulen und gleichzeitig sein Auge für die des Pferdes zu schärfen.

Es macht richtig Spaß, Pferde nicht nur gesittet frei laufen zu lassen, sondern dabei mit ihnen eine Art Freiheitsdressur einzustudieren. Mit etwas Talent und Geschick gelingt es sehr schnell, nur über die Körpersprache einschließlich richtigem „Stellungsspiel" (mit Hilfe entsprechender Positionswechsel) sie zu bestimmten Hufschlagfiguren, Wendungen bis hin zum Halten und Rückwärtsrichten zu veranlassen. Gut überlegen sollte man sich, ob man einem Pferd das Steigen oder Ähnliches beibringt, weil es sonst für einen ungeübten Helfer schwierig, ja unmöglich wird, einmal vertretungsweise das Laufenlassen zu übernehmen.

Diese Art von Freilaufenlassen ist eine ganz alte, recht anspruchsvolle Methode, mit Pferden umzugehen. Es ist also keine Erfindung von Pferdeleuten aus der Neuen Welt, die heute etwas abgewandelt als Join up verkauft wird.

32.5 Führanlagen

In den letzten Jahrzehnten hat sich immer mehr die Erkenntnis durchgesetzt, dass für Pferde als Bewegungstiere eine Trainingseinheit am Tag, und sei sie noch so intensiv, nicht ausreicht.

In immer mehr Reitbetrieben hat man deshalb Führanlagen angeschafft und eingerichtet, um den Pferden zusätzliche Bewegung zu verschaffen. An sich ist das ein anerkennenswertes Unterfangen, trotzdem gilt es aber zu bedenken, dass auch bezüglich des Wohlbefindens eines Pferdes die mentale Seite mehr bedacht werden muss. Deshalb kann nach meinem Dafürhalten die Verwendung einer Führanlage immer nur eine Ergänzung, niemals ein Ersatz für die normale Arbeit unter dem Sattel sein. Will man Pferden, die nur einmal am Tag richtig geritten bzw. trainiert werden, zusätzliche Bewe-

Gedeckte Führanlage

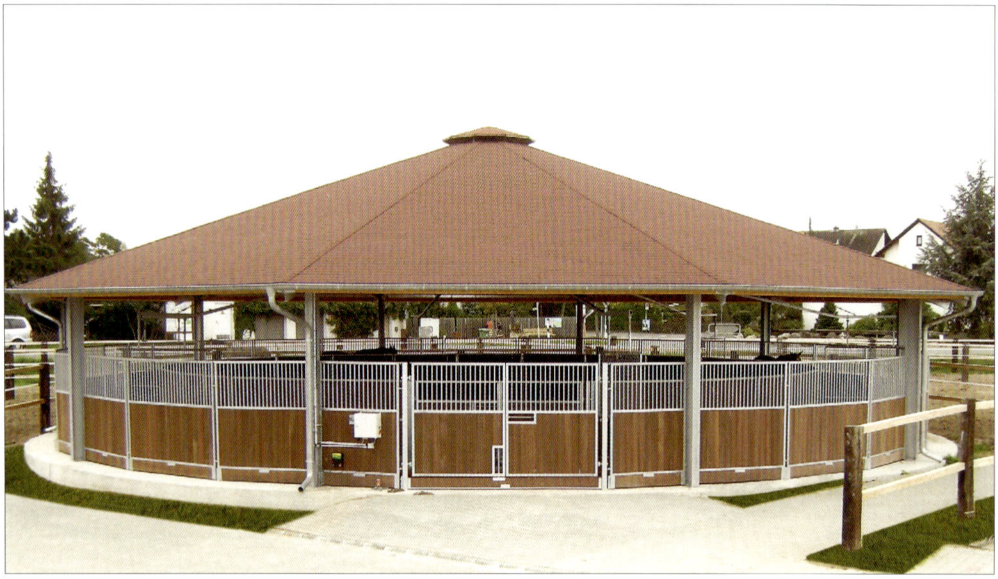

gung verschaffen, so würde ich immer neben Weide und Paddock einen Ausritt bevorzugen, weil das Pferd dadurch auch Abwechslung bekommt, nicht gelangweilt wird und so aktiv entspannen kann.

Wenn eine Führanlage benutzt wird, halte ich folgende Punkte für beachtenswert:

- Die Pferde sollten in Abteilen laufen, auf keinen Fall angebunden sein.
- Je größer das Rondell oder besser noch das Oval ist, desto vorteilhafter.
- Die Außenabtrennung der Anlage sollte es ermöglichen, dass die Pferde etwas sehen können, anstatt sich hinter geschlossenen Wänden zu langweilen.
- Ein regelmäßiger Richtungswechsel ist wohl selbstverständlich.
- Das Tempo sollte auf die Pferde gut abgestimmt sein, was bei sehr unterschiedlicher Größe der Pferde evtl. problematisch sein kann.
- Auch in einer Führanlage bedürfen die Bodenverhältnisse besonderer Beachtung und Pflege; sie sollten trittfest und gut abzumisten sein.
- Eine einwandfreie, Verletzungen ausschließende Unterteilung der Abteile versteht sich von selbst.
- Bei der Belegung sollte darauf geachtet werden, nicht ständig die Zusammenstellung der Gruppen zu verändern; unnötiger Stress, z.B. zwischen Hengsten, Stuten oder auch manchen Wallachen, muss vermieden werden.
- Die Verweildauer muss für die jeweiligen Pferde angemessen sein und sorgfältig eingehalten werden. Es darf auf keinen Fall vorkommen, dass Pferde in der Anlage vergessen werden.
- Oben sprach ich davon, dass die Bewegung in der Führanlage nicht als Trainingsersatz angesehen werden darf. Deshalb halte ich jegliches Ausbinden von Pferden in der Führanlage für falsch, zumal in der Regel nicht ständig eine kompetente Aufsicht gewährleistet ist.

→ Kap. 33. „Zirkeltraining – Longieren…" ■

33. Zirkeltraining – Longieren kann jeder?

Korrektes, wertvolles „Arbeiten des Pferdes an der Longe" ist eine anspruchsvolle und gar nicht einfache Form der Ausbildung; es sollte nicht verwechselt werden mit einem „Laufen-lassen-an-der-Leine". Da der Ausbilder nicht so direkt auf das Pferd einwirken kann, muss er seine Hilfen fast noch konzentrierter und konsequenter als beim Reiten einsetzen.

Wie auch beim Reiten sollte auch bezüglich des Longierens der Grundsatz Beachtung finden, dass das junge Pferd nur von einem erfahrenen Reiter oder Ausbilder richtig mit dieser Arbeit vertraut gemacht werden kann; von einem Ausbilder, der ein gutes Gefühl und ein gutes Auge für die Bewegungsabläufe und die Befindlichkeit eines Pferdes hat. (Der Unerfahrene sollte zunächst mit Pferden, die sicher und kultiviert an der Longe zu gehen gewohnt sind, die grundsätzlichen Handgriffe und Techniken erlernen und üben.)

Tatsächlich sollte Longieren zur Grundausbildung eines jeden jungen Pferdes gehören. Es sollte so weit damit vertraut gemacht werden, dass es sich auf beiden Händen in allen drei Grundgangarten kontrolliert bewegen lässt.

Abgesehen davon, dass in der Regel jedes Pferd vor dem eigentlichen Anreiten schon an der Longe Zaumzeug und Sattel kennenlernt, gibt es im Laufe eines Reitpferdelebens immer wieder einmal Situationen, die es notwendig oder zumindest wünschenswert machen, dass das Pferd sich sicher longieren lässt. Das kann veterinärmedizinisch begründet sein oder, weil der Reiter verletzt ist, eventuell auch zu Sitzübungen oder eben einfach zur Abwechslung.

33.1 „Wo viel longiert wird, wird schlecht geritten"

Ein Spruch, der gar nicht so aus der Luft gegriffen ist, lautet: „Wo viel longiert wird, wird schlecht geritten."

Im Folgenden möchte ich erklären, warum man aber meiner Erfahrung nach sich vom Longieren nicht zu viel versprechen darf und warum man es nur gezielt und wohldosiert einsetzen sollte:

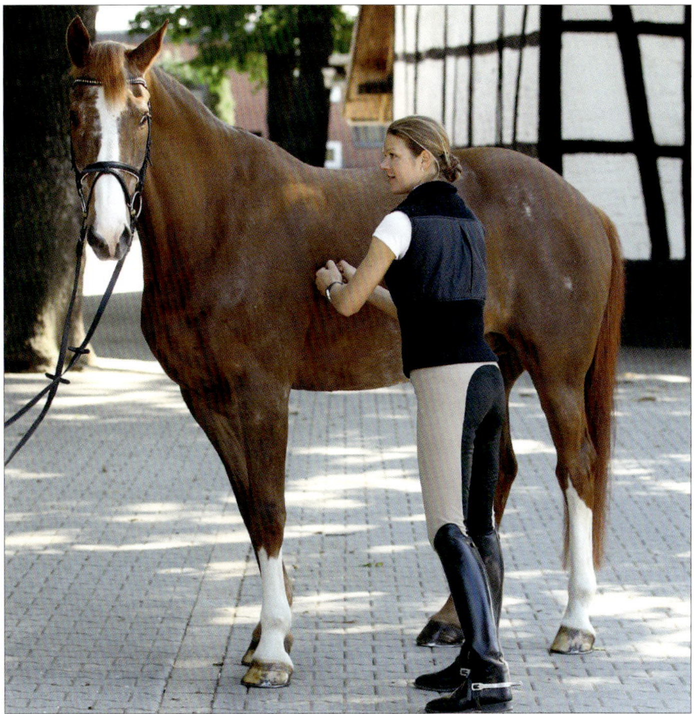

Die hier demonstrierte Funktion des inneren Schenkels kann auch beim Longieren, auch an der Doppellonge, nicht richtig ersetzt werden.

Einer falschen (Wunsch-)Vorstellung sollte man aber auf keinen Fall erliegen, dass es sehr viel einfacher ist, das Longieren zu lernen als das Reiten. Wie oben schon kurz angesprochen, sind die Einwirkungsmöglichkeiten auf das Pferd beim Longieren verglichen mit den reiterlichen Möglichkeiten sehr eingeschränkt und die Gefahr, zu viel, ja sogar vorwiegend über die Zügel bzw. die Longe einzuwirken, ist noch größer als beim Reiten. Dabei ist es auch ein Irrtum zu glauben, man könne dieser Gefahr durch die Benutzung eines Kappzaumes oder eines Longierhalfters ganz ausweichen. Richtig warnen möchte ich vor der Verwendung einer Serreta. (Die Serreta ist ein Art von Kappzaum, der aus Spanien stammt. Das Nasenteil besteht aus einem festen, rund gebogenen Stück Metall, welches mit Leder umwickelt ist. Häufig ist die Metallkante auch noch leicht gezackt oder geriffelt, sodass damit sehr scharf eingewirkt wird.)

Korrektes, wertvolles „Arbeiten des Pferdes an der Longe" ist eine anspruchsvolle und gar nicht einfache Form der Ausbildung.

!

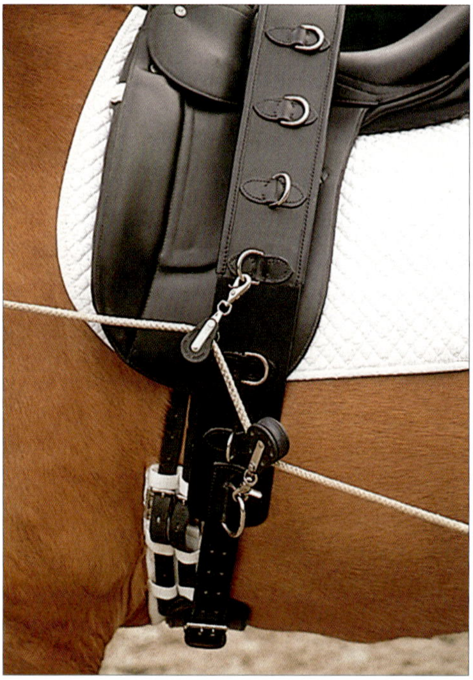

Longiergurt mit Rollen zur Arbeit an der Doppellonge

Und da gibt es noch ein weiteres Problem, dessen man sich in diesem Zusammenhang unbedingt bewusst sein sollte: Der sehr begründeten Forderung unserer Reitlehre, das Pferd stets an den treibenden Hilfen, beim Reiten „vor sich" zu haben, ist an der Longe noch schwerer zu entsprechen, gelingt den meisten Menschen noch weniger. Um das Pferd immer gut unter Kontrolle zu haben, wird häufig einfach zu wenig das „Vorwärts" beachtet. Denjenigen, die aber dennoch versuchen, das Pferd besonders gut im frischen, fleißigen Tempo zu arbeiten, gelingt meistens nicht mehr, das für das jeweilige Pferd ideal passende Grundtempo einzuhalten und das Pferd geschlossen zu halten. Sie bringen es dann sogar vermehrt auf die Vorhand.

Da an der Longe ja überwiegend auf gebogener Linie, meist auf dem Zirkel gearbeitet wird, ergibt sich auch eine sehr starke Belastung der Gliedmaßen, ganz besonders wenn die Bodenverhältnisse nicht absolut ideal sind.

Die so wichtige geraderichtende Arbeit lässt sich an der Longe kaum wertvoll durchführen. Die dafür so entscheidende Hilfe, die beim Reiten durch den inneren Schenkel erfolgt, lässt sich auch durch den geschicktesten Einsatz einer Longierpeitsche nicht vollwertig ersetzen. So wird beim Longieren auf der Hand, auf der das Pferd sich nicht so gut biegen lässt, auf der sogenannten Zwangsseite, das Pferd fast immer versuchen, mit der Schulter in den Zirkel hineinzudrängen, es fällt dann auf das innere Vorderbein, während es mit der Hinterhand nach außen ausweicht. Auf der anderen Hand, der sogenannten schwierigen, der hohlen Seite neigt es dazu, über die äußere Schulter auszufallen und mit der Hinterhand tendenziell sogar in den Kreis hineinzulaufen, und zu versuchen, sich mit dem inneren Hinterbein so der Lastaufnahme zu entziehen.

Diesen Argumenten, die den Wert des Longierens sehr stark relativieren, wird dann meist begegnet, man müsse eben mit der Doppellonge arbeiten.

Die Arbeit an der Doppellonge setzt überaus hohe Fachkenntnisse und Fertigkeiten voraus und sie bedarf eines Ausbilders mit ganz feiner Hand.

!

33.2 Doppellonge?

Arbeiten eines Pferdes an der Doppellonge ist sowohl für das Pferd wie auch für den Reiter mit Sicherheit etwas Schönes, was Abwechslung schafft, vorausgesetzt, es wird richtig fachkundig eingeübt und durchgeführt. Es kann auch sicherlich sehr zielgerichtet zur Lösung bestimmter Probleme eingesetzt werden, z.B. bei der Korrektur verdorbener Pferde. (Für Fahrpferde gehört die Arbeit an der Doppellonge zur Grundausbildung. Sie werden damit u.a. an die Stränge gewöhnt.)

Eine spezielle Arbeit, die aus dem Longieren mit der Doppellonge entwickelt werden kann, nämlich die Arbeit am langen Zügel, wurde früher sehr häufig eingesetzt, um Pferde an die Lektionen höchster Versammlung, wie Piaffe und Passage, heranzuführen. Heute wird in den meisten Dressurställen mit der Arbeit an diesen Übungen entweder an der Hand oder eben unter dem Sattel, mithilfe von unten begonnen.

Häufig wird behauptet, man könne an der Doppellonge besonders gut auch geraderichtende Arbeit durchführen. Meiner Meinung nach trifft auch dieses nicht zu. Natürlich lässt sich, verglichen mit der Arbeit an der einfachen

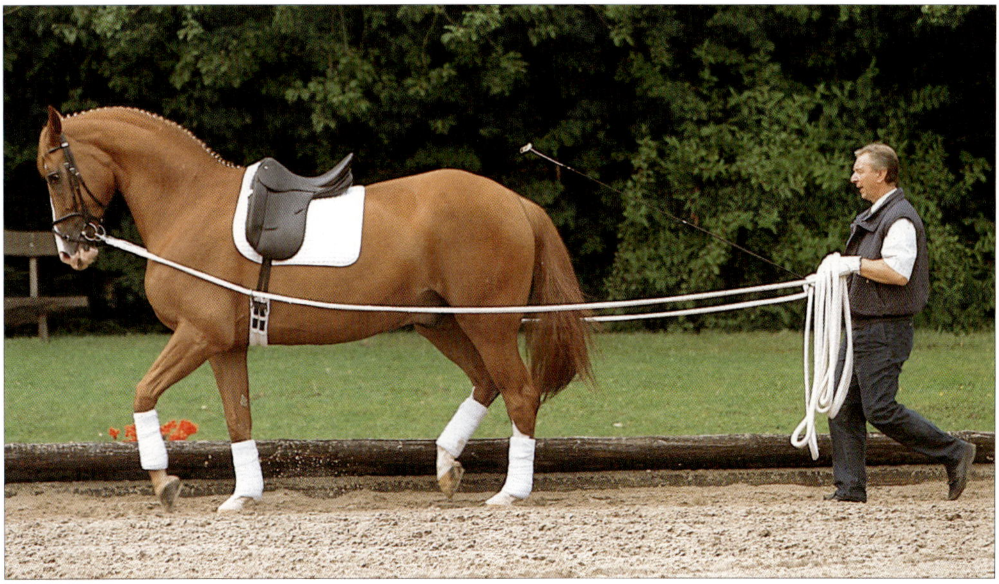

Kadenzierte halbe Tritte; Longenführung ohne großen technischen Aufwand

Longe, auf der gebogenen Linie die Hinterhand durch die in der Kniekehle des Pferdes verlaufende äußere Longe etwas besser dabeibehalten bzw. am Ausfallen hindern. Der entscheidende Impuls, der durch den inneren Schenkel beim Reiten erfolgt, durch den das Pferd gestellt und um den es sich biegen soll, fehlt natürlich auch hier.

Jeder, der ein Pferd mit der Doppellonge arbeiten möchte, sollte sich über Folgendes im Klaren sein: Diese Arbeit setzt überaus hohe Fachkenntnisse und Fertigkeiten voraus (Auch eine sachgerechte, nicht ganz billige Ausrüstung muss dafür vorhanden sein bzw. angeschafft werden.) und sie bedarf eines Ausbilders mit ganz feiner Hand. Der Longenführer kann nur ganz bedingt präzise fühlen, mit wie viel Kraft er auf das Pferdemaul, das Genick und den Hals, eigentlich auf das gesamte Pferd, über die Longe, und damit von vorne nach hinten einwirkt. Je mehr die Longe indirekt, z.B. über Rollen läuft, mit desto mehr Übersetzung, also mit sich potenzierender Kraft wird gearbeitet, es kommt also ein Vielfaches der Kraft am Maul an, die der Longenführer in seiner Hand fühlt.

Jeder sollte also sehr selbstkritisch in der Beurteilung seiner eigenen Fähigkeiten, seiner Voraussetzungen für die Arbeit mit der Doppellonge sein. Er sollte gegebenenfalls lieber darauf verzichten, ohne fachkundige Aufsicht anzufangen und damit zu longieren. Bei nicht ganz gekonnter Anwendung werden die Pferde sehr schnell maulig, es kann zu gravierenden Anlehnungsproblemen kommen bis hin zu Widersetzlichkeiten.

33.3 Grundsätze zur Hilfengebung an der Longe

Korrektes, wertvolles „Arbeiten des Pferdes an der Longe" ist eine anspruchsvolle und gar nicht

Pferd hier in guter Biegung und Selbsthaltung

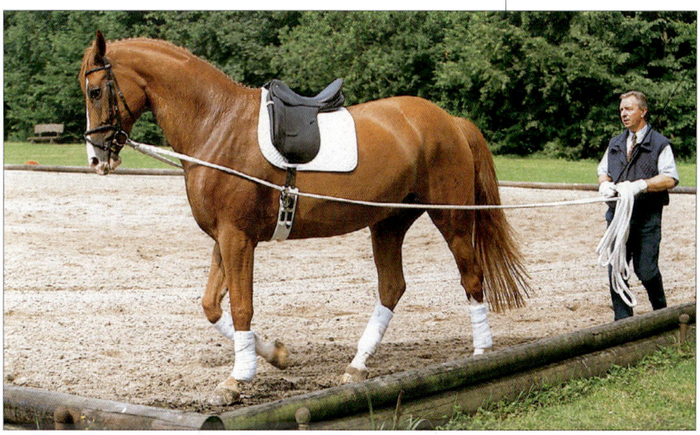

Anpiaffieren mit Hilfe von unten

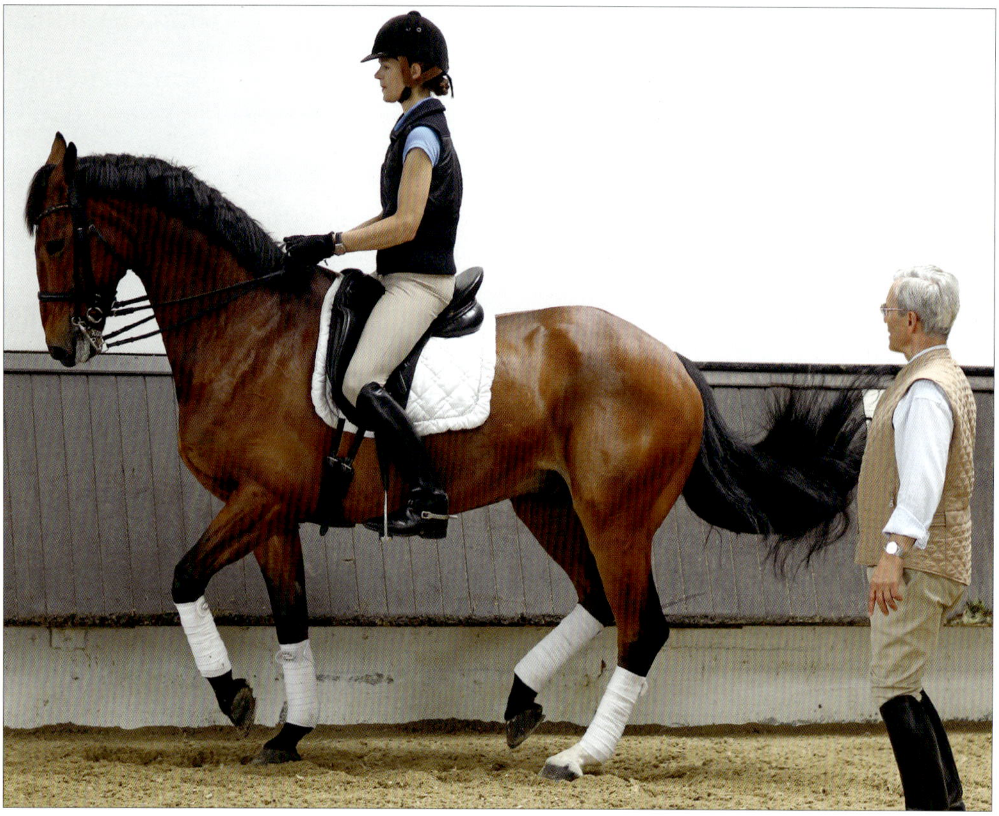

einfache Form der Ausbildung. Es sollte nicht verwechselt werden mit einem „Laufen-Lassen an der Leine". Da der Ausbilder nicht so direkt auf das Pferd einwirken kann, muss er seine Hilfen fast noch konzentrierter und konsequenter als beim Reiten einsetzen.

Vom Grundsatz her muss das Pferd bei der Arbeit an der Longe genau wie bei der Arbeit unter dem Sattel zwischen den vortreibenden Hilfen einerseits, hier der Stimme und der Peitsche, und den verhaltenden Hilfen andererseits, hier der Stimme und der Longe, eingerahmt werden. Auch was die Akzeptanz der Hilfen anbelangt, gilt im Prinzip dasselbe wie beim Reiten, dass es nämlich zunächst einmal darauf ankommt, dass das Pferd dem Menschen, hier dem Longenführer, vertraut und ihn respektiert. Deshalb muss mehr noch als beim Reiten schon beim Vorbereiten, beim Fertigmachen des Pferdes für die Longenarbeit darauf geachtet werden, das man bei aller Vertrautheit und Zuneigung zum Pferd in dieser Partnerschaft der dominierende Teil ist und bleibt.

Herrschen hier dank täglichen richtigen Umgangs klare Verhältnisse, geht alles Weitere relativ leicht vonstatten. Je weniger dieses Verhältnis zugunsten des Menschen geklärt ist, desto wichtiger ist es, sorgfältig auch auf formal richtigen Einsatz der Hilfen, einschließlich der Position und Körperhaltung zu achten.

Genau wie bei der Ausbildung unter dem Reiter kann das noch wenig geschulte Pferd nur von einem erfahrenen Longenführer richtig und wertvoll gearbeitet oder gar verbessert werden.

Der Unerfahrene sollte zunächst mit Pferden, die sicher und kultiviert an der Longe zu gehen gewohnt sind, die grundsätzlichen Handgriffe und Techniken erlernen und üben.

Schon im Stall sollte die gesamte Ausrüstung richtig angelegt, verpasst oder zumindest bereitgelegt werden. Besonders bei jungen, frischen oder sehr gehfreudigen Pferden muss es möglich sein, ohne Verzögerung mit der Longenarbeit zu beginnen, um die Geduld des Pferdes nicht überzustrapazieren. In einzelnen Fällen kann es sogar sinnvoll sein, vorher dem Pferd Gelegenheit zu geben, auf der Weide, im Paddock oder einfach beim Freilaufenlassen in einer Halle übermäßigen Stallmut loszuwerden.

Ob man von der Zirkellinie aus anlongiert und sich dann zum Mittelpunkt des Zirkels zurückbegibt oder aber das Pferd von der Mitte aus an der allmählich länger werdenden Longe auf die gewünschte Zirkellinie hinauslongiert, kann von Fall zu Fall entschieden werden. Es hängt auch davon ab, zu welcher Art des Handwechsels man sich entschieden hat: Wenn man das Pferd auf der Zirkellinie in Form einer Vorhandwendung auf die andere Hand bringt, bleibt das Pferd selbstverständlich auf dieser Linie; wenn man es mit zur Zirkelmitte nimmt, ergibt sich von selbst die zweite Variation. Auf jeden Fall sollte von Anfang an Wert darauf gelegt werden, dass stets der Longenführer Gangart und Tempo bestimmt.

Wie oben angesprochen, gelten für die Hilfen die gleichen Grundsätze wie beim Reiten. Auch wenn das Pferd an der Longe die Körpersprache des Reiters nur sehr bedingt über die Longierleine fühlen kann, hat sie dabei eine mindestens gleich hohe Bedeutung; das Pferd kann sie auch optisch sehr genau lesen. Deshalb fängt auch beim Leinenführer alles „im Kopf" an. Das Pferd wird sehr genau erkennen, ob er konzentriert und dennoch entspannt bei der Sache ist. Fast noch mehr als beim Reiten muss er dem Pferd immer eine Sekunde voraus sein, um agieren anstatt nur reagieren zu können. Seine Körperhaltung und sein „Stellungsspiel" nehmen entscheidenden Einfluss darauf, wie das Pferd mitarbeitet und ob es sich auf präziser Linie longieren lässt.

Dazu nur ein Beispiel:
Durch eine aufrechte, dem Pferd zugewandte Körperhaltung wird dem Pferd bedeutet, auf der großen Kreislinie zu bleiben und nicht hereinzudrängen. Solange ein Pferd dazu neigt, muss der Ausbilder tendenziell immer einen halben Schritt vor dem Pferd sein. Das heißt z.B. auf der linken Hand, dass er stets etwas nach links tritt, als ob er dem Pferd den Weg etwas abschneiden möchte. Es geht dabei wirklich nur um Zentimeter, oft reicht schon die etwas weiter links geführte Hand mit der Longe.

Diese Art von Stellungsspiel gilt auch bei einem sehr gehfreudigen, zum Eilen neigenden Pferd. Der Ausbilder darf auf keinen Fall auch nur ansatzweise hinter dem Pferd bleiben, indem er sich geringfügig verlangsamt mitdreht – der Instinkt verführt leider dazu.

Wer dieses Stellungsspiel gut beherrscht, kann sich dann zunächst in einem Longierzirkel, später auch in einer größeren Halle mit seinem Pferd an Freiheitsdressur versuchen, es z.B. durch kleine Positionswechsel zum Handwechsel veranlassen etc.

Der Gebrauch der Stimme spielt beim Longieren eine ganz wesentliche unterstützende Rolle. Sie kann eine auffordernde, treibende oder eine beruhigende, verhaltende Wirkung haben. Entscheidend sind der Tonfall und die Betonung, nur bedingt die einzelnen Worte.

Wichtig ist gerade auch in diesem Zusammenhang äußerste Konsequenz. Besonders in der Lernphase ist es deshalb von Vorteil, wenn nur ein Ausbilder longiert. Später wird das Pferd sich genauso von anderen Personen longieren lassen, sofern sich diese auf bestimmte Wörter und Ausdrücke geeinigt haben, eine einigermaßen einheitliche Sprache benutzen.

Da beim Longieren vornehmlich auf gebogener Linie gearbeitet wird, muss man sich über die dadurch bedingte erhöhte Belastung für die Gliedmaßen, besonders für die Gelenke im Klaren sein. Deshalb ist es von noch größerer Wich-

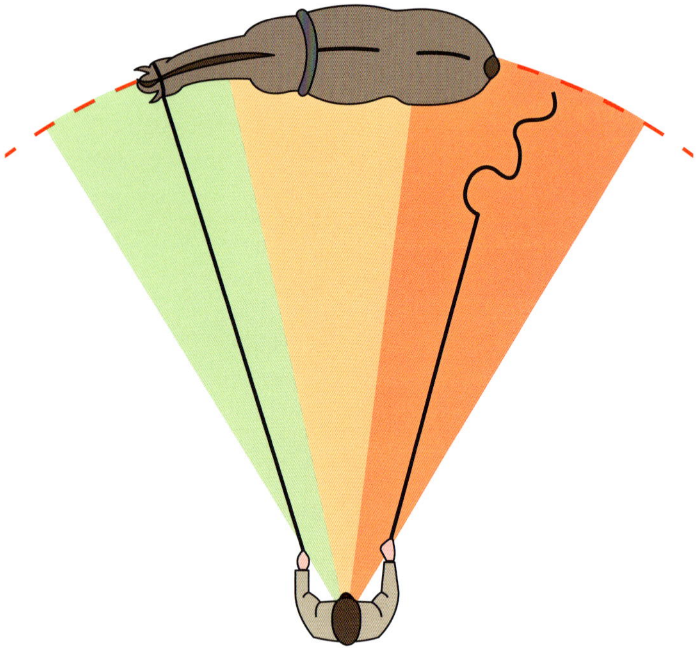

Das sogenannte Longierdreieck

tigkeit als beim Reiten, auf gute Bodenverhältnisse zu achten.

(Ausrüstung und Anbringung der Longe → RmVuG S. 243)

33.4 Bodenarbeit

Der Vollständigkeit halber und wegen der Verwandtschaft mit dem Longieren möchte ich hier auch kurz auf die Bodenarbeit eingehen. Darunter versteht man die Arbeit mit dem Pferd vom Boden aus, also eben nicht aus dem Sattel.

Die Erziehung eines jeden Pferdes beginnt, wenn man so will, mit Bodenarbeit. Das fängt hoffentlich schon sorgfältig und konsequent beim Fohlen an. Vor dem Anreiten wird auch fast jedes Pferd vom Boden aus, u.a. durch Longieren auf die weitere Ausbildung vorbereitet. Manche Ausbilder unterstützen auch das Training für die hoch versammelten Lektionen Piaffe und Passage durch die Arbeit an der Hand, die man im weiteren Sinne auch zur Bodenarbeit zählen kann.

Der Nutzen von Bodenarbeit für das Reiten selbst wird meiner Meinung nach aber von manchen Leuten überschätzt. Vom Boden aus fehlt eine ganz wichtige Hilfe – der Schenkel. Ohne den kann es jedoch kaum gelingen, effektiv an reeller Dehnungshaltung und korrekter Geraderichtung zu arbeiten. Mit keinem Hilfsmittel kann vom Boden aus die Schenkelhilfe vollwertig ersetzt werden. Viele reiterliche Probleme, die in diesen Bereichen liegen, können deshalb nur vom Sattel aus gelöst werden. Dort kann der Mensch mit Gewicht, Schenkel und Zügel zudem viel differenzierter einwirken als am Boden.

Selbstverständlich kann in bestimmten Bereichen durch Bodenarbeit Hilfestellung gegeben werden. So können z.B. dadurch die Akzeptanz und der Respekt des Pferdes gegenüber dem Menschen und umgekehrt das entschlossene Auftreten und die Selbstsicherheit des Menschen gegenüber dem Pferd verbessert werden. Gerade Menschen, die von Natur aus etwas vorsichtig veranlagt sind, können bei fachgerechter Anleitung ihre Position im Umgang mit dem Pferd festigen.

Auf die Bedeutung der Körpersprache wird in diesem Buch ja an mehreren Stellen eingegangen. **(→ insbesondere Kap. 1. „Alles fängt im Kopf an!")**

Auch unter dem Gesichtspunkt, dem Pferd Abwechslung zu bieten, können in der Bodenarbeit vielfältige Variationen entwickelt werden, die nicht nur die Kommunikationsfähigkeit verbessern, sondern allen Beteiligten einfach auch Spaß machen können.

→ Kap. 32. „Grundsätze zum Freilaufenlassen"

Merksätze für den Ausbilder und Reiter

Diese Merksätze gebe ich gerne meinen Schülern an die Hand als kleine Zusammenfassung wichtiger Punkte der Reitlehre.

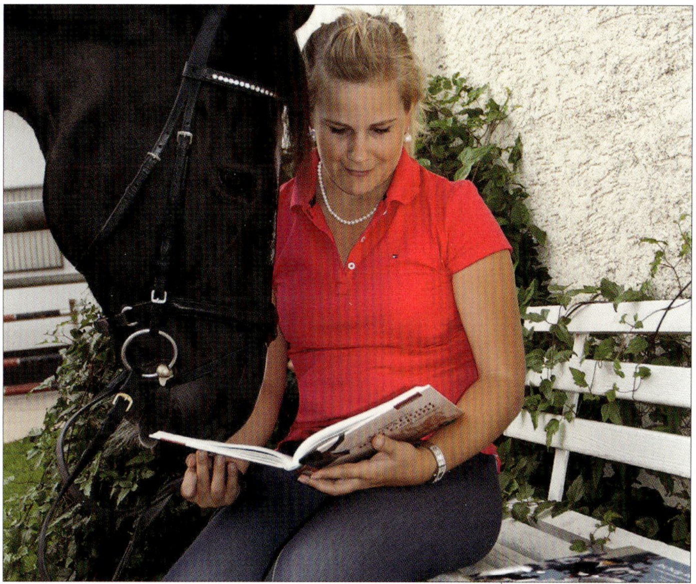

- Pferd und Reiter müssen als ein System betrachtet werden. Deshalb muss jeder Ausbilder und Trainer sein Auge in gleichem Maße für die **Bewegungsabläufe und Befindlichkeiten des Pferdes *und* des Reiters** schulen.
- Die Lösung von Ausbildungsproblemen ist nur möglich, wenn es gelingt, jeweils die **Ursache der Schwierigkeit herauszufinden** und wenn wir diese zu beseitigen versuchen, anstatt an den Symptomen herumzudoktern. Deshalb muss der verantwortungsbewusste Ausbilder auch beim Unterricht mit fortgeschrittenen Schülern bereit und entschlossen sein, auch am Reiter zu arbeiten, d.h. auf eventuelle **Sitz- und Einwirkungsprobleme** einzugehen. Nur so können reelle Fortschritte sichergestellt werden.
- Eine der Hauptursachen für **mangelnde Losgelassenheit** des Reiters ist ein **erzwungen gestreckter, ja überstreckter Sitz**. Den Reiter fixierende Sättel und auch nur geringfügig zu lange Bügel verbessern nur scheinbar den Sitz; vielmehr wird dadurch ganz erheblich die Funktion der gesamten Hilfengebung beeinträchtigt.
- Das Pferd kann in der Regel nicht **losgelassener** sein als der Reiter. Deshalb muss dieser auch immer wieder darauf achten, rhythmisch und tief genug durchzuatmen.
- Der gute Ausbilder wird möglichst oft **positiv dem Reiter sagen**, was er tun soll, und weniger, was er lassen soll. Dieses Prinzip gilt es auch für die Hilfengebung gegenüber dem Pferd möglichst gut umzusetzen.
- Die Dominanz der treibenden Hilfen gegenüber den verhaltenden zu betonen ist zweifellos sehr richtig. Noch wichtiger aber ist es, ein Pferd so auszubilden und zu reiten, dass es sich **unter dem Reiter wohlfühlt**. Dann wird es Freude daran haben, sich mit diesem zu bewegen, und deshalb geradezu **von selbst willig vorwärtsgehen und „ziehen"**.
- Der Effekt jeglicher **„Kreuzeinwirkung"** ist davon abhängig, wie das einzelne Pferd damit vertraut gemacht, **wie es diesbezüglich konditioniert wurde**. Deshalb ist es bei vielen (Korrektur-)Pferden zunächst einmal wieder notwendig, die beidseitig belastende Gewichtshilfe nur sehr begrenzt einzusetzen, teilweise sogar ansatzweise im „Vorwärtssitz" zu reiten und die treibenden Hilfen vornehmlich mit den Schenkeln zu geben.
  Pferde, die „oben hingestellt" sind, haben meist **übergroßen Respekt vor den Gewichtshilfen** und sind mittel- und langfristig gar nicht mehr in der Lage, reelle Dehnungshaltung einzunehmen, weil es bei ihnen im Bereich der Rumpfstrecker zu Verkürzungen gekommen ist. Solche Pferde **reagieren auf vermehrte „Kreuzeinwirkung" ausgesprochen negativ, ja fast schon allergisch**.
- **Der innere Schenkel**, der an den äußeren Zügel herantreibt, ist die entscheidende Hilfe beim Stellen und Biegen eines Pferdes; er muss dazu dicht am Gurt liegen und darf nicht zurückrutschen.

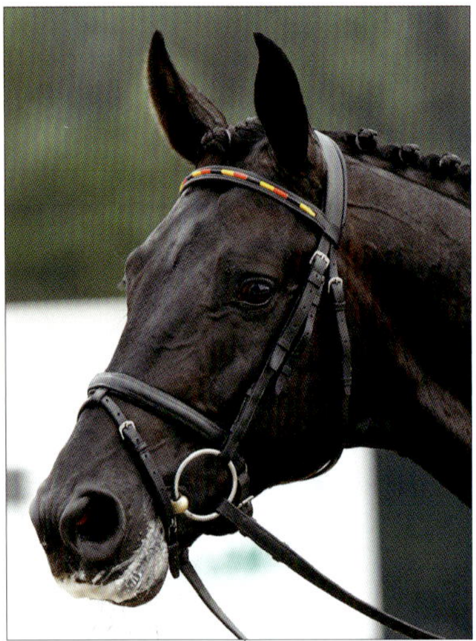

Leistungsbereit und dennoch entspannt

- Teilweise verleitet der **Instinkt** den Reiter zu falschen Reaktionen und muss deshalb durch den **Verstand kontrolliert** werden: ganz typisch z.B., wenn es um die Position der Hand geht oder darum, ein Pferd zum „Ziehen" zu konditionieren.
- Jede **Hilfe** des Reiters, die keine unmittelbare **Reaktion** des Pferdes bewirkt, ist nicht nur überflüssig, sondern schadet. Sie baut beim Pferd das Gefühl auf, dass es nicht wichtig ist, die Hilfen prompt anzunehmen.
- Der Reiter sollte die Vorstellung haben, seine **Hilfen wie Signale** zu geben, auf deren Befolgen er fest vertraut. Dauerhilfen, wie z.B. pressende Schenkel, provozieren sehr leicht ein Gegenangehen bzw. Widerstand.
- **Mit einer vom Sitz unabhängigen Hand reiten zu können**, an die das Pferd vertrauensvoll herantritt, ist eine der wichtigsten Fähigkeiten eines guten Reiters. Mit zunehmendem Alter, wenn die Elastizität in der Mittelpositur etwas abnimmt, stellt sie einen entscheidenden Teil des reiterlichen Kapitals dar.
- **Die Hand (Zügelhilfen) ist nur das Gegenüber** für die Gewichts- und Schenkelhilfen – sie darf keinesfalls dominieren. Dies gilt ganz besonders auch für ganze und halbe Paraden.
- Die **nachgebende** wird als **die wichtigste Zügelhilfe** bezeichnet: Wer im richtigen Moment nachzugeben versteht, wird auch ein im Genick nachgiebiges Pferd haben. Dieses Nachgeben stellt man sich am besten nur als ein Abspannen der vorher angespannten Muskulatur vor. Ein aktives Vorgehen mit der Hand ist nur ganz selten notwendig.
- Nur wer halbe und ganze **Paraden reiten** kann, ohne das Pferd dabei eng zu machen, kann optimale Durchlässigkeit erreichen. Der gute, erfahrene Reiter benötigt dazu so gut wie keine aktiven Zügelhilfen.
- Positives Denken ist beim Umgang mit dem Pferd und beim Reiten ganz besonders wichtig, weil Pferde eine sehr **feine Antenne für die mentale Situation des Menschen** haben. Wenn der Reiter selbst nicht an das Gelingen einer Übung oder Lektion glaubt, kann er nicht erwarten, dass das Pferd seinen Anweisungen folgt.
- Der Reiter muss versuchen, möglichst oft zu **agieren, anstatt zu reagieren**; er muss also mit seinen Gedanken dem Pferd immer ein wenig voraus sein (antizipieren)!
- **Geduld und Ausdauer** sind sehr wichtige Eigenschaften im Umgang mit Pferden. Zu viel **Nachsicht** kann aber manchmal vom Pferd als Unentschlossenheit und Unsicherheit ausgelegt und ausgenutzt werden, sodass es zu mangelnder Akzeptanz der Hilfen kommt. Pferde sind in dieser Hinsicht wie Kinder, die testen, ob eine Anweisung auch wirklich ernst gemeint ist. Besonders das lernende Pferd braucht deshalb einen entschlossenen und sicheren Reiter.
- Auch in **Verstärkungen muss der Reiter die Initiative behalten**; das Pferd darf nicht antizipieren. Nur dann kann er das Pferd an den treibenden Hilfen, also vor sich behalten.
- Vorübergehend kann es notwendig sein, mehr **Kraft** einzusetzen. Dies kann nur dann zu einem positiven Ergebnis führen, wenn der Reiter sich selbst dabei nicht verspannt oder gar verkrampft.
- Die **Taktsicherheit** ist bei allem das oberste Kriterium; dies gilt besonders auch für Wendungen, Übergänge und Seitengänge.
- Auch beim fortgeschrittenen Pferd muss in der Lösungsphase im **Arbeitstempo** geritten werden. Jederzeit, auch in der Arbeitsphase, muss es möglich sein, das Arbeitstempo abzufragen.
- Wenn ein **Pferd triebig** ist, mangelt es nicht immer an den treibenden Hilfen; sehr häufig lässt der Reiter mangels Elastizität des Sitzes und wegen einer unnachgiebigen Hand zu wenig zu. **Er verleidet dem Pferd richtiggehend die Freude am Vorwärtsgehen.**

- Ein Pferd in **Dehnung zu reiten** ist nur dann wirklich wertvoll, wenn es auch in dieser Haltung ans Gebiss herantritt, sich selber trägt und der Reiter es vor sich behalten kann.
- Auch für eine Remonte kommt es nicht so sehr darauf an, durchgängig in Dehnungshaltung zu gehen. Viel wichtiger ist es, das junge Pferd mit immer wieder **wechselndem Rahmen** zu reiten, d.h. Dehnung und etwas aufgerichtetere Haltung im Wechsel abzufragen, weil dabei die Muskulatur noch besser an- und abspannt. Dadurch werden die Losgelassenheit und der Muskelaufbau besonders gut gefördert.
- Ein korrekt ausgebildetes und gut gerittenes Pferd wird in jeder Phase einer Trainingseinheit **Dehnungsbereitschaft** zeigen.
- Der **Schritt** spiegelt am besten die **mentale Verfassung** eines Pferdes wider.
- Der Reiter muss dem Pferd das Herantreten an die Hand nicht nur gestatten, ihm vielmehr die **Anlehnung schmackhaft machen** und zeigen, wie toll es ist, in guter Anlehnung zu gehen. Eine feine, vom Sitz unabhängige Reiterhand, an die das Pferd vertrauensvoll herantritt, ist die entscheidende Voraussetzung dafür.
- **Echter Schwung setzt gute Losgelassenheit des Rückens und vertrauensvolles Herantreten bzw. -springen an die Hand voraus.** Ist das nicht gegeben, wird auch ein wundervoll **schwungbegabtes** Pferd nicht schwungvoll gehen können. Eventuell fußt es trotzdem mit den Hinterbeinen hoch ab, kann aber nicht optimal nach vorne durchschwingen.
- Der Link zwischen guter, von Vertrauen zur Hand geprägter Anlehnung und reellem, durch den Körper gehendem Schwung ermöglicht, dass **ein Pferd „zieht"**.
- Mit Stellung und Biegung zu reiten ist nur dann sinnvoll, wenn das Pferd dabei sicher **an den diagonalen Hilfen** (innerer Schenkel – äußerer Zügel) steht, also sicher an den äußeren Zügel herantritt und der Reiter mit der inneren Hand leichtwerden kann.
- Der Reiter muss lernen, mit der **natürlichen Schiefe** des Pferdes umzugehen, reell am Geraderichten zu arbeiten, nicht nur die Schiefe zu kaschieren oder zu kompensieren.
- Es ist sinnlos, ja sogar kontraproduktiv, mit **versammelten Übungen und Lektionen** zu beginnen, bevor das Pferd **losgelassen über den Rücken** geht. Man muss sich davor hüten, bei Pferden, die von Anfang an eine schöne aufgerichtete Haltung wie für eine Aufgabe anbieten, dies anzunehmen und auf Reiten in Dehnungshaltung zu verzichten.
- Nur ein Pferd, welches **„zieht"**, kann richtig geradegerichtet und versammelt werden.
- **Versammlung** darf niemals auf Kosten des Taktes und des Fleißes gehen.
- **Übergänge sind die Momente der Wahrheit:** Wenn ein Pferd dabei taktsicher, losgelassen und nachgiebig im Genick bleibt, können seine Bewegungen über den Rücken und durch den ganzen Körper gehen; dann kann es als durchlässig bezeichnet werden.
- **Übungen und Lektionen** können zum **Erreichen von Ausbildungszielen** beitragen und sind sehr gut geeignet, die **Qualität und den Stand der Ausbildung zu überprüfen**. Das Reiten von Lektionen darf deshalb nicht zum Selbstzweck werden und zum Abrichten des Pferdes führen.
- **Sporen und Gerte dürfen nur ganz gezielt und punktuell eingesetzt werden.** Andernfalls wird das Pferd nur abgestumpft.
- Richtiges Reiten setzt voraus, die Anforderungen stets auf den **Ausbildungs- und Trainingszustand** von Pferd und Reiter **abzustimmen**.
- **Richtiges Reiten ist angewandter Tierschutz für das Reitpferd.** Der verantwortungsbewusste Reiter wird aber auch für **pferdegerechte Haltung** und **angemessene Fütterung,** für **fachgerechte Hufpflege** einschließlich eventuell notwendigen **Beschlags** sowie optimal **passendes Sattel- und Zaumzeug** sorgen. Er wird nur auf Plätzen und in Hallen reiten, die **geeignete und gepflegte Bodenverhältnisse** bieten, auch im Gelände wird er seine Reitweise den Bodenverhältnissen anpassen. – Das ganze Paket muss stimmen! ■

Die „Erleuchtung"

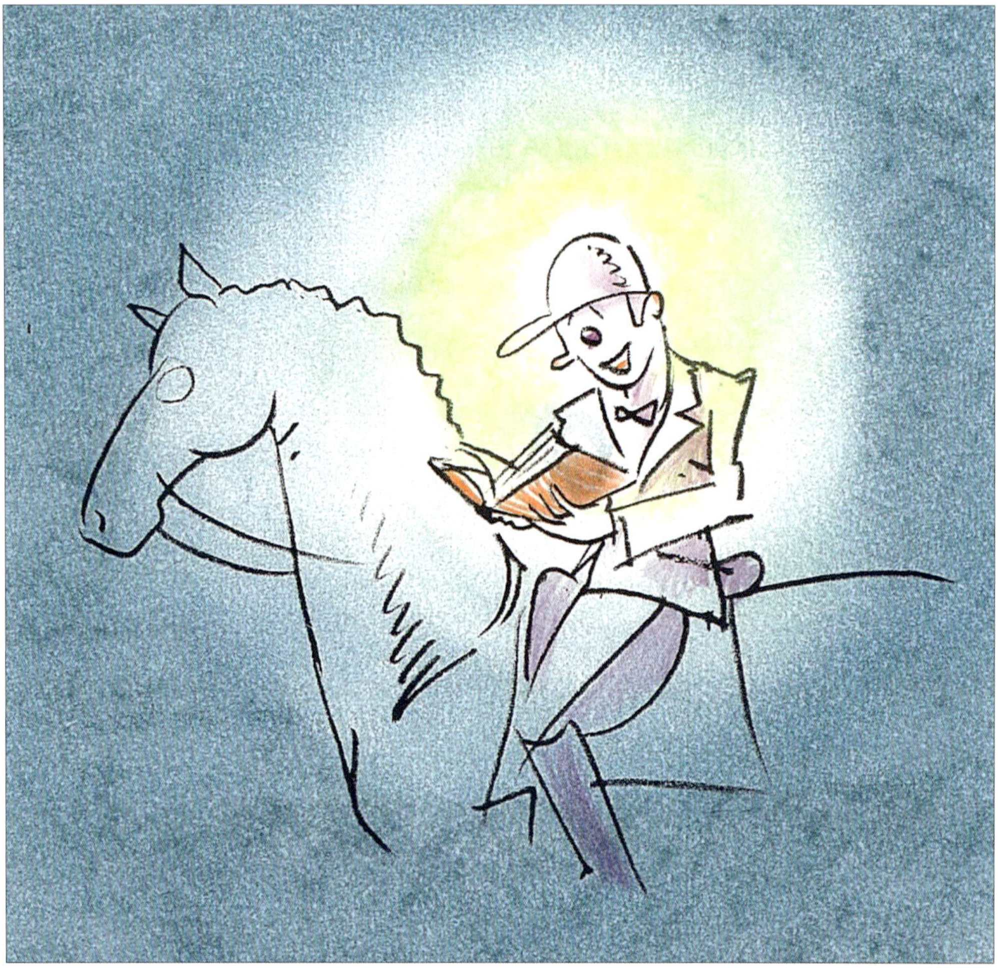

Schlussbetrachtung

Wer vielleicht schon einmal daran gezweifelt hat, dass gutes Reiten erlernbar ist, hat vielleicht durch die Lektüre dieses Buches den Trost bekommen, dass dies tatsächlich verdammt schwierig ist.

Andererseits kann ich davon ausgehen, dass jeder, der bis hierher gelesen hat, diese Herausforderung erfreulicherweise angenommen hat.

Wenn er dann am Ende dieser Studien sagt, das Buch hätte ihm wieder ein paar Erleuchtungen gebracht und ein Stück weitergeholfen auf dem Weg, ein besserer Reiter zu werden, würde mich das sehr befriedigen – zumal ich davon ausgehen könnte, dass er das Ziel, ein guter Reiter zu werden, fest im Auge hat.

Für mich selbst ist das gerade das absolut Faszinierende am Reiten, dass man tatsächlich immer wieder noch etwas dazulernen kann. Pferde und Menschen sind jede für sich schon eine höchst interessante Spezies, wobei Letztere häufig anfangen, ganz besonders schillernde Eigenschaften, ja sogar Eigenheiten zu entwickeln, wenn sie sich anschicken, Reiter zu werden.

In diesem Sinne: Reiten Sie jeden Tag ein wenig richtiger – mit Verstand und Gefühl!
Viel Freude bei der Herausforderung richtigen Reitens!

Danksagung

Folgende Reiterinnen und Reiter waren mir mit ihren Pferden beim Anfertigen der Fotos eine große Hilfe:

- Tanja Bangert mit Hip Hop
- Thomas Bangert mit Teseo
- Sabine Bungenberg
- Svenja Diefenbach mit Real Gentleman
- Ines Maier mit Tzar
- Berit Maier
- Britta Rasche-Coefield mit Emparque
- Corinna Schultze
- Judith Stein
- Monika Ulsamer mit Bowie und Watch me
- Marion Wilimzig mit
  William Wallace,
  Zephyr,
  Chablis,
  Master Mind,
  Empire,
  Besitzer dieser Pferde:
  Michael und Julia Stoschek, Coburg
- Julia Wurm mit Wanessa

Besonders Fehler darzustellen, war ein schwieriges und undankbares Unterfangen; dafür ganz besonderen Dank!

Außerdem stellten freundlicherweise Fotos zur Verfügung:

- Familie Schmid, Urspring
- Stall Gösmeier, Hermann Gösmeier
- Ulrich Kasselmann
- Foto: Menzendorf. Leihgabe Niedersächsische Sparkassenstiftung und Kreissparkasse Verden im Deutschen Pferdemuseum
- Prof. Dr. Nancy L. Nicholson, zwei Computergrafiken

Im Stall Gösmeier und im RV Oberriexingen durften Julia Rau und ich in den Reitanlagen Fototermine durchführen.

Dank sagen möchte ich auch Frau Prof. Dr. Ellen Kienzle, die an zwei Ausarbeitungen beteiligt war, die ich im Kapitel 14. „Stellen und Biegen" sowie im Kapitel 11. „Losgelassenheit…" zum Teil eingearbeitet habe.

Im besonderen Maße am Zustandekommen dieses Buches beteiligt waren

- die geduldige und fachkundige Lektorin,
- die unermüdliche Fotografin mit dem richtigen Auge für Pferde und
- die ideenreiche, stilsichere Grafikerin, die das Cover entworfen und das gesamte Layout gemacht hat,
- und last but not least meine liebe Frau, die für mich bei Fragen im Zweifelsfall immer die letzte kompetente Instanz war.

von links nach rechts: Lektorin Dr. Carla Mattis, Fotografin Julia Rau, Grafikerin Ute Schmoll und letzte Instanz Karin Putz

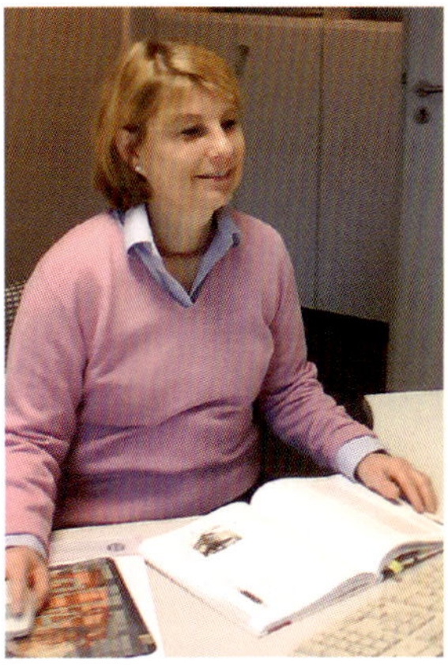
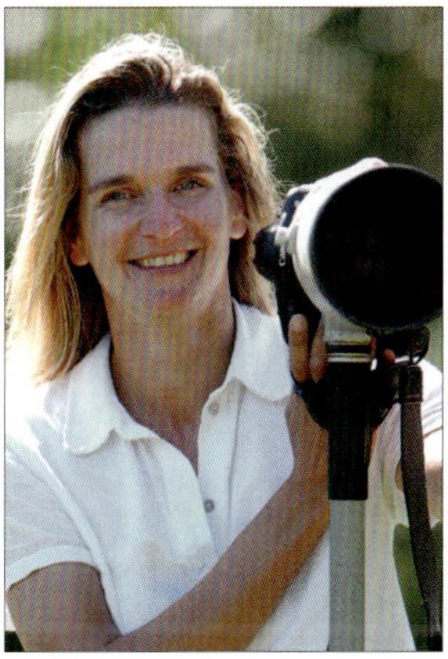
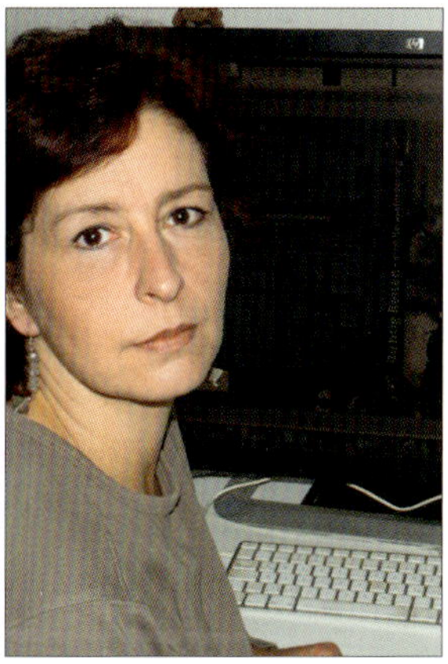
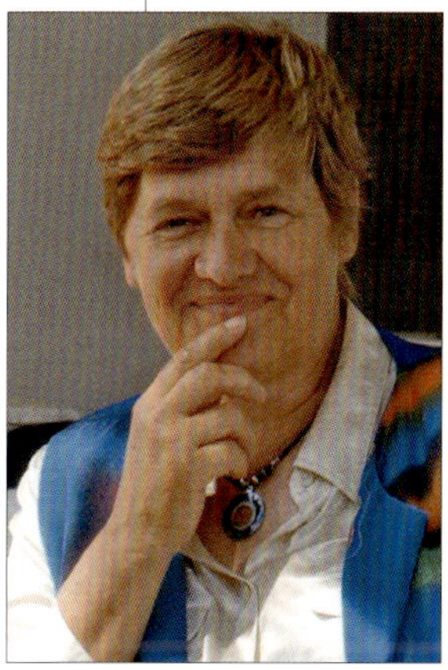

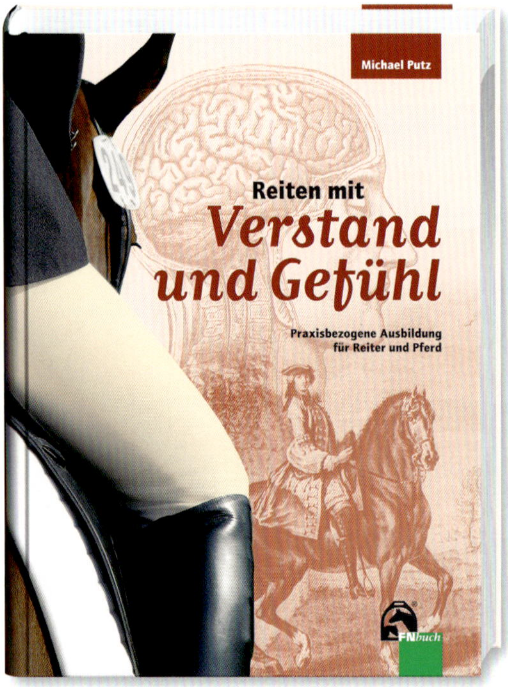

Putz, Michael

Reiten mit Verstand und Gefühl

Praxisbezogene Ausbildung für Reiter und Pferd

Dieses Buch ist das Grundlagenwerk, das seit seinem Erscheinen 2004 bei Reitern und Ausbildern ein erfreuliches Echo gefunden hat und inzwischen in der 4. Auflage erschienen ist.
Ein „Muss" für jeden, der mit Verstand und Gefühl richtig reiten will!
4. Auflage 2009, 256 Seiten, 120 farbige Fotos und 60 Grafiken, Format 190 x 250 mm, gb.
24,80 Euro, ISBN: 978-3-88542-358-4

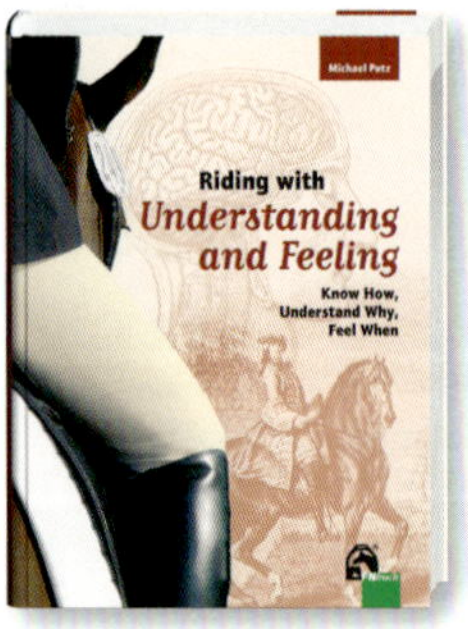

Auch in englischer Sprache erhältlich.

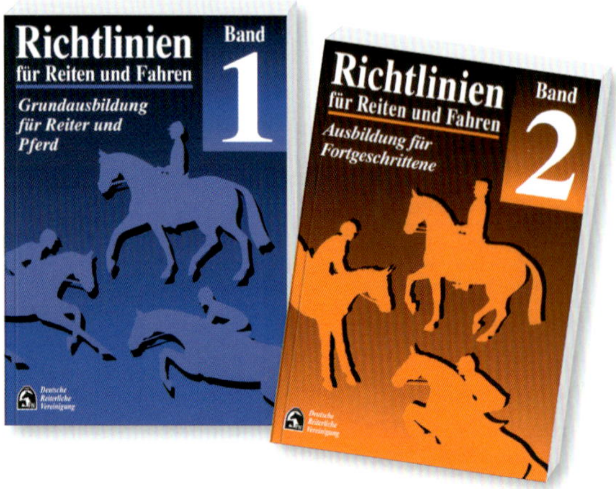

Deutsche Reiterliche Vereinigung e.V. (FN)

Richtlinien Bd. 1: Grundausbildung für Reiter und Pferd

28. Auflage 2005, 224 Seiten, zahlreiche Abbildungen, Format 148 x 210 mm, kt., 12,80 Euro, ISBN: 978-3-88542-262-4

Richtlinien Bd. 2: Ausbildung für Fortgeschrittene

13. Auflage 2001, 280 Seiten, zahlreiche Abbildungen, Format 148 x 210 mm, kt., 12,80 Euro, ISBN: 978-3-88542-283-9

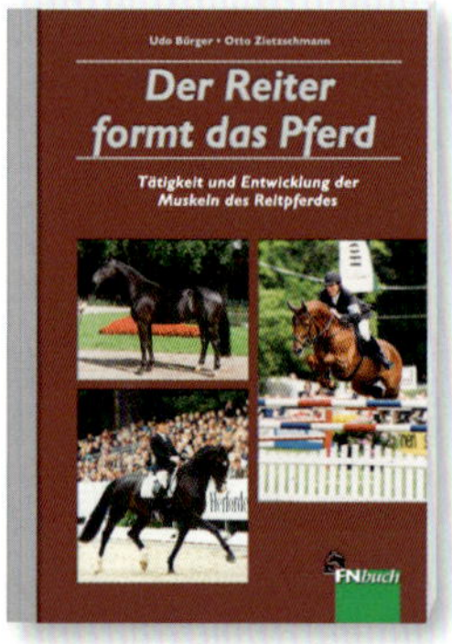

Bürger, Udo/Zietzschmann, Otto

Der Reiter formt das Pferd

Tätigkeit und Entwicklung der Muskeln des Reitpferdes

3. Auflage 2007 der Reprint-Ausgabe von 1939, 120 Seiten, farbige Fotos und Abbildungen, farbige Ausklapptafel „Muskulatur des Pferdes", Format 168 x 240 mm, kt.
14,80 Euro,
ISBN: 978-3-88542-383-6
Auch in englischer Sprache erhältlich.

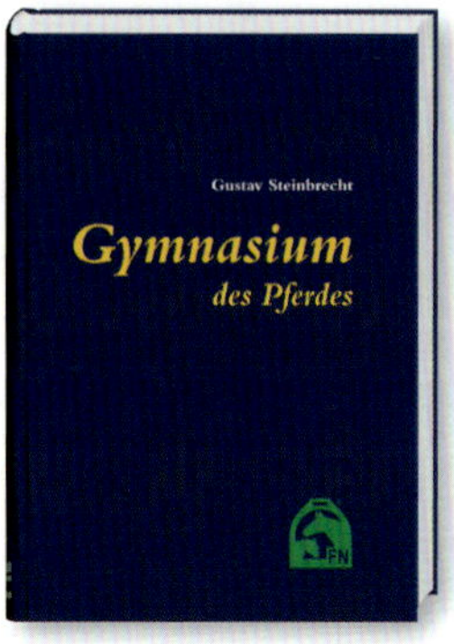

Steinbrecht, Gustav

Gymnasium des Pferdes

Neuauflage 2004, 304 Seiten, Format 155 x 235 mm, gb.
25,80 Euro*,
ISBN: 978-3-88542-501-4
* unverbindliche Preisempfehlung

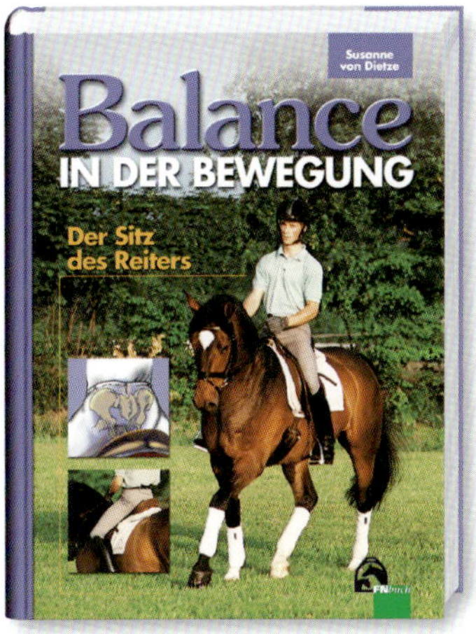

Dietze, Susanne von

Balance in der Bewegung

3. Auflage 2010, 224 Seiten,
über 200 farbige Fotos und 100 Zeichnungen, Format 190 x 250 mm, gb.
24,80 Euro,
ISBN: 978-3-88542-387-4
Auch in englischer Sprache erhältlich.

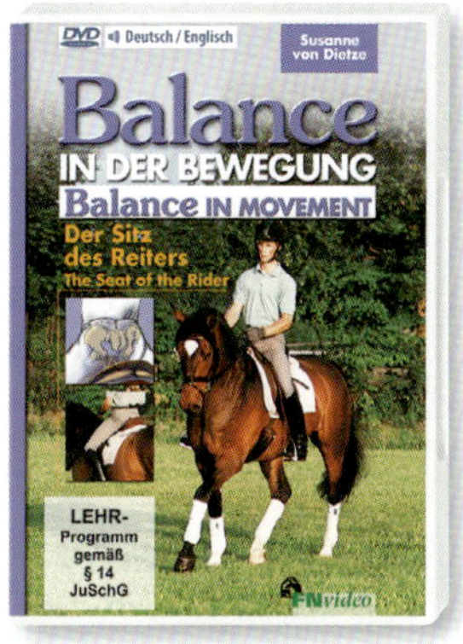

Dietze, Susanne von

Balance in der Bewegung/ Balance in Movement

ca. 40 Min., DVD, Deutsch/Englisch
34,00 Euro*,
ISBN: 978-3-88542-845-9
* unverbindliche Preisempfehlung

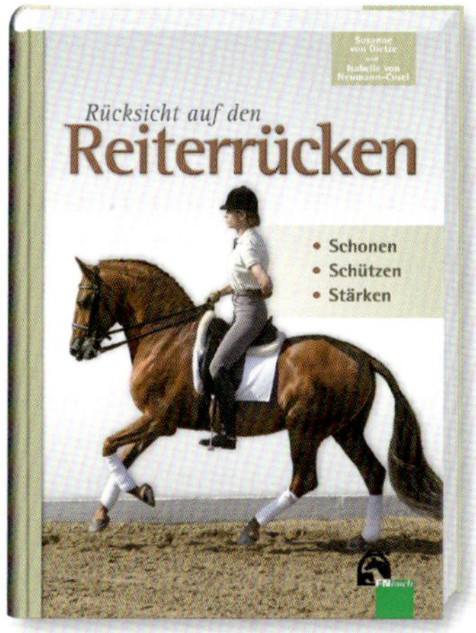

Dietze, Susanne von
mit Neumann-Cosel, Isabelle von

Rücksicht auf den Reiterrücken

Schonen – Schützen – Stärken

1. Auflage 2009, 184 Seiten mit vielen farbigen Fotos und Zeichnungen,
Format 190 x 250 mm, gb.
23,80 Euro,
ISBN: 978-3-88542-436-9

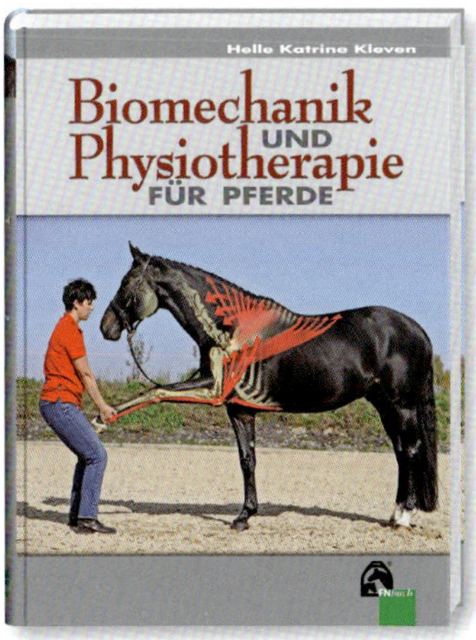

Kleven, Helle Katrine

Biomechanik und Physiotherapie für Pferde

2. Auflage 2010, 232 Seiten
mit vielen farbigen Fotos,
Format 190 x 250 mm, gb.
24,80 Euro,
ISBN: 978-3-88542-734-6

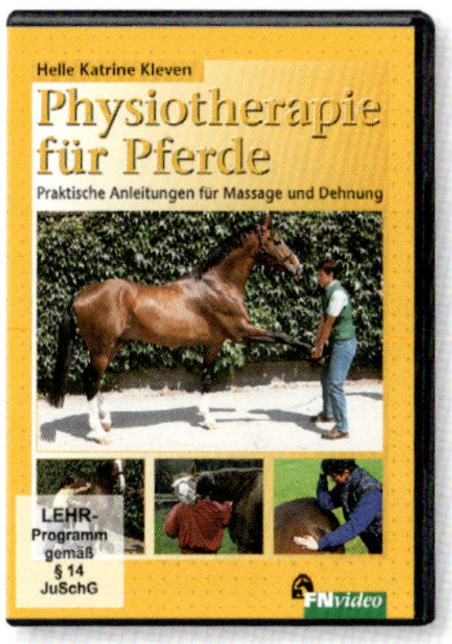

Kleven, Helle Katrine

Physiotherapie für Pferde

ca. 40 Min., DVD
34,00 Euro*,
ISBN: 978-3-88542-847-3
* unverbindliche Preisempfehlung

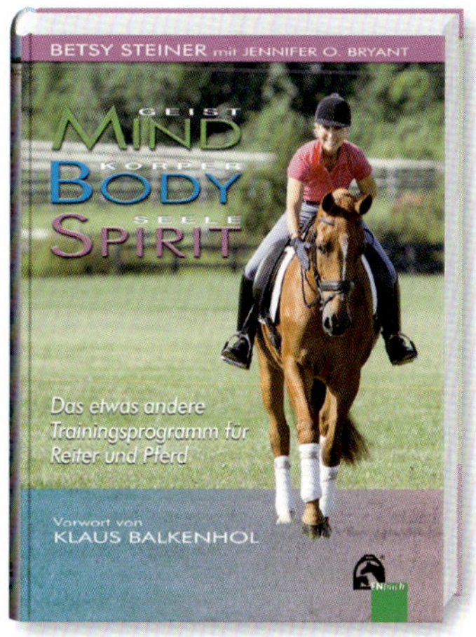

Steiner, Betsy mit Bryant, Jennifer O.

Mind · Body · Spirit

Das etwas andere Trainingsprogramm für Reiter und Pferd

1. Auflage 2009, 200 Seiten
mit vielen Zeichnungen und Fotos,
Format 190 x 250 mm, gb.
24,80 Euro,
ISBN: 978-3-88542-486-4

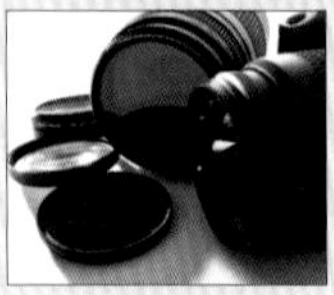

Titelbild
Maximilian Schreiner, Unterstall
Gestaltung Puzzle: Ute Schmoll, Bad Schwalbach
Julia Rau, Mainz (4. Umschlagseite)

Fotonachweis

- **Arnd Bronkhorst Photographie,** Garderen/NED: Seite 113 o.
- **Cavallo**/www.cavallo.de: Seite 109
- **Deutsches Pferdemuseum Bibliothek,** Verden: Seite 18
- **Karl-Heinz Frieler,** Gelsenkirchen: Seite 192 o.
- **Dr. Gerd Heuschmann**, Dülmen: Seiten 106, 125
- **Fotostudio Kaup,** Warendorf: Seite 23 u.r.
- **Konrad Kirstein,** Weinbach: Seiten 124, 223 u.
- **Ludwiga Freifrau von Herman – Freiin von Korff,** Pöttmes-Schorn: Seiten 78, 89, 230, 250
- **Dr. Carla, Mattis,** Lengerich: Seite 253 (1. von links)
- **Alois Müller,** Meerbusch: Seiten 244, 245 (2); entnommen aus Gehrmann, Wilfried: Doppellonge – eine klassische Ausbildungsmethode, 1. Auflage 1998
- **Fa. Passier,** Langenhagen: Seiten 36, 41
- **Thomas Philippus,** Frankfurt: Seite 99
- **Peter Prohn,** Barmstedt: Seiten 28 o., 45, 47 u.r., 72, 74, 88, 110 r., 197
- **PSI Kasselmann,** Hagen a.T.W.: Seiten 114 u., 155, 226 l.
- **Michael Putz,** Erlangen: Seiten 6, 17, 22 u., 24 (2), 25 l., 28 u.l., 29 u., 30 r., 31 o., 34, 37 (4), 39, 40, 44, 46 (2), 48 (2), 49 u., 51 u., 52 r., 73 (2), 92, 100, 105, 112 l. 114 o., 129, 130 r., 135, 136 (2), 138, 142 l., 146, 148, 158, 173, 177, 179, 204 r., 205, 206, 209, 210, 214, 217, 222, 226 r., 231 (2), 253 (4. von links)
- **Julia Rau,** Mainz: Seiten 3, 4, 5 (2), 7, 8, 9, 13, 14, 20 (2), 21, 22 o. (3), 23 o./u.l. (4), 25 r., 26, 27, 28 u.r., 29 o. (2), 30 l. (3), 31 u., 32 (2), 33, 38, 42, 43 (2), 47 o., 49 o., 50, 51 o. (2), 52 l., 53, 54, 56, 57, 58 o., 59, 61, 64, 65, 66, 71 (3), 77, 81, 83, 86, 87, 90, 94 (2), 96 (2), 97 (2), 98 (2), 101, 103 (2), 110 l., 112 m./r. (2), 113 u., 115, 117 (2), 118, 119, 120, 122, 127, 130 l., 131, 132, 133, 140, 141, 142 r., 143 (2), 144, 149, 150, 152, 153 (2), 156, 160, 161, 162, 167, 170, 171, 176, 181, 183, 184, 185, 186, 190, 192 u., 193, 194 o., 195 (2), 196, 199, 200, 202, 204 l., 207, 208, 220 (2), 221, 223 o., 224, 225 (2), 227, 228, 229, 236, 238, 239, 243, 246, 253 (2. von links)
- **Carsten Röhnert,** Hahnbach: Seite 60
- **Röwer & Rüb Pferdesportsysteme,** Thedinghausen: Seiten 241, 242
- **Familie Schmid,** Urspring/Baden-Württemberg: Seite 194 u.
- **Ute Schmoll,** Bad Schwalbach: Seiten 39 o.r., 58 u., 249, 253 (3. von links)
- **Maximilian Schreiner,** Unterstall: Seite 19
- **Dr. Martina Steinmetz,** Edingen-Neckarhausen: Seite 134 (2)

Illustrationen/Karikaturen/Zeichnungen

- **Dr. Gerd Heuschmann,** Dülmen: Seite 93 o.
- **Gerrit Kreling,** Waldalgesheim: Seiten 10, 12, 16, 26 (angelehnt an Swift, Sally: Reiten aus der Körpermitte, Müller Rüschlikon, 1995), 62, 64, 69, 70, 91, 106 l., 115 o., 152, 159, 166, 187, 252
- **Dr. Anne Mütschard,** Brambach: Seite 126
- **Prof. Dr. Nancy L. Nicholson,** USA: Seiten 122, 125, 222; entnommen aus Nicholson, Dr. Nancy: Bio Mechanical Riding and Dressage: A Riders Atlas, Miami University, Ohio 2006
- **Ute Schmoll,** Bad Schwalbach: Seiten 20 (angelehnt an Dietze, Susanne von: Balance in der Bewegung, Warendorf, 3. Auflage 2010), 27, 28 (angelehnt an Swift, Sally: Reiten aus der Körpermitte, Müller Rüschlikon, 1995), 36 (angelehnt an Dietze, Susanne von: Balance in der Bewegung, Warendorf, 3. Auflage 2010), 38, 39, 79 (2), 80, 84****, 86****, 87****, 88****, 93 u.*, 107 (2), 116, 120, 127**, 128 (angelehnt an Grafiken von Eckardt Meyners, Lüneburg), 131, 135 (angelehnt an Grafiken von Eckardt Meyners, Lüneburg), 139 (2)****, 142 (2), 143, 147, 149 (2), 150**, 155, 165****, 168, 170, 173, 174, 189 (2)***, 191, 198 (2), 199****, 206 (2), 207, 209, 210, 211, 212, 215, 216 (2), 227, 234, 240 (3), 248

* auf der Grundlage von: W. Nußhag: Lehrbuch der Anatomie und Physiologie der Haustiere. S. Hirzel Verlagsbuchhandlung, 5. Auflage, Leipzig 1958

** auf der Grundlage von: R.J. Riegel/S.E. Hakola: Bild-Text-Atlas zur Anatomie und Klinik der Pferde. Schlütersche GmbH & Co. KG, Hannover 1999

*** auf der Grundlage von: Prof. Dr. U. Schnitzer, Karlsruhe: Pferdespiegel. Grundsätze der Gymnastizierung des Reitpferdes. (auch: Kernpunkte klassischer Dressurausbildung. Eine Positionierung. Wu Wei Verlag, Schondorf 2010)

**** auf der Grundlage von: Deutsche Reiterliche Vereinigung e.V. (FN): Richtlinien für Reiten und Fahren, Band 1, Grundausbildung für Reiter und Pferd, Warendorf 1997